NOUVEAU PROGRAMME 2019

# Géographie 1re

Sous la direction d'**Éric Janin**

Coordinateur pédagogique : **Patrick MARQUES**
Professeur au lycée Anita Conti à Bruz (35)

**Cécile GNAHORÉ-BARATA**
Professeure en classes préparatoires au lycée Lakanal à Sceaux (92)

**Viviane BORIES**
Professeure dans l'académie de Montpellier (34)

**Sandrine CALVEZ**
Professeure au lycée Bertrand d'Argentré à Vitré (35)
et formatrice ESPÉ de Bretagne, à Rennes (35)

**Thomas CHOQUET**
Professeur au lycée Albert Châtelet à Saint-Pol-sur-Ternoise (62)

**Lise FOURNIER**
Professeure au lycée Saint-John Perse et en classes préparatoires
au lycée Louis Barthou à Pau (64)

**Éric JANIN**
Professeur en classes préparatoires au lycée Lakanal à Sceaux (92)

**Heinrich JANNOT**
Professeur au lycée Etienne Bézout à Nemours (77)

**Nicolas LE BRAZIDEC**
Professeur en classes préparatoires au lycée Georges Clemenceau à Nantes (44)

**Caroline LECHAT**
Professeure en classes préparatoires au lycée Fénelon à Paris (75)

**Christophe LEON**
Professeur au collège Max Bramerie à La Force (24) et à l'Université Bordeaux
Montaigne et à Sciences Po Bordeaux à Pessac (33)

**Antoine MARIANI**
Professeur en classes préparatoires au lycée Fénelon à Paris (75)

**Christian NOËL**
Professeur au lycée Jacques Prévert à Savenay (44)

**Jean-Baptiste VEBER**
Professeur aux Cours du Parnasse à Paris (75)



Nathan

# À LA DÉCOUVERTE DE VOTRE MANUEL

À chaque ouverture, un **sommaire** vous aide à vous repérer.

- Chaque thème se divise en 4 temps, matérialisés par un onglet :

LES CHAPITRES

- Se préparer
- Dans le monde
- En France
- Réviser et approfondir

## SE PRÉPARER

Vous avez acquis beaucoup de connaissances au collège et en classe de Seconde. Des exercices de réactivation sont téléchargeables sur le site Nathan.

Supplément numérique

## LES CHAPITRES

Chaque thème du programme est décliné dans un chapitre dans le monde et un chapitre en France. Un dernier thème sur la Chine remobilise les notions vues dans les thèmes 1, 2 et 3.

MONDE

FRANCE

**Études de cas**
**Dossiers**

Dans ces pages, vous trouverez les documents sur lesquels vous allez travailler toute l'année.

**Des dossiers** sur des sujets thématiques.

Toutes les **études de cas** du programme.

De nombreux documents sélectionnés avec soin pour vous aider à comprendre les notions, illustrer vos exposés et enrichir vos copies.

**Cartes**
**Cours**

Vous trouverez dans ces pages tous les repères et connaissances indispensables.

**Les cartes** du programme.

**Le vocabulaire** nécessaire pour comprendre le cours et des chiffres clés.

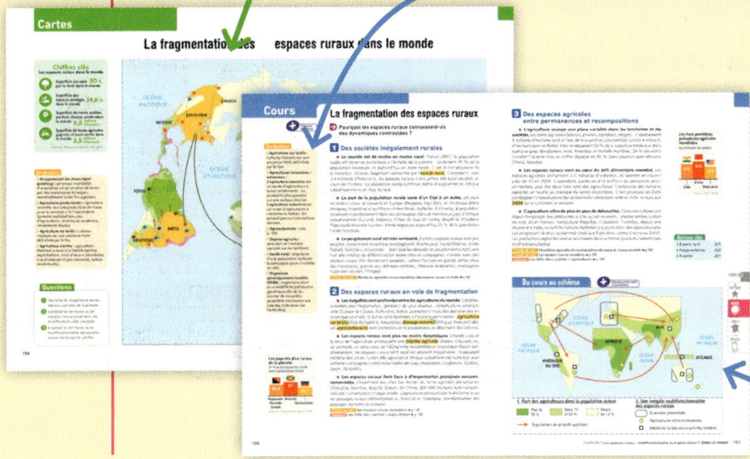

**Un schéma** pour retenir le cours autrement.

**Géo Autrement**
**Géo Débat**

Des pages pour faire de la géographie de façon originale et active : débattez, créez des affiches, des story-board…

## RÉVISER & APPROFONDIR

La dernière partie du thème vous donne toutes les clés pour préparer efficacement vos révisions.

**RÉVISER**

**La synthèse** du thème et toutes **les notions** du programme expliquées et accompagnées d'un schéma.

**Des exercices** pour réviser. Flashez la page avec **Nathan Live !** pour accéder à des exercices supplémentaires.

*Mais également…*

**BAC** Des pages pour se préparer aux épreuves communes de contrôle continu.

Des sujets guidés en contexte.

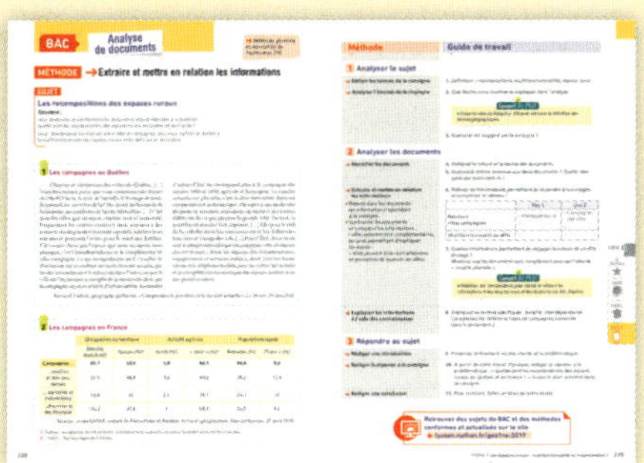

Un cahier spécial Bac p. 210

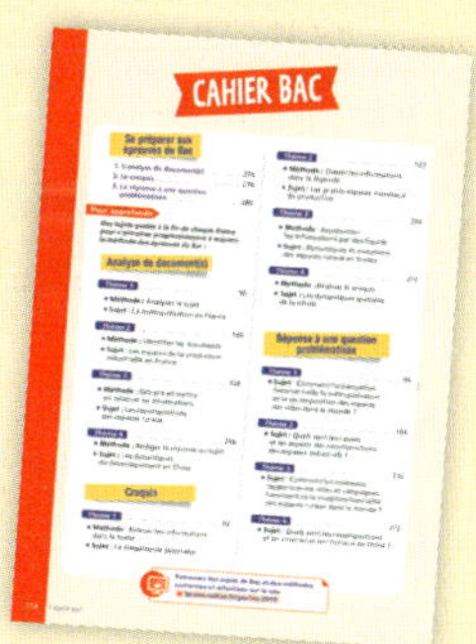

# SOMMAIRE

# Les dynamiques d'un monde en recomposition

## THÈME 1 La métropolisation : un processus mondial différencié



### CHAPITRE 1 — DANS LE MONDE

**La métropolisation : un processus mondial différencié**



### CHAPITRE 2 — EN FRANCE

**La métropolisation : un processus mondial différencié**



### RÉVISER & APPROFONDIR

# THÈME 2 Une diversification des espaces et des acteurs de la production



## CHAPITRE 3 DANS LE MONDE

### Une diversification des espaces et des acteurs de la production



## CHAPITRE 4 EN FRANCE

### Une diversification des espaces et des acteurs de la production



## RÉVISER & APPROFONDIR

# THÈME 3 Les espaces ruraux, multifonctionnalité ou fragmentation ?



## CHAPITRE 5 — DANS LE MONDE

### Les espaces ruraux : multifonctionnalité ou fragmentation ?



## CHAPITRE 6 — EN FRANCE

### Les espaces ruraux : multifonctionnalité ou fragmentation ?



## RÉVISER & APPROFONDIR

THÈME 4

# La Chine, des recompositions spatiales multiples



CHAPITRE 7



## RÉVISER & APPROFONDIR



GÉO AUTREMENT **Une manière originale et ludique d'aborder la géographie !**



GÉO DÉBAT **Apprenez à débattre sur des enjeux de société.**



## SE PRÉPARER AU BAC

Révisez les épreuves communes de contrôle continu grâce à votre manuel !

# Découvrez votre manuel augmenté !

## PLUS DE 200 RESSOURCES NUMÉRIQUES SUPPLÉMENTAIRES À VOTRE DISPOSITION

▶ Toutes les ressources numériques sont repérables par des pictos qui vous indiquent le type de ressource proposé.

**« Comment accéder à ces ressources ?**

▶ En flashant les pages grâce à l'appli Nathan Live !
▶ Sur le site Nathan du manuel : **lyceen.nathan.fr/geo1re-2019**
▶ Sur votre manuel numérique.
▶ **Mode d'emploi des différents accès sur le rabat de couverture, p. I.**

## LES RESSOURCES À LA LOUPE

### DES EXERCICES INTERACTIFS

**Exercices interactifs**

▶ Pour s'entraîner facilement et à tout moment, de nombreux exercices pour vous assurer que vous maîtrisez les connaissances de chaque chapitre.

▶ **Rendez-vous sur les pages Exercices !** p. 58, 114, 170 et 202.

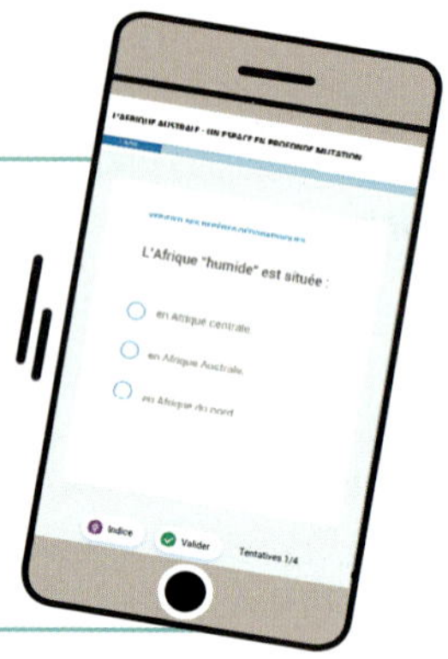


### TOUS LES COURS EN PODCAST

**Podcast du cours**

▶ Tous les cours et les synthèses du manuel sont disponibles en version audio lue par un(e) comédien(e).

▶ **Rendez-vous sur toutes les pages Cours du manuel et sur la synthèse à la fin de chaque thème.**

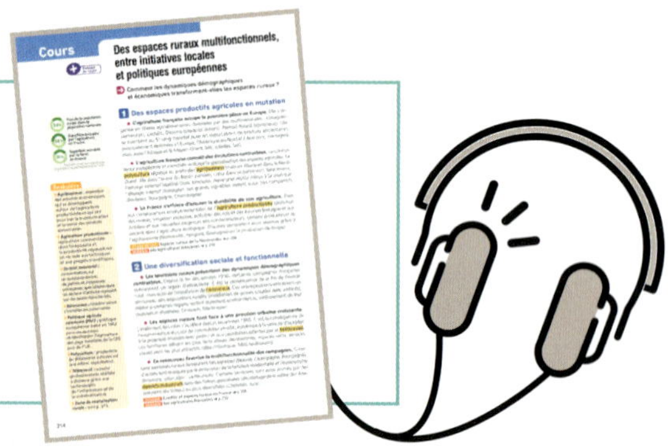


### LES SCHÉMAS DES COURS À COMPLÉTER

**Schéma interactif à compléter**

▶ Pour comprendre les schémas des cours, entraînez-vous sur la version interactive.

▶ **Rendez-vous sur les pages Cours de chaque chapitre.**

## Grâce aux différents outils proposés par Nathan, votre manuel papier prend vie !

### LES CARTES INTERACTIVES

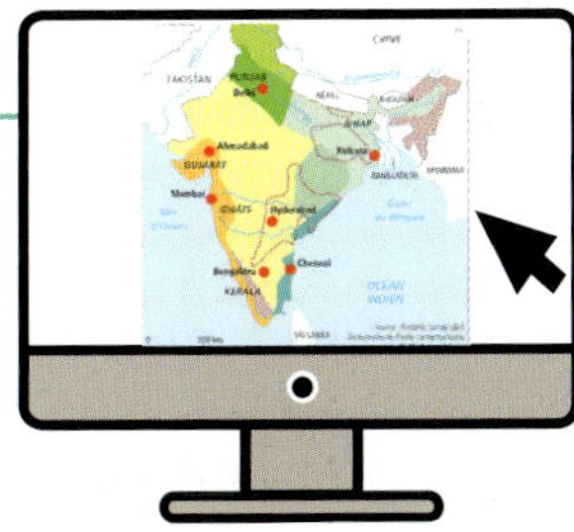

▶ Toutes les cartes de ce manuel sont disponibles en version interactive : cliquez sur la légende pour faire apparaître les figurés sur la carte.

### LES SCHÉMAS DE NOTIONS

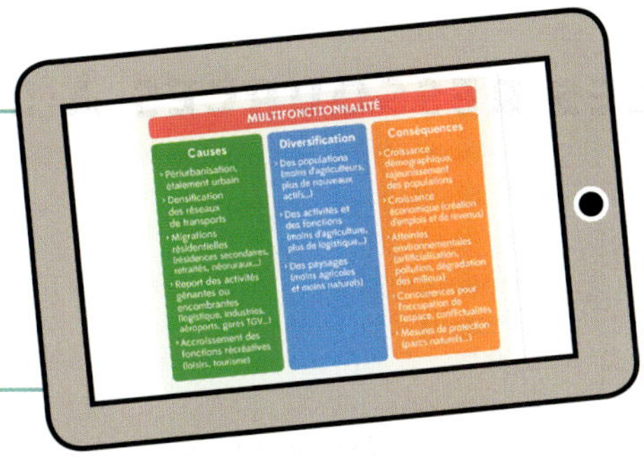


Schéma interactif

▶ A la fin de chaque thème, les notions du programme sont proposées sous forme visuelle et interactive.

▶ **Rendez-vous** p. 55, 111 et 167.

### DES VIDÉOS

Vidéo

▶ Des vidéos pour approfondir les sujets : actualités, documentaires...

▶ **Rendez-vous** p. 50, 68, 73, 74, 81, 82, 99, 101, 108, 130, 148, 149, 153, 155, 164, 181.

### DES ANIMATIONS SUR LES CROQUIS

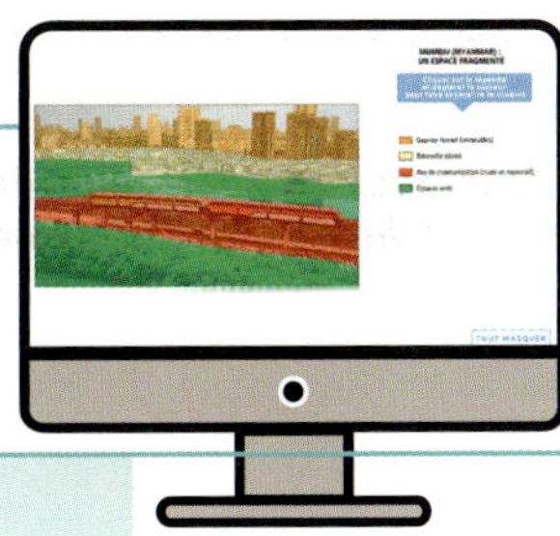

Animations

▶ Des animations interactives pour s'entraîner pas à pas aux croquis de paysage.

▶ **Rendez-vous** p. 17, 20, 23, 41, 127, 129, 133, 134, 155.

### SPÉCIAL ACCESSIBILITÉ — LES TEXTES EN VERSION DYS

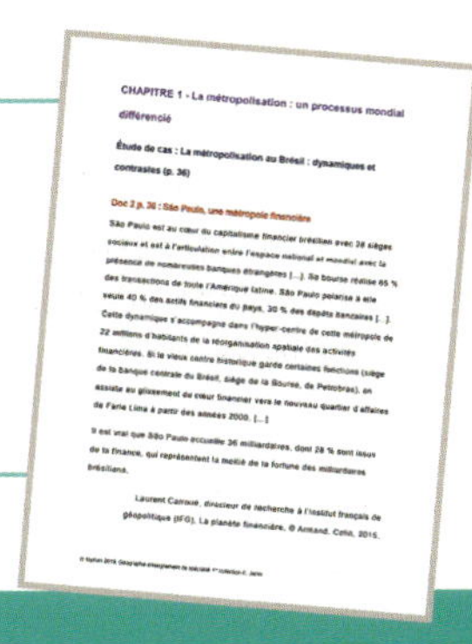

▶ Tous les documents textes de ce manuel sont disponibles dans une version imprimable adaptée aux DYS (police, interlignage).

▶ **Téléchargez-les facilement sur le site lyceen.nathan.fr/geo1re-2019**

# PROGRAMME DE GÉOGRAPHIE 1re

*BO spécial n° 1 du 22 janvier 2019*

## « Les dynamiques d'un monde en recomposition » (48 heures)

- Sous l'effet des processus de transition – appréhendés en classe de seconde –, le monde contemporain connaît de profondes recompositions spatiales à toutes les échelles. Dans le cadre du programme de première, l'étude des dynamiques à l'œuvre fait ressortir la complexité de ces processus de réorganisation des espaces de vie et de production.
- Ces recompositions peuvent être observées à travers le poids croissant des villes et des métropoles dans le fonctionnement des sociétés et l'organisation des territoires. La métropolisation, parfois associée à l'idée d'une certaine uniformatisation des paysages urbains, renvoie toutefois à des réalités très diverses selon les contextes territoriaux. Elle contribue aussi à accentuer la concurrence entre les métropoles, ainsi que la diversité et les inégalités socio-spatiales en leur sein.
- En lien avec la métropolisation, les espaces productifs se recomposent autour d'un nombre croissant d'acteurs aux profils variés. Ces recompositions s'inscrivent au sein de configurations spatiales multiples qui évoluent en fonction de l'organisation des réseaux de production (internationaux, régionaux ou locaux).
- Les espaces productifs liés à l'agriculture sont traités plus spécifiquement dans le thème sur les espaces ruraux. La multifonctionnalité de ces derniers et leurs liens avec les espaces urbains s'accentuent, à des degrés divers selon les contextes, et contribuent au développement de conflits d'usages.

## THÈME 1 La métropolisation : un processus mondial différencié (12-14 heures)

| Questions | Commentaire |
|---|---|
| • Les villes à l'échelle mondiale : le poids croissant des métropoles.<br>• Des métropoles inégales et en mutation. | Depuis 2007, la moitié de la population mondiale vit en ville ; cette part ne cesse de progresser. Cette urbanisation s'accompagne d'un processus de métropolisation : concentration des populations, des activités et des fonctions de commandement.<br>En dépit de ce que l'on pourrait identifier comme des caractéristiques métropolitaines (quartier d'affaires, équipement culturel de premier plan, noeuds de transports et de communication majeur, institution de recherche et d'innovation…), les métropoles sont très diverses. Elles sont inégalement attractives et n'exercent pas la même influence.<br>À l'échelle locale, l'étalement urbain combiné à l'émergence de nouveaux centres fonctionnels (dans la ville-centre comme dans les périphéries) contribuent à recomposer les espaces intra-métropolitains. Cela se traduit également par une accentuation des contrastes et des inégalités au sein des métropoles. |
| **Études de cas possibles :**<br>• La métropolisation au Brésil : dynamiques et contrastes.<br>• Londres : une métropole de rang mondial.<br>• Mumbai : une métropole fragmentée.<br>• La mégalopole du Nord-Est des États-Unis (de Boston à Washington) : des synergies métropolitaines. | |
| **Question spécifique sur la France** | **Commentaire** |
| La France : la métropolisation et ses effets. | La métropolisation renforce le poids de Paris (ville primatiale) et recompose les dynamiques urbaines. L'importance et l'attractivité des métropoles régionales métropolitaines et ultramarines tendent à se renforcer, mais de façon différenciée, de même que la concurrence qu'elles se livrent.<br>Cela conduit à une évolution de la place et du rôle des villes petites et moyennes, entre, pour certaines, mise à l'écart, dévitalisation des centres-villes, et, pour d'autres, un renouveau porté par une dynamique économique locale et la valorisation du cadre de vie. |

## THÈME 2 Une diversification des espaces et des acteurs de la production (12-14 heures)

| Questions | Commentaire |
|---|---|
| • Les espaces de production dans le monde : une diversité croissante.<br>• Métropolisation, littoralisation des espaces productifs et accroissement des flux. | À l'échelle mondiale, les logiques et dynamiques des principaux espaces et acteurs de production de richesses (en n'omettant pas les services) se recomposent. Les espaces productifs majeurs sont divers et plus ou moins spécialisés. Ils sont de plus en plus nombreux, interconnectés et se concentrent surtout dans les métropoles et sur les littoraux.<br>Les processus de production s'organisent en chaînes de valeur ajoutée à différentes échelles. Cela se traduit par des flux d'échanges matériels et immatériels toujours plus importants.<br>Les chaînes et les réseaux de production sont, dans une large mesure, organisés par les entreprises internationales, mais l'implantation des unités productives dépend également d'autres acteurs – notamment publics –, des savoir-faire, des coûts de main d'oeuvre ou encore des atouts des différents territoires. Ceux-ci sont de plus en plus mis en concurrence. Parallèlement, l'économie numérique élargit la diversité des espaces et des acteurs de la production. |

| Études de cas possibles : | |
|---|---|
| • Les espaces des industries aéronautique et aérospatiale européennes : une production en réseau.<br>• Singapour : l'articulation de la finance, de la production et des flux.<br>• Les investissements chinois en Afrique : la recomposition des acteurs et espaces de la production aux échelles régionale et mondiale.<br>• La Silicon Valley : un espace productif intégré de l'échelle locale à l'échelle mondiale. | |
| **Question spécifique sur la France** | **Commentaire** |
| La France : les systèmes productifs entre valorisation locale et intégration européenne et mondiale. | L'étude des systèmes productifs français (Outre-mer inclus) permet de mettre en avant les lieux et acteurs de la production à l'échelle nationale, tout en soulignant l'articulation entre valorisation locale et intégration européenne et mondiale. |

## THÈME 3 Les espaces ruraux : multifonctionnalité ou fragmentation ? (12-14 heures)

| Questions | Commentaire |
|---|---|
| • La fragmentation des espaces ruraux.<br>• Affirmation des fonctions non agricoles et conflits d'usages. | Les recompositions des espaces ruraux dans le monde sont marquées par le paradoxe de liens de plus en plus étroits avec les espaces urbains et l'affirmation de spécificités rurales (paysagères, économiques, voire socio-culturelles), impliquant des dynamiques contrastées de valorisation, de mise à l'écart ou de protection de la nature et du patrimoine. Globalement, la part des agriculteurs diminue au sein des populations rurales. Toutefois, l'agriculture reste structurante pour certains espaces ruraux, avec des débouchés de plus en plus variés, alimentaires et non alimentaires.<br>À l'échelle mondiale, la multifonctionnalité des espaces ruraux s'affirme de manière inégale par l'importance croissante, en plus de la fonction agricole, de fonctions résidentielle, industrielle, environnementale ou touristique, contribuant tout à la fois à diversifier et à fragiliser ces espaces. Cette multifonctionnalité et cette fragmentation expliquent en partie la conflictualité accrue dans ces espaces autour d'enjeux divers, notamment fonciers : accaparement des terres, conflits d'usage... Elles posent la question de leur dépendance aux espaces urbains. |
| **Études de cas possibles :**<br>• Les mutations des espaces ruraux de Toscane.<br>• Les transformations paysagères des espaces ruraux d'une région française (métropolitaine ou ultramarine).<br>• Mutations agricoles et recomposition des espaces ruraux en Inde.<br>• Les espaces ruraux canadiens : une multifonctionnalité marquée. | |
| **Question spécifique sur la France** | **Commentaire** |
| La France : des espaces ruraux multifonctionnels, entre initiatives locales et politiques européennes. | En France, les espaces ruraux se transforment :<br>• mutation des systèmes agricoles et diversification des fonctions productives,<br>• pression urbaine croissante et liens accrus avec les espaces urbains,<br>• entre vieillissement et renouveau des populations rurales, diversification des dynamiques démographiques et résidentielles.<br>Ces mutations s'accompagnent d'enjeux d'aménagement et de développement rural : valorisation et soutien de l'agriculture, équipement numérique, télétravail, protection de l'environnement, maintien et organisation ou réorganisation des services publics...<br>Ces enjeux mobilisent des acteurs à différentes échelles, du développement local aux politiques nationales et européennes de développement rural. |

## THÈME 4 La Chine : des recompositions spatiales multiples (8-10 heures)

| Questions | Commentaire |
|---|---|
| • Développement et inégalités.<br>• Des ressources et des environnements sous pression.<br>• Recompositions spatiales : urbanisation, littoralisation, mutations des espaces ruraux. | La Chine est un pays où les évolutions démographiques et les transitions (urbaine, environnementale ou énergétique...) engendrent de nombreux paradoxes et suscitent des recompositions spatiales spectaculaires.<br>Les évolutions démographiques, les migrations des campagnes vers les villes, la surexploitation des ressources, la pollution, l'ouverture et l'insertion de plus en plus forte dans la mondialisation accentuent les contrastes territoriaux. |

**Notions et vocabulaire à maîtriser à l'issue de la classe de première** (en complément des notions et vocabulaires acquis en classe de Seconde qui seront remobilisés tout comme les repères spatiaux acquis) :

- Recomposition : notion transversale à l'ensemble des thèmes.
- Centralité, centre-périphérie, métropole/métropolisation, ville.
- Espace productif, entreprise multinationale, chaîne de la valeur ajoutée, flux, production, système productif.
- Espace rural, multifonctionnalité, fragmentation, périurbanisation, ruralité.

ÉTATS-UNIS
Las Vegas

# THÈME 1

Pour entrer dans le thème

# La métropolisation : un processus mondial différencié

Alors que le monde est majoritairement urbain, les métropoles ont un poids croissant dans le fonctionnement des sociétés et dans l'organisation des territoires. Elles concentrent les populations, les activités et les fonctions de commandement. Les espaces métropolitains se recomposent et sont marqués par les inégalités socio-spatiales.

**Quel est le poids des métropoles dans l'urbanisation du monde ? Comment les espaces métropolitains se recomposent-ils ?**



L'hôtel Paris à Las Vegas aux États-Unis (2017)

THÈME 1

CHAPITRE 1

# La métropolisation : un processus mondial différencié DANS LE MONDE

- Les villes à l'échelle mondiale : le poids croissant des métropoles
- Des métropoles inégales et en mutation

SOMMAIRE



**Dans ce chapitre**

TOUS LES TEXTES en version à imprimer

TOUTES LES CARTES en version interactive

**Zoom sur...**

**Tokyo**

| | |
|---|---|
| Population (2019) | 37 millions d'habitants (1er rang mondial) |
| Pourcentage de la population du Japon | 29 % |
| Superficie | 8 547 km² |
| Densité | 4 450 hab./km² |

Quartier commerçant de Shibuya à Tokyo (Japon), 2017

JAPON
Tokyo
渋谷センター街
myT factory
Cafe Miyama
TOKYO GINZA HIT CORPORATION

# Étude de cas

## La métropolisation au Brésil : dynamiques et contrastes

**Zoom sur…**

**▶ la métropolisation au Brésil (2018)**

| | |
|---|---|
| **Population Brésil** | 210 millions d'hab. |
| **Taux d'urbanisation** | 87,1 % (182,9 millions d'hab.) |
| **Principales métropoles** (en millions d'hab.) | – São Paulo : 22<br>– Rio de Janeiro : 13,5<br>– Belo Horizonte : 6 |

**Quels sont les enjeux spatiaux de la métropolisation au Brésil ?**

### 1 L'évolution du taux d'urbanisation au Brésil

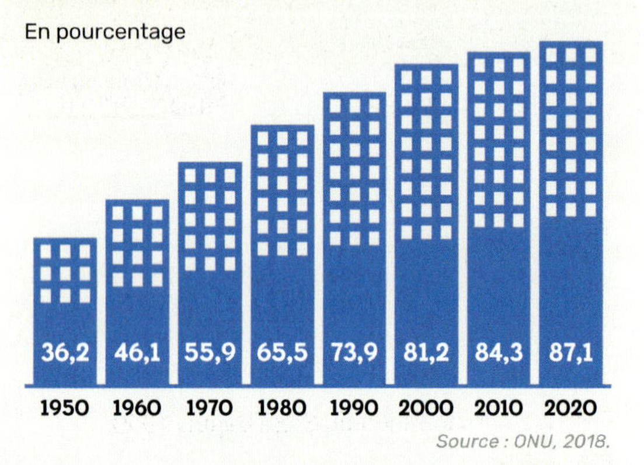


*Source : ONU, 2018.*

**Vocabulaire**

**Métropolisation** : processus de concentration des populations, des activités, des investissements et des fonctions de commandement dans les métropoles.

### 2 São Paulo, une métropole financière

**Parole de géographe**

São Paulo est au cœur du capitalisme financier brésilien avec 28 sièges sociaux et est à l'articulation entre l'espace national et mondial avec la présence de nombreuses banques étrangères […]. Sa bourse réalise 85 % des transactions de toute l'Amérique latine. São Paulo polarise à elle seule 40 % des actifs financiers du pays, 30 % des dépôts bancaires […].

Cette dynamique s'accompagne dans l'hyper-centre de cette métropole de 22 millions d'habitants de la réorganisation spatiale des activités financières. Si le vieux centre historique garde certaines fonctions (siège de la banque centrale du Brésil, siège de la Bourse, de Petrobras), on assiste au glissement du cœur financier vers le nouveau quartier d'affaires de Faria Lima à partir des années 2000. […]

Il est vrai que São Paulo accueille 36 milliardaires, dont 28 % sont issus de la finance, qui représentent la moitié de la fortune des milliardaires brésiliens.

Laurent Carroué, directeur de recherche à l'Institut français de géopolitique (IFG), *La planète financière*, © Armand. Colin, 2015.

### 3 Urbanisation et métropoles au Brésil

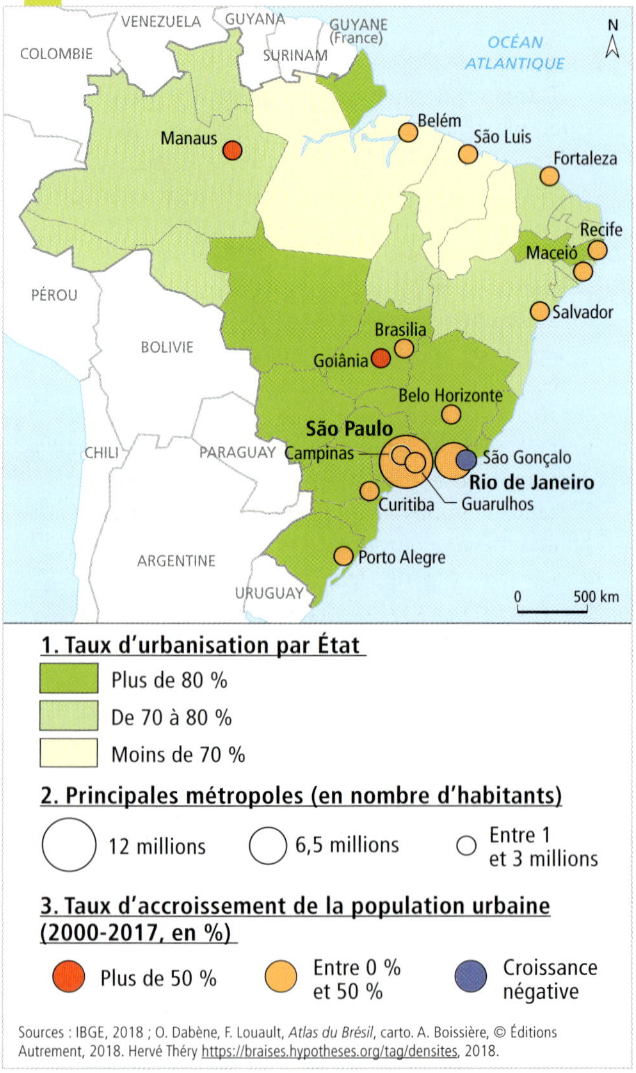


Sources : IBGE, 2018 ; O. Dabène, F. Louault, *Atlas du Brésil*, carto. A. Boissière, © Éditions Autrement, 2018. Hervé Théry https://braises.hypotheses.org/tag/densites, 2018.

**4** **Belo Horizonte, 3e métropole la plus peuplée du Brésil (2017)**

Animation croquis

## 5 Les conséquences de la métropolisation au Brésil

Parole de géographes

L'urbanisation incontrôlée fait naître de nouveaux enjeux dans les agglomérations de plus d'un million d'habitants. Pour répondre à la densification urbaine, les autorités locales et les promoteurs immobiliers étendent et verticalisent les villes. São Paulo s'étend ainsi sur 100 km d'est en ouest. Mais les politiques d'aménagement urbain ne suivent pas, notamment en ce qui concerne les transports. Les plus riches se déplacent en hélicoptère de leur résidence vers leurs lieux de travail ou vers des *shopping centers* de luxe. Les nouveaux urbains s'entassent dans des périphéries toujours plus lointaines, où de nombreuses habitations se construisent dans l'illégalité. Les pouvoirs publics peinent à légaliser l'habitat précaire des *favelas*[1]. Le manque d'accès aux services pèse sur l'hygiène et les populations sont régulièrement victimes d'inondations. Quant aux classes moyennes, elles se replient dans des quartiers fermés ou dans des immeubles grillagés, touchées par le sentiment d'insécurité.

Comment lutter contre les inégalités et la ségrégation urbaine ou encore lutter contre la pollution ? La création en 2001 par le gouvernement fédéral d'un ministère de la Ville n'offre qu'une réponse partielle aux enjeux actuels du renouvellement urbain.

O. Dabène et F. Louault, spécialistes du Brésil, *Atlas du Brésil : promesses et défis d'une puissance émergente*, cartographie Aurélie Boissière, © Éditions Autrement, 2018.

1. *Favelas* : nom donné aux bidonvilles au Brésil.

## Questions

**Itinéraire 1**

### Décrire et analyser

1. Décrivez l'urbanisation du Brésil depuis 1950. **doc. 1 et 3**
2. Montrez que la dynamique de métropolisation s'est manifestée à l'ensemble du Brésil. **doc. 2 à 4**
3. Quelles inégalités entre les espaces se sont renforcées avec la métropolisation ? **doc. 2 à 5**

### Synthétiser et argumenter

4. Expliquez le processus de métropolisation au Brésil et les défis qu'elle soulève. **doc. 1 à 5**

**ou**

**Itinéraire 2**

Conseils et méthode

### Préparer un exposé oral

Recopiez et complétez le tableau suivant à l'aide des documents étudiés.

| La métropolisation au Brésil… | Informations apportées par les documents |
|---|---|
| … est une dynamique urbaine qui s'est généralisée… | |
| … avec des hiérarchies entre les métropoles… | |
| … qui se traduit par des inégalités socio-spatiales. | |

# Étude de cas

## Londres : une métropole de rang mondial

**Zoom sur...**

**Londres (2017)**

| | |
|---|---|
| Population métropole | 14 millions d'hab. (28e rang mondial) |
| Produit urbain brut | 879 milliards de dollars/an (4e rang mondial) |
| Nombre de touristes | 19,8 millions (2e rang mondial) |
| Londoniens nés à l'étranger | 36,7 % |

Comment le rayonnement mondial de Londres se manifeste-t-il à différentes échelles ?

### A Un rayonnement mondial

**1 Affiche diffusée par l'aéroport de Londres-Heathrow (2018)**

Traduction : « Londres : la ville que le monde attend »
« Heathrow : Construire pour l'avenir »
« La Shard Tower vue du Tower Bridge »

**2 La *City* : un quartier d'affaires**

Pôle financier international, la *City* de Londres a construit son rayonnement depuis des siècles. À la fois centre historique et géographique de la capitale britannique et, surtout, quartier général de la finance européenne et mondiale, [elle est] le cœur battant de l'extraordinaire puissance économique du pays. « La *City* » cumule les superlatifs : 400 000 salariés, 500 banques internationales, des centaines de compagnies d'assurances, de comptabilité et de services financiers…

Plus de 200 nationalités se mêlent ici. La *City* est un *melting-pot*, « un pôle d'excellence de la finance qui attire les meilleurs talents de tous les pays et dans tous les domaines – banques, transactions financières, assurance, services juridiques, comptabilité, fiscalité… », souligne René Defossez, un Français qui travaille ici pour Natixis[1].

« En tant que cabinet d'avocats international, nous représentons des entreprises multinationales à travers le monde, qui nous disent que Londres est un centre économique et financier d'importance vitale pour elles, confirme Susan Bright, associée du cabinet d'avocats Hogan Lovells. Londres est une ville mondiale, c'est aussi une porte d'entrée vers l'Europe, avec de solides infrastructures, un système juridique très respecté avec des juges impartiaux, et l'anglais est une langue parlée à travers le monde, il est donc facile de faire des affaires ici. »

M. Dancer, « À la *City* de Londres, la finance dans l'État », *La Croix*, 20 juillet 2017.

1. Banque française.

## 3 Les vols directs au départ de Londres-Heathrow

## 4 Londres dans le classement des métropoles mondiales

*Source : Global Power City Index, 2018.*

## Questions

### Itinéraire 1

#### Exploiter et confronter des informations

1. Identifiez les différentes fonctions présentes à Londres. **doc. 2 et 4**
2. Montrez que l'aéroport d'Heathrow est un aéroport de rang mondial. **doc. 1 et 3**
3. Comment Londres se situe-t-elle dans la hiérarchie des villes à l'échelle mondiale ? **doc. 3 et 4**

#### Synthétiser des informations

4. Pourquoi peut-on qualifier Londres de métropole attractive de rang mondial ? **doc. 1 à 4**

**ou**

### Itinéraire 2

#### Réaliser un croquis de synthèse (1/2)

- Reportez dans le tableau les informations contenues dans les documents sur les deux thèmes suivants :

| | Informations |
|---|---|
| Une diversité de fonctions | |
| Un rayonnement mondial | |

- Sélectionnez les informations cartographiables.
- Attribuez un figuré cartographique à chacune de ces informations.

# B Une métropolisation facteur de recompositions spatiales

Animation croquis

## 5 Stratford (Newham) : un quartier en recomposition (2017)

① Friches industrielles et quartiers ouvriers en voie de réhabilitation
② Gares
③ Centre commercial
④ Nouveau quartier d'affaires en construction (*International Quarter London*)
⑤ Quartier d'affaires de la *City*
⑥ Nouveaux immeubles d'habitation
⑦ Quartier d'affaires de *Canary Wharf*
⑧ *London Stadium* (ancien stade olympique)

## 6 Étalement et recompositions de la métropole londonienne

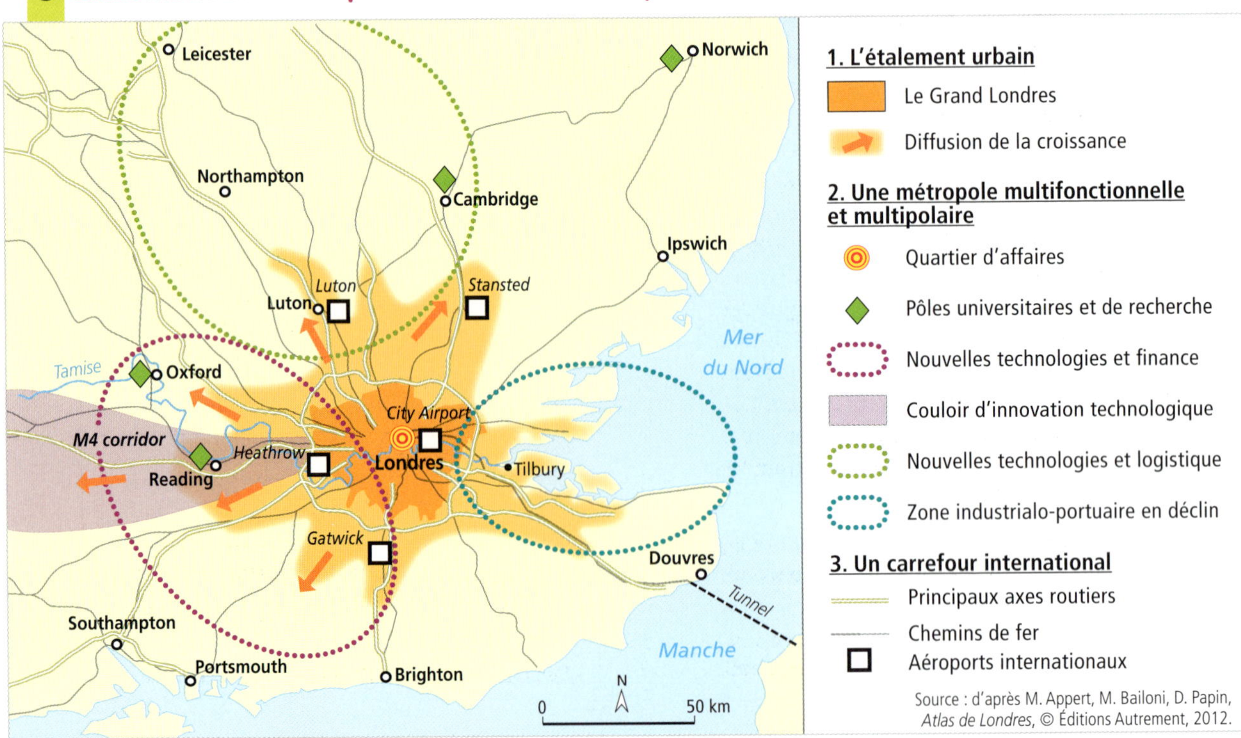


Source : d'après M. Appert, M. Bailoni, D. Papin, *Atlas de Londres*, © Éditions Autrement, 2012.

# C Une métropole de contrastes et d'inégalités



## 7 Les contrastes socio-économiques à Londres

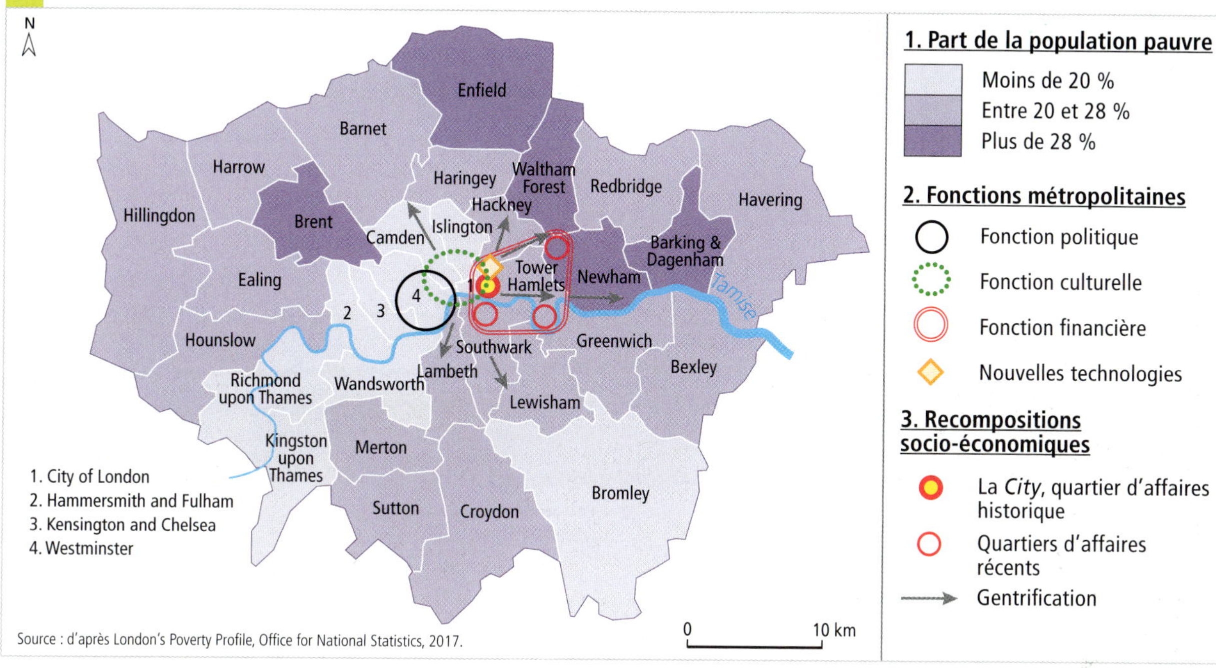


Source : d'après London's Poverty Profile, Office for National Statistics, 2017.

## 8 Des inégalités à différentes échelles

Parole de géographe

Dans les années 1980, la révolution néo-conservatrice thatchérienne[1] refonde les bases du capitalisme britannique au prix cependant d'une explosion des inégalités sociales et territoriales [...]. Le royaume apparaît en effet de plus en plus désuni du fait des profonds clivages sociaux, économiques, politiques, ethniques et identitaires qui structurent la société et ses territoires. [...] L'agglomération de Londres est emblématique du profond dualisme des territoires, 38 % des enfants y vivant sous le seuil de pauvreté. Alors que le revenu annuel moyen par habitant est de 455 000 £ dans la *City* et de 59 400 £ à Kensington, il tombe à 12 500 £ à Lewisham, un rapport de 1 à 36. C'est dans ce contexte que le 23 juin 2016, les Britanniques votent par referendum à 51,9 % pour la sortie de l'Union européenne (*Brexit*). [...] Si Londres et les grandes villes-centres sont pour le maintien dans l'Union, les régions les plus pauvres ou anciennement industrialisées votent massivement contre [...]. Même dans le bassin londonien, le *Brexit* l'emporte dans les espaces périurbains où se concentrent les salariés pauvres et exclus de Londres.

Laurent Carroué, *Atlas de la mondialisation*, cartographie Aurélie Boissière, © Éditions Autrement, 2018.

1. Margaret Thatcher, Premier ministre du Royaume-Uni de 1979 à 1990, a défendu une politique de désengagement de l'État de la sphère économique et sociale.

## Questions

**Itinéraire 1**

### Exploiter et confronter des informations

5. Montrez que Londres est une métropole polycentrique et multifonctionnelle. **doc. 5 à 7**
6. Pourquoi peut-on qualifier Londres de carrefour de communication à différentes échelles ? **doc. 5 et 6**
7. Expliquez le lien entre les recompositions économiques et le creusement des inégalités à Londres. **doc. 6 à 8**

### Organiser et synthétiser des informations

8. Montrez que la métropolisation entraîne des recompositions socio-spatiales à Londres. **doc. 5 à 8**

**ou**

**Itinéraire 2**

### Réaliser un croquis de synthèse (2/2)

- Complétez le tableau en reportant les informations contenues dans les documents 5 à 8 :

| | Informations |
|---|---|
| Une diversité de fonctions | |
| Un rayonnement mondial | |
| Une métropole inégalitaire et en recomposition | |

- Sélectionnez les informations cartographiables.
- Attribuez un figuré cartographique à chacune de ces informations.
- Réalisez le croquis à l'aide du fond de carte.

# Étude de cas

# La mégalopole du Nord-Est des États-Unis : des synergies métropolitaines

**Zoom sur…**

**▸ la mégalopole du Nord-Est des États-Unis (2018)**

| | |
|---|---|
| Population | Environ 55 millions d'hab. (soit 16,8 % des États-Unis) |
| PIB | Environ 4 000 milliards de dollars (soit 20 % des États-Unis) |
| Distance du nord au sud | 630 km |

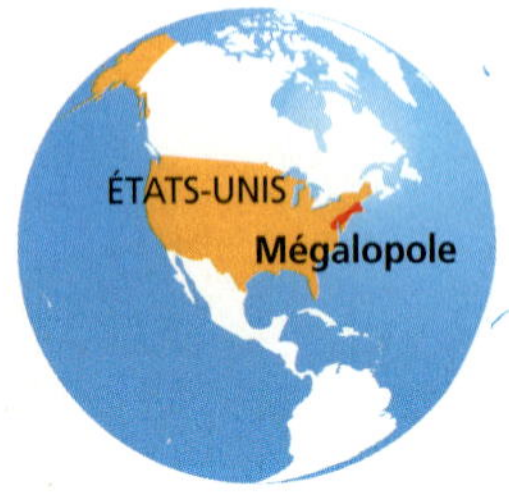


**Quelles sont les dynamiques des métropoles qui composent et transforment la mégalopole du Nord-Est des États-Unis ?**

## 1 Les fonctions de la mégalopole

Parole de géographe

Le concept de Megalopolis[1] a été forgé par le géographe Jean Gottmann au début des années 1960 pour désigner le chapelet de villes multimillionnaires de la côte Est des États-Unis de Boston à Washington, incluant New York, Baltimore, Philadelphie. Une remarquable synergie s'exerce entre ces métropoles interconnectées par des réseaux de transport et de télécommunication à partir desquels se mettent en relation des activités de management, d'innovation, de gestion des grandes entreprises multinationales, des grands pôles universitaires tels que le MIT (Massachusetts Institute of Technology, Boston), mais aussi des lieux de production industrielle. À côté de ces formes de pouvoir réellement visibles (à New York, les grandes sociétés ont leur gratte-ciel), se juxtaposent des formes de pouvoir politique, financier, boursier, culturel, militaire et diplomatique, sans oublier la présence de structures internationales majeures.

Les villes de la Megalopolis américaine jouent un rôle déterminant dans le « commandement » du monde, tant par les instances internationales qui y sont présentes que par le poids financier et boursier, les sièges sociaux des grandes multinationales américaines ou tout simplement au plan de la « culture américaine ».

Michel Goussot, spécialiste des États-Unis, *Les États-Unis dans la nouvelle économie mondiale*, © Armand Colin, 2000, mis à jour en décembre 2018.

1. Nom donné à la mégalopole du Nord-Est des États-Unis.

## 2 Un long corridor urbain

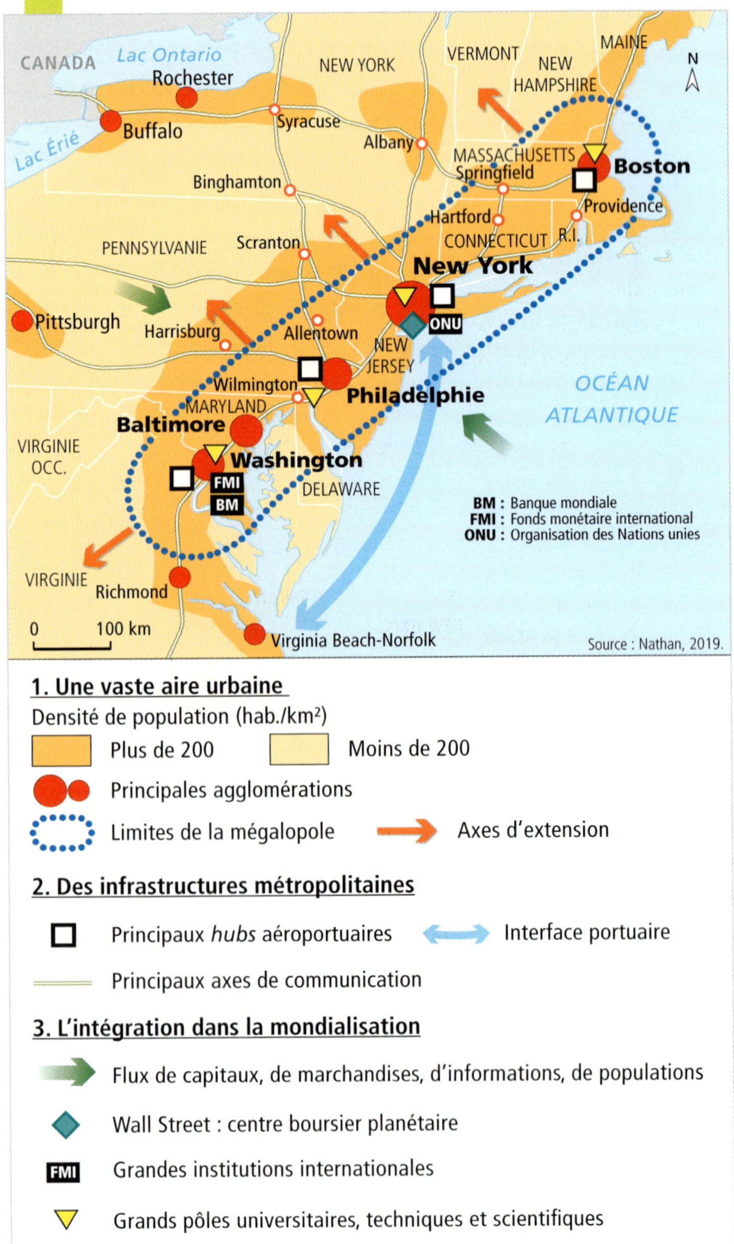

Animation croquis

## 3 L'espace urbain central de Boston (2019)

① Quartier d'affaires
② Quartier historique de *North End*
③ Port de Boston : centre récréatif et culturel
④ *Civic center* (centre administratif)

### Vocabulaire

- **Mégalopole :** grande région urbaine concentrant des métropoles reliées entre elles et exerçant un rayonnement mondial.
- **Métropolisation :** voir p. 55.
- **Synergie :** action à plusieurs provoquant un effet global.

## 4 Les mobilités dans la mégalopole

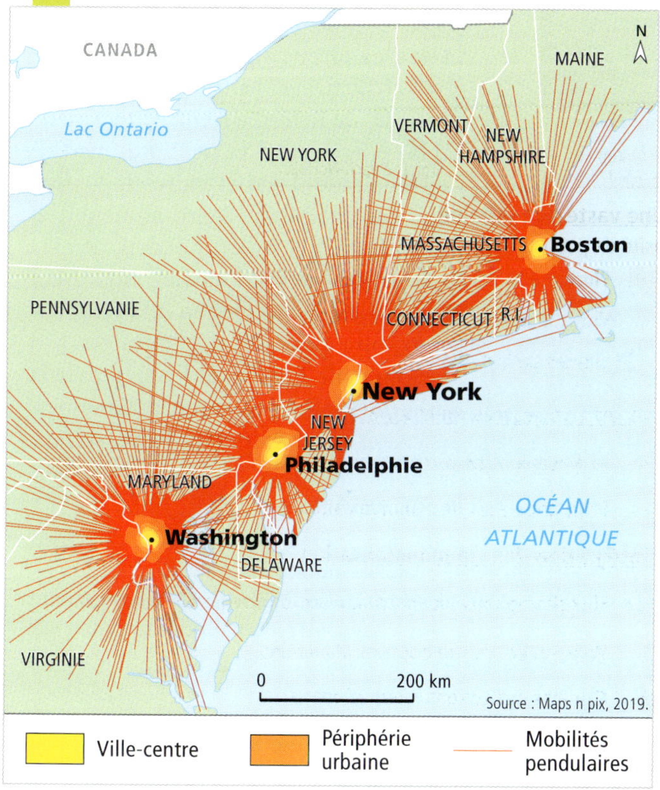


## Questions

### Itinéraire 1

#### Décrire et expliquer

1. Quel est le poids économique et démographique des métropoles de la mégalopole à l'échelle des États-Unis ? **doc. 1 et 2**
2. Quelles activités se développent dans la mégalopole ? **doc. 1 à 3**
3. Expliquez l'attraction des métropoles dans la région mégalopolitaine. **doc. 1, 2 et 4**

#### Synthétiser et argumenter

4. Montrez que la mégalopole du Nord-Est des États-Unis est un espace dynamique à différentes échelles. **doc. 1 à 4**

ou

### Itinéraire 2

Méthode pas à pas

#### Réaliser une carte mentale

À partir des documents, complétez la carte mentale ci-dessous.

- À l'échelle régionale
- À l'échelle des États-Unis
- **Poids et dynamiques de la mégalopole**
- À l'échelle mondiale

# Dossier

## Les quartiers d'affaires des grandes métropoles

**Comment les quartiers d'affaires symbolisent-ils la métropolisation ?**

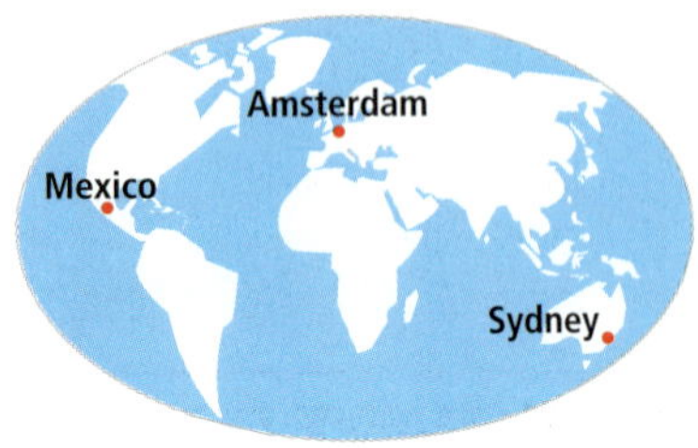


**1** Le quartier d'affaires de Sydney en Australie (2018)

### 2 Les principaux quartiers d'affaires

**Classement mondial établi à partir de 5 critères d'attractivité**

- La City (Londres)
- Midtown (New York)
- Marunouchi (Tokyo)
- La Défense (Paris)
- Canary Wharf (Londres)

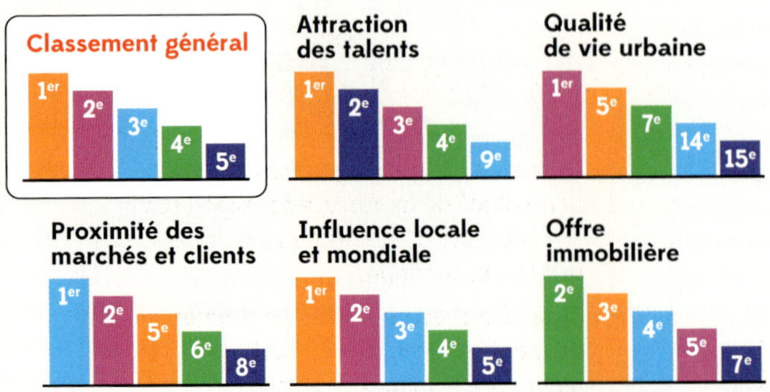


*Source : D'après Le Figaro, nov. 2017.*

### 3 Les fonctions de commandement de Mexico

**Parole de géographe**

Mexico est de façon incontestable la métropole mexicaine par excellence. Cette domination de Mexico est le reflet de la concentration de sièges sociaux (12 des 20 plus grandes compagnies mexicaines et 14 en prenant en compte les filiales étrangères) et d'activités financières. C'est à partir des CBD[1] de Reforma (centre-ville) ou de Santa Fé (nouveau CBD au nord-ouest de l'agglomération) que les cadres de compagnies comme Bimbo (agro-alimentaire) Carso, Telmex et América Móvil[2], Pemex (pétrole) ou Televisa (médias) impulsent et organisent la production et la vente sur le territoire mexicain et à l'étranger. […] La Bourse de Mexico et les sièges de la quasi-intégralité des banques (Banamex, Bancomer et les banques étrangères comme Santander ou HSBC) se regroupent dans le pôle de Mexico.

Frédéric Johansson, chercheur au laboratoire « Mondes Américains », extraits de conférence « Mexico : pouvoir ou contre-pouvoir d'une métropole émergente ? », mars 2017.

1. *Central business district* (quartier d'affaires).
2. Compagnies appartenant à Carlos Slim, homme d'affaires libano-mexicain.

## 4 Le quartier d'affaires de Zuidas à Amsterdam (Pays-Bas)

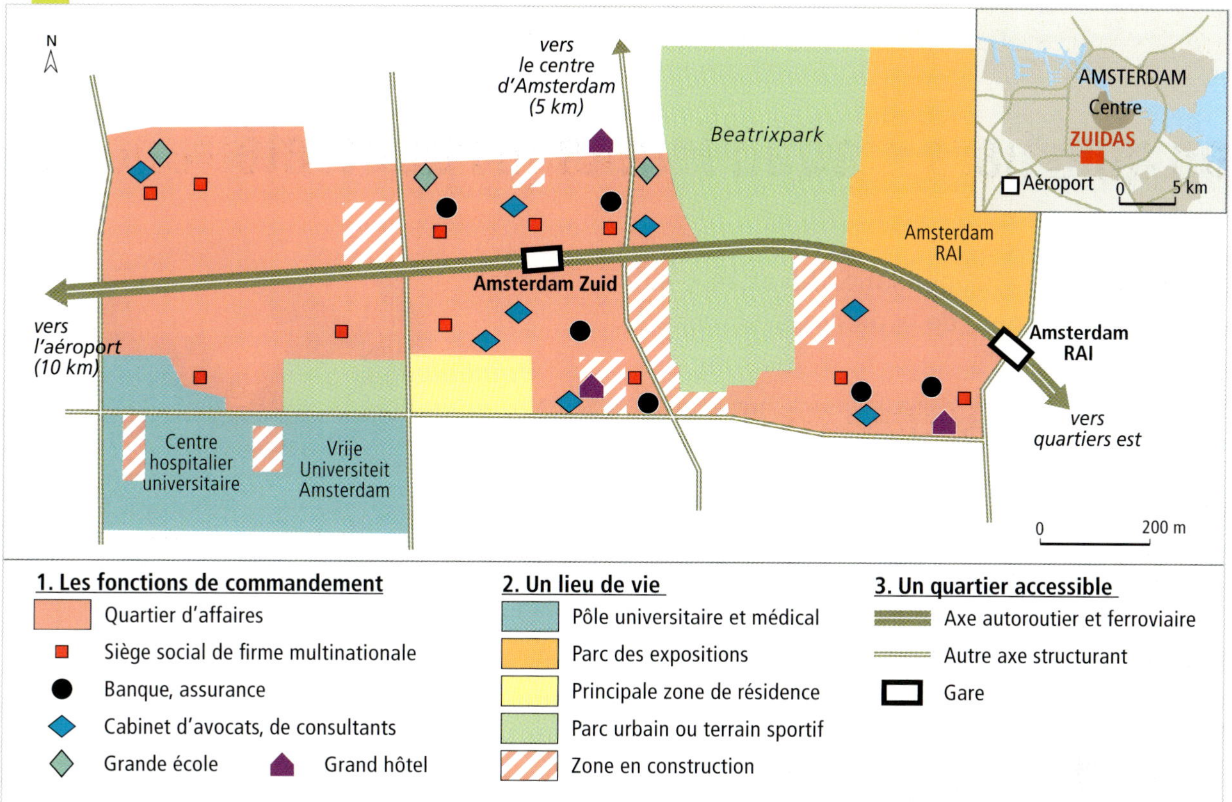


## 5 L'attractivité des quartiers d'affaires

Les quartiers d'affaires doivent s'adapter en permanence à l'évolution des attentes des utilisateurs afin de rester compétitifs. Aujourd'hui, les quartiers d'affaires mono-fonctionnels, désertés à la fin des journées de travail, voient leur attractivité décroître. L'accès aux talents et aux compétences dictant de manière prioritaire les choix de localisation des entreprises, la création d'un environnement de travail où il fait bon vivre, travailler et se détendre apparaissent essentiels. De Singapour à Amsterdam, la mixité des quartiers d'affaires devient comparable à celle des centres-villes. Logements, espaces de *coworking*, *food trucks* et espaces événementiels constituent désormais des prérequis.

L'attractivité des quartiers d'affaires est intimement liée à celle de leur métropole, mais les quartiers d'affaires peuvent prendre un certain nombre d'initiatives afin de renforcer leur attractivité : amélioration de l'aménagement urbain, création d'incubateurs pour start-up ou de programmes de formation pour faire grandir les talents.

Les quartiers d'affaires de demain ne seront plus de simples lieux de travail mais deviendront des lieux de vie, multi-fonctionnels, dynamiques et variés.

Lisette van Doorn, Directrice Générale Europe, ULI, *Baromètre d'attractivité des quartiers d'affaires mondiaux*, novembre 2017.

## Questions

**Itinéraire 1**

### Décrire et analyser

1. Décrivez le paysage urbain d'un quartier d'affaires. **doc. 1**
2. Quelles sont les activités et fonctions présentes dans les quartiers d'affaires ? En quoi renforcent-elles la métropolisation ? **doc. 3 et 4**
3. Dans quelles régions du monde les principaux quartiers d'affaires sont-ils situés ? **doc. 2**
4. Comment les quartiers d'affaires s'efforcent-ils de rester attractifs et compétitifs ? Pour quelles raisons ? **doc. 4 et 5**

### Synthétiser

5. Montrez comment et pourquoi les centres d'affaires sont caractéristiques de la métropolisation. **doc. 1 à 5**

ou

**Itinéraire 2** — Méthode pas à pas

### Réaliser un diaporama

- Choisissez des photographies qui vous permettent de montrer le paysage urbain d'un quartier d'affaires de votre choix et ses principales fonctions.
- Légendez chacune de ces photographies afin de montrer comment le quartier d'affaires représente la métropolisation.

# Dossier

# Métropoles, métropolisation et pauvreté

**Comment la métropolisation favorise-t-elle le développement de la pauvreté urbaine ?**

**1 Un bidonville à Manille (Philippines)**

Romi Santiago, « Urban Areas », *Manila Bulletin*, octobre 2017.

**3 Population des quartiers pauvres**

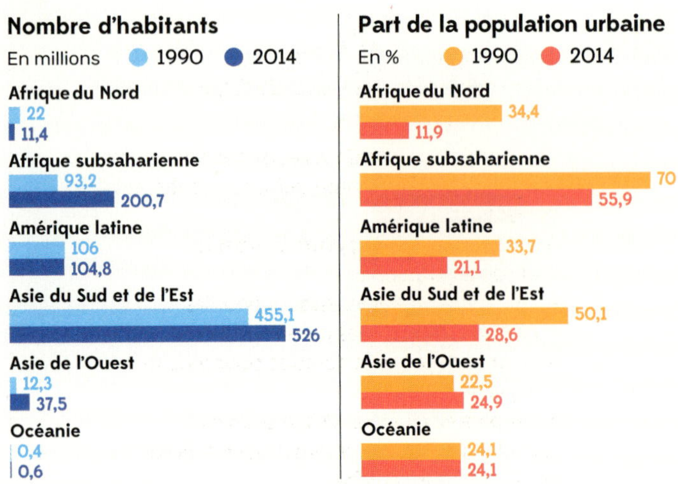


*Source : World Cities Report 2016. ONU Habitat, 2016.*

**2 Urbanisation et pauvreté urbaine** — Parole de géographe

Liée à des formes de marginalisation dans les pays occidentaux, la pauvreté urbaine ne régresse pas automatiquement avec l'émergence économique des pays en développement (PED). Si certains indices s'améliorent depuis 30 ans, les critères « multidimensionnels » fondés sur les conditions de vie concrètes (comme l'habitat ou l'accès aux services de base) révèlent la permanence d'une pauvreté de masse dans les PED.

C'est en ville que les concentrations de pauvres sont les plus grandes. La pauvreté urbaine est souvent liée au bas coût et à la flexibilité du travail des migrants ruraux. La part de l'emploi informel tend à augmenter dans certains pays émergents comme le Mexique ou l'Inde (90 % d'emplois sans contrat). Nombre des activités informelles urbaines sont pourtant connectées à l'économie globalisée. Les citadins pauvres jouent un rôle actif dans la production de services adaptés aux modes de vie urbains.

Les plus précaires ne peuvent compter que sur la force de travail familiale, enfants compris, ce qui entretient la spirale de la pauvreté. Pour éviter sa transmission intergénérationnelle, l'éducation est ciblée comme un outil prioritaire de « renforcement des capacités » (selon la théorie d'Amartya Sen) et l'Organisation internationale du travail (OIT) a lancé un Programme international pour l'abolition du travail des enfants.

Élisabeth Dorier (dir.), « L'urbanisation du monde », *La Documentation photographique*, © Dila, n° 8125, sept.-oct. 2018.

## 4 Un quartier pauvre au cœur de Buenos Aires (Argentine)

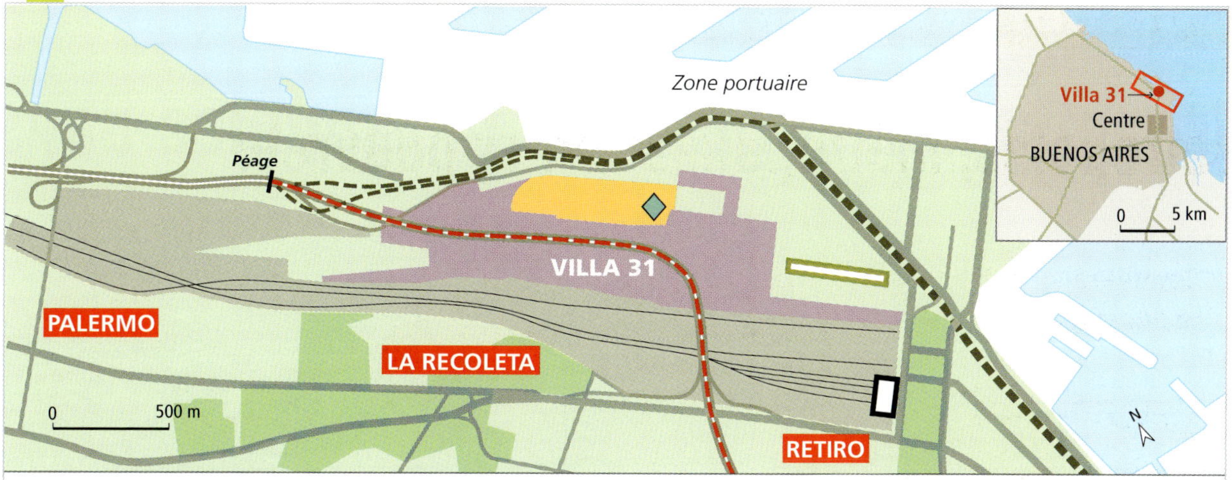


**1. Des espaces urbains fragmentés**
- Quartier pauvre informel
- RETIRO Quartier formel
- Autres espaces urbanisés
- Parcs, espaces verts

**2. Des infrastructures de communication**
- Autoroute
- Voies ferrées constituant une barrière physique
- Gare ferroviaire
- Gare routière

**3. Des aménagements urbains**
- Nouvelle autoroute
- Nouveaux logements
- Projet de pôle éducatif
- Ligne de bus à haut niveau de service sur l'autoroute existante

Source : F. Bosch, «Le quartier informel formalisé en Amérique du Sud», GEG Europe, 2018.

## 5 Une pauvreté urbaine généralisée

L'urbanisation, lorsqu'elle est bien gérée, améliore sensiblement la qualité de vie des territoires et de leurs populations. Lorsqu'elle ne l'est pas, elle entrave le développement, favorise la pauvreté, les épidémies et la criminalité. L'urbanisation effrénée qui a caractérisé le XX$^{e}$ siècle a fait augmenter en volume le nombre d'humains vivant dans des bidonvilles et l'insalubrité qui caractérise ces derniers : problèmes d'accès à l'eau, à l'assainissement, à l'énergie, aux transports, aux soins. […]

Dans les pays en développement, les bidonvilles résultent de l'exode rural d'autres parties du territoire national. […]

Les populations des bidonvilles dans les pays pauvres ne sont pas forcément, comme dans les pays riches, les populations les plus pauvres… Dans les bidonvilles des pays pauvres, on trouve des gens qui ont accès à la ville et qui cherchent à bénéficier de ses réseaux, dans des territoires où la plus grande pauvreté se situe dans les campagnes. Des centaines de milliers de personnes vivant dans des bidonvilles font en fait partie de la classe moyenne émergente de leur pays et non des plus pauvres.

*Les bidonvilles, « réservoirs urbains de problèmes… et de solutions »*, entretien avec J. Damon par R. Jeanticou, *telerama.fr*, 8 jan. 2018.

## Questions

### Itinéraire 1

#### Décrire et analyser

1. Quelles sont les principales caractéristiques paysagères, démographiques et économiques d'un quartier pauvre ? **doc. 1, 2, 4 et 5**
2. Décrivez l'évolution de la pauvreté urbaine dans le monde. Comment l'expliquez-vous ? **doc. 3 et 5**
3. À quels risques les populations urbaines pauvres sont-elles exposées ? **doc. 1, 2 et 5**
4. Quels aménagements ou programmes permettent de lutter contre la pauvreté urbaine ? **doc. 2 et 4**

#### Synthétiser et argumenter

5. Montrez la diversité de situations de la pauvreté urbaine dans le monde. **doc. 1 à 5**

ou

### Itinéraire 2

Méthode et conseils

#### Réaliser une affiche

- À partir des informations issues des documents, réalisez une affiche informative sur les thèmes suivants :
  - L'importance de la pauvreté urbaine et son explication ;
  - Les contraintes et les risques pour les populations urbaines pauvres ;
  - Les aménagements durables pour réduire la pauvreté urbaine.
- Vous pouvez chercher des ressources complémentaires sur Internet pour enrichir et illustrer votre affiche.

# Urbanisation et grandes métropoles dans

## Vocabulaire

- **Métropolisation :** processus de concentration des populations, des activités, des investissements et des fonctions de commandement dans les métropoles.
- **Urbanisation :** processus de concentration des populations dans les villes qui s'accompagne d'un accroissement de leur superficie.

## Chiffres clés

**L'urbanisation dans le monde**

**4,2 milliards** d'urbains (2017)

1 milliard dans des bidonvilles

**soit 55 % d'urbains** dans le monde (2017)

**Tokyo**
37 millions d'hab.
**métropole la plus peuplée en 2017**

**Delhi**
39 millions d'hab.
**métropole la plus peuplée en 2030**

## Questions

1. Nommez les régions les plus urbanisées et les moins urbanisées de la planète en 2019.
2. Nommez les régions qui concentrent le plus grand nombre d'aires métropolitaines supérieures à 10 millions d'habitants.
3. Quelles sont les régions où les métropoles ont connu la plus forte croissance démographique depuis 2000 ?

# le monde

Vidéo

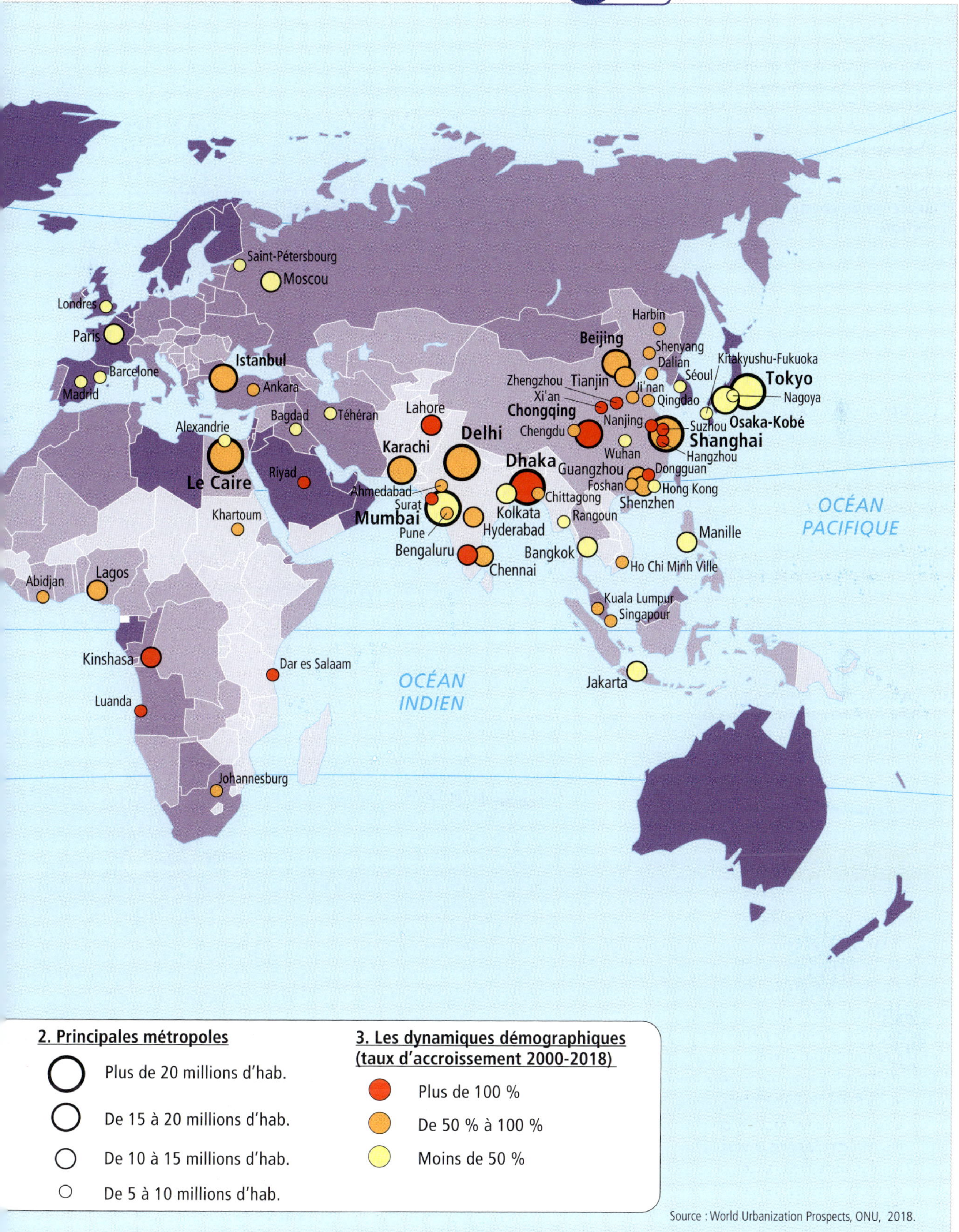

# Le poids des métropoles à l'échelle mondiale

## Vocabulaire

- **Archipel mégalopolitain mondial :** nom donné à l'ensemble des mégalopoles mondiales qui établissent des relations entre elles.
- **Capitalisation :** ensemble des placements financiers en Bourse.
- **Mégalopole :** grande région urbaine concentrant des métropoles reliées entre elles et exerçant un rayonnement mondial.
- **Mondialisation :** processus d'intégration et d'interdépendance des territoires et des sociétés humaines à l'échelle de la planète. Il entraîne une intensification des flux de capitaux, d'informations, de marchandises et de populations.

## Chiffres clés

**Les métropoles dans le monde**

**1 900 milliards $ :** PUB de Tokyo (1er rang mondial)

**33 700 milliards $ :** capitalisation boursière de New York (2018)

**55 millions d'hab.** dans la mégalopole du Nord-Est des États-Unis

## Questions

1. Localisez les régions du monde qui disposent des places financières les plus importantes.
2. Nommez les régions du monde qui ne disposent pas de métropoles bien intégrées dans la mondialisation.
3. Sur quels continents les principales mégalopoles sont-elles situées ?

Cours

Podcast du cours

# Les villes à l'échelle mondiale : le poids croissant des métropoles

**Quelles sont les caractéristiques du processus de métropolisation dans le monde ?**

**Vocabulaire**

- **Archipel mégalopolitain mondial** : nom donné à l'ensemble des grandes mégalopoles mondiales qui établissent des relations entre elles.
- **Exode rural** : migration importante de populations quittant les campagnes pour s'installer dans les villes.
- **Firme transnationale (FTN)** : entreprise implantée dans de nombreux pays et qui réalise la majeure partie de son chiffre d'affaires en dehors de son pays d'origine.
- **Mégapole** : très grande agglomération urbaine de plus de 10 millions d'habitants (selon le critère de l'ONU).
- **Mégalopole** : grande région urbaine concentrant des métropoles reliées entre elles et exerçant un rayonnement mondial.
- **Urbanisation** : processus de concentration des populations dans les villes qui s'accompagne d'un accroissement de leur superficie.

**Les 5 PUB les plus importants dans le monde en 2017**
En milliards de dollars

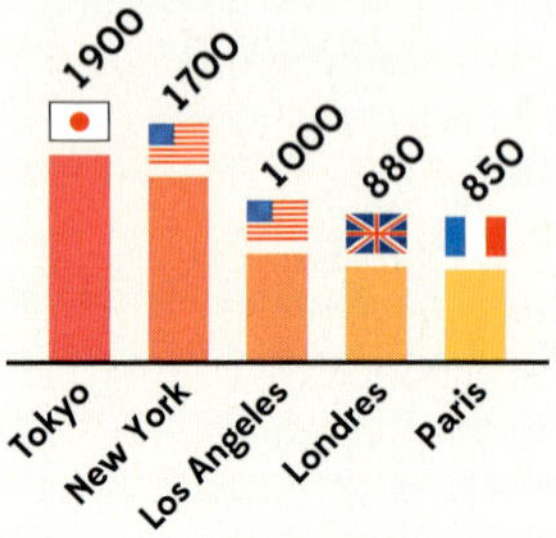


*Source : diverses, 2018.*

## 1 L'urbanisation : un phénomène mondial

- **La population mondiale est majoritairement urbaine.** En 2018, 55 % des habitants de la planète vivent dans les villes soit environ 4,2 milliards d'individus (dont 77 % dans les pays en développement). Dans ce processus d'**urbanisation** généralisée, l'ONU prévoit qu'il y aura environ 6,7 milliards d'urbains en 2050 (68 % de la population mondiale). 90 % des nouveaux urbains d'ici 2050 seront africains et asiatiques, dont le tiers uniquement pour l'Inde, la Chine et le Nigeria.

- **Trois facteurs expliquent l'explosion urbaine.** Chaque année, l'**exode rural** concerne plusieurs dizaines de millions de personnes, essentiellement dans les pays mal développés d'Afrique et d'Asie du Sud. L'arrivée de populations jeunes contribue à augmenter la démographie urbaine par un surplus de naissances. Enfin, l'étalement urbain englobe des villages périphériques en les incluant dans l'espace urbanisé.

- **L'urbanisation a favorisé l'émergence des très grandes villes.** En 2019, 570 agglomérations comptent plus d'un million d'habitants. 35 d'entre elles ont plus de 10 millions d'habitants. Si Tokyo est la plus peuplée (37 millions), 24 des 30 plus grandes **mégapoles** sont situées dans les pays en développement en 2018, contre 15 en 1970. En 2030, Delhi (Inde) deviendra la métropole la plus peuplée dans le monde avec 39 millions d'habitants.

ÉTUDE DE CAS La métropolisation au Brésil → p. 16

## 2 Un processus croissant de métropolisation

- **Les métropoles concentrent les activités et la richesse produite.** Les plus importantes d'entre elles disposent d'un PUB (produit urbain brut) équivalent ou supérieur à beaucoup de pays dans le monde. Tokyo, 1er PUB mondial avec près de 1 900 milliards de dollars (2017), produit autant de richesses que l'Italie. São Paulo (Brésil) est la métropole la plus prospère des mondes en développement avec un PUB équivalent au PIB des Pays-Bas.

- **Les grandes métropoles rassemblent les lieux de la puissance financière.** Les principales places boursières (Wall Street à New York, Kabuto-Cho à Tokyo, Mumbai Stock Exchange…) sont situées dans les quartiers d'affaires de ces métropoles. C'est aussi dans ces quartiers que se regroupent les sièges sociaux des **firmes transnationales (FTN)** et des banques de rayonnement international.

- **Les métropoles rayonnent dans les domaines politique et culturel.** Certaines sont des capitales politiques (Tokyo, Paris, Mexico…) et concentrent les sièges des gouvernements nationaux. D'autres accueillent de grandes institutions internationales (siège de l'ONU à New York) ou des événements planétaires (Jeux olympiques, Expositions universelles). Les grandes métropoles sont également d'importantes destinations du tourisme international (Londres, Bangkok, Paris…).

ÉTUDE DE CAS Londres, une métropole de rang mondial → p. 18
DOSSIER Les quartiers d'affaires → p. 24

# 3 Un réseau hiérarchisé de métropoles dans le monde

● **Les métropoles ne cessent de s'étendre.** Ces grandes villes s'étalent et finissent parfois par se rejoindre dans de vastes régions urbaines appelées mégalopoles. Les plus importantes sont celles situées au nord-est des États-Unis (entre Boston et Washington), au Japon (entre Tokyo et Osaka) et en Europe (entre Londres et Milan). Mais d'autres sont en formation en Californie, en Chine, en Inde.

● **Les métropoles sont au cœur de réseaux de transport efficaces et modernes.** Elles bénéficient d'importantes infrastructures de communication (aéroports internationaux, lignes ferroviaires à grande vitesse, plateformes portuaires…) qui les rendent facilement accessibles. Elles organisent ainsi les flux planétaires et forment pour les plus importantes ce qu'on appelle l'archipel mégalopolitain mondial. Leur puissance et leur richesse dépendent en grande partie des relations qu'elles établissent entre elles.

● **La mondialisation met en concurrence les métropoles.** Les métropoles sont des villes attractives et cosmopolites qui sont au cœur des mobilités humaines. La métropolisation renforce l'attraction des migrants nationaux et internationaux, les étudiants à la recherche des plus grandes universités, la main-d'œuvre qualifiée venue travailler dans les sièges sociaux des grandes entreprises. Tous les domaines d'activités sont concernés : industrie (automobile, aéronautique…), services (finance, commerce…).

ÉTUDE DE CAS La mégalopole du Nord-Est des États-Unis → p. 22

**Les 5 mégapoles les plus peuplées en 2018**
En millions d'habitants

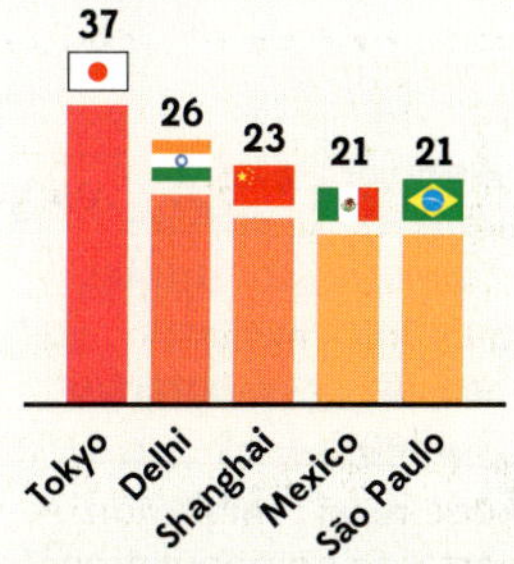


Source : ONU, 2018.

**Notions clés**

Métropole 55
Métropolisation 55
Ville 56

## Du cours au schéma

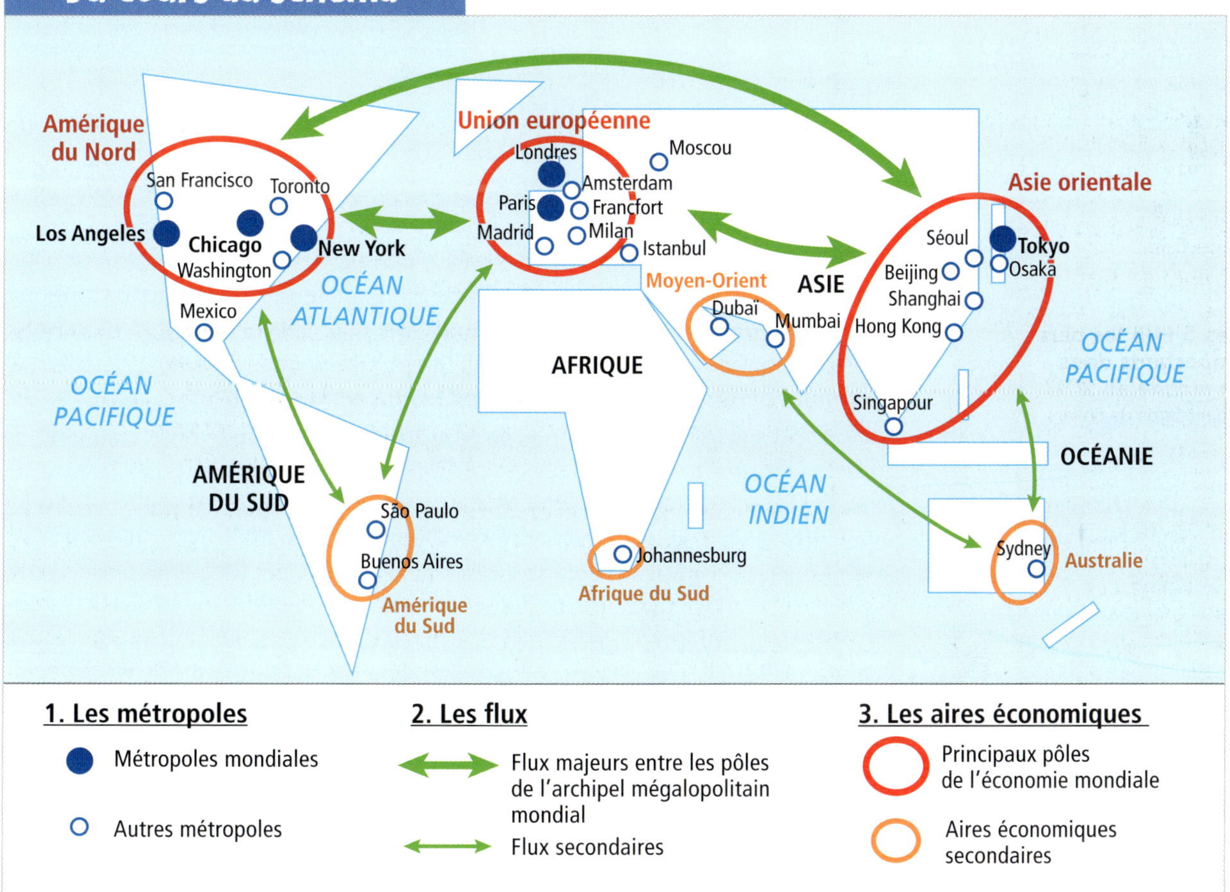

Cours

Podcast du cours

# Des métropoles inégales et en mutation

**Quels facteurs contribuent à la recomposition des espaces métropolitains ?**

## Vocabulaire

- **Bidonville :** quartier d'habitations précaires ou insalubres construites illégalement avec des matériaux de récupération.
- ***Central business district* (CBD) :** quartier d'affaires où se concentrent les sièges sociaux des entreprises, les banques, etc.
- ***Edge cities* :** centres périurbains où se concentrent bureaux et équipements divers.
- ***Gated community* :** quartier enclos et sécurisé où se concentrent des populations aisées.
- **Gentrification :** processus d'appropriation d'un quartier populaire par une population plus aisée.
- **Périphérie :** espace situé autour d'un centre.
- **Périurbanisation :** processus d'urbanisation des marges rurales d'une agglomération urbaine.
- **Ségrégation :** processus, volontaire ou non, de séparation des populations dans l'espace selon des critères sociaux, ethniques ou d'âge.
- **Ville fragmentée :** ville qui se caractérise par de profondes inégalités et une séparation spatiale marquée entre les différentes classes sociales.

## 1 Uniformité et inégalités des métropoles

● **Les métropoles les plus attractives ne cessent de s'étendre.** L'étalement urbain concerne à la fois les métropoles développées et celles en développement. Aux États-Unis, les espaces métropolitains représentent près d'1/5$^{e}$ du territoire. Dans les métropoles qui se développent, les banlieues s'étirent le long des axes de communication. D'ici 2030, la croissance des métropoles dans le monde devrait conquérir 1 million de km² de terres agricoles, soit l'équivalent de deux fois la superficie de la France.

● **Les grandes métropoles rivalisent dans le gigantisme des infrastructures.** Les métropoles cherchent à se doter des gratte-ciels les plus élevés du monde. Après l'Europe, les États-Unis, l'Asie orientale, c'est désormais au Moyen-Orient (Dubaï, Ryad, Doha, Djeddah) que les chantiers de gigantesques tours se multiplient. Cette compétition se retrouve également dans le gigantisme des centres commerciaux.

● **Les métropoles sont inégales.** Les métropoles les plus dynamiques économiquement sont situées dans les pays développés (Tokyo, Los Angeles, Londres, Paris…). Mais les métropoles en développement (São Paulo, Shanghai, Mexico…) devraient rivaliser d'ici quelques décennies avec les métropoles développées. D'autres sont en marge de la mondialisation, victimes de conflits (Karachi, Damas), d'infrastructures de communication insuffisantes (Kinshasa) ou du déclin économique (Détroit aux États-Unis).

GÉO AUTREMENT Métropolisation, jeux vidéo et dystopie urbaine → p. 36

## 2 Centres et périphéries : la diversité des quartiers et des fonctions

● **Les centres concentrent les fonctions de commandement des métropoles.** Les pouvoirs politiques (sièges de gouvernements, ministères, assemblées…) sont regroupés dans les quartiers centraux. On y retrouve les équipements commerciaux et culturels (théâtres, musées, cinémas) à proximité des bâtiments historiques. Dans ces centres, ou à proximité, les quartiers d'affaires rassemblent les activités économiques et financières à grande échelle (Wall Street dans le *central business district* de New York, Pudong à Shanghai, la *City* à Londres).

● **Les périphéries urbaines sont multiples.** En fonction de l'étalement, de l'histoire et de l'économie locale, les périphéries prennent des formes variées. Les banlieues sont densément bâties en raison de leur proximité des centres. Dans les métropoles développées, elles sont constituées soit de grands ensembles d'habitat collectif, soit de lotissements pavillonnaires issus de la périurbanisation. Les fonctions de ces périphéries sont essentiellement résidentielles et commerciales.

● **De nouvelles centralités apparaissent.** Dans les métropoles nord-américaines, des centres urbains périphériques se développent, les *Edge cities*, autour de centres commerciaux ou de pôles technologiques. Dans les métropoles émergentes (Dubaï), les aéroports contribuent aux recompositions territoriales autour des mobilités à différentes échelles. Pour désengorger Le Caire, les autorités égyptiennes ont décidé de construire une nouvelle capitale afin d'accueillir plusieurs millions d'habitants.

DOSSIER Les quartiers d'affaires → p. 24

**Les 5 tours les plus hautes du monde en 2018**
En mètres

*Source : diverses, 2018.*

## 3 Richesse et pauvreté dans les métropoles

● **Les métropoles sont de plus en plus fragmentées.** Depuis l'industrialisation du XIXe siècle, le modèle urbain de la **ségrégation** s'est substitué à celui de la mixité qui prévalait auparavant. Ce processus s'appuie sur des critères ethniques comme dans les villes d'Afrique et des États-Unis, ou religieux dans les villes du Moyen-Orient et d'Asie du Sud. Mais le critère de différenciation principal est essentiellement social, et ce, dans toutes les métropoles.

● **Les populations aisées vivent à l'écart des populations pauvres.** Dans les métropoles en développement, ces populations quittent les quartiers centraux saturés et peu sûrs pour des ensembles résidentiels fermés et sécurisés des périphéries (***gated communities***) éloignées. Dans les villes développées, elles se concentrent dans les centres-villes marqués par la **gentrification** d'anciens quartiers populaires, ou dans des espaces périurbains constitués d'habitats individuels.

● **Le quart des urbains dans le monde réside dans des bidonvilles.** Ce phénomène est particulièrement visible dans les grandes métropoles en développement (Delhi, São Paulo, Mexico, Lagos, Le Caire, Jakarta, Istanbul). Si les métropoles développées ont aussi leurs quartiers d'habitat collectif où se concentrent des populations déshéritées, plus de 90 % des urbains pauvres vivent dans les villes en développement.

DOSSIER Métropoles, métropolisation et pauvreté → p. 26

**Population urbaine vivant dans des bidonvilles en 2016**
En %

*Source : ONU Habitat, Banque mondiale, 2016.*

**Notions clés**

▸ Centralité 57
▸ Centre 57

## Du cours au schéma

Schéma interactif à compléter

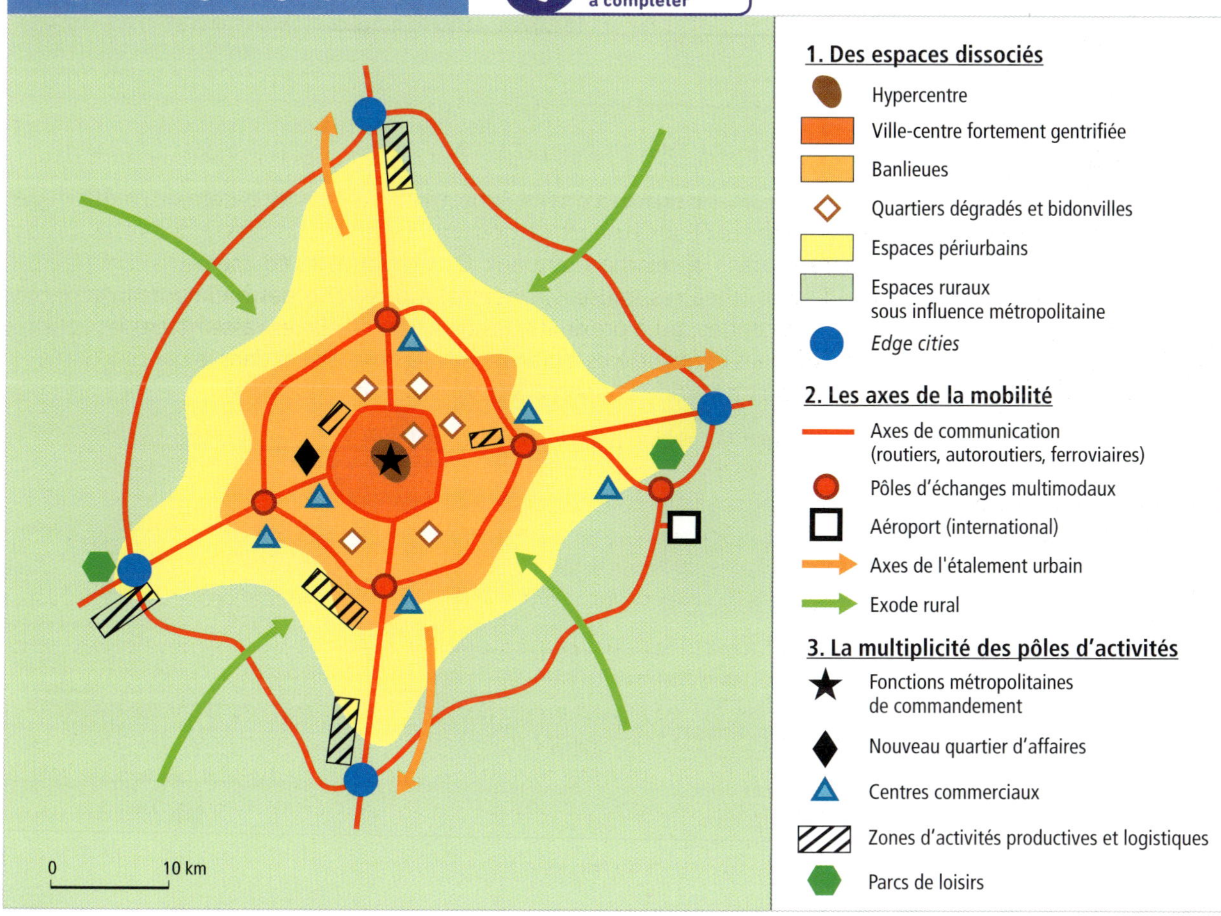

# Métropolisation, jeux vidéo et dystopie urbaine

L'urbanisation du monde s'accompagne d'un processus de métropolisation. Les concepteurs de nombreux jeux vidéo proposent aujourd'hui des univers urbains dystopiques qui représentent à l'extrême les tendances actuelles (économiques, sociales, environnementales...) de cette métropolisation.

**→ Quelles représentations prospectives des métropoles de demain les jeux vidéo nous donnent-ils à expérimenter ?**

**Le saviez-vous ?** Lien vers le site

▶ Sim City est une série de jeux vidéo qui propose depuis 2009 de créer, d'aménager et de gérer sa propre ville. C'est un jeu de prospective territoriale qui amène le joueur à effectuer des choix pour transformer la ville en mégapole durable pour demain.

## 1 Mirror's Edge™ Catalyst (Electronic Art, Inc.) : la ville de Glass City

Dans Mirror's Edge Catalyst, l'héroïne du jeu, Faith, est membre d'un groupe clandestin de lutte contre l'oppression d'une société totalitaire urbaine dirigée par une grande firme multinationale. La FTN « Le Conglomérat » fait régner un ordre sécuritaire dans la métropole high-tech de Glass. Faith est équipée d'une lentille de contact connectée qui combine réalité augmentée, système de GPS à la fois horizontal et vertical. Chaque recoin de la métropole est à explorer, du haut de ses gratte-ciels aux tréfonds de ses tunnels pour libérer à jamais la ville.

## 2 La ville « intelligente » dans les jeux vidéo

ÉCLAIRAGE

Aujourd'hui, la tendance n'est plus au rêve. La plupart du temps, il s'agit d'arpenter des univers dystopiques dans lesquels l'espace urbain contribue à l'idée d'un bonheur impossible. Multinationales toutes-puissantes, architectures totalitaires, perte de l'individualité... autant de fenêtres ouvertes sur les futurs que nous redoutons, et sur les rôles que nous imaginons y jouer.

La ville « intelligente » nous fait peur. Ultraconnectées, les *smart cities* dystopiques projettent un futur dans lequel l'internet des objets, l'intelligence artificielle et le big data[1] sont hors de contrôle et contribuent à la violation des libertés individuelles.

Les dystopies urbaines mises en scène dans les jeux vidéo récents font de la multinationale un ennemi idéal qui dicte sa vision de la société à des gouvernements et des citoyens impuissants.

Les jeux proposent aux joueurs de rejoindre des mouvements engagés dans la résistance contre ces systèmes totalitaires urbains. Dans la franchise *Grand Theft Auto*, « Liberty City » et « Vice City » sont deux cités dystopiques : des concentrés du pire de ce que l'urbain a à offrir, des villes où la carrière criminelle apparaît finalement comme la seule voie, ou presque, pour survivre.

*Demain la ville* [en ligne], 12 avril 2017.
Créé par Bouygues Immobilier, *Demain la ville* est un site de réflexion prospective pour la ville de demain, associant plusieurs instituts universitaires, notamment Sciences Po Paris.

1. Ensemble de données numériques dont le traitement et l'analyse sont rendus difficiles en raison de leur volume.

*Remember me* met en scène Nilin, une héroïne dans un Paris futuriste en 2084. Amnésique, Nilin est en quête de sa mémoire perdue dans un immense territoire hostile qu'est devenue la capitale suite à des changements environnementaux extrêmes. Les graphismes réalistes du jeu offrent la vision et l'expérience très pessimistes d'un futur de la métropole parisienne.

## 3 Paris en 2084 (*Remember Me*)

**Vocabulaire**

- **Dystopie :** contraire d'utopie. Récit imaginant le pire des mondes, généralement par extrapolation de la société réelle.
- **Prospective :** démarche qui consiste, par des scénarios d'anticipation, à envisager les futurs possibles d'un territoire. C'est une vision de ce qui pourrait se passer.

## 4 La ville dans les imaginaires de dystopies

ÉCLAIRAGE

La dystopie de science-fiction met en scène différents univers, souvent urbains, et sert à dénoncer des tendances actuelles considérées comme indésirables. Elle n'a pas vocation à inventer de toutes pièces de nouveaux mondes (contrairement à l'utopie), mais elle nourrit le réel et se nourrit du réel. Elle s'inspire du monde actuel pour en imaginer des évolutions, et créer de nouveaux mondes à partir de celles-ci. On peut donc la considérer comme une forme de prospective, elle propose des futurs possibles, généralement non souhaitables, dystopiques.

La ville est centrale dans les imaginaires de dystopies de science-fiction. Elle est généralement présentée de manière négative, et cette image négative de la grande ville est très ancrée dans la culture occidentale.

Ces représentations des villes du futur ne sont pas dénuées de message politique : les questions de ségrégation, de fragmentation, de violence, d'inégalités, de surveillance, ainsi que l'évocation de scènes post-apocalyptiques (guerres civiles ou catastrophes écologiques) amènent nécessairement une réflexion sur les décisions politiques menées par les générations précédant celles de l'action, et par ricochet, les nôtres. La dystopie de science-fiction cherche ainsi à anticiper les conséquences des décisions politiques actuelles.

Élise Lecomte, *Utopie, dystopie et résistance territorialisée : contribution à une typologie du lieu.* Mémoire de recherche, Université Grenoble Alpes, 2016.

## Questions

### Présenter les documents

1. Présentez les deux jeux vidéo en insistant sur leurs points communs. **doc. 1, 3 et 4**
2. Montrez que ces jeux vidéo proposent au joueur de s'immerger dans un scénario dystopique. **doc. 1, 3 et 4**

### Analyser les documents

3. Décrivez la métropole parisienne en 2084. Quel monument identifiez-vous ? **doc. 2 et 4**
4. Sur quel scénario prospectif reposent les deux villes de Glass City et de Paris ? **doc. 1 à 3**

### Faire le lien avec la géographie

5. Comment les jeux vidéo dystopiques nous plongent-ils dans une démarche de géographie prospective ? Comment nous invitent-ils à nous engager pour agir sur les sociétés d'aujourd'hui ?

**C'est à vous !** En groupe

→ Concevez une ville imaginaire dystopique pour un scénario de jeux vidéo. Vous mettrez en avant une tendance de notre société actuelle en explorant comment cette caractéristique, poussée à l'extrême, pourrait contraindre et nuire à nos modes de vie urbains futurs.

→ Vous avez le libre choix de votre production finale : storyboard, affiche, récit, diaporama…

THÈME 1

CHAPITRE 2

# La métropolisation : un processus mondial différencié

## EN FRANCE

### La métropolisation et ses effets

Comme la plupart des pays dans le monde, la France connaît un processus de métropolisation qui renforce le poids des villes les plus importantes et attractives. Le réseau urbain s'appuie sur des métropoles régionales au rayonnement inégal. Paris domine cette hiérarchie métropolitaine. Elle est la seule à pouvoir prétendre au rang de métropole mondiale.

SOMMAIRE



**Dans ce chapitre**

TOUS LES TEXTES en version à imprimer

TOUTES LES CARTES en version interactive

**Zoom sur...**

**Bordeaux**

| | Commune | Métropole |
|---|---|---|
| Population (2019) | 256 000 hab. | 790 000 hab. (6e rang français) |
| Superficie | 49 km² | 579 km² |
| Densité | 5 225 hab./km² | 1 365 hab./km² |
| Nombre de communes dans la métropole | | 28 |

La Cité du vin (agence XTU), inaugurée en 2016, est un nouveau pôle culturel de la métropole bordelaise.

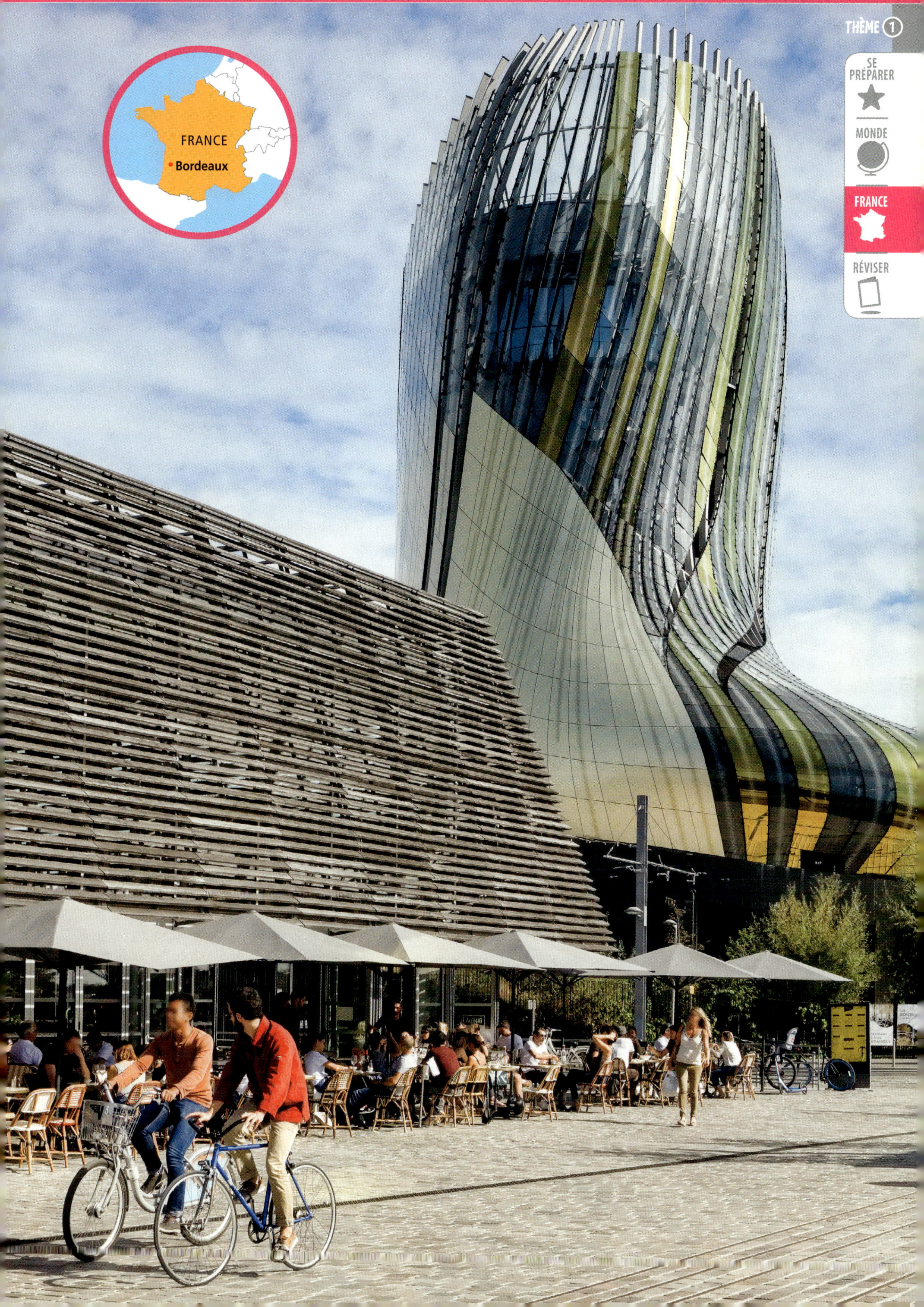
FRANCE
Bordeaux

# Étude de cas

**Zoom sur…**

**▶ Paris métropole (2018)**

| | |
|---|---|
| Population Paris (commune) | 2,2 millions d'hab. |
| Population métropole | 7,1 millions d'hab. |
| PIB (Île-de-France) | 681 milliards d'euros (31 % du PIB national) |
| Nombre de touristes (Île-de-France) | 50 millions (1re destination mondiale) |

# Paris : les effets de la métropolisation

**➔ Quels sont les aspects de la métropolisation de Paris ?**

## A Une métropole à différentes échelles

### 1 Paris (Île-de-France) dans les classements nationaux et internationaux

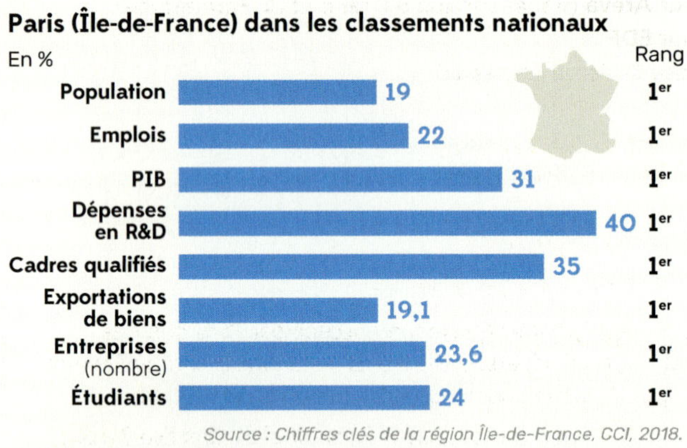


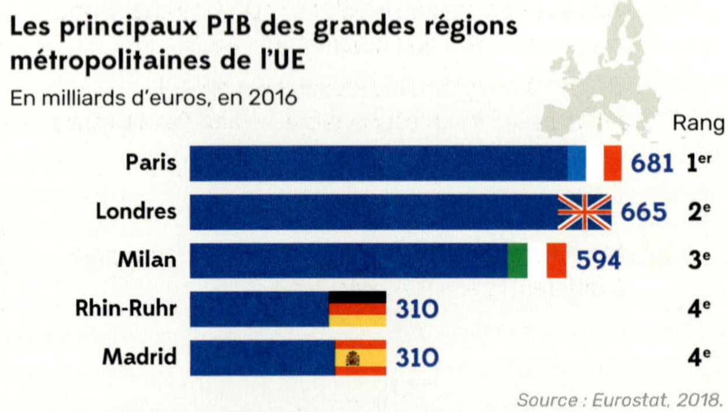


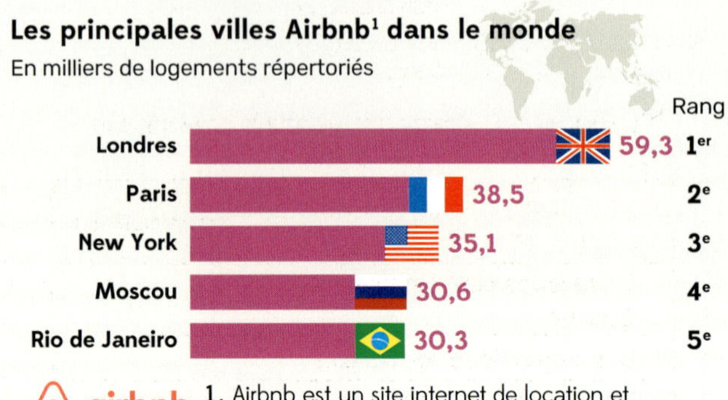


1. Airbnb est un site internet de location et de réservation de logements de particuliers.

Source : Les Échos, 13 août 2018.

**Vocabulaire**

- **Métropole :** ville de grande importance qui exerce des fonctions de commandement, d'organisation et d'impulsion sur une région et qui permet son intégration avec le reste du monde.
- **Métropolisation :** processus de concentration des populations, des activités, des investissements et des fonctions de commandement dans les métropoles.

### 2 L'attractivité de Paris

Paris et sa région sont identifiées par différents classements comme l'une des premières régions pour leur capacité à attirer les investissements étrangers et les centres de décisions et à jouer un rôle actif dans la mondialisation. Parmi les facteurs retenus par les investisseurs étrangers, on trouve la stabilité politique, la sécurité juridique, la densité des infrastructures de mobilité et de communication, la qualité de vie […]. Dans le domaine de la finance (8 % du PIB francilien), Paris dispose de moyens pour attirer les entreprises ayant décidé de quitter la City de Londres à la suite du *Brexit* et aspire à devenir le nouveau centre de gravité de la finance européenne malgré la concurrence de Dublin, Francfort ou Luxembourg. […]

Plus de 400 salons et 1 000 congrès se tiennent chaque année en Île-de-France, leader mondial dans ce domaine. La région dispose de la plus grande surface en Europe (plus de 680 000 m²) pour le tourisme d'affaires, attirant plus de 12 millions de visiteurs et congressistes en 2013, dont près de 900 000 étrangers (Mondial de l'automobile, Salon de l'agriculture, Foire de Paris) […].

Éric Janin (dir.), *Les 18 Régions françaises*, Ellipses, 2017.

## 3 La Défense (2018)

Animation croquis

① Centre commercial Les Quatre Temps
② CNIT (espace commercial et de bureaux)
③ Parvis de La Défense
④ Tour Areva (sièges sociaux d'Orano et de Framatome)
⑤ Tour EDF
⑥ Cœur Défense (bureaux)

## 4 Un grand projet : le Grand Paris Express

Parole d'acteur

200 km de lignes automatiques, soit autant que le métro actuel, et 68 gares : le Grand Paris Express est le plus grand projet urbain en Europe [...]. Les quatre nouvelles lignes du Grand Paris Express (15, 16, 17 et 18), ainsi que la ligne 14 prolongée au nord et au sud, seront connectées au réseau de transport existant. Essentiellement souterrain, le nouveau métro traversera les territoires du Grand Paris pour les relier entre eux et à la capitale [...].

Nouvelle alternative à la voiture, le Grand Paris Express réduira la pollution, les embouteillages et contribuera à créer une métropole plus respectueuse de l'environnement. Le Grand Paris Express desservira les grands pôles d'activité (aéroports, centres d'affaires, centres de recherche et universitaires) et les territoires métropolitains aujourd'hui difficiles d'accès [...]. Tout au long du réseau, la ville va se transformer et se densifier. La construction des 68 gares du Grand Paris Express s'accompagne de projets urbains prêts à accueillir des milliers de Franciliens. Dans les années à venir, de nouveaux quartiers vont naître, associant logements, commerces, bureaux et équipements pour répondre aux besoins de la région Capitale.

Société du Grand Paris, établissement public chargé de concevoir et réaliser le Grand Paris Express, [en ligne] 2018.

## Questions

### Itinéraire 1

**Décrire et expliquer**

1. Montrez que le rang occupé par Paris dans les principaux classements nationaux et internationaux témoigne de sa métropolisation. **doc. 1 et 2**
2. Pour quelles raisons Paris est-elle attractive ? **doc. 2**
3. Expliquez pourquoi La Défense est un grand centre d'activités de la région parisienne. **doc. 3**
4. Qui est à l'origine de ce texte ? Comment présente-t-il les effets du projet Grand Paris Express pour l'attractivité de Paris ? **doc. 4**

**Synthétiser**

5. Montrez que Paris a les attributs d'une métropole à différentes échelles. **doc. 1 à 4**

ou

### Itinéraire 2

Aide

**Utiliser un tableau d'extraction d'informations (1/2)**

- Reproduisez et commencez à compléter le tableau à l'aide des documents 1 à 4.

| Les effets de la métropolisation de Paris sont : | Informations |
|---|---|
| 1. Un rayonnement à différentes échelles | |
| 2. Des inégalités socio-spatiales | |
| 3. Une organisation spatiale polycentrique | |

# B Les inégalités spatiales métropolitaines

## 5 Les disparités de revenus en Île-de-France (2014)

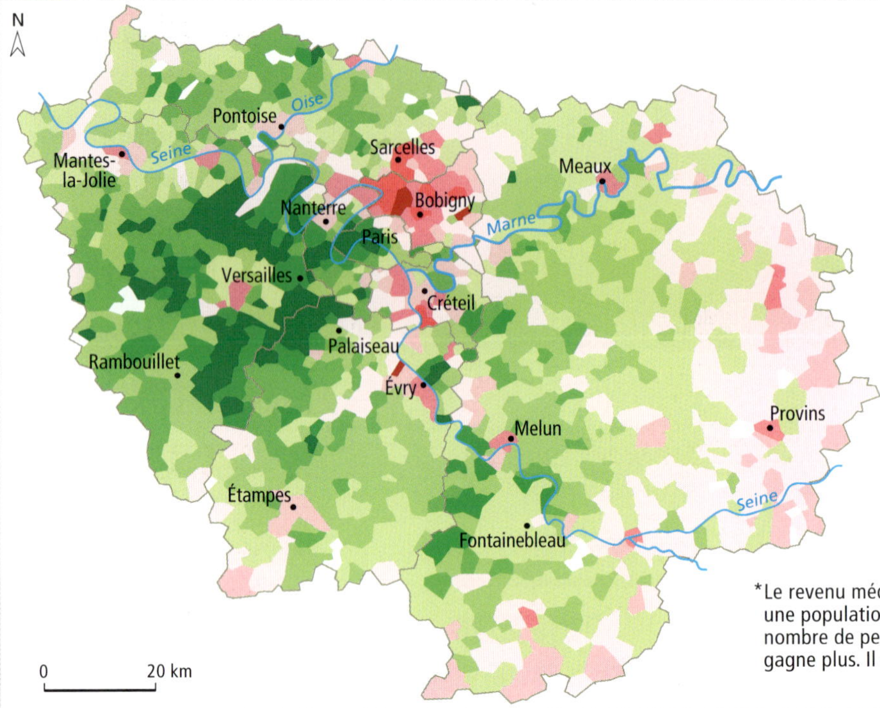


*Le revenu médian est le niveau de richesse qui sépare une population en deux moitiés comportant le même nombre de personnes : l'une gagne moins et l'autre gagne plus. Il est différent du revenu moyen.

Source : chiffres clés de la région IDF, 2018.

## 6 L'avenue Montaigne (2015)

L'avenue Montaigne, dans le 8e arrondissement de Paris, est l'une des plus fortes concentrations de boutiques de luxe de la capitale.

## 7 Les inégalités entre les quartiers

Parole de géographe

Depuis les années 1980, le processus de périurbanisation[1] s'est accéléré en Île-de-France. Dans les communes ouest de Paris et de la proche banlieue, les plus riches se sont regroupés, alors que dans d'autres zones de l'agglomération, la concentration des ménages défavorisés a augmenté. Les communes les plus riches ont refusé de construire des logements sociaux. Les politiques de logement et le processus de gentrification[2] ont modifié le tissu social de la banlieue. Par conséquent, la diversité sociale a diminué en Île-de-France.

Aujourd'hui, certains quartiers d'Île-de-France cumulent les stigmates du mal-être social : chômage, pauvreté, précarité, délinquance, faible niveau d'éducation, faible mobilité. Les problèmes de logement ne font que croître (pénurie, augmentation et niveau élevé du prix des loyers). À cela s'ajoute une détérioration des conditions de transport des Franciliens. Les retards répétés des trains, la saturation de certaines lignes de métro et la longueur des temps de parcours notamment de banlieue à banlieue caractérisent le transport en Île-de-France.

Lise Bourdeau-Lepage, professeure de géographie à l'université Lyon 3-Jean Moulin, « Big Bang territorial » [en ligne], *Revue d'économie régionale et urbaine*, 30 avril 2018.

1. Périurbanisation : voir p. 49.
2. Gentrification : voir p. 34.

# C Une métropole polycentrique

## 8 L'organisation spatiale de la région parisienne

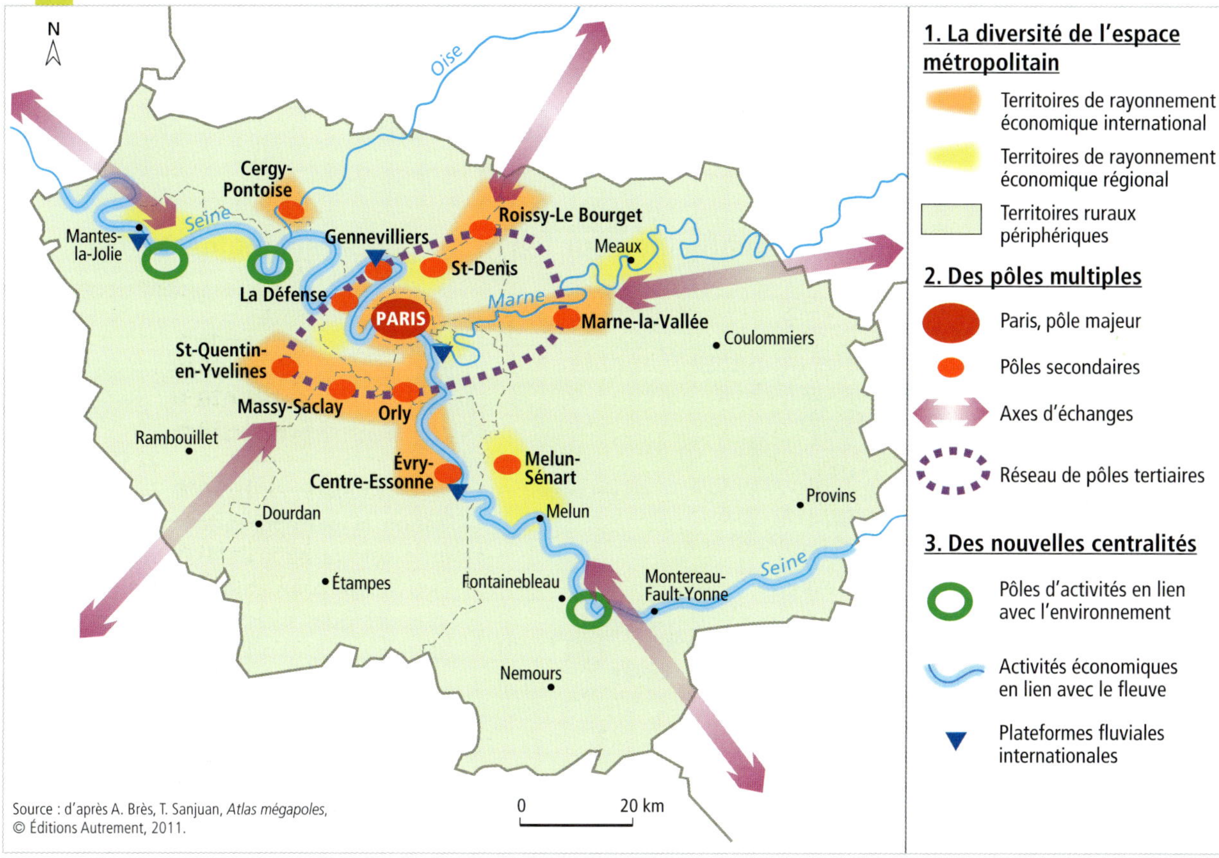


Source : d'après A. Brès, T. Sanjuan, *Atlas mégapoles*, © Éditions Autrement, 2011.

## 9 Le pôle de Paris-Saclay

Parole de géographe

À une vingtaine de kilomètres au sud de Paris, sur le plateau de Saclay, l'État a décidé en 2008 de créer, en s'appuyant sur un potentiel déjà considérable, un grand pôle universitaire et scientifique de rang mondial : Paris-Saclay. […] Présenté comme un moteur d'innovation et un levier de développement économique, il vise à renforcer la compétitivité de la France dans l'économie de la connaissance […]. Cette opération majeure est un objet d'étude particulièrement intéressant aux échelles locale, régionale, nationale, européenne et mondiale […]. Comme projet universitaire, scientifique et technologique, il s'inscrit dans les grandes mutations contemporaines des systèmes productifs que connaît le territoire national depuis plusieurs décennies. Il témoigne en particulier des extraordinaires atouts dont dispose le pays pour relever et répondre aux grands défis d'avenir […]. Comme projet économique et social, il traduit et accélère le processus de métropolisation qui organise très largement la hiérarchie urbaine et les grands équilibres territoriaux à l'échelle nationale […]. Comme opération majeure d'aménagement du territoire, il participe de la refonte urbaine, sociale et fonctionnelle de l'ensemble de l'espace francilien.

Laurent Carroué, directeur de recherche à l'Institut français de géopolitique, « Paris-Saclay, une Silicon Valley à la française ? », *Géoconfluences* [en ligne], 14 mars 2017.

## Questions

### Itinéraire 1

#### Décrire et expliquer

6. À quels types d'inégalités socio-spatiales la métropole parisienne est-elle confrontée ? **doc. 5 à 7**
7. Quelles sont les conséquences de ces inégalités ? **doc. 5 et 7**
8. Montrez que la métropole parisienne est polycentrique. **doc. 8 et 9**

#### Synthétiser et argumenter

9. Dans une réponse rédigée et organisée, expliquez les effets de la métropolisation de Paris : rayonnement, inégalités et transformations de l'espace. **doc. 1 à 9**

ou

### Itinéraire 2

Aide

#### Utiliser un tableau d'extraction d'informations (2/2)

- Poursuivez le tableau commencé p. 41 en le complétant à l'aide des documents 5 à 9.

Dossier

# Les métropoles régionales : concurrences et complémentarités

**Quels sont les effets de la métropolisation sur les métropoles régionales ?**

## 1 Diversité des métropoles régionales françaises

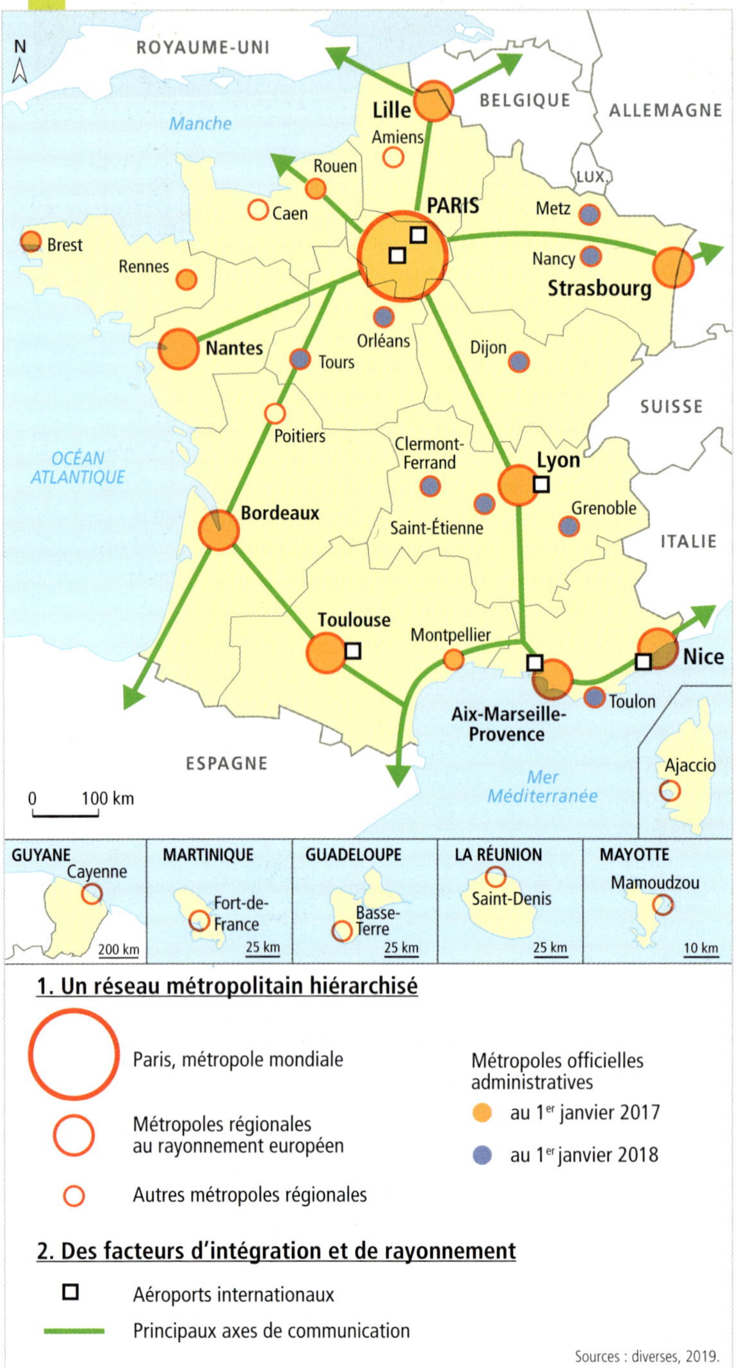


## 2 Le dynamisme des métropoles

Traduction urbaine de la mondialisation, la métropolisation consiste [...] en une concentration de la population et des activités de commandement dans les plus grandes villes, mais aussi en un processus de hiérarchisation des activités profitant aux villes mondiales mises en réseau. Les fonctions métropolitaines supérieures [...] reposent sur quelques secteurs clés : les arts, la banque-assurance, le commerce, la gestion, l'information, l'informatique, la recherche, les services aux entreprises, les télécommunications et les transports. [...]

L'attractivité des métropoles s'établit [...] d'un côté selon des critères classiques – une bonne accessibilité grâce à une desserte performante en transports, des services aux entreprises suffisamment développés, un marché de main-d'œuvre et de consommation –, et d'un autre côté selon des nouvelles aménités comme la qualification de la main-d'œuvre, l'importance des structures de formation supérieures et de recherche ou la qualité du cadre de vie et de la vie culturelle.

Ces évolutions modifient la hiérarchie urbaine : Grenoble est la 2e métropole française selon les fonctions métropolitaines, suivie par Toulouse et Montpellier, alors que Lyon, 2e agglomération de France, n'est que 4e métropole, et Marseille, 3e agglomération, n'est que la 11e métropole.

Alexandra Monot (dir.), docteur en géographie, *La France, géographie générale*, Bréal, 2017.

Lien vers le site

## 3 Lyon, une métropole attractive

Campagne publicitaire, 2019.

## 4 Des métropoles aux caractéristiques variées

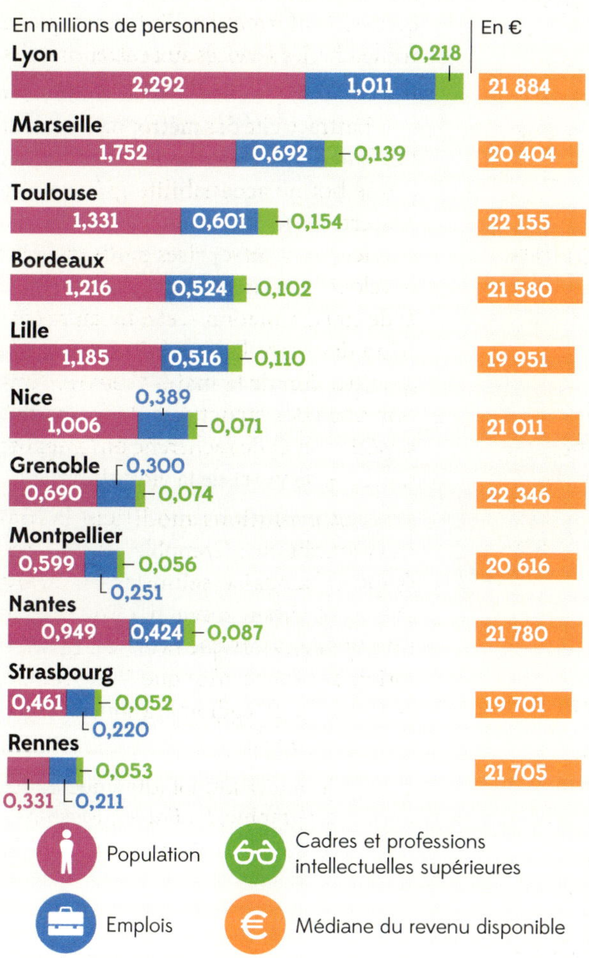


*Source : INSEE (insee.fr mise à jour 13-12-18, données année 2015).*

## Questions

### Itinéraire 1

#### Décrire et expliquer

1. Citez les principales métropoles et localisez-les sur le territoire national. **doc. 1 et 4**
2. Comment l'autrice définit-elle le processus de métropolisation ? **doc. 2**
3. Relevez les facteurs qui renforcent l'attractivité des métropoles et les mettent en concurrence. **doc. 1 à 4**

#### Synthétiser et argumenter

4. Expliquez comment les métropoles régionales sont hiérarchisées, complémentaires et en concurrence. **doc. 1 à 4**

**ou**

### Itinéraire 2

Aide

#### Réaliser un exposé

À partir des documents de ce dossier et de recherches complémentaires, préparez un exposé sur la métropole régionale dont vous dépendez.

**Pour vous guider :**

- À quelle distance se trouve-t-elle de Paris ?
- Quels sont les facteurs d'attractivité de cette métropole ?
- Est-elle complémentaire avec d'autres métropoles ? (exemples concrets)
- Est-elle en concurrence avec d'autres métropoles ? (exemples concrets)
- À quelle échelle rayonne-t-elle (nationale, régionale ou européenne) ?

## Cartes

# Villes et métropoles en France

### 1 Population et métropoles en France

**1. Densité de population**

- de 0 à 20 habitants par km²
- de 21 à 50 habitants par km²
- de 51 à 115 habitants par km²
- plus de 115 habitants par km²

Densité moyenne de la France : 118 habitants par km²

**2. Principales métropoles**

(aires urbaines, en millions d'habitants)

- plus de 10
- de 1 à 3
- de 0,5 à 1
- de 0,2 à 0,5

**3. Dynamiques démographiques métropolitaines (2010-2016)**

- plus de 8 %
- de 4 à 8 %
- de 2 à 4 %
- de 0 à 2 %
- moins de 0 %

## 2 Les villes petites et moyennes en France

**1. Population des aires urbaines**

- de 100 à 200 000 habitants
- de 50 à 100 000 habitants
- moins de 50 000 habitants

**2. Dynamiques des villes petites et moyennes (2015)**

Dynamique favorable — Dynamique moyenne — Dynamique défavorable

La dynamique des villes petites et moyennes s'établit en combinant une variable démographique (taux de croissance de la population), une variable économique (croissance de l'emploi) et une variable sociale (taux de pauvreté).

## Questions

1. Dans quelles régions les métropoles à forte croissance démographique se concentrent-elles ? **doc. 1**
2. Montrez que les villes petites et moyennes sont inégalement dynamiques. **doc. 2**
3. Indiquez à proximité de quelle métropole ou ville moyenne vous vivez et étudiez. Précisez si elle est dynamique ou non. **doc. 1 et 2**

# Cours

Podcast du cours

# La France : la métropolisation et ses effets

**Quelles sont les caractéristiques de la métropolisation en France ?**

**Vocabulaire**

- **Aire urbaine** : espace continu qui se compose d'une ville-centre, de ses banlieues immédiates et d'une couronne périurbaine. Cette dernière regroupe des communes dans lesquelles au moins 40 % de la population résidente ayant un emploi travaille dans la ville-centre.
- **Décentralisation** : processus de transfert de pouvoirs et de compétences, de l'État aux collectivités territoriales (régions, départements, communes…) en matière de transport, d'éducation, de formation, d'aménagement des territoires. Ce processus a été initié par les lois de décentralisation de 1982, et confirmé depuis.
- **Gentrification** : processus d'appropriation d'un quartier populaire par une population plus aisée.

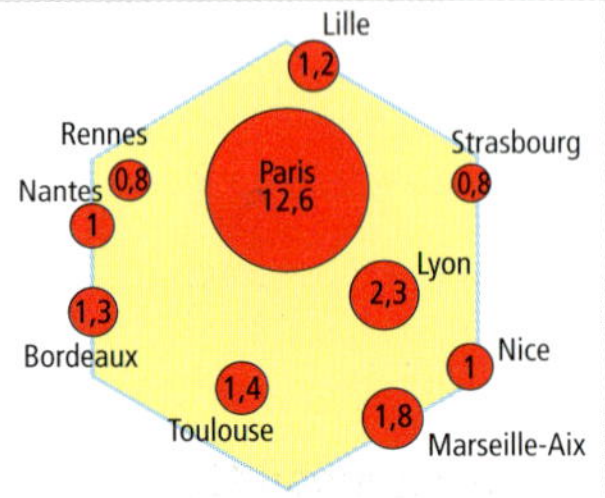


1 Population de l'aire urbaine, en millions d'habitants

Source : Insee, 2018.

**Les 3 principales destinations touristiques urbaines internationales**
En millions de visiteurs, en 2016

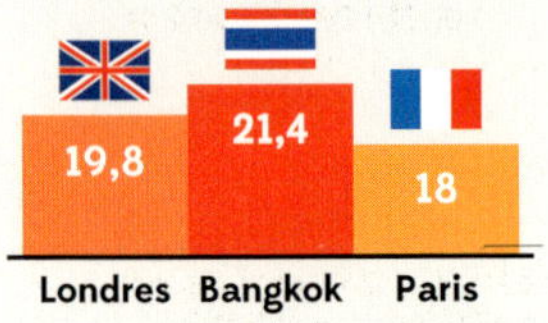


*Source : Mastercard, Global Destinations Cities Index, 2017.*

## 1 Urbanisation et métropolisation en France

- **La France est un pays urbanisé.** Plus de 9 habitants sur 10 résident dans les aires urbaines. Les principales d'entre elles constituent une armature hiérarchisée de métropoles : Paris est la plus vaste et la plus peuplée avec 12,6 millions d'habitants, soit 5,5 fois plus que la suivante, Lyon. Les dix principales aires métropolitaines concentrent 36 % de la population en France.

- **Le rayonnement des métropoles s'est renforcé.** Elles profitent depuis trois décennies des effets de la décentralisation et du processus de métropolisation qui s'est généralisé à l'ensemble du territoire. Les différentes lois de décentralisation ont accordé des compétences élargies en matière de transport, d'emploi, de culture, d'aménagement des territoires. Depuis les lois de 2014 et 2015, la France compte désormais 22 métropoles qui structurent leurs territoires régionaux. Les infrastructures et les réseaux de transport permettent leur intégration à toutes les échelles.

- **Les dynamiques de métropolisation sont inégales.** Les métropoles du Sud (Nice, Marseille, Toulouse…) et de l'Ouest (Rennes, Nantes, Bordeaux…) connaissent une croissance démographique soutenue. Elles sont attractives et disposent des mêmes atouts : cadre de vie agréable (proximité de la mer, de la montagne…), économies tertiaires, patrimoine valorisé dans les centres urbains, équipements culturels… À l'opposé, la dynamique est moins importante dans les métropoles du Nord (Amiens) et de l'Est (Metz) ainsi qu'en outre-mer (Fort-de-France, Pointe-à-Pitre, Saint-Denis-de-la-Réunion…).

DOSSIER Les métropoles régionales → p. 44
GÉO DÉBAT Faut-il construire de nouvelles tours dans les métropoles françaises ? → p. 50

## 2 L'affirmation de la métropole parisienne

- **Paris domine le réseau métropolitain national.** Capitale de la France depuis le VIe siècle, elle centralise les réseaux de transport routiers, ferroviaires, aériens… Les six gares parisiennes sont les plus fréquentées de France avec un trafic total de plus de 500 millions de passagers par an. Le *hub* aérien de Paris (Roissy, Orly, Le Bourget) est le deuxième d'Europe derrière Londres avec plus de 100 millions de passagers en 2017.

- **L'agglomération parisienne s'organise de manière polycentrique.** Le centre de Paris concentre encore de nombreuses activités, mais l'expansion des dernières décennies a fait émerger de nouveaux pôles à La Défense (plus forte concentration de sièges sociaux en Europe), dans la Plaine Saint-Denis (industries du numérique), autour de Villejuif (technologies de la santé) ou du plateau de Saclay (hautes technologies). Ces pôles seront reliés par le Grand Paris Express, vaste rocade de métro, à l'horizon 2030.

- **Paris est la seule métropole mondiale en France.** Elle est à la tête d'une région, l'Île-de-France, qui concentre 31 % de la richesse nationale et près de 4,5 % du PIB de l'Union européenne (à 28). La Métropole du Grand Paris est le premier bassin d'emploi en Europe. C'est aussi une capitale mondiale des congrès, de la culture, du luxe, du tourisme. En 2024, elle accueillera les Jeux olympiques.

ÉTUDE DE CAS Paris : les effets de la métropolisation → p. 40

## 3 Diversité et inégalités des villes petites et moyennes

● **Les villes petites et moyennes constituent le dernier échelon de la hiérarchie urbaine.** Situées sous le seuil des 200 000 habitants, elles regroupent, en 2018, 23 % de la population et 26 % des emplois. Elles sont souvent confrontées au déclin démographique : Chalon-sur-Saône a perdu 13 000 habitants entre 1975 (58 000 habitants) et 2017 (45 000). Face aux métropoles régionales, ces villes sont exposées au vieillissement démographique et au ralentissement économique.

● **Les centres urbains de nombreuses villes petites et moyennes concentrent les difficultés.** Face à l'étalement urbain et à la périurbanisation des grandes métropoles, certains centres se sont dévitalisés : fermeture des petits commerces, dégradation des logements, pauvreté urbaine, diminution des équipements de service public… 222 d'entre eux bénéficient depuis 2018 du plan « Action cœur de ville » lancé par l'État qui vise à les rendre plus dynamiques.

● **Toutefois, les villes petites et moyennes disposent de nombreux atouts.** L'aspiration des populations à vivre dans des villes « à taille humaine » demeure forte. Face aux problématiques des grandes métropoles (saturation, pollution, gentrification…), ces villes se caractérisent par des marchés foncier et immobilier accessibles, des cadres de vie authentiques, un patrimoine valorisé… Celles situées à proximité des grandes métropoles (Albi, proche de Toulouse) tirent profit du dynamisme de ces dernières. Celles situées sur les littoraux (La Rochelle, Sète…) bénéficient de l'attractivité balnéaire.

### Vocabulaire

- ***Hub*** : plate-forme de correspondance dans un réseau de transport.
- **Périurbanisation** : processus d'urbanisation des marges rurales d'une agglomération urbaine.
- **Réseau** : ensemble de lignes ou de relations permettant de connecter des lieux entre eux, ainsi que les acteurs spatiaux qui y sont présents.

### Notions clés

- Métropole 55
- Métropolisation 55
- Ville 56
- Centre(s)-périphérie(s) 57

## Du cours au schéma

Schéma interactif à compléter

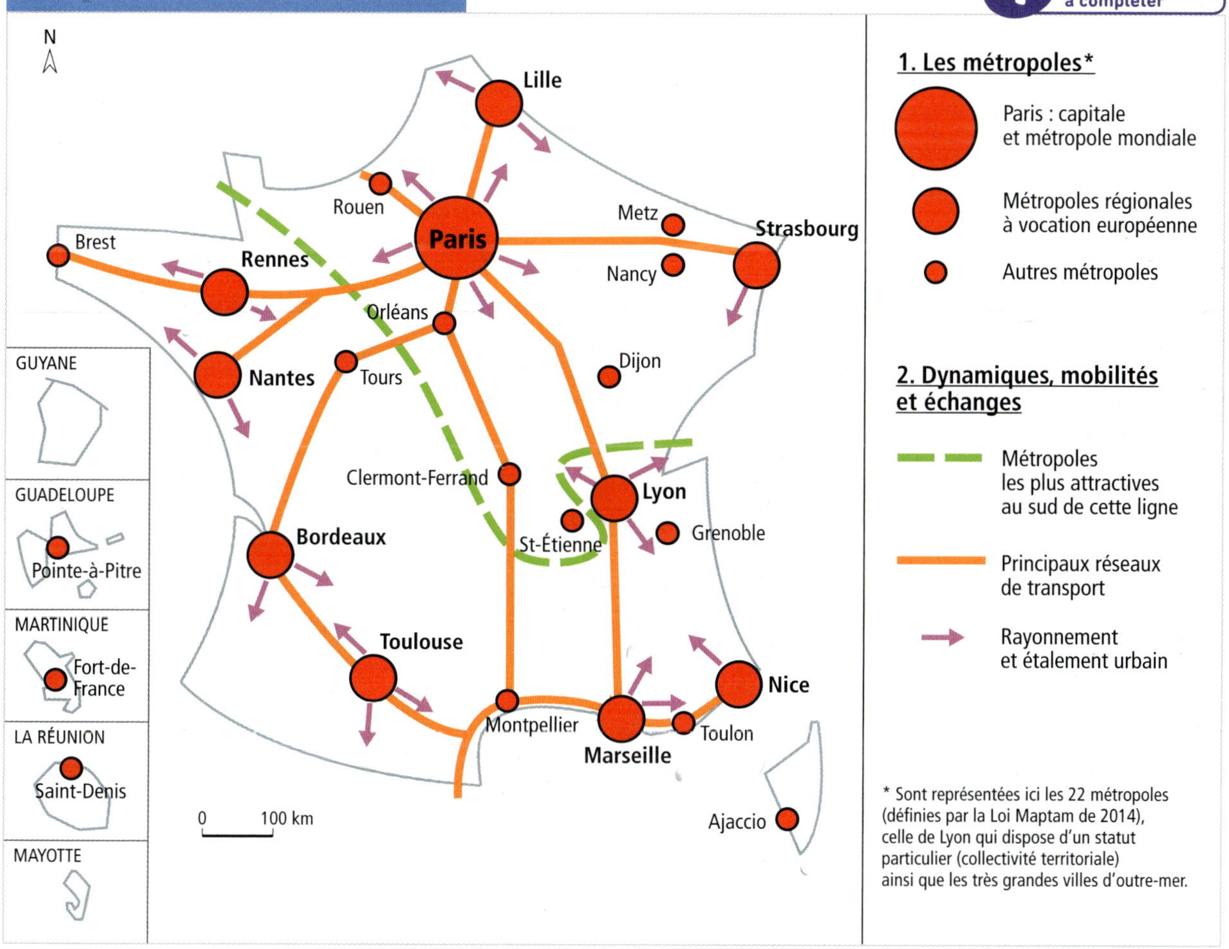

# Faut-il construire de nouvelles tours dans les métropoles françaises ?

## 1 Le retour en grâce des gratte-ciel à Paris

« Nous sommes entrés dans une nouvelle ère », assure Jean-Louis Missika, adjoint à la maire de Paris chargé de l'urbanisme et de l'architecture. Une ère verticale. Méprisée pendant des décennies, la tour reprend du galon dans la capitale. […]

Élever un gratte-ciel relève en effet de l'exploit à Paris, qui est l'une des villes les plus plates et les plus denses au monde. […] « Certains collectifs, associations et élus parisiens ont banni les tours de leur conception urbaine, et sont systématiquement contre », regrette Jean-Louis Missika. […]

Six projets d'immeubles de grande hauteur sont lancés dans le 12e arrondissement et trois dans le 13e arrondissement […]. Une chose est sûre, la tour parisienne restera celle du périphérique. En raison d'un plan local d'urbanisme (PLU) très strict, il est peu probable que des gratte-ciel poussent en plein centre-ville. « Les périphéries nous intéressent pour implanter des grandes hauteurs, car notre but est de créer de nouvelles centralités », précise Jean-Louis Missika. Pour, à terme, attirer les investisseurs déçus du *Brexit*[1] et accueillir les futurs Jeux olympiques…

Anne-Lise Carlo, « Le retour en grâce des gratte-ciel à Paris », *Le Monde*, 15 septembre 2017.

1. Sortie du Royaume-Uni de l'Union européenne.

## 2 Des projets à Paris mais pas seulement…

| Nom | Localisation | Hauteur | Livraison estimée |
|---|---|---|---|
| Tours Hermitage | Paris | 329 m | 2024 |
| Tours Duo | Paris | 180 m | 2020 |
| Tour Occitanie | Toulouse | 150 m | 2022 |
| H99 (SAS Suede) | Marseille | 99 m | 2023 |
| Euro-Rennes | Rennes | 90 m | 2023 |

## 3 La tour Occitanie (nouveau quartier d'affaires EuroSudOuest à Toulouse)

Photomontage du projet de la tour Occitanie dans le nouveau quartier d'affaires EuroSudOuest à Toulouse. Les travaux doivent commencer au deuxième semestre 2019.

Vidéo

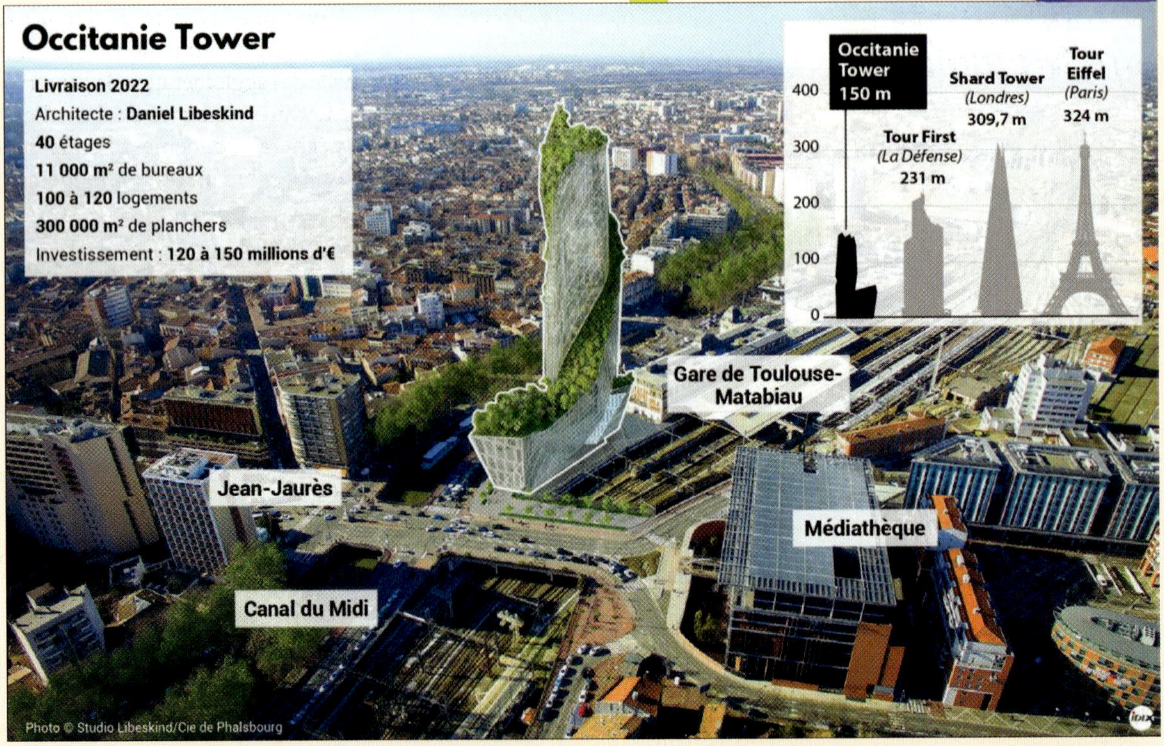

## 4 Le projet des Quais d'Arenc à Marseille

À Marseille, la zone des Quais d'Arenc va voir la construction de plusieurs nouvelles tours à proximité immédiate de la tour CMA-CGM ①. La Marseillaise ② est déjà livrée.
H99 ③ est en projet et sa commercialisation a commencé. Constructa est le promoteur immobilier du projet.

## 5 « Non au gratte-ciel » (Toulouse)

Affiche du collectif « Non au gratte-ciel » contre le projet de construction de la tour Occitanie, mars 2018.

## 6 « Stop aux tours à Paris »

Parole d'acteur

Parce que nous refusons de densifier davantage Paris, une des villes les plus denses du monde. Ce dont nous avons besoin, ce sont de nouveaux espaces de respiration.

Parce qu'il faut laisser davantage d'espaces « non construits » à Paris. Parce que nous voulons aussi des lieux publics disponibles pour laisser libre cours à l'utilisation gratuite, populaire, ponctuelle et diverse.

Parce qu'il n'y a pas assez d'espaces verts à Paris. Les bois, les jardins, les squares et espaces verts sont sur-occupés. Avec seulement 2,05 m² par habitant, Paris est l'une des métropoles où la nature en ville est la moins présente.

Parce que les tours n'aident pas à lutter contre l'étalement urbain. À l'échelle de l'agglomération, la construction de tours de bureaux dans Paris n'empêchera aucunement l'étalement urbain (phénomène de développement des surfaces urbanisées à la périphérie des villes) en grande couronne dû essentiellement à l'extension des zones d'habitat ou de commerces au détriment de terres agricoles.

À l'échelle de Paris, la construction de tours n'est pas contrebalancée par une protection accrue des espaces libres ou des espaces verts existants, bien au contraire.

Collectif « Stop aux tours à Paris », février 2018.

C'est à vous !

Géo DÉBAT

# Faut-il construire de nouvelles tours dans les métropoles françaises ?

## ÉTAPE 1 Comprendre et préparer le débat

1. Où et pourquoi de nouvelles tours se construisent-elles à Paris ? **doc. 1**
2. Comment la construction de la tour Occitanie doit-elle transformer le quartier de la gare de Toulouse ? **doc. 3**
3. Pourquoi peut-on dire que la construction de nouvelles tours participe à la métropolisation ? **doc. 1 à 4**

## ÉTAPE 2 Participer au débat

4. Avant le débat, prélevez les arguments des différents acteurs. Reportez-les dans le tableau.
5. Avant le débat, en prenant appui sur les documents et votre point de vue personnel, notez vos arguments dans le tableau.
6. Pendant le débat, notez les arguments des autres élèves.

### Conseils

- Écoutez et respectez la parole des autres.
- Pour convaincre, il est important de s'appuyer sur des exemples précis (localisés, datés, chiffrés).
- Ne lisez pas vos notes et présentez vos arguments en regardant vos auditeurs. Relisez vos notes avant de prendre la parole.

+ Tableau à imprimer

| | Pour de nouvelles tours dans les métropoles françaises | Contre de nouvelles tours dans les métropoles françaises |
|---|---|---|
| Arguments des acteurs | •<br>•<br>• | •<br>•<br>• |
| Mes arguments | •<br>•<br>• | •<br>•<br>• |
| Les arguments des autres élèves | •<br>•<br>• | •<br>•<br>• |

## ÉTAPE 3 Conclure le débat

7. À la suite du débat en classe, exprimez votre point de vue personnel et argumenté sur la construction de nouvelles tours dans les métropoles françaises.
8. Les arguments échangés lors du débat vous ont-ils amené(e) à revoir votre position de départ ? Expliquez pourquoi.

# La métropolisation : un processus mondial différencié



# RÉVISER & APPROFONDIR

L'hôtel Paris à Las Vegas (2017)

## SYNTHÈSE

# → THÈME 1 La métropolisation : un processus mondial différencié

## 1 Le XXIe siècle : siècle de la métropolisation

Podcast de la synthèse

● **Le monde est majoritairement urbain.** 55 % des habitants de la planète vivent dans les villes. Les pays développés sont les plus urbanisés. D'ici 2050, en raison de l'importance de l'exode rural et de l'étalement urbain, 90 % des nouveaux urbains seront africains et asiatiques. En France, le taux d'urbanisation dépasse 90 %.

● **La croissance urbaine a favorisé l'émergence des métropoles.** En 2019, 35 d'entre elles comptent plus de 10 millions d'habitants. La majorité de ces mégapoles sont situées dans les pays en développement. En France, les dix principales aires métropolitaines concentrent 36 % de la population.

### Notions clés


- Métropole / Métropolisation 55
- Ville 56
- Centralité / Centre(s)-périphérie(s) 57


## 2 Les métropoles : au centre du monde

● **Les métropoles concentrent les activités et la richesse.** Tokyo dispose du 1er PUB (produit urbain brut) mondial. Dans les mondes en développement, São Paulo (Brésil) est la métropole la plus prospère. En France, Paris concentre le tiers du PIB national. Les lieux de la puissance financière (places boursières, sièges sociaux des FTN) se rassemblent dans les quartiers d'affaires.

● **Les métropoles rayonnent dans les domaines politique et culturel.** Elles regroupent les sièges des gouvernements nationaux et des grandes institutions internationales. Elles accueillent des événements planétaires (Jeux olympiques) et sont d'importantes destinations du tourisme international. Paris est la métropole la plus visitée au monde.

## 3 Mise en concurrence et inégalités socio-spatiales

● **La mondialisation met en concurrence les métropoles.** L'archipel métropolitain mondial est au cœur des mobilités humaines et attire tout type de population : cadres qualifiés, étudiants... En France, Paris est une métropole mondiale, et de nombreuses métropoles régionales (Lyon, Toulouse, Marseille...) aspirent à rayonner au-delà de leur environnement régional.

● **Les métropoles sont marquées par de fortes inégalités socio-spatiales.** Dans les métropoles développées, les quartiers de populations aisées et les quartiers de populations pauvres sont dissociés. Les centres sont marqués par la gentrification. Les bidonvilles sont nombreux dans les métropoles en développement. Plus de 90 % des urbains pauvres vivent dans les métropoles en développement.

### Chiffres clés

- **4,2 milliards d'urbains dans le monde en 2018 (55 % de la population mondiale)**
- **37 millions d'habitants à Tokyo : métropole la plus peuplée en 2018**
- **1 milliard d'urbains vivent dans des bidonvilles**
- **660 milliards de dollars : PIB de l'Île-de-France (31 % du PIB national et 1er pôle européen)**
- **12,6 millions d'habitants dans l'aire métropolitaine de Paris**

## Pour approfondir

### Bande dessinée

- *New York Trilogie* (Intégrale), de Will Eisner, éditions Delcourt, 2017.

### Film

- *Favelas*, de Stephen Daldry et Christian Duurvoort, 2014.

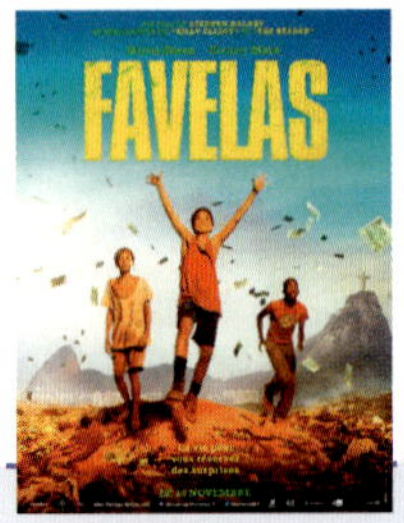


### Documentaires

- *Le Dessous des cartes*, Arte TV
  - « Villes : jamais sans ma voiture ? », émission du 5 mai 2018.
  - « Villes du futur », émission du 6 septembre 2014.

# NOTIONS

## MÉTROPOLE / MÉTROPOLISATION

Une **métropole** est une grande ville (de plusieurs centaines de milliers à plusieurs dizaines de millions d'habitants) qui s'étend sur un territoire comprenant :
- la ville-centre,
- les banlieues,
- les espaces périurbains.

Elle exerce une forte centralité sur ce territoire et des fonctions de commandement à différentes échelles (métropole régionale, nationale ou mondiale...).

La **métropolisation** est le processus de concentration des populations, des activités, des investissements dans les métropoles. Elle rend compte de la compétition entre les métropoles, notamment dans le cadre de la mondialisation.

Schéma interactif

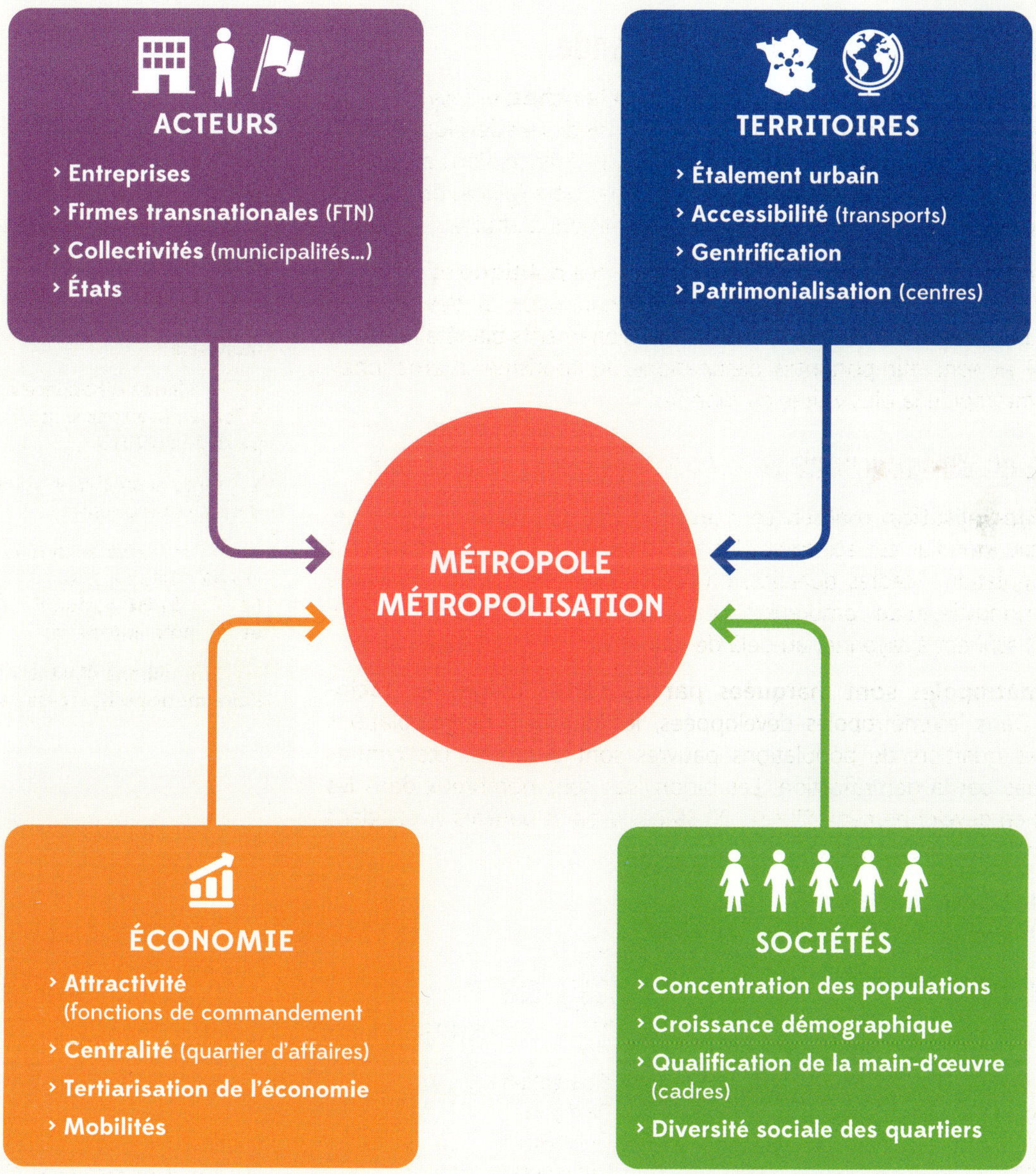

# NOTIONS

## VILLE

La **ville** est un espace géographique et social formé par une concentration importante de populations, d'activités, d'axes de transport et de constructions. La ville s'oppose à la campagne (espace rural).

Schéma interactif

## CENTRALITÉ / CENTRE(S)-PÉRIPHÉRIE(S)

La **centralité** est la principale caractéristique d'une ville, d'une métropole. Elle est soulignée par la convergence des flux (marchandises, capitaux) et des mobilités (personnes), la concentration des activités, des pouvoirs, des fonctions et des richesses, ainsi que le rayonnement et l'intégration dans des réseaux d'échanges.

Le **centre** est l'espace d'une ville où se concentrent différents types de fonctions, de services et de pouvoirs : politiques, administratifs, culturels, marchands... Le centre peut être historique, commercial, financier (quartier d'affaires)...

La **périphérie** est l'espace situé autour d'un centre. Elle peut être intégrée au centre, exploitée par le centre, isolée, etc. La relation centre-périphérie peut s'entendre à différentes échelles : ville, région, espace mondial.

Schéma interactif

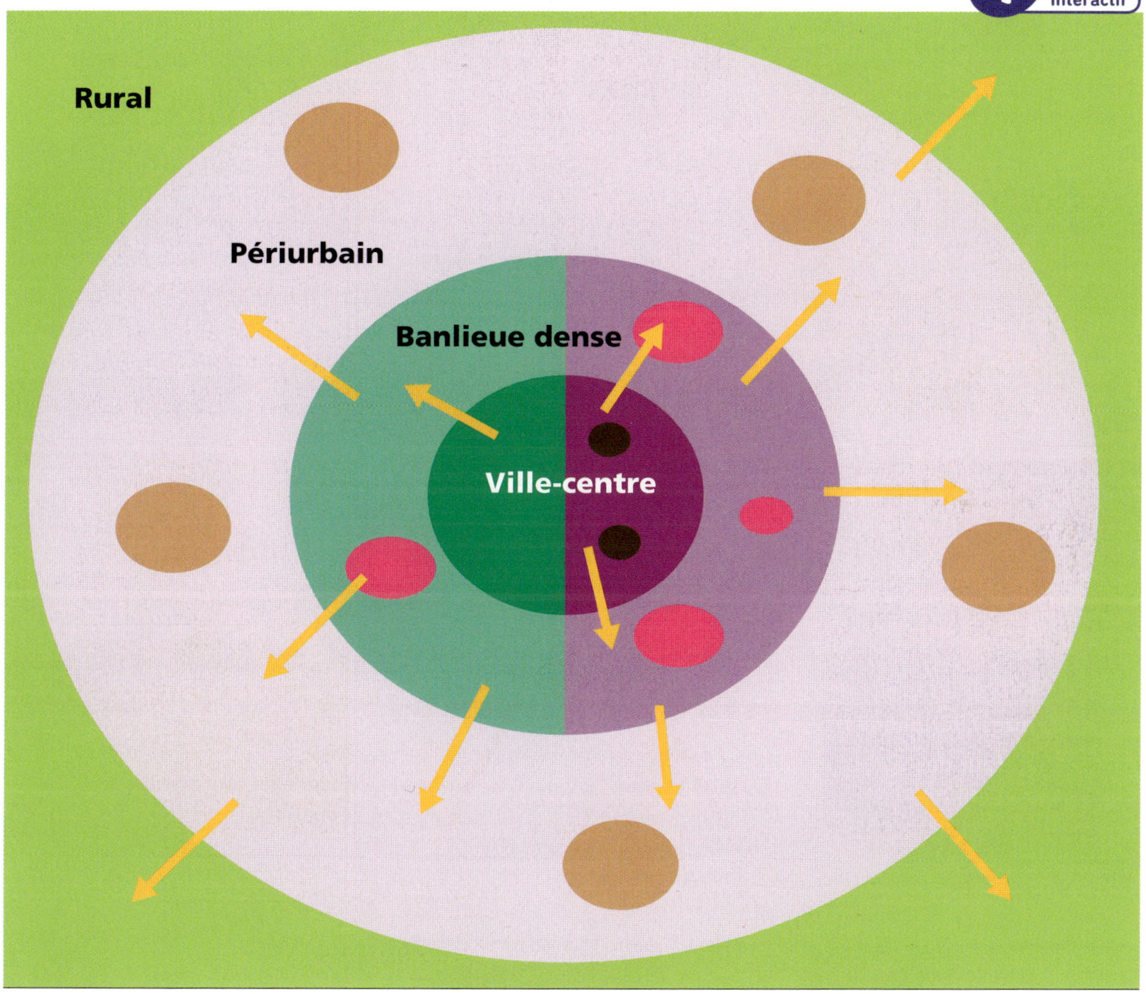


**1. Ville-centre**
- Quartiers aisés traditionnels
- Quartiers populaires en cours de gentrification
- Concentration d'habitats insalubres

**2. Banlieue dense**
- Quartiers à majorité de classes supérieures
- Quartiers populaires avec début de gentrification
- Enclaves d'habitat social

**3. Périphérie**
- Classe populaire dominante
- Développement de lotissements précarisés
- Départ des ouvriers et populations précaires
- Espace rural

# EXERCICES

## 1 Vérifier ses connaissances

Exercices interactifs

Retrouvez des exercices interactifs sur le thème de la métropolisation pour tester vos connaissances.

## 2 Réaliser un croquis à partir d'une photographie

Fond de carte et légende

**L'organisation d'un espace urbain de la Randstad Holland : Amersfoort (Pays-Bas)**

① Cathédrale
② Clocher
③ Portes de la ville médiévale
④ Musée
⑤ Hôtel de ville
⑥ Centre commercial
⑦ Zone d'activité commerciale
⑧ Salle de concert
⑨ Centre de conférences
⑩ Canaux

### Guide de travail

1. **Repérez les éléments du paysage** : les différents types d'habitat, le réseau de communication, les zones d'activités commerciales.
2. **Choisissez des figurés cartographiques** pour représenter les éléments composant cet espace.
3. **Complétez le fond de carte et la légende** avec les figurés choisis ; donnez un titre à chaque partie de la légende.
4. **Donnez un titre** à votre croquis.

**Aide**

**Paysages :**
- Monuments anciens, forte densité de construction → centre historique
- Bâtiments modernes, bâti moins dense, voies de communication larges → habitat récent

**Aide**

**Figurés :**
- Zones → aplats de couleur ou hachures
- Voies de communication → figurés linéaires
- Faits très localisés → figurés ponctuels

# 3 Analyser un texte et une photographie

## 1 Istanbul, mégapole mondiale

Avec près de 15 millions d'habitants, deux fois plus qu'en 1990, Istanbul fait partie des vingt plus grandes villes du monde. Capitale économique et culturelle, elle est la métropole du pays qui reçoit le plus d'investissements publics. Étendue sur une centaine de kilomètres à la jonction de l'Europe et de l'Asie, l'ancienne capitale ottomane s'est lancée dans la démesure urbanistique : les plus hautes tours, le plus grand aéroport, le doublement du Bosphore par un canal. […] L'équivalent d'un quartier de La Défense se construit presque tous les ans. Istanbul est la ville-monde du XXIe siècle parce que, géographiquement, elle reste une interface privilégiée entre une Europe un peu frileuse et un vaste monde en ébullition. […]

Elle accueille aussi de nombreux réfugiés, plus de 500 000 Syriens à elle seule. […] C'est une place commerciale à l'échelle régionale mais aussi internationale. Les Bulgares viennent faire leurs achats, les Iraniens viennent s'encanailler, tout comme les Anatoliens. La moitié de la totalité des crédits à la consommation accordés dans toute la Turquie est concentrée à Istanbul. Les centres commerciaux rutilants sont les éléments structurants des nouveaux quartiers où des logements de luxe, des universités viennent se construire à proximité.

C. Calvet et H. Kodmani, « Istanbul, la ville-planète aux mains d'Erdogan » (entretien avec le géographe François Pérouse), *Libération*, 6 août 2017.

## 2 Quartier d'affaires d'Istanbul (2017)

## Questions

1. Que signifie l'expression « mégapole mondiale » ?
2. À partir des informations du texte, expliquez pourquoi cette expression s'applique à Istanbul.
3. Décrivez le paysage urbain d'un centre d'affaires.
4. Relevez les informations montrant qu'Istanbul est :
   - un espace urbain en croissance ;
   - un lieu de concentration d'activités et de richesses ;
   - un carrefour international.

# 4 Approfondir ses connaissances

Analysez l'évolution de l'urbanisation mondiale à l'aide du site des Nations unies.

Exercice d'approfondissement

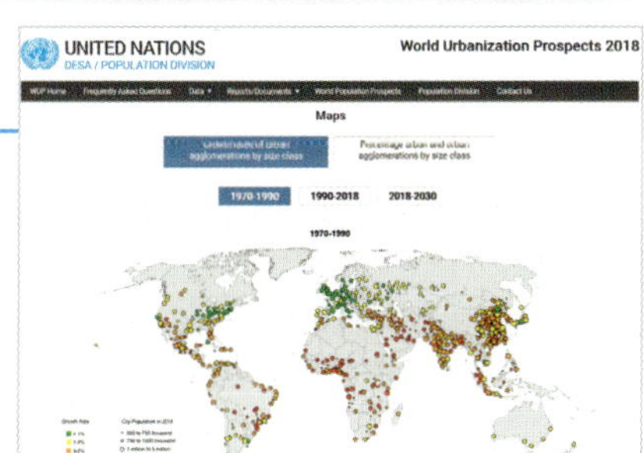

**BAC** Analyse de document

→ Méthode générale et description de l'épreuve p. 212

## MÉTHODE → Analyser le sujet

**SUJET**

### La métropolisation en France

**Consigne** : À partir de l'analyse du document, vous vous interrogerez sur la métropolisation en France. Pour cela, vous dégagerez les facteurs de la métropolisation en France, puis vous mettrez en évidence l'inégal rayonnement des métropoles françaises à différentes échelles.

### Les métropoles ont dynamisé la province

L'idée qu'il y ait en France plusieurs grandes villes connectées au monde, dotées d'une vie culturelle foisonnante, d'un marché de l'emploi dynamique et d'une offre universitaire diversifiée est rassurante. Cela veut dire que l'on n'est plus obligé de rester à Paris pour s'épanouir professionnellement ! C'est une rupture considérable par rapport à ce qu'étaient les régions françaises auparavant. […]

30 % de notre PIB provient du Grand Paris et 60 % d'une douzaine d'agglomérations. Les métropoles sont mieux adaptées à la mondialisation et à l'économie de la connaissance. Celle-ci repose en effet sur la concentration de grandes entreprises, de laboratoires de recherche, d'universités, de services financiers, etc. Dans ces conditions, Lyon et Nantes sont évidemment mieux placées que Perpignan ou Châteauroux. […]

Notre pays a la chance, avec sa capitale, de disposer de l'une des rares « villes-monde », à l'égal de New York, Londres ou Tokyo. Mais cet avantage a une contrepartie : la relégation, dans la hiérarchie européenne, des autres grandes villes françaises, qui ne peuvent rivaliser avec Munich, Milan ou Barcelone, situées dans des pays où les États ont laissé s'épanouir de puissants ensembles urbains.

Dans les années 1960, on a créé les « métropoles d'équilibre », mais, à l'époque, on ne leur a donné aucun pouvoir : tout a été décidé d'en haut, depuis Paris, justement, sans aucune consultation ! C'est pourquoi je date la véritable apparition des métropoles dans les années 1980, avec la montée en puissance de la décentralisation et de la mondialisation, qui a accéléré l'ouverture des frontières et des échanges.

Voyez Lille. Longtemps, la frontière avec la Belgique a constitué une véritable barrière. Avec l'Union européenne, la capitale des Flandres a enfin pu étendre son influence vers le nord.

Interview de Béatrice Giblin, historienne et géographe, directrice de la revue *Hérodote*, fondatrice de l'Institut français de géopolitique à l'université Paris-VIII. Propos recueillis par Michel Feltin-Palas, *L'Express hors-série*, janvier 2018.

Facteurs

Rayonnement des métropoles françaises

Retrouvez des sujets de BAC et des méthodes actualisés régulièrement sur le site
→ lyceen.nathan.fr/geo1re-2019

## Méthode / Guide de travail

### 1 Analyser le sujet

**→ Définir les termes de la consigne**

1. Définissez : *métropolisation*, *rayonnement*.
Précisez ce que signifie « à différentes échelles ».

**Conseil DU PROF**

- Consultez le lexique p. 218 pour retrouver la définition des termes géographiques.

**→ Analyser l'énoncé de la consigne**

- La première phrase constitue la problématique de l'analyse.
- Les termes employés dans la suite de la consigne indiquent le plan du devoir : repérer les verbes, les mots clés et les mots de liaison pour identifier les parties.

2. Quelle est la problématique de l'analyse de document ?

**Conseil DU PROF**

- Les termes géographiques utilisés indiquent les informations à rechercher dans le document.

3. Quel plan est suggéré par la consigne ?

**Exemple :**
Vous dégagerez les facteurs de la métropolisation en France (partie 1), puis vous mettrez en évidence l'inégal rayonnement des métropoles françaises à différentes échelles. (partie 2)

### 2 Analyser le document

**→ Identifier le document**

4. Quelle est la nature du document ? Quelle est sa source ?
5. Quelle est l'idée générale du document ?

**→ Extraire et mettre en relation les informations**

6. Au brouillon, relevez les informations permettant de répondre au sujet.
7. Quelles informations permettent de dégager la notion de métropolisation ?

**→ Expliquer les informations à l'aide des connaissances**

8. Qu'est-ce qu'une « ville-monde » ?
Définissez le terme *décentralisation*.
Expliquez la phrase soulignée dans le texte.

**Conseil DU PROF**

- Reprenez, dans le cours p. 48-49, les connaissances permettant d'expliquer les informations du texte.

### 3 Répondre au sujet

**→ Rédiger une introduction**

9. Présentez le document en le mettant en relation avec la problématique.

**Exemple :**
Le document proposé (*nature du document, source*) permet d'aborder différents aspects de la métropolisation en France.

**→ Rédiger la réponse au sujet**

10. Rédigez la réponse au sujet en suivant le plan annoncé dans la consigne.

**→ Rédiger une conclusion**

11. Pour conclure, faites un bilan de votre étude.

# BAC Croquis

→ Méthode générale et description de l'épreuve p. 214

## MÉTHODE → Relever les informations dans le texte

### SUJET

**La mégalopole japonaise**

Fond de carte

### La mégalopole japonaise, une interface fortement intégrée dans la mondialisation

**Une vaste aire urbaine**

La mégalopole occupe le littoral sud de l'île d'Honshu. Elle rassemble 80 % de la population japonaise. Polarisée par trois mégapoles, Tokyo (37 millions d'habitants), Osaka (19 millions) et Nagoya (9,5 millions), cette région urbaine s'étend d'est en ouest, de la plaine du Kanto où se situe Tokyo jusqu'à Kitakyushu-Fukuoka (5,5 millions d'habitants). Elle est jalonnée par d'importantes métropoles régionales, comme Hiroshima avec ses 2 millions d'habitants. L'extension de l'espace mégalopolitain se poursuit vers les îles du sud (Kyushu, Shikoku) et vers Sendai (2,3 millions d'habitants) au nord-est.

**Une interface dynamique**

La région urbaine est structurée par un important réseau de transport. Elle est traversée par un axe ferroviaire majeur desservi par un train à grande vitesse, le Shinkansen, reliant Tokyo au sud de Kyushu. Cinq aéroports internationaux assurent un trafic croissant de passagers et contribuent à l'ouverture de la mégalopole sur le monde : en 2018, les deux aéroports de Tokyo (Haneda et Narita) totalisent 125 millions de passagers ; les deux aéroports d'Osaka (Kansai et Itami) cumulent 44 millions de passagers par an ; Nagoya-Chubu en accueille 14 millions. Les baies de Tokyo, de Nagoya et d'Osaka accueillent également d'importantes zones industrialo-portuaires, faisant de la mégalopole une interface maritime majeure à l'échelle mondiale.

**Un espace fortement intégré dans la mondialisation**

Tokyo est l'une des plus puissantes métropoles de la planète : elle est le siège du Kabuto-Chô, la 3e place boursière mondiale ; elle est également un centre de recherche scientifique de niveau mondial en robotique et en nouvelles technologies. Sur le plan culturel, Tokyo s'est affirmée comme un pôle mondial de la création dans les domaines du jeux vidéo, de la mode et du design.

Thèmes principaux indiquant les parties du plan de la légende du croquis

Informations à représenter sur le croquis

Lieux concernés par le sujet

Retrouvez des sujets de BAC et des méthodes actualisés régulièrement sur le site
→ lyceen.nathan.fr/geo1re-2019

## Méthode | Guide de travail

### 1 Déterminer l'objectif du croquis

→ **Analyser les termes du sujet**

1. Repérez les mots clés du sujet et précisez leur sens.
2. Que devra montrer le croquis ?

**Conseil DU PROF**
- Définir les mots clés permet de déterminer l'idée directrice du croquis.

### 2 Relever les informations dans le texte

→ **Identifier les informations cartographiables** (faits, phénomènes géographiques ou spatiaux)

3. Quels sont les différents types d'informations à identifier dans le texte ? Combien d'informations sont sélectionnées pour être cartographiées ? Montrez que toutes ces informations sont en rapport avec le sujet.

- Relever uniquement les informations en rapport avec le sujet du texte.

4. Dans les paragraphes 1 et 2, quelles informations peuvent être regroupées en une seule idée ?

**Exemple :** mégapoles et métropoles régionales = grands pôles urbains.

**Conseil DU PROF**
- Prenez en compte les indications du texte qui permettent de mieux comprendre une information.

- Relever 6 à 9 informations essentielles : ce sont les idées à classer dans les parties de la légende.

5. Dans le 1er paragraphe, relevez les informations permettant de hiérarchiser les pôles urbains.

- Relever le nom des lieux pour situer les phénomènes.

6. Quelles informations permettent de localiser l'axe ferroviaire majeur et les zones industrialo-portuaires ?

**Conseil DU PROF**
- Reportez-vous à un atlas pour apprendre la localisation des villes.

### 3 Passer du texte à la légende du croquis

→ **Classer les informations dans la légende**

7. À l'aide du travail effectué sur le texte, classez les informations dans le plan de la légende ci-dessous :

**A. Une vaste aire urbaine**
**B. Une interface dynamique**
**C. Un espace fortement intégré dans la mondialisation**

→ **Représenter les informations par des figurés**

8. Parmi ces propositions, choisissez un figuré pour chaque information.

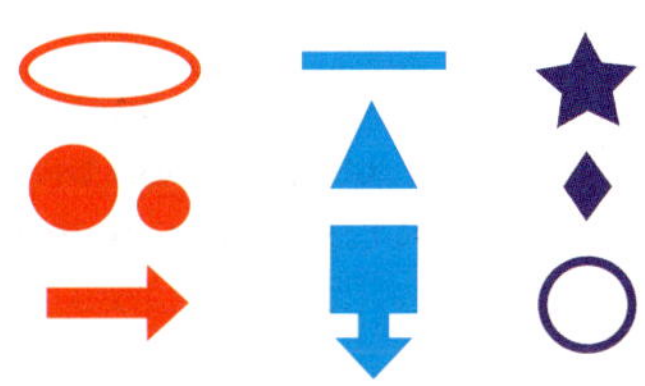

**Conseil DU PROF**
- Aidez-vous du langage cartographique.

+ Langage cartographique

### 4 Réaliser le croquis

9. Sur le fond de carte fourni :
- Dessinez les figurés choisis.
- Indiquez le nom des lieux (la nomenclature).
- Recopiez sous le croquis la légende complétée.
- Donnez un titre au croquis en reprenant celui du texte.

**Conseils DU PROF**
- Les figurés doivent être tracés et coloriés avec soin : utilisez des crayons de couleurs et une règle, si besoin.
- Reprenez le titre du texte car il exprime l'idée principale du croquis.

# BAC Question problématisée

→ Méthode générale et description de l'épreuve p. 216

## SUJET

Notions centrales de la question : mots clés à définir.

→ Comment l'urbanisation favorise-t-elle la métropolisation et la recomposition des espaces des villes dans le monde ?

Quels sont les différents types d'espaces urbains ?

Échelle mondiale de la question, mais il faudra aussi prendre en compte le cas de la France.

À quelle échelle

| Méthode | Guide de travail |
| --- | --- |
| **1 Analyser la question** | |
| → **Définir les mots clés, l'échelle ou l'espace concerné par le sujet** | **1.** Analysez la question posée en vous aidant des encadrés de couleurs ci-dessus.<br>**Conseil DU PROF**<br>• Interrogez-vous en particulier sur le sens des mots et plus globalement sur la question : où ? Pourquoi ? Comment ? Avec quelles conséquences ?<br><br>**2.** Déterminez l'échelle du sujet : est-elle mondiale, nationale (un État), régionale, locale ?<br>**Conseil DU PROF**<br>• Ne négligez pas cette étape de l'analyse, car elle vous permet de prendre en compte la diversité du phénomène étudié selon l'échelle considérée.<br><br>**3.** Comment la question vous aide-t-elle à organiser la réponse ? |

| Méthode | Guide de travail |
|---|---|

## 2 Mobiliser et organiser ses connaissances

**→ Rassembler les connaissances et les exemples en rapport avec le sujet**

**4.** Au brouillon, listez :
- les mots clés et notions en rapport avec le sujet : *taux d'urbanisation, étalement urbain, périurbanisation, exode rural, métropole, mégapole, mégalopole, centre, périphérie,* etc.
- les idées à développer : les facteurs de la croissance urbaine, le processus de la métropolisation, les caractéristiques des métropoles, la fragmentation et les inégalités des espaces urbains, etc.
- les exemples que vous utiliserez pour illustrer les idées : Londres, Mumbai, Paris, São Paulo, la mégalopole du Nord-Est des États-Unis.

**Conseil DU PROF**

• Choisissez des exemples géographiquement variés (Amérique, Europe, Afrique, Asie, pays développés, pays en développement) sans oublier la France.

**→ Organiser les connaissances**

**5.** Déterminez les deux idées directrices permettant de répondre aux différents aspects de la question.

**Exemple :**
a/ La croissance urbaine a entraîné le développement de vastes métropoles (mot clé : « métropolisation »)
b/ Ces processus s'accompagnent de la fragmentation des espaces urbains (mot clé : « recomposition »)

**Conseil DU PROF**

• Articulez les idées directrices autour des mots clés de la question.

## 3 Rédiger la réponse à la question

**→ Rédiger une courte introduction**

**6.** Présentez brièvement le thème central du sujet.

**Exemple :**
L'urbanisation, c'est-à-dire le développement des villes et l'accroissement de la population urbaine, est un phénomène mondial majeur.

**→ Rédiger le développement**

**7.** Pour chaque idée directrice, rédigez un paragraphe argumenté dans lequel vous développerez les idées importantes, les explications et un ou deux exemples précis.

**Conseil DU PROF**

• Faites des phrases courtes ; utilisez un vocabulaire précis.

**→ Rédiger une conclusion**

**8.** Rédigez une réponse synthétique à la question problématisée.

**Exemple :**
L'urbanisation croissante renforce le poids des métropoles et crée des inégalités socio-spatiales au sein des villes.

**Retrouvez des sujets de BAC et des méthodes actualisés régulièrement sur le site**
**→ lyceen.nathan.fr/geo1re-2019**

Saint-Nazaire
FRANCE
PS

Pour entrer dans le thème

# THÈME 2

# Une diversification des espaces et des acteurs de la production

À l'heure de l'économie numérique, les systèmes productifs français et mondiaux se diversifient. En plaçant les territoires en concurrence, les entreprises internationales jouent un rôle majeur dans l'organisation de la production et dans la distribution des flux.

**Comment les espaces productifs dans le monde et en France se recomposent-ils ?**





Chantiers navals de Saint-Nazaire (Loire-Atlantique), 2017

THÈME 2

CHAPITRE 3

# Une diversification des espaces et des acteurs de la production

## DANS LE MONDE

- Les espaces de production dans le monde : une diversité croissante
- Métropolisation, littoralisation des espaces productifs et accroissement des flux

SOMMAIRE



Dans ce chapitre
- TOUS LES TEXTES en version à imprimer
- TOUTES LES CARTES en version interactive

Vidéo

Centre logistique Amazon à Dortmund en Allemagne (novembre 2018)

RECEIVE LINE 2
RECEIVE LINE 3
RECEIVE LINE 4
PROBLEM SOLVE
ALLEMAGNE
Dortmund

# Étude de cas

# L'aéronautique et l'aérospatiale en Europe : une production en réseau

**Zoom sur…**

**▶ l'industrie aéronautique et aérospatiale européenne**

| | |
|---|---|
| Rang mondial (en chiffre d'affaires) | 2e (É.-U. 1er, Russie 3e) |
| Part des exportations dans le chiffre d'affaires | 85 % |
| Nombre d'avions Airbus vendus dans le monde (2017) | 10 926 |
| ArianeGroup | N° 1 mondial de l'accès à l'espace |

**➔ Comment expliquer la réussite internationale de la production aéronautique et spatiale européenne ?**

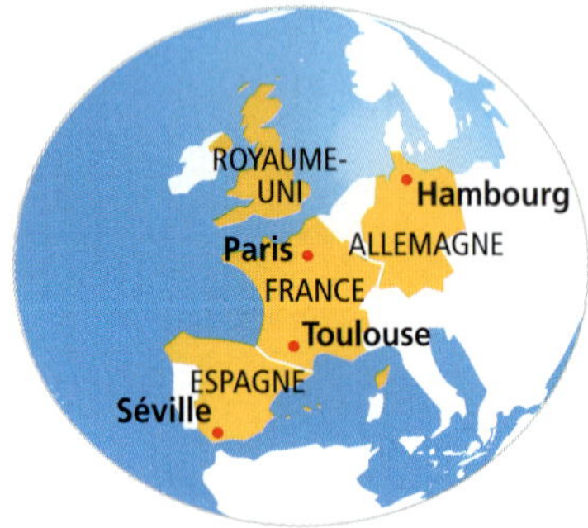


## A Des industries variées et complexes

### 1 Un succès européen

*Parole de géographe*

À partir des années 1960, certains gouvernements européens, dont la France, décident d'accélérer le développement de leurs entreprises aéronautiques dans un secteur encore largement dominé par Boeing. C'est le début de l'aventure Airbus qui se révèle un grand succès. En trente ans, il parvient à dépasser son rival américain en termes de vente. […]

La fusée Ariane, dont le premier programme date de 1973, a longtemps symbolisé l'Europe de l'espace. Aujourd'hui, Thales ou EADS sont des acteurs essentiels du marché des satellites de télécommunication. La conception et le montage sont effectués dans de nombreux sites européens (France, Suède, Italie, Suisse et Allemagne) […] et au centre spatial guyanais de Kourou, ce qui permet d'associer une région ultra-périphérique[1] de l'Union européenne à ce secteur de pointe. La réussite d'Ariane, comme celle d'Airbus, vient du fait que l'Europe a réussi à mutualiser les ressources gigantesques que nécessite ce secteur (capitaux, laboratoires, technologie avancée). […]

Des puissances émergentes sont entrées dans la cour des grands aux côtés des Européens et des Américains : les Chinois ont envoyé un homme dans l'espace […]. Pour conserver son avance, l'Europe doit nouer des alliances avec de nouveaux partenaires : les fusées russes Soyouz sont maintenant lancées depuis Kourou.

Vincent Adoumié (dir.), *Géographie de l'Europe*, Hachette Supérieur, 2013.

1. Statut des 5 DROM français (Guyane, Martinique, Guadeloupe, La Réunion, Mayotte), comme territoires intégrés à l'Union européenne.

### 2 Les acteurs du secteur aéronautique et spatial

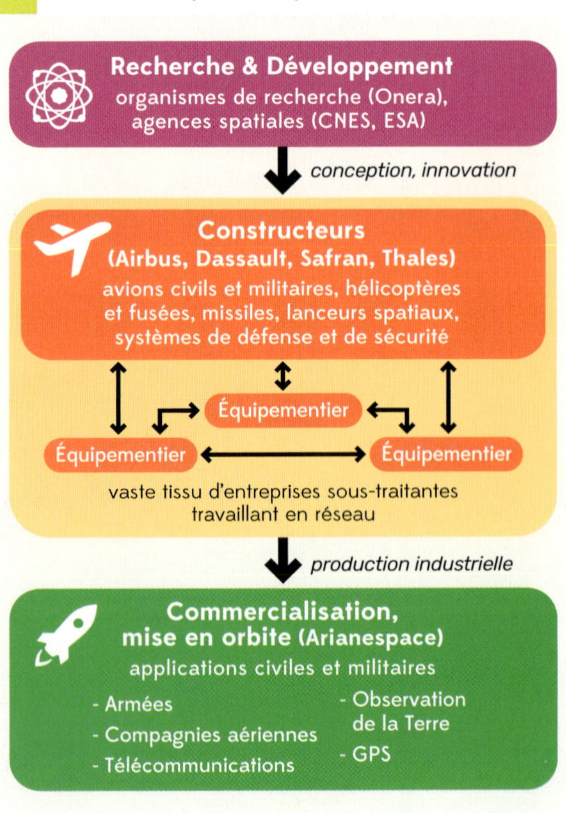


**Vocabulaire**

**R&D (Recherche et développement) :** activité destinée à améliorer la qualité et la capacité de production d'une entreprise. C'est un facteur majeur d'innovation, et donc de compétitivité.

## 3 Columbus, le laboratoire de recherche européen dans l'espace

Thomas Pesquet, spationaute de l'agence spatiale européenne (ESA) dans le laboratoire spatial européen Columbus de la Station spatiale internationale (ISS), en 2016.

## 4 Galileo, un système européen de positionnement par satellites

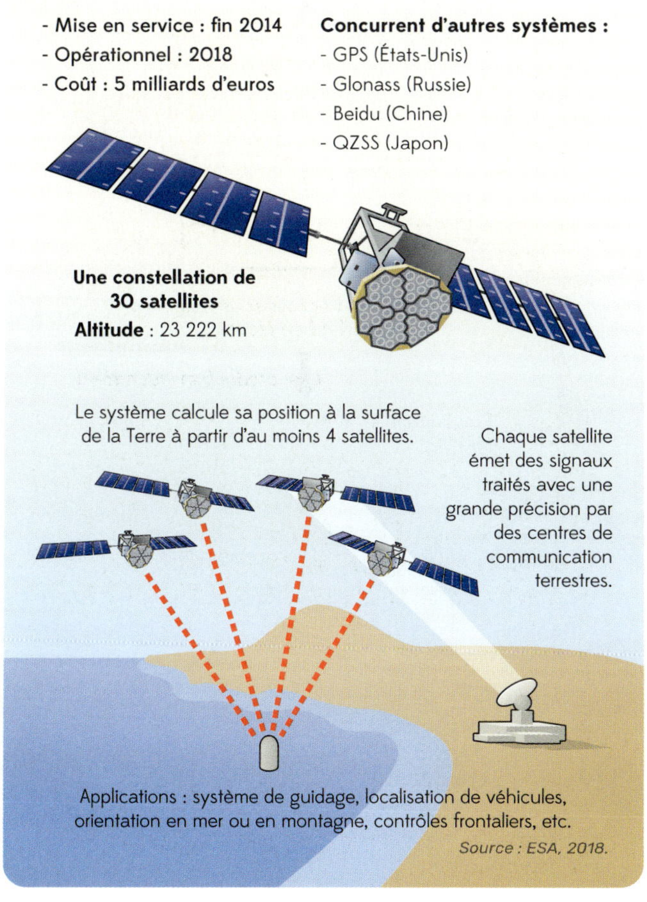


*Source : ESA, 2018.*

## Questions

### Itinéraire 1

#### Situer et décrire

1. Quand et comment l'industrie aéronautique et spatiale européenne est-elle née ? **doc. 1**
2. Quels sont les principaux concurrents de l'Europe ? Comment se situe l'Europe par rapport à eux ? **doc. 1 et 4**
3. Relevez les éléments caractéristiques de la complexité de ces secteurs d'activité. **doc. 2 à 4**

#### Analyser et expliquer

4. Montrez les succès de l'industrie aéronautique et spatiale européenne et expliquez-en les principales raisons. **doc. 1 à 4**

ou

### Itinéraire 2

+ Carte mentale à imprimer

#### Compléter une carte mentale (1/2)

À partir des documents 1 à 4, reproduisez puis commencez à compléter cette carte mentale, que vous terminerez p. 73.

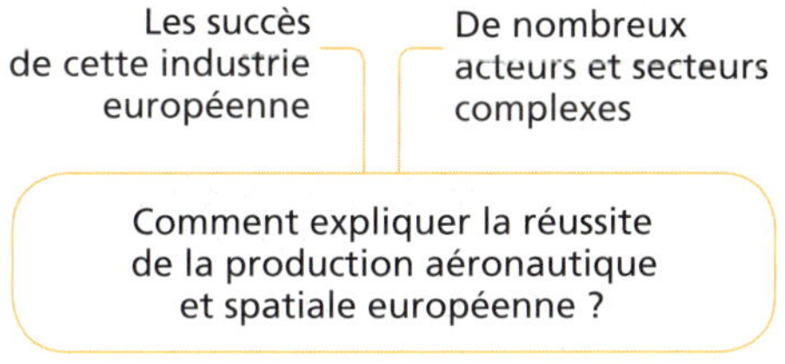


THÈME 2 · SE PRÉPARER · MONDE · FRANCE · RÉVISER

# B Des coopérations multiples

## 5 Ariane 6 : un lanceur européen

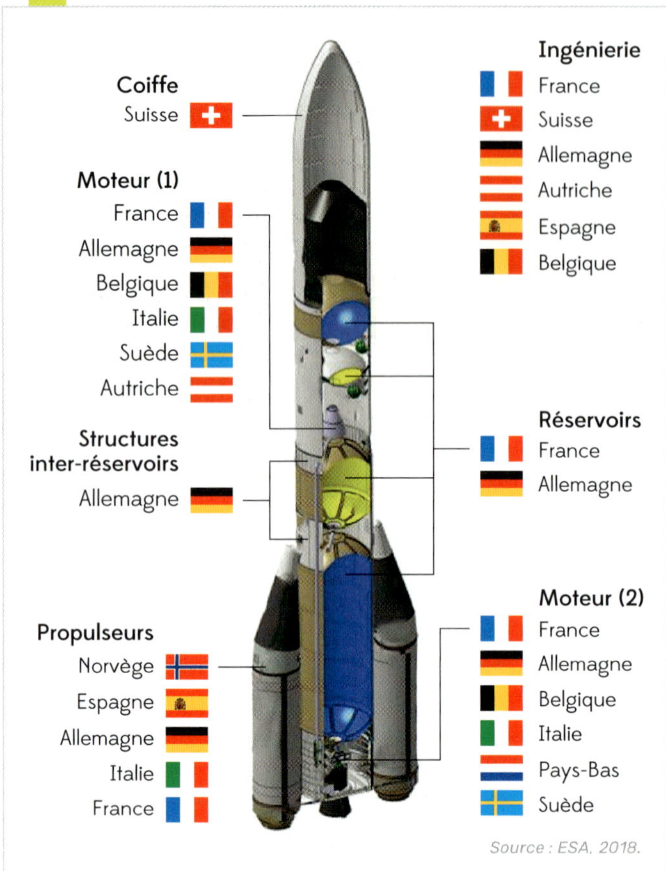


Le nouveau lanceur Ariane 6 devrait être opérationnel en 2020.

## 6 Airbus, une réussite européenne

Parole de géographe

L'exemple d'Airbus permet de poser la problématique du système productif de l'aéronautique en France. Dès les années 1950, il est apparu que les seules compétences nationales étaient trop limitées pour affronter la concurrence des États-Unis.

Le modèle industriel d'Airbus est celui d'un archipel productif où les pièces des avions sont fabriquées dans différentes villes d'Europe. Les chaînes d'assemblage sont alimentées par des navires dédiés, par des Beluga (c'est-à-dire des Airbus au fuselage surdimensionné), ou même en convois exceptionnels par la route.

Des concurrents apparaissent en Russie (Sukhoi), en Chine (Comac), au Brésil (Embraer), au Canada (Bombardier) et au Japon (Mitsubishi). Pour Airbus et ses sous-traitants, le jeu consiste à prendre des participations dans ces entreprises, à implanter des centres de recherche dans ces pays ou à devenir des fournisseurs incontournables de pièces techniques, et cela en concurrence avec des entreprises japonaises et américaines.

Benoît Montabone (dir.), géographe et chercheur à l'université Rennes 2, *La France, géographie générale*, Atlande, 2018.

## 7 La chaîne de production de l'Airbus A350

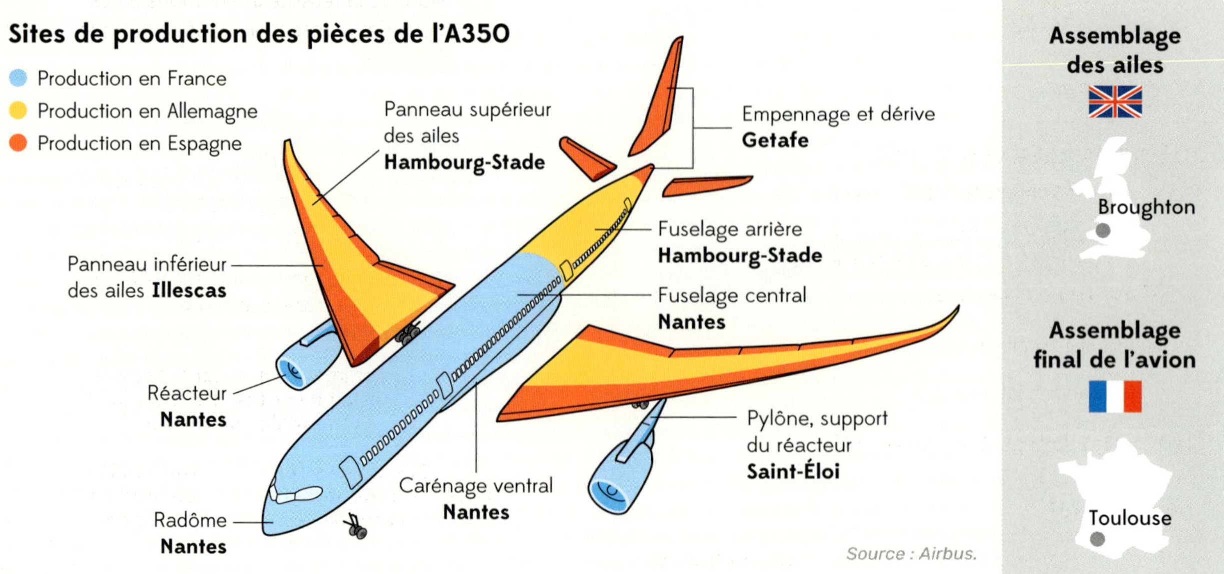

# C Des espaces industriels spécialisés et aménagés

## 8 Le pas de tir de la fusée Ariane

En 2020, un nouveau pas de tir sera opérationnel pour Ariane 6.

① Pas de tir Ariane 5
② Réservoir d'eau
③ Voie d'acheminement du lanceur

+ Vidéo

## 9 Le pôle de compétitivité Aerospace Valley

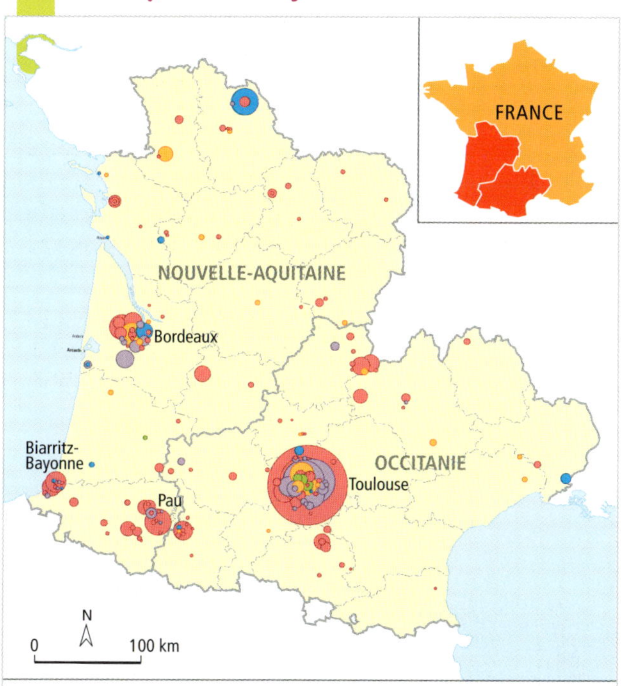


**Filières aéronautiques et spatiales**
- Construction aéronautique et spatiale
- Fabrication d'équipements électriques, électroniques, informatiques et machines
- Réparation et maintenance
- Commerce et logistique
- Ingénierie et informatique

**Nombre de salariés par commune (2016)**
23 900
7 400
1 100

Source : d'après Insee, 2017.

## Questions

### Itinéraire 1

#### Situer et décrire

5 Décrivez le système de production d'Airbus et d'Ariane. **doc. 5 à 7**

6 Quels acteurs concurrencent aujourd'hui Airbus ? Quelles relations Airbus entretient-il avec ses concurrents ? **doc. 6**

7 Citez les deux pôles principaux d'Aerospace Valley. Quels types d'emplois trouve-t-on dans ces deux pôles ? **doc. 9**

8 Décrivez les aménagements réalisés à Kourou pour transformer le site en base spatiale. **doc. 8**

#### Synthétiser

9 Montrez la réussite internationale des industries aérospatiale et aéronautique. **doc. 1 à 9**

ou

### Itinéraire 2

+ Carte mentale à imprimer

#### Compléter une carte mentale (2/2)

À l'aide des documents 5 à 9, terminez la carte mentale commencée p. 71.

Comment expliquer la réussite de la production aéronautique et spatiale européenne ?

Des espaces de production spécialisés et connectés

Une chaîne de production partagée

Étude de cas

# Les investissements chinois en Afrique

➔ **Comment les investissements chinois participent-ils à la recomposition de l'Afrique ?**

**Zoom sur...**

**▶ la Chine en Afrique (2017)**

| | |
|---|---|
| Nombre d'entreprises chinoises en Afrique | Environ 10 000 |
| Investissements chinois en Afrique | 43 milliards de $ (34 % du total) |
| Nombre de travailleurs chinois en Afrique | Environ 200 000 |
| Place de la Chine comme partenaire commercial de l'Afrique | 1er rang depuis 2009 |

## A L'Afrique : un continent attractif pour la Chine

**Vocabulaire**

**(IDE) Investissements directs à l'étranger :** sommes d'argent investies par des entreprises étrangères sur un territoire (création, rachat d'entreprise).

+ Vidéo

### 1 La production chinoise en Afrique

Le groupe chinois Huajian est installé en Éthiopie depuis 2012. [...] Chaque année, Huajian fabrique et exporte entre 1,5 et 2 millions de paires de chaussures pour femmes pour des marques comme Guess et Naturalizer.

Selon la Banque mondiale, la Chine devrait délocaliser 85 millions d'emplois industriels dans les prochaines années. L'implantation en Éthiopie était une évidence pour le groupe Huajian qui emploie 25 000 personnes à Dongguan dans le Sud de la Chine. « De nombreux fabricants ont été obligés de quitter l'Asie à cause de l'augmentation des salaires et du prix des matières premières », explique Nara Zhou, responsable des relations publiques de Huajian. « L'Éthiopie possède le plus grand cheptel d'Afrique. Nous achetons 80 % de notre cuir dans les tanneries locales à moindre coût. »

Chez Huajian comme dans la plupart des usines étrangères de textile et de cuir qui se sont implantées en Éthiopie, le salaire mensuel moyen est d'environ 70 euros. Jusqu'à dix fois moins que dans l'usine du monde qu'était devenue la Chine.

« Le *Made in Ethiopia* sur la voie du Bangladesh ? », *Le Monde*, 12 février 2016.

### 2 Les investissements étrangers en Afrique

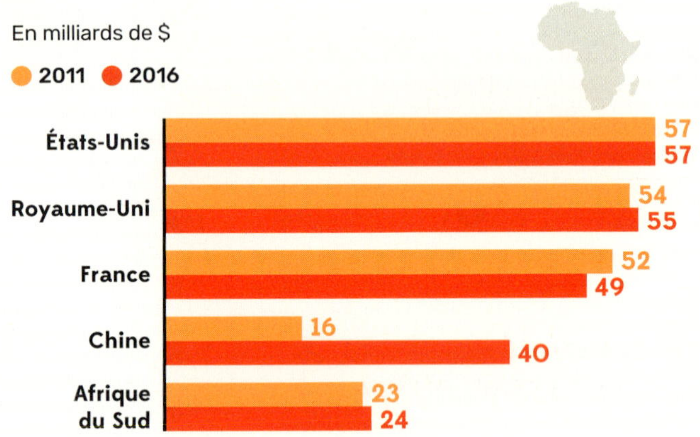


*Source : Rapport sur l'investissement dans le monde de la CNUCED, 2018.*

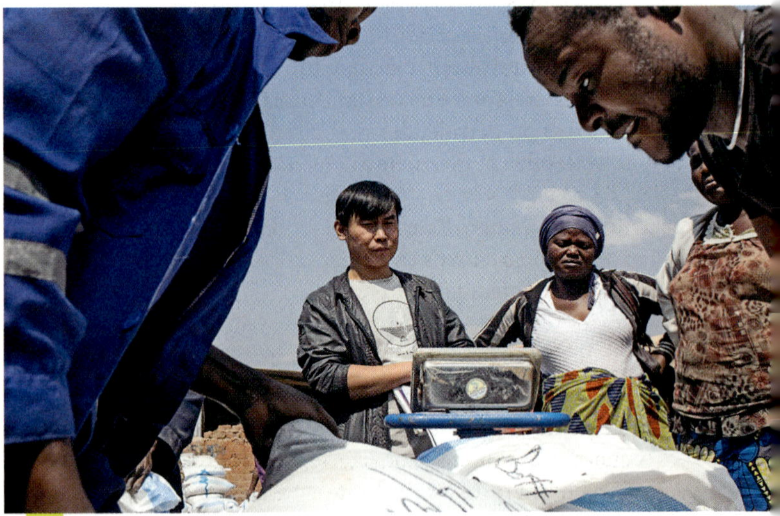

### 3 Mines de cobalt en république démocratique du Congo (2018)

Un entrepreneur chinois observe des travailleurs peser des sacs de cobalt sur le marché de Musompo à Kolwezi.

## 4 La Chine en Afrique

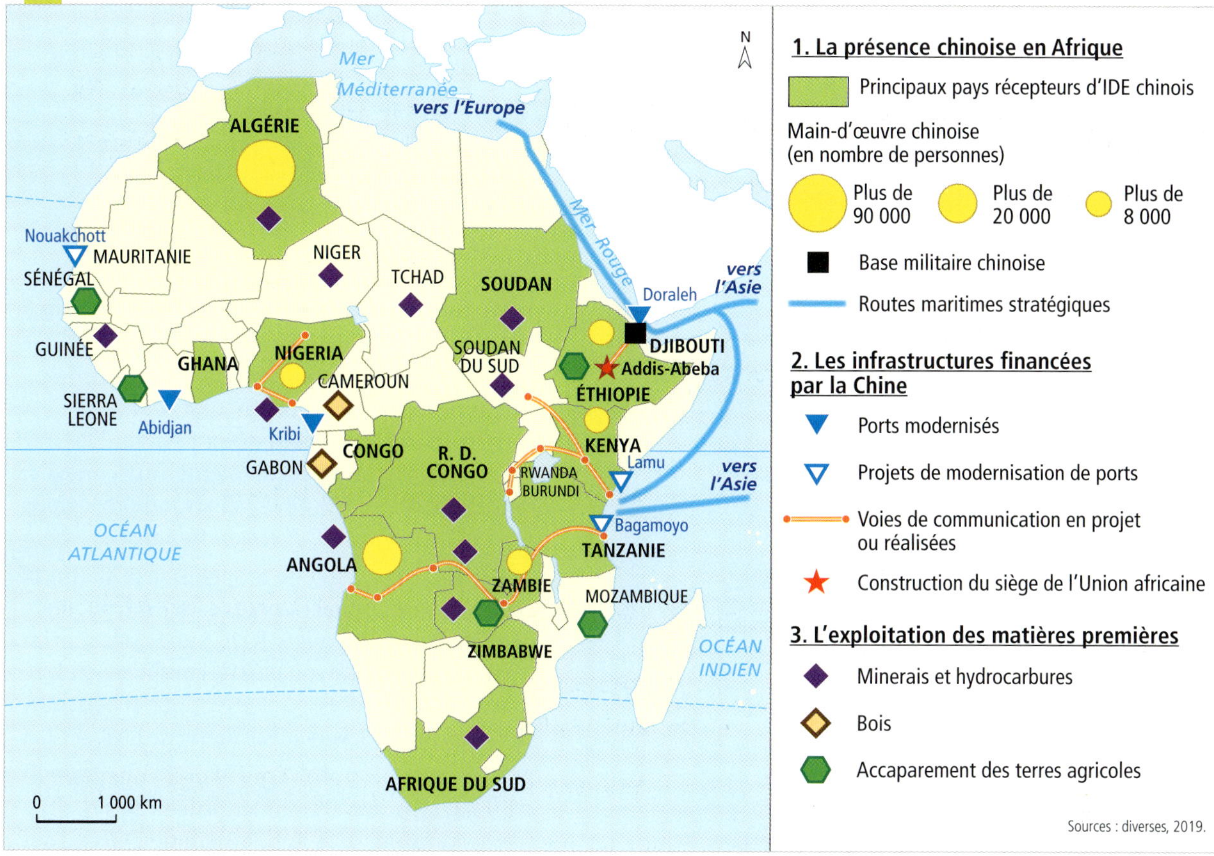


## 5 Les stratégies des entreprises chinoises en Afrique

« Les investisseurs chinois restent d'abord motivés par la quête des matières premières », explique Ruben Nizard, économiste. « Depuis des années, on parle de diversification des économies africaines, mais la réalité, c'est que nous en sommes encore très loin. Seuls les pays relativement pauvres en matières premières comme l'Éthiopie ont une relation plus équilibrée avec la Chine. Pour les autres, nous dressons un constat de forte dépendance autour du pétrole, des matières premières brutes minérales et des métaux. Ils représentent 90 % du total des exportations africaines vers la Chine. Au Congo-Kinshasa, par exemple, le cuivre est de plus en plus transformé localement, mais essentiellement *via* des entreprises chinoises implantées sur place. Au Congo-Brazzaville, une nouvelle loi oblige ces entreprises à n'employer que 20 % de main-d'œuvre chinoise. »

Les pistes concernant d'autres secteurs que les métaux et les minerais sont aujourd'hui encore relativement marginales. Il s'agit de l'agriculture (bois de rose, tabac, sésame et oranges d'Afrique du Sud) et de la production d'articles manufacturés.

« La relation Chine-Afrique entre croissance et dépendance », *Le Monde*, 13 novembre 2017.

## Questions

### Itinéraire 1

#### Situer et analyser

1. Citez les espaces africains attractifs pour les investissements chinois. **doc. 1, 3 et 4**
2. Comparez les investissements chinois avec ceux des autres pays. Comment ont-ils progressé ? **doc. 2**
3. Dans quels domaines les entreprises chinoises investissent-elles en Afrique ? Pourquoi ? **doc 1, 3, 4 et 5**

#### Synthétiser et argumenter

4. Pourquoi le continent africain est-il si attractif pour les investisseurs chinois ? **doc. 1 à 5**

**ou**

### Itinéraire 2 — Aide

#### Mener une recherche documentaire en binôme (1/2)

- À l'aide du **doc. 4**, choisissez un pays d'Afrique où les investissements chinois sont nombreux.
- Recherchez trois documents pour ce pays, sur le thème : « les IDE chinois : évolution, montant, secteurs d'activité… »
- Rédigez quelques lignes d'analyse pour les trois documents trouvés.

# B Des investissements stratégiques pour la Chine

## 6 La présence militaire chinoise à Djibouti

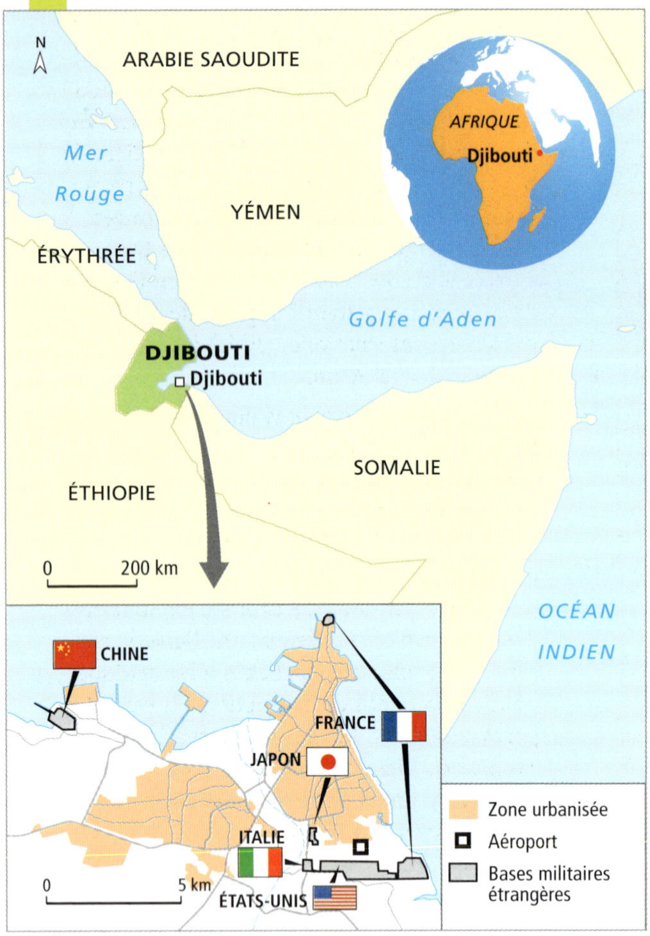


Inaugurée en 2017, Djibouti est la première base militaire chinoise en Afrique le long de sa principale voie d'approvisionnement maritime vers l'Europe et le Moyen-Orient.

## 7 Les intérêts diplomatiques vus de Chine

« Pour accroître son influence dans le domaine militaire, Pékin organise des formations pour les officiers africains qui peuvent suivre des cursus en Chine, en français ou en anglais. Le coût est pris en charge par Pékin. Cela permet de tisser un réseau parmi les futures élites africaines », rappelle le colonel Jérôme Pellistrandi, rédacteur en chef de la *Revue Défense nationale*.

Autre aspect de cette coopération militaire, la vente d'armes chinoises. Que ce soit en république démocratique du Congo (RDC), au Soudan ou en Centrafrique, on ne voit plus de conflit en Afrique sans armes chinoises, dont le rustique et bon marché fusil Type 56, version chinoise de l'AK-47. [...]

Le dernier point concerne l'engagement chinois dans des actions multilatérales. [...] La Chine s'engage sous la bannière de l'ONU, devenant même le premier contributeur de casques bleus parmi les membres permanents du Conseil de sécurité. Une force de 8 000 hommes est en attente, prête à intervenir sous mandat de l'ONU, et les premiers hélicoptères chinois, quatre Mi-171, ont été déployés au Soudan du Sud. Pékin a également offert une aide militaire de 100 millions de dollars à l'Union africaine.

Sébastien Le Belzic, « La diplomatie chinoise en Afrique passe aussi par les armes », *Le Monde Afrique*, 25 juin 2018.

## 8 Un chantier au Kenya

Inspection du chantier de construction de la voie ferrée entre Mombasa et Nairobi, mars 2016.

# C La Chine, une chance ou un risque pour l'Afrique ?

**9 Les investissements chinois vus par la presse francophone**

Une de *Jeune Afrique*, 31 août 2018.

**10 Une aide au développement ?**

Il faut savoir que les entreprises publiques chinoises, en mal de matières premières, ont investi massivement dans des pays comme le Soudan du Sud ou la république démocratique du Congo. Mais les prêts chinois soulèvent des inquiétudes pour la stabilité financière de pays qui pourraient se retrouver lestés par un lourd endettement pour de longues années. À titre d'exemple, la dette publique de Djibouti a explosé de 50 % à 85 % du PIB en l'espace de deux ans, suscitant l'inquiétude du Fonds monétaire international (FMI) à l'égard des créances dues à Pékin.

Ailleurs, des citoyens dénoncent parfois le recours à la main-d'œuvre chinoise et des contrats par trop favorables aux entreprises de l'empire du Milieu. À Madagascar, des manifestants ont ainsi protesté pendant des mois en 2016 contre l'octroi pour quarante ans à une société chinoise de droits d'exploitation d'une mine d'or. Au Kenya, une ligne de chemin de fer financée par Pékin a été critiquée pour son coût et sa construction à travers des parcs nationaux. Mais le ministre kényan des Transports vient d'annoncer qu'une nouvelle tranche du projet serait signée au sommet de Pékin, pour 3,8 milliards de dollars.

« Afrique-Chine, un sommet pour prendre date », *Le Point Afrique*, 3 septembre 2018.

THÈME 2
SE PRÉPARER
MONDE
FRANCE
RÉVISER

## Questions

**Itinéraire 1**

### Décrire et expliquer

5. Pourquoi la localisation de Djibouti est-elle stratégique pour la base militaire chinoise ? **doc. 6**
6. De quelles manières la Chine renforce-t-elle sa puissance politique grâce à l'Afrique ? **doc. 7 et 8**
7. Expliquez les principales critiques soulevées par les investissements chinois en Afrique. **doc. 9 et 10**

### Synthétiser et argumenter

8. Comment la puissance industrielle et diplomatique chinoise participe-t-elle à recomposer le continent africain ? **doc. 6 à 10**

ou

**Itinéraire 2** + Aide

### Mener une recherche documentaire en binôme (2/2)

- Pour le pays sélectionné par votre groupe, poursuivez les recherches engagées p. 75, sur les deux thèmes suivants :
  – Des investissements renforcent la puissance chinoise : économique, politique, militaire.
  – Atouts et limites des investissements chinois pour ce pays.
- Rédigez quelques lignes d'analyse sur les documents trouvés, puis concluez en répondant à cette question : « Les investissements chinois contribuent-ils au développement de ce pays d'Afrique ? »

# Étude de cas

## La Silicon Valley, un espace productif intégré à la mondialisation

**Zoom sur...**
**▸ la Silicon Valley**

| | |
|---|---|
| Superficie | 4 800 km$^2$ |
| Population | 3 millions d'hab. |
| Emplois | 1,64 million |
| Dépôts de brevets | 19 986 (2016) |

**En quoi la capacité d'innovation de la Silicon Valley est-elle un facteur d'intégration à la mondialisation ?**

### 1 Les grandes étapes de la formation de la Silicon Valley

| 1891 | 1951 | 1971 | 1976 | 1977 | 1998 | 2006 |
|---|---|---|---|---|---|---|
| Leland et Jane Stanford fondent l'**université Stanford** près de Palo Alto | Création du **Stanford Industrial Park** | Première utilisation du terme **Silicon Valley** dans la presse | Fondation d'**Apple** à Cupertino | Fondation d'**Oracle** à Santa Clara | Fondation de **Google** à Menlo Park | Fondation de **Twitter** à San Francisco |

### 2 La Silicon Valley, capitale mondiale des industries *high tech*

Parole de géographe

Territoire emblématique de la haute technologie américaine, la Silicon Valley est un pilier essentiel de la puissance des États-Unis. Son développement repose de plus en plus sur une immigration de travailleurs qualifiés. [...] De Intel à Google, la Silicon Valley n'est pas un simple pôle des industries d'information et de communication. Elle est en effet la capitale mondiale des industries *high tech* ; elle est un pilier majeur de la puissance américaine ; elle est un puissant atout géo-économique et géopolitique. Figure emblématique de la mondialisation, la Silicon Valley relie de diverses manières les États-Unis au reste du monde : porte d'entrée des « talents » scientifiques et techniques en provenance de tous pays, territoire pilote du *brain drain*[1], attirant jeunes chercheurs, innovateurs et créateurs d'entreprises du monde entier, elle tire inversement avantage de l'ouverture des marchés pour déverser sur le monde, par vagues successives, des innovations et des produits technologiques hautement sophistiqués.

Frédéric Leriche, chercheur à l'université de Versailles Saint-Quentin, « Du local au global : géopolitique de la Silicon Valley », *Revue Diplomatie*, n° 85, mars-avril 2016.

1. Migrations de scientifiques, de chercheurs et de personnes très qualifiées.

### 3 Un système intégré pour l'innovation

Les deux universités prestigieuses de Stanford et Berkeley irriguent la Silicon Valley en diplômés. Quand les uns sont recrutés à prix d'or par les grandes entreprises, d'autres se lancent dans l'aventure entrepreneuriale. Ce dynamisme s'explique en grande partie par la capacité de ces deux établissements d'enseignement supérieur à concentrer ressources et compétences au sein de structures uniques.

Aux États-Unis, les universités conservent la propriété intellectuelle des recherches qu'elles mènent bien qu'elles soient financées par l'État et plus précisément par l'armée qui reste un investisseur majeur dans toute la région. La recherche est complètement intégrée au paysage économique de la Silicon Valley. Les grands groupes rachètent régulièrement des start-up prometteuses, tout en ayant appris à les intégrer au cœur de leur business. Les acteurs de la Silicon Valley ont conscience de faire partie d'un même système dont le bon fonctionnement profite à tous.

D'après « Dans la Silicon Valley, le système universitaire au cœur de la matrice », Educpros, [en ligne] 1er décembre 2017.

**4** **Siège social de Google à Mountain View (Californie, 2018)**

**Vocabulaire**

- **Innovation :** capacité à améliorer les performances d'une production ou d'une activité.
- **Recherche-Développement (R&D) :** voir p. 70.
- **Silicon Valley :** espace productif développé autour de l'université de Stanford au sud de San Francisco où la recherche et l'industrie informatique travaillent en réseau. Don Hoefler, journaliste californien, invente l'expression de la Silicon Valley en référence au « silicium » (en anglais *silicon*), désignant le matériau de base des puces électroniques.



**5** **La Silicon Valley, territoire de l'innovation**

Source : D'après *Diplomatie*, n° 85, 2016.

**1. Un réseau d'universités et d'entreprises**

- Principales universités
- Principales entreprises du numérique

**2. Un territoire intégré dans une vaste aire métropolitaine**

- Ensemble de villes formant le cœur de la Silicon Valley
- Secteur résidentiel de prestige associé au développement des hautes technologies
- Principaux axes routiers

**3. Un espace productif connecté au monde**

- Principaux ports
- Aéroports internationaux
- Flux immatériels liés aux entreprises du numérique

## Questions

### Itinéraire 1

#### Situer et décrire

1. Localisez la Silicon Valley et décrivez ses caractéristiques. **doc. 2 et 3**
2. Citez les firmes transnationales présentes dans la Silicon Valley. À quel secteur d'activité appartiennent-elles ? **doc. 1, 4 et 5**

#### Analyser et expliquer

3. Expliquez comment la Silicon Valley parvient localement à développer sa forte capacité d'innovation. **doc. 3 à 5**
4. En quoi la capacité d'innovation de la Silicon Valley est-elle un facteur d'intégration à la mondialisation ? **doc. 1 à 5**

**ou**

### Itinéraire 2

Méthode et conseils

#### Préparer un exposé oral

- Montrez comment et pourquoi la Silicon Valley est devenue un espace productif très intégré à la mondialisation.
- Sélectionnez les informations correspondant aux thèmes suivants :
  1. Les caractéristiques de la Silicon Valley
  2. Les raisons de la puissance de la Silicon Valley
  3. Les perspectives dans la mondialisation : connexion, influence, attractivité
- Effectuez quelques recherches complémentaires sur Internet.

# Dossier

## Le ketchup, logiques et dynamiques d'une filière mondialisée

**Quelles sont les logiques et les dynamiques de la filière mondialisée du ketchup ?**

### 1 Tri de tomates industrielles dans la région du Xinjiang (Chine, 2015)

Après leur récolte, les tomates d'industrie arrivent dans les usines de Cofco Tunhe pour être transformées en concentré.

### Chiffres clés

**La tomate d'industrie**

**Tomates transformées en 2018**
**35 millions de tonnes**

**Premier producteur de tomates transformées :**
**Californie** (États-Unis)
(1/3 de la production mondiale)

**Premier producteur de ketchup Heinz**
**59 % de la production mondiale**
**650 millions de bouteilles vendues par an**

*Sources : Heinz et Tomato News, 2018.*

### 2 Le commerce mondial du concentré de tomates

**Principaux exportateurs**
En %

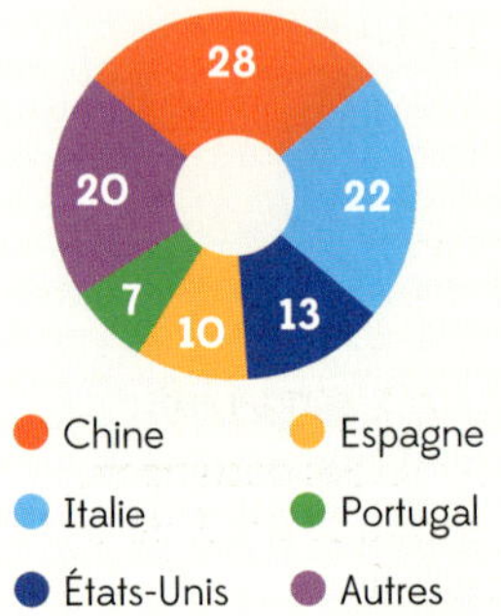


**Principaux acheteurs**
En %

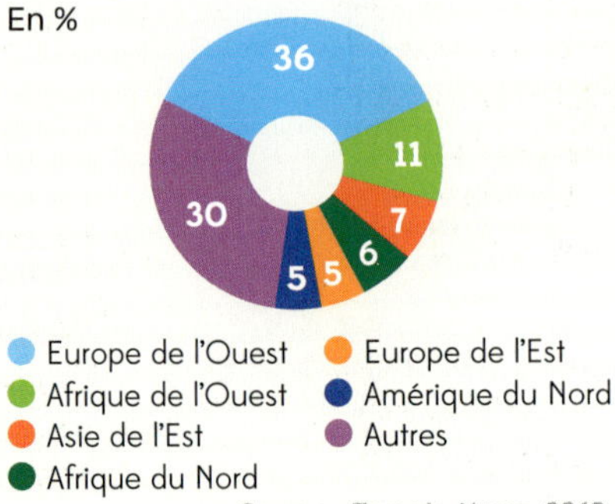


*Source : Tomato News, 2018.*

**Vocabulaire**

- **Chaîne de valeur :** ensemble des opérations réalisées par des entreprises dans le processus de fabrication d'un produit, de sa conception à sa commercialisation.
- **Filière :** ensemble des étapes et des acteurs le long d'un processus de production d'un produit.
- **Tomate d'industrie :** tomate sélectionnée génétiquement, exclusivement destinée à être transformée par l'industrie.

## 3 Heinz, leader historique de la filière

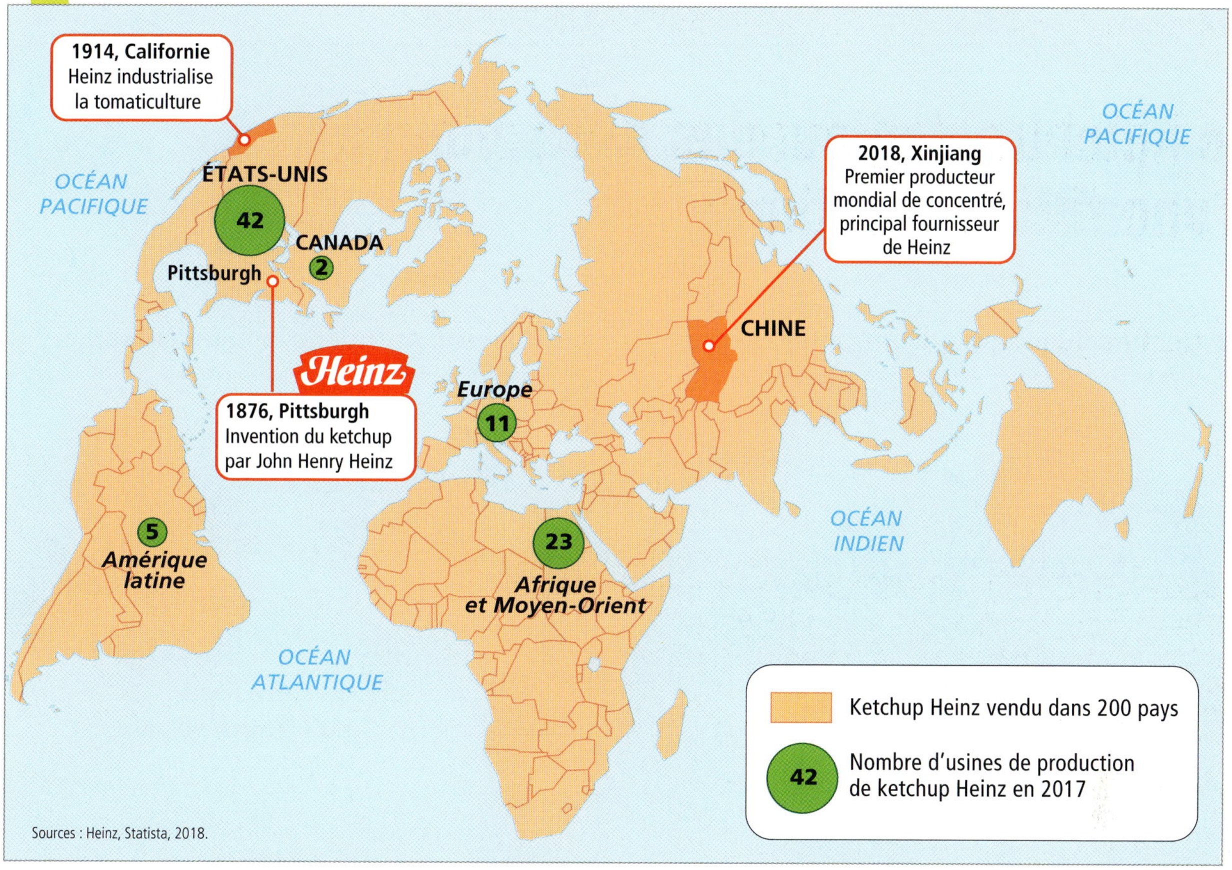


Vidéo

## 4 La chaîne de valeur mondiale du ketchup

Cofco Tunhe est ce qu'on appelle dans la filière « un premier transformateur ». L'entreprise fournit en barils de concentré de tomates les grands noms de l'industrie alimentaire mondiale : ces multinationales assemblent dans leurs usines de « deuxième transformation » les matières premières qui entrent dans les recettes de leurs produits. Elles utilisent et retransforment à des milliers de kilomètres des champs chinois l'ingrédient de base […]. « Heinz est l'un de nos plus importants clients », précise Yu Tianchi[1]. « La transformation de la tomate est une activité à faible marge, c'est pourquoi Heinz achète notre concentré. De cette manière, Heinz resserre son activité sur les transformations et productions où les marges sont plus importantes. Heinz nous aide énormément, que ce soit au niveau des variétés de tomates que nous développons ensemble afin d'optimiser nos productions, ou en ce qui concerne la formation de nos producteurs ». […] En 1916, la multinationale était déjà dotée d'un centre d'étude agronomique et de jardins expérimentaux dédiés à la tomate […]. Les variétés de tomates d'industrie Heinz sont cultivées par toute la filière mondiale, sur tous les continents.

Jean-Baptiste Malet, *L'Empire de l'or rouge. Enquête mondiale sur la tomate d'industrie*, © Librairie Arthème Fayard, 2017.

1. Yu Tianchi est le plus haut dirigeant de Cofco Tunhe.

## Questions

**Itinéraire 1**

### Se repérer et contextualiser

1. Situez le Xinjiang. Décrivez le rôle de cette région dans la chaîne de valeur du ketchup. **doc. 1, 3 et 4**
2. Identifiez et décrivez les principales étapes de cette chaîne de valeur. **doc. 3 et 4**
3. Montrez que la filière repose sur des flux d'échanges divers. **doc. 2 à 4**
4. Montrez que Heinz est le leader mondial de la filière de production du ketchup. **doc. 3 et 4**

### Synthétiser

5. Expliquez les logiques qui ont conduit à cette organisation mondialisée de la filière du ketchup. **doc. 1 à 4**

ou

**Itinéraire 2**

### Pratiquer différents langages

- À l'aide de l'ensemble des documents, complétez la légende du croquis de la filière mondialisée du ketchup.

# Dossier

## Les îles tropicales, des espaces à vocation touristique

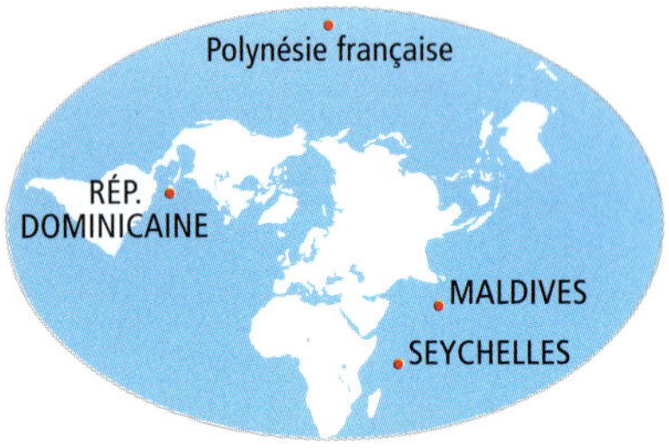


**Comment le tourisme permet-il aux îles tropicales de s'insérer dans la mondialisation ?**

**1 Brochure de la République dominicaine**

Ministère du Tourisme de République dominicaine, 2018.

Vidéo

**2 Campagne de sensibilisation au tourisme en Polynésie française**

Vidéo de Tahiti Tourisme, 2018.
Le *Mana* évoque une forme d'énergie magique propre à la Polynésie. *Fenua* signifie « territoire ».

**Vocabulaire**

- **Archipel** : groupe d'îles.

### 3 Le Club Med aux Seychelles

Le Club Med a annoncé [...] l'ouverture en 2020 de son premier village-vacances dans le luxueux archipel des Seychelles, dans le cadre de son développement à l'international. Le groupe, détenu par le conglomérat[1] chinois Fosun depuis 2015 et positionné sur les vacances haut de gamme, avait annoncé début 2017 une accélération de ses ouvertures en France et à l'étranger. [...]

Situé à 30 minutes de l'aéroport international de Mahé, ce club sera « particulièrement accessible pour la clientèle internationale, notamment européenne et asiatique ». L'établissement, « entre jardins tropicaux et océan Indien », sera doté de 295 chambres et bordé par trois plages de sable blanc [...].

Cette ouverture « participera au développement de l'économie locale avec la création de plusieurs centaines d'emplois directs et autant d'emplois indirects », selon le groupe. Le pionnier des villages-vacances français – dont le premier avait ouvert dans les années 1950 – est présent dans plus de 40 pays.

« Club Med poursuit son expansion internationale », *Le Figaro*, [en ligne] 15 novembre 2017.

1. Groupe constitué d'entreprises aux activités différentes.

**4** Une île-hôtel aux Maldives (2018)

Aux Maldives, la diffusion du tourisme s'est faite de la capitale Malé vers les îlots inhabités sur le modèle de l'île-hôtel réservée aux touristes.

**5** La diffusion du tourisme au sein des archipels

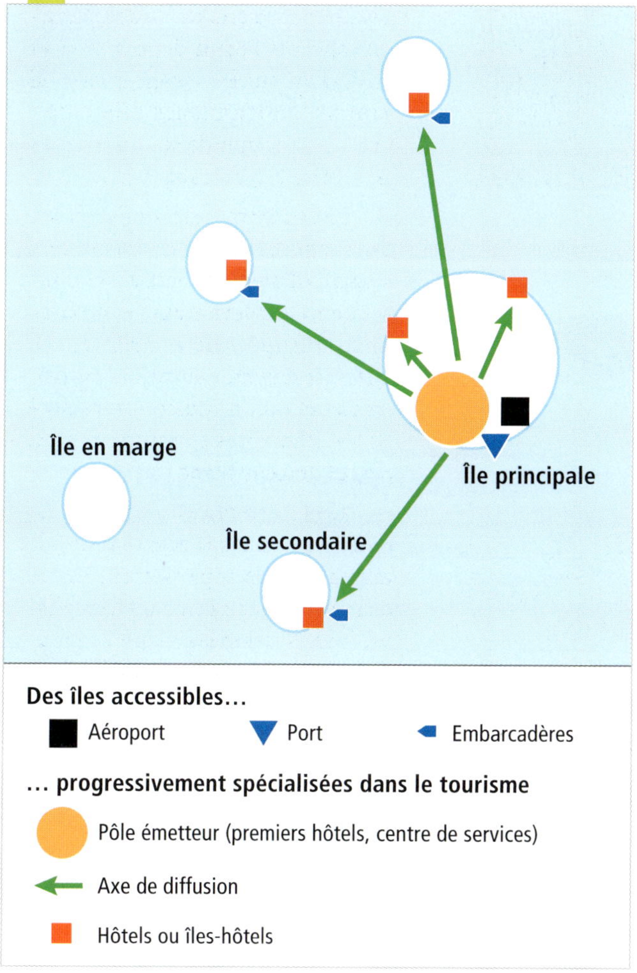


## Questions

### Itinéraire 1

#### Se repérer et contextualiser

1. Situez la République dominicaine, la Polynésie française et les Maldives. Identifiez les caractéristiques mises en avant par ces territoires pour attirer des touristes. **doc. 1, 2 et 4**
2. Identifiez les différents acteurs du développement touristique dans les îles et le rôle respectif de chacun. **doc. 1 à 3**
3. Quelles sont les limites du développement touristique dans ces îles ? **doc. 4 et 5**

#### Synthétiser

4. Montrez comment le tourisme contribue à l'insertion des îles tropicales dans la mondialisation. **doc. 1 à 5**

ou

### Itinéraire 2

Aide

#### Réaliser une affiche

- Réalisez une affiche pour expliquer comment le tourisme contribue à l'insertion des îles tropicales dans la mondialisation.
- Votre visuel présentera trois thèmes :
  1. Des territoires attractifs pour les touristes
  2. Des acteurs divers
  3. Une spécialisation touristique qui transforme les territoires
- Illustrez votre travail de ressources cherchées sur Internet.

## Carte

# La diversité des espaces de production dans

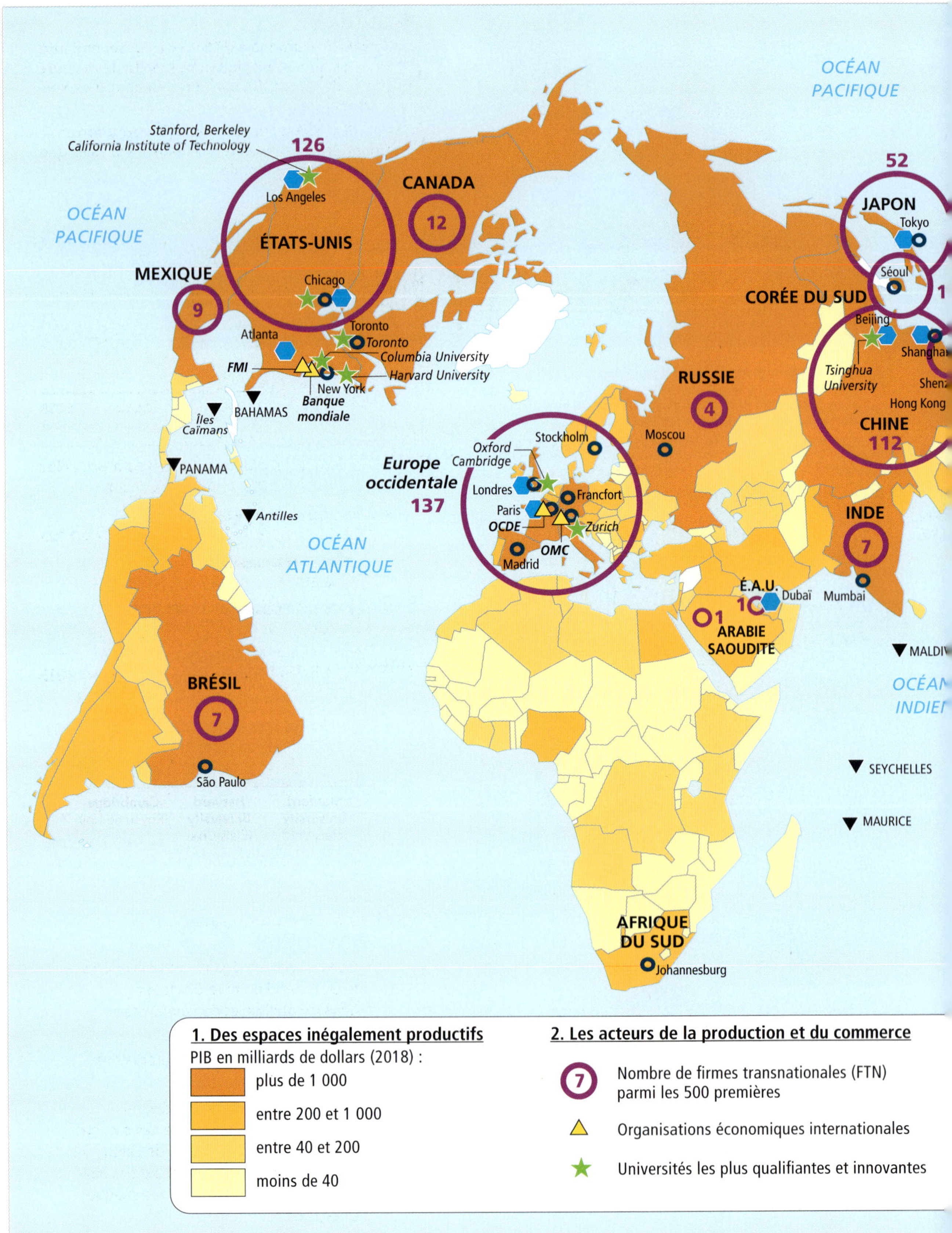

# le monde

## Vocabulaire

- **Firme transnationale (FTN) :** entreprise implantée dans de nombreux pays et qui réalise la majeure partie de son chiffre d'affaires en dehors de son pays d'origine.
- **Paradis fiscaux :** pays où la réglementation financière et la fiscalité sont plus favorables que dans le reste du monde.

## Chiffres clés

**L'évolution du PIB mondial**
En milliards de dollars

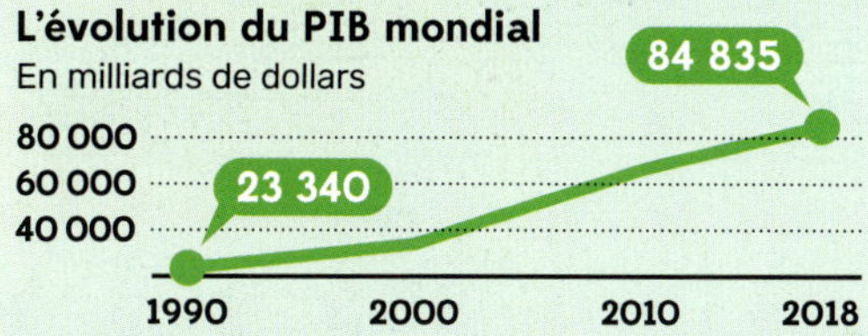


*Source : FMI, 2019.*

**Les principales places boursières mondiales**
Capitalisation en milliards de dollars, fin 2018

*Source : WFE, 2019.*

**Les universités les plus performantes en 2018**

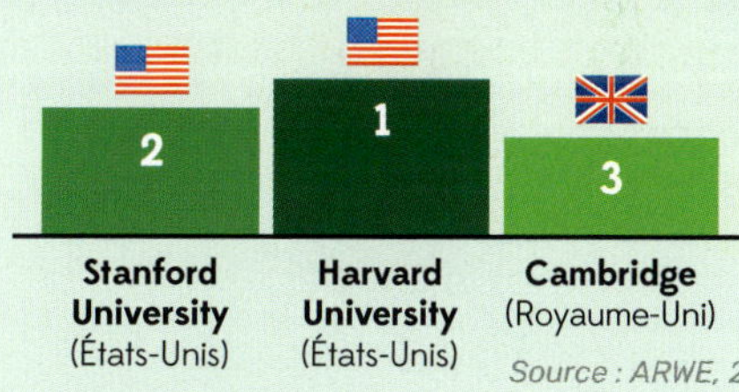


*Source : ARWE, 2018.*

## Questions

1. Quelles sont les régions qui concentrent le plus grand nombre d'acteurs de la production et du commerce dans le monde ?
2. Citez les régions les moins productives dans le monde.
3. Montrez que l'espace mondial se caractérise par une diversité des espaces de production. En combien de catégories pouvez-vous classer l'ensemble des pays du monde ? Donnez un nom à chaque catégorie.

## Carte

# Métropolisation, littoralisation des espaces

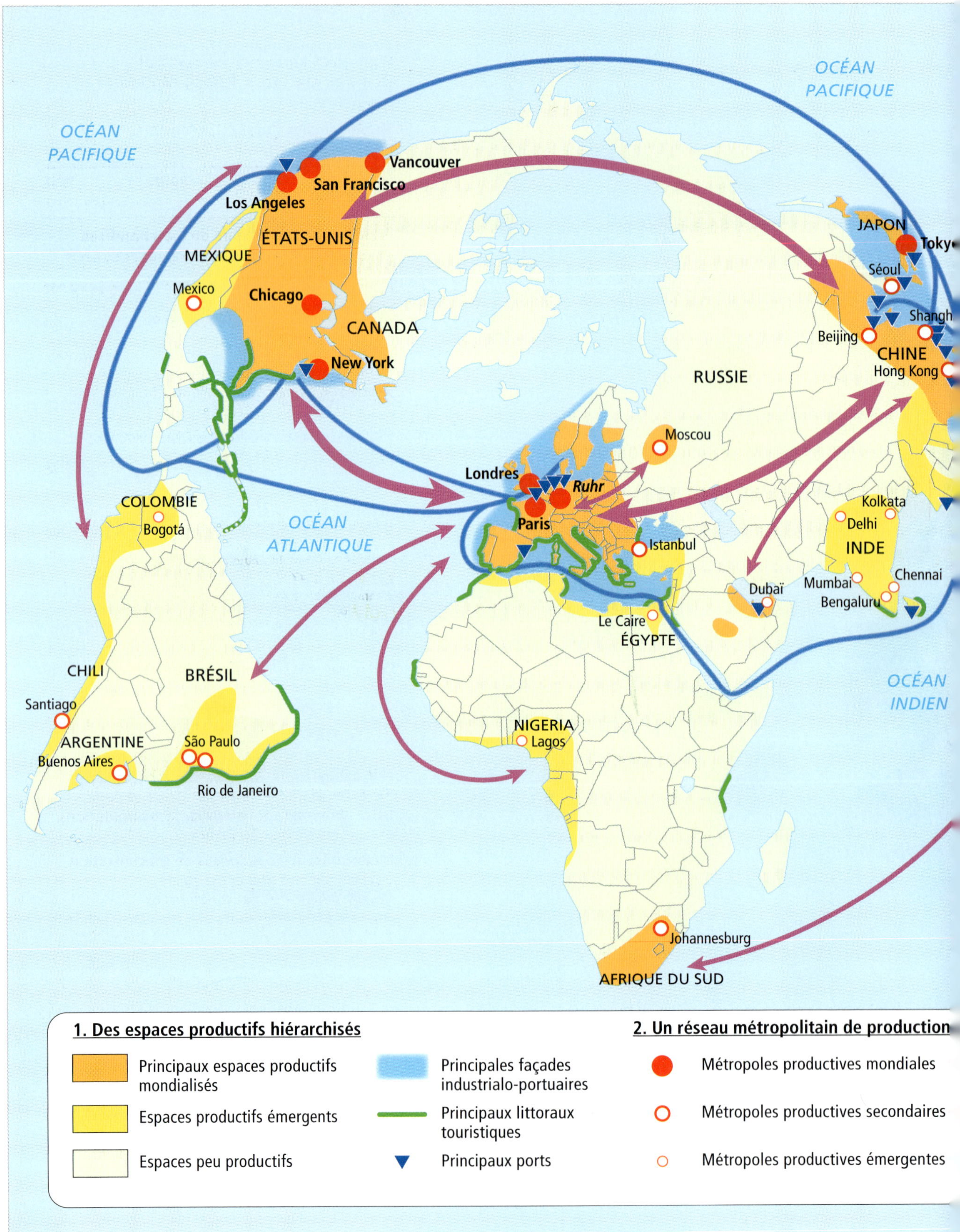

# productifs et accroissement des flux

## Chiffres clés

**L'évolution du commerce mondial de marchandises** (en milliards de dollars)

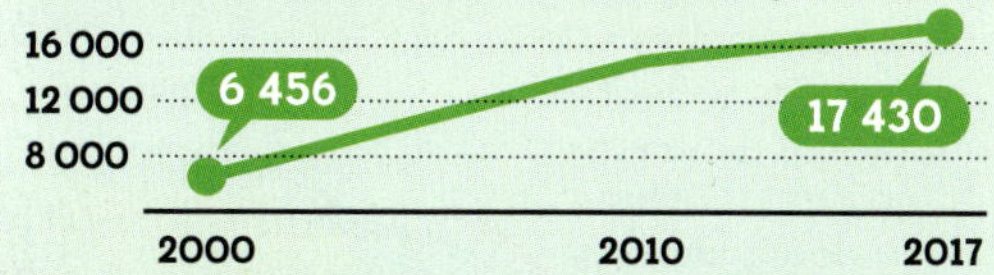


*Source : OMC, 2018.*

**Principaux exportateurs de marchandises dans le monde en 2017** (en milliards de dollars)

*Source : OMC, 2018.*

**Exportation mondiale de produits manufacturés, en 2017** (part en %)

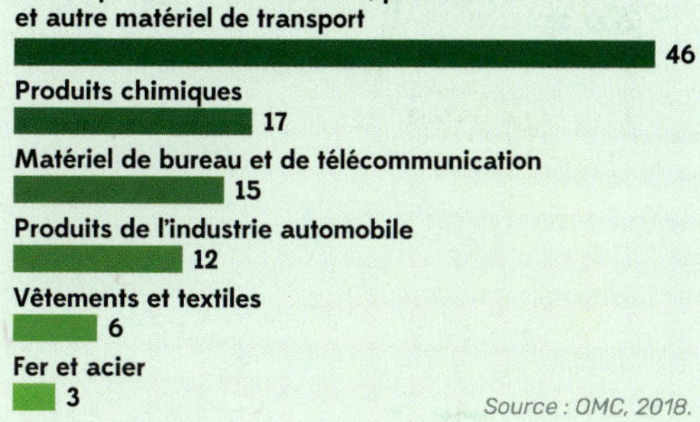


*Source : OMC, 2018.*

## Vocabulaire

- **Flux :** circulation de biens, de personnes, de capitaux ou d'informations.
- **Littoralisation :** concentration des populations et des activités sur les littoraux.
- **Métropolisation :** processus de concentration des populations, des activités, des investissements et des fonctions de commandement dans les métropoles.

## Questions

1. Quelles sont les régions qui concentrent les principales façades industrialo-portuaires ?
2. Citez les régions les mieux reliées par les flux de marchandises et de capitaux. Citez celles qui se situent à l'écart de ces flux.
3. Quels sont les principaux pôles des espaces productifs dans le monde ?

# Cours

Podcast du cours

# Les espaces de production dans le monde : une diversité croissante

Comment les systèmes productifs organisent-ils l'espace mondial ?

## 1 La diversité des espaces productifs

● **La production mondiale est contrôlée par les grandes puissances économiques.** Elle se définit par l'ensemble des opérations (création, conception) qui, localisées dans différents pays, permettent de réaliser un produit fini et contribuent à produire de la valeur ajoutée. À l'échelle mondiale, les puissances occidentales (États-Unis, Allemagne, Royaume-Uni, France) et le Japon sont de plus en plus concurrencées par les puissances émergentes (Chine, Inde, Brésil). Mais les États-Unis conservent encore un tiers des dépenses de Recherche-Développement (R&D).

● **Le système productif mondial demeure dominé par les industries.** La valeur de la production industrielle a augmenté de plus de 30 % au cours des dix dernières années. Si l'Asie concentre 80 % de cette croissance, la Chine est la première puissance industrielle depuis 2013. Cependant, les tâches de fabrication (textile, automobile, électronique...) sont de plus en plus dispersées et se délocalisent en Turquie, au Maroc, en Europe orientale (Pologne, Roumanie...), en Asie du Sud-Est (Thaïlande, Indonésie, Vietnam) et en Afrique (Afrique du Sud, Nigeria, Éthiopie).

● **Certaines économies reposent sur l'exploitation des ressources énergétiques, minières et agricoles.** C'est surtout le cas des pays d'Amérique latine, d'Afrique ou de la Russie. La valeur des productions agricoles (→ **thème 3**) et minières a été multipliée par deux depuis le début du XXIe siècle. La Russie dépend encore largement de sa production d'hydrocarbures alors que les pétromonarchies du Golfe persique se diversifient (le Qatar dans les investissements sportifs).

ÉTUDE DE CAS L'aéronautique et l'aérospatiale en Europe → p. 70
ÉTUDE DE CAS Les investissements chinois en Afrique → p. 74
DOSSIER Le ketchup, logiques et dynamiques d'une filière mondialisée → p. 80

## 2 Une production organisée par des entreprises multinationales

● **Les firmes transnationales (FTN) sont les acteurs majeurs de la production.** Sur les 500 premières FTN en 2017, plus de 427 sont concentrées dans les pays développés, États-Unis en tête suivis des pays d'Europe de l'Ouest et du Japon. Elles peuvent être d'importants groupes pétroliers (Schell, Exxon, Total), agroalimentaires (Nestlé, Danone), automobiles (Toyota, Ford). Toutefois, les pays émergents, en particulier les BRICS, comptent de plus en plus de FTN (Sinopec, Petro China en Chine, Tata en Inde, Gazprom en Russie).

● **Les FTN structurent leur production en réseaux.** De nombreux produits (textiles, chaussures, matériels électroniques) sont fabriqués dans des usines appartenant à des sous-traitants extérieurs, sans lien juridique avec les grands groupes donneurs d'ordres (par exemple, le groupe taïwanais Foxconn qui assemble les smartphones d'Apple en Chine).

● **Les entreprises des pays développés sont des acteurs de l'économie numérique.** Plus de 60 % sont étatsuniennes (les GAFAM : Google, Apple, Facebook, Amazon, Microsoft), britanniques et allemandes. Avec seulement quatre multinationales, le poids des pays émergents reste marginal (Alibaba en Chine). Par ailleurs, de toutes petites entreprises et start-up aux Nords comme aux Suds utilisent les plateformes numériques (Ebay) pour vendre dans le monde entier. Dans

### Vocabulaire

- **Économie numérique :** ensemble des secteurs d'activité et des entreprises qui produisent des biens et des services assimilés aux technologies de l'information et de la communication (TIC) comme l'informatique, les télécommunications et l'électronique.
- **Firme transnationale (FTN) :** voir p. 85.
- **Paradis fiscaux :** voir p. 85.
- **R&D (Recherche et développement) :** activité destinée à améliorer la qualité et la capacité de production d'une entreprise. C'est un facteur majeur d'innovation, et donc de compétitivité.
- **Réseau :** ensemble de lignes ou de relations permettant de connecter des lieux entre eux, ainsi que les acteurs spatiaux qui y sont présents.
- **Valeur ajoutée :** supplément de valeur donné par une entreprise aux biens et aux services entre le début et la fin de leur production.
- **Zone franche :** territoire bénéficiant d'avantages fiscaux et/ou douaniers.

**Les puissances mondiales en 2018**
PIB en milliards de dollars

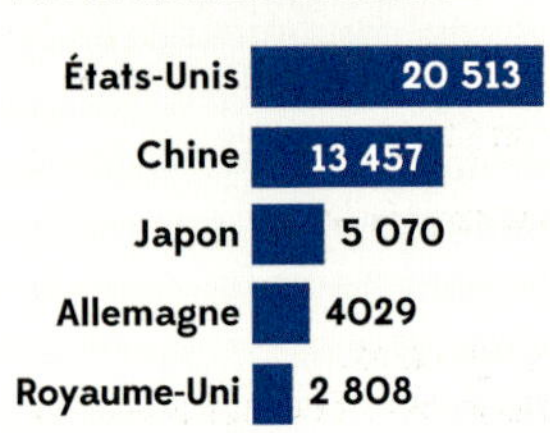


*Source : FMI, 2018 (estimations).*

les pays développés, les services aux entreprises (activités comptables, numérique, publicité...) constituent, en termes d'emplois et de chiffre d'affaires, le principal contributeur au secteur des services.

**Les 3 premières FTN,**
selon le chiffre d'affaires 2017

En milliards de dollars

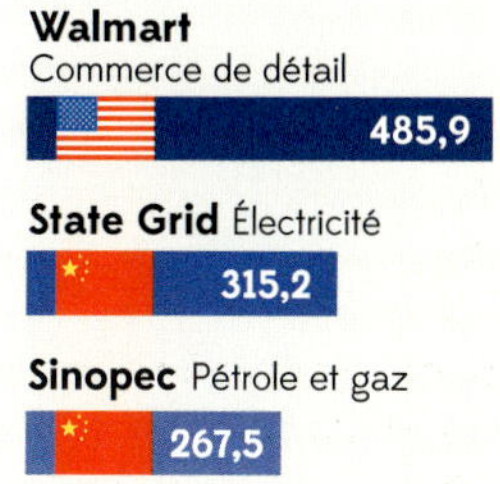


*Source : Fortune Global 500, 2018.*

## 3 Une compétition entre acteurs et territoires productifs

- **Les acteurs publics valorisent leurs atouts.** Les États mettent en œuvre des politiques attractives en subventionnant certains secteurs productifs (Recherche-Développement, aéronautique...), en proposant une fiscalité avantageuse favorisant les bas salaires (Bangladesh, Thaïlande, Vietnam, Éthiopie...) et des règles sociales et environnementales assouplies dans les zones franches. Ils aménagent le territoire pour faciliter l'accès au numérique et au transport.

- **Quelques acteurs tentent d'imposer des règles de bonne conduite aux FTN.** Certaines organisations internationales (Banque mondiale), des ONG et certains médias tentent de lutter contre leur absence de transparence financière (placement de leurs profits dans les paradis fiscaux). Ils dénoncent aussi leur non-respect des règles (travail des enfants, conditions de travail).

- **Les territoires sont mis en concurrence.** Alors que les pays développés ont du mal à lutter contre les délocalisations industrielles, les pays émergents montrent leur capacité à orienter leur économie vers les secteurs les plus porteurs. Copiant le modèle de la Silicon Valley californienne, Shenzhen en Chine, la Silicon Wadi à Tel Aviv, la Silicon Oasis à Dubaï attirent chercheurs, universitaires et entrepreneurs du monde entier qui coopèrent dans des pôles de l'innovation.

ÉTUDE DE CAS La Silicon Valley, un espace productif intégré à la mondialisation → p. 78

**Notions clés**





## Du cours au schéma

Schéma interactif à compléter

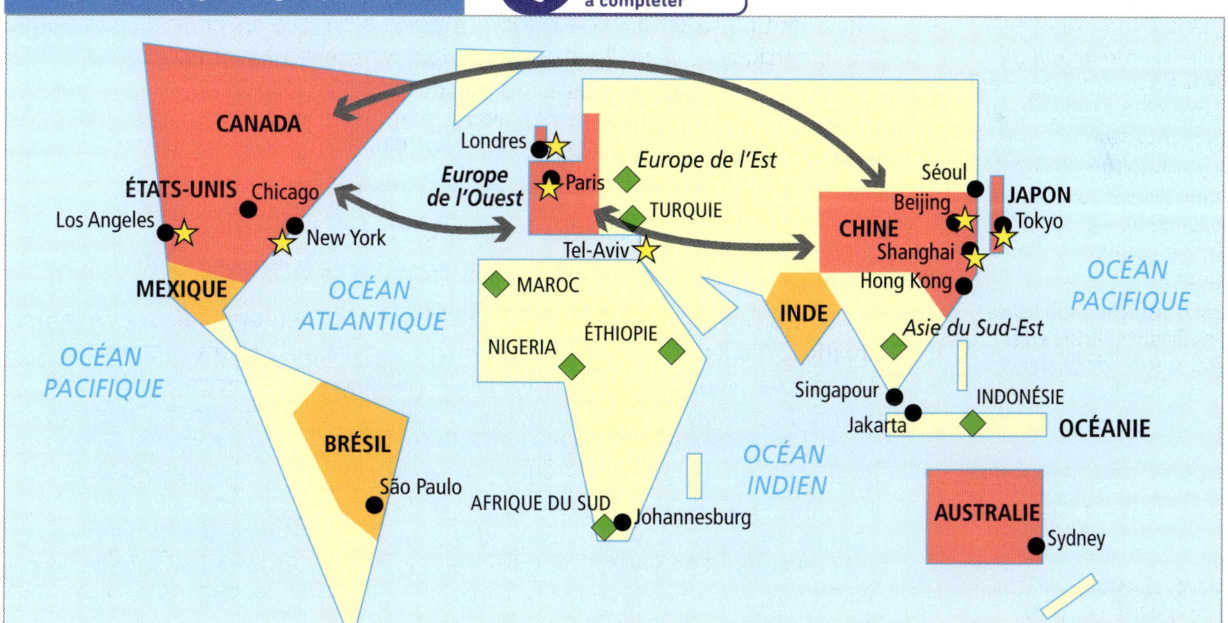


**1. Des territoires productifs centraux**

- Grandes puissances productives complètes
- Métropoles mondiales
- Principaux pôles technologiques
- Principaux flux d'échanges

**2. Des périphéries productives**

- Puissances productives émergentes
- Pays dans lesquels s'effectuent des tâches de fabrication pour les FTN
- Pays exportateurs de produits agricoles, de matières premières et de ressources énergétiques

Cours

Podcast du cours

# Métropolisation, littoralisation des espaces productifs et accroissement des flux

**Pourquoi les métropoles et les littoraux sont-ils des espaces productifs attractifs ?**

## 1 Des flux de plus en plus importants

● **Les échanges de marchandises ont augmenté depuis les années 1990**. Le volume des échanges a été multiplié par 3,5. Si les flux sont encore polarisés par les grandes puissances (10 États assurent la moitié du commerce mondial), le poids des pays en développement est de plus en plus déterminant : en 2017, ils représentaient 43 % du commerce mondial. Depuis les crises de 2008-2009 et de 2015, la croissance du commerce plus irrégulière s'explique par le moindre dynamisme des pays émergents.

● **Les flux financiers sont très polarisés et interconnectés**. Seule une vingtaine d'États bénéficie de l'essentiel des investissements directs à l'étranger (IDE) émis par les firmes transnationales (FTN) pour implanter ou contrôler une nouvelle filiale. Les FTN des pays émergents représentent désormais plus du quart de ces IDE. La capitalisation boursière concerne principalement une dizaine de places boursières : New York (41 % de la capitalisation boursière), Londres, Tokyo, Paris, Shanghai, Shenzhen, Hong Kong... dominent la planète financière. D'autres émergent : Mumbai, São Paulo, Mexico...

● **Le commerce des services est le plus dynamique.** Au cours des vingt dernières années, il augmente plus rapidement que le commerce des marchandises. Les pays en développement jouent un rôle croissant ; leur part dans la valeur des exportations mondiales de services (assurances, etc.) est passée d'un quart à un tiers.

DOSSIER Le ketchup, logiques et dynamiques d'une filière mondialisée → p. 80

## 2 Les littoraux accueillent des fonctions productives

● **Les grands ports associent logistique et industries**. Les zones industrialo-portuaires regroupent des raffineries de pétrole, des usines pétrochimiques, sidérurgiques, chimiques, agroalimentaires et d'immenses plateformes de stockage des marchandises. Aux Pays-Bas, Rotterdam prévoit par exemple la création d'un nouveau terre-plein à conteneurs pour réduire les temps de manutention, si bien que le port s'étire désormais sur plus de 30 kilomètres.

● **Les zones franches se multiplient**. Depuis 1978, la Chine attire les investisseurs étrangers au sein des zones économiques spéciales (ZES). La plus importante, celle de Shenzhen dans le delta de la rivière des Perles, non loin de Hong Kong, s'étend sur 2 000 km² et dépose 50 % des brevets internationaux de la Chine, défiant ainsi la Silicon Valley. Face à ce succès, d'autres pays se sont lancés dans ce type d'aménagement avec plus ou moins de réussite : on en dénombre aujourd'hui plus de 4 300 dans 120 pays.

● **Les littoraux touristiques se diversifient.** En 25 ans, le nombre de touristes a été multiplié par 3 (1,4 milliard en 2018). Cet accroissement est lié au développement du transport aérien et à la hausse globale du niveau de vie des sociétés émergentes en Asie et en Amérique. Les bassins méditerranéen, caribéen et les mers de Chine restent les premières zones d'accueil du tourisme balnéaire. Portées par l'essor des croisières, d'autres se développent (Moyen-Orient, régions polaires...), contribuant à la mise en tourisme du monde.

### Vocabulaire

- **Capitalisation boursière :** ensemble des valeurs cotées sur une place boursière.
- **Conteneurisation :** généralisation du transport de marchandises dans des conteneurs (boîtes de transport au format standardisé).
- **Façade maritime :** ensemble de grands ports desservant un même arrière-pays.
- **Firme transnationale (FTN) :** voir p. 85.
- **Interface :** zone de contact entre deux ensembles géographiques distincts. Elle génère le plus souvent des flux mais parfois aussi des tensions.
- **Investissements directs à l'étranger (IDE) :** sommes d'argent investies par des entreprises étrangères sur un territoire (création, rachat d'entreprise).
- **Littoralisation :** voir p. 87.
- **Zone économique spéciale (ZES) :** zone franche, à l'échelle d'un port, d'un quartier ou d'une ville, bénéficiant d'avantages fiscaux et/ou douaniers pour attirer les entreprises.
- **Zone franche :** voir p. 88.

**Exportations mondiales de marchandises**

En %, par grandes catégories de produits, en 2017

*Estimation de l'OMC.*

## 3 Une recomposition du commerce mondial favorable à l'Asie orientale

● **La croissance des flux maritimes intensifie la littoralisation.** Ils représentent 80 % des échanges mondiaux de marchandises. Le transport maritime s'organise en alliances mondiales de grands groupes spécialisés dans la conteneurisation (APM Maersk, MSC, Cosco, CMA-CGM) qui parcourent des lignes régulières et rejoignent les principaux ports (les *hubs*) situés sur les littoraux de grandes métropoles.

● **Le commerce maritime connaît un basculement vers l'Asie orientale.** Elle réalise 25 % des échanges mondiaux et assure 40 % du trafic mondial des conteneurs. Les ports chinois (12 des 20 premiers ports mondiaux dont Shanghai, Shenzhen, Ningbo qui représentent 60 % du trafic mondial) et du reste de l'Asie orientale (Singapour, Busan) connaissent une progression spectaculaire (excepté au Japon). Ils dessinent la première façade maritime mondiale devant la *Northern range* (Rotterdam) en Europe occidentale et les façades nord-américaines (New York, ports du golfe du Mexique). Leurs interfaces relient leurs arrière-pays mégalopolitains (américain, européen, japonais et chinois) à l'avant-pays océanique mondial.

● **À l'image du monde, la métropolisation se renforce en Asie.** Elle se traduit par la concentration des hommes, des activités, des capitaux et des infrastructures dans les grandes villes. (➔ **thème 1**)

**Les 3 premiers ports de conteneurs**
En millions d'EVP[1], en 2017

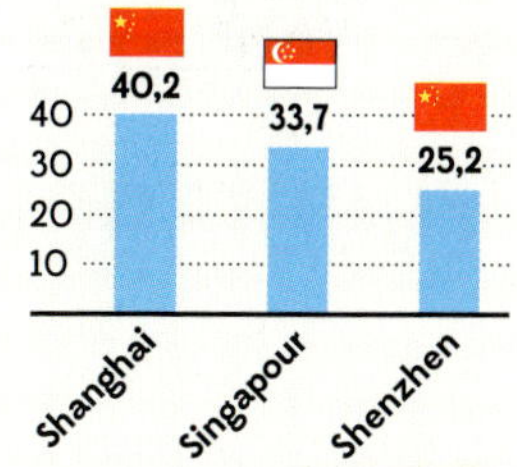


1. « Équivalent Vingt Pieds », mesure standard de la longueur d'un conteneur.

*Source : World Shipping Council, 2018.*



**Notions clés**


- Flux 112
- FTN 111
- Métropolisation 55


## Du cours au schéma

Schéma interactif à compléter

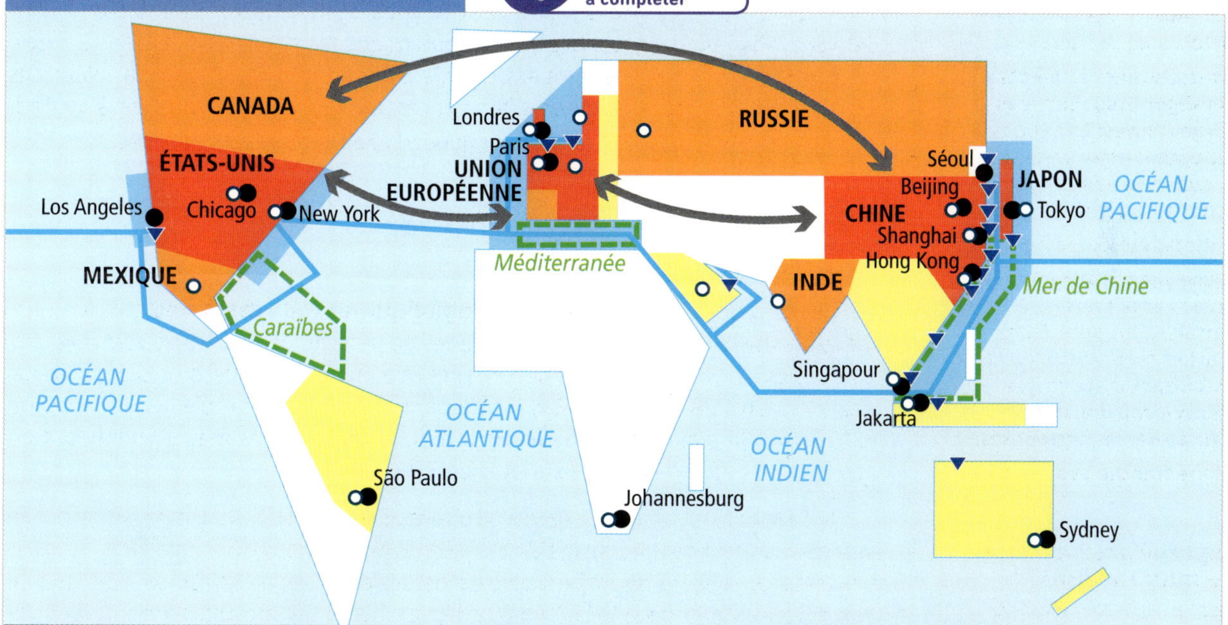


**1. Des puissances commerciales hiérarchisées**

- Principales puissances commerciales
- Puissances commerciales secondaires
- Autres pays insérés dans le commerce mondial
- Espaces faiblement insérés

**2. Des lieux d'échanges polarisés**

- Métropoles mondiales
- Principales villes boursières
- Façades maritimes et portuaires
- Routes maritimes
- Principaux bassins touristiques
- Lieux d'échanges polarisés

Géo AUTREMENT

# Désindustrialisation et recomposition architecturale

Les espaces productifs se recomposent en permanence sous l'impulsion d'acteurs variés. La reconversion de sites et bâtiments industriels en friche se généralise, marquant une volonté de préserver le patrimoine industriel, tout en lui donnant de nouvelles fonctions.

**➔ Comment les anciens espaces industriels peuvent-ils s'inscrire dans une dynamique de recomposition spatiale ?**

### Le saviez-vous ?

▶ Certains bâtiments ou sites industriels sont inscrits dans la liste du patrimoine mondial de l'Unesco.

### Vocabulaire

**Reconversion** : réorientation des activités d'une entreprise ou d'un espace vers un secteur plus compétitif suite au déclin d'une production.

## 1 Reconversion de la centrale thermique Montemartini (Rome)

| | |
|---|---|
| **Fonction d'origine** | Centrale thermique |
| **Activité** | 1912 aux années 1960 |
| **Reconversion** | 1997 |
| **Fonction du site aujourd'hui** | Musée |

## 2 Reconversion du bassin minier de Zollverein (Essen, Allemagne)

| | |
|---|---|
| **Fonction d'origine** | Bassin minier |
| **Activité** | 1847 aux années 1980 |
| **Reconversion** | Années 1990 (inscription au patrimoine mondial de l'Unesco en 2001) |
| **Fonction du site aujourd'hui** | Centre artistique et de loisirs |

| Fonction d'origine | Ligne ferroviaire |
|---|---|
| Activité | XIXe siècle – années 1980 |
| Reconversion | 2006-2009 |
| Fonction du site aujourd'hui | Espace vert urbain |

La High Line en 2016

## 3 Reconversion d'une ligne ferroviaire, la High Line à New York (États-Unis)

La High Line en 1953

## 4 La reconversion des espaces industriels

ÉCLAIRAGE

Sous des noms variés (conversion, reconversion, réhabilitation, réutilisation, recyclage, transformation, mutation, transcription, etc.), l'adaptation de sites et de bâtiments délaissés par leurs fonctions premières de production industrielle est aujourd'hui monnaie courante dans tous les pays d'ancienne industrialisation. Née dans les années 1970 avec l'émergence d'une nouvelle sensibilité à l'égard des vestiges physiques de l'industrialisation, la reconversion s'est imposée, faute de pouvoir créer partout des musées de l'industrie, comme une démarche susceptible de préserver quelque chose des valeurs de témoignage de ce patrimoine. Elle s'est parée depuis lors de nouvelles vertus sous les enseignes du développement durable et de la requalification urbaine. […]

Le premier des enjeux demeure la poursuite, sur les plans national et régional, de l'effort méthodique d'accumulation de connaissances sur ce patrimoine, l'approfondissement de ces connaissances et leur partage avec un public aussi large que possible. Un autre enjeu est celui de la reconversion du patrimoine industriel, l'invention pour les anciens sites et bâtiments de production de nouveaux usages qui ne gommeraient pas leur histoire et n'occulteraient pas leurs valeurs de témoignage.

Paul Smith, expert de l'histoire et du patrimoine de l'industrie, « La reconversion des sites et des bâtiments industriels », *In Situ. Revue des patrimoines* (revue officielle du ministère de la Culture), 2015.

## Questions

### Présenter les documents

1. Identifiez la nature et la source de chacun des documents. **doc. 1 à 3**
2. En quoi le document 4 est-il un éclairage d'expert ? **doc. 4**

### Analyser les documents

3. Décrivez les nouvelles fonctions des espaces reconvertis. **doc. 1 à 3**
4. Montrez que l'ancien et le moderne sont associés dans les espaces reconvertis. **doc. 1 à 3**

### Faire le lien avec la géographie

5. Comment la reconversion de ces sites s'inscrit-elle dans une dynamique de recomposition spatiale ? **doc. 1 à 4**
6. En quoi le développement durable est-il un des enjeux dans les projets de reconversion ?

**C'est à vous !** En groupe — **+ Conseils**

→ Réalisez une affiche illustrant un exemple de recomposition architecturale à la suite de la désindustrialisation d'un site ou d'un bâtiment.

→ Structurez votre affiche en deux parties « Avant »/« Aujourd'hui ».

→ Vous pouvez choisir un exemple de reconversion de site industriel dans votre région ou dans d'autres pays (ex. : Tate Modern à Londres, Lingotto à Turin, gazomètre d'Oberhausen, Millenáris à Budapest).

THÈME 2

CHAPITRE 4

# Une diversification des espaces et des acteurs de la production EN FRANCE

## Les systèmes productifs entre valorisation locale et intégration européenne et mondiale

Les systèmes productifs français sont modifiés par la mondialisation et l'intégration européenne qui font évoluer les logiques d'implantation des activités. À l'échelle locale, les acteurs cherchent à renforcer l'attractivité des territoires, tandis que l'essor des services contribue à la recomposition des villes.

SOMMAIRE



**Dans ce chapitre**

TOUS LES TEXTES en version à imprimer

TOUTES LES CARTES en version interactive

**Zoom sur... la métropole lyonnaise**

GRANDLYON la métropole

| | Commune | Métropole |
|---|---|---|
| Population (2015) | 513 275 hab. | 1 370 678 hab. |
| Superficie (km²) | 47,9 | 533,7 |
| Densité (hab./km²) | 10 722 | 2 568 |
| Nombre de communes dans la métropole | | 68 |

Le Cube Orange (agence Jakob + MacFarlane), siège social du groupe Cardinal dans le nouveau quartier de la Confluence à Lyon (2016)

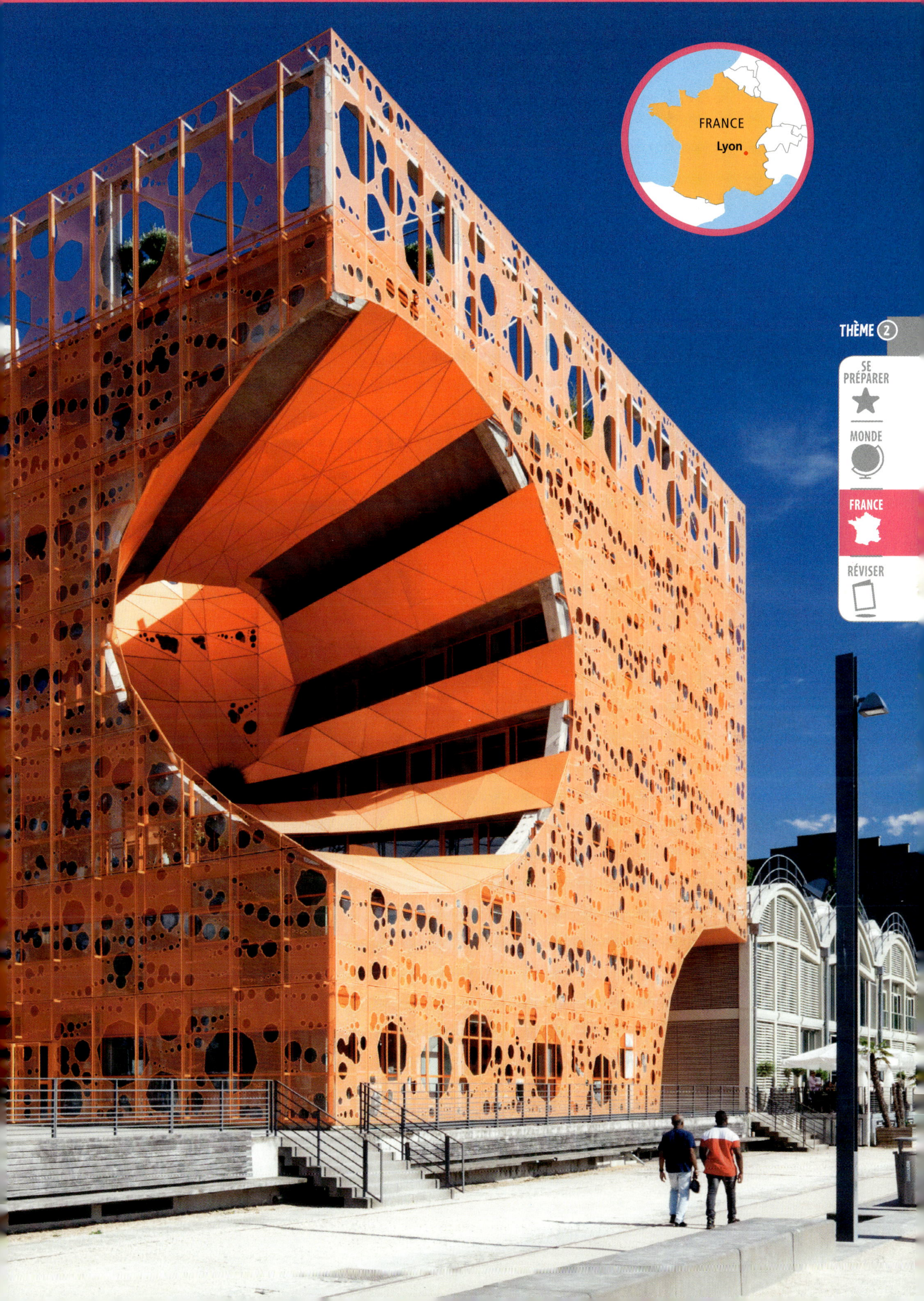
FRANCE
Lyon

## Étude de cas

# Un pôle de compétitivité dédié aux technologies numériques en région PACA

### Zoom sur…

**▸ le pôle de compétitivité « Solutions communicantes sécurisées (SCS) »**

| | |
|---|---|
| Nombre de communes concernées | 200 |
| Départements concernés | Bouches-du-Rhône ; Alpes-Maritimes ; Var |
| Membres du pôle SCS (entreprises et partenaires recherche / formation) | 300 |

**En quoi le pôle de compétitivité « Solutions communicantes sécurisées » est-il un territoire d'innovation ?**

## A Un pôle dédié aux technologies numériques

### 1 Les missions du pôle de compétitivité SCS

SOLUTIONS COMMUNICANTES SECURISEES – PÔLE DE COMPÉTITIVITÉ MONDIAL

Le Pôle de compétitivité SCS a été créé à l'initiative du gouvernement en juillet 2005. Il regroupe toutes les compétences issues des métiers liés aux nouvelles technologies de l'information et de la communication (NTIC) : composants électroniques, logiciels et systèmes de communication pour la mise en œuvre d'échanges entre personnes, entre objets et de personnes à objets. Il favorise les synergies[1] entre laboratoires de recherche, universités et entreprises.

La mission du Pôle est de fédérer les énergies, de soutenir les entreprises et d'accompagner l'innovation et la croissance par une aide à la recherche de financements, mais aussi en marketing – communication, en développement et en gestion. Son statut lui autorise un contact direct avec les ministères et lui permet d'initier des échanges avec d'autres pôles de compétences (utilisateurs des produits du pôle SCS ou développant des technologies complémentaires). Il compte 300 adhérents entre les deux sites de Rousset et de Sophia Antipolis et est financé par les cotisations, la vente de services et des interventions publiques (État, Région PACA, département des Bouches-du-Rhône, Communauté du Pays d'Aix, ville de Rousset). Il a porté plus de 250 projets innovants depuis sa création.

Site Internet de la commune de Rousset (Bouches-du-Rhône), 2019.

1. Action à plusieurs provoquant un effet global.

### 2 Bioceanor, une entreprise innovante du pôle SCS

La start-up Bioceanor installée à Sophia Antipolis (Alpes-Maritimes) a mis au point la première station météo sous-marine connectée qui assure un suivi de la qualité de l'eau en temps réel pour l'aquaculture.

**Vocabulaire**

- **Innovation :** capacité à améliorer les performances d'une production ou d'une activité.
- **Pôle de compétitivité :** regroupement reconnu par l'État, sur un territoire donné, d'entreprises, d'organismes de formation et de centres de recherche publique ou privée, engagé autour de projets innovants dans un secteur d'activité donné.

## 3 Le pôle de compétitivité SCS implanté dans la région PACA

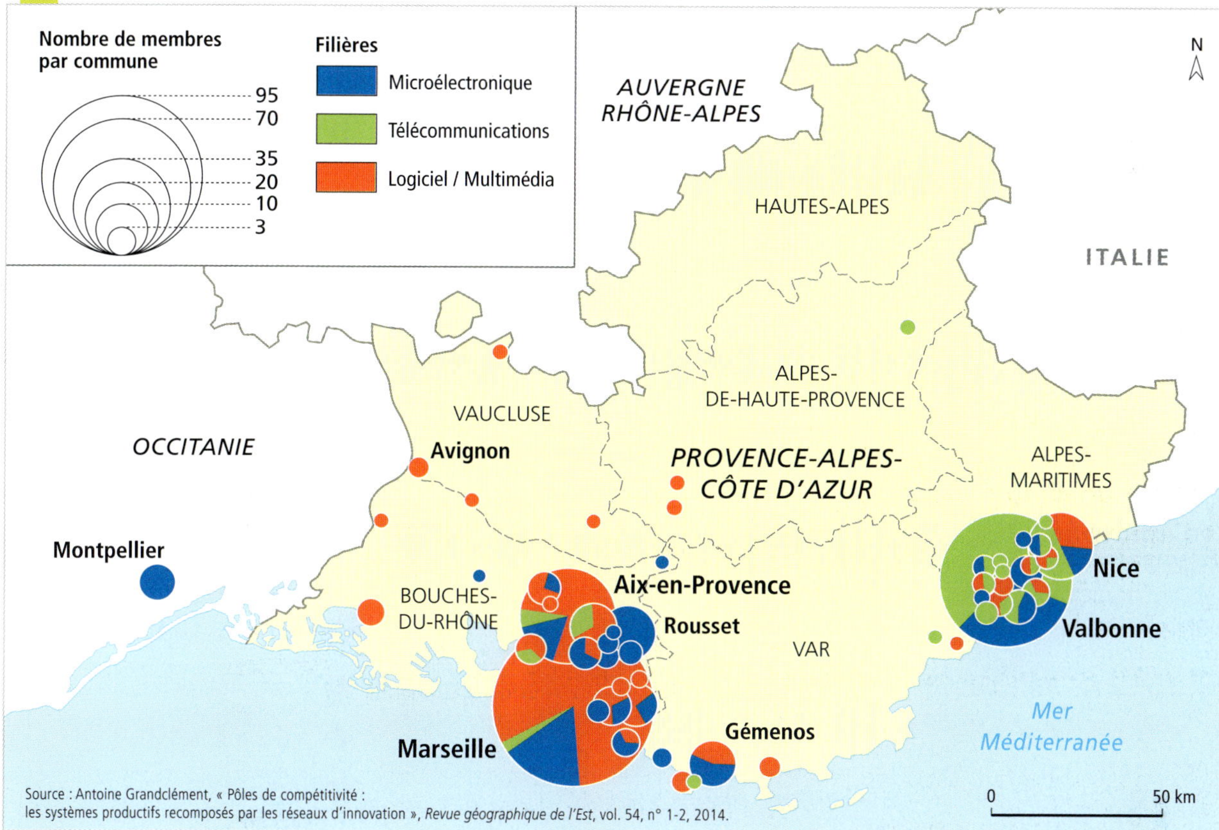


Source : Antoine Grandclément, « Pôles de compétitivité : les systèmes productifs recomposés par les réseaux d'innovation », *Revue géographique de l'Est*, vol. 54, n° 1-2, 2014.

## 4 Les trois domaines d'activité du pôle SCS

**Les domaines d'activité**
- Sans contact
- Réseaux, Communication entre Machines & Services Mobiles
- Sécurité & Identités Numériques

↓

**Stratégie du pôle de compétitivité SCS**

**Les produits technologiques**
- Carte à puce
- Solutions sans contact
- Géolocalisation
- Réseaux sans fil
- Logiciels embarqués
- Objets intelligents
- Applications mobiles
- Téléphonie Internet mobile
- Systèmes de sécurité

**Les marchés visés**
- Environnement
- Énergie
- Santé
- Commerce
- Banque
- Transport
- Services aux particuliers
- Marchés publics

## Questions

**Itinéraire 1**

### Décrire et expliquer

1. Situez les territoires dans lesquels s'intègre le pôle de compétitivité SCS. **doc. 1 à 3**
2. Identifiez les secteurs d'activité des membres du pôle de compétitivité. **doc. 2 et 4**
3. Relevez les missions remplies par le pôle de compétitivité. **doc. 1**
4. Expliquez, à l'aide de l'étude de cas, ce qu'est un pôle de compétitivité. **doc. 1 à 4**

ou

**Itinéraire 2**

### Utiliser un tableau d'extraction d'information (1/2)

Complétez le tableau à l'aide des informations rencontrées dans les documents 1 à 4.

| | Informations |
|---|---|
| 1. Les caractéristiques du pôle de compétitivité (localisation, définition, objectifs, etc.) | |
| 2. Les acteurs qui favorisent l'innovation et leur rôle | |
| 3. Les effets sur la compétitivité du système productif (à toutes les échelles) | |

# B Un réseau d'acteurs favorisant l'innovation

## 5 Le pôle de compétitivité SCS au sein du technopôle de Sophia Antipolis

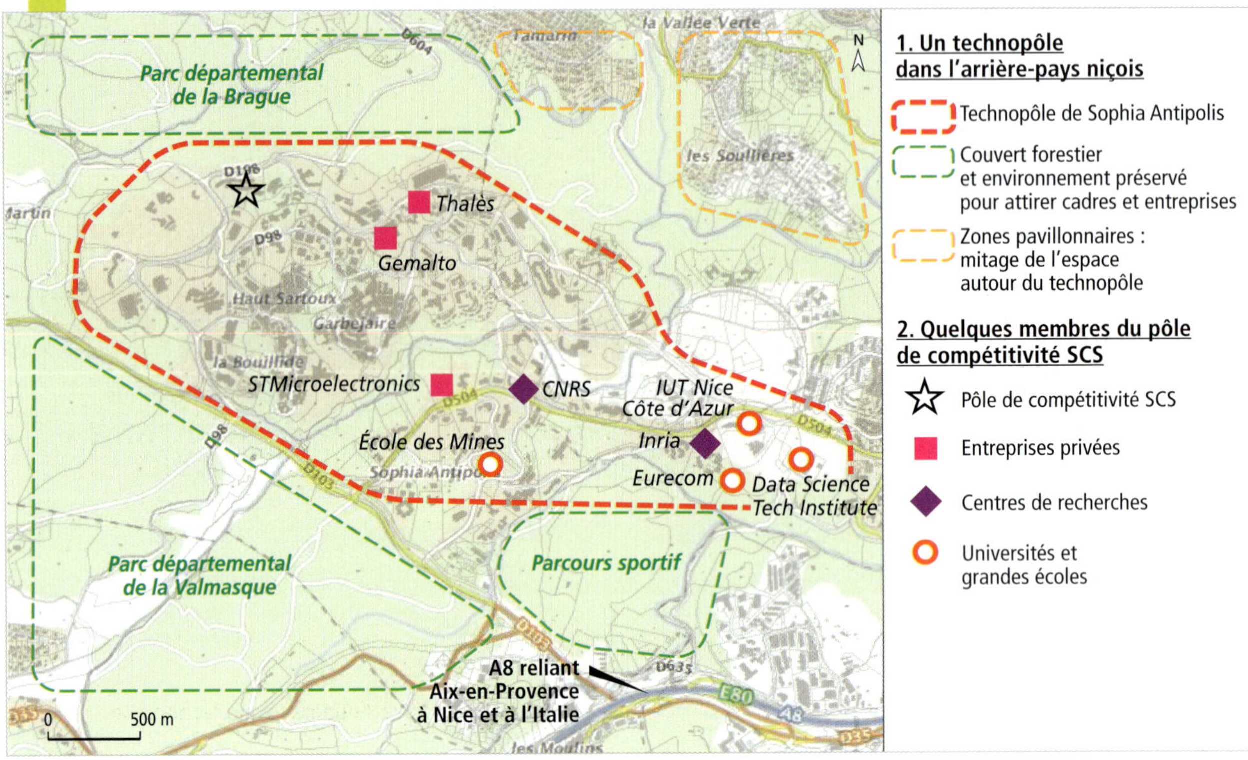


## 6 Un partenariat avec un investisseur régional

Le fonds d'investissement[1] régional PACA Investissement créé en 2011 a permis de financer une cinquantaine de participations dans des entreprises innovantes. Sur un total de 50 entreprises, 20 start-up sont membres du Pôle SCS au moment de l'investissement. Cela illustre le besoin très fort de financement de ces entreprises et le poids du secteur numérique et des technologies de l'information et de la communication en région qui représente 10 % du PIB et près de 77 000 emplois au global [...].

Fondé et financé par la Région PACA et financé à 50 % par des fonds européens, PACA Investissement a pour objectif de doubler ses investissements sur les cinq ans à venir.

Site Internet de Presse Agence, La lettre économique et politique de PACA, 22 mars 2017.

1. Société publique ou privée qui investit du capital dans des projets d'entreprises correspondant à ses spécialités.

## 7 Une synergie entre différents acteurs

Source : www.pole-scs.org.

# C Un rayonnement international

Vidéo

## 8 TBC-France au salon Eurosatory 2018

TBC-France, membre du pôle SCS, expose son robot de sécurité autonome au salon international de défense et de sécurité Eurosatory 2018.

**Vocabulaire**

- **Technopôle :** parc d'activités souvent situé en situation suburbaine regroupant entreprises et centres de formation supérieure ou de recherche spécialisés dans des activités de haute technologie.

## 9 Le pôle SCS, une compétitivité à l'échelle internationale

Fort de ses 200 000 visiteurs et plus de 4 700 exposants, le Consumer Electronic Show (CES) de Las Vegas est le rendez-vous mondial incontournable pour les start-up innovantes qui souhaitent présenter leurs nouveaux produits aux grands groupes et à un public d'experts du monde entier.

À l'occasion de cet événement, une délégation de 55 start-up régionales, toutes porteuses d'innovations technologiques, est conduite par la Région Provence-Alpes-Côte d'Azur, en partenariat avec les Métropoles Aix-Marseille Provence, Nice-Côte d'Azur, Toulon Provence Méditerranée et les communautés d'agglomération Sophia Antipolis et du Grand Avignon.

Parmi ces jeunes pousses, 9 ont obtenu un CES Innovation Award 2019 et l'une d'entre elles, BeeLife[1] s'est vu remettre la récompense suprême, le CES Best of Innovation Award.

BeeLife [a développé] une ruche innovante, CoCoon. Cette ruche thermoactive utilise la chaleur du soleil pour traiter l'acarien *Varroa destructor* et permet la résistance au changement climatique.

*TechSnooper* [en ligne], 30 décembre 2018.

1. Basée à Aix-en-Provence, BeeLife est membre du pôle de compétitivité SCS.

## Questions

### Itinéraire 1

#### Décrire et expliquer

5. Montrez que Sophia Antipolis est un technopôle. **doc. 5**
6. Identifiez les différents types d'acteurs du pôle de compétitivité SCS ainsi que leur rôle. **doc. 5 à 7**
7. Prélevez des exemples qui démontrent le rayonnement international du pôle de compétitivité. **doc. 8 et 9**

#### Synthétiser et argumenter

8. Expliquez comment le pôle de compétitivité « Solutions communicantes sécurisées » renforce le dynamisme d'un espace productif innovant. **doc. 1 à 9**

**ou**

### Itinéraire 2

#### Utiliser un tableau d'extraction d'information (2/2)

Poursuivez le tableau commencé p. 97 en le complétant des informations rencontrées dans les documents 5 à 9.

| | Informations |
|---|---|
| 1. Les caractéristiques du pôle de compétitivité (localisation, définition, objectifs, etc.) | |
| 2. Les acteurs qui favorisent l'innovation et leur rôle | |
| 3. Les effets sur la compétitivité du système productif (à toutes les échelles) | |

THÈME 2 SE PRÉPARER MONDE FRANCE RÉVISER

Dossier

# Le renouveau du *made in France* ?

**Quels sont les enjeux et les limites du renouveau du *made in France* ?**

**1 Une marque de chaussettes communique sur sa participation au Salon du *made in France* (2018)**

Campagne publicitaire d'Archiduchesse, entreprise familiale qui fabrique dans le Limousin depuis 2009.

**Vocabulaire**

- **Relocalisation :** retour dans le pays d'origine d'unités productives antérieurement délocalisées.

## 2 Les types de relocalisations

Parole de géographe

La Direction générale des entreprises propose une typologie des relocalisations observées en France.

Les « relocalisations d'arbitrage », opérées généralement par de grands groupes intéressés par les marchés mondiaux les plus concurrentiels, sont chronologiquement les premières à avoir été identifiées. À l'origine de ces relocalisations figurent toujours le souhait de retrouver une main-d'œuvre qualifiée dans le pays d'origine, ainsi que le désir de se rapprocher des fournisseurs et des principaux clients. Les « relocalisations de retour » constituent un second type fréquent. Elles s'expliquent par des déceptions, révélées au fil du temps, relatives au transfert à l'étranger de sites de production préalablement implantés en France. Les avantages comparatifs ont progressivement disparu sous l'effet récurrent des défauts de fabrication, de la hausse des coûts de transport, ou encore des problèmes de contrefaçon. Enfin, les « relocalisations de développement » […] s'inscrivent dans une logique différente. Lancées dans un processus de montée en gamme destiné à augmenter leurs profits et à résister aux assauts de la concurrence des pays à bas salaires, les entreprises concernées cherchent par leur relocalisation à se rapprocher des compétences qui leur font défaut et des marchés de consommation.

François Bost, « Les relocalisations industrielles en France : épiphénomène ou tendance de fond ? », *Bulletin de l'Association de géographes français*, n° 92-4, 2015.

## 3 Les faiblesses des relocalisations

L'accélération des relocalisations ces dernières années s'explique essentiellement par une montée des coûts salariaux rapportés à la productivité dans les pays émergents et par l'automatisation dans les pays du Nord. Ces évolutions réduisent la tentation de délocalisation dans les secteurs manufacturiers où l'automatisation est possible […]. Mais ce n'est pas vrai dans ceux où le progrès technique reste difficile, comme le travail des matières souples (cuir, textile, habillement, etc.), pour lesquelles les délocalisations ont été et restent fortes, car on ne dispose pas encore de robots capables de les travailler efficacement.

Et dans le domaine des services, la tendance est très claire, c'est celle d'une amplification du mouvement de délocalisation […]. Lorsque les entreprises qui ont délocalisé reviennent en France, […] elles donnent la priorité aux territoires qui offrent un écosystème de qualité, avec une bonne formation, des infrastructures et une spécialisation en services aux entreprises.

Ch. Chavagneux, *Alternatives économiques*, n° 380, juin 2018.

## 4 Les principales relocalisations en France

Vidéo

Source : Dalila Messaoudi, « Entreprises et territoires : entre délocalisations et relocalisations d'activités de production », *Annales de géographie*, n° 723-724, 2018/5.

THÈME 2
SE PRÉPARER
MONDE
FRANCE
RÉVISER

## Questions

### Itinéraire 1

ou

#### Situer et expliquer

1. Identifiez les raisons qui conduisent les entreprises à produire en France. **doc. 1 à 3**
2. Décrivez les activités qui se relocalisent en France et identifiez d'où elles proviennent. **doc. 4**
3. Montrez que les relocalisations sur le territoire national sont un phénomène encore modeste. **doc. 3**

#### Synthétiser et argumenter

4. Expliquez quels sont les enjeux et les limites du renouveau du *made in France*. **doc. 1 à 4**

### Itinéraire 2

#### Réaliser une interview

- À partir d'un exemple concret, réalisez en binôme l'entretien fictif d'un ou d'une entrepreneuse ayant choisi de relocaliser sa production industrielle en France.
- Préparez votre interview par écrit (questions, réponses), puis enregistrez-vous à l'aide du média numérique de votre choix.

**Conseils :**

1. Décrivez d'abord l'entreprise et son secteur d'activité.
2. Exposez les raisons de cette relocalisation.
3. Élargissez votre sujet en montrant qu'il s'agit d'une tendance récente aux effets encore limités.

# Les dynamiques des systèmes productifs industriels et tertiaires en France

## 1 Les dynamiques contrastées des systèmes industriels français

**1. Un territoire inégalement industrialisé**

- Espaces anciennement industrialisés en reconversion
- Espaces industriels de hautes technologies
- Espaces peu ou pas industrialisés

**2. Des dynamiques contrastées**

- Villes affectées par la désindustrialisation
- Zones industrialo-portuaires
- Pôles de haute technologie
- Districts industriels en zone rurale

**3. L'intégration aux espaces européen et mondial**

- Bassins d'emplois et pôles décisionnels
- Principaux axes de transport terrestre
- Interface frontalière continentale
- Axe de transport maritime majeur
- Investissements directs étrangers

## 2 Les espaces productifs de services en France

### Vocabulaire

- **Désindustrialisation :** voir p. 104.
- **District industriel :** concentration, sur un territoire donné, de petites et moyennes entreprises, spécialisées dans un secteur d'activité reposant sur des savoir-faire hérités.
- **Zone industrialo-portuaire (ZIP) :** espace portuaire accueillant une forte concentration d'activités industrielles.

### Questions

1. Identifiez les principales régions industrielles et touristiques en France. **doc. 1 et 2**
2. Quelles infrastructures favorisent l'intégration des espaces productifs français à l'espace européen et mondial ? **doc. 1 et 2**

Cours

Podcast du cours

# Les systèmes productifs entre valorisation locale et intégration européenne et mondiale

Quelles sont les mutations des systèmes productifs français liées à l'intégration européenne et mondiale ?

## 1 Des systèmes productifs en mutation

● **L'industrie est un secteur d'activité en recomposition.** Depuis plusieurs décennies, la part de l'industrie dans la production de richesse diminue. L'emploi industriel est également en baisse : avec 3,3 millions d'emplois, il représente 12,5 % de la population active contre 40 % en 1968. Cette désindustrialisation s'explique par des facteurs variés. La robotisation a notamment réduit le nombre d'emplois industriels en accroissant la productivité.

● **Dans un contexte d'intégration européenne et mondiale, les systèmes productifs français connaissent des mutations.** Certaines entreprises délocalisent une partie de leurs activités pour rechercher une main-d'œuvre bon marché, des normes sociales, fiscales et environnementales peu contraignantes. D'autres, au contraire, rapatrient une partie de leur activité sur le territoire. L'Union européenne favorise les partenariats industriels européens (EADS dans le secteur aérospatial) et encourage les privatisations d'entreprises publiques. L'État français reste néanmoins actionnaire de nombreuses entreprises dans les domaines du transport (Air France-KLM, RATP, SNCF), de l'énergie (Engie, EDF) ou des services (La Poste, Orange).

● **Les systèmes productifs évoluent vers une tertiarisation croissante de l'économie.** Les services représentent près de 80 % de la production de richesse en France. Le développement du tourisme et des services aux entreprises participe à l'accroissement de la part des services dans l'économie. Les services à la personne progressent également du fait du vieillissement de la population (« silver-économie »).

DOSSIER Le renouveau du *made in France* ? → p. 100

## 2 De nouvelles dynamiques de localisation

● **Certains systèmes productifs reposent sur un ancrage local fort.** Les districts industriels se développent autour de productions spécialisées à haute valeur ajoutée, organisées en petites unités de production. Certains territoires sont associés à des systèmes productifs spécialisés. Ces systèmes productifs locaux bénéficient d'une labellisation par l'État, comme le Choletais (confection enfantine et chaussures), la région d'Oyonnax (plasturgie) ou le Vimeu (serrurerie et robinetterie).

● **L'accessibilité et l'innovation constituent les deux principaux facteurs de recomposition des systèmes productifs.** Les entreprises privilégient les territoires les mieux connectés et valorisent les interfaces : régions frontalières, portuaires ou aéroportuaires. Les acteurs publics et privés mettent l'accent sur le recours à l'innovation afin de favoriser la compétitivité des systèmes productifs.

● **Les acteurs publics jouent un rôle essentiel dans l'accompagnement de ces mutations.** Les collectivités territoriales agissent sur les équipements et services mis à disposition des entreprises à l'échelle régionale ou locale tandis que l'État intervient par des politiques d'aménagement du territoire. La politique industrielle a longtemps eu pour vocation de rééquilibrer la répartition des implantations industrielles et d'aider les territoires les plus fragiles. Les appels à projets à destination des pôles de compétitivité représentent une rupture en concentrant désormais les efforts sur les territoires compétitifs et attractifs.

ÉTUDE DE CAS Le pôle de compétitivité SCS → p. 96

### Vocabulaire

- **Compétitivité :** capacité d'une entreprise, d'un secteur économique ou d'un territoire à vendre ou à fournir durablement un ou plusieurs biens ou services sur un marché concurrentiel.
- **Délocalisation :** transfert de production vers des pays disposant d'une main-d'œuvre à bas coût et de réglementations sociales et environnementales peu contraignantes.
- **Désindustrialisation :** diminution ou disparition de l'activité industrielle.
- **District industriel :** voir p. 103.
- **Innovation :** capacité à améliorer les performances d'une production ou d'une activité.
- **Pôle de compétitivité :** voir p. 96.
- **Productivité :** rapport entre la quantité produite et les moyens (humains, matériels) utilisés pour cette production.
- **Reconversion :** réorientation des activités d'une entreprise ou d'un espace vers un secteur plus compétitif suite au déclin d'une production.
- **R&D (Recherche et développement) :** activité destinée à améliorer la qualité et la capacité de production d'une entreprise. C'est un facteur majeur d'innovation, et donc de compétitivité.
- **Technopôle :** voir p. 99.
- **Tertiarisation :** progression du poids des services dans l'économie et la population active d'un pays.

## 3 Une nouvelle géographie des espaces productifs

● **À l'échelle nationale, les métropoles sont de plus en plus attractives pour les activités productives.** La mondialisation renforce la concurrence entre les territoires et favorise les métropoles. Elles sont à la fois des bassins d'emplois et de vastes marchés de consommation. La métropole francilienne reste la première région économique, assurant à elle seule plus de 30 % du PIB français. L'Île-de-France concentre l'essentiel des fonctions de commandement du secteur privé et de la recherche scientifique alors que le reste du territoire est davantage voué à la production de biens et de services.

● **La réorganisation des activités productives accentue les inégalités entre régions.** Les grandes villes des Midis méditerranéen et atlantique, aux nombreux atouts, attirent activités industrielles et tertiaires. Les régions anciennement industrialisées du Nord et du Nord-Est sont en reconversion tandis que les territoires ultramarins souffrent de l'éloignement et de l'exiguïté insulaires.

● **À l'échelle locale, les espaces productifs concentrent les activités décisionnelles et stratégiques.** Dans les métropoles, les quartiers d'affaires (La Défense, La Part-Dieu) accueillent les sièges sociaux de firmes et les services aux entreprises. Les entreprises spécialisées dans la recherche et le développement (R&D) et dans les hautes technologies recherchent la proximité des universités et centres de recherche en s'implantant dans les technopôles (Sophia Antipolis, Saclay).

ÉTUDE DE CAS Le pôle de compétitivité SCS → p. 96

**Répartition de l'emploi par secteur d'activité**
En %, en 2016

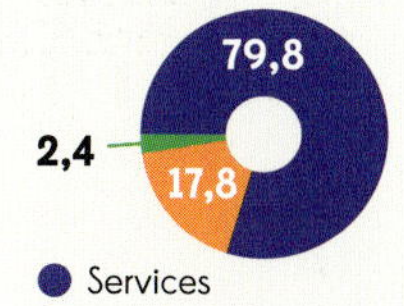


● Services
● Industrie et construction
● Agriculture, sylviculture et pêche

*Source : Insee, 2018.*

**L'innovation en France**

**Investissements R&D : 49,8 milliards d'€, 2,27 % du PIB**

**Environ 1 chercheur pour 100 emplois**

**Publications scientifiques : 7e rang mondial**

*Source : Ministère de l'Enseignement supérieur, de la Recherche et de l'Innovation, 2018.*

**Notion clé**
Espace productif 111
Système productif 113

THÈME 2
SE PRÉPARER
MONDE
FRANCE
RÉVISER

## Du cours au schéma

Schéma interactif à compléter

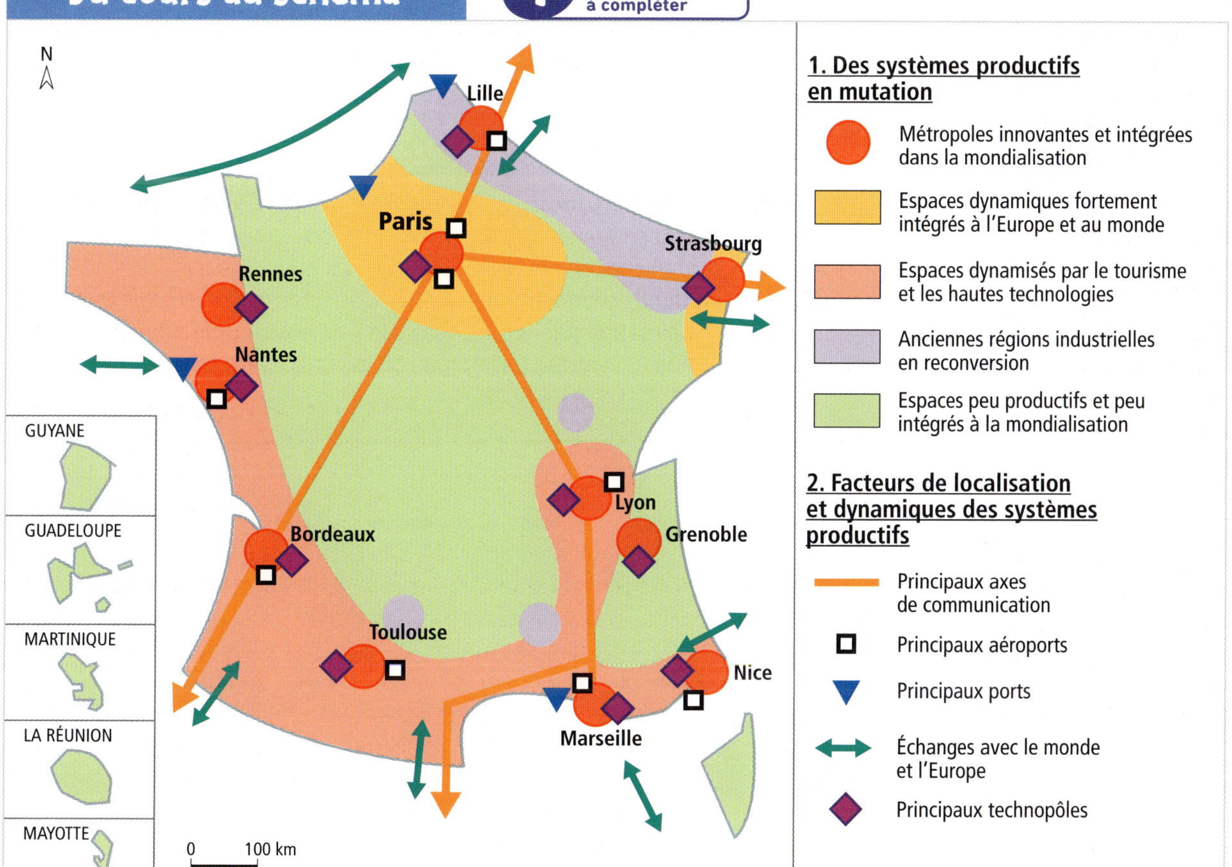

# L'or, une ressource d'avenir pour la Guyane ?

## 1 La Compagnie minière Montagne d'Or

Parole d'acteur

Le projet Montagne d'Or est un projet de mine d'or industrielle, situé à 125 km au sud de Saint-Laurent-du-Maroni, dans un secteur inoccupé, à plus de 50 km de toute habitation.

L'objectif est de mobiliser les meilleures techniques disponibles pour l'extraction de 85 tonnes d'or sur douze années, en maximisant les retombées pour les retombées pour le territoire, tout en réduisant au maximum les impacts sur l'environnement.

Ce projet générera 750 emplois directs et 3 000 emplois indirects et induits. Environ 57 métiers sont nécessaires pour les activités de la future mine, comme l'extraction et le traitement du minerai, le suivi environnemental, les services administratifs et la base-vie.

Le projet Montagne d'Or engendrera de nouvelles opportunités pour le développement du territoire, nous estimons à 3 milliards de retombées pour le territoire et les Guyanais.

Présentation du projet, montagnedor.fr [en ligne], 2018.

## 2 L'exploitation aurifère sur le territoire guyanais

**1. Exploitation aurifère et milieux naturels**
- Activité minière autorisée
- Activité minière interdite
- Projet Montagne d'Or
- Parc national amazonien de Guyane

**2. Peuplement et réseau routier**
- Frontières
- Cayenne, capitale régionale
- Autres pôles urbains
- Principal axe routier

## 3 La Guyane en quelques chiffres

**Population** (2018) **281 612 habitants**

**Densité de population : 3,3 hab./km²**

**Taux de chômage : 22 %**

**PIB/habitant : 15 813 €** (métropole : 33 400 €)

**Gisement de la Montagne d'Or : 85 tonnes d'or** (gisements en métropole : 170 tonnes)

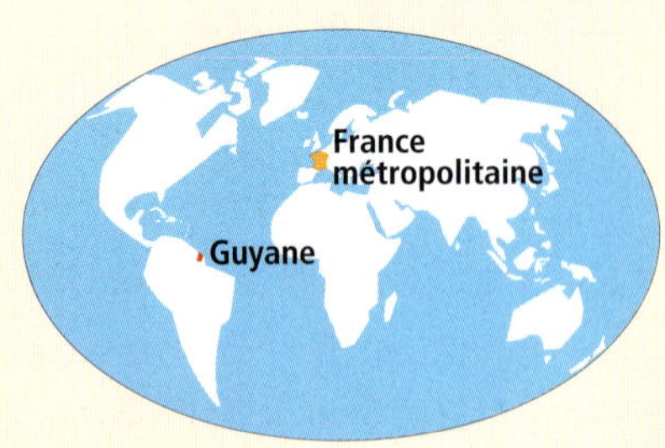


**Vocabulaire**
- **Aurifère** : adjectif relatif à l'or.
- **Gisement** : richesse géologique présente en masse.

# 4 L'exploitation aurifère guyanaise en dates

- **1855** : Découverte des premières pépites d'or
- Exploration et découverte de gisements
- **1880** : Premières exploitations (exploitation de 2 à 6 tonnes d'or par an, concernant 12 000 personnes)
- **1930** : Épuisement des gisements les plus accessibles
- **1950** : Déclin de l'activité aurifère (moins de 1 000 personnes concernées pour une production annuelle déclarée de 500 kg)
- **Depuis 1980** : Hausse des cours de l'or, reprise de l'activité d'orpaillage
- **2019** : Débat public sur le projet de la Montagne d'Or
- **2022-2033** : Exploitation de la Montagne d'Or
- **2034-2069** : Réhabilitation du site de la Montagne d'Or

**La future mine de la Montagne d'Or** en quelques chiffres

- **Site minier : 8 km²** dont fosse : 1 km²
- **Gisement : 85 tonnes d'or**
- **Production : 6,7 tonnes/an**
- **Construction-production : 15 ans minimum**

Parole d'acteur

## 5 Le Collectif « Or de question ! »

Tract du collectif « Or de Question ! », 2018.
Ce collectif est un mouvement engagé qui réunit des organisations de défense de l'environnement et des peuples autochtones.
Le vert, le jaune et l'étoile rouge sur le tract font référence à un drapeau de la Guyane, non officiel, associé à différents mouvements de contestation.

## 6 Le WWF (Fonds mondial pour la nature)

Parole d'acteur

Le WWF France dénonce l'impact désastreux de ce projet (la Montagne d'Or) sur un écosystème exceptionnel. Selon l'opérateur, pour extraire l'or, 57 000 tonnes d'explosifs, 46 500 tonnes de cyanure et 195 millions de litres de fuel seront nécessaires pour les 12 ans de durée de vie du projet.

Chaque année, 20 000 touristes visitent la Guyane. Selon une étude du Schéma régional de développement du tourisme et des loisirs de Guyane[1], si la filière du tourisme bénéficiait des investissements nécessaires, ils pourraient être 60 000 par an en 2024. L'objectif : créer à terme 4 500 emplois directs pour un investissement public de 107 millions d'euros publics (soit 24 000 euros publics par emploi créé).

Le WWF France a identifié six autres filières qui pourraient créer de 18 000 à 20 000 emplois au total en dix ans : l'agriculture, le bâtiment, les énergies renouvelables, l'agroalimentaire, la pêche et la foresterie durables. Les Guyanais souhaitent le développement de ces filières et ne considèrent pas la filière aurifère comme un secteur prioritaire pour le développement.

*Non au projet minier Montagne d'Or*, WWF.fr, 2019.

1. Étude du Schéma régional de développement du tourisme et des loisirs de Guyane (novembre 2013).

C'est à vous !

Géo DÉBAT

# L'or, une ressource d'avenir pour la Guyane ?

## ÉTAPE 1 Comprendre et préparer le débat

1. Montrez que l'or représente une importante ressource en Guyane. **doc. 1 à 3**
2. L'exploitation de l'or est-elle récente en Guyane ? **doc. 4**
3. Quels espaces peuvent être menacés par l'exploitation de l'or ? **doc. 2**

## ÉTAPE 2 Participer au débat

4. Avant le débat, prélevez les arguments des différents acteurs **doc. 1, 5 et 6**. Reportez-les dans le tableau.
5. Avant le débat, en prenant appui sur les documents et votre point de vue personnel, notez vos arguments dans le tableau.
6. Pendant le débat, notez les arguments des autres élèves.

### Conseils

- Écoutez et respectez la parole des autres.
- Pour convaincre, il est important de s'appuyer sur des exemples précis (localisés, datés, chiffrés).
- Ne lisez pas vos notes et présentez vos arguments en regardant vos auditeurs. Relisez vos notes avant de prendre la parole.

| | **Il faut poursuivre l'exploitation de l'or en Guyane** | **Il faut limiter l'exploitation de l'or en Guyane** |
|---|---|---|
| Arguments des acteurs | •<br>•<br>• | •<br>•<br>• |
| Mes arguments | •<br>•<br>• | •<br>•<br>• |
| Les arguments des autres élèves | •<br>•<br>• | •<br>•<br>• |

+ Tableau à imprimer

+ Vidéo

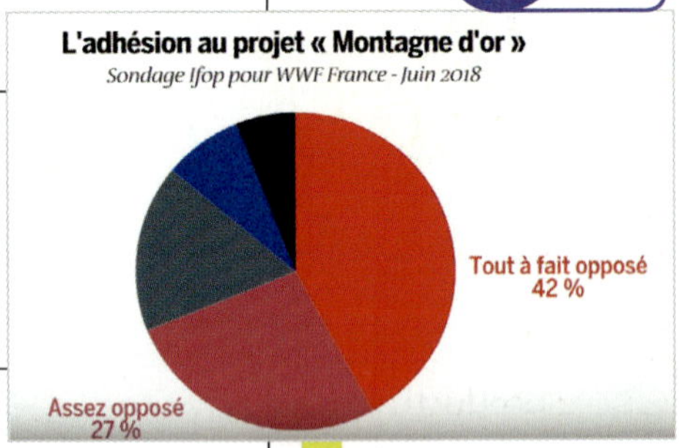


« Quelle est cette Montagne d'Or qui fait polémique ? », reportage du *Monde*, 5 juillet 2018.

## ÉTAPE 3 Conclure le débat

7. À la suite du débat en classe, exprimez votre point de vue personnel et argumenté sur l'exploitation de l'or en Guyane.
8. Les arguments échangés lors du débat vous ont-ils amené(e) à revoir votre position de départ ? Expliquez pourquoi.

# Une diversification des espaces et des acteurs de la production

## RÉVISER & APPROFONDIR

Chantiers navals de Saint-Nazaire (Loire-Atlantique). 2017.

SYNTHÈSE

# → THÈME 2 Une diversification des espaces et des acteurs de la production

Podcast de la synthèse

## 1 Diversification et spécialisation des espaces productifs

● **À l'échelle mondiale, on observe une nouvelle organisation de la production.** Les grandes puissances concentrent les activités de direction et de recherche. Certains espaces se spécialisent dans la production industrielle (Asie) ou celle de ressources agricoles ou minières (Afrique, Amérique du Sud). D'autres se structurent autour des services tels que la finance ou le tourisme à l'image de nombreuses îles.

● **Cette nouvelle organisation affecte le système productif français.** Il connaît parallèlement une désindustrialisation et une puissante tertiarisation : les services représentent 80 % de la production de richesse en France.

## 2 Des espaces productifs de plus en plus interconnectés

● **Les firmes transnationales sont des acteurs majeurs de la production.** Elles s'appuient sur une division internationale des processus productifs et développent des chaînes de valeur ajoutée mondialisées. Les flux s'accroissent entre des espaces productifs fortement interconnectés. Le développement de l'économie numérique favorise ces dynamiques.

● **Les entreprises françaises participent à ce processus.** Elles s'intègrent dans des réseaux de production européens à l'image des industries aéronautiques. Pour mieux affronter la concurrence, les gouvernements européens encouragent la coopération entre leurs entreprises : Airbus assemble ses avions en France à partir de pièces produites dans plusieurs villes d'Europe.

## 3 Des systèmes productifs en recomposition

● **Les territoires sont mis en concurrence et valorisent leurs avantages comparatifs.** Les territoires les mieux connectés au monde (régions métropolitaines, frontalières et littorales), ainsi que ceux assurant une mise en réseau des entreprises sont favorisés. C'est par exemple le cas de la région Île-de-France qui offre aux entreprises un environnement favorable en termes d'innovation ou de logistique.

● **À toutes les échelles, les acteurs publics accompagnent ces recompositions.** Ils prennent des mesures pour favoriser la compétitivité des territoires et leur mise en réseau. En France, les pôles de compétitivité, les districts industriels ou les technopôles permettent une meilleure valorisation des territoires.

### Notions clés



### Chiffres clés

- Volume de marchandises échangées **multiplié par 3,5** depuis 1990
- **10 pays** assurent la moitié du commerce mondial
- Part du transport maritime dans les échanges de marchandises : **80 %**
- Part des services dans les échanges mondiaux : **1/3**
- **1,4 milliard** de touristes en 2018

## Pour approfondir

### Documentaires

- *Starbucks sans filtre*, de Luc Hermann, Gilles Bovon, 2018.

- *Le Monde selon H&M*, de Marie Maurice, 2014.

### Podcasts

- *Entendez-vous l'éco ?*, France Culture « Amazon, un empire logistique ? », émission du 14 mars 2018.

### Visites

- **Entreprise et découverte**
Un site qui propose de nombreuses visites d'entreprises partout en France : www.entrepriseetdecouverte.fr.

# NOTIONS

## ESPACE PRODUCTIF

- Un **espace productif** est un espace aménagé et mis en valeur dans le cadre d'une activité économique donnée.
- Les espaces productifs sont définis en fonction de leur localisation géographique (espace productif français, européen), de leur appartenance à une activité spécialisée (industrielle ou agricole) ou à une entreprise (Airbus, Renault).

Schéma interactif

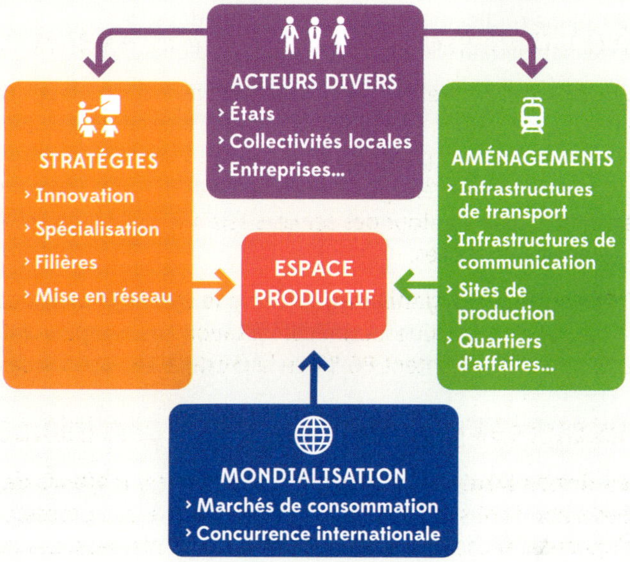


## FIRME TRANSNATIONALE (FTN)

- Une **firme transnationale** (FTN ; on parle également de firme multinationale) est une entreprise implantée dans de nombreux pays (siège social, sites de production, filiales, commercialisation). Elle réalise la majeure partie de son chiffre d'affaires en dehors de son pays d'origine où elle conserve ses activités décisionnelles.
- Acteur majeur de l'économie mondiale, elle génère des flux nombreux et de toutes natures.

Schéma interactif

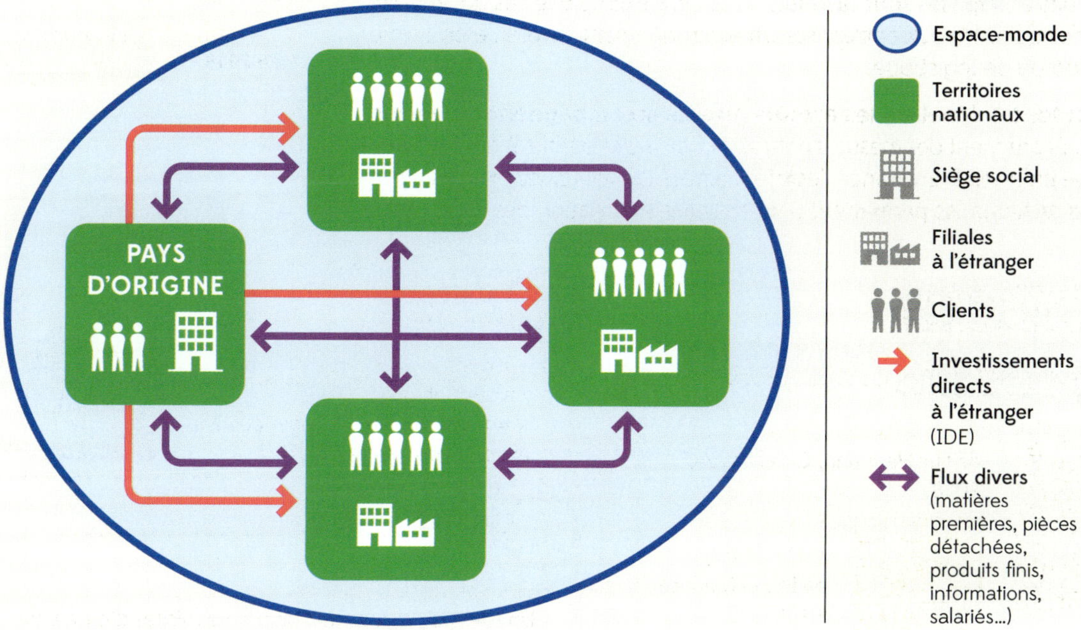


THÈME 2
SE PRÉPARER
MONDE
FRANCE
RÉVISER

# NOTIONS

## CHAÎNE DE VALEUR AJOUTÉE

La **chaîne de valeur ajoutée** désigne l'ensemble des opérations réalisées par des entreprises dans le processus de fabrication d'un produit ou d'un service, de sa conception à sa commercialisation.

Les chaînes de valeur ajoutée sont aujourd'hui mondiales : la production s'organise entre plusieurs pays en fonction des avantages comparatifs de chacun.

Schéma interactif

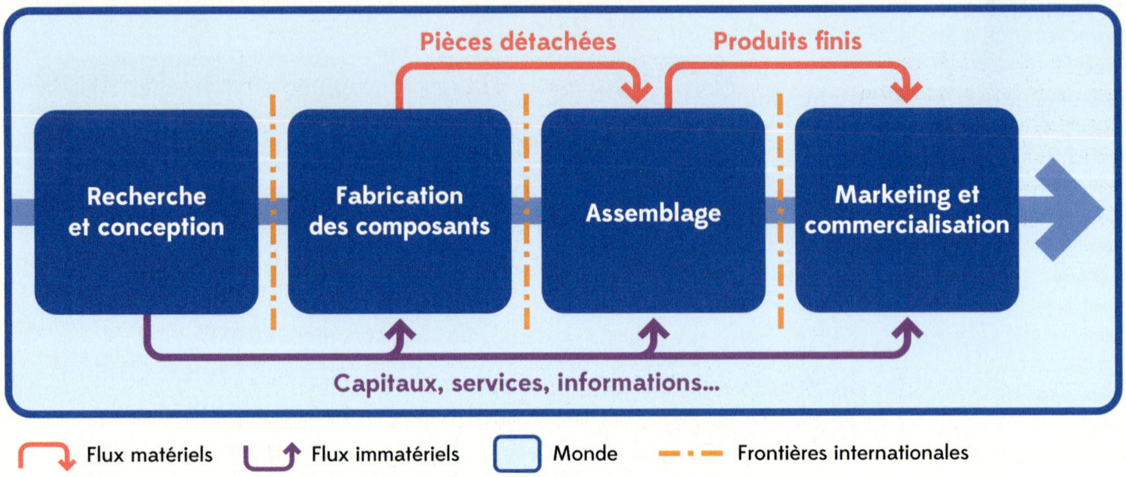


## FLUX

Les **flux** sont des volumes de marchandises, de personnes, de capitaux ou d'informations en circulation. Ils peuvent être matériels ou immatériels.

Les flux empruntent des réseaux qui s'organisent de l'échelle locale jusqu'à l'échelle mondiale.

Schéma interactif

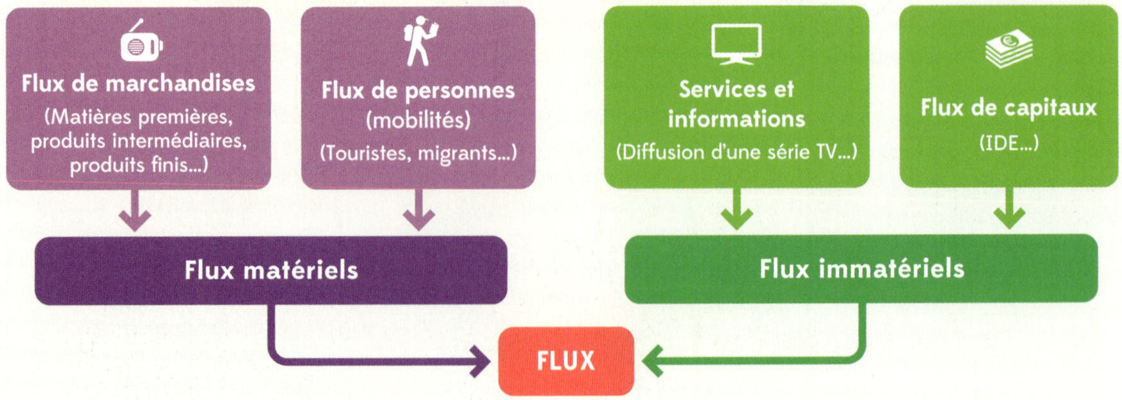

## PRODUCTION

- La **production** est la création d'un bien ou d'un service en vue de satisfaire un besoin. Elle couvre l'ensemble des opérations de la conception à la mise à disposition de l'utilisateur final.
- La production intègre des étapes de production matérielle (ex. : l'assemblage) et des étapes de production immatérielle (ex. : la conception).

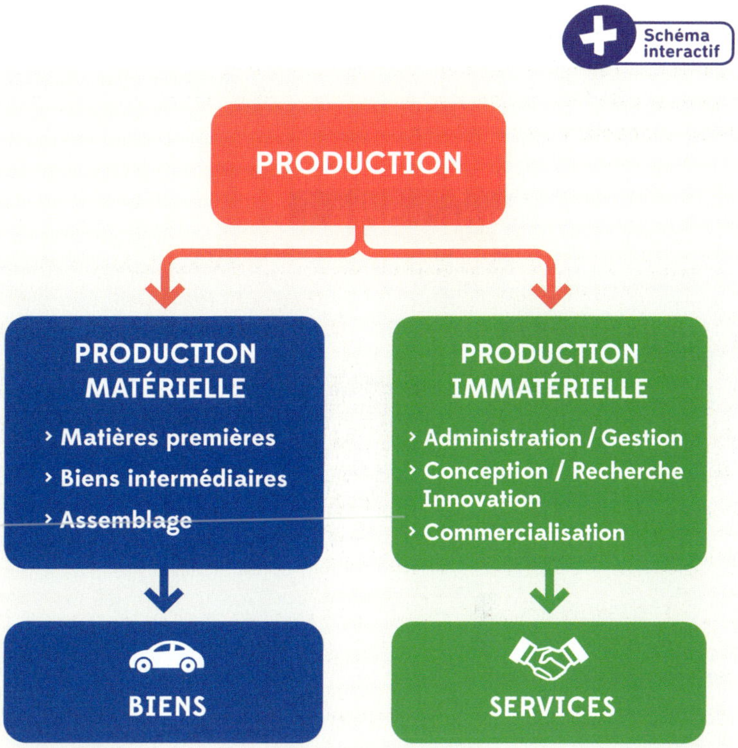


## SYSTÈME PRODUCTIF

- Le **système productif** est constitué de l'ensemble des facteurs et des acteurs concourant à la production, à la circulation et à la consommation de richesses.
- Il repose sur l'articulation entre les activités de la sphère productive (production et services périproductifs) et celles de la sphère sociale.

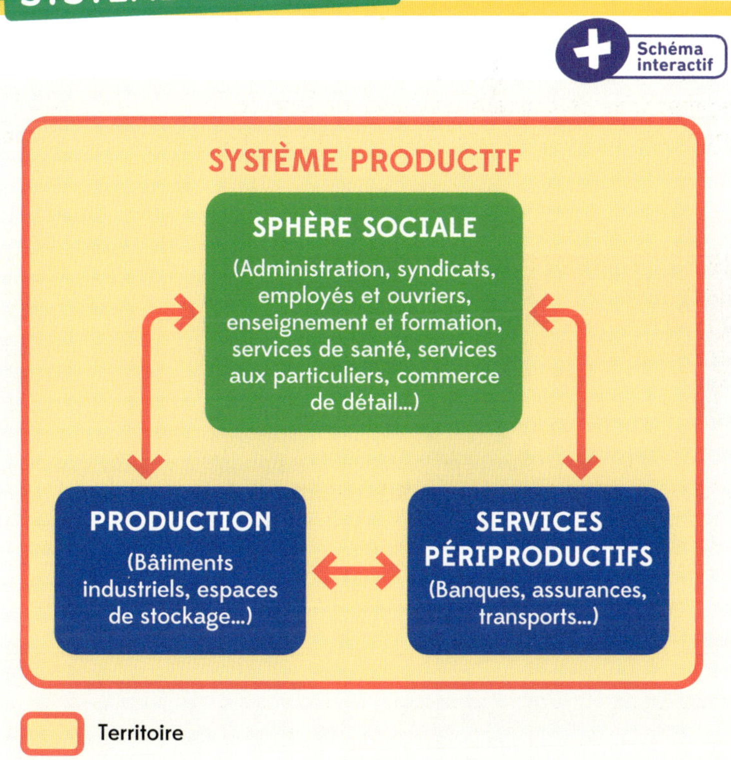

# EXERCICES

## 1 Vérifier ses connaissances

Exercices interactifs

Retrouvez des exercices interactifs pour tester vos connaissances sur le thème 2.

## 2 Analyser une carte

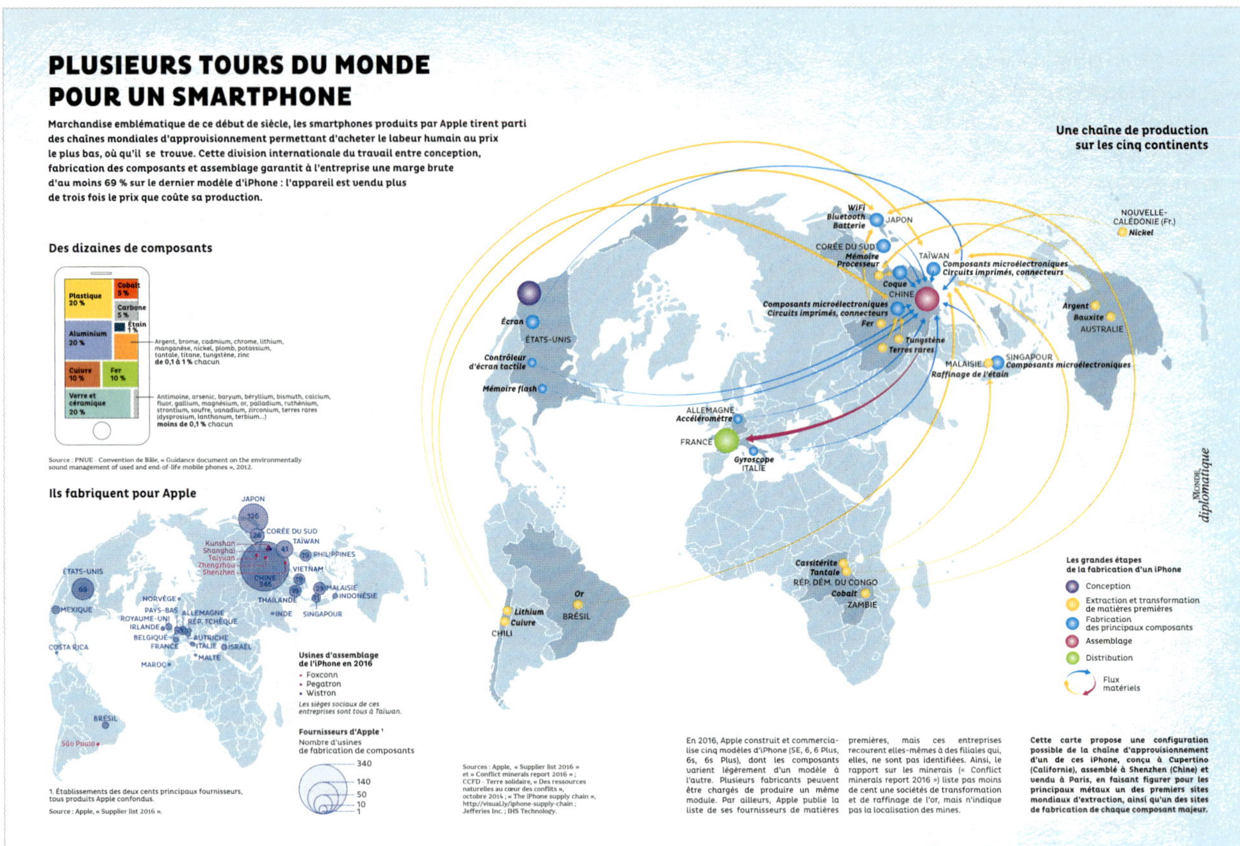


### La fabrication d'un iPhone

Dario Ingiusto et Cécile Marin « Plusieurs tours du monde pour un smartphone », Manuel d'économie critique, *Le Monde diplomatique*, 2016.

## Questions

**1** Complétez le tableau suivant en y indiquant les principales étapes de la chaîne de production de l'iPhone et les pays où elles sont réalisées.

| Étapes | Pays |
|---|---|
| | |
| | |
| | |

**2** Montrez que la production repose sur des flux d'échanges.

**3** Comment l'exemple de l'iPhone illustre-t-il la division internationale du travail ?

# 3 Analyser la carte d'un espace productif

## TECHNOPÔLE HENRI-POINCARÉ

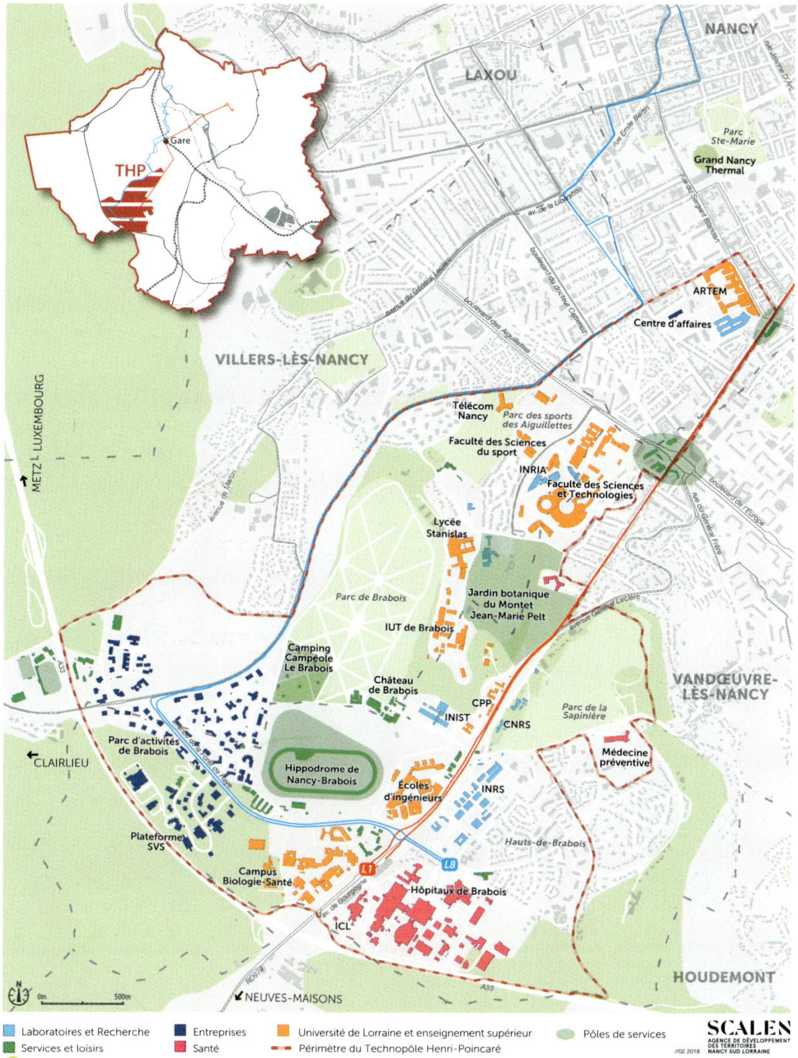

**ARTEM** : École des Beaux-Arts, École des Mines, ICN Business school

**CNRS** : Centre national de la recherche scientifique

**CPP** : Classes préparatoires des INP (écoles d'ingénieurs)

**ICL** : Institut de cancérologie

**INIST** : Institut de l'information scientifique et technique

**INRIA** : Institut national de recherche en informatique et en automatique

**INRS** : Institut national de recherche et de sécurité

**SVS** : Sciences du vivant-Santé

**Le technopôle Henri-Poincaré à Nancy**

Plan de la Scalen (Agence de développement des Territoires Nancy-Sud-Lorraine), 2018.
Le site technopolitain de Brabois s'étend sur plus de 500 hectares ; il accueille aujourd'hui près de 300 entreprises, plus de 15 000 emplois et 20 000 étudiants et chercheurs.

### Questions

1. Localisez précisément le technopôle Henri-Poincaré.
2. Quels sont les secteurs d'activité présents dans le technopôle ?
3. Comment cet espace est-il organisé ?
4. Quels sont les atouts qui le rendent attractif ?
5. Quel est l'intérêt de ce document pour comprendre ce qu'est un technopôle ?

# 4 Approfondir ses connaissances

Analyser des statistiques de l'Organisation mondiale du commerce.

Exercice d'approfondissement

**BAC** Analyse de documents

→ Méthode générale et description de l'épreuve p. 212

## MÉTHODE → Identifier les documents

**SUJET**

### Les espaces de la production industrielle en France

**Consigne :** À partir de l'analyse et de la confrontation des documents, vous vous interrogerez sur les recompositions des espaces de la production industrielle en France.

Analysez les principaux facteurs et aspects des mutations industrielles, puis mettez en évidence la nouvelle géographie des espaces productifs en France.

#### 1 La géographie industrielle de la France

Avec la mondialisation des échanges, le grand bond de la Chine, les crises économiques et l'épuisement du charbon et du gaz français, la géographie industrielle a évolué en profondeur. [...] Le mouvement s'est révélé particulièrement violent dans les régions du Nord-Est, qui vivaient de la métallurgie, de la sidérurgie ou encore du textile. [...] En 1975, l'industrie représentait entre 37 % et 39 % des emplois dans les régions Hauts-de-France et Grand-Est. Au fil des fermetures d'usines, [...] la part de l'industrie y est tombée entre 15 % et 17 %. Île-de-France et Auvergne-Rhône-Alpes ont également beaucoup souffert. D'autres régions ont mieux résisté, en particulier la Bretagne et les Pays de la Loire. Depuis 2008, la Bretagne mais aussi la Franche-Comté et l'Occitanie affichent même une hausse du nombre d'emplois industriels. Un rééquilibrage lié en partie au fait que le développement industriel s'appuie désormais moins sur la présence de fer, de charbon ou de pétrole que sur celle de ressources intellectuelles. [...] Les grands pôles urbains, proches des universités, se retrouvent ainsi les lieux d'accueil privilégiés des activités les plus technologiques. À l'inverse, les territoires périurbains ou ruraux se spécialisent davantage dans les industries moins high-tech.

Denis Cosnard, « La carte des usines françaises a été profondément remaniée », *Le Monde*, 22 novembre 2018.

#### 2 Les 100 plus grands établissements industriels en France (en nombre d'emplois)

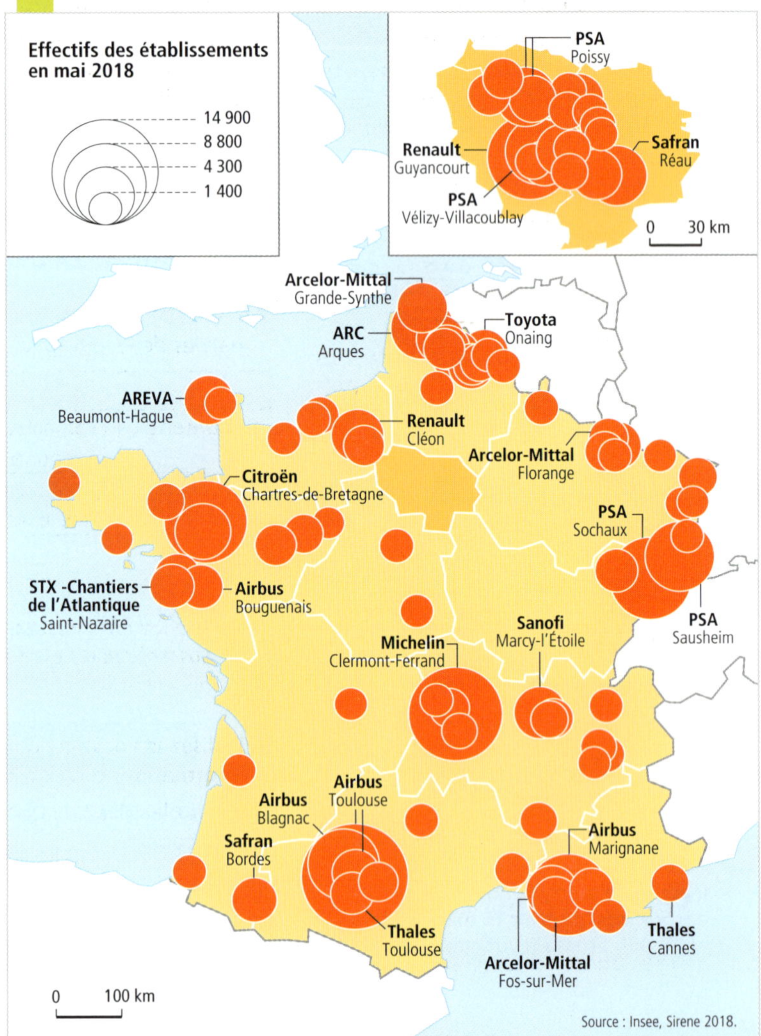


Source : Insee, Sirene 2018.

Retrouvez des sujets de BAC et des méthodes actualisés régulièrement sur le site
→ lyceen.nathan.fr/geo1re-2019

## Méthode — Guide de travail

### 1 Analyser le sujet

**→ Définir les termes de la consigne**

**1.** Définissez : *espace de production industrielle.* Précisez ce que signifie « recompositions ».

**→ Analyser l'énoncé de la consigne**

**2.** Quelle est la problématique de l'analyse des documents ?

**Conseil DU PROF**

- Les termes géographiques utilisés indiquent les informations à rechercher dans le document.

**3.** Soulignez les verbes, les mots clés et les mots de liaison.

**4.** Quel plan est suggéré par la consigne ?

### 2 Analyser les documents

**→ Identifier les documents**

- Définir la nature des documents : carte, article de presse, graphique, etc.
- Relever la source et la date pour expliquer un contexte ou un point de vue.
- Énoncer le thème principal des documents et l'idée générale qui y est exprimée.

**5.** Quelle est la nature des documents ?

→ Que pouvez-vous dire à propos de leur source ?
→ De quand datent les documents ? Pourquoi cette information peut-elle être intéressante pour l'analyse ?

**6.** Quel est le thème commun aux deux documents ? Quelle est l'idée générale exprimée par les documents ?

**Exemple :** le thème commun est « les espaces de la production industrielle ». L'idée générale est : « la géographie des espaces industriels est inégale ».

**→ Extraire et mettre en relation les informations**

**7.** Relevez les informations permettant de répondre aux différentes parties de la consigne et complétez le tableau :

| | Partie 1 | Partie 2 |
|---|---|---|
| Document 1 | Mondialisation des échanges ; fermetures d'usines… | Grands pôles urbains… |
| Document 2 | PSA principal employeur industriel dans le Nord-Est… | Thales, Airbus à Toulouse… |

**Conseil DU PROF**

- Relever les informations dans un tableau permet de les confronter plus facilement. Ce travail s'effectue sur un brouillon.

**→ Expliquer les informations à l'aide des connaissances**

**8.** Utilisez le vocabulaire du cours p. 146 pour expliquer les informations des documents.

**Exemple :** désindustrialisation, reconversion, district industriel, technopôle.

### 3 Répondre au sujet

**→ Rédiger une introduction**

**9.** Présentez les documents en les mettant en relation avec le sujet et annoncez le plan.

**→ Rédiger la réponse au sujet**

**10.** Rédigez votre réponse en suivant le plan annoncé dans la consigne.

**Conseil DU PROF**

- Hiérarchisez les idées en commençant par l'idée principale, puis expliquez et donnez des exemples pris dans les documents.

**→ Rédiger une conclusion**

**11.** Pour conclure, faites un bilan de votre étude.

# BAC Croquis

→ Méthode générale et description de l'épreuve p. 214

## MÉTHODE → Classer les informations dans la légende

### SUJET

**Les grands espaces mondiaux de production**

Fond de carte

### Les grands espaces mondiaux de production

**Les espaces productifs sont hiérarchisés en fonction de leur intégration dans la mondialisation**

Les principaux d'entre eux sont essentiellement localisés dans les pôles dominants de l'économie mondiale : l'Amérique du Nord (États-Unis, Canada), l'Europe et l'Asie de l'Est (Chine littorale et Japon). Le dynamisme particulier des espaces de production sur la côte orientale de l'Australie, en Nouvelle-Zélande et en Afrique du Sud permet de les classer dans cet ensemble. La compétition économique entre les États et la division internationale du travail favorisent le développement d'espaces productifs émergents dans les régions du Sud les plus compétitives : le Brésil, l'Inde, le Mexique, la Turquie, l'Asie du Sud-Est.

**Les métropoles et les littoraux sont particulièrement attractifs pour les activités de production**

Parce qu'elles offrent les conditions nécessaires à l'insertion des entreprises dans la mondialisation, les villes mondiales des pays les plus développés du Nord sont les principales métropoles productives. New York, Tokyo, Londres, Paris, mais aussi Chicago, Los Angeles, San Francisco, Sydney ou encore Vancouver accueillent des activités de production diversifiées. Quant aux littoraux, leur rôle productif s'est affirmé avec la maritimisation de l'économie. Ce phénomène a entraîné le développement de façades industrialo-portuaires rassemblant les ports les plus actifs. La Chine, avec un trafic supérieur à 6 milliards de tonnes et 7 ports parmi les 10 premiers mondiaux, est la plus puissante façade maritime du monde. La façade de la mer du Nord, avec un trafic de plus d'un milliard de tonnes (Rotterdam en tête), arrive au deuxième rang. Les façades maritimes nord-américaines et japonaises sont également très dynamiques. Les littoraux sont aussi des espaces majeurs du tourisme. Les rivages méditerranéens avec plus de 100 millions de touristes par an, sont les premiers espaces touristiques mondiaux, suivis par le bassin des Caraïbes.

**Le dynamisme des espaces productifs entraîne des flux de plus en plus importants à l'échelle mondiale**

Plus de la moitié des flux commerciaux, financiers et touristiques de la planète s'effectuent entre les plus grandes puissances économiques (l'Amérique du Nord, l'Union européenne et l'Asie orientale – Chine et Japon). Un trafic croissant de marchandises emprunte les routes maritimes du Pacifique, de l'Atlantique et de l'océan Indien qui relient les principales façades portuaires.

Thèmes principaux indiquant les parties du plan de la légende du croquis

Informations à représenter sur le croquis

Lieux concernés par le sujet

Retrouvez des sujets de BAC et des méthodes actualisés régulièrement sur le site → lyceen.nathan.fr/geo1re-2019

| Méthode | Guide de travail |
|---|---|

## 1 Déterminer l'objectif du croquis

→ **Analyser les termes du sujet**

**1.** Repérez les mots clés du sujet et précisez leur sens.

**2.** Que devra montrer le croquis ?

## 2 Relever les informations dans le texte

→ **Identifier les informations cartographiables** (faits, phénomènes géographiques ou spatiaux)

**3.** Quelle aide les titres des parties donnent-ils pour sélectionner les informations ?

**4.** Montrez que les informations sélectionnées dans les paragraphes 1 à 3 correspondent au sujet.

**5.** Dans le paragraphe 3, comment les indications de lieu aident-elles à localiser les flux ?
→ Associez chaque information aux lieux correspondants.

**Conseil DU PROF**
- Vous pouvez aussi trouver des informations complémentaires dans les différentes pages du chapitre (cours, repères, cartes, synthèse).

## 3 Passer du texte à la légende du croquis

→ **Classer les informations dans la légende**

- La légende comporte deux ou trois parties ; chaque partie comporte un titre et regroupe deux ou trois informations.
- Le titre de chaque partie doit exprimer une idée construite.

**6.** Transformez sous forme de titres les phrases du texte qui indiquent les parties du plan.

**7.** À l'aide du travail effectué sur le texte, classez les informations dans le plan de la légende ci-dessous :

**A.** ........................................
- ........................................
- ........................................

**B.** ........................................
- ........................................
- ........................................
- ........................................

**C.** ........................................
- ........................................
- ........................................

**Conseil DU PROF**
- Dans chaque partie, classez les informations en les hiérarchisant par ordre d'importance.

→ **Représenter les informations par des figurés**

**8.** Quel type de figuré convient pour représenter :
– Les pôles dominants de l'économie mondiale ?
– Les métropoles ?
– Les façades industrialo-portuaires ?
– Les flux ?

**9.** Déterminez un figuré adapté pour chaque information.

## 4 Réaliser le croquis

**10.** Sur le fond de carte fourni :
- Indiquez le nom des lieux (la nomenclature).
- Recopiez sous le croquis la légende complétée.
- Donnez un titre au croquis en reprenant celui du texte.

**Conseil DU PROF**
- Reprenez le titre du texte car il exprime l'idée principale du croquis.

# BAC Question problématisée

→ Méthode générale et description de l'épreuve p. 216

## SUJET

→ Quels sont les causes et les aspects des recompositions des espaces industriels ?

- les causes et les aspects : Indique un plan en deux parties.
- recompositions : Notion clé à définir : idée de mutation, de réorganisation.
- espaces industriels : Quels sont les types d'espaces productifs accueillant des activités industrielles ? Quels en sont les acteurs ?
- À quelle échelle

| Méthode | Guide de travail |
|---|---|

### 1 Analyser la question

| Méthode | Guide de travail |
|---|---|
| → **Définir les mots clés, l'échelle ou l'espace concerné par le sujet** | **1.** Analysez la question posée en vous aidant des encadrés de couleurs ci-dessus.<br>⚠ Attention : quand l'échelle n'est pas indiquée dans l'énoncé, elle se situe au niveau mondial.<br>**2.** Comment la question vous aide-t-elle à organiser la réponse ? |

### 2 Mobiliser et organiser ses connaissances

| Méthode | Guide de travail |
|---|---|
| → **Rassembler les connaissances et les exemples en rapport avec le sujet** | **3.** Au brouillon, en vous aidant du cours, des études de cas et des dossiers du thème 2, listez :<br>– les mots clés et les notions en rapport avec le sujet :<br>– les arguments à développer et les exemples utiles pour traiter le sujet.<br>**Exemple :** désindustrialisation, productivité, chaîne logistique, recherche de main-d'œuvre hautement qualifiée, zones franches, zones économiques spéciales, technopôles, districts industriels, zones industrialo-portuaires, Silicon Valley, Shenzhen, industrie des hautes technologies, reconversion, littoralisation, métropolisation, flux, délocalisation, firme transnationale (FTN), internationalisation de la production, chaîne de valeur, division internationale du travail, avantages comparatifs, etc.<br>⚠ Attention : ne pas confondre « espace de production » et « système de production ». |

## Méthode

## Guide de travail

**→ Organiser les connaissances**

- Classer les connaissances en deux ou trois thèmes majeurs qui formeront les parties du plan.

**4.** Classez les connaissances dans un tableau, sur un brouillon.

| I. Les causes des recompositions des espaces industriels | | II. Les aspects des recompositions des espaces industriels | |
|---|---|---|---|
| Arguments | Exemples | Arguments | Exemples |
| | | | |

**Conseil DU PROF**

- Vérifiez que les connaissances sélectionnées correspondent bien aux thèmes de la question.

## 3 Rédiger la réponse à la question

**→ Rédiger une courte introduction**

**5.** Présentez brièvement le thème central du sujet.

**Exemple :** L'adaptation à la mondialisation a profondément bouleversé la géographie des espaces de la production industrielle.

**Conseil DU PROF**

- Vous pouvez aussi reprendre l'énoncé de la question problématisée dans l'introduction.

**→ Rédiger le développement**

**6.** En vous appuyant sur votre travail au brouillon, rédigez un paragraphe argumenté pour chaque idée directrice : vous y développerez les idées importantes, les explications et un ou deux exemples précis.

**Conseil DU PROF**

- Faites des phrases courtes, utilisez un vocabulaire précis.

**→ Rédiger la conclusion**

**7.** Rédigez une réponse synthétique à la question problématisée.

**Exemple :** les recompositions des espaces industriels sont induites par les acteurs et les logiques de la mondialisation qui favorisent les espaces les plus productifs et les mieux connectés aux réseaux mondiaux.



**Retrouvez des sujets de BAC et des méthodes actualisés régulièrement sur le site**
**→ lyceen.nathan.fr/geo1re-2019**

FRANCE
Plateau de Valensole

THÈME 3

Pour entrer dans le thème

# Les espaces ruraux : multifonctionnalité ou fragmentation ?

Les espaces ruraux se définissent par des spécificités paysagères, économiques et socioculturelles. Les liens qu'ils entretiennent avec les villes favorisent aussi bien leur valorisation et leur attractivité que leur protection ou leur marginalisation. La diffusion de nouvelles fonctions non agricoles entraîne des recompositions parfois facteurs de conflictualités.

**Comment les recompositions des espaces ruraux contribuent-elles à la fois à diversifier et à fragiliser ces territoires ?**





Touristes asiatiques dans un champ de lavande sur le plateau de Valensole dans les Alpes-de-Haute-Provence (2017)

THÈME 3

CHAPITRE 5

# Les espaces ruraux : multifonctionnalité ou fragmentation ?

DANS LE MONDE

- La fragmentation des espaces ruraux
- Affirmation des fonctions non agricoles et conflits d'usage

SOMMAIRE



**Dans ce chapitre**

- TOUS LES TEXTES en version à imprimer
- TOUTES LES CARTES en version interactive

**Zoom sur…**

**le Vietnam**

| | |
|---|---|
| Population (2017) | 95,5 millions d'hab. |
| Superficie | 331 210 km² |
| Part de la population vivant en zone rurale | 65 % |
| Part des actifs agricoles | 40 % |

Le « Pont doré » : une nouvelle attraction touristique dans les montagnes du centre du Vietnam, 2018

VIETNAM

# Étude de cas

## Les mutations des espaces ruraux de Toscane

**Zoom sur…**

**▶ la Toscane (2018)**

| | |
|---|---|
| **Superficie** | 22 939 km² (5ᵉ région d'Italie) |
| **Plaines** | 8,4 % du territoire |
| **Collines** | 66,5 % du territoire |
| **Montagnes** | 25,1 % du territoire |

**Quels sont les enjeux liés aux mutations des espaces ruraux toscans ?**

## A Des espaces fragmentés

### 1 Les espaces ruraux toscans

Source : diverses, 2018.

### 2 Une diversité de paysages

Définir le paysage toscan revient à évoquer les clichés qui le caractérisent : de douces collines qui ondulent à perte de vue, des vignobles et des oliviers cultivés en terrasses, des cyprès alignés droits comme des « i ». La Toscane donne en effet l'image d'une campagne très sophistiquée, d'une région façonnée par des hommes artistes, aux mains expertes. L'organisation de l'espace se caractérise par l'utilisation de trois espèces emblématiques : le cyprès, l'olivier et la vigne. Le rôle du cyprès est bien défini : couper le vent sur les lignes de crête, souligner les bordures des grands axes de circulation, définir des limites de propriété. L'olivier s'épanouit pleinement sur les collines de l'arrière-pays, entre 300 et 500 mètres d'altitude. Sur les presque 250 espèces d'oliviers recensées dans le monde, une cinquantaine sont cultivées en Toscane. Quant à la vigne, elle a toujours été omniprésente en Toscane.

Mais, au-delà de ces éléments caractéristiques du centre de la région, la Toscane présente un paysage plutôt diversifié. La Maremme, par exemple, contrée de terres plates peu à peu conquises sur les marécages s'est ouverte au tourisme depuis quelques années. Dans le quart nord-ouest de la Toscane, le massif des Alpes apuanes, inséré entre une frange littorale et la longue vallée de la Garfagnana, offre un paysage essentiellement montagneux et forestier.

Jean-François Breuiller et Melani Le Bris, *Toscane - Ombrie,* GÉOguides, 2018.

Animation croquis

## 3 Paysages ruraux du Val d'Orcia (2018)

Le Val d'Orcia est inscrit au patrimoine mondial de l'Unesco pour la mosaïque de ses paysages ruraux.

## 4 Le vin de Chianti, une production internationale en mutation

Le 24 septembre 1716, Cosimo III, grand-duc de Toscane, décide par décret que le vin de Chianti devra uniquement provenir d'une zone délimitée entre Florence et Sienne. La toute première appellation contrôlée pour un vin est née.

Aujourd'hui, cette région de 70 000 hectares produit 35 millions de bouteilles par an de Chianti classico, l'un des vins les plus connus de la planète. Environ 80 % de cette production est exportée vers une centaine de pays et la réputation de cette région toscane n'a cessé de se renforcer pour en faire l'un des lieux cultes des amateurs de vin. […]

Pourtant, le Chianti n'a pas toujours été associé à cette qualité et du Chianti ordinaire est aujourd'hui produit dans toute la Toscane, au-delà de l'appellation d'origine « Chianti classico ». Car depuis 2010, il n'est plus possible d'en produire dans le « classico », où les grands producteurs ont obtenu gain de cause pour protéger leur appellation.

Généralement moins cher, le chianti ordinaire reste associé pour beaucoup à la bouteille entourée de paille que des centaines de *trattorias*[1] dans le monde utilisaient dans le passé comme bougeoirs.

L'idée à l'origine du décret pris en 1716 était de garantir un style et une qualité liés à une combinaison bien précise : la terre de Toscane, son climat et le savoir-faire local. Trois siècles plus tard, cette idée perdure, mais l'accent est également mis sur certains micro-« terroirs » : la nature de certains sols, leur exposition, leur altitude...

Angus Mackinnon, Agence France-Presse, 23 septembre 2016.

1. Restaurant italien.

## Questions

### Itinéraire 1

#### Décrire et expliquer

1. Situez et décrivez la photographie du paysage toscan. **doc. 1, 2 et 3**
2. D'après vous, pourquoi les paysages toscans sont-ils aussi renommés ? **doc. 2, 3 et 4**
3. Relevez les raisons de la réussite internationale du vin de Chianti. **doc. 4**
4. Montrez que les espaces ruraux toscans sont variés et présentent de nombreux atouts. **doc. 1 à 4**

ou

### Itinéraire 2

Aide

#### Réaliser une présentation numérique (1/2)

- Réalisez un diaporama pour accompagner un exposé oral sur les espaces ruraux toscans : diversité, atouts et dynamiques.

**Conseils :**
- Structurez le diaporama avec un plan.
- Notez vos arguments et vos exemples au brouillon, en préparation de votre présentation orale.
- Veillez à la qualité des photographies utilisées.

# B Des espaces multifonctionnels

## 5 La Toscane, un tourisme de terroir

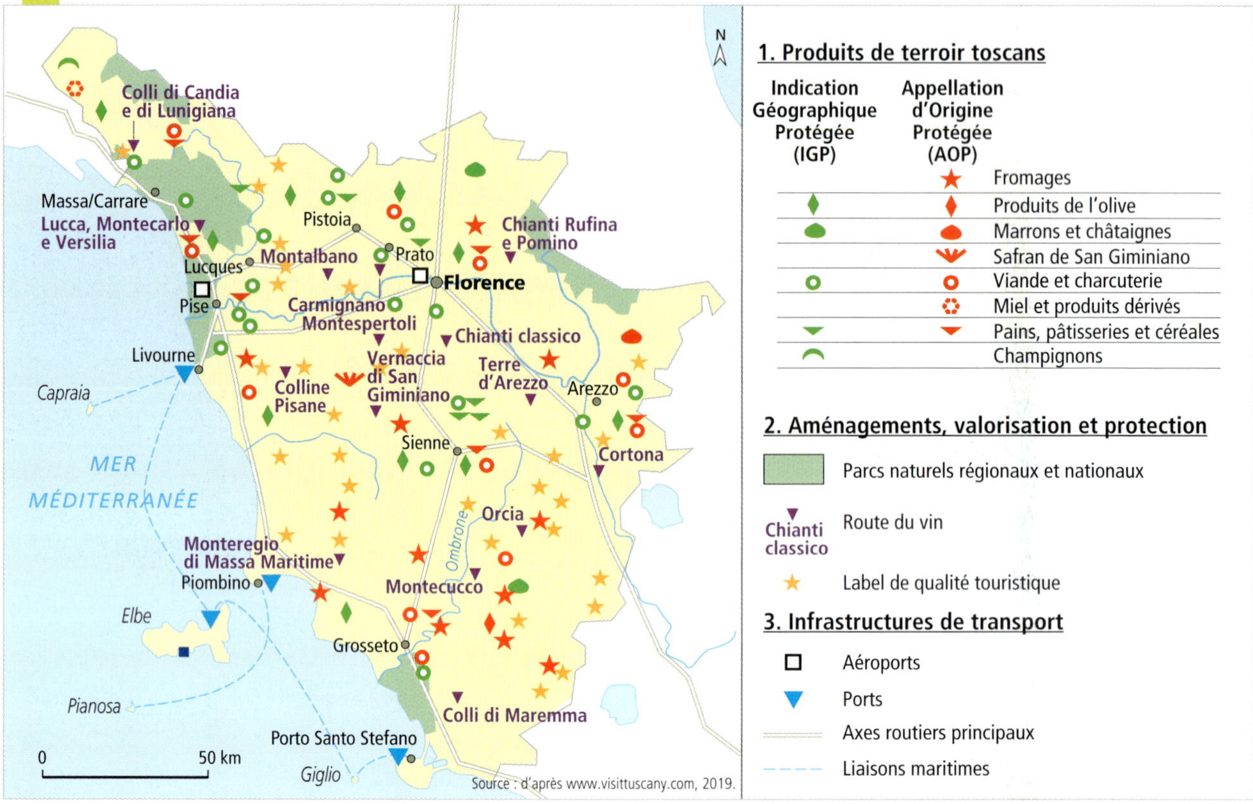


## 6 L'agritourisme toscan

En Toscane, pas question de se contenter d'une location du « tout venant », *via* la réservation d'une chambre d'hôtel sur un site à l'offre standardisée ! La Toscane propose d'innombrables possibilités charmantes d'installer ses « quartiers ». L'agritourisme – parfois dit aussi « tourisme à la ferme » – est une forme de tourisme dont l'objet est la découverte des savoir-faire agricoles d'un territoire, et par extension des paysages, des pratiques sociales et des spécialités culinaires découlant de l'agriculture. [...]

Les agritourismes en Toscane sont généralement de grandes propriétés – appelées là-bas des *Tenute* – qui constituent des anciennes fermes. Les sites sont souvent constitués de plusieurs bâtiments, qui abritaient les différents membres de la famille, ou les ouvriers attachés au domaine. [...] Un grand nombre de ces domaines produisent une des spécialités du pays : vin, huile d'olive, fromage, salaisons, safran, céréales, etc. Derrière chaque produit se cache une personne, un couple ou une famille, en relation étroite et affective avec ce coin de terre dont on est fier et qu'on désire faire découvrir.

« Agriturismo en Toscane », [en ligne] Dolce Vita, 2019.
Dolce Vita est une entreprise d'offre d'agritourisme.

**7 Le parc national de la Forêt Casentinesi, Mont Falterona et Campigna (2017)**

# C Des conflits d'usage

Animation croquis

**8** Espaces ruraux et urbanisation en Toscane (2014)

**9** De nouveaux conflits d'usage

Parole de géographe

Autour de Florence, les campagnes sont prises dans un processus de métropolisation. Les espaces agricoles sont désormais fragmentés par le développement des infrastructures et l'extension des zones industrielles, commerciales et résidentielles. La Toscane se distingue en Italie par l'attention portée à la préservation des paysages, cette région a souvent été à l'avant-garde en matière d'aménagement et de politiques territoriales. Mais, de nouveaux conflits émergent au sujet de la préservation du cadre de vie, à travers lesquels les nouveaux résidents dénoncent – et, ce faisant, ralentissent – l'urbanisation des espaces agricoles.

En Toscane, la périurbanisation n'est pas que résidentielle, elle est aussi industrielle. Des districts industriels[1]. sont nés dans ces « campagnes urbanisées ». Ce développement industriel se heurte toutefois aux résidents souhaitant préserver les paysages agricoles qui font l'attrait touristique des campagnes florentines. À l'échelle de la région Toscane, les associations critiquent le saccage du territoire agricole et dénoncent un marchandage territorial entre des puissants privés et de faibles administrations locales, rendant complètement impossible la défense des droits collectifs au paysage, à la beauté et à l'environnement. Les associations citoyennes assurent un contre-pouvoir à l'autonomie municipale en matière d'urbanisme.

D'après Coline Perrin, géographe et chercheuse à l'INRA, *Géocarrefour*, 2013.

1. Districts industriels : voir p. 146.

## Questions

### Itinéraire 1

#### Décrire et expliquer

5. Relevez les différentes fonctions des espaces ruraux toscans. **doc. 5 à 7**
6. Qu'est-ce que l'agritourisme ? Sur quels atouts se développe-t-il ? **doc. 5 et 6**
7. En quoi les espaces ruraux toscans sont-ils aujourd'hui menacés ? **doc. 8 et 9**
8. Quels acteurs s'engagent pour la protection et la préservation des espaces ruraux de Toscane ? À qui s'opposent-ils et comment ? **doc. 9**

#### Synthétiser

9. Montrez les mutations des espaces ruraux de Toscane et leurs conséquences. **doc. 1 à 9**

ou

### Itinéraire 2

Aide

#### Réaliser une présentation numérique (2/2)

- Poursuivez le diaporama sur les espaces ruraux toscans : diversité, atouts et dynamiques.

# Mutations agricoles et recomposition des espaces ruraux en Inde

**Zoom sur…**

▶ **les espaces ruraux indiens (2017)**

| | |
|---|---|
| Nombre d'Indiens vivant en zone rurale | 892 millions (66 % de la population) |
| Part des emplois agricoles dans le total des emplois | 43 % |
| Part de l'agriculture dans le PIB national | 16 % |

➔ **Quels sont les facteurs de recomposition des espaces ruraux en Inde ?**

## 1 Les phases d'évolution de l'agriculture indienne

Vidéo

| | 1965-1985 | 1990-2000 | Depuis 2000 |
|---|---|---|---|
| **Phases** | Fort interventionnisme de l'État | Libéralisation économique | Retour de l'intervention de l'État |
| **Stratégies** | **« Révolution verte »**<br>› Infrastructures (irrigation, usines)<br>› Recherche agronomique (semences)<br>› Crédits et prix garantis pour les agriculteurs<br>› Aide alimentaire pour les plus pauvres | › Déclin de l'investissement public<br>› Recul de l'accès au crédit et aux subventions du gouvernement<br>› Baisse des prix garantis par l'État | › Revenu minimum pour tout foyer rural pauvre<br>› Loi de sécurité alimentaire (distribution d'aide alimentaire) |
| **Caractéristiques** | › Augmentation des rendements<br>› Autosuffisance céréalière et possibilité d'exportations (riz) | › Accroissement des inégalités entre agriculteurs et régions agricoles<br>› Surendettement et suicides<br>› Vulnérabilité face aux risques climatiques<br>› Surexploitation, pollution des eaux | › Maintien de l'insécurité alimentaire pour les paysans pauvres<br>› Morcellement des exploitations<br>› Exode vers les villes ou les campagnes irriguées |

*Source : d'après un texte d'Isabelle Saint-Mézard, Atlas de l'Inde, © Éditions Autrement, 2016.*

## 2 Campagne de communication de l'État indien du Kerala (2019)

**Vocabulaire**

▸ **Naxalites** : groupes révolutionnaires partisans d'une réforme agraire (redistribution des terres agricoles).

## 3 Les campagnes indiennes

Source : Frédéric Landy (dir.), *Dictionnaire de l'Inde contemporaine*, Armand Colin, 2015.

**1. Les zones agricoles « développées »**
- Cœur de la révolution verte
- Zones rurales ayant une économie diversifiée
- Campagnes périurbaines des agglomérations de plus de 4 millions d'habitants

**2. Le ventre creux**
- Riziculture avec gestion de l'eau précaire
- Zones sèches et enclaves irriguées

**3. Les campagnes intermédiaires surpeuplées**
- Deltas irrigués, productifs
- Potentiel rizicole

**4. Les montagnes**
- Plantations (thé, café), riz ou brûlis
- Cultures tempérées (blé, fruits)
- Importante forêt protégée

**5. Les luttes agraires actuelles**
- Zones très affectées par les revendications naxalites

## 4 La diversité des espaces ruraux indiens

Parole de géographe

La ruralité indienne se vit dans l'agriculture […]. Les villages abritent certes une certaine diversité des activités ; mais il s'agit d'activités souvent anciennes, et non d'une « diversification » en cours. Le forgeron, le blanchisseur, voire le potier dans les régions reculées, souvent payés partiellement en nature, ou la petite épicerie au stock misérable […] sont parfois les seules activités non agricoles. […] Il faut dépasser les 5 000 habitants pour voir apparaître un petit restaurant, un dispensaire, voire un cinéma rural en tôle.

Seul le Kerala connaît des activités rurales non agricoles importantes […]. Il s'agit d'une région remarquable par le niveau de qualification de sa population et par l'importance de l'émigration et de ses transferts financiers. La zone himalayenne est elle aussi passablement diversifiée : s'y combinent faible productivité agricole et forte alphabétisation. Les autres exceptions à la domination sans partage de l'activité agricole sont les littoraux, en particulier du Gujarat au sud de Mumbai, les espaces traversés par les artères routières, et bien sûr les couronnes périurbaines qui peuvent devenir de véritables « districts industriels[1] » (Pendjab).

Frédéric Landy (dir.), spécialiste de la géographie de l'Inde, *Dictionnaire de l'Inde contemporaine*, © Armand Colin, 2015, Malakoff.

1. Districts industriels : voir p. 146.

## Questions

**Itinéraire 1**

### Décrire et expliquer

1. Décrivez les mutations agricoles récentes des espaces ruraux indiens. **doc. 1, 3 et 4**
2. Montrez que les campagnes indiennes présentent de multiples fonctions qui ne sont pas uniquement agricoles. **doc. 2 à 4**
3. Mettez en évidence les difficultés et les inégalités auxquelles sont confrontés les espaces ruraux indiens. **doc. 1, 3 et 4**

### Synthétiser et argumenter

4. Montrez que les espaces ruraux indiens sont en recomposition. **doc. 1 à 4**

**ou**

**Itinéraire 2** + Méthode

### Réaliser une affiche

- À l'aide des documents 1 à 4, réalisez une affiche présentant les recompositions des espaces ruraux en Inde.

**Étapes :**
- Identifiez les différents types d'évolutions, la diversité des fonctions et les difficultés qui caractérisent les campagnes indiennes.
- Organisez les informations de manière à réaliser une affiche structurée.
- Complétez votre affiche à l'aide d'une recherche documentaire (informations, illustrations).

# Étude de cas

## Les espaces ruraux canadiens : une multifonctionnalité marquée

**Zoom sur…**

**▶ les espaces ruraux canadiens**

| | |
|---|---|
| Part de la population canadienne vivant en zone rurale | 18 % |
| Part de l'agriculture dans le PIB | 1,6 % |
| Part des espaces agricoles dans la surface du pays | 7 % |
| Part de la forêt canadienne dans la superficie forestière mondiale | 9 % |

➔ Comment les recompositions des espaces ruraux au Canada renforcent-elles leur multifonctionnalité ?

## A Les espaces ruraux canadiens : entre nature et cultures

### 1 La diversité des espaces ruraux canadiens

**1. Des espaces agricoles au service des villes**

- Agriculture périurbaine (fruits, légumes, lait)
- Cultures céréalières
- Cultures et élevages bovins (viande)
- Forêts exploitées
- Principales villes et espaces périurbains

**2. Des vides démographiques consacrés à la *wilderness***

- Forêts peu ou pas exploitées
- Toundra (végétation rase des régions polaires)
- Haute montagne
- Parcs nationaux : protection de la nature et écotourisme

Sources : *L'Atlas du Canada*, Gouvernement du Canada, 2019 [en ligne] et *L'Encyclopédie canadienne*, 2019 [en ligne].

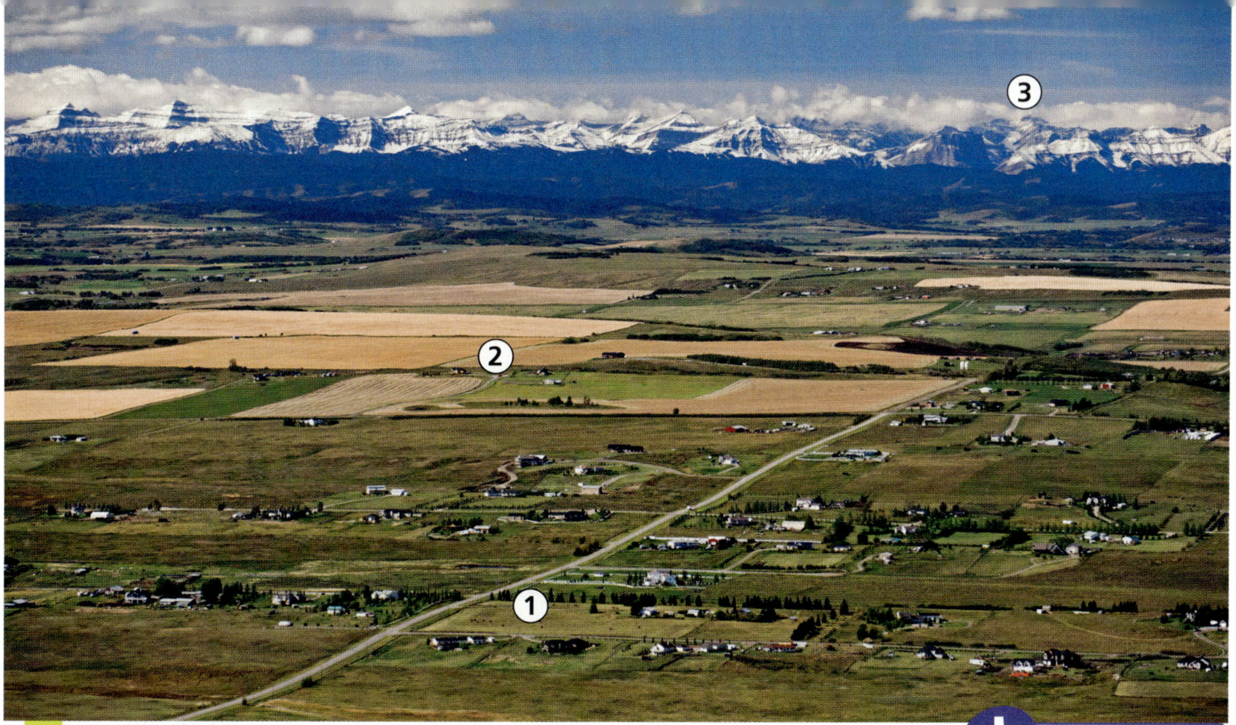


+ Animation croquis

## 2 Les Grandes Plaines canadiennes dans l'Alberta (2017)

① Prairies (élevage bovin)
② Cultures céréalières
③ Montagnes Rocheuses

## 3 La *wilderness* : entre valorisation et protection

Venus des terres densément peuplées d'Europe, les premiers colons se sentent désorientés face à l'immensité d'une nature sauvage qu'ils pensent, malgré la présence de population indigène, indemne de toute occupation humaine. Les Anglo-Saxons emploient le terme de *wilderness* pour la désigner. [...] Cependant, la conception positive d'un éden empli de richesses illimitées remplace vite l'impression laissée par les premiers contacts. Elle est un appel à la mise en valeur des espaces sauvages. La conquête du territoire, c'est-à-dire son aménagement et son occupation par recul de la nature sauvage, se confond avec l'histoire nationale et forge une identité singulière. [...] La place qu'occupe la nature dans l'identité tout autant que son exploitation forcenée et la transformation très rapide des paysages par l'homme expliquent que l'Amérique du Nord ait été le berceau de la protection de l'environnement naturel. [...]

Deux visions de la protection de la nature [...] s'opposent. [...] [Pour les uns], la nature reste pensée par rapport à son utilisation par l'homme et il est possible de concilier sa protection avec les intérêts humains. [...] Au Canada, l'établissement des parcs nationaux est soutenu par les grandes compagnies de chemin de fer qui veulent y favoriser le tourisme. [...] [Pour les autres], il faut conserver la nature intacte en y limitant le plus possible l'intrusion de l'homme.

Alain Musset et Jean-Yves Piboubès (dir.), *Géopolitique des Amériques*, Nathan, 2017.

## Questions

### Itinéraire 1

#### Décrire une situation géographique

1. Définissez la notion d'espace rural en vous appuyant sur les caractéristiques des campagnes canadiennes. **doc. 1 à 3**
2. Caractérisez les espaces agricoles du Canada. **doc. 1 et 2**
3. Identifiez les objectifs de protection de certains des espaces ruraux canadiens. **doc. 1 et 3**

#### Organiser et synthétiser

4. Montrez que les espaces ruraux canadiens sont des territoires à la fois mis en valeur, aménagés et protégés. **doc. 1 à 3**

ou

### Itinéraire 2

#### Réaliser un croquis de synthèse (1/2)

- Reportez dans le tableau les informations contenues dans les documents 1 à 3 sur les deux thèmes suivants :

| | Informations |
|---|---|
| Des espaces valorisés | |
| Des espaces protégés | |

- Sélectionnez les informations cartographiables.
- Attribuez un figuré cartographique à chacune de ces informations.

# B Multifonctionnalité et conflits d'usage

## 4 L'exploitation du gaz de schiste au Québec

Parole de géographes

En 2010, l'exploitation du gaz de schiste[1] a généré un débat majeur au sein de la société québécoise. [...] Les conditions de son exploitation, les incertitudes liées à l'extraction étaient au cœur de cette polémique. [...] Pourtant, le cadre du droit minier était censé permettre de gérer les conditions de cette industrie. Mais il apparaît déséquilibré, octroyant davantage de droits en faveur des exploitants industriels. Un vaste mouvement de contestation est ainsi apparu [...]. Les agriculteurs [...] y occupent une place particulière en tant que propriétaires et premiers concernés par le projet gazier. [...] Ils confrontent cette industrie nomade, se déplaçant au gré de l'épuisement des ressources gazières, à l'économie agricole enracinée dans le territoire par le biais des entreprises familiales présentes depuis des générations. Leur discours promeut ainsi l'idée que l'activité agricole est aussi sociale et constitutive de leur communauté. [...]

En 2018, aucun nouveau puits n'a été foré dans la vallée du Saint-Laurent. Les entreprises ont quitté ce territoire, certaines délaissant leurs activités au Québec, d'autres les déplaçant dans des régions plus périphériques [...].

Marie-José Fortin et Yann Fournis, « Le territoire, nouvelle perspective pour la gouvernance foncière ? Leçons du conflit sur le gaz de schiste au Québec », *Études rurales*, n° 201, 2018.

1. Gaz naturel contenu dans des roches sédimentaires comme certains schistes.

Vidéo

## 5 Le lac Louise dans le parc national de Banff en Alberta (2017)

Premier parc national créé au Canada (1885), le parc de Banff est inscrit sur la liste du patrimoine mondial de l'Unesco.

## 6 South Surrey près de Vancouver en Colombie-Britannique (2017)

1. Périurbanisation
2. Fleuve Nicomeckl
3. Autoroute vers Vancouver
4. Serres horticoles
5. Prairies (élevage laitier) et cultures (céréales, légumes)
6. Terrain de golf
7. Réserve ornithologique
8. Chaîne côtière

Animation croquis

## 7 Les espaces ruraux canadiens : pressions, protection et conflits d'usage

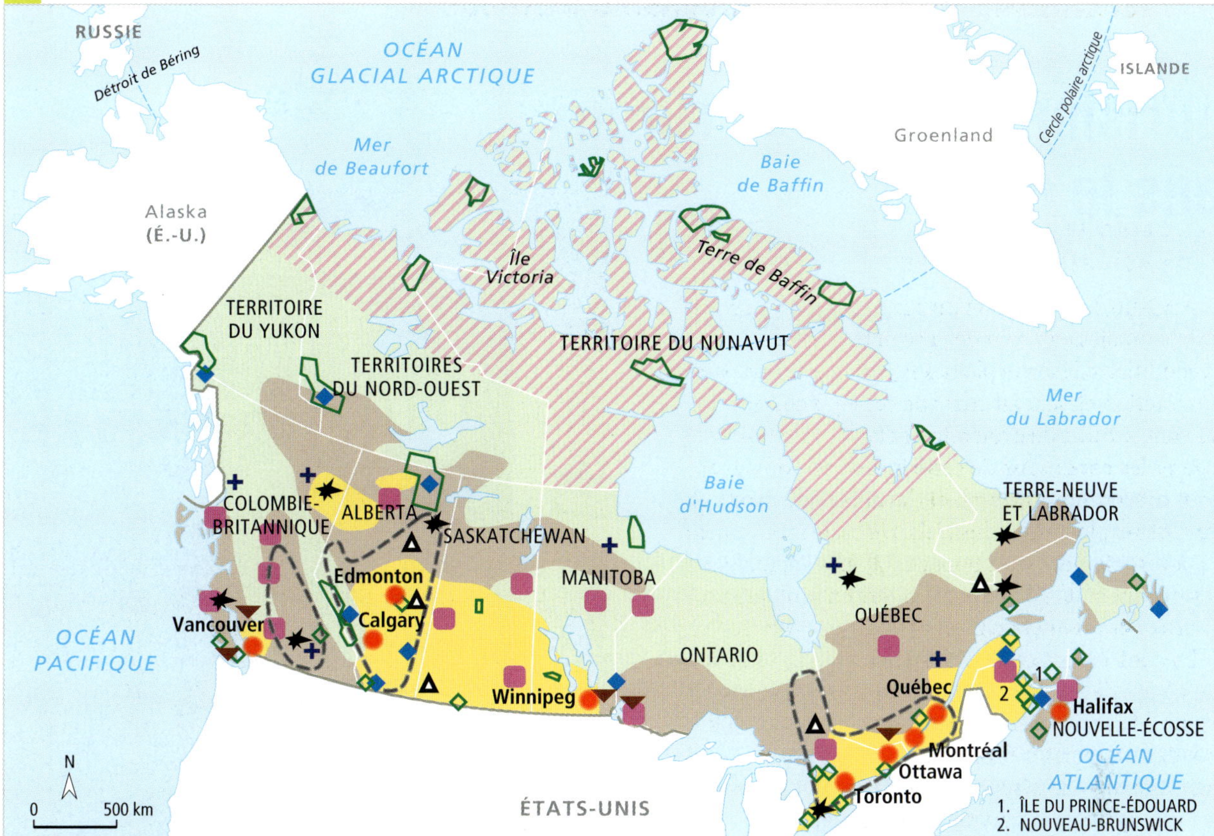


**1. De multiples pressions environnementales**
- Pollution (industrie, gisements de ressources)
- Agriculture productiviste
- Zones exposées à la déforestation
- Périurbanisation

**2. Des ressources naturelles exploitées**
- Production d'hydroélectricité
- Exploitation des ressources du sous-sol
- Industrie du papier

**3. Protection et conflits d'usage**
- Parcs nationaux
- Sites classés au patrimoine mondial
- Principales concentrations de réserves amérindiennes
- Territoires autonomes inuits
- Conflits d'usage liés à l'exploitation des ressources
- Territoires peu habités

Sources : *L'Atlas du Canada*, Gouvernement du Canada, 2019 [en ligne] et *L'Encyclopédie canadienne*, 2019 [en ligne].

## Questions

### Itinéraire 1

**Prélever et confronter des informations**

5 Montrez que la diversification des activités fragilise les espaces ruraux. **doc. 4, 6 et 7**

6 Pourquoi la multifonctionnalité des espaces ruraux favorise-t-elle les conflits d'usage ? **doc. 4 à 7**

7 Identifiez les différentes stratégies de protection des espaces ruraux. **doc. 5 à 7**

**Organiser et synthétiser**

8 Montrez que les recompositions des espaces ruraux au Canada sont facteurs de multifonctionnalité aussi bien que de fragmentation. **doc. 1 à 7**

ou

### Itinéraire 2

**Réaliser un croquis de synthèse (2/2)**

- Reportez dans le tableau les informations contenues dans les documents 4 à 7 sur les trois thèmes suivants :

| | Informations |
|---|---|
| De multiples pressions | |
| Des conflits d'usage | |
| Des mesures de protection | |

- Sélectionnez les informations cartographiables et attribuez un figuré cartographique à chacune d'elles.
- Ajoutez ces informations à celle du tableau de la p. 133 et classez-les dans une légende.
- Réalisez le croquis en répondant au sujet : « Les espaces ruraux canadiens : multifonctionnalité et fragmentation ».

THÈME 3 — SE PRÉPARER — MONDE — FRANCE — RÉVISER

# Dossier

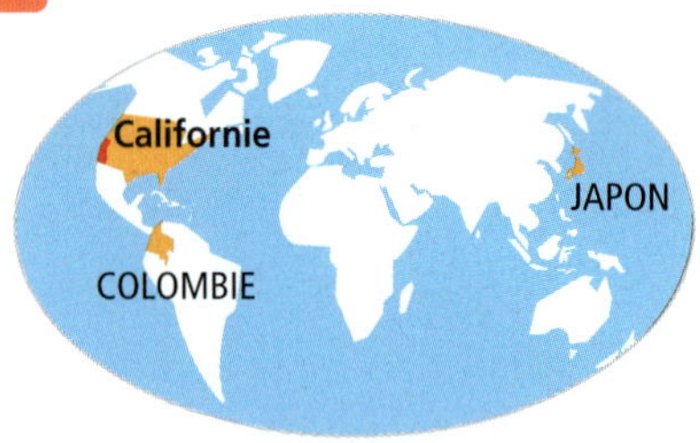


## Tourisme et espaces ruraux dans le monde

**Comment le tourisme recompose-t-il les espaces ruraux ?**

### 1 La généralisation du tourisme rural

Parole de géographe

Le tourisme rural ou « vert » est difficile à définir. Lié à l'espace rural, il peut aussi relever du tourisme littoral ou montagnard, notamment dans les moyennes montagnes. Il se déroule au sein des campagnes dans des hébergements variés (campings, à la ferme, en gîtes, en résidences secondaires qui y sont très nombreuses). Les activités y sont également très diverses, mais s'appuient sur le cadre rural voire naturel (pêche, chasse, randonnées équestres, tourisme fluvial, canyoning, etc.).

Le tourisme vert est souvent perçu comme positif car il permet de maintenir les activités en zone rurale et de fournir des revenus complémentaires aux agriculteurs. Il s'est développé à l'échelle mondiale car il est accessible aux consommateurs et ne nécessite que des investissements limités, tout en respectant les paysages au cœur desquels il est situé. C'est un tourisme familial, individuel, plébiscité dans le monde entier, d'autant qu'il permet de découvrir des régions délaissées par les grands producteurs touristiques et d'améliorer les relations entre citadins et ruraux.

Alexandra Monot, professeure à l'université Marc Bloch de Strasbourg, *Les Espaces du tourisme et des loisirs*, Bréal, 2017.

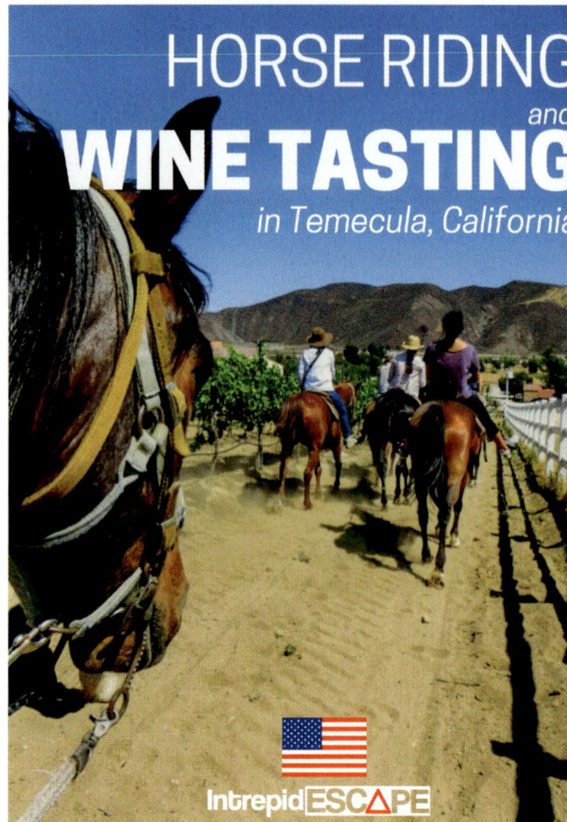


### 2 Découverte à cheval du vignoble californien

Brochure touristique, Californie (2019).
Traduction : « Randonnées équestres et dégustation de vin à Temecula, Californie »

### 3 La région du café en Colombie

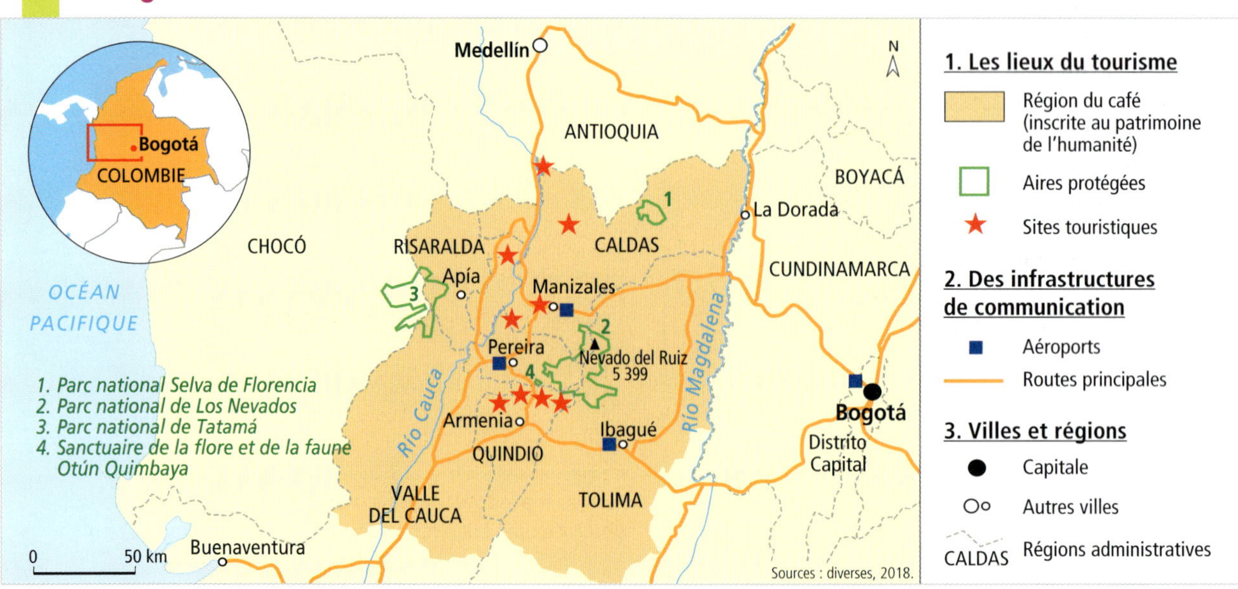

**4** Rafting dans la rivière Tama à Okutama au Japon (2017)

## 5 Tourisme et conflits d'usage

Parole de géographe

La fréquentation dans un but touristique et sportif des espaces naturels a fortement progressé avec la montée en puissance du tourisme dans les territoires ruraux depuis les années 1970. Ainsi, des conflits d'usage ont émergé à la fois entre les pratiquants des sports de nature mais aussi avec les autres usagers de la nature (chasseur, pêcheurs, exploitants forestiers, etc.). Dès lors, afin de pérenniser un mode de développement économique fondé sur le tourisme sportif de nature, et donc de gérer les effets négatifs liés à ces conflits sur une économie locale en partie dépendante de cette activité, mais aussi de prendre en charge les dommages causés à l'environnement naturel, le tourisme sportif de nature a fait l'objet de procédures de gestion maîtrisée depuis le début des années 2000.

Thomas Merle (dir.), professeur et doctorant en géographie politique, université de Reims Champagne-Ardenne, *Les Espaces du tourisme et des loisirs*, Atlande, 2017.

## Questions

### Itinéraire 1

#### Décrire et expliquer

1. Relevez les activités touristiques pratiquées dans les espaces ruraux. **doc. 1 à 5**
2. Identifiez les atouts touristiques des espaces ruraux. **doc. 1 à 4**
3. Quelles sont les principales retombées du tourisme dans les espaces ruraux ? **doc 1, 2, 3 et 5**
4. Expliquez le développement du tourisme rural à l'échelle mondiale et ses limites. **doc. 2 et 5**

#### Synthétiser et argumenter

5. Montrez comment le tourisme recompose les espaces ruraux dans le monde. **doc. 1 à 5**

**ou**

### Itinéraire 2

Méthode

#### Réaliser un dossier en groupe

- Un magazine de voyages souhaite évoquer le tourisme rural dans le monde.
- Pour traiter ce sujet, chaque groupe choisit un territoire touristique qu'il analyse dans un dossier selon les axes suivants :
  1. Atouts et attractivité du tourisme dans les espaces ruraux
  2. Retombées positives du tourisme rural
  3. Limites et enjeux du tourisme rural

THÈME 3

SE PRÉPARER

MONDE

FRANCE

RÉVISER

# Dossier

# L'accaparement des terres agricoles dans le monde

Vidéo

**Quels sont les enjeux de l'accaparement croissant des terres agricoles pour les sociétés et les espaces agricoles ?**

## 1 La marchandisation des terres agricoles

On assiste depuis une vingtaine d'années à un envol des investissements internationaux dans le foncier agricole[1], qualifié d'« accaparement des terres », avec, en toile de fond, une menace pesant sur la souveraineté alimentaire de la nation ou d'un groupe de pays. Sur la période 2000-2018, plus de 41 millions d'hectares de terres ont été appropriés par des étrangers. La période récente laisse entrevoir un plafonnement du processus. L'impact des mouvements paysans de contestation a exercé un effet notoire.

Dans leur grande majorité, les investisseurs sont d'abord des entreprises cotées en Bourse (18 %), d'autres entreprises privées (16 %) et des fonds d'investissements (15 %). Viennent ensuite des États à hauteur de 20 %, puis des entrepreneurs individuels pour 7 %. Les transactions réalisées sont majoritairement destinées aux cultures dont la production peut être orientée vers les agrocarburants[2] ou vers des usages alimentaires (canne à sucre, maïs, soja et huile de palme).

Mais les répercussions humaines peuvent être importantes. C'est pourquoi la vague d'investissements directs dans le foncier attise parfois les rapports de force et bloque les réformes agraires visant à faciliter l'accès à la terre pour des paysans qui en sont dépourvus. En acquérant des hectares de terres cultivables, majoritairement dans les pays de l'hémisphère Sud, les investisseurs font de la marchandise échangée – la terre – un objet de transaction, une chose inerte, échappant *ipso facto* aux relations sociales qui, jadis, furent le substrat d'identités, d'équilibres, de croyances...

Thierry Pouch, économiste et chercheur, « L'appropriation des terres agricoles, nouvelle étape de la mondialisation », *L'Économie politique*, n° 78, avril 2018.

1. Ensemble des surfaces relevant d'une propriété (publique ou privée) mises en valeur à des fins agricoles.
2. Agrocarburants : voir p. 141.

**Vocabulaire**

**Accaparement des terres (*land grabbing*)** : processus mondialisé d'acquisition ou de location de terres par des investisseurs étrangers, essentiellement à des fins agricoles.

## 2 Le *land grabbing*, nouvelle forme de colonialisme

Dessin de Fiami, 2014.

## 3 Un processus en croissance

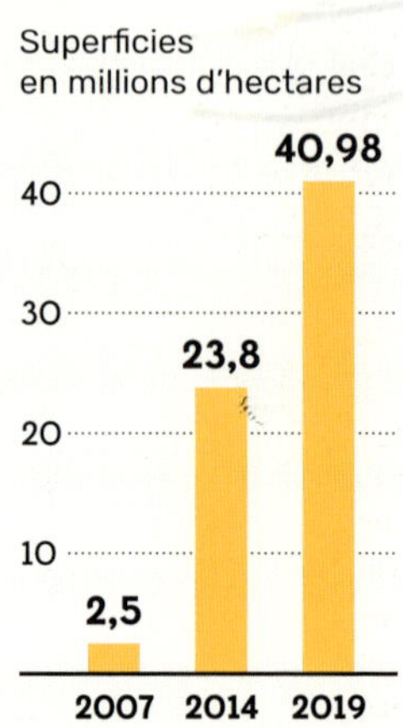


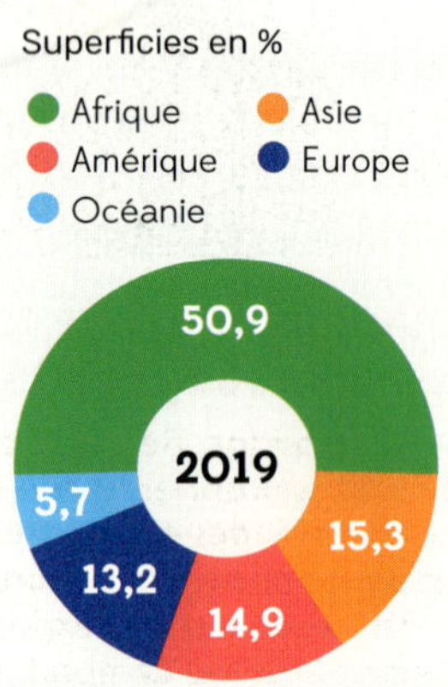


Source : Land Matrix data, 2019.

## 4 Accaparement des terres et situation alimentaire dans le monde

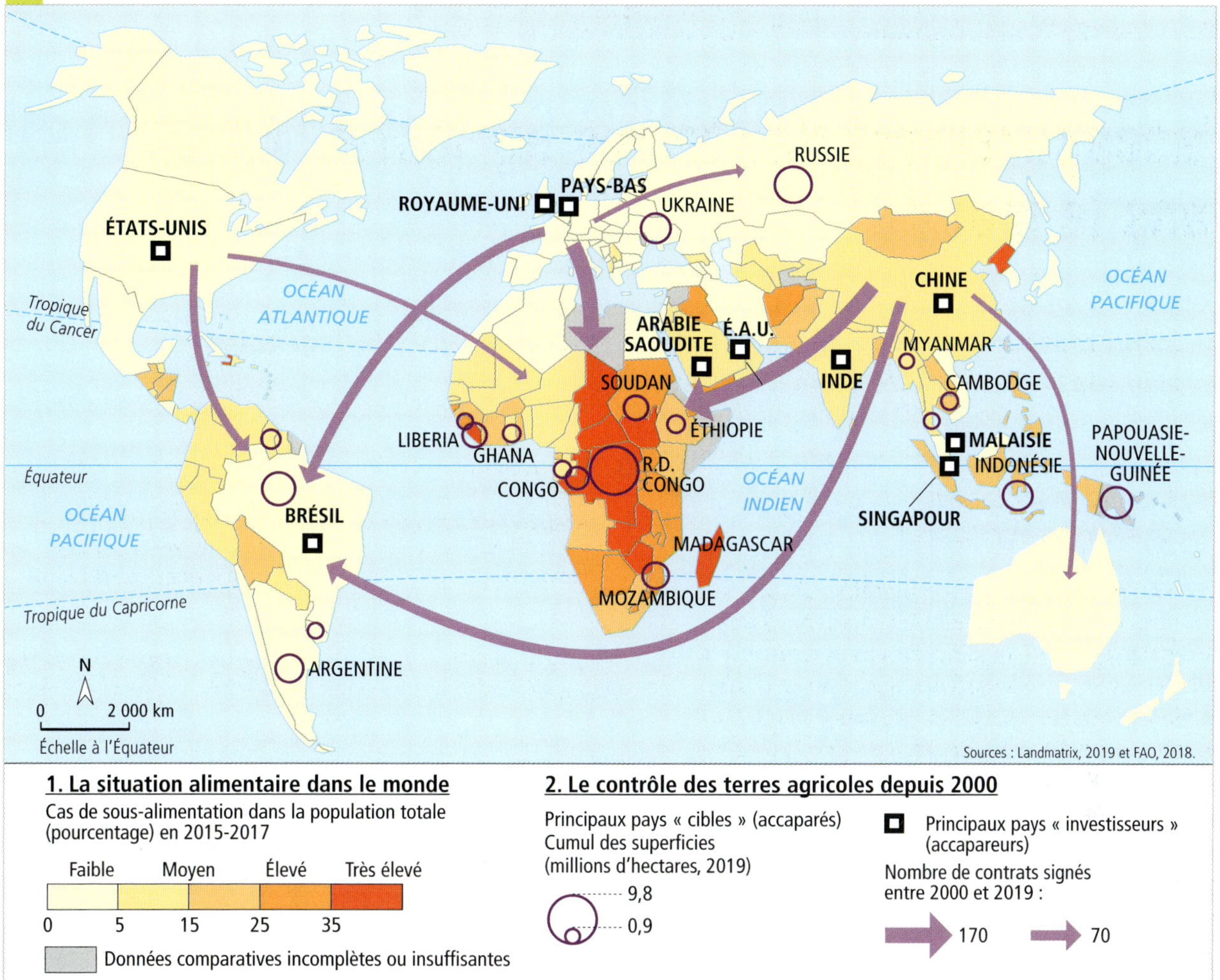

## 5 Manifestation de femmes au Cambodge (2016)

Au Cambodge, de petits exploitants se font exproprier depuis des années par de grandes entreprises sucrières qui développent la culture de la canne à sucre pour l'exportation. Plus de 770 000 Cambodgiens ont été expulsés de leurs terres depuis 2000.

## Questions

**Itinéraire 1**

### Décrire et expliquer

1. Localisez les principaux pays « accapareurs » et les principaux pays « accaparés ». **doc. 1 à 4**
2. Expliquez pourquoi l'accaparement des terres peut avoir des conséquences sur la situation alimentaire mondiale. **doc 1, 2, 4 et 5**
3. Relevez les enjeux humains du processus d'accaparement des terres. **doc 1, 2, 4 et 5**

### Synthétiser et argumenter

4. Présentez l'accaparement croissant des terres agricoles et expliquez ses conséquences sur les espaces ruraux. **doc. 1 à 5**

ou

**Itinéraire 2** Conseils

### Réaliser un reportage audio

- Réalisez un reportage audio sur l'accaparement des terres dans le monde.
- Décrivez la situation géographique de ce processus.
- Expliquez-en les raisons principales.
- Montrez les enjeux soulevés par l'accaparement des terres.

## Carte

# La multifonctionnalité des espaces ruraux

# dans le monde

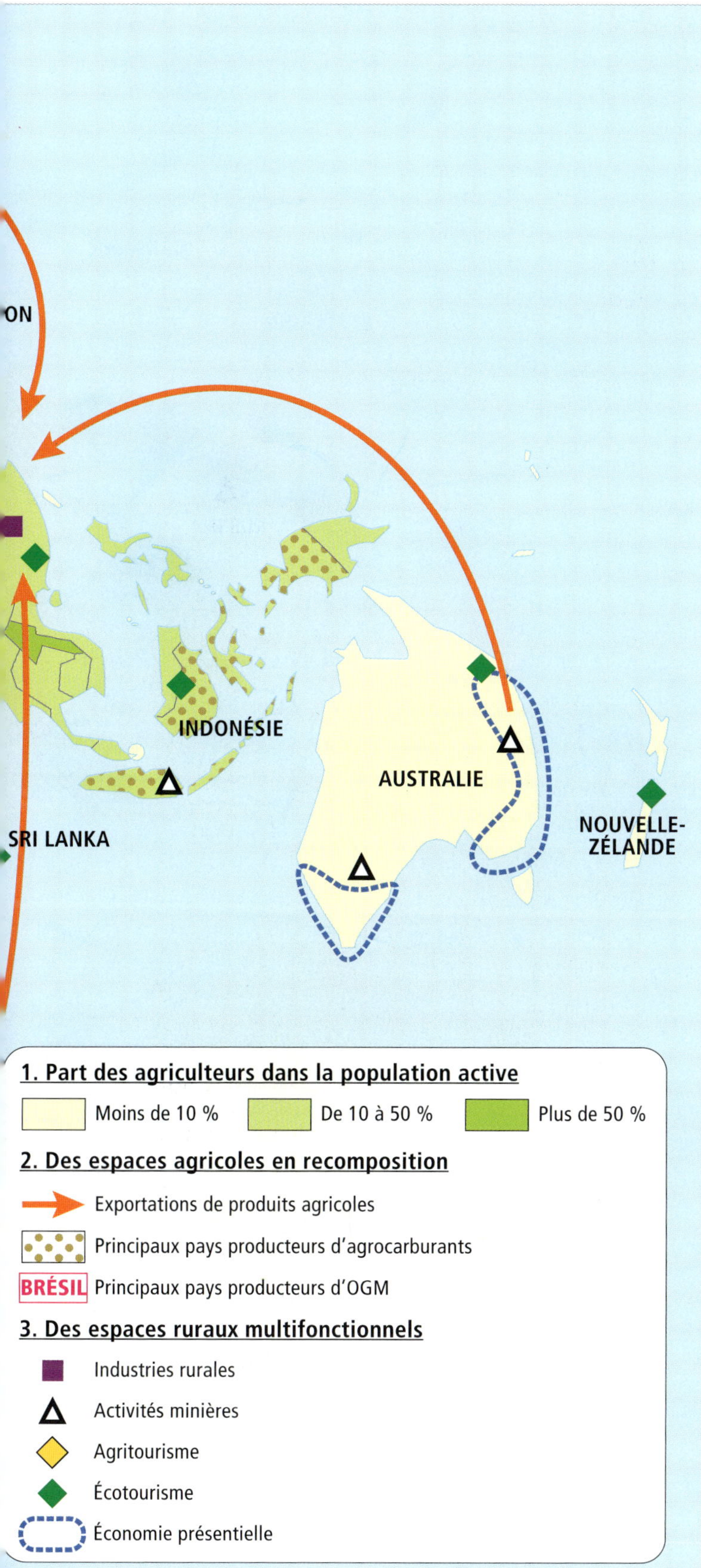


## Vocabulaire

- **Agrocarburants :** carburants produits à partir de produits agricoles.
- **Agritourisme :** activité touristique pratiquée sur une exploitation agricole (gîte rural, chambre d'hôtes, camping à la ferme).
- **Économie présentielle :** économie reposant sur la production de biens et de services visant la satisfaction des besoins de personnes présentes sur un territoire (résidents, touristes).
- **Écotourisme (tourisme vert) :** tourisme centré sur la découverte de la nature ainsi que le respect de l'environnement et des cultures locales.
- **Organisme génétiquement modifié (OGM) :** organisme dont on a modifié le patrimoine génétique afin de lui donner de nouvelles propriétés (résistance aux insectes, tolérance aux herbicides).

## Chiffres clés

**L'agriculture dans le monde**

**1,3 milliard** d'agriculteurs dans le monde

Superficie agricole mondiale **4,9 milliards d'hectares**

**2,5 %** d'agrocarburants dans le total des terres agricoles mondiales

**13 %** d'OGM dans le total mondial des surfaces agricoles

*Sources : EIA et ISAAA, 2018.*

## Questions

1. Localisez les sociétés les plus agricoles et les moins agricoles.
2. Quels types d'activités se développent dans les espaces ruraux ?
3. Où se trouvent les régions où les espaces ruraux sont les plus multifonctionnels ?

THÈME 3
SE PRÉPARER
MONDE
FRANCE
RÉVISER

## Carte

# La fragmentation des

### Chiffres clés
**Les espaces ruraux dans le monde**

- Superficie occupée par la forêt dans le monde **30 %**
- Superficie des espaces protégés dans le monde **14,6 %**
- Superficie de terres arables perdues chaque année dans le monde **5,5 millions d'hectares**
- Superficie de terres agricoles gagnées chaque année dans le monde **2,5 millions d'hectares**

*Sources : Banque mondiale et FAO, 2018.*

### Vocabulaire

- **Accaparement des terres (*land grabbing*) :** processus mondialisé d'acquisition ou de location de terres par des investisseurs étrangers, essentiellement à des fins agricoles.
- **Agriculture productiviste :** agriculture commerciale dont l'intensivité et la productivité reposent sur un recours aux techniques et aux progrès scientifiques.
- **Agriculture sur brûlis :** cultures réalisées sur une ancienne forêt défrichée par le feu.
- **Agriculture vivrière :** agriculture destinée à nourrir la famille (petites exploitations, main-d'œuvre abondante, travail manuel et peu mécanisé, faibles rendements).

### Questions

1. Identifiez les inégalités entre les espaces agricoles de la planète.
2. Localisez les territoires où la multifonctionnalité des espaces ruraux est source de conflits.

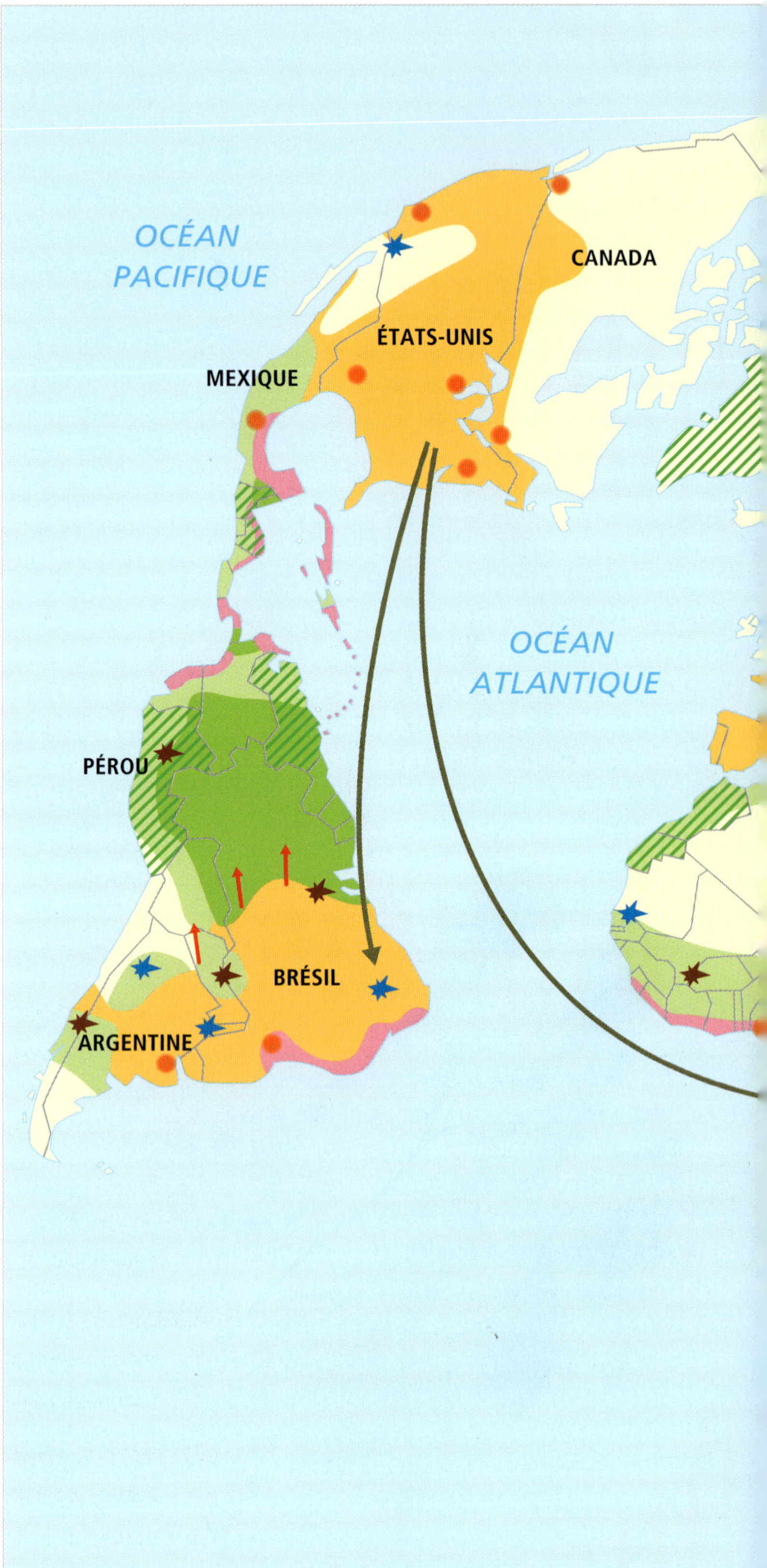


Sources : ONU, 2018 ; David Blanchon, *Atlas mondial de l'eau*, Autrement, 2017 ; Land Matrix, 2019 [en ligne] ; *Atlas du XXI<sup>e</sup> siècle*, Nathan, 2011.

# espaces ruraux dans le monde

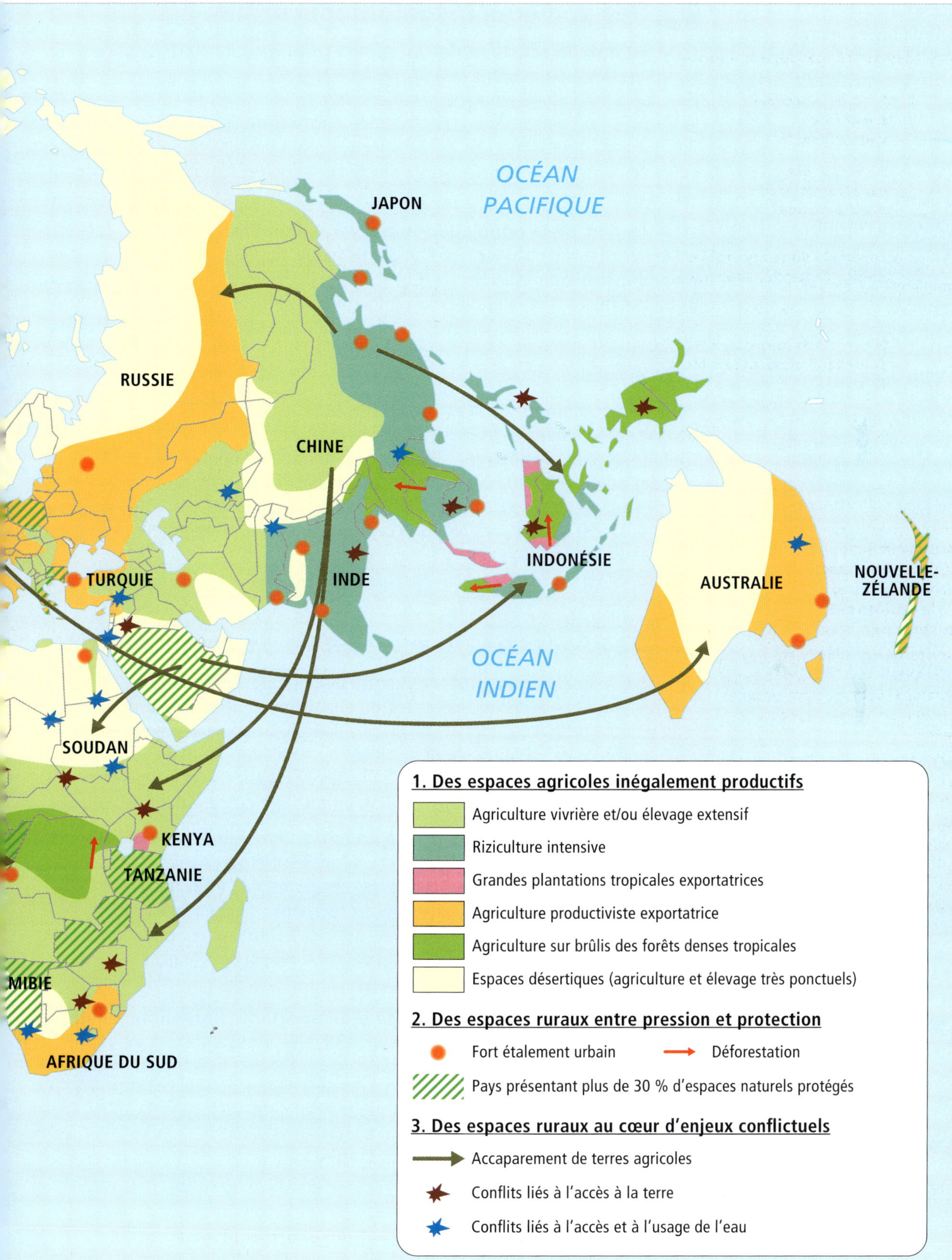

Cours

Podcast du cours

# La fragmentation des espaces ruraux

**Pourquoi les espaces ruraux connaissent-ils des dynamiques contrastées ?**

## 1 Des sociétés inégalement rurales

● **Le monde est de moins en moins rural.** Depuis 2007, la population rurale est devenue minoritaire à l'échelle de la planète : seulement 45 % de la population mondiale vit aujourd'hui en zone rurale. C'est la conséquence de la transition urbaine, largement alimentée par l'**exode rural**. Cependant, avec 3,4 milliards d'habitants, les espaces ruraux n'ont jamais été aussi peuplés au cours de l'histoire. La population rurale continue même d'augmenter en Afrique subsaharienne et en Asie du Sud.

● **La part de la population rurale varie d'un État à un autre.** Les pays les moins ruraux se trouvent en Europe (Belgique, Pays-Bas), en Amérique latine (Uruguay, Argentine) et au Moyen-Orient (Israël, Jordanie). À l'inverse, la population vit encore majoritairement dans les campagnes dans de nombreux pays d'Afrique subsaharienne (Burundi, Malawi), d'Asie du Sud (Sri Lanka, Népal) et d'Océanie (Papouasie-Nouvelle-Guinée). L'Inde regroupe aujourd'hui 25 % de la population rurale mondiale.

● **Le peuplement rural est très contrasté.** Certains espaces ruraux sont peu peuplés, notamment les milieux montagnards (Rocheuses), froids (Sibérie), arides (Sahel), forestiers (Amazonie)... Bien que les densités de peuplement constituent l'un des critères de différenciation entre villes et campagnes, il existe aussi des espaces ruraux très densément peuplés : vallées fluviales et grands deltas (Asie des moussons), grands lacs (Afrique centrale), littoraux (Indonésie), montagnes tropicales (Andes, Éthiopie).

ÉTUDE DE CAS Mutations agricoles et recomposition des espaces ruraux en Inde → p. 130

## 2 Des espaces ruraux en voie de fragmentation

● **Les inégalités sont profondes entre les agricultures du monde.** Certaines, orientées vers l'exportation, génèrent de gros revenus : céréaliculture productiviste (Europe de l'Ouest, États-Unis, Brésil), plantations tropicales (bananeraies en Amérique centrale). D'autres sont destinées à l'autoconsommation : **agriculture sur brûlis** (Asie du Sud-Est, Amazonie), **élevage extensif** (Afrique, Asie centrale). Les **agrocarburants** sont contestés car ils progressent au détriment des cultures.

● **Les espaces ruraux sont plus ou moins dynamiques.** L'exode rural et le recul de l'agriculture provoquent une **déprise agricole** (Andes, Caucase) ou, au contraire, un renouveau de l'attractivité résidentielle et touristique (Bassin méditerranéen). Les espaces ruraux sont aussi socialement inégalitaires : la pauvreté extrême des zones rurales très agricoles d'Afrique subsaharienne contraste avec certaines campagnes multifonctionnelles des pays développés (Angleterre, Québec, Japon, Australie).

● **Les espaces ruraux font face à d'importantes pressions environnementales.** L'étalement des villes fait reculer les terres agricoles périurbaines (Shanghai, Mumbai, Bogotá, Dakar). En Chine, 800 000 hectares sont consommés par l'urbanisation chaque année. L'agriculture productiviste transforme aussi les paysages ruraux (déforestation au Brésil et en Indonésie, standardisation des paysages agricoles en Europe).

ÉTUDE DE CAS Les espaces ruraux canadiens → p. 132

### Vocabulaire

- **Agriculture sur brûlis :** cultures réalisées sur une ancienne forêt défrichée par le feu.
- **Agriculture extensive :** système de production agricole dont les rendements à l'hectare sont peu élevés.
- **Agriculture intensive :** système de production agricole assurant des rendements à l'hectare élevés.
- **Agrocarburants :** voir p. 141.
- **Déprise agricole :** abandon de l'activité agricole sur un territoire.
- **Exode rural :** migration importante de populations quittant les campagnes pour s'installer dans les villes.
- **Organisme génétiquement modifié (OGM) :** organisme dont on a modifié le patrimoine génétique afin de lui donner de nouvelles propriétés (résistance aux insectes, tolérance aux herbicides).

**Les pays les plus ruraux de la planète**

En % de la population rurale dans la population totale

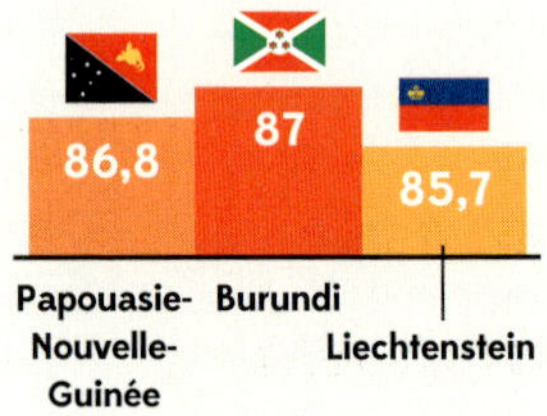


*Source : CIA World Factbook, 2018.*

# 3 Des espaces agricoles entre permanences et recompositions

● **L'agriculture occupe une place variable dans les territoires et les sociétés.** Les terres agricoles (labours, prairies, vignobles, vergers...) représentent 5 milliards d'hectares (soit le tiers de la superficie continentale) contre 4 milliards d'hectares pour les forêts. Elles ne dépassent 50 % de la superficie totale que dans quelques pays (Bangladesh, Inde, Rwanda). À l'échelle mondiale, 26 % des actifs travaillent la terre mais ce chiffre dépasse les 80 % dans plusieurs pays africains (Tchad, Somalie).

● **Les espaces ruraux sont au cœur du défi alimentaire mondial.** Les espaces agricoles alimentent 7,6 milliards d'individus, et devront en nourrir près de 10 en 2050. Cependant, parmi les 815 millions de personnes sous-alimentées, plus des deux tiers sont des agriculteurs. L'extension des surfaces agricoles se heurte au manque de terres disponibles. C'est pourquoi les États privilégient l'intensification des rendements (révolution verte en Inde, recours aux OGM sur le continent américain).

● **L'agriculture offre de plus en plus de débouchés.** Certaines cultures ont depuis longtemps des débouchés autres qu'alimentaires : plantes textiles (coton en Inde, lin en France), horticulture (Pays-Bas, Colombie). Toutefois, depuis une dizaine d'années, ce sont les cultures destinées à la production des agrocarburants qui progressent le plus rapidement (maïs aux États-Unis, canne à sucre au Brésil). Les productions agricoles sont aussi utilisées dans la chimie (produits cosmétiques et pharmaceutiques).

ÉTUDE DE CAS Mutations agricoles et recomposition des espaces ruraux en Inde → p. 130
ÉTUDE DE CAS Les espaces ruraux canadiens → p. 132

**Les trois premières puissances agricoles mondiales**

En milliards de dollars

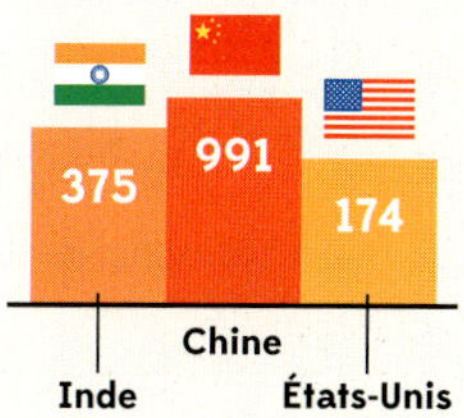


Source : FAO, 2018.

**Notions clés**

▸ Espace rural 167
▸ Fragmentation 168
▸ Ruralité 167

## Du cours au schéma

Schéma interactif à compléter

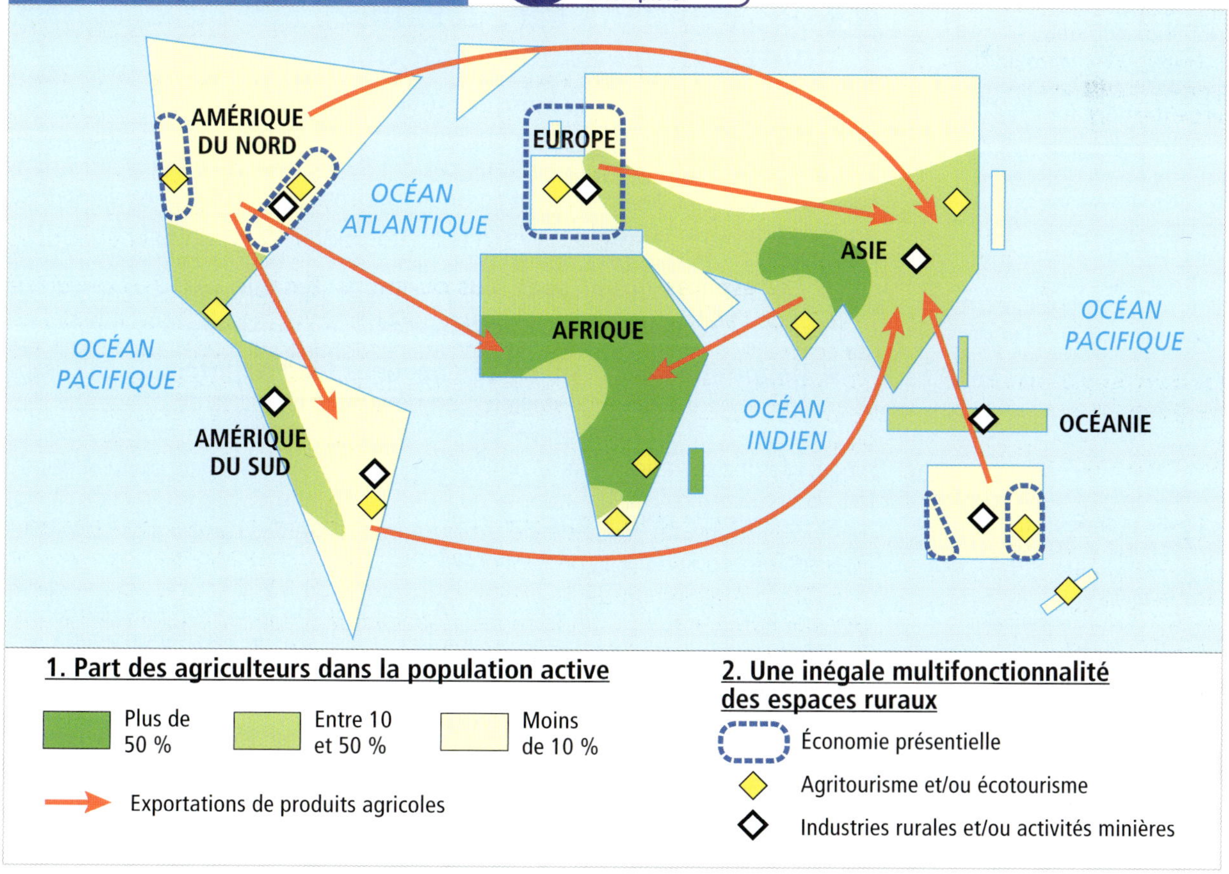

## Cours

Podcast du cours

# Affirmation des fonctions non agricoles et conflits d'usage

**Pourquoi la multifonctionnalité des espaces ruraux est-elle source de conflits ?**

## 1 L'affirmation des fonctions non agricoles

● **Les industries sont implantées depuis longtemps dans les espaces ruraux.** Cette localisation continue de répondre à la présence d'une main-d'œuvre moins payée qu'en ville (textile en Chine), mais aussi de matières premières énergétiques (Inde) ou agricoles (industries agroalimentaires). L'activité minière continue d'animer certaines zones rurales (Mexique, Pérou, Ukraine). En Europe, certains districts industriels restent très compétitifs (Italie, Suisse, Portugal).

● **Le tourisme rural s'est développé plus récemment.** Né en Europe (France, Italie, Espagne), il témoigne d'un changement de regard sur les espaces ruraux longtemps considérés comme archaïques et peu attrayants. L'agritourisme favorise la pluriactivité des agriculteurs et mobilise surtout un tourisme national ou régional (Europe, Sud du Brésil, Californie). L'écotourisme valorise les paysages naturels et attire davantage les touristes internationaux (Costa Rica, Kenya).

● **L'économie présentielle dynamise certains territoires ruraux.** La consommation induite par la présence cumulée des touristes et des résidents permanents stimule les services à la personne, l'artisanat, le commerce, les services publics. Ces activités sont très développées sur les littoraux et dans leurs arrière-pays (Europe méditerranéenne) ainsi que dans les campagnes proches des grandes métropoles (Europe du Nord, États-Unis, Canada).

ÉTUDE DE CAS Les mutations des espaces ruraux de Toscane → p. 126
DOSSIER Tourisme et espaces ruraux → p. 136

## 2 Des relations paradoxales entre villes et campagnes

● **Villes et campagnes sont interdépendantes.** Les pôles urbains fournissent de nombreux services aux populations des espaces ruraux (soin, éducation, administration, commerce). En retour, ces derniers jouent un rôle essentiel dans l'alimentation des villes en eau et en produits agricoles. Ils proposent également de grandes réserves d'espaces pour les loisirs et les pratiques récréatives des citadins (randonnées, VTT, sports nautiques). Certaines d'entre elles restent entourées de zones agricoles (Mexico, Chicago, Alger). Ports et aéroports permettent des flux de produits agricoles sur de longues distances.

● **L'opposition entre villes et campagnes tend à s'atténuer.** En Europe et en Amérique du Nord, l'installation en périphérie des villes de citadins se rendant chaque jour au travail en voiture a favorisé la périurbanisation. En Asie, les mégapoles incluent des espaces agricoles à très fortes densités de population, du fait de la main-d'œuvre abondante qu'exige la riziculture. Ces interactions favorisent la diffusion du mode de vie urbain en direction des campagnes (pratiques alimentaires, équipements domestiques).

● **Le regard des citadins sur la ruralité a évolué.** En Europe et en Amérique du Nord, les campagnes ont longtemps fait l'objet de représentations négatives (arriération, isolement). Désormais, les habitants des villes développent de nouvelles exigences de consommation (produits du terroir labellisés, traçabilité) valorisant la qualité et les circuits courts (vente directe à la ferme ou sur les marchés urbains). En Asie, en Afrique et en Amérique centrale, les nombreux marchés de producteurs sont toutefois fréquentés par les citadins les moins aisés.

ÉTUDE DE CAS Les mutations des espaces ruraux de Toscane → p. 126
ÉTUDE DE CAS Les espaces ruraux canadiens → p. 132

### Vocabulaire

- **Accaparement des terres :** voir p. 138.
- **Agriculture biologique :** agriculture qui n'utilise pas d'intrants (engrais, pesticides, produits chimiques) d'origine industrielle, ni d'OGM.
- **Agritourisme :** voir p. 141.
- **Conflit d'usage :** rivalité opposant les acteurs spatiaux autour de l'utilisation d'une ressource ou d'un territoire.
- **District industriel :** concentration, sur un territoire donné, de petites et moyennes entreprises, spécialisées dans un secteur d'activité reposant sur des savoir-faire hérités.
- **Économie présentielle :** voir p. 141.
- **Écotourisme (tourisme vert) :** voir p. 141.
- **Patrimoine :** biens naturels ou culturels, matériels ou immatériels, qu'on souhaite transmettre aux générations futures.
- **Terroir :** portion de territoire caractérisée par des aptitudes agricoles particulières liées au climat, aux sols et au relief, valorisée par des savoir-faire locaux souvent ancestraux.

**Les trois premiers producteurs d'agrocarburants dans le monde**
En % de la production mondiale

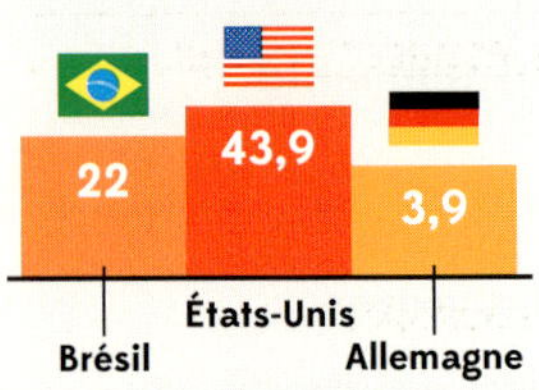


Source : EIA, 2018.

## 3 Une multifonctionnalité facteur de conflictualités

● **L'accès à la terre peut être source de conflits.** Certaines sociétés souffrent d'une répartition des terres très inégalitaire pour des raisons historiques (Brésil, Afrique du Sud). Cette situation est parfois aggravée par l'**accaparement des terres** (*land grabbing*) par des étrangers ou le développement minier (Pérou, Philippines). Or, les terres cultivables se raréfient : en cinquante ans, la progression des terres cultivées a été dix fois moins rapide que celle de la population mondiale.

● **L'eau fait l'objet de nombreux conflits.** L'utilisation agricole de l'eau pour l'irrigation entre parfois en concurrence avec les usages domestique (Espagne), touristique (Tunisie), industriel (Inde) ou énergétique (Égypte), ce qui débouche sur des **conflits d'usage**. Le recours massif aux engrais chimiques et aux produits phytosanitaires de certains agriculteurs favorise aussi la pollution de l'eau (Chine, Europe de l'Ouest).

● **Certains acteurs s'efforcent de protéger les espaces ruraux.** Des États défendent une protection volontariste du **patrimoine** naturel (Venezuela, Slovénie). D'autres choisissent de sanctuariser certains espaces ruraux tout en favorisant l'anthropisation d'autres zones (Canada). Des élus et des citoyens contribuent au maintien de l'agriculture ou de ceintures vertes autour des villes (Paris) ou à la conciliation de la protection environnementale avec le développement économique (tourisme rural, **agriculture biologique**).

ÉTUDE DE CAS Mutations agricoles et recomposition des espaces ruraux en Inde → p. 130
ÉTUDE DE CAS Les espaces ruraux canadiens → p. 132
DOSSIER L'accaparement des terres agricoles → p. 138

**Les pays les mieux dotés en espaces protégés**

En % des espaces protégés dans la superficie totale

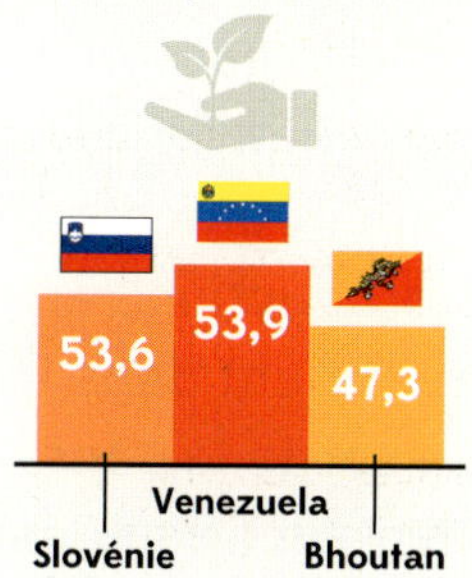


*Source : ONU, 2018.*

**Notions clés**



## Du cours au schéma

Schéma interactif à compléter

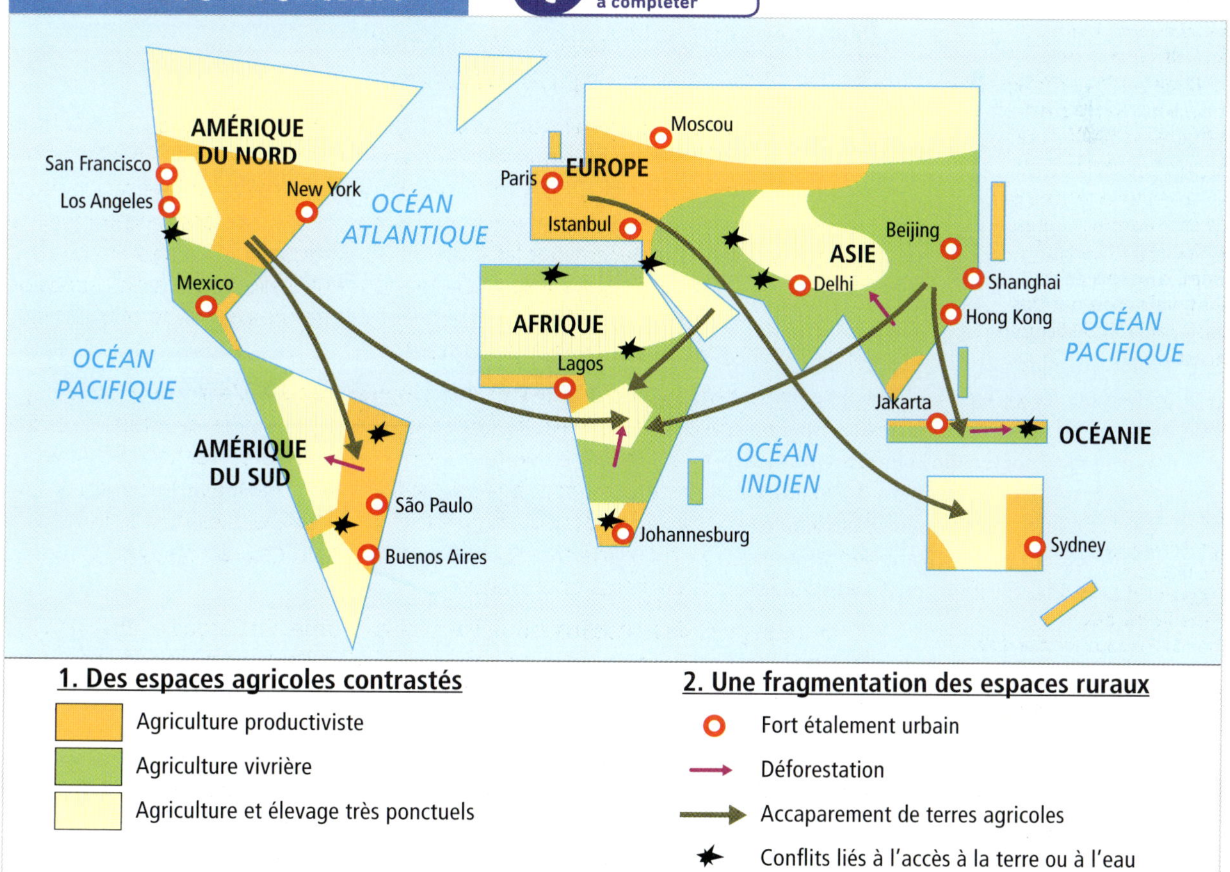


THÈME 3
SE PRÉPARER
MONDE
FRANCE
RÉVISER

Géo AUTREMENT

# Les espaces ruraux dans les films d'animation japonais

Le Japon est très majoritairement urbain (95 %). Pourtant, les espaces ruraux occupent une place importante dans les productions artistiques japonaises, notamment dans les films d'Hayao Miyazaki. Il y aborde la sacralisation de la « nature », la transformation des paysages, les fonctions récréatives...

→ **Comment les espaces ruraux sont-ils représentés dans les films d'animation japonais ?**

## Le saviez-vous ?

▶ Hayao Miyazaki est un cinéaste d'animation très populaire. Son style et celui des films de son studio Ghibli sont reconnus par les spectateurs du monde entier. Leurs œuvres imposent une vision singulière, poétique et nuancée du monde, de la nature, des espaces ruraux et de la société.

### 1 La représentation de la nature dans un des films de Miyazaki

ÉCLAIRAGE

Avec *Mon voisin Totoro*, Miyazaki espérait ainsi créer non pas un film hanté par la nostalgie, mais une œuvre invitant à prendre à nouveau en considération la beauté de la nature : les décors dépeints avec précision et tendresse, avec une multiplicité remarquable de plantes, d'herbes folles et d'arbres aux ramures impressionnantes… La manière dont la caméra se situe toujours au niveau du regard du spectateur, comme pour l'inviter à être un acteur à part entière du film, profitant, au même titre que les personnages, de la promenade à travers les paysages. La variété de vents faisant frissonner les paysages, la chaleur étouffante de l'été, l'éclat du soleil sur les épis de maïs, la joie de faire pousser des plantes, le chant des cigales… Rien de passéiste dans ces évocations vibrantes, qui encouragent à porter sur la nature un regard attentif, émerveillé et protecteur, à l'instar des personnages du film, qui vivent en harmonie avec leur environnement, en en tirant des ressources agricoles et des ressorts pour enchanter leur vie.

Loin de dépeindre la nature comme un simple moyen de subsistance, un fournisseur de ressources alimentaires, Miyazaki en fait donc un personnage actif et une source de spiritualité joyeuse.

Julie Proust Tanguy, « Hayao Miyazaki, le kami de l'animation japonaise », dans *Hayao Miyazaki, nuances d'une œuvre*, (dir.) Victor Lopez © Les moutons électriques, 2018.

+ Vidéo

### 2 Affiche rééditée pour les 30 ans du film *Mon voisin Totoro* (2018)

Dans *Mon voisin Totoro*, la jeunesse et l'innocence de Mei et Satsuki leur permettent de pénétrer exceptionnellement dans le bois sacré de l'esprit Totoro (Kami), enclave-reliquat d'une forêt primaire au sein d'un paysage agricole transformé.

**3 Paysage du film *Le Château ambulant* (2004)**

+ Vidéo

ÉCLAIRAGE

## 4 Des espaces ruraux fragmentés

Une des principales manifestations de la fragmentation des univers de Miyazaki réside dans leur traitement du rapport nature/société : celui-ci se matérialise sous la forme de relations frontalières, qui peuvent être conflictuelles (les affrontements globaux de *Nausicaä de la Vallée du vent*) comme pacifiées (les relations locales, « de voisinage », dans *Mon voisin Totoro* et dans *Ponyo sur la falaise*). En effet, la nature [correspond], chez Miyazaki, aux espaces sacrés traditionnels du shintoïsme[1] : la mer (*Ponyo sur la falaise*), la montagne et la lande, souvent associées dans son œuvre à des domaines de caractère magique (*Le Voyage de Chihiro, Le Château ambulant*), et, bien entendu, la forêt (*Nausicaä, Princesse Mononoké*). Ces espaces se distinguent alors clairement des domaines humains (profanes) que sont les villes (les cités minières et industrielles de *Princesse Mononoké*, le port de *Ponyo sur la falaise*) et les espaces agricoles (la campagne de *Mon voisin Totoro*). L'institution d'univers fragmentés ouvre tout un champ de potentialités narratives exploitées par Miyazaki : les multiples transgressions et connexions transfrontalières qui jalonnent ses récits révèlent cette fragmentation aux yeux du spectateur.

Emmanuel Trouillard, « Le poids de l'espace dans l'œuvre de Hayao Miyazaki », *Géographie et cultures*, n° 88, 2013.

1. Croyances japonaises qui affirment le caractère sacré de la nature et des esprits qui y habitent : les Kamis.

## Questions

### Présenter les documents

1. Présentez les deux images extraites de films d'animation. **doc. 2 et 3**
2. Rédigez une courte biographie d'Hayao Miyazaki en soulignant les raisons de sa renommée internationale.

### Analyser les documents

3. Décrivez les paysages (couleurs, dessin…) et le ressenti qui s'en dégage pour le spectateur. **doc. 2 et 3**
4. Quel regard les auteurs nous incitent-ils à porter sur la nature ? **doc. 1 à 4**

### Faire le lien avec la géographie

5. Quelles fonctions les espaces ruraux ont-ils dans les films d'animation japonais ? **doc. 1 à 4**
6. En vous appuyant sur l'exemple du film *Mon voisin Totoro*, montrez que les espaces ruraux sont des territoires fragmentés, séparés par des frontières invisibles. **doc. 1, 2 et 4**

### C'est à vous !

→ Réalisez un story-board pour un film d'animation promotionnel de 30 secondes. Ce film est destiné à présenter de manière poétique, voire imaginaire, les atouts et fonctionnalités des campagnes de votre espace régional (tourisme, activités récréatives, produits de terroirs…).

THÈME 3

CHAPITRE 6

# Les espaces ruraux : multifonctionnalité ou fragmentation ?

EN FRANCE

## Des espaces ruraux multifonctionnels, entre initiatives locales et politiques européennes

Les espaces ruraux français connaissent de profondes recompositions liées notamment à l'influence croissante des espaces urbains. Leurs fonctions se sont diversifiées et ne se limitent plus aux activités agricoles.

SOMMAIRE

Fête de la transhumance à Chamrousse (Isère), 2018

**Zoom sur...**
**Auvergne-Rhône-Alpes**

La Région Auvergne-Rhône-Alpes

| | |
|---|---|
| Population totale (en millions d'hab.) | 7,88 |
| Part de la population rurale dans la population régionale | 22,7 % |
| Part de l'agriculture dans le PIB régional | 2,1 % |
| Part de l'agriculture dans le total des emplois de la région | 2,4 % |

Sources : Insee, 2019 ; CCI Auvergne-Rhône-Alpes, 2018

**Dans ce chapitre**
- TOUS LES TEXTES en version à imprimer
- TOUTES LES CARTES en version interactive

FRANCE
Chamrousse

Étude de cas

# Les transformations paysagères des espaces ruraux de la Normandie

**Comment les paysages ruraux de la Normandie se recomposent-ils ?**

## Zoom sur… la Normandie

| | Normandie | Rang national |
|---|---|---|
| Superficie (km²) | 29 906 | 11ᵉ |
| Population (millions d'hab.) | 3,3 | 9ᵉ |
| Densité de population | 112 hab./km² | 11ᵉ |
| Part de la superficie dédiée à l'agriculture | 66 % | 1ᵉʳ |

Source : Insee, 2016.

## A Diversité et dynamiques des paysages ruraux

### 1 Paysages et orientation économique des espaces ruraux normands

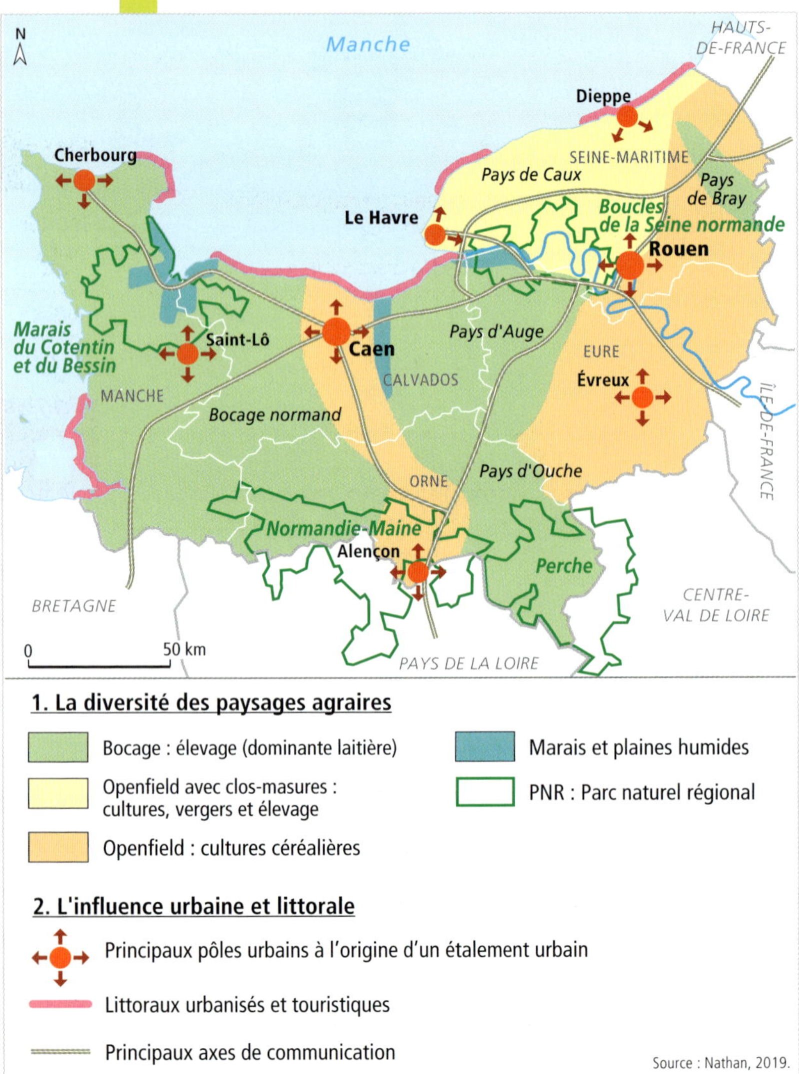


Source : Nathan, 2019.

### 2 La Normandie : une mosaïque de paysages

Les paysages normands offrent une impression de kaléidoscope. Le relief est dans l'ensemble modéré, mais alternent des régions bocagères vallonnées essentiellement consacrées à l'élevage (pays d'Auge, pays de Bray, Cotentin, Bocage virois), des régions de plaines ou plateaux tournées vers les grandes cultures en openfield (campagne de Caen, pays de Caux), des plaines marécageuses aménagées (Marais du Cotentin et du Bessin) et quelques grands massifs forestiers (forêts de Lyons ou de Brotonne). Cette variété de paysages tient essentiellement aux contrastes géologiques. À l'ouest, le massif armoricain et son socle imperméable disséqué en collines par un dense réseau hydrographique ; à l'est, le bassin parisien et ses terrains sédimentaires[1]. La Normandie sédimentaire offre elle-même une mosaïque de terroirs : elle oppose des plateaux crayeux précocement défrichés et occupés en openfield à des régions de bocage. La carte de la Normandie affiche une multitude de « pays » construits autour d'unités naturelles et paysagères individuellement polarisées par un réseau de petites villes ou de gros bourgs.

Cécile Gnahoré-Barata, « Normandie : une grande région réunifiée entre terre et mer », dans *Les 18 Régions françaises*, Ellipses, 2017.

1. Roches formées par l'accumulation de sédiments divers (morceaux de roches, sables, argiles, débris coquilliers) qui se déposent en couches, appelées strates.

Vidéo

## Vocabulaire

- **Bocage** : type de paysage agraire formé de champs et de prés clos par des levées de terre plantées de haies d'arbres.
- **Openfield** : paysage agricole à champs ouverts.
- **Paysage agraire** : résultat visible de l'aménagement de la surface de la terre par les paysans.
- **Remembrement** : consiste à regrouper des parcelles agricoles dispersées et à éliminer les obstacles à la mécanisation de l'exploitation (bosquets, haies) pour améliorer la productivité.

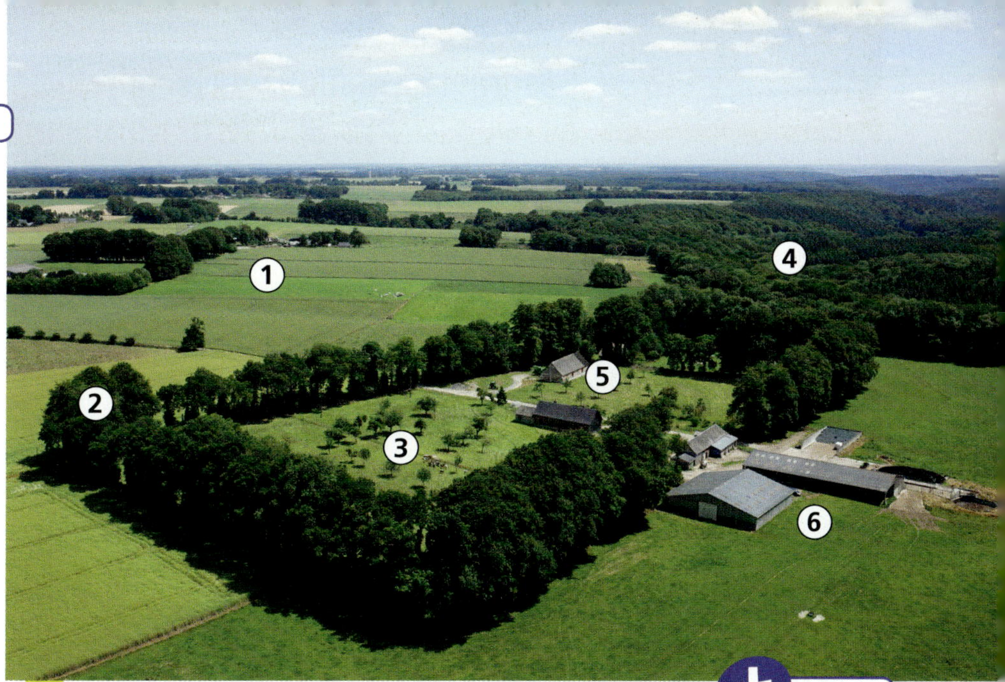


Animation croquis

### 3 Le clos-masure, ferme typique du pays de Caux (Seine-Maritime, 2017)

① Champs remembrés
② Haies
③ Cour plantée de pommiers
④ Forêts
⑤ Chaumière traditionnelle
⑥ Bâtiments agricoles modernes

### 4 Le recul du bocage normand

Parole de géographes

En Basse-Normandie, la « modernisation agricole » engagée au tournant des années 1950 a induit une recomposition sans précédent des espaces et des paysages ruraux [...]. La multiplication des programmes de « reconstruction » du bocage depuis la fin des années 1970 témoigne de l'intérêt croissant porté à ces paysages emblématiques des campagnes de l'Ouest de la France. Ce renouveau signe un changement de paradigme important, après plusieurs décennies de recul continu du bocage. Les paysages de bocage, caractérisés par une morphologie parcellaire complexe et par l'omniprésence de l'arbre, ont en effet longtemps été perçus comme des obstacles à la « modernisation » de l'agriculture engagée au tournant des années 1960. Une vaste campagne de remembrement avait alors permis d'adapter le paysage aux logiques du productivisme agricole, conduisant à la destruction de la moitié du linéaire bocager en France. Pourtant, tandis que se développent des politiques de « rebocagement » dans de nombreuses collectivités territoriales et que les procédures de remembrement sont de moins en moins utilisées, la rationalisation des paysages de bocage se poursuit encore aujourd'hui.

T. Preux, D. Delahaye et M. Marie, « Transformation des structures agricoles et recomposition des paysages de bocage », www.projetsdepaysage.fr, 2015.

## Questions

**Itinéraire 1**

### Décrire et expliquer

1. Citez les deux principaux paysages agraires de la Normandie. **doc. 1 et 2**
2. Expliquez l'expression « mosaïque » utilisée pour décrire les paysages ruraux de la Normandie. **doc. 1 et 2**
3. Décrivez le paysage en vous aidant du vocabulaire. **doc. 3**
4. Pour quelles raisons le bocage a-t-il été remembré ? **doc. 3 et 4**
5. Montrez comment l'agriculture recompose les paysages ruraux de la Normandie. **doc. 1 à 4**

ou

**Itinéraire 2**

Tableau à imprimer

### Organiser l'information dans un tableau (1/2)

À l'aide des documents, complétez ce tableau :

| | Doc. 1 | Doc. 2 | Doc. 3 | Doc. 4 |
|---|---|---|---|---|
| Des paysages ruraux (diversité, évolution)... | | | | |
| ... aux fonctions multiples... | | | | |
| ... et à l'origine de conflits d'usage. | | | | |

THÈME 3
SE PRÉPARER
MONDE
FRANCE
RÉVISER

# B Des paysages marqués par la multifonctionnalité

**5 Le développement de l'agritourisme**

Affiche de l'association de gestion de l'ODG (Organisme de défense et de gestion) laitier normand, mars 2018.

## 6 Le cheval au cœur du territoire normand

Avec 115 000 équidés sur son territoire, un pôle de compétitivité, des sites prestigieux comme le haras national du Pin, la Normandie est intrinsèquement liée au cheval [...]. La Région mise depuis plusieurs années sur cette filière pour développer et dynamiser son territoire. Seule région au monde à accueillir l'ensemble des familles de la filière équine (courses, sports équestres, loisirs autour du cheval…), la Normandie est la terre du cheval par excellence [...].

Les 6 470 entreprises normandes ayant une activité en lien avec les équidés constituent une filière économique à part entière et génèrent près de 18 000 emplois. La Région accompagne le développement de cette filière par le renforcement des compétences des professionnels, les aides aux investissements des entreprises, le développement de pôles structurants (Pôle hippique de Saint-Lô, Haras du Pin, Plateforme Hippolia) et le développement de la recherche et de l'innovation [...].

La Région accompagne le développement de la pratique de l'équitation chez les jeunes, ainsi que l'organisation d'événements équestres de niveau international [...]. Enfin, elle accompagne le développement du tourisme autour du cheval.

« La Normandie équine », *Région Normandie* [en ligne], consulté en mars 2019.

**7 Éoliennes et centrale photovoltaïque à Veules-les-Roses (Seine-Maritime, 2018)**

# C Des paysages exposés à la conflictualité

**8 La transformation des paysages naturels dans l'estuaire de la Seine**

*L'Express* (édition régionale) n° 3315, 14 janvier 2015.

**Vocabulaire**

- **Estuaire :** embouchure d'un fleuve dans laquelle entre la marée, naturellement bordé de zones humides.
- **Réserve naturelle :** portion de territoire délimitée et protégée juridiquement de façon à préserver certains milieux remarquables ou espèces menacées de disparition.

+ Vidéo

**9 Des terres normandes bétonnées**

Le béton grignote beaucoup trop les surfaces naturelles de Normandie, un phénomène qui inquiète les agriculteurs. L'artificialisation des sols progresse à un rythme cinq fois supérieur à la croissance démographique !

Les logements vacants ont augmenté de 5,4 % par an entre 2010 et 2015, hausse la plus forte parmi les régions de France, la moyenne étant de 3,4 % pour la France métropolitaine. Les centres-villes se vident au profit de nouvelles constructions en périphérie, que ce soit pour l'habitat, le commerce ou les activités économiques. Mais la vacance ne concerne pas seulement les centres : les trop nombreuses zones commerciales au sein des zones périphériques sont également concernées.

La progression des espaces artificialisés s'opère aux dépens des terres agricoles, souvent de grande qualité, et dans une moindre mesure au détriment des zones naturelles ou boisées.

Les conséquences environnementales et sociétales sont nombreuses, notamment du fait de l'imperméabilisation des sols avec l'aggravation des risques d'inondation dont l'utilisation à des fins de production alimentaire ou non alimentaire est définitivement compromise. On observe une diminution de 54 % des prairies ces quarante dernières années en Normandie. La Région veut s'engager fortement pour endiguer le phénomène de bétonisation.

Actu.fr, site de presse régionale [en ligne], 16 janvier 2017.

## Questions

**Itinéraire 1**

### Situer et expliquer

6. Recensez les nouvelles fonctions économiques qui participent à la recomposition des paysages ruraux de la Normandie. **doc. 5 à 7**
7. Décrivez les conséquences paysagères et environnementales de leur développement. **doc. 7 à 9**
8. Montrez que la recomposition des paysages ruraux par ces nouvelles fonctions engendre des situations conflictuelles. **doc. 8 et 9**

### Synthétiser et argumenter

9. Analysez comment les paysages ruraux de la Normandie se recomposent sous l'influence accrue des espaces urbains. **doc. 1 à 9**

ou

**Itinéraire 2**

### Produire un oral construit et argumenté (2/2)

- À l'aide des documents 5 à 9, terminez de compléter votre tableau commencé p. 153.
- En vous appuyant sur votre tableau complété, organisez vos arguments.
- Présentez ces arguments à l'oral.

# Conflits et espaces ruraux en France

**Comment s'explique la conflictualité au sein des espaces ruraux ?**

## 1 Des espaces ruraux aux multiples usages

Parole de géographes

Le nombre croissant d'acteurs habitant ou fréquentant ponctuellement les espaces ruraux s'associe à une pluralité d'usages et de représentations territoriales qui sont susceptibles de créer des situations de conflits. Les campagnes périurbaines constituent l'un des exemples emblématiques de ces espaces réceptacles de tensions, en raison de leur caractère multifonctionnel. En effet, ils accueillent au moins trois types de fonctions, induisant des usages concurrents et des divergences entre acteurs locaux : une fonction économique de production (agriculture, éventuellement petite industrie), une fonction résidentielle et récréative (la campagne comme cadre de vie, qu'il s'agisse d'un habitat permanent ou temporaire) et une fonction de conservation (protection de la biodiversité, du patrimoine naturel, culturel et paysager).

Les usagers de l'espace rural sont alors multiples (agriculteurs, artisans, néoruraux[1], touristes, habitants des périphéries des villes, employés, entreprises, services de l'État, etc.) et s'opposent souvent sur l'utilisation de celui-ci, ayant chacun des visions différentes, voire opposées, de son développement.

Alexis Gonin et Christophe Quéva, *Géographie des espaces ruraux*, © Armand Colin, 2018.

1. Citadins venus s'installer dans les espaces ruraux.

## 2 Le Luberon : les évolutions d'un espace rural

Parole de géographe

Ce territoire [le Luberon], marqué par des villages perchés médiévaux renommés, a été investi depuis les années 1930 par des communautés d'artistes sur l'exemple des peintres André Lhote, Marc Chagall ou de l'acteur Samuel Beckett. Le massif a ensuite été intégré à l'attractivité d'Avignon et de son festival, et a bénéficié dès lors des choix résidentiels d'une population à fort capital culturel et financier en provenance de Paris, Marseille et d'Aix-en-Provence. Ces moteurs résidentiels ont transformé une pratique encore marginale en une mode d'élite culturelle autour des pôles de Gordes, Oppède et Roussillon.

À partir des années 1980, la tendance s'est encore élargie à de nouvelles populations très aisées du cinéma, de la télévision mais aussi du secteur de la finance et de la politique, constituant ainsi une classe de gentrifieurs[1] fortunés qui ont diversifié encore les profils des habitants mais surtout conduit à un processus spéculatif de valorisation maximale du foncier [...].

La pression foncière s'exerce tout particulièrement au détriment de l'activité agricole et devient conflictuelle.

S. Depraz, *La France des marges. Géographie des espaces « autres »*, © Armand Colin, 2017.

1. Personnes à l'origine du processus de **gentrification** (voir p. 34).

## 3 Des usages récréatifs opposés

Dessin de Sten, 2017.

## 4 Espaces ruraux et conflits d'aménagement

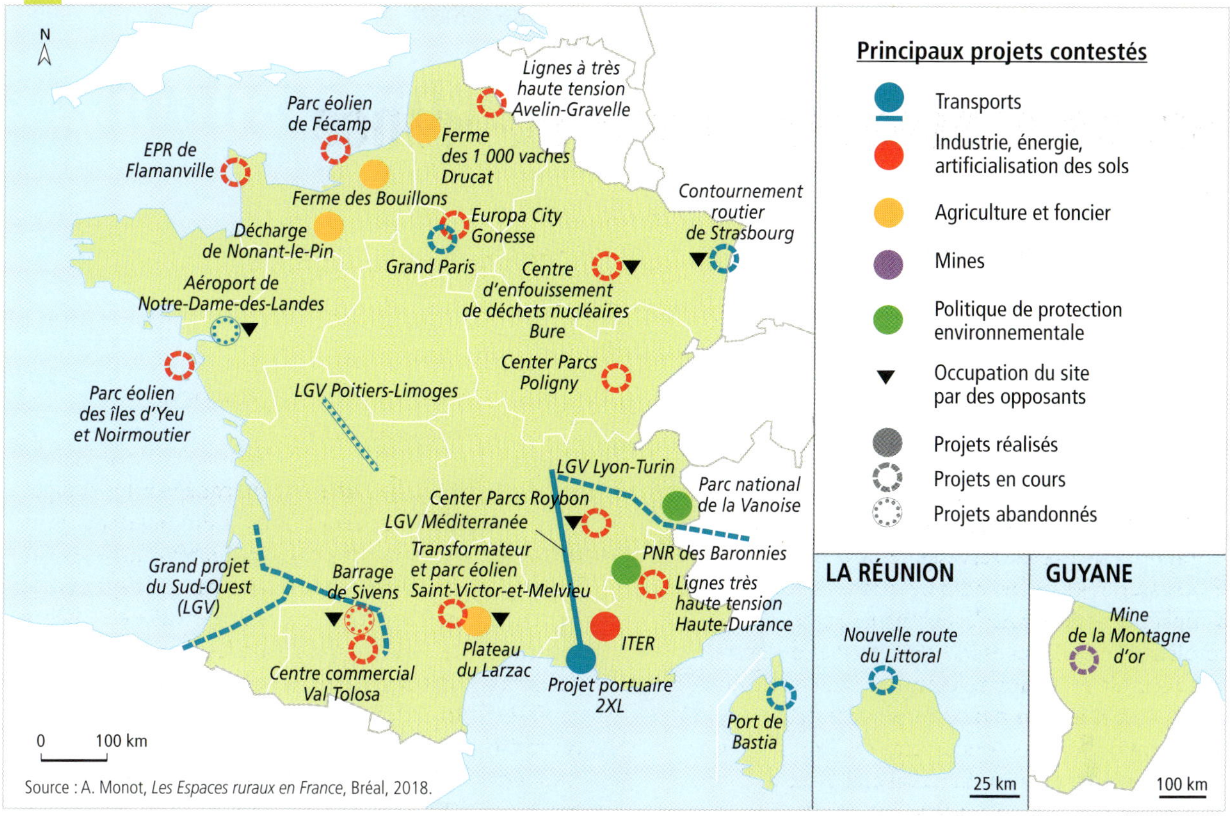


Source : A. Monot, *Les Espaces ruraux en France*, Bréal, 2018.

## 5 Pratiques agricoles et espaces de vie

Brochure de Générations futures, mars 2018.
Générations futures est une association de défense de l'environnement agréée par le ministère de l'Écologie depuis 2008, et reconnue d'intérêt général.

## Questions

**Itinéraire 1**

### Situer et expliquer

1. Illustrez par un exemple chacune des trois fonctions des espaces ruraux. **doc. 1, 2, 3 et 5**
2. Quelles transformations le Luberon a-t-il connues depuis trente ans ? **doc. 2**
3. Relevez plusieurs conflits dans les espaces ruraux. **doc. 3 et 4**
4. Expliquez les raisons des conflits dans les espaces ruraux. **doc. 1 et 5**

### Synthétiser et argumenter

5. Expliquez comment la conflictualité apparaît au sein des espaces ruraux français. **doc. 1 à 5**

**ou**

**Itinéraire 2**

### Réaliser un schéma fléché

- Construisez un schéma fléché sur la conflictualité dans les espaces ruraux.
- Mettez en évidence :
  – les caractéristiques de ces conflits ;
  – leurs causes.

## Cartes

# Des espaces ruraux en recomposition

### 1 Les dynamiques des espaces agricoles français

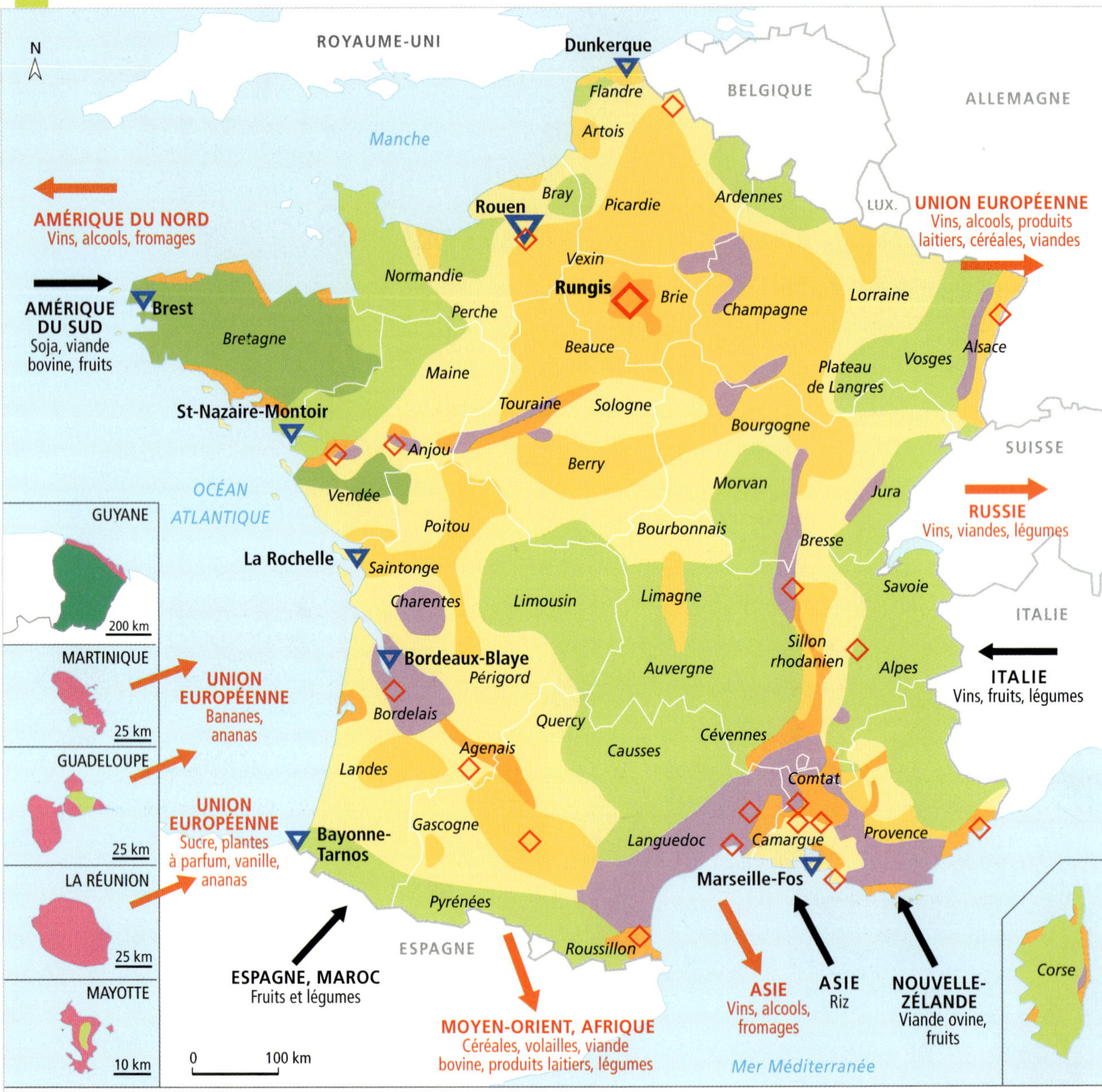


**1. La diversité des systèmes productifs agricoles**

- Grandes cultures intensives (céréales, plantes industrielles, oléagineux)
- Polyculture (extension des céréales, régression des fourrages et de l'élevage)
- Vignobles
- Maraîchage, arboriculture, horticulture
- Élevage intensif (porcs, volailles)
- Élevage extensif ou semi-extensif (bovins, ovins, caprins)
- Cultures tropicales (canne à sucre, bananiers, fleurs, tubercules…)
- Forêt amazonienne (agriculture itinérante sur brûlis)

**2. Une puissance agricole exportatrice**

- Exportations
- Ports d'exportation de céréales
- Premier marché alimentaire d'Europe
- Marchés de redistribution nationaux et européens
- Importations et concurrence étrangère

Source : *Agreste*, Ministère de l'Agriculture et de l'Alimentation, 2019.

## 2 Les recompositions des espaces ruraux français : entre fragmentation et renouveau

Source : *Observatoire des territoires*, Commissariat général à l'égalité des territoires (CGET), Ministère de la Cohésion des territoires et des Relations avec les collectivités territoriales [en ligne], 2019.

**1. Des dynamiques rurales très contrastées**

- Espaces ruraux fragiles (difficultés économiques et démographiques)
- Espaces d'agriculture performante
- Espaces ruraux multifonctionnels et dynamiques
- Espaces urbains et périurbains (fonction résidentielle et loisirs)
- Étalement urbain

**2. Des stratégies d'aménagement et de développement**

- Centres de décision politique (subventions)
- Pôles de compétitivité orientés vers l'agriculture
- Districts industriels en zone rurale
- Revitalisation liée à l'écotourisme
- Zones de revitalisation rurale
- Régions ultra-périphériques (aides européennes)

### Vocabulaire

**Agriculture extensive :** système de production agricole dont les rendements à l'hectare sont peu élevés.

**Agriculture intensive :** système de production agricole assurant des rendements à l'hectare élevés.

**District industriel :** voir p. 160.

**Écotourisme :** voir p. 145.

**Maraîchage :** culture de légumes et de certains fruits destinés à être vendus frais.

**Régions ultra-périphériques :** territoires bénéficiant d'aides spécifiques de l'Union européenne en raison de leur éloignement et de fortes contraintes (risques naturels, enclavement, dépendance économique).

**Zone de revitalisation rurale :** ensemble de communes rurales fragiles bénéficiant d'aides fiscales pour favoriser leur développement économique.

### Questions

1. Identifiez les régions qui font de la France une puissance agro-exportatrice. **doc. 1 et 2**
2. Localisez les espaces ruraux sous influence urbaine. **doc. 2**
3. Repérez les territoires ruraux les plus multifonctionnels. **doc. 1 et 2**

Podcast du cours

# Des espaces ruraux multifonctionnels, entre initiatives locales et politiques européennes

**Comment les dynamiques démographiques et économiques transforment-elles les espaces ruraux ?**

**Les territoires ruraux en France**

- **23 %** Part de la population rurale dans la population française
- **52 %** Superficie occupée par l'agriculture en France
- **31 %** Superficie occupée par la forêt en France

*Sources : Insee et ministère de l'Agriculture et de l'Alimentation, 2019.*

## 1 Des espaces productifs agricoles en mutation

• **L'agriculture française occupe la première place en Europe.** Elle s'organise en filières agroalimentaires dominées par des multinationales : Limagrain (semences), Lactalis, Danone (produits laitiers), Pernod Ricard (spiritueux). Elle se maintient au 5e rang mondial pour les exportations de produits alimentaires principalement destinées à l'Europe, l'Amérique du Nord et l'Asie (vins, fromages) mais aussi l'Afrique et le Moyen-Orient (blé, volailles, lait).

• **L'agriculture française connaît des évolutions contrastées.** La concurrence européenne et mondiale renforce la spécialisation des espaces agricoles. La polyculture régresse au profit de l'*agribusiness* (maïs en Alsace et dans le Nord-Ouest, blé dans l'ouest du Bassin parisien, colza dans sa partie est). Néanmoins, l'élevage extensif labellisé (Jura, Limousin, Auvergne) résiste mieux à la crise que l'élevage intensif (Bretagne). Les grands vignobles restent aussi très compétitifs (Bordelais, Bourgogne, Champagne).

• **La France s'efforce d'assurer la durabilité de son agriculture.** Face aux conséquences environnementales de l'agriculture productiviste (pollution des rivières, irrigation excessive, pollution des sols et des eaux en Bretagne et aux Antilles) et aux nouvelles exigences des consommateurs, certains producteurs se lancent dans l'agriculture biologique. D'autres complètent leurs revenus grâce à l'agritourisme (Normandie, Périgord, Gascogne) ou la production de biogaz.

ÉTUDE DE CAS Espaces ruraux de la Normandie → p. 152

## 2 Une diversification sociale et fonctionnelle

• **Les territoires ruraux présentent des dynamiques démographiques contrastées.** Depuis la fin des années 1990, certaines campagnes françaises connaissent un regain d'attractivité. C'est la conséquence de la fin de l'exode rural, mais aussi de l'installation de néoruraux. Ces recompositions entraînent un renouveau des populations rurales (installation de jeunes couples avec enfants), même si certaines régions restent durement confrontées au vieillissement de leur population (Pyrénées, Limousin, Martinique).

• **Les espaces ruraux font face à une pression urbaine croissante.** L'étalement des villes s'accélère depuis les années 1980. C'est la conséquence de l'augmentation du coût de l'immobilier en ville, combinée à la volonté d'accéder à la propriété (maison avec jardin) et aux possibilités offertes par le télétravail. Les territoires offrant les plus forts atouts (accessibilité, espaces verts, services variés) sont les plus attractifs (côte Atlantique, Midi toulousain).

• **Ce renouveau favorise la multifonctionnalité des campagnes.** Si certains territoires ruraux demeurent très agricoles (Beauce, Champagne, Bourgogne), d'autres sont marqués par le renouveau de la fonction résidentielle et l'écotourisme (Provence, sillon alpin, La Réunion). Certains territoires sont aussi animés par des districts industriels dans des filières spécialisées (décolletage de la vallée de l'Arve, serrurerie du Vimeu) ou plus diversifiées (Choletais, Jura).

DOSSIER Conflits et espaces ruraux en France → p. 156

### Vocabulaire

- ***Agribusiness*** : ensemble des activités économiques qui se développent autour de l'agriculture productiviste et qui ont pour but la transformation et la vente des produits alimentaires.
- **Agriculture productiviste** : agriculture commerciale dont l'intensivité et la productivité reposent sur un recours aux techniques et aux progrès scientifiques.
- **District industriel** : concentration, sur un territoire donné, de petites et moyennes entreprises, spécialisées dans un secteur d'activité reposant sur des savoir-faire hérités.
- **Néoruraux** : citadins venus s'installer en zone rurale.
- **Politique agricole commune (PAC)** : politique européenne créée en 1962 pour moderniser et développer l'agriculture des pays membres de la CEE puis de l'UE.
- **Polyculture** : production de différentes cultures sur une même exploitation.
- **Télétravail** : activité professionnelle réalisée à distance grâce aux technologies de l'information et de la communication.
- **Zone de revitalisation rurale** : voir p. 159.

# 3 Des enjeux d'aménagement rural

● **Les espaces ruraux sont aujourd'hui très fragmentés.** Les plus proches des métropoles bénéficient d'une population jeune et de services diversifiés tandis que les plus éloignés sont fragilisés par le vieillissement et l'enclavement (Cévennes, Corse). Leur vitalité dépend aussi de la composition sociale des néoruraux : citadins défavorisés (Morvan) ou populations aisées de retraités (côte Atlantique), de cadres (Monts du Lyonnais) ou d'étrangers (Périgord).

● **L'aménagement rural mobilise des acteurs à différentes échelles.** La Politique agricole commune de l'Union européenne a joué un rôle essentiel dans la modernisation de l'agriculture. L'État, qui a financé l'amélioration de l'accessibilité de certaines régions (autoroutes dans le Massif central…), lutte désormais contre la fracture numérique (Plan France Très Haut Débit). Les collectivités territoriales, en métropole comme dans l'outre-mer, soutiennent les actions de développement local (zones d'activités, marchés de producteurs) pouvant bénéficier d'aides européennes.

● **Cependant, la durabilité des politiques de développement rural s'avère contrastée.** Les acteurs publics défendent la protection de l'environnement (interdiction de certains insecticides) tout en soutenant le productivisme agricole (subventions européennes, pôles de compétitivité). Les exonérations fiscales en faveur des zones de revitalisation rurale ne compensent pas le déficit d'attractivité engendré par la fermeture des services publics les moins efficients (Auvergne, Berry).

DOSSIER Conflits et espaces ruraux en France → p. 156
GÉO DÉBAT Doit-on fermer les services publics dans les espaces ruraux ? → p. 162

**L'agriculture et l'agroalimentaire en France**

1,6 % — Part de l'agriculture dans le PIB de la France

3,7 % — Part de l'ensemble des activités agroalimentaires dans le PIB de la France

19 % — Part de l'agriculture française dans la production européenne

*Sources : Insee et ministère de l'Agriculture et de l'Alimentation, 2019.*

**Notions clés**



## Du cours au schéma

Schéma interactif à compléter

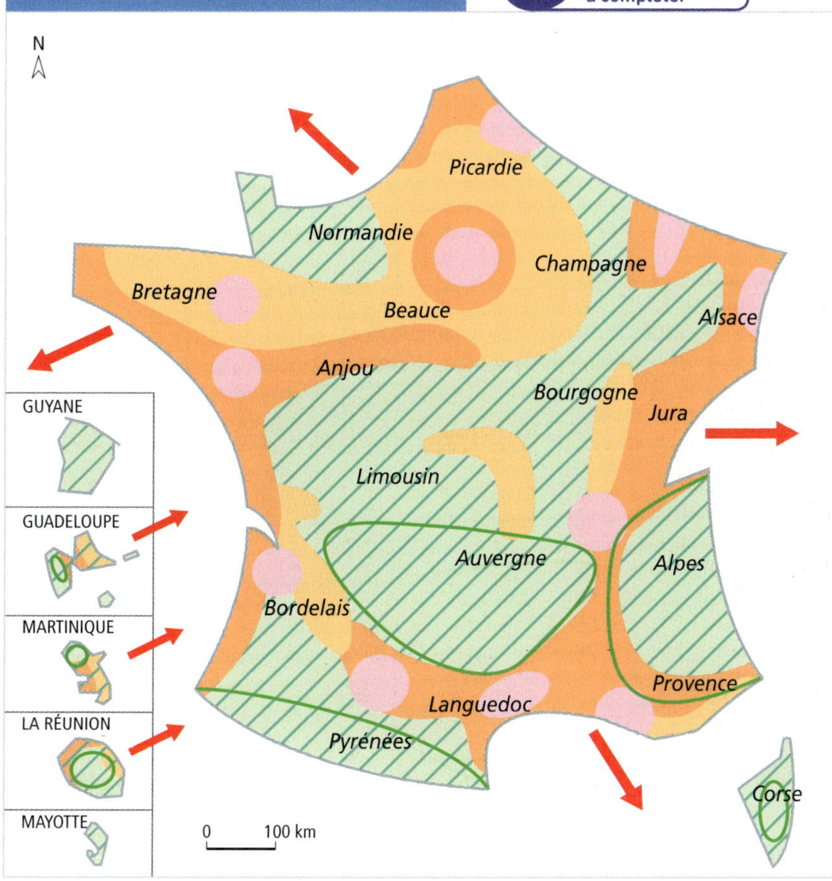


**1. Des espaces multifonctionnels**
- Espaces ruraux fragiles (difficultés économiques et démographiques)
- Espaces dominés par une agriculture performante
- Espaces ruraux dynamiques et multifonctionnels
- Espaces périurbains (fonction résidentielle et loisirs)

**2. La fragmentation des espaces ruraux**
- Exportations de produits agricoles
- Forte dépendance vis-à-vis des aides publiques
- Revitalisation liée à l'écotourisme

Géo DÉBAT

# Doit-on fermer les services publics dans les espaces ruraux ?

## 1 L'évolution des services publics en France

**Variation du nombre de communes équipées en services publics entre 1980 et 2013**

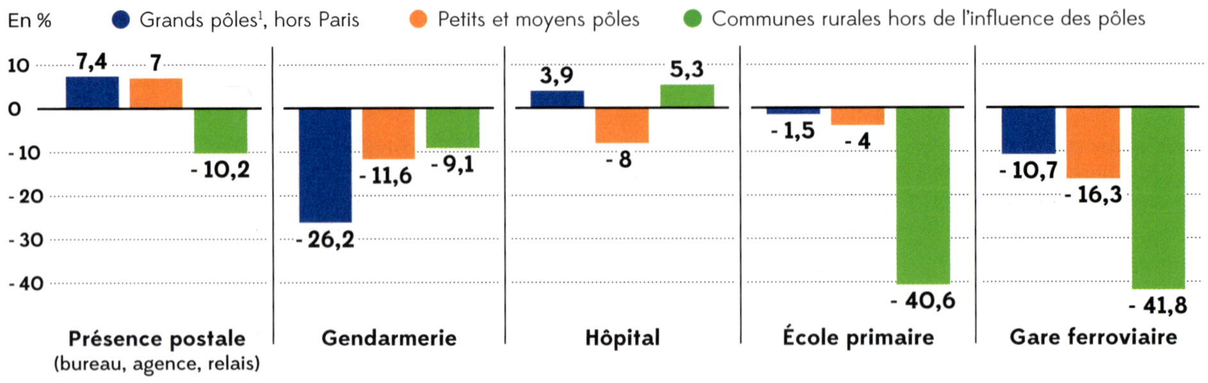


1. Grand pôle urbain : plus de 10 000 emplois ; pôle petit et moyen : entre 1 500 et 10 000 emplois (Insee).

*Source : Alternatives économiques, Les Dossiers, n° 16, décembre 2018.*

## 2 Les services publics, un enjeu national

Parole d'acteur

Le grand **débat national**

5 480 202 agents publics travaillent au service des citoyens, dans une des administrations françaises. Les services publics au quotidien, qu'est-ce que c'est ?

- 13 millions d'élèves collégiens, lycéens et apprentis pris en charge chaque jour par l'enseignement public ;
- 20 millions de patients soignés dans les services d'urgences des hôpitaux tous les ans ;
- plus de 4 millions d'interventions réalisées par les services départementaux d'incendie et de secours (SDIS) chaque année ;
- plus de 39 millions d'objets acheminés par la Poste chaque jour.

Et bien d'autres choses : la police et la gendarmerie, les impôts, la Caisse d'allocations familiales, Pôle emploi, l'ensemble des missions d'inspection et de contrôle conduites par l'État dans le champ de la sécurité sanitaire, alimentaire, de la répression des fraudes…

Et pourtant, 45 % des usagers perçoivent une dégradation de la qualité des services publics et seuls 14 % des Français considèrent que les responsables politiques et les institutions prennent suffisamment en compte leurs préoccupations.

Extrait de la fiche de préparation d'une des quatre thématiques du Grand Débat national, [en ligne] janvier 2019.

## 3 L'accès à un service d'urgence en France

**Distance aux services d'urgences en 2015**

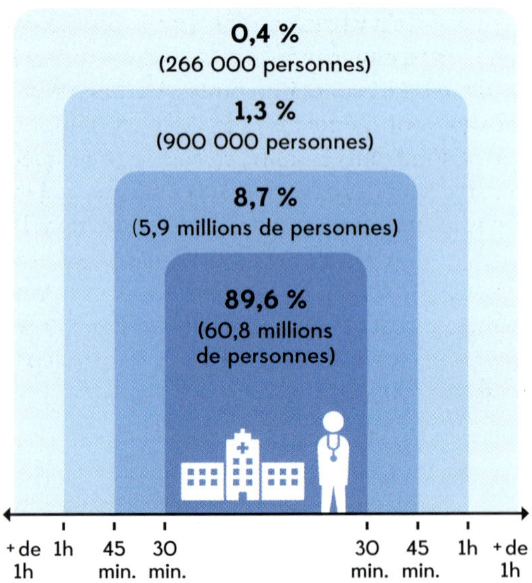


*Source : Les Décodeurs, Le Monde, 13 octobre 2017.*

**Vocabulaire**

**Service public :** service d'intérêt général (santé, éducation, justice…) assuré par un acteur public (État, collectivité territoriale).

## 4 Le numérique, une réponse à la fermeture des services publics ?

Dessin de Fañch Ar Ruz, publié dans le *Pontivy Journal*, après la fermeture de la trésorerie de Guémené-sur-Scorff, 27 septembre 2017.
Guémené-sur-Scorff est une commune d'environ 1 000 habitants située dans le Morbihan.

## 5 Services publics et cohésion sociale

La révision générale des politiques publiques (RGPP) a été mise en place en 2007. Certaines communes ont perdu, en même temps, des classes dans les écoles, leur tribunal, leur hôpital… […] La France rurale, soit 20 à 25 % de la population, a vécu une recomposition majeure, notamment là où la densité est inférieure à 15 habitants au kilomètre carré.

Le repli des services publics a un effet boule de neige sur les territoires. La fermeture d'un service public, au-delà du lieu, déstabilise l'ensemble de la collectivité locale. L'école, la gendarmerie ou le tribunal constituent l'élément d'un tout. Le service public est également un lieu de sociabilité. […] De plus, les conséquences sont aussi économiques : quand un service public s'en va, ce sont tous les salaires des fonctionnaires qui partent, avec un effet direct sur l'économie et les commerces locaux.

Des communes essayent d'innover pour répondre à ces défis. Cela va des cantines partagées aux maisons de santé, en passant par des systèmes de transport ingénieux ou des bibliothèques itinérantes. Parfois, les collectivités locales vont même au-delà de leurs compétences, en investissant dans la santé, en salariant des médecins, en construisant des casernes de gendarmerie. Face à toutes ces recompositions, elles ont su inventer, mais cette capacité d'adaptation a ses limites. Il faut désormais s'interroger : tout ne peut pas être monétaire et mesuré par des indicateurs statistiques, et peut-être que les notions de qualité de vie, de cohésion sociale devraient aussi être prises en compte.

Entretien avec François Taulelle, géographe, *Libération*, 22 janvier 2019.

Le Média bus en Guyane.

## 6 L'égalité d'accès aux services publics

Parole d'acteur

À l'opposé des élus et citoyens des territoires désertés par les services publics, la puissance publique répond que la fermeture des services publics renvoie à un impératif d'égalité d'accès. On comprend bien que l'argumentaire ne repose alors pas sur l'égalité géographique, mais sur une forme d'égalité de traitement. Le service public doit être le même pour tous les usagers et offrir les mêmes garanties de qualité. L'argument invoqué repose sur le postulat implicite que les services publics fermés ou menacés de l'être n'offrent pas un service public de qualité suffisante.

La fermeture d'une maternité de campagne est justifiée par les pouvoirs publics par l'impératif d'offrir à tous les patients la même qualité de soins. Dans le cas très particulier de la maternité du Blanc, dans l'Indre, l'argument invoqué relève de la sécurité des patientes. La maternité est présentée comme trop petite pour avoir une activité suffisante permettant de maintenir à niveau les compétences du personnel médical. Aussi, l'Agence régionale de santé du Centre-Val de Loire invoque-t-elle un risque sanitaire pour les patientes qui seraient prises en charge par un personnel en sous-activité. Par ricochet, l'activité de ces établissements est trop faible pour qu'ils parviennent à attirer et fidéliser le personnel médical, ce qui aggrave la sous-activité.

Dans le cas de ces fermetures, les autorités considèrent que ces services publics de proximité ne sont pas dignes d'être qualifiés comme tels. À défaut d'atteindre un certain référentiel de qualité, ils mériteraient de fermer.

V. Joannidès de Lautour, docteur en comptabilité/contrôle de gestion et professeur à l'école de management de Grenoble, *Les Échos*, 20 novembre 2018.

THÈME 3
SE PRÉPARER
MONDE
FRANCE
RÉVISER

C'est à vous !

Géo DÉBAT

# Doit-on fermer les services publics dans les espaces ruraux ?

## ÉTAPE 1 Comprendre et préparer le débat

1 Relevez quels types d'espaces ont enregistré les plus fortes baisses de services publics entre 1980 et 2013. **doc. 1**

2 Quelle est l'opinion des Français sur l'organisation et la qualité des services publics ? **doc. 2**

3 En France, combien d'habitants sont à plus d'une heure d'un service d'urgences ? À quel type d'espace cela correspond-il ? **doc. 3**

4 Expliquez la recomposition des services publics aujourd'hui en France. **doc. 1, 5 et 6**

## ÉTAPE 2 Participer au débat

5 Avant le débat, prélevez les arguments des différents acteurs. Reportez-les dans le tableau.

6 Avant le débat, en prenant appui sur les documents et votre point de vue personnel, notez vos arguments dans le tableau.

7 Pendant le débat, notez les arguments des autres élèves.

### Conseils

- Écoutez et respectez la parole des autres.
- Pour convaincre, il est important de s'appuyer sur des exemples précis (localisés, datés, chiffrés).
- Ne lisez pas vos notes et présentez vos arguments en regardant vos auditeurs. Relisez vos notes avant de prendre la parole.

+ Tableau à imprimer

| | Il faut fermer les services publics dans les espaces ruraux | Il ne faut pas fermer les services publics dans les espaces ruraux |
|---|---|---|
| Arguments des acteurs | •<br>•<br>• | •<br>•<br>• |
| Mes arguments | •<br>•<br>• | •<br>•<br>• |
| Les arguments des autres élèves | •<br>•<br>• | •<br>•<br>• |

+ Vidéo

« Gilets jaunes : les oubliés des services publics ? », extrait du journal télévisé de 20 heures, France 2, 20 novembre 2018.

## ÉTAPE 3 Conclure le débat

8 À la suite du débat en classe, exprimez votre point de vue personnel et argumenté sur la fermeture ou le maintien des services publics dans les espaces ruraux français.

9 Les arguments échangés lors du débat vous ont-ils amené(e) à revoir votre position de départ ? Expliquez pourquoi.

# Les espaces ruraux : multifonctionnalité ou fragmentation ?

# RÉVISER & APPROFONDIR

Touristes asiatiques dans un champ de lavande sur le plateau de Valensole dans les Alpes de Haute-Provence (2017).



THÈME 3
SE PRÉPARER
MONDE
FRANCE
RÉVISER

**SYNTHÈSE**

# → THÈME 3 Les espaces ruraux : multifonctionnalité ou fragmentation ?

## 1 Des sociétés inégalement rurales et agricoles

● **La part de la population rurale diminue à l'échelle mondiale.** Les ruraux restent très nombreux en Asie du Sud et en Afrique subsaharienne mais sont devenus minoritaires sur le continent américain et en Europe, y compris en France.

● **Les espaces agricoles connaissent de profondes recompositions.** Certaines sociétés restent très agricoles mais s'avèrent souvent peu compétitives (Afrique subsaharienne). À l'inverse, les pays développés comptent peu d'agriculteurs mais sont, comme la France, des puissances agricoles. Leur agriculture offre des débouchés diversifiés (agrocarburants).

## 2 Des espaces ruraux multifonctionnels

● **Des fonctions non agricoles se développent dans les espaces ruraux.** Les industries animent de nombreuses zones rurales (Europe, Amérique, Asie) tandis que l'agritourisme (Toscane) et l'écotourisme (Canada) se sont développés de manière inégale. Ces deux activités caractérisent surtout les campagnes des pays riches, à l'image de la France.

● **Cette multifonctionnalité reflète la diversification démographique des campagnes.** La diffusion du tourisme rural résulte de l'arrivée de néoruraux et révèle un changement du regard des citadins sur la ruralité. Cette atténuation de l'opposition entre villes et campagnes, bien marquée en France, concerne surtout les pays les plus urbanisés.

## 3 Des espaces fragmentés et conflictuels

● **Les inégalités se creusent entre les espaces ruraux.** L'exode rural est souvent motivé par l'abandon d'une agriculture pauvre et archaïque (Inde). À l'inverse, la multifonctionnalité favorise plutôt la revitalisation (Toscane). En France, les disparités entre campagnes dynamiques et régions en déprise sont également très importantes.

● **La multifonctionnalité des espaces ruraux favorise les conflictualités.** La périurbanisation, le productivisme agricole et les activités industrielles génèrent des conflits d'usage liés à l'accès à l'eau ou à la terre. La mise en œuvre d'un développement durable des campagnes progresse lentement, y compris en France.

+ Podcast de la synthèse

**Notions clés**

| | |
|---|---|
| Rural / Ruralité | 167 |
| Périurbanisation | 168 |
| Multifonctionnalité | 169 |
| Fragmentation | 169 |

**Chiffres clés**

- Part de la population rurale dans le monde : **45 %**
- Nombre de ruraux dans le monde : **3,4 milliards**
- Superficie occupée par l'agriculture dans le monde : **37 %** (des terres émergées)
- Part des agriculteurs dans le total des actifs mondiaux : **26 %**
- Part de la population rurale en France : **23 %**
- Superficie occupée par l'agriculture en France : **52 %**

**Pour approfondir**

**Film**

● *Petit Paysan,* de Hubert Charuel, 2017.

**Documentaire**

● *Volta à terra,* de João Pedro Plácido, 2014.

**Bande dessinée**

● *Silver Spoon* (série en cours, 14 tomes), de Hiromu Arakawa, éditions Kurokawa, 2011-2018.

# NOTIONS

## RURAL

Se dit d'un espace caractérisé par de faibles densités de peuplement, de bâti, d'activités, de services et d'équipements. Les paysages sont marqués par les formations végétales (forêts, cultures, prairies...) et les activités agricoles prédominent en superficie. Les espaces ruraux présentent des caractéristiques de plus en plus variées et sont en lien étroit ou sous l'influence des aires urbanisées.

## RURALITÉ

Caractère rural d'un espace, d'une population et de ses pratiques. La ruralité se caractérise par une identité (activités, paysages, modes de vie...). L'agriculture et la « nature » en sont les éléments structurants principaux. L'échelle locale est souvent privilégiée et valorisée.

Schéma interactif

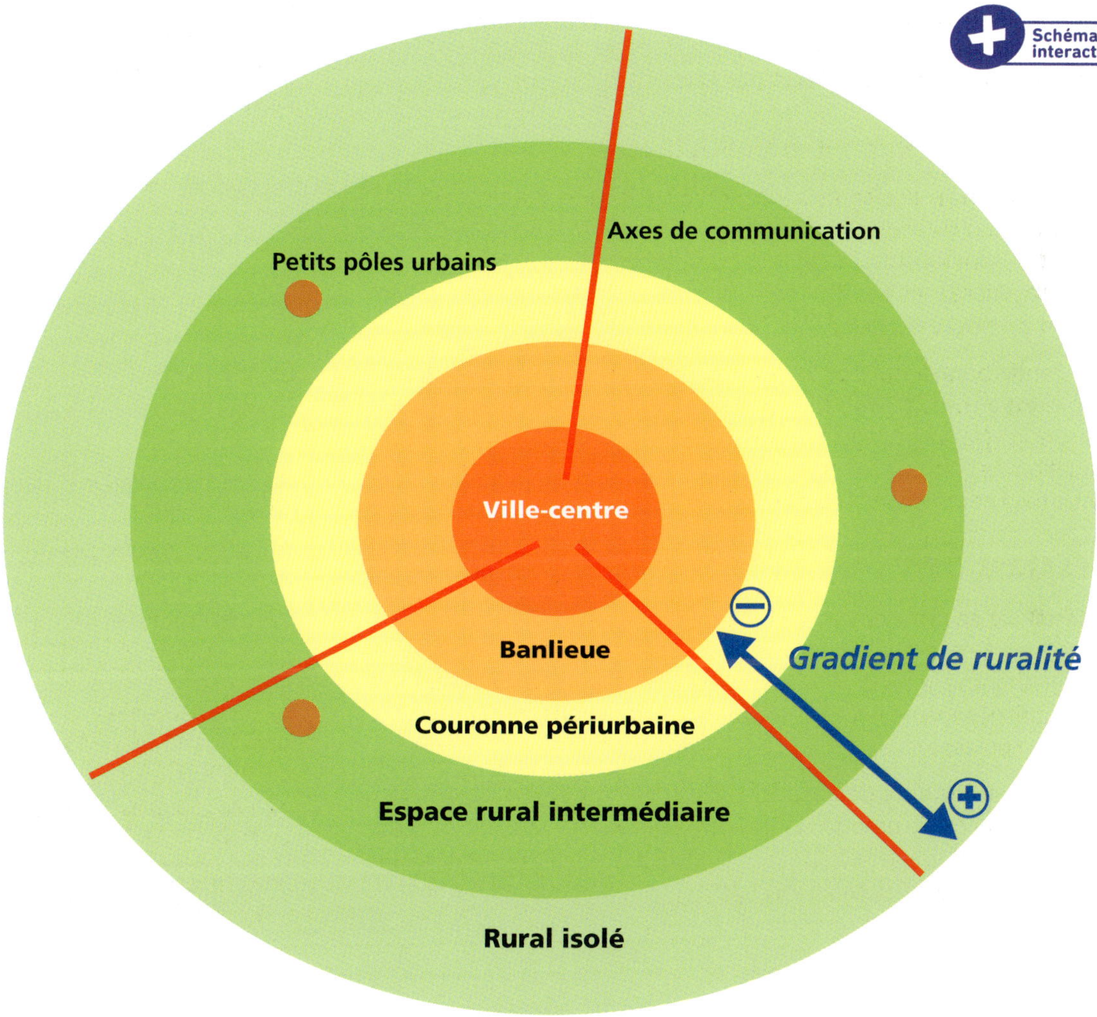


**1. Couronne périurbaine**
- Ruralité minimale
- Densité du peuplement et du bâti
- Diversité des activités et fonctions
- Rural plus dynamique / conflictualités

**2. Espace rural intermédiaire**
- Peuplement et bâti diffus
- Population et activités moins diversifiées
- Une fonction dominante (agriculture)

**3. Rural isolé**
- Ruralité maximale (espaces naturels)
- Enclavement / Eloignement
- Très faible densité de peuplement et de bâti
- Déclin démographique et des activités

NOTIONS

## PÉRIURBANISATION

Processus d'extension des espaces urbains en périphérie des agglomérations, généralement sous la forme de lotissements d'habitations individuelles. Ils se développent aux limites des espaces urbanisés et autour des bourgs ou villages à proximité. Les populations qui y résident effectuent des mobilités pendulaires vers la ville voisine car ils conservent des emplois et des modes de vie de citadins.

Schéma interactif

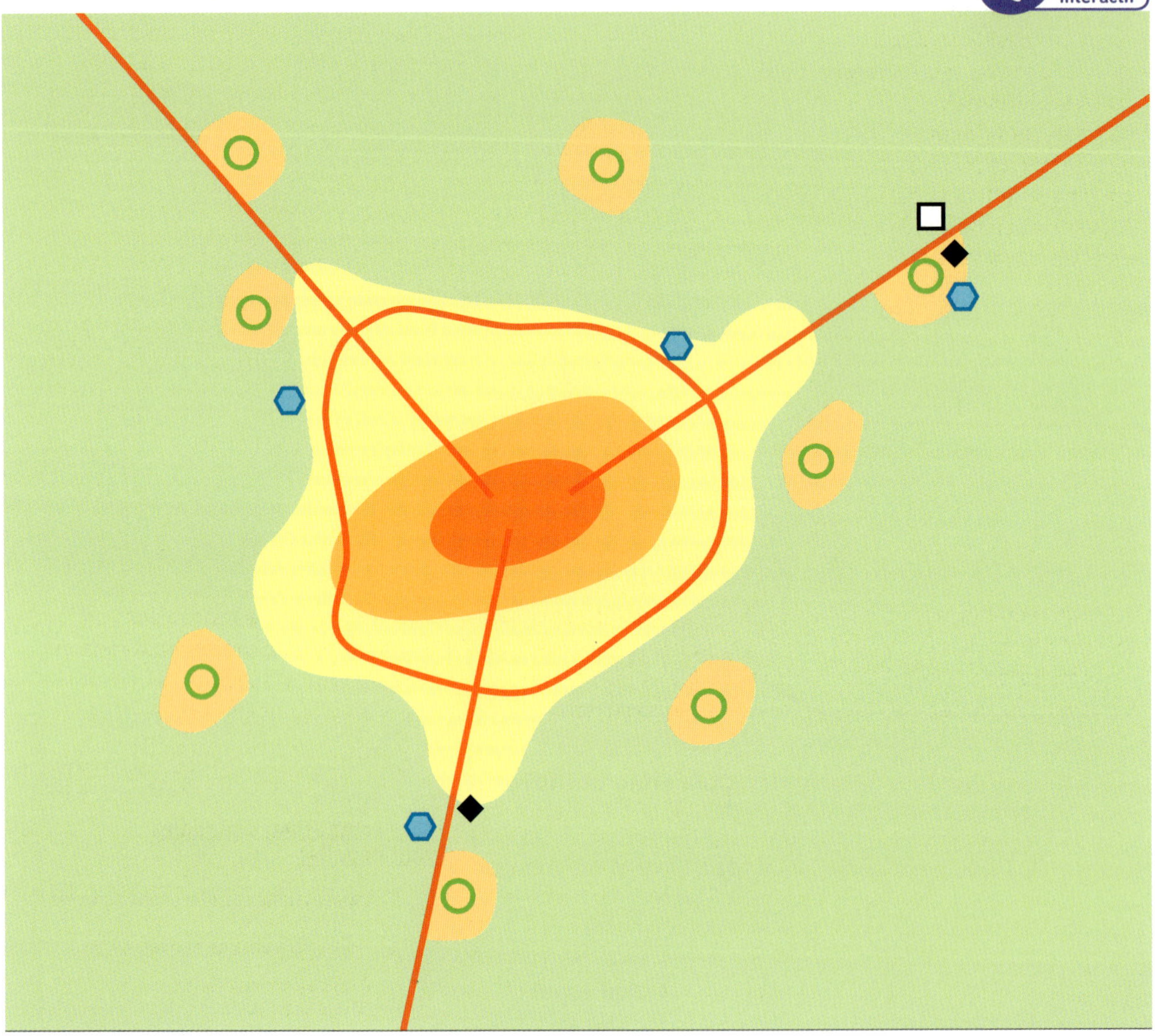

**1. Les moteurs de la périurbanisation**

- Ville-centre
- Banlieues
- Espaces ruraux disponibles
- Axes de communication

**2. Les composantes de la périurbanisation**

- Périurbanisation discontinue en périphérie des agglomérations
- Noyaux villageois et lotissements d'habitat pavillonnaire
- Pôles commerciaux, logistiques et de loisirs

**3. Une connexion à différentes échelles**

- Aéroport
- Gares TGV

## MULTIFONCTIONNALITÉ

Terme exprimant la pluralité des fonctions dans un espace donné. Pour les espaces ruraux, les fonctions agricoles demeurent très présentes mais sont concurrencées par des fonctions résidentielles, industrielles ou récréatives (loisirs, tourisme). Ce bouleversement géographique majeur est lié à la diffusion de l'urbanisation des sociétés dans les espaces ruraux.

Schéma interactif

**MULTIFONCTIONNALITÉ**

**Causes**
- Périurbanisation, étalement urbain
- Densification des réseaux de transports
- Migrations résidentielles (résidences secondaires, retraités, néoruraux...)
- Report des activités gênantes ou encombrantes (logistique, industries, aéroports, gares TGV...)
- Accroissement des fonctions récréatives (loisirs, tourisme)

**Diversification**
- Des populations (moins d'agriculteurs, plus de nouveaux actifs...)
- Des activités et des fonctions (moins d'agriculture, plus de logistique...)
- Des paysages (moins agricoles et moins naturels)

**Conséquences**
- Croissance démographique, rajeunissement des populations
- Croissance économique (création d'emplois et de revenus)
- Atteintes environnementales (artificialisation, pollution, dégradation des milieux)
- Concurrences pour l'occupation de l'espace, conflictualités
- Mesures de protection (parcs naturels...)

## FRAGMENTATION

La fragmentation est un processus de séparation au sein d'un espace. Ce processus repose sur des inégalités et des disparités économiques et sociales. Pour les espaces ruraux, la fragmentation se caractérise par la spécialisation des productions, la séparation de populations, d'activités, de paysages, de réalités très différentes qui coexistent en s'ignorant ou en s'opposant.

Schéma interactif

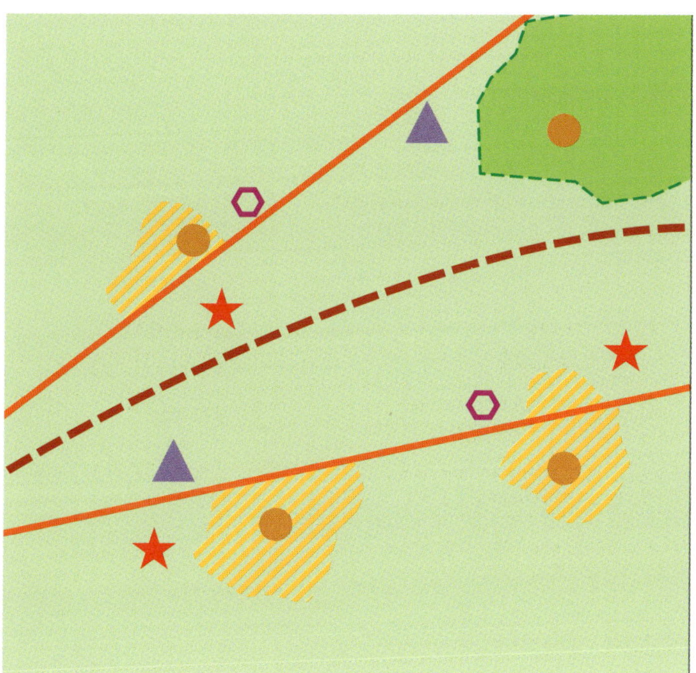

**1. Les composantes spatiales traditionnelles**
- Espaces ruraux aux fonctions agricoles
- Petits pôles urbains et villages
- Axes de communication (autoroutes, LGV...)

**2. Les composantes spatiales de la recomposition**
- Activités non agricoles (logistiques, industrielles…)
- Pôles récréatifs (parcs d'attractions…)
- Espaces de périurbanisation
- Nouveaux axes de communication
- Périmètres de protection (parcs naturels)
- Conflits d'usage

# EXERCICES

## 1 Vérifier ses connaissances

Exercices interactifs

Retrouvez des exercices interactifs pour tester vos connaissances sur le thème 3.

## 2 Analyser un dessin de presse

**Les conflits d'usage dans les espaces ruraux vus par un dessinateur de presse**

Gab, avril 2016.

1. Les zones agricoles non défavorisées sont des zones sans contraintes naturelles particulières (pente, infertilité des sols...). Dans ces zones, les agriculteurs ne perçoivent pas d'aides financières de l'Union européenne.

### Questions

1. Décrivez le dessin et montrez qu'il s'agit d'un espace rural.
2. Identifiez les éléments illustrant les différentes fonctions de cet espace : fonction agricole, touristique, patrimoniale.
3. À quelles difficultés Marcel est-il confronté ?
4. Montrez que ce dessin traduit les mutations des espaces agricoles et les conflits d'usage qui en découlent.

# 3 Confronter deux graphiques

## La population rurale dans le monde en 1960 et en 2017

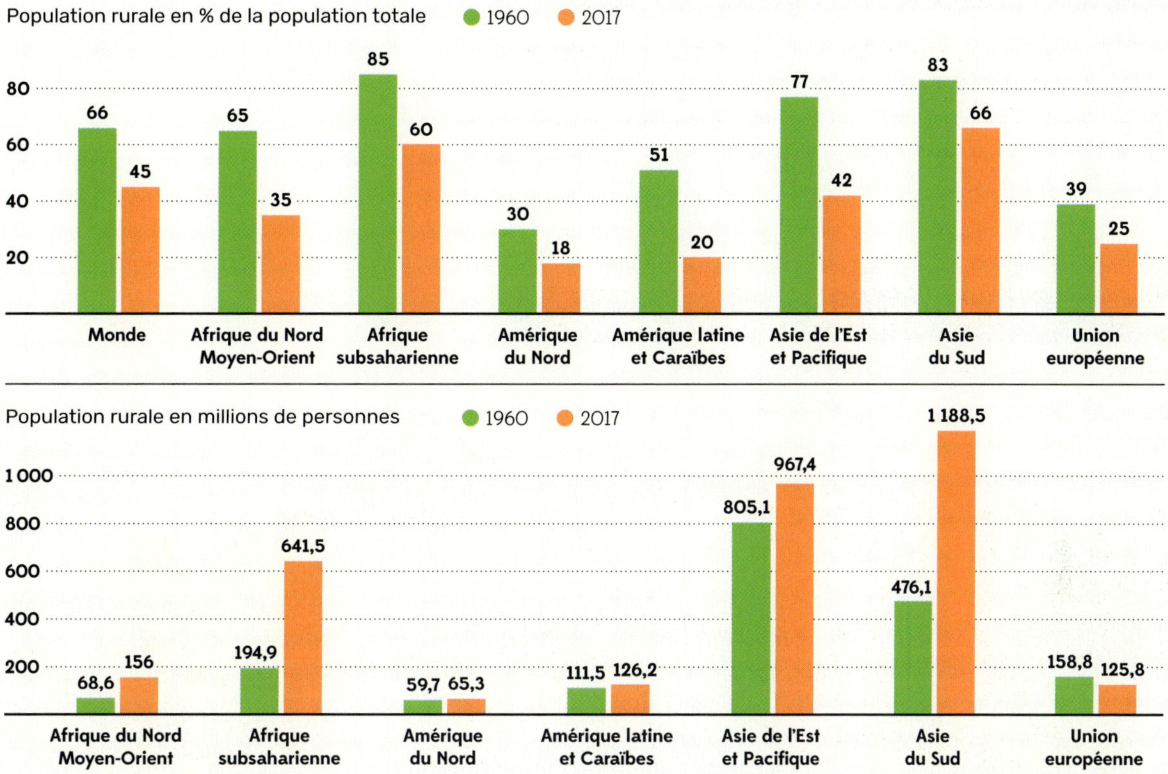


*Source : Banque mondiale, 2018.*

Le monde comptait 2 milliards de ruraux en 1960 et 3,4 milliards en 2017.

### Questions

**1 Lire les graphiques :**

**a.** Indiquez le sujet des graphiques et les unités de mesure utilisées.
**b.** Dans quels ensembles géographiques le pourcentage de population rurale est-il le plus important en 1960, puis en 2017 ? Dans quelles parties du monde ce pourcentage est-il le plus faible ?
**c.** Quels facteurs expliquent ces situations ?
**d.** Comment la population rurale a-t-elle évolué en pourcentage et en nombre de personnes entre 1960 et 2017 dans le monde ?

**2 Interpréter les données :**

**a.** Expliquez la différence entre les deux graphiques.
**b.** Quel graphique vous semble le plus pertinent pour montrer l'évolution de la population rurale ?

# 4 Approfondir ses connaissances

**Se documenter sur l'agriculture et l'alimentation dans le monde avec le site de la FAO (organisation des Nations unies pour l'alimentation et l'agriculture).**

Exercice d'approfondissement

# BAC Analyse de documents

→ Méthode générale et description de l'épreuve p. 212

## MÉTHODE → Extraire et mettre en relation les informations

### SUJET

### Les recompositions des espaces ruraux

**Consigne :**

Vous analyserez et confronterez les documents afin de répondre à la question : quelles sont les recompositions des espaces ruraux au Québec et en France ?

Vous caractériserez les relations entre villes et campagnes, puis vous mettrez en évidence la multifonctionnalité des espaces ruraux et les défis qui en découlent.

### 1 Les campagnes au Québec

Citoyens et citoyennes des villes du Québec, [...] Vous êtes ruraux parce que vous consommez les fraises de l'île d'Orléans, le maïs de Neuville, le fromage de Saint-Raymond, les crevettes de la Côte-Nord, les homards de la Gaspésie, les confitures de Sainte-Marcelline. [...] C'est dans les villes que ruraux et citadins vont à l'université, fréquentent les centres commerciaux, assistent à des concerts et à de grands événements sportifs, achètent leurs voitures et prennent l'avion pour le soleil des Antilles. S'il y a une chose que l'espace que nous occupons nous enseigne, c'est l'interdépendance et la complémentarité ville-campagne. Ce qui ne signifie pas qu'il n'y a plus de distinction entre ces deux versants de notre société, que les deux mondes sont fondus l'un dans l'autre, ou que la ville est l'expression accomplie de la modernité alors que la campagne serait en attente d'urbanisation. La ruralité d'aujourd'hui ne correspond plus à la campagne des années 1940 et 1950, agricole et homogène. La ruralité actuelle est plurielle, c'est-à-dire diversifiée dans ses composantes et sa dynamique ; elle aspire à une modernité pleinement assumée, mais dans un mode et des formes différents de ce que propose la grande ville. Partout, la multifonctionnalité s'est imposée. [...] Elle pose le défi de la cohabitation harmonieuse entre les différentes fonctions et l'usage des sols. [...] Pour l'État, des actions sont à entreprendre afin que s'accomplisse cette révolution des territoires : doter les régions des infrastructures, équipements et services publics, dont Internet haute vitesse et la téléphonie mobile, pour accroître l'attractivité et la compétitivité économique des espaces habités hors des grands centres.

Bernard Vachon, géographe québecois, « Comprendre le potentiel de la ruralité actuelle », *Le Devoir,* 30 mai 2018.

### 2 Les campagnes en France

| | Occupation du territoire | | Activité agricole | | Populations âgées | |
|---|---|---|---|---|---|---|
| | Densité (hab./km²) | Nature (%)[1] | Actifs (%) | « SAU » (%)[2] | Retraités (%) | 75 ans + (%) |
| **Campagnes...** | **55,7** | **33,9** | **1,8** | **60,5** | **24,6** | **9,9** |
| ...vieillies et très peu denses | 23,3 | 48,8 | 3,6 | 49,9 | 29,2 | 12,4 |
| ...agricoles et industrielles | 14,4 | 23 | 2,5 | 74,1 | 24,7 | 10 |
| ...des villes et des littoraux | 122,2 | 27,8 | 1 | 64,2 | 23,2 | 9,2 |

Sources : Insee/DATAR, extrait de Pierre Pistre et Frédéric Richard (géographes), *Géoconfluences*, 27 avril 2018.

1. Nature : occupation du sol en forêts et milieux semi-naturels, en zones humides et en surfaces en eau.
2. « SAU » : Surface Agricole Utilisée.

## Méthode — Guide de travail

### 1 Analyser le sujet

**→ Définir les termes de la consigne**

**1.** Définissez : *recompositions, multifonctionnalités, espace rural.*

**→ Analyser l'énoncé de la consigne**

**2.** Que devrez-vous montrer et expliquer dans l'analyse ?

**Conseil DU PROF**
- Reportez-vous au lexique p. 218 pour retrouver la définition des termes géographiques.

**3.** Quel plan est suggéré par la consigne ?

### 2 Analyser les documents

**→ Identifier les documents**

**4.** Indiquez la nature et la source des documents.

**5.** Quel est le thème commun aux deux documents ? Quelle idée générale expriment-ils ?

**→ Extraire et mettre en relation les informations**

- Relever dans les documents les informations répondant à la consigne.
- Confronter les documents et comparer les informations :
  – elles peuvent être complémentaires, les unes permettant d'expliquer les autres ;
  – elles peuvent être contradictoires et permettre de nuancer les idées.

**6.** Relevez les informations permettant de répondre à la consigne et complétez le tableau :

| | Doc 1 | Doc 2 |
|---|---|---|
| Relations villes-campagnes | – Interdépendance<br>– … | – Campagnes des villes<br>– … |
| Multifonctionnalité et défis | – … | – … |

**7.** Quelles informations permettent de dégager la notion de conflits d'usage ?
Montrez que les documents sont complémentaires sur l'idée de « ruralité plurielle ».

**Conseil DU PROF**
- Mobilisez vos connaissances pour mettre en relation les informations. Aidez-vous du cours et des études de cas des chapitres.

**→ Expliquer les informations à l'aide des connaissances**

**8.** Expliquez les termes spécifiques : *ruralité*, *interdépendance*.
Caractérisez les différents types de campagnes présentés dans le document 2.

### 3 Répondre au sujet

**→ Rédiger une introduction**

**9.** Présentez brièvement les documents et la problématique.

**→ Rédiger la réponse à la consigne**

**10.** À partir de votre travail d'analyse, rédigez la réponse à la problématique : « quelles sont les recompositions des espaces ruraux au Québec et en France ? ». Suivez le plan annoncé dans la consigne.

**→ Rédiger une conclusion**

**11.** Pour conclure, faites un bilan de votre étude.

THÈME 3
SE PRÉPARER
MONDE
FRANCE
RÉVISER

# BAC Croquis

→ Méthode générale et description de l'épreuve p. 214

## MÉTHODE → Représenter les informations par des figurés

**SUJET**

**Dynamiques et mutations des espaces ruraux en France**

Fond de carte

### Dynamiques et mutations des espaces ruraux en France

**Les espaces ruraux français présentent des dynamiques contrastées**

Les montagnes françaises et les régions de polyculture traditionnelle (Gascogne, Landes, Morvan, plateau de Langres, Bretagne intérieure, Ardennes, Corse) sont des espaces ruraux fragiles connaissant des difficultés économiques et démographiques. L'agribusiness et l'agriculture spécialisée font la force des grandes régions agricoles (Beauce, Picardie, Champagne, Bordelais, Bourgogne, nord de la Bretagne, Bourbonnais). Le dynamisme de ces espaces repose sur une agriculture performante. La diversification des activités et des fonctions productives caractérise les espaces ruraux multifonctionnels des littoraux, des grandes vallées fluviales (Loire, Rhône) et de l'Est de la France. Les campagnes périurbaines des grandes villes sont attractives et ont essentiellement une fonction résidentielle et récréative.

**Les mutations des espaces ruraux s'accompagnent de stratégies d'aménagement et de développement**

Face au déclin de la fonction agricole et à la déprise touchant les territoires ruraux en difficulté, l'État et l'Union européenne ont mis en œuvre des politiques d'aide au développement rural. Ainsi les pôles de compétitivité tournés vers l'agriculture ont permis l'émergence de réseaux d'entreprises innovantes dans de nombreuses régions rurales (Anjou, Limagne, Bourgogne, Artois, Normandie). L'économie rurale se renouvelle également grâce au développement des districts industriels, notamment dans le Jura et en Savoie. Par ailleurs, les espaces ruraux fragiles deviennent des zones de revitalisation rurale bénéficiant d'aides fiscales pour favoriser leur développement économique. Toutefois, parmi elles, les zones de montagne présentent des atouts naturels favorables au développement de l'écotourisme : les Pyrénées, l'Auvergne, les Alpes, le Jura, les Vosges et la Corse.

Thèmes principaux indiquant les parties du plan de la légende du croquis

Informations à représenter sur le croquis

Lieux concernés par le sujet

**Retrouvez des sujets de BAC et des méthodes actualisés régulièrement sur le site**
**→ lyceen.nathan.fr/geo1re-2019**

| Méthode | Guide de travail |
|---|---|
| **1 Déterminer l'objectif du croquis** | |
| → **Analyser les termes du sujet** | **1.** Repérez les mots clés du sujet et précisez leur sens.<br>**Conseil DU PROF**<br>• Définir les mots clés permet de déterminer l'idée directrice du croquis.<br>**2.** Que devra montrer le croquis ? |

## Méthode / Guide de travail

### 2 Relever les informations dans le texte

→ **Identifier les informations cartographiables** (faits, phénomènes géographiques ou spatiaux)

3. Quel est le thème principal de chaque partie du texte ?

**Conseil DU PROF**
- Aidez-vous des titres.

4. Sélectionnez dans la première partie du texte les informations sur les différentes catégories d'espaces ruraux et leurs activités dominantes. Relevez le nom des lieux auxquels ils correspondent.
5. Quelles informations, dans le texte, permettent de localiser les « zones de revitalisation rurale » ?

**Conseil DU PROF**
- Synthétisez des informations ou regroupez des catégories de lieux pour réduire le nombre d'éléments et de figurés à représenter sur le croquis.
- Reportez-vous aux cartes du cours et à un atlas pour apprendre la localisation des régions.

### 3 Passer du texte à la légende du croquis

→ **Classer les informations dans la légende**

6. À l'aide du travail effectué sur le texte, classez les informations dans une légende en deux parties.

→ **Représenter les informations par des figurés**
- Les figurés sont des symboles permettant de différencier les informations.
- Rechercher la cohérence des figurés pour représenter et hiérarchiser les informations.
- Utiliser toujours des figurés abstraits.
- Ne pas dessiner des pictogrammes pour représenter des faits ponctuels (avion pour aéroport, bateau pour port…).

7. Choisissez un figuré pour chaque information sélectionnée.

**Conseil DU PROF**
- Utilisez :
– Des aplats de couleur ou des hachures pour les phénomènes étendus en surface.
– Des figurés ponctuels et des figurés géométriques pour des phénomènes ou des lieux précis.
– Des figurés linéaires pour des limites ou des réseaux de communication.
– Des flèches pour des dynamiques ou des flux.
– Faites varier la taille et la couleur des figurés pour hiérarchiser les phénomènes.

### 4 Réaliser le croquis

8. Sur le fond de carte fourni :
- Dessinez les figurés choisis.
- Indiquez le nom des lieux (la nomenclature).
- Recopiez sous le croquis la légende complétée.
- Donnez un titre au croquis en reprenant celui du texte.

**Conseil DU PROF**
- Les figurés doivent être tracés et coloriés avec soin, en utilisant des crayons de couleur et, si besoin, une règle.

**Conseil DU PROF**
- Reprenez le titre du texte car il exprime l'idée principale ou la question problématique du croquis.

# BAC Question problématisée

→ Méthode générale et description de l'épreuve p. 216

## SUJET

→ Comment les nouveaux rapports entre villes et campagnes favorisent-ils la multifonctionnalité des espaces ruraux dans le monde ?

- nouveaux rapports entre villes et campagnes : Quels sont ces rapports ?
- espaces ruraux : À définir. Expliquer le pluriel des termes.
- dans le monde : Échelle du sujet
- multifonctionnalité : À définir. Quels sont les différents rôles des espaces ruraux ?
- À quelle échelle

| Méthode | Guide de travail |
|---|---|

### 1 Analyser la question

| | |
|---|---|
| → **Définir les mots clés, l'échelle ou l'espace concerné par le sujet** | **1.** Analysez la question posée en vous aidant des encadrés de couleurs ci-dessus.<br>**2.** Déterminez l'échelle du sujet.<br>**3.** Comment la question vous aide-t-elle à organiser la réponse ? |

### 2 Mobiliser et organiser ses connaissances

| | |
|---|---|
| → **Rassembler les connaissances et les exemples en rapport avec le sujet** | **4.** Au brouillon, listez :<br>– les mots clés et notions en lien avec la question ;<br>– les idées à développer ;<br>– les exemples que vous utiliserez pour illustrer les idées.<br><br>**Conseil DU PROF**<br>• Retrouvez les connaissances utiles pour traiter cette question dans le cours p. 204-205. Vous pouvez les enrichir avec des exemples pris dans les études de cas et les dossiers des chapitres 5 et 6. |
| → **Organiser les connaissances** | **5.** Déterminez les deux idées directrices permettant de répondre à la question.<br>→ Classez vos connaissances dans chacune de ces idées.<br><br>**Conseil DU PROF**<br>• Attribuez une couleur à chaque idée et surlignez sur votre brouillon les informations correspondantes. Cela vous permettra de classer les connaissances plus facilement. |

## Méthode | Guide de travail

### 3 Rédiger la réponse à la question

| Méthode | Guide de travail |
| --- | --- |
| → **Rédiger une courte introduction** | **6.** Présentez le sujet en développant la question problématisée.<br>**Exemple :** l'agriculture reste une activité importante dans les espaces ruraux, mais les fonctions non agricoles se développent dans ces espaces avec lesquels les villes entretiennent des rapports nouveaux. |
| → **Rédiger le développement**<br>• Le développement est composé de deux ou trois parties.<br>• Chacune des parties correspond à une idée directrice permettant de répondre à la question. | **7.** Pour chaque idée directrice, rédigez un paragraphe argumenté selon le modèle suivant :<br>**Argument (idée) 1**<br>Explications<br>Exemples<br>**Argument (idée) 2**<br>Explications<br>Exemples |
| → **Rédiger une conclusion** | **8.** Rédigez une courte réponse à la question problématisée.<br>**Exemple :** les espaces ruraux se diversifient et se recomposent sous les effets de la pression urbaine et des enjeux fonciers. |



**Retrouvez des sujets de BAC et des méthodes actualisés régulièrement sur le site**
→ **lyceen.nathan.fr/geo1re-2019**

THÈME 4

# CHAPITRE 7 La Chine : des recompositions spatiales multiples

CHINE

## SOMMAIRE



**Dans ce chapitre**

- TOUS LES TEXTES en version à imprimer
- TOUTES LES CARTES en version interactive

**Zoom sur...**

**Guangzhou**

| | |
|---|---|
| Population (2018) | 13 millions d'hab. |
| Superficie | 3 843 km² |
| Densité | 3 400 hab./km² |

Guangzhou (province du Guangdong) : funiculaire et plate-forme d'observation au sommet de la Tour de télévision et de tourisme dans le quartier d'affaires, 2017.

CHINE
Guangzhou

# Dossier

## La Chine, un territoire inégalement développé

**Comment les inégalités de développement se manifestent-elles en Chine ?**

### 1 Des inégalités sociales en Chine

Parole de géographe

En Chine, les inégalités sociales liées à la croissance restent à un niveau élevé [...]. Alors que le fossé entre les villes et les campagnes est important, l'ampleur de ces inégalités est une source de mécontentement au sein de la population et de préoccupations pour Beijing. Le revenu annuel net des habitants ruraux s'est établi en 2016 à 12 363 yuans (environ 1 570 euros), tandis que celui en zone urbaine s'élevait en moyenne à 33 616 yuans par personne (près de 4 300 euros).

Les inégalités entre la Chine rurale et la Chine urbaine ne se limitent pas aux revenus. Les urbains bénéficient plus souvent de logements sociaux et d'une couverture sociale plus étendue, notamment en matière de retraite. Les plus pauvres et les plus vulnérables se trouvent avant tout parmi les agriculteurs et les retraités des zones rurales ainsi que chez les travailleurs migrants (*mingongs*) ayant fui les campagnes pour chercher un emploi dans les métropoles de l'Est et du Sud-Est chinois et qui vivent en ville avec un certificat de résidence rurale, les privant de nombreux droits.

Nashidil Rouiaï, spécialiste de la Chine, « Chine : des inégalités sociales persistantes », *Carto*, n° 49, septembre-octobre 2018.

### 2 Les chiffres du développement en Chine

**Population** (2018)
**1,394 milliard** d'hab. (1er rang mondial)

**PIB/habitant** (2018)
**9 684 dollars** (71e)

**IDH** (2017)
**0,752** (86e)

**Espérance de vie** (2018)
**76,4 ans** (90e)

**Taux de pauvreté** (2017)
**3 %**

### 3 Les disparités régionales : les « Trois Chine »

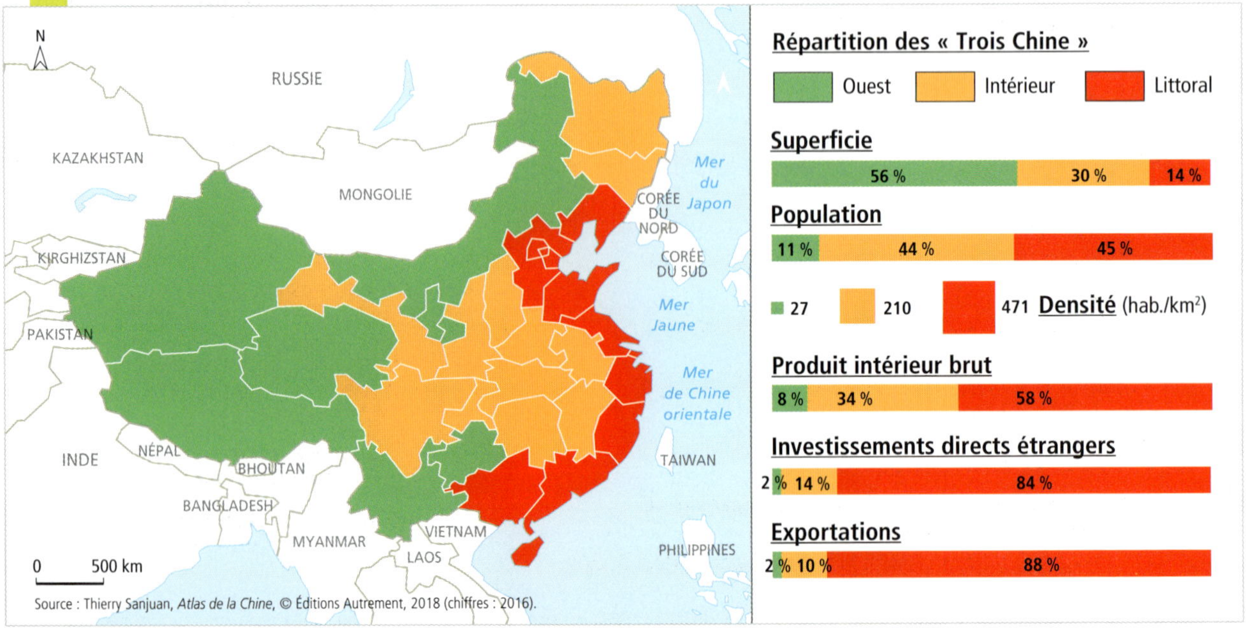

Source : Thierry Sanjuan, *Atlas de la Chine*, © Éditions Autrement, 2018 (chiffres : 2016).

Vidéo

## 4 Des villes aux inégalités marquées

Tours d'habitation à Hong Kong, 2017.

## 5 La lutte contre la pauvreté

La lutte contre les inégalités n'est pas une priorité pour le pouvoir, ni d'ailleurs pour la majorité des Chinois. Un peu comme les Américains, ceux-ci acceptent mieux les inégalités sociales que les Européens. Ils sont en revanche sensibles aux injustices, du moins celles qui les touchent directement. Ainsi, les migrants sont irrités de leur statut de résident urbain de seconde classe, sans accès aux bénéfices sociaux (par exemple l'éducation gratuite) dont jouissent les véritables urbains et surtout les classes moyennes. Mais ces derniers sont jaloux de leurs privilèges et ne souhaitent guère les partager, même si la présence des migrants en ville concourt à améliorer la qualité des services et donc leur bien-être.

La priorité du pouvoir est d'éradiquer la pauvreté, objectif qu'il sera en mesure d'atteindre assez rapidement. La généralisation des systèmes de protection sociale mettra beaucoup plus de temps et restera marquée de toute façon par de profondes inégalités, ces systèmes étant gérés à l'échelon municipal (le niveau juste en dessous de la province).

À tort ou à raison, les Chinois croient que c'est le Parti communiste chinois qui leur a permis de sortir de la pauvreté, puis de jouir d'un certain bien-être et pour certains de s'enrichir (alors qu'en réalité, ce sont tous les Chinois qui se sont mis au travail après 1978 ainsi que les technologies et investissements étrangers qui ont été les principales sources de modernisation).

Jean-Pierre Cabestan, « La Chine : quelles dynamiques politiques et géopolitiques ? », *Diploweb* [en ligne], 24 juin 2018.

## Questions

**Itinéraire 1**

### Décrire et expliquer

1. Décrivez les inégalités à l'échelle du territoire chinois. **doc. 1, 3 et 4**
2. Montrez que les inégalités sont présentes à l'échelle des villes. **doc. 4**
3. Quelles sont les politiques mises en œuvre pour réduire la pauvreté en Chine ? **doc. 5**

### Synthétiser et argumenter

4. Expliquez en quoi les inégalités de développement se manifestent à toutes les échelles en Chine et comment l'État chinois lutte pour les atténuer. **doc. 1 à 5**

ou

**Itinéraire 2** — Aide

### Réaliser une carte mentale

À l'aide des informations contenues dans les documents 1 à 5, complétez la carte mentale.

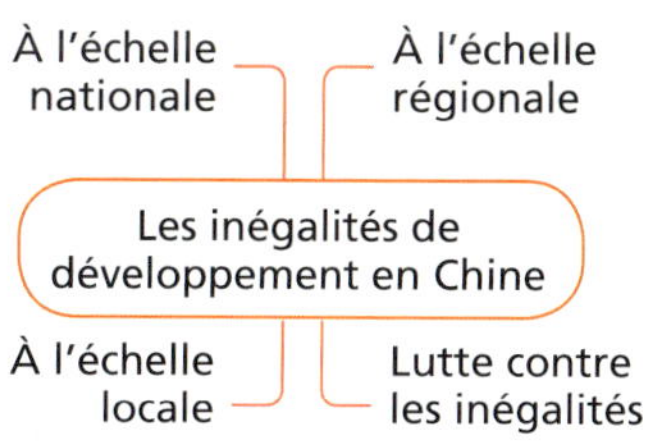


THÈME 4 — SE PRÉPARER — CHINE — RÉVISER

## Dossier

# La Chine en transition énergétique : un enjeu majeur

**Comment la Chine essaie-t-elle de répondre durablement à ses besoins énergétiques ?**

### 1 La Chine, numéro 1 de la production d'énergie solaire

Installation de panneaux solaires dans une station photovoltaïque à Lianyungang (province de Jiangsu, à l'Est de la Chine), mai 2018.

**Vocabulaire**

- **Énergies renouvelables :** énergies produites au moyen de ressources naturelles inépuisables (soleil, vent, eau) ou encore de végétaux.
- **Mix énergétique :** répartition entre les différentes sources d'énergie consommées par un État, une entreprise.
- **Transition énergétique :** passage d'une forte consommation d'énergies fossiles non renouvelables (pétrole, charbon) à des énergies renouvelables (éolien, solaire).

### 2 Vers la diversification des énergies ?

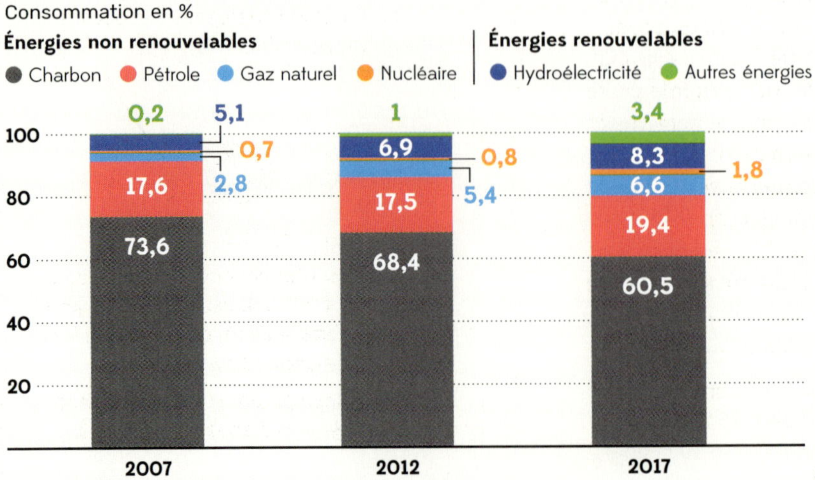


**En 2017**

- **17 %** de la production mondiale d'énergie **(1er rang)**
- **22 %** de la consommation mondiale d'énergie **(1er rang)**
- **25 %** des émissions mondiales de gaz à effet de serre **(1er rang)**
- **23 %** de la production mondiale d'énergie solaire photovoltaïque **(1er rang)**

*Source : Statistical Review of World Energy, BP, 2018.*

## 3 Les principales ressources énergétiques en Chine

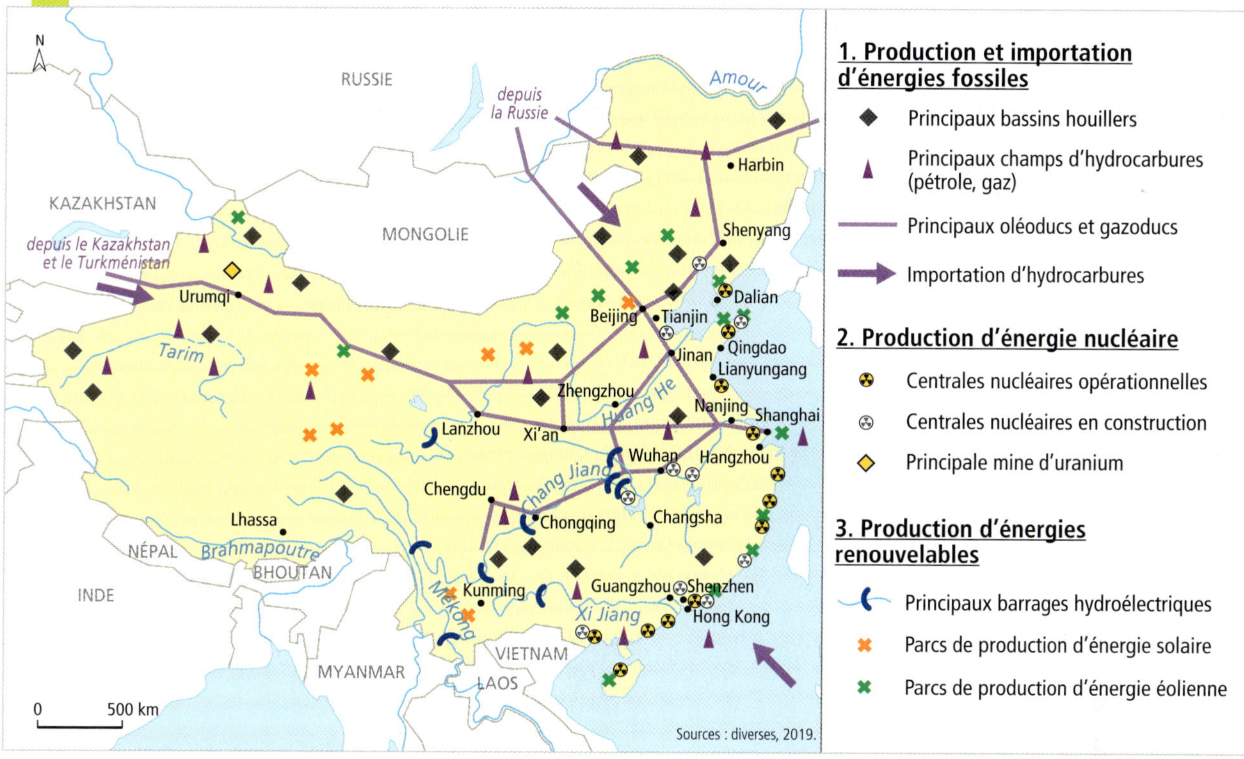


## 4 Le paradoxe de la transition énergétique chinoise

Malgré son statut de plus gros pollueur de la planète, la Chine est également le premier investisseur dans les technologies vertes, et ainsi le leader mondial de la transition énergétique. Selon l'Agence internationale de l'énergie (AIE), la Chine est responsable de 40 % de la croissance d'énergie solaire photovoltaïque, et a déjà dépassé son objectif de 2020. Cela est loin d'être une exception : la Chine est aussi le leader mondial en termes d'énergie hydroélectrique (conversion de l'énergie hydraulique en électricité), de bioénergie (extraction de l'énergie présente dans la biomasse) ainsi que de véhicules électriques.

La route est encore longue pour la Chine dont le mix énergétique est toujours fortement dépendant du charbon. Le pays en est le premier producteur et consommateur, produisant et consommant pas moins de la moitié du stock mondial. [...] Le paradoxe chinois – oscillation permanente entre croissance dopée et limitation des dégâts environnementaux – atteint là son maximum. En effet, en matière de mobilité décarbonée[1], malgré son statut de premier investisseur, la Chine alimente ses voitures et transports électriques avec de l'électricité produite à base de… charbon ! Ainsi, l'industrie verte chinoise, si elle se développe de manière significative (production de voitures à hydrogène, de moteurs propres, etc.), n'est elle-même pas exempte de pollution.

Institut Montaigne, « Les paradoxes de la révolution verte chinoise », 15 février 2018.

1. Sans émission de $CO_2$.

## Questions

### Itinéraire 1

#### Décrire et analyser

1. Décrivez la consommation énergétique chinoise et son évolution. **doc. 2**
2. Situez les régions productrices d'énergies fossiles, d'énergie nucléaire et d'énergies renouvelables. **doc. 3**
3. Montrez que la Chine s'oriente vers la production et la consommation d'énergies renouvelables. **doc. 1 à 4**

#### Synthétiser

4. Comment la Chine a-t-elle engagé une transition énergétique et quelles en sont les limites ? **doc. 1 à 4**

ou

### Itinéraire 2

Méthode

#### Réaliser un exposé oral

- À l'aide des informations contenues dans les documents 1 à 4, expliquez les enjeux de la transition énergétique en Chine lors d'un court exposé (3 minutes).
- Appuyez votre propos sur un diaporama composé de trois diapositives maximum.

Dossier

# Les villes, vitrines de l'émergence chinoise

➔ **Comment le développement des villes participe-t-il aux recompositions spatiales en Chine ?**

## 1 La Chine en villes

Parole de géographe

Les populations urbaines de la Chine actuelle suivent les standards modernes de consommation et de loisirs. Les mêmes modes de vie se retrouvent dans les métropoles du littoral et les grandes villes de l'intérieur. Les politiques successives d'aménagement du territoire depuis le début des années 1990 ont en cela décloisonné et rapproché les territoires de ce pays-continent.

Les villes sont devenues les acteurs, les leaders et les vitrines du développement chinois contemporain. Leurs mutations se traduisent par le renouvellement de leur bâti, par leur extension et leurs nouvelles articulations polycentriques : la création de centres d'affaires aux tours toujours plus hautes s'accompagne d'une redistribution en périphérie des populations les moins aisées, des activités industrielles et des grands équipements urbains. Les villes chinoises se réinstallent dans des logiques de réseaux, participant pour les plus grandes à la fois du réseau des grandes métropoles mondiales et asiatiques, et d'aires d'influences régionales et nationales intégrant leurs arrière-pays. Les villes chinoises témoignent de niveaux de vie qui évoquent ceux des pays développés. Même dans des capitales provinciales intérieures, les choix de consommation, l'élévation du niveau d'instruction et les connaissances accumulées sur l'étranger témoignent d'une vraie ouverture de la Chine. Depuis 2010, la majorité des Chinois vivent dans des villes. La société chinoise est désormais dominée par les activités, les problèmes et les valeurs de la ville.

Thierry Sanjuan, professeur à l'Université Paris 1 Panthéon-Sorbonne, *Atlas de la Chine*, © Éditions Autrement, 2018.

**Vocabulaire**

- **Émergence** : forte croissance économique d'un pays, mais accompagnée d'une amélioration lente des conditions de vie des habitants les plus pauvres.

## 2 Shanghai, une mégarégion urbaine en expansion

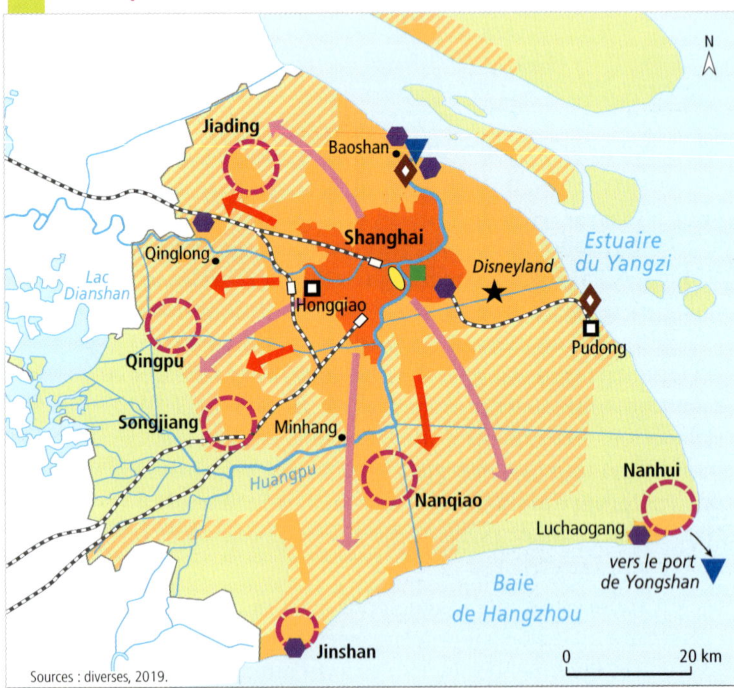


Sources : diverses, 2019.

**1. Les espaces métropolitains**
- Ville-centre
- Périphérie urbanisée
- Périphérie mixte
- Périphérie rurale et agricole

**2. Les dynamiques urbaines**
- Extension urbaine
- Villes nouvelles
- Étalement urbain

**3. Les fonctions métropolitaines**
- Centre historique
- Quartier d'affaires
- Espaces productifs industriels
- Disneyland

**4. Un espace intégré à la mondialisation**
- Espaces portuaires
- Aéroports internationaux
- Lignes à grande vitesse
- Zones franches

## 3 Les villes dans les dynamiques de l'espace chinois

## 4 Quartier d'affaires de Beijing (2019)

# Questions

### Itinéraire 1

#### Décrire et expliquer

1. Décrivez le réseau urbain chinois. **doc. 1 et 3**
2. Montrez que la forte croissance de Shanghai est à l'origine d'une recomposition de ses espaces urbains. **doc. 2**
3. Expliquez comment les politiques urbaines publiques réorganisent le développement du territoire chinois. **doc. 1**

#### Synthétiser

4. Rédigez une synthèse montrant que les villes chinoises participent aux recompositions du territoire chinois à toutes les échelles (locale, régionale et nationale). **doc. 1 à 4**

ou

### Itinéraire 2

Aide

#### Organiser des informations dans un tableau

- Recopiez et complétez ce tableau à l'aide des informations issues des documents 1 à 4.

| | Le développement des villes recompose le territoire chinois |
|---|---|
| À l'échelle nationale | |
| À l'échelle régionale | |
| À l'échelle locale | |

THÈME 4
SE PRÉPARER
CHINE
RÉVISER

# Dossier

# Les mutations des espaces ruraux en Chine

**Comment les espaces ruraux chinois sont-ils recomposés par le développement et l'urbanisation ?**

## 1 Les transformations de l'agriculture chinoise

La Chine a réussi l'exploit, jusqu'au milieu des années 2000, de nourrir la population la plus nombreuse au monde tout en réduisant la part de personnes vivant sous le seuil de pauvreté. Mais l'exode rural massif de ces dernières décennies et la forte croissance économique du pays ont eu des conséquences importantes sur le régime alimentaire des Chinois et sur les modes de production agricole. À la faveur de la hausse du pouvoir d'achat des ménages et de l'urbanisation, la consommation par habitant de protéines animales a doublé depuis le début des années 1990.

La politique poursuivie par la Chine a jusqu'à présent consisté à augmenter à tout prix sa production agricole. Mais cette voie productiviste se trouve aujourd'hui confrontée à d'énormes difficultés. Outre la question du maintien d'une main-d'œuvre agricole suffisante et motivée, alors que les salaires en ville sont beaucoup plus attractifs, c'est plus fondamentalement le modèle agricole lui-même qui se trouve sur la sellette. Son potentiel productif touche en effet à sa limite, en raison, d'une part, des ressources limitées du pays et, d'autre part, de son impact négatif sur la qualité des ressources.

Conscient de ces impasses écologiques, le président Xi Jinping, arrivé au pouvoir en 2013, a été à l'initiative d'une inflexion de la politique agricole afin de restaurer les capacités de production domestiques et d'assurer la sécurité alimentaire sur le long terme.

Jean-Marc Chaumet, « La Chine face au péril alimentaire », *Alternatives économiques*, 1er février 2017.

## 2 Les espaces agricoles en Chine

Source : D'après Thierry Sanjuan, *Atlas de la Chine*, © Éditions Autrement, 2018.

- Oasis et périmètres irrigués (blé de printemps, riz, coton)
- Élevage extensif
- Domaine forestier
- Maïs, soja, blé de printemps
- Maïs, tubercules
- Betterave, blé, maïs, sorgho
- Blé, maïs, coton, soja
- Orge
- Blé, riz, coton, thé
- Riz, maïs
- Cultures tropicales
- Double récolte de riz, coton, thé
- Double récolte de riz, thé, cultures tropicales et plantations
- Espaces non cultivés

## 3 Les principales productions agricoles en Chine

En millions de tonnes

**Porcs : 53,4** 1er rang mondial

**Volailles : 17,3** 2e rang mondial

**Viande bovine : 7,3** 3e rang mondial

**Blé : 128** 1er rang mondial

**Riz : 206** 1er rang mondial

**Maïs : 216** 3e rang mondial

**Soja : 12** 4e rang mondial

*Source : FAO, 2017.*

La Chine représente 18,5 % de la population mondiale à nourrir, 9 % de la surface agricole mondiale et 6,5 % des ressources en eau de la planète.

## 4 Tourisme rural à Xinghua (province du Jiangsu)

Touristes dans des champs de fleurs de colza, dans le bourg de Ganggu, avril 2016.

## 5 Le développement du tourisme dans les campagnes

Parole de géographe

Avec environ 2,1 milliards de voyages effectués à la campagne en 2016, le secteur [du tourisme] aurait créé des emplois pour 6,72 millions de ruraux. Ces chiffres témoignent à eux seuls de l'important développement du secteur touristique dans les campagnes chinoises. […]

Le lancement des réformes à la fin des années 1970 a amorcé […] des transformations des systèmes productifs agricoles et industriels dans les campagnes […]. Les réformes signifient une nouvelle liberté pour les ménages paysans et non paysans résidant dans les campagnes, qui leur permet d'accroître leurs revenus […]. Ainsi les activités annexes au travail agricole augmentent-elles de façon importante le revenu non agricole.

Les migrations de la campagne vers la ville ont pu permettre de stimuler des revenus suffisants, de développer des compétences nouvelles et d'élargir le réseau de relations pour introduire au village des activités économiques nouvelles, souvent orientées vers une activité marchande. Les recettes touristiques permettent de maintenir et d'améliorer l'agriculture, d'augmenter son niveau de vie (achats de véhicules, équipements modernisés du foyer, finances supplémentaires pour la famille) et d'accéder à un statut nouveau de prestataire.

Emmanuel Véron, spécialiste de la Chine contemporaine, *EchoGéo*, n° 43, janvier-mars 2018.

## Questions

### Itinéraire 1

#### Décrire et expliquer

1. Décrivez les différentes activités pratiquées dans les espaces ruraux chinois. **doc. 1 à 4**
2. Montrez que les espaces ruraux connaissent de profondes transformations. **doc. 1, 4 et 5**
3. Quelles raisons expliquent le développement des activités touristiques dans les espaces ruraux ? **doc. 4 et 5**
4. Expliquez pourquoi les espaces ruraux sont étroitement liés aux villes. **doc. 4 et 5**

#### Synthétiser

5. Présentez les recompositions des espaces ruraux chinois en insistant sur leurs atouts et leurs faiblesses. **doc. 1 à 5**

**ou**

### Itinéraire 2

+ Méthode

#### Rédiger un article

- En utilisant un traitement de texte, rédigez un article qui décrit et explique les recompositions des espaces ruraux chinois.

**Conseils :**

– Appuyez votre travail sur les documents 1 à 5 de ce dossier ;
– Cherchez des illustrations pour enrichir votre article ;
– Collectez quelques liens de ressources Internet à intégrer dans une sitographie.

Cartes

# Peuplement et développement en Chine

## 1 Population et dynamiques de peuplement

**1. Une répartition inégale de la population**

Densité (nombre d'habitants/km²)

0 10 100 400

À l'est de cette ligne vivent entre 90 et 95 % des Chinois

**2. Une forte métropolisation**

Métropoles (en millions d'habitants)

- plus de 20
- de 10 à 20
- de 5 à 10
- de 2 à 5

**3. Dynamiques migratoires**

- Migrations internes
- Migrations internationales (diaspora chinoise)

Source : D'après Thierry Sanjuan, *Atlas de la Chine*, © Éditions Autrement, 2018.

### Chiffres clés

**Le peuplement en Chine**

**Population** (2018)
**1,394 milliard** d'habitants

**Croissance démographique**
**0,58 %** par an

**Densité de population**
**145 hab./km²**

**Indice de fécondité**
**1,6 enfant/femme**

### Vocabulaire

- **Diaspora :** dispersion d'une communauté (ethnique, religieuse…) dans le monde. Celle-ci parvient à conserver son identité culturelle en maintenant des liens de solidarité forts entre ses membres.
- **IDE (Investissements directs à l'étranger) :** sommes d'argent investies par des entreprises étrangères sur un territoire (création, rachat d'entreprise).
- **Métropole :** ville de grande importance qui exerce des fonctions de commandement, d'organisation et d'impulsion sur une région et qui permet son intégration avec le reste du monde.

## 2 Développement et inégalités

**1. Les inégalités régionales de développement**

IDH (moyenne nationale = 0,752)

- De 0,8 à 0,9
- De 0,752 à 0,8
- De 0,7 à 0,752
- De 0,6 à 0,7

**2. Les territoires moteurs, relais de la mondialisation**

- Principales métropoles
- Principaux aéroports internationaux (plus de 30 millions de passagers par an)
- Principales régions réceptrices d'IDE

**3. La réduction des inégalités**

- Investissements de l'État (villes au développement prioritaire)
- Nouveaux axes ferroviaires

Sources : PNUD, *China National Human Development Report 2016* et Thierry Sanjuan, *Atlas de la Chine*, © Éditions Autrement, 2018.

### Chiffres clés
**Le développement en Chine**

**IDH : 0,752** (86e rang mondial)

**Espérance de vie**
**76,4 ans** (moyenne)

**Revenu annuel des ménages**
urbains : **33 616 yuans** (4 460 €)
ruraux : **12 363 yuans** (1 640 €)

**Nombre de milliardaires** en 2018 : **440**

### Questions

1. Comment la population chinoise est-elle répartie sur le territoire ? **doc. 1**
2. Décrivez les inégalités de développement à toutes les échelles. **doc. 2**
3. Comment l'État tente-t-il de réduire les inégalités territoriales ? **doc. 2**

# Cartes

# Les dynamiques d'une Chine en recomposition

## 1 Des ressources et des environnements sous pression

**Vocabulaire**

- **Aléa :** phénomène à l'origine d'un danger potentiel, plus ou moins fort selon sa fréquence et son intensité.
- **Énergies fossiles :** énergies issues de la combustion de matières organiques fossilisées contenues dans le sous-sol (charbon, pétrole, gaz).
- **Énergies renouvelables :** énergies produites au moyen de ressources naturelles inépuisables (soleil, vent, eau) ou encore de végétaux.
- **Front pionnier :** processus d'appropriation d'un territoire considéré comme « vierge » à des fins de mise en valeur (agricole, minière…) et/ou de peuplement.

## 2 Les dynamiques spatiales de la Chine

**1. Urbanisation et métropolisation du territoire**

Métropoles (en millions d'habitants)
- Plus de 10
- De 5 à 10
- De 2 à 5
- Mégalopoles en formation
- Zones d'influence des métropoles mondiales

**2. Littoralisation et intégration à la mondialisation**

- Espaces littoraux dynamiques
- Espaces intégrés aux régions littorales
- Façade maritime
- Principaux ports en tonnage (en millions de tonnes en 2016)

**3. Des espaces ruraux en mutation**

- Espaces ruraux fragmentés par l'influence des villes
- Exode rural et migrations intérieures
- Fronts pionniers agricoles

Sources : diverses, 2019.

## Questions

1. Citez les principales ressources naturelles exploitées. **doc. 1**
2. Citez les régions les plus exposées à la dégradation environnementale. **doc. 1**
3. Dans quelles régions les principales métropoles chinoises se concentrent-elles ? **doc. 2**
4. Localisez les régions chinoises les plus attractives. **doc. 2**

Cours

Podcast du cours

# La Chine : développement et inégalités

**Comment le développement de la Chine s'accompagne-t-il d'un accroissement des inégalités ?**

**Vocabulaire**

- **Croissance** : voir p. 218.
- **Développement** : voir p. 218.
- **IDE (Investissements directs à l'étranger)** : voir p. 188.
- **IDH (indice de développement humain)** : voir p. 218.
- **Indice de Gini** : indice mesurant les inégalités de revenus entre les habitants d'un État. Il varie de 0 (égalité parfaite) à 1 (inégalité absolue).
- **« Nouvelles routes de la Soie » (*Belt and Road Initiative*)** : stratégie de développement mise en place par l'État chinois en 2013 afin de relier plus facilement la Chine à l'Europe et l'Afrique par des voies ferroviaires et maritimes.
- **Pays émergent** : pays en développement dont la croissance est forte et dont les conditions de vie des habitants s'améliorent, mais qui est encore marqué par de fortes inégalités socio-spatiales.
- **PIB (produit intérieur brut)** : voir p. 218.

## 1 Un pays en transition économique et démographique

● **La Chine a connu un développement extrêmement rapide.** Elle est aujourd'hui la deuxième puissance économique mondiale (PIB de 13 500 milliards de dollars en 2018), alors qu'elle ne faisait pas partie des dix premières puissances à la fin des années 1970 (11e en 1980). La croissance se maintenant quasiment à un rythme de 10 % par an entre 1990 et 2010, le PIB chinois a ainsi été multiplié par 35 en trente ans. Mais, avec un IDH de 0,752 (86e rang mondial), la Chine est un pays émergent et non un pays développé.

● **La population chinoise représente un moteur du développement.** La Chine est encore le pays le plus peuplé au monde (1,4 milliard d'habitants en 2019). Cette population nombreuse constitue une main-d'œuvre importante, mais aussi un marché de consommation considérable. Les Chinois ont ainsi profité de la forte croissance des dernières décennies : le PIB/habitant est passé de 320 dollars en 1990 à près de 9 684 dollars en 2018 (71e rang mondial). Sur cette période, plusieurs centaines de millions de Chinois sont sortis de l'extrême pauvreté.

● **Les évolutions démographiques peuvent constituer un frein au développement de la Chine.** La politique de l'enfant unique adoptée en 1979 a eu des conséquences majeures : ralentissement de la croissance démographique, déséquilibre filles/garçons et vieillissement de la population. Depuis 2015, les couples sont autorisés à avoir un deuxième enfant, mais la fécondité reste faible (1,6 enfant par femme en moyenne).

## 2 Des inégalités de développement à toutes les échelles

● **Les richesses sont inégalement réparties entre les Chinois.** En quelques décennies, la Chine est devenue l'un des pays les plus inégalitaires d'Asie et du monde. En 2017, l'indice de Gini était de 0,469 (en France, il est de 0,29). Les 10 % des Chinois les plus aisés disposent de 41 % du revenu total du pays. La Chine compte en moyenne deux milliardaires de plus chaque semaine.

● **Les disparités de développement sont importantes entre les provinces.** La Chine littorale rassemble les provinces les plus intégrées à la mondialisation : elle représente 14 % de la superficie du pays et concentre 45 % de la population, pour près de 60 % du PIB total et plus de 80 % des IDE. La Chine intérieure accueille 44 % de la population et un tiers des richesses. La Chine de l'Ouest, en marge, couvre près de 60 % du territoire pour un dixième de la population et du PIB.

● **À l'échelle locale, les inégalités de développement sont également très fortes.** Le revenu annuel moyen des ménages urbains est d'environ 4 300 euros en 2017, soit trois fois plus que celui des ménages ruraux (environ 1 570 euros). Dans les villes, les travailleurs migrants (*mingongs*) qui ont fui les campagnes à la recherche d'un emploi constituent une population fragile. Les disparités apparaissent également marquées au sein des campagnes : les ruraux les plus vulnérables se trouvent à l'Ouest, notamment dans la région du Gansu (Nord-Ouest).

**Les inégalités de revenus**

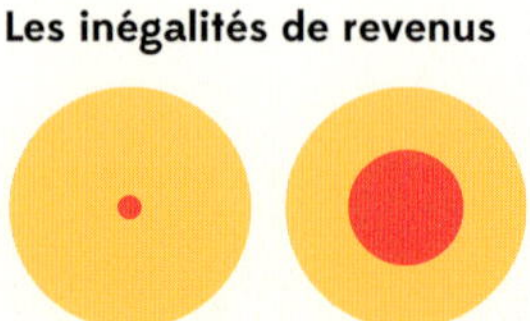

En 2016, **10 %** des Chinois les plus aisés... possèdent **41 %** des revenus

*Source : WID.World, 2018.*

## 3 Une volonté de réduire les inégalités de développement

● **La lutte contre la pauvreté est l'une des priorités de l'État chinois.** Le président Xi Jinping, au pouvoir depuis 2013, a fixé pour objectif l'éradication de la pauvreté d'ici 2020. La Banque chinoise de développement finance ainsi de nombreux projets : politique de relogement, développement d'industries locales, programmes de santé et d'éducation dans les régions en difficulté. La Chine comptait 17 % de pauvres en 2010, elle en compte 3 % en 2017.

● **L'État chinois a également pour objectif de réduire les disparités régionales.** Cet objectif se traduit en particulier dans la politique du « *Go West* » (investissements dans les provinces de l'Ouest du pays dans les années 2000) et dans le programme des « nouvelles routes de la Soie » (depuis 2013). Ce projet devrait permettre le désenclavement des provinces de l'Ouest en les intégrant dans les échanges entre la Chine et l'Europe. L'État construit ainsi de nouvelles infrastructures (transports, énergie, tourisme) et investit dans des métropoles de l'intérieur (Chongqing, Chengdu, Urumqi).

● **De nombreux défis subsistent.** Pendant plusieurs décennies, la richesse s'est concentrée dans les régions littorales : cette avance considérable apparaît difficile à rattraper pour les régions intérieures. De plus, les entreprises chinoises et étrangères continuent d'investir leurs capitaux principalement dans les régions les plus peuplées et les plus dynamiques, ce qui accentue davantage encore les disparités entre provinces littorales et provinces intérieures.

DOSSIER Un territoire inégalement développé → p. 180
GÉO AUTREMENT Photographier la Chine aujourd'hui → p. 198

### Vocabulaire

**Politique de l'enfant unique** : politique de contrôle des naissances mise en place en Chine entre 1979 et 2015.

**Seuil d'extrême pauvreté** : niveau au-dessous duquel une personne est considérée comme extrêmement pauvre. Ce seuil, actuellement fixé à 1,90 dollar par jour, est régulièrement relevé par la Banque mondiale.

**Nombre de milliardaires en Chine**

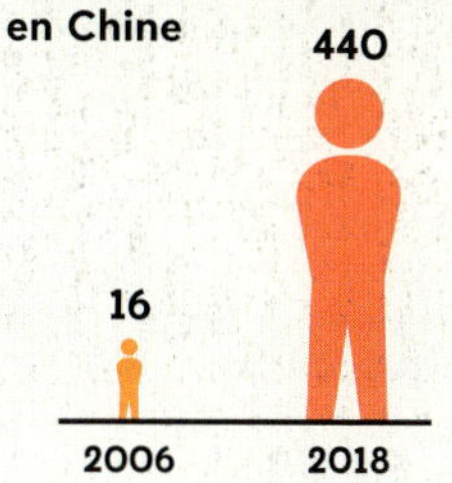


*Source : Rapport 2018 sur les milliardaires, Banque suisse UBS.*

## Du cours au schéma

Schéma interactif à compléter

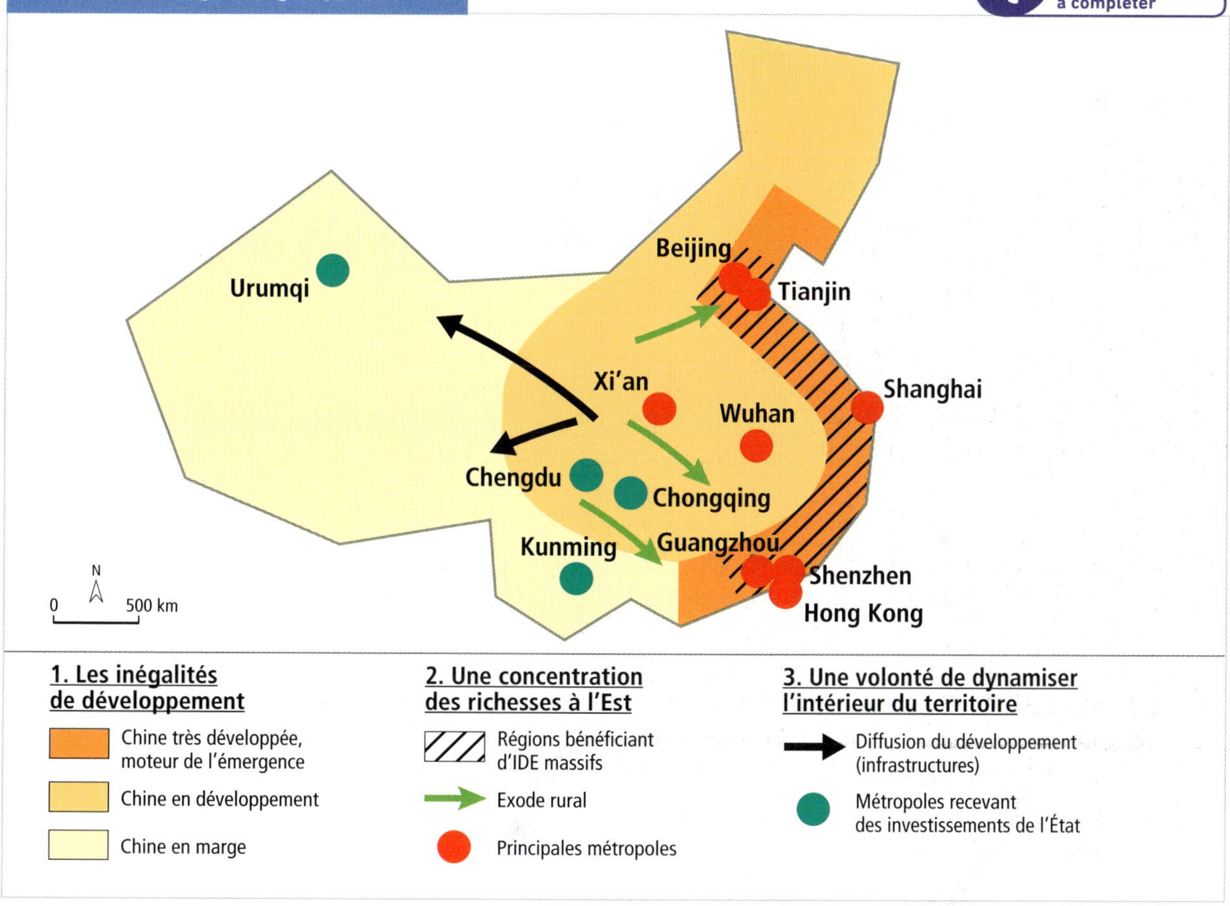

# Cours

Podcast du cours

# La Chine : des ressources et des environnements sous pression

**Comment la Chine concilie-t-elle développement et gestion raisonnée des ressources et des environnements ?**

**Les 3 villes les plus polluées de Chine,** en concentration de particules fines/m³ et rang mondial

| | |
|---|---|
| Chengdu | 150 µg/m³ (4e) |
| Tianjin | 150 µg/m³ (4e) |
| Wuhan | 124 µg/m³ (7e) |

*Source : OMS, 2018 (seuil : 50 microgrammes par m³).*

## 1 Les défis de la consommation énergétique

● **Le développement de la Chine est énergivore.** 60 % des besoins énergétiques du pays dépendent du charbon, matière première pour laquelle la Chine est le premier producteur et consommateur mondial (3,7 milliards de tonnes, 47 % du total mondial). Les réserves des autres **énergies fossiles** (pétrole et gaz naturel) sont plus limitées mais la Chine est tout de même le 7e producteur mondial de pétrole (191 millions de tonnes en 2017) et consomme 13 % du pétrole dans le monde (608 millions de tonnes). Elle est le 3e consommateur de gaz derrière les États-Unis et la Russie.

● **La Chine reste très dépendante de ses importations en hydrocarbures.** La production nationale ne suffit pas à satisfaire la demande intérieure. Elle doit importer 60 % de sa consommation de pétrole et 40 % de celle de gaz, notamment en provenance des pays du Golfe et de la Russie. Depuis 2017, elle est le premier importateur de pétrole devant les États-Unis. Cette dépendance énergétique risque de s'accroître dans les prochaines années avec l'accélération de l'urbanisation.

● **La Chine s'est engagée dans les énergies renouvelables.** Premier pays émetteur de $CO_2$ (9,8 milliards de tonnes en 2017, 27 % du total mondial), la Chine encourage les énergies renouvelables : constitution du premier parc éolien au monde, cités écologiques autonomes comme à Teda, près de Tianjin, développement de l'hydroélectricité (barrages). La Chine est aujourd'hui le premier producteur mondial d'électricité à partir d'énergies renouvelables et le 3e producteur mondial d'électricité d'origine nucléaire.

**Productions de matières premières énergétiques**

*Sources : BP Statistics, 2018.*

## 2 Des environnements dégradés

● **90 % des cours d'eau en Chine sont aujourd'hui pollués.** Les raisons de cette pollution sont multiples. Les rejets se sont intensifiés à la faveur de l'intense urbanisation du pays (600 millions d'urbains supplémentaires entre 1980 et 2019). L'agriculture intensive et fortement consommatrice d'engrais, ainsi que les industries lourdes (sidérurgie, pétrochimie…) ou de transformation (agroalimentaire), ont également largement contribué à la dégradation des eaux dans l'ensemble du pays.

● **La pollution de l'air est également très importante.** Près de 60 % de la pollution atmosphérique est d'origine industrielle. Les villes chinoises (Tianjin, Beijing, Shanghai) font partie des villes les plus polluées dans le monde en raison de l'augmentation du nombre d'automobiles et des gaz d'échappement. Cette pollution atmosphérique affecte près de 40 % du territoire chinois. Elle génère des **pluies acides** qui imprègnent à la fois les sols, les cours d'eau et la végétation. Ces pollutions provoquent la mort de plus d'un million de personnes par an.

● **Enfin, le pays a connu une forte déforestation.** Le développement économique, l'urbanisation, le surpâturage et le changement climatique ont fait perdre à la Chine près de 30 % de sa couverture forestière ces dernières décennies. Cela amplifie la **désertification** (28 % du territoire), et les tempêtes de sable menacent fréquemment les grandes villes de Kubuqi à l'Ouest jusqu'à Beijing à l'Est.

### Vocabulaire

- **Déforestation :** diminution des surfaces couvertes de forêts.
- **Désertification :** avancée du désert qui s'installe durablement sur des régions où se trouvaient auparavant de la végétation ou des cultures.
- **Développement durable :** voir p. 218.
- **Énergies fossiles :** énergies issues de la combustion de matières organiques fossilisées contenues dans le sous-sol (charbon, pétrole, gaz).
- **Énergies renouvelables :** voir p. 182.
- **Énergivore :** qui consomme beaucoup d'énergie.

## 3 Vers une transition environnementale ?

● **Les dégradations environnementales sont très coûteuses pour le pays.** Elles ont été évaluées à près de 8 % du PIB en 2016. Ce coût pourrait s'aggraver dans les prochaines années malgré le ralentissement de la croissance économique. L'élévation du niveau de vie de la population, l'intensification des mobilités automobiles, le poids de l'économie industrielle et l'augmentation de la consommation énergétique accentuent les limites du modèle de développement chinois.

● **Les atteintes à l'environnement imposent une transition énergétique.** Les coûts engendrés par les pollutions et leurs contestations sociales (en moyenne 2 000 mouvements sociaux par an) représentent une menace que le gouvernement cherche à contrôler. L'État s'organise pour apporter occasionnellement des réponses comme la fermeture des usines les plus anciennes et les plus polluantes en cas de pics de pollution. Avec le treizième plan quinquennal (2016-2020), les consommations d'eau, d'énergie et les émissions de $CO_2$ devraient diminuer respectivement de 23 %, 15 % et 18 %.

● **La Chine est entrée dans la transition environnementale.** Elle doit concilier une croissance stable, tout en préservant ses ressources. La Chine est le pays le plus pollué, mais aussi le plus en avance en matière d'énergies renouvelables (une nouvelle éolienne est mise en route chaque heure dans le pays). Mais si le développement durable est une priorité à l'échelle nationale, la Chine s'inquiète davantage des conséquences des bouleversements climatiques sur son territoire que de sa responsabilité dans le réchauffement climatique planétaire.

DOSSIER La Chine en transition énergétique → p. 182

**Productions d'énergies renouvelables par an**
En TW/h (et rang mondial)

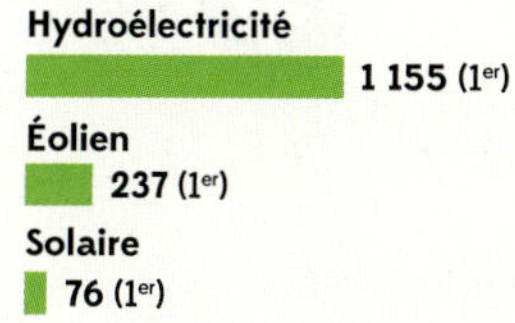


*Sources : BP Statistics, CWF, 2018.*

### Vocabulaire

**Pluies acides :** précipitations qui se sont acidifiées au contact de la pollution atmosphérique et contribuent au dépérissement des forêts et autres végétations.

**Transition énergétique :** passage d'une forte consommation d'énergies fossiles non renouvelables (pétrole, charbon) à des énergies renouvelables (éolien, solaire).

## Du cours au schéma

Schéma interactif à compléter

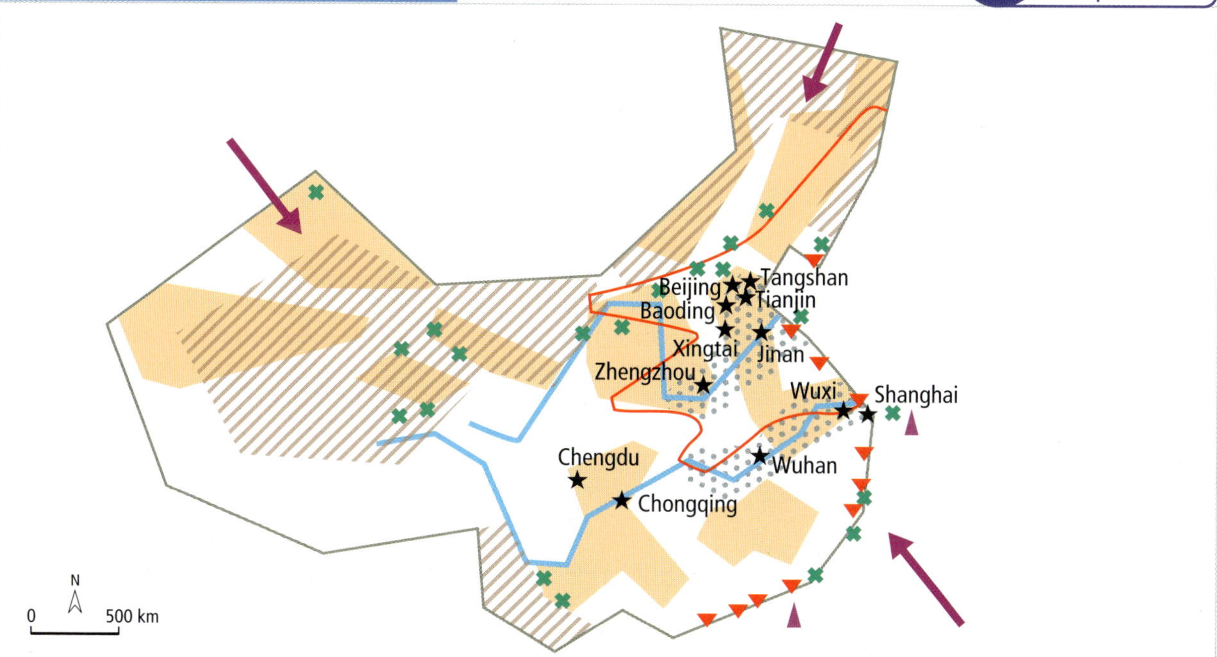


**1. Les ressources fossiles**
- Bassins de production d'énergies fossiles
- Importations d'hydrocarbures
- Exploitation d'hydrocarbures *offshore* (en mer)

**2. Les dégradations environnementales**
- Pollution des eaux
- Désertification et/ou déforestation
- Pollution de l'air

**3. Les défis et leurs réponses**
- Centrales nucléaires
- Hydroélectricité et éolien
- Villes les plus polluées

THÈME 4
SE PRÉPARER
CHINE
RÉVISER

Podcast du cours

# La Chine : les recompositions spatiales

**Quelles sont les conséquences territoriales du développement de la Chine ?**

## 1 Une Chine urbaine

• **La Chine connaît une urbanisation rapide et continue.** Si le pays a une longue tradition de civilisation agraire, il est majoritairement urbain depuis le début des années 2010. 60 % de sa population vit désormais en ville, soit près de 850 millions de personnes. Le taux d'urbanisation devrait atteindre 75 % en 2050, ce qui représente plus d'un milliard d'individus. Jamais dans l'histoire de l'humanité une société n'avait connu une urbanisation aussi rapide et massive.

• **L'urbanisation en Chine s'appuie sur un archipel de métropoles très peuplées.** 17 villes dépassent les 5 millions d'habitants et 118 regroupent plus d'un million d'habitants. Les villes considérées comme petites atteignent fréquemment les 250 000 résidents. Plusieurs mégalopoles sont en formation : autour du delta de la rivière des Perles (Guangzhou, Shenzhen, Hong Kong) et autour du delta du fleuve Yangtze (Shanghai et le long du corridor Beijing-Tianjin).

• **Les espaces urbains sont en voie de recomposition.** Les autorités municipales sont les acteurs majeurs de la requalification des quartiers. Elles sont parfois brutales avec la destruction des ruelles des cœurs historiques (Beijing) au profit de nouveaux quartiers modernes accueillant des tours de plus en plus hautes. Les centres-villes se gentrifient et se tertiarisent avec la multiplication des quartiers d'affaires (CBD). L'étalement urbain contribue à rejeter les populations les plus défavorisées vers des périphéries de plus en plus éloignées des centres.

## 2 La littoralisation des sociétés et des activités

• **En Chine, les régions littorales sont les plus dynamiques,** depuis Guangzhou-Shenzhen au sud jusqu'à Tianjin au nord, en passant par Shanghai. L'amplification de la littoralisation des sociétés et des activités s'explique par l'ouverture du territoire, à partir des années 1990, à la mondialisation. Le développement de la Chine et l'organisation du territoire passent par ces villes littorales qui sont aussi des vitrines du processus d'émergence.

• **Le littoral chinois concentre l'essentiel de l'appareil productif.** La plupart des grandes villes industrielles (Tianjin, Shanghai, Shenzhen) sont situées dans les régions littorales. Ces métropoles s'appuient sur des complexes industrialo-portuaires puissants et accueillent également des services pour des firmes transnationales (FTN) étrangères, implantées dans des zones économiques spéciales (ZES). La Chine compte 6 des 10 principaux ports dans le monde pour l'importance de leur trafic.

• **Les effets de la recomposition du littoral chinois se manifestent vers les régions intérieures.** Le gouvernement chinois a transféré des centres de production industrielle comme l'automobile à Wuhan et à Chongqing. Mais l'étalement urbain accapare de plus en plus d'espaces agricoles, comme dans le bassin du Yangzi. Cela provoque des conflits d'usage et des mutations profondes des collectivités rurales. Le gouvernement encourage la centralisation à partir du développement de villes intérieures (Chongqing) afin de réorganiser le développement des territoires les plus enclavés.

### Vocabulaire

- **Centralisation :** capacité d'action d'un élément central (centre urbain, métropole) sur sa périphérie en termes d'accessibilité, de services, d'attractivité.
- **Conflit d'usage :** rivalité opposant les acteurs spatiaux autour de l'utilisation d'une ressource ou d'un territoire.
- **Exode rural :** migration d'une population quittant la campagne pour s'installer en ville.
- **Front pionnier :** voir p. 190.
- **Firme transnationale (FTN) :** voir lexique p. 218.
- **Littoralisation :** concentration des hommes et des activités sur les littoraux.
- **Mégalopole :** concentration de métropoles reliées entre elles et exerçant un rayonnement mondial.
- **Métropole :** ville de grande importance qui exerce des fonctions de commandement, d'organisation et d'impulsion sur une région, et qui permet son intégration avec le reste du monde.
- **Recomposition :** processus de transformation et de réorganisation des espaces de vie des individus et des espaces de production.
- **Zone économique spéciale (ZES) :** zone franche, à l'échelle d'un port, d'un quartier ou d'une ville, bénéficiant d'avantages fiscaux et/ou douaniers pour attirer les entreprises.

# 3 Les mutations des espaces ruraux

● **Les espaces ruraux sont une composante majeure des territoires en Chine.** Ils sont principalement le résultat d'une très longue tradition agraire fondée sur la riziculture. La paysannerie chinoise reste importante en valeur absolue (environ 550 millions d'individus en 2019). Mais elle s'oriente de plus en plus vers les activités industrielles et tertiaires. Depuis quelques années, l'**exode rural** s'est intensifié, souvent organisé par les autorités. Mais les phénomènes de retour vers les campagnes existent également, en raison notamment du ralentissement de la croissance économique dans les grandes métropoles.

● **La fragmentation des espaces ruraux dépend de la distance aux villes.** Les anciens périmètres agricoles insérés dans les espaces urbains accueillent aujourd'hui des espaces commerciaux ou de loisirs (par exemple, le parc d'attractions Disneyland à Shanghai depuis 2016). Les périphéries agricoles intégrées assurent l'essentiel de la production maraîchère, volaillère, fruitière et garantissent l'alimentation quotidienne de 850 millions d'urbains. Les espaces ruraux industrialisés sont le résultat de la relocalisation de l'appareil productif ces dernières décennies hors des villes : les conflits d'usage entre acteurs agricoles (paysans, coopératives…) et industriels (usines) sont fréquents et nombreux dans une logique de **fronts pionniers** (Chine du Nord-Ouest). Enfin, plus loin, à l'extérieur des espaces urbanisés, les campagnes agricoles traditionnelles, pauvres et enclavées, sont souvent en déprise en raison d'un exode rural important.

DOSSIER Les villes, vitrines de l'émergence chinoise → p. 184
DOSSIER Les mutations des espaces ruraux → p. 186
GÉO AUTREMENT Photographier la Chine aujourd'hui → p. 198

**Des métropoles qui organisent le territoire**

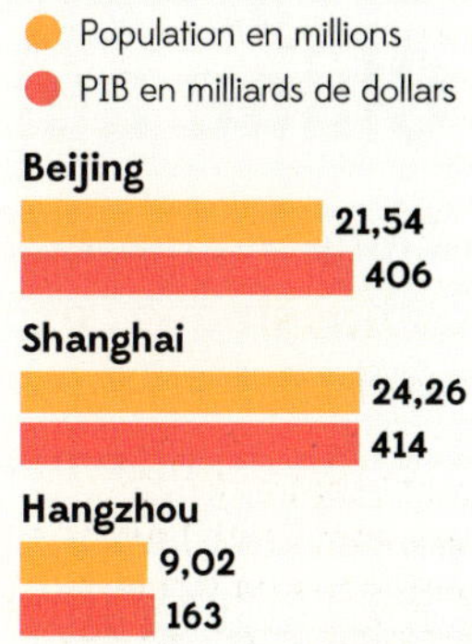


**Chine**
› Population : **1 394 millions d'habitants**
› PIB : **13 500 milliards de dollars**

*Source : China Statistics Book, 2018.*

## Du cours au schéma

Schéma interactif à compléter

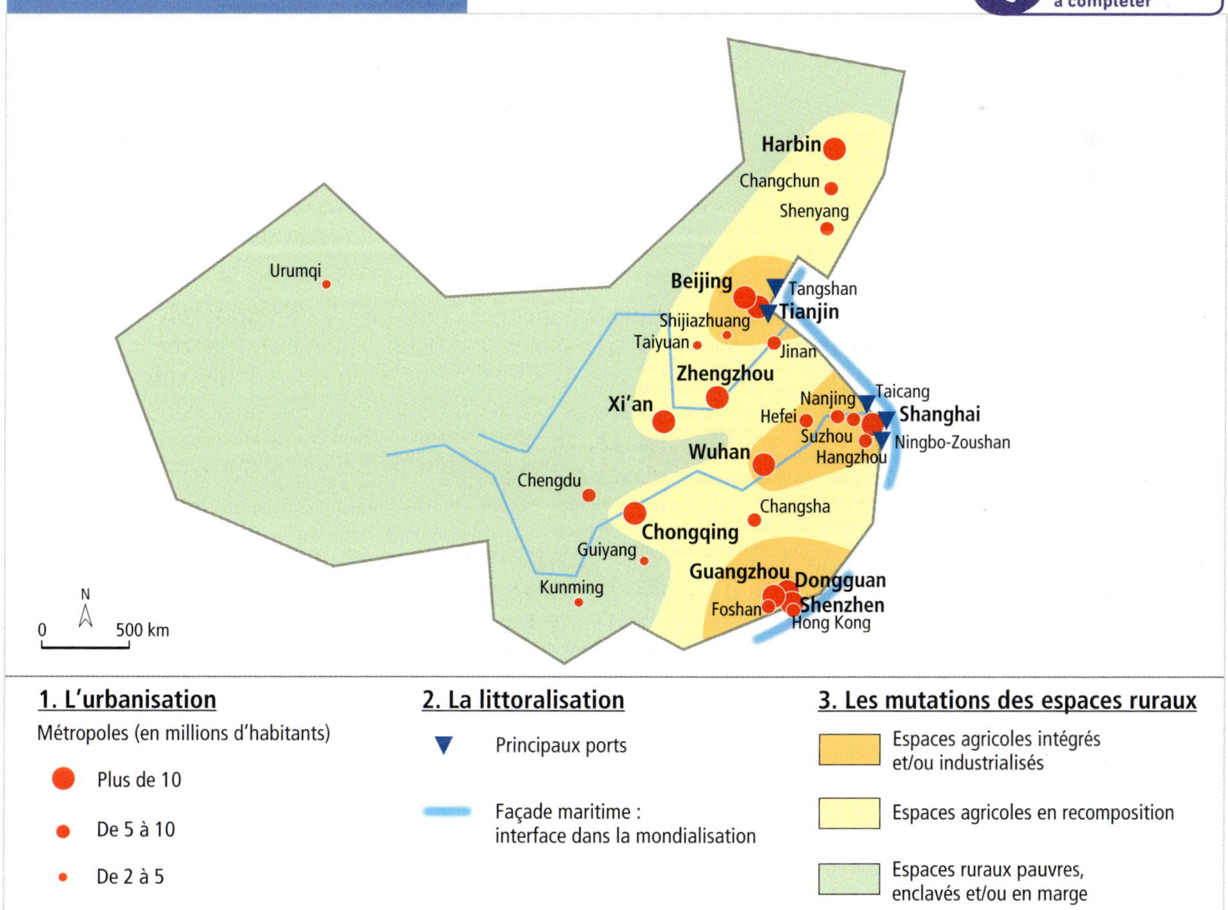


THÈME 4
SE PRÉPARER
CHINE
RÉVISER

# Photographier la Chine aujourd'hui

La Chine est marquée par de multiples recompositions : exode rural massif, métamorphoses urbaines, développement rapide des infrastructures, élévation du niveau de vie, pollution, etc. Plusieurs formes d'art rendent compte de ces mutations : le cinéma, la littérature mais aussi la photographie.

**→ Comment la photographie témoigne-t-elle des recompositions de la Chine ?**

### Le saviez-vous ?

▶ Jusque dans les années 1990, la photographie en Chine était un véritable outil de propagande et les photographes étaient au service de l'État. Aujourd'hui, de nombreux artistes chinois s'engagent et réalisent des œuvres pour témoigner des transformations de la Chine, parfois pour les dénoncer.

### 1 Une fourrière à vélos à Hangzhou

Depuis quelques années, le partage de vélos s'est développé en Chine. Mais face au ralentissement de la demande, des millions de vélos sont aujourd'hui abandonnés sur la voirie et mis en fourrière par les autorités locales où les surplus de bicyclettes s'accumulent.
La photographie prise par Zhu Yinwei en août 2017 dénonce les méfaits de ce système.

### 2 La photographie dans la Chine du XXIe siècle

ÉCLAIRAGE

Comme dans bien des domaines, c'est une histoire accélérée et amplifiée que vit le huitième art en Chine. En quarante ans, la photographie, ou plutôt les photographes ont pris leurs distances avec l'imagerie de propagande, ont plongé dans la passion documentaire, la photographie conceptuelle ou plasticienne et ont enrichi la pratique de leurs désirs de réalité ou au contraire, d'expression subjective. [...]

En Chine plus qu'ailleurs, le développement culturel est indissociable du développement urbain. Pour le meilleur et pour le pire. Les villes, à la fois théâtres et catalyseurs des transformations du pays, ont toujours représenté un poste d'observation de la société et d'expérimentation pour les photographes, à la fois facteur d'aliénation et d'expression. Omniprésente dans le processus créatif, la ville est documentée, mise en scène, prise à partie, déconstruite, reconstruite ; elle est à la fois l'espace où la réalité se joue et le trou noir où les fictions s'inventent. [...]

L'irrésistible ascension de la photographie en Chine est concomitante du boom des industries culturelles dans un contexte politique de moins en moins libéral. La censure n'est jamais loin quand il s'agit d'image, comme en attestent les bandes noires collées sur les œuvres sensibles. Malgré tout, elle n'a jamais empêché les Chinois de créer et d'entreprendre, la formidable vitalité de ce réseau photographique en témoigne.

Léo de Boisgisson, journaliste et médiatrice culturelle entre la Chine et la France, « Chine : l'irrésistible ascension de la photographie », *Asialyst* [en ligne], 16 janvier 2018.

## 3 Développement et environnement

Développement et pollution, photographie présentée au festival « Visa pour l'image » en 2017.
Huolin Gol, Mongolie-Intérieure, 2012.
© Lu Guang

Les industries de la ville et de la périphérie de Huolin Gol (charbon, énergie et chimie) ont tellement pollué les prairies que les troupeaux ne peuvent plus y paître. En signe de protestation, la collectivité locale a installé plus de 120 sculptures à la place des bêtes.

## 4 L'émergence d'une culture de consommation

Lien vers le site

Mobile Phones, « Hiding in the City » (« Se cacher dans la ville »), 2012 (détail)
© Liu Bolin / Courtesy Galerie Paris-Beijing.

Liu Bolin se rend invisible pour se faire remarquer. Caché, il nous montre comment l'individu se perd dans une identité collective. Il fige sa performance artistique grâce à la photographie.

## Questions

### Présenter les documents

1. Présentez les trois photographies en insistant sur la nature (portrait, nature morte, photojournalisme, etc.). **doc. 1, 3 et 4**
2. Décrivez les rapports de l'État chinois à la photographie et leur évolution. **doc. 2**

### Analyser les documents

3. Parmi les trois photographies, choisissez-en une puis décrivez-la précisément : lieu, personnages, format, composition, lumière, couleurs, cadrage, lignes, formes, etc.
4. Expliquez quelles sensations se dégagent en observant cette photographie. Quels sentiments l'artiste cherche-t-il à faire passer ? Pour quelles raisons ?

### Faire le lien avec la géographie

5. Décrivez les thèmes traités par ces œuvres. Expliquez en quoi elles illustrent les recompositions actuelles de la Chine. **doc. 1 à 4**

### C'est à vous !

Méthode et conseils

→ Les territoires français connaissent aussi des recompositions plus ou moins prononcées. À l'aide d'un outil numérique de partage comme Instagram, organisez une exposition virtuelle de vos photographies sur les recompositions de votre ville ou de votre région.

→ Enquêtez à deux sur le terrain de votre espace proche et réalisez des photographies artistiques accompagnées d'un titre et d'une légende.

SYNTHÈSE

# → THÈME 4 La Chine : des recompositions spatiales multiples

## 1 Un État-continent inégalement développé

Podcast de la synthèse

● **La Chine a connu un développement extrêmement rapide depuis les années 1970.** Elle est aujourd'hui la deuxième puissance économique derrière les États-Unis avec un PIB de 13 500 milliards de dollars en 2018. La population chinoise (1,4 milliard) représente un moteur du développement : le PIB/habitant a ainsi été multiplié par 27 depuis 1990.

● **Ce développement s'opère de manière inégale**. Les disparités sont fortes entre l'intérieur du territoire et les régions littorales, entre les villes et les campagnes et au sein des villes. La lutte contre la pauvreté est devenue aujourd'hui une des priorités de l'État chinois. La volonté de réduire les disparités régionales passe notamment par les investissements vers la Chine de l'intérieur.

## 2 Des pressions environnementales fortes

● **La Chine est le principal émetteur de gaz à effet de serre dans le monde.** La pollution concerne aussi bien les espaces urbains que les espaces ruraux. Les enjeux environnementaux sont considérables car les populations sont fortement exposées à la pollution de l'eau (Shanghai) et de l'air (Beijing) en raison d'une croissance énergivore.

● **Le risque d'une crise environnementale est pris en compte par les autorités.** Depuis le début des années 2010, les efforts sont portés sur un développement moins dépendant des hydrocarbures et du charbon. La production d'énergie hydroélectrique, éolienne, photovoltaïque est privilégiée.

## 3 Des recompositions spatiales multiples.

● **Les recompositions spatiales en Chine passent par une métropolisation du territoire.** Celle-ci s'organise à partir de mégapoles telles que Beijing, Shanghai ou Canton. Ces recompositions sont le résultat de la priorité donnée au développement des villes et du littoral par le pouvoir communiste depuis les années 1990 afin d'ouvrir le territoire à la mondialisation.

● **Ces recompositions créent des inégalités à toutes les échelles.** Les disparités sont fortes entre la Chine littoralisée, très intégrée dans la mondialisation, et les régions périphériques situées à l'Ouest où se concentrent les investissements. Les espaces ruraux sont très dépendants des aires métropolitaines dont l'étalement génère des conflits d'usage.

### Chiffres clés

- **PIB : 13 500 milliards de dollars en 2018 (2e rang mondial)**
- **IDH : 0,752 (86e rang mondial)**
- **PIB/habitant : 9 684 dollars en 2018 (71e rang mondial).**
- **Les 10% des Chinois les plus aisés disposent de 41% du revenu total du pays.**
- **Premier consommateur mondial de charbon : 3,7 milliards de tonnes, 47% du total mondial**
- **Premier émetteur de $CO_2$ : 9,8 milliards de tonnes en 2017, 27% du total mondial**
- **Taux d'urbanisation : 60%**
- **Nombre d'urbains : 850 millions de personnes**

### Pour approfondir

**Film**

● *Le Promeneur d'oiseau,* de Philippe Muyl, 2014.

**Bande dessinée**

● *Les Enfants de l'ombre,* de Béka et Marko, 2012.

**Livre**

● *Chine, retiens ton souffle,* de Qiu Xiaolong, 2018.

# SCHÉMA DE SYNTHÈSE

■ À l'aide des connaissances acquises sur la Chine et des schémas intermédiaires proposés ci-dessous, complétez le schéma de synthèse et sa légende.

COURS → p. 192

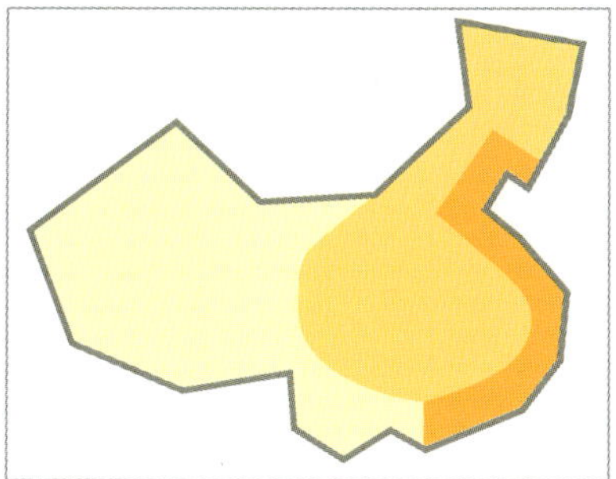

**Un développement inégal**

- Un territoire immense (9,6 millions de km²)
- Les régions vitrines de l'émergence
- Des périphéries dynamiques
- Des territoires en cours d'aménagement

COURS → p. 194

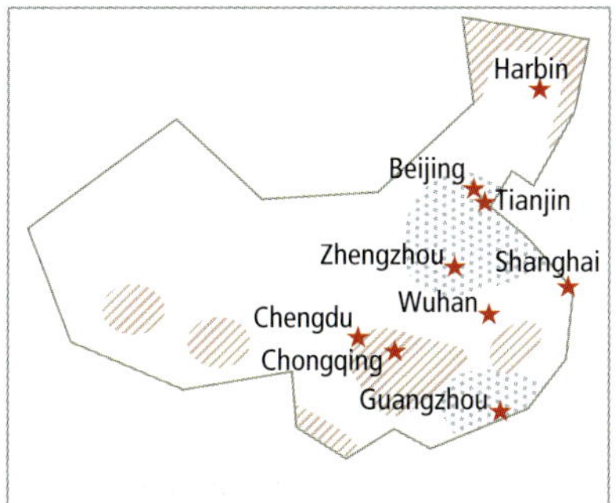


**Des dégradations environnementales majeures**

- ★ Villes les plus polluées
- Régions touchées par la pollution industrielle
- Régions marquées par la fonte des glaciers, les déforestations et la désertification

COURS → p. 196

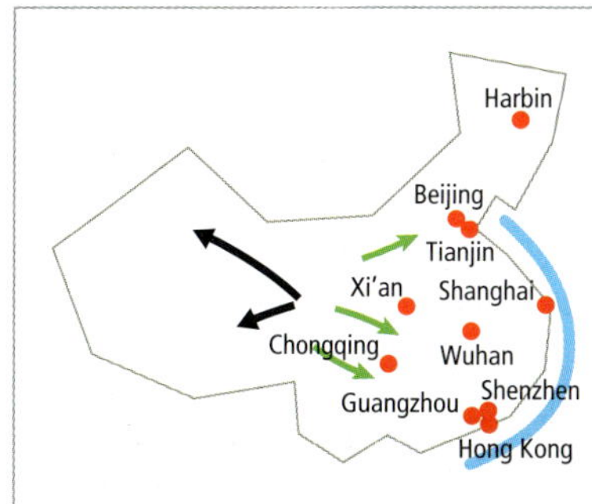


**Des recompositions spatiales multiples**

- ● Métropoles les plus peuplées
- Exode rural
- Interface maritime majeure
- Réduction des disparités (investissements vers l'Ouest)

■ Complétez les titres et les informations de la légende ainsi que les figurés ponctuels manquants.

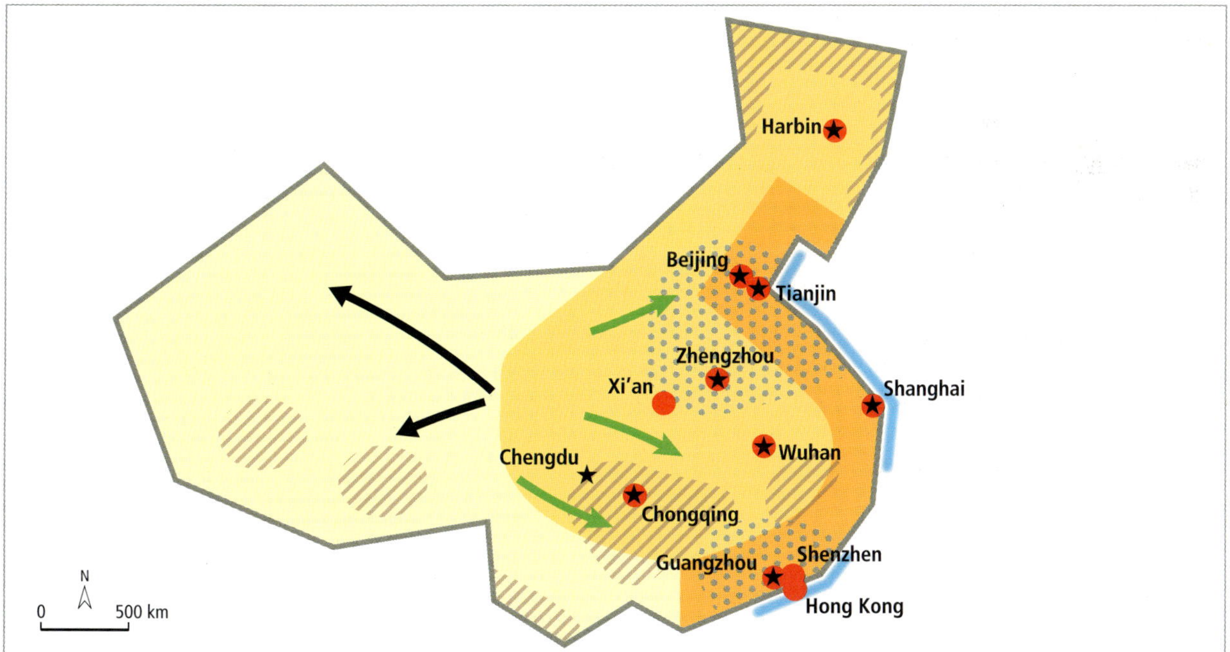


**1. Un développement ...................**

- Un territoire ................................ (........millions de km²)
- Les régions ................................
- Des périphéries ..........................
- Des territoires ............................

**2. Des dégradations ..................**

- ........... Villes les plus polluées
- Régions touchées ............................
- Régions marquées par la fonte des glaciers, la déforestation et la désertification

**3. Des recompositions .................**

- ........... Métropoles les plus peuplées
- ........... Exode rural
- Interface ....................................
- Réduction des .............................

# EXERCICES

## 1 Vérifier ses connaissances

Exercices interactifs

Retrouvez des exercices interactifs pour tester vos connaissances sur le thème 4.

## 2 Analyser un schéma fléché

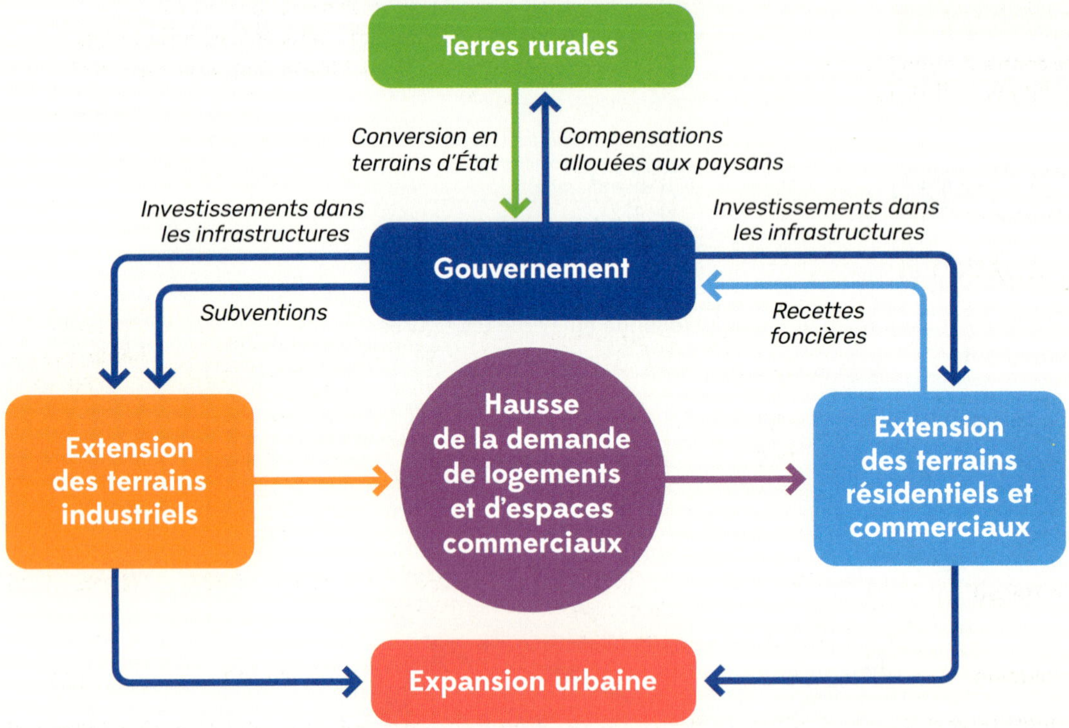


*Source :* L'évolution des villes fantômes chinoises, *Perspectives chinoises*, 2017.

### Les recompositions spatiales en Chine

### Questions

1. Observez le schéma et indiquez à quoi servent les flèches.
2. Décrivez le processus de l'expansion urbaine en Chine.
3. Quel est le rôle du gouvernement dans ce processus ?
4. Comment ce schéma fléché illustre-t-il les recompositions spatiales à l'œuvre en Chine ?

**Conseil**

- Ce schéma se lit du haut vers le bas. À partir d'un élément qui subit des transformations (les terres rurales), il montre l'enchaînement de phénomènes aboutissant à un résultat (l'expansion urbaine).

# 3 Exploiter un reportage photographique

## Le projet de muraille verte et ses conséquences

« Muraille verte contre dragon jaune »,
Géo [version en ligne], avril 2018.

### Questions

1. Consultez le reportage sur le site du magazine Géo « En Chine, muraille verte contre dragon jaune ».
2. Qu'est-ce que le projet de muraille verte ?
3. Dans quelle région de Chine est-il mis en œuvre ? Décrivez les moyens et les techniques utilisés pour sa réalisation.
4. Comment le développement de la muraille verte a-t-il transformé le paysage ?
5. Quelles sont les conséquences économiques, sociales et environnementales de ce projet à l'échelle locale ?
6. Sélectionnez et décrivez la photographie qui vous semble la plus pertinente pour illustrer les recompositions à l'œuvre dans cette région de la Chine.

# 4 Analyser des statistiques

## Métropolisation et inégalités en Chine

| | Population (millions) | Superficie (km²) | PIB (milliards de dollars) | PIB/hab. (dollars) | Part de l'industrie dans le PIB (%) |
|---|---|---|---|---|---|
| Municipalité de Beijing (Pékin) | 21,7 | 16 400 | 414 | 19 078 | 15,3 |
| Municipalité de Tianjin | 15,5 | 11 800 | 273 | 17 612 | 36,9 |
| Province de Hebei * | 73,3 | 18 770 | 531 | 7 244 | 41,7 |
| Future mégalopole Jing-Jin-Ji (Beijing-Tianjin-Hebei) | 110,5<br>*(8 % de la population chinoise)* | 215 900<br>*(2,3 % de la superficie de la Chine)* | 1 250<br>*(9,2 % du PIB national)* | 11 312<br>*(Chine : 8 827)* | 31,3<br>*(Chine : 34 %)* |
| France métropolitaine | 64,9 | 551 700 | 2 766 | 42 619 | 10,2 |

Sources : *China statistical yearbook 2018, World fact book 2018, Hebei economic yearbook 2018, Tianjin statistical bureau 2018.*
* La province de Hebei comprend 11 villes.

### Questions

1. Comparez les données de Beijing, Tianjin et Hebei : quelles inégalités marquent cette région ?
2. Montrez que le projet « Jing-Jin-Ji » est un exemple de la métropolisation du territoire chinois.
3. Comparez les données de la mégalopole avec les statistiques sur la France. Que pouvez-vous en déduire sur la puissance économique de « Jing-Jin-Ji » ?

# 5 Approfondir ses connaissances

**+ Exercice d'approfondissement**

**Exploiter un reportage télévisé (vidéo à consulter sur Internet) : « L'e-commerce fait sa révolution dans les campagnes chinoises ».**

BAC Analyse de document

→ Méthode générale et description de l'épreuve p. 212

# MÉTHODE → Rédiger la réponse au sujet

## SUJET

### Les dynamiques du développement en Chine

**Consigne :**

Analysez le document afin de répondre à la question : comment les nouvelles technologies reflètent-elles les dynamiques du développement en Chine ?

Vous caractériserez les inégalités face à Internet, puis vous montrerez que les nouvelles technologies sont un facteur de recomposition spatiale à différentes échelles.

#### Internet et start-up en Chine

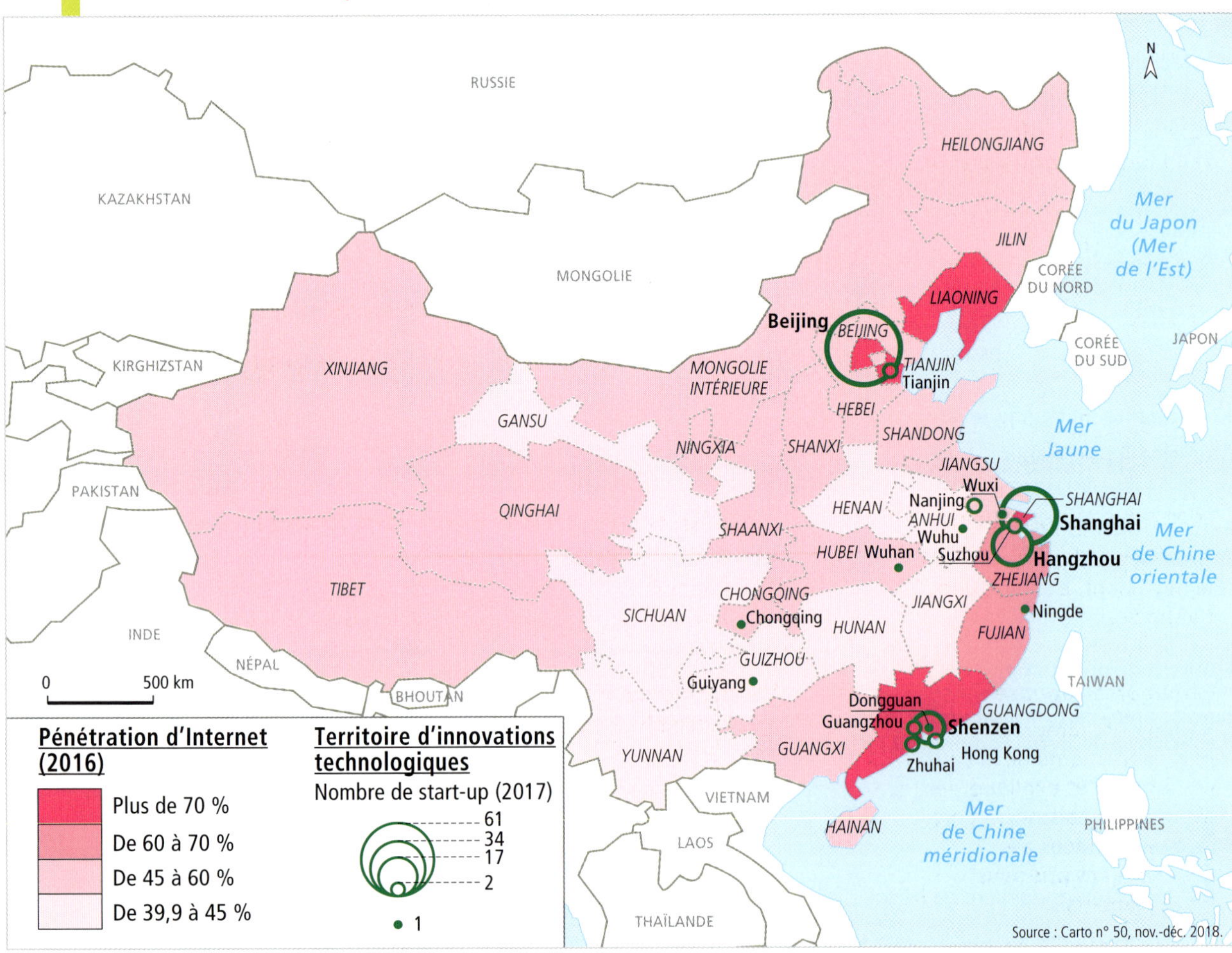


En 2019, selon le Centre chinois d'information sur le réseau Internet, on compte 829 millions d'utilisateurs d'Internet en Chine, soit 59,6 % de la population (dont 222 millions – 26,7 % – en zone rurale). 562 millions de personnes, essentiellement dans les zones rurales, n'ont pas accès à Internet, principalement en raison d'un niveau d'éducation très bas et du développement insuffisant du réseau.

| Méthode | Guide de travail |
|---|---|
| **1 Analyser le sujet** | |
| **→ Définir les termes de la consigne** | **1.** Définissez : *nouvelles technologies, dynamiques du développement.*<br>**2.** Précisez ce que signifie « à différentes échelles ». |
| **→ Analyser l'énoncé de la consigne** | **3.** Identifiez les deux parties du plan suggéré par la consigne. |
| **2 Analyser le document** | |
| **→ Identifier le document** | **4.** Quelle est la nature du document ? Quelle est sa source ?<br>**5.** Quelle est l'idée générale du document ? |
| **→ Extraire et mettre en relation les informations** | **6.** Relevez les informations permettant de répondre à la consigne.<br>**Conseil DU PROF**<br>• Pensez à utiliser les informations contenues dans le paratexte. |
| **→ Expliquer les informations à l'aide des connaissances** | **7.** Quelles sont les informations qui permettent de dégager l'idée de « fracture numérique » ?<br>**Conseil DU PROF**<br>• Utilisez les connaissances acquises tout au long de l'année pour expliquer les informations du document.<br>→ Les cours du chapitre 3 pour expliquer ce qu'est un territoire de l'innovation.<br>→ Les cours du chapitre 4 pour expliquer les contrastes territoriaux. |
| **3 Répondre au sujet** | |
| **→ Rédiger une introduction**<br>• En quelques lignes, présenter le document, et l'idée directrice du devoir. | **8.** Présentez le document en le mettant en relation avec la problématique<br>**Exemple :** Le document proposé (*nature du document, source*) permet d'aborder la question des dynamiques du développement au travers de la géographie des nouvelles technologies en Chine. |
| **→ Rédiger la réponse au sujet**<br>• Rédiger un paragraphe par partie/thème de la consigne.<br>• Développer et expliquer les idées avec les connaissances personnelles.<br>• Illustrer les idées avec des exemples pris dans les documents. | **9.** Rédigez la réponse à la première question en complétant l'exemple ci-dessous :<br>**Exemple :** L'analyse du taux de pénétration d'Internet montre une « fracture numérique », c'est-à-dire (*définition*). En effet, (*description des statistiques*). Cette situation s'explique en partie par l'inégalité des niveaux d'éducation et l'insuffisance des infrastructures (*explications, connaissances personnelles et exemples dans le document*). |
| **→ Rédiger une conclusion**<br>• Faire un bilan synthétique de l'étude en deux ou trois phrases. | **10.** Rédigez la conclusion en utilisant les idées suivantes : inégalités de développement en Chine, renforcement des inégalités territoriales. |



THÈME 4
SE PRÉPARER
CHINE
RÉVISER

**BAC** Croquis

→ Méthode générale et description de l'épreuve p. 214

# MÉTHODE → Réaliser le croquis

+ Fond de carte

**SUJET**

## Les dynamiques spatiales de la Chine

### Les dynamiques spatiales de la Chine

**L'urbanisation et la métropolisation du territoire chinois sont en forte progression**

Les villes, qui rassemblent 60 % de la population, se situent essentiellement dans la moitié orientale du territoire. L'urbanisation s'appuie sur des métropoles multimillionnaires : une quarantaine de villes ont une population comprise entre 2 et 5 millions, parmi elles Urumqi au nord-ouest. 17 dépassent les 5 millions d'habitants, Harbin et Chengdu par exemple. Shenzhen sur le littoral sud-est, Zhengzhou, Xi'an, Chongqing et Wuhan dans le centre ont plus de 10 millions d'habitants. Dans la région littorale, les trois villes mondiales chinoises (Beijing, Shanghai et Guangzhou) comptent plus de 20 millions d'habitants et sont le cœur de trois mégalopoles en formation.

**La concentration des villes et des activités dans les régions littorales favorise leur intégration à la mondialisation**

Depuis Guangzhou-Shenzhen au Sud jusqu'à Tianjin au Nord, en passant par Shanghai, le littoral concentre l'essentiel de l'appareil productif chinois. Cette façade maritime constitue une interface particulièrement dynamique animée par 6 des plus grands ports du monde : Ningbo, Shanghai, Tianjin, Taicang, Guangzhou, Tangshan cumulent un trafic de plus de 4 milliards de tonnes.

**Les recompositions territoriales entraînent une mutation des espaces ruraux**

Ces espaces se fragmentent sous l'influence des villes. En effet, l'étalement urbain accapare de plus en plus de terres agricoles et la relocalisation de l'appareil productif hors des villes entraîne une industrialisation des campagnes. Ces dynamiques affectent les régions centrales et le Nord-Est du pays, mais aussi les espaces ruraux périphériques des mégapoles littorales. Elles favorisent l'exode rural et alimentent les migrations intérieures vers l'Est. L'agriculture traditionnelle reste l'activité principale dans une grande partie du territoire chinois : les espaces ruraux des régions pauvres et enclavées de l'extrême Nord, du Sud et de la moitié ouest (Tibet, Xinjiang) sont en déprise. Cependant, des fronts pionniers s'y développent pour l'exploitation de nouvelles terres agricoles et des ressources énergétiques.

| Méthode | Guide de travail |
| --- | --- |
| **1 Déterminer l'objectif du croquis** | |
| → **Analyser les termes du sujet** | **1.** Repérez les mots clés du sujet et précisez leur sens.<br>**2.** Que devra montrer le croquis ? |
| **2 Relever les informations dans le texte** | |
| → **Identifier les informations cartographiables** (faits, phénomènes géographiques ou spatiaux) | **3.** Quel est le thème principal de chaque partie du texte ?<br>**4.** Sélectionnez 3 à 4 informations essentielles dans chaque partie du texte. Relevez le nom des lieux auxquels elles correspondent.<br>**Conseil DU PROF**<br>• Synthétisez des informations ou regroupez des catégories de lieux pour réduire le nombre d'éléments et de figurés à représenter sur le croquis. |
| **3 Passer du texte à la légende du croquis** | |
| → **Classer les informations dans la légende**<br>• La légende comporte deux ou trois parties. Chaque partie comporte un titre et regroupe deux ou trois informations.<br>• Le titre de chaque partie doit exprimer une idée construite. | **5.** À l'aide du travail effectué sur le texte, classez les informations dans une légende en trois parties.<br>**6.** Donnez un titre à chaque partie en reformulant la première phrase des paragraphes du texte.<br>**Conseil DU PROF**<br>• Reportez-vous aux cartes du thème 4 et à l'atlas pour localiser correctement les phénomènes et les lieux. |
| → **Représenter les informations par des figurés** | **7.** Choisissez un figuré pour chaque information sélectionnée.<br>+ Langage cartographique |
| **4 Réaliser le croquis** | |
| → **Différencier la typographie et les couleurs pour écrire les noms de lieux**<br>• Utiliser des crayons de couleur pour les figurés de surface, un feutre pour les figurés linéaires et ponctuels.<br>• Écrire le nom des villes en minuscules d'imprimerie et le nom des régions en lettres capitales.<br>• Écrire le nom des lieux avec un stylo ou un feutre noir et le nom des mers en bleu. | **8.** Sur le fond de carte fourni :<br>• Dessinez les figurés choisis.<br>• Indiquez le nom des lieux (la nomenclature).<br>• Recopiez la légende complétée sous le croquis.<br>• Donnez un titre au croquis en reprenant celui du texte.<br>**Conseil DU PROF**<br>• Les figurés doivent être tracés et coloriés avec soin. Utilisez un normographe pour réaliser des cercles proportionnels. |

**BAC** 

# Question problématisée

→ Méthode générale et description de l'épreuve p. 216

**SUJET**

À définir. Expliquer le pluriel.

→ **Quels sont les recompositions et les contrastes territoriaux en Chine ?**

Indique un lien à établir entre les deux phénomènes.

À définir. Expliquer le pluriel des termes.

Échelle du sujet.

À quelle échelle

| Méthode | Guide de travail |
| --- | --- |
| **1 Analyser la question** | |
| → **Définir les mots clés, l'échelle ou l'espace concerné par le sujet** | **1.** Analysez l'énoncé de la question en vous aidant des encadrés ci-dessus.<br>**2.** Comment l'énoncé la question vous aide-t-elle à organiser la réponse ? |
| **2 Mobiliser et organiser ses connaissances** | |
| → **Rassembler les connaissances et les exemples en rapport avec la question** | **3.** Au brouillon, listez les connaissances utiles pour répondre à la question. |
| → **Organiser les connaissances** | **4.** Quelles sont les deux idées directrices permettant de répondre à la question ?<br>**5.** Classez vos connaissances dans chacune de ces idées. |
| **3 Rédiger la réponse à la question** | |
| → **Rédiger une courte introduction** | **6.** Présentez le sujet en développant la question problématisée. |

**Retrouvez des sujets de BAC et des méthodes actualisés régulièrement sur le site**
**→ lyceen.nathan.fr/geo1re-2019**

## Méthode

**→ Rédiger le développement**

- Le développement est composé de deux ou trois parties.
- Chacune des parties correspond à une idée directrice permettant de répondre à la question.
- Chaque partie est structurée de la même façon :

Partie 1

**Argument 1**
Explications
Exemples

**Argument 2**
Explications
Exemples

## Guide de travail

**7.** Lisez l'exemple de rédaction de la 2e partie de la réponse à la question :

(Partie 2)

La combinaison des recompositions spatiales nous amène à caractériser les contrastes spatiaux à différentes échelles.

La Chine littorale, fortement urbanisée, concentre la majeure partie de la population et la plus forte croissance économique. (*Argument 1*). Représentant 14 % de la superficie du pays et 45 % de la population, ce territoire s'étend de Pékin à Guangzhou. Cette Chine moderne est dominée et structurée par des métropoles mondiales (Pékin, Shanghai). Elle est constituée par les régions les plus intégrées à la mondialisation et concentre près de 60 % du PIB total et plus de 80 % des investissements étrangers directs principalement dans les grands pôles industriels et portuaires (Ningbo, Tianjin, Guangzhou) et les zones économiques spéciales (Shenzhen, Dalian). (*Explications et exemples 1*)

La Chine intérieure, c'est-à-dire les provinces du centre et du Nord, est en voie d'intégration sous l'effet de la croissance impulsée par la région motrice. (*Argument 2*). Sur un tiers de la superficie du pays elle accueille 44 % de la population et produit un tiers de la richesse chinoise. Cette région est dynamisée par une croissance urbaine rapide et par l'émergence de pôles de croissance économique (Xi'an, Chongqing). (*Explications et exemples 2*)

L'Ouest chinois demeure un territoire en marge. Sorte de front pionnier de la croissance chinoise, il est essentiellement une réserve d'espace et de ressources. (*Argument 3*). Cette région, en grande partie constituée par les déserts du Nord et du Nord-Ouest et le plateau tibétain, occupe plus de la moitié du territoire chinois, mais ne compte que 11 % de la population totale. Malgré la richesse de son sous-sol (hydrocarbures, charbon), elle ne contribue que pour 8 % du PIB national et n'attire que 2 % des investissements étrangers. Cependant, le Xinjiang et sa capitale Urumqi, connaissent depuis peu un dynamisme économique et une intégration territoriale croissants en liaison avec sa position frontalière stratégique. (*Explications et exemples 3*).

Au sein de ces grands ensembles, les contrastes spatiaux marquent également les villes et les campagnes. (*Argument 4*) [...]

**8.** Comment cette partie est-elle organisée ?
→ Complétez l'argument 4 en rédigeant les explications et les exemples.

**9.** Rédigez la première partie de la réponse.

**→ Rédiger une conclusion**

**10.** Synthétisez les idées principales du développement en deux ou trois phrases.

# CAHIER BAC

## Se préparer aux épreuves du Bac



**Pour approfondir**

***Des sujets guidés à la fin de chaque thème pour s'entraîner progressivement à acquérir la méthode des épreuves du Bac :***

## Analyse de document(s)



## Croquis



## Question problématisée



**Retrouvez des sujets de Bac et des méthodes actualisés régulièrement sur le site**
→ **lyceen.nathan.fr/geo1re-2019**

# Les épreuves communes de contrôle continu

*Bulletin officiel n°17 du 25 avril 2019*

## 1 Organisation de l'évaluation

L'évaluation se compose de :

- deux épreuves écrites passées respectivement aux deuxième et troisième trimestres de l'année de première ;
- une épreuve écrite passée à la même période que les autres épreuves de contrôle continu de l'année de terminale.

Pour chacune des voies et séries, ces épreuves sont adossées au programme de l'enseignement commun d'histoire-géographie pour les classes de première (première et deuxième épreuves) et de terminale (troisième épreuve).

## 2 Objectifs de l'évaluation

Les épreuves communes de contrôle continu ont pour objectif d'évaluer l'aptitude du candidat à :

- mobiliser, au service d'une réflexion historique et géographique, des connaissances fondamentales pour la compréhension du monde et la formation civique et culturelle du citoyen ;
- rédiger des réponses construites et argumentées, montrant une maîtrise correcte de la langue ;
- exploiter, organiser et confronter des informations ;
- analyser un document de source et de nature diverses ;
- comprendre, interpréter et pratiquer différents langages graphiques.

## 3 Structure de l'évaluation

**Durée** : 2 heures

| | **1re possibilité** | **2e possibilité** |
|---|---|---|
| **Première partie**<br>Environ 1 heure | **Histoire**<br>Le candidat répond à une question problématisée | **Géographie**<br>Le candidat répond à une question problématisée |
| **Deuxième partie**<br>Environ 1 heure | **Géographie**<br>– Soit une analyse de document(s)<br>– Soit une production graphique | **Histoire**<br>– Soit une analyse de document(s)<br>– Soit une production graphique |

Si la première partie de la première épreuve de contrôle continu est en histoire, la première partie de la deuxième épreuve est en géographie et inversement.

## 4 Détails de l'épreuve

### 1re partie → réponse à une question problématisée

- Il s'agit d'une réponse rédigée et construite.
- Le candidat doit montrer qu'il a acquis des capacités d'analyse, qu'il maîtrise des connaissances, sait les sélectionner et les organiser de manière à répondre à la problématique de la question.
- L'intitulé de la question suggère des éléments de construction de la réponse.

### 2e partie → analyse de document(s) ou réalisation d'une production graphique

- L'analyse de document(s) est accompagnée d'une consigne suggérant une problématique et des éléments de construction de l'analyse. Le ou les document(s), en histoire comme en géographie, comporte(nt) un titre et, si nécessaire, un nombre limité de notes explicatives.
- Lorsque la production graphique est un croquis, ce croquis est réalisé à partir d'un texte élaboré pour l'exercice qui présente une situation géographique. Un fond de carte est fourni. Le titre et l'organisation du texte indiquent de grandes orientations pour la réalisation du croquis.
- Dans le cas d'une autre production graphique, les consignes et les données servant à l'élaboration de cette production sont fournies avec l'exercice.

Rendez-vous sur → nathan.fr/Bac et sur le site
→ lyceen.nathan.fr/geo1re-2019

env. 1 h

# L'analyse de document(s)

**Étape 1** Analyser la consigne → Travail préparatoire au brouillon
**Étape 2** Identifier le(s) document(s) → Travail préparatoire au brouillon
**Étape 3** Exploiter les informations → Travail préparatoire au brouillon
**Étape 4** Organiser ses idées → Travail préparatoire au brouillon
**Étape 5** Répondre à la consigne → Travail au propre sur la copie

**Relecture**

## ÉTAPE 1 Au brouillon → Analyser la consigne

**Consigne : Vous confronterez les documents afin de répondre à la question :**

Quels sont les aspects de la métropolisation à Londres ?

- Problématique de l'analyse de documents
- Termes à définir et à réutiliser dans le devoir (la métropolisation)

→ **Vous mettrez en évidence les fonctions métropolitaines de Londres, puis vous caractériserez la recomposition spatiale de cette métropole.**

## ÉTAPE 2 Au brouillon → Identifier le(s) document(s)

### 1 La *City* : un quartier d'affaires

Pôle financier international, la *City* de Londres a construit son rayonnement depuis des siècles. À la fois centre historique et géographique de la capitale britannique et, surtout, quartier général de la finance européenne et mondiale, [elle est] le cœur battant de l'extraordinaire puissance économique du pays. « La *City* » cumule les superlatifs : 400 000 salariés, 500 banques internationales, des centaines de compagnies d'assurances, de comptabilité et de services financiers…

Plus de 200 nationalités se mêlent ici. La *City* est un *melting-pot*, « un pôle d'excellence de la finance qui attire les meilleurs talents de tous les pays et dans tous les domaines – banques, transactions financières, assurance, services juridiques, comptabilité, fiscalité… », souligne René Defossez, un Français qui travaille ici pour Natixis[1].

« En tant que cabinet d'avocats international, nous représentons des entreprises multinationales à travers le monde, qui nous disent que Londres est un centre économique et financier d'importance vitale pour elles, confirme Susan Bright, associée du cabinet d'avocats Hogan Lovells. Londres est une ville du monde, c'est aussi une porte d'entrée vers l'Europe, avec de solides infrastructures, un système juridique très respecté avec des juges impartiaux, et l'anglais est une langue parlée à travers le monde, il est donc facile de faire des affaires ici. »

M. Dancer, « À la *City* de Londres, la finance dans l'État », *La Croix*, 20 juillet 2017.

1. Banque française.

### 2 Étalement et recompositions de la métropole londonienne

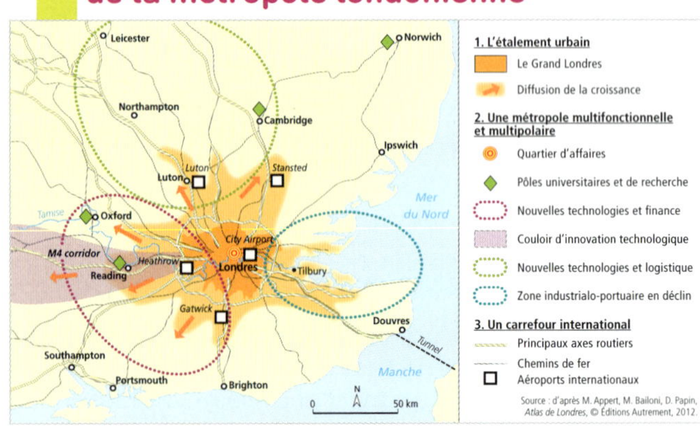

Source : d'après M. Appert, M. Bailoni, D. Papin, *Atlas de Londres*, © Éditions Autrement, 2012.

**Définir la nature, la source, la date, le thème et la localisation de chaque document.**

## ÉTAPE 3 Au brouillon → Exploiter les informations

**Analyser le(s) document(s)**
- Informations répondant au sujet
- Notions à définir

→

**Confronter le(s) document(s)**
- Sens général : idée centrale
- Les informations des documents se complètent-elles ? S'opposent-elles ?

## ÉTAPE 4 Au brouillon → Organiser ses idées

**Informations fournies par les documents**

.....................
.....................
.....................
.....................
.....................
.....................
.....................

→

**Connaissances personnelles**

.....................
.....................
.....................
.....................
.....................
.....................
.....................

→

**PLAN**
**Regrouper les 2 ou 3 idées directrices à partir de la consigne**

1. .....................
.....................
2. .....................
.....................
3. .....................
.....................

## ÉTAPE 5 Au propre sur la copie → Répondre à la consigne

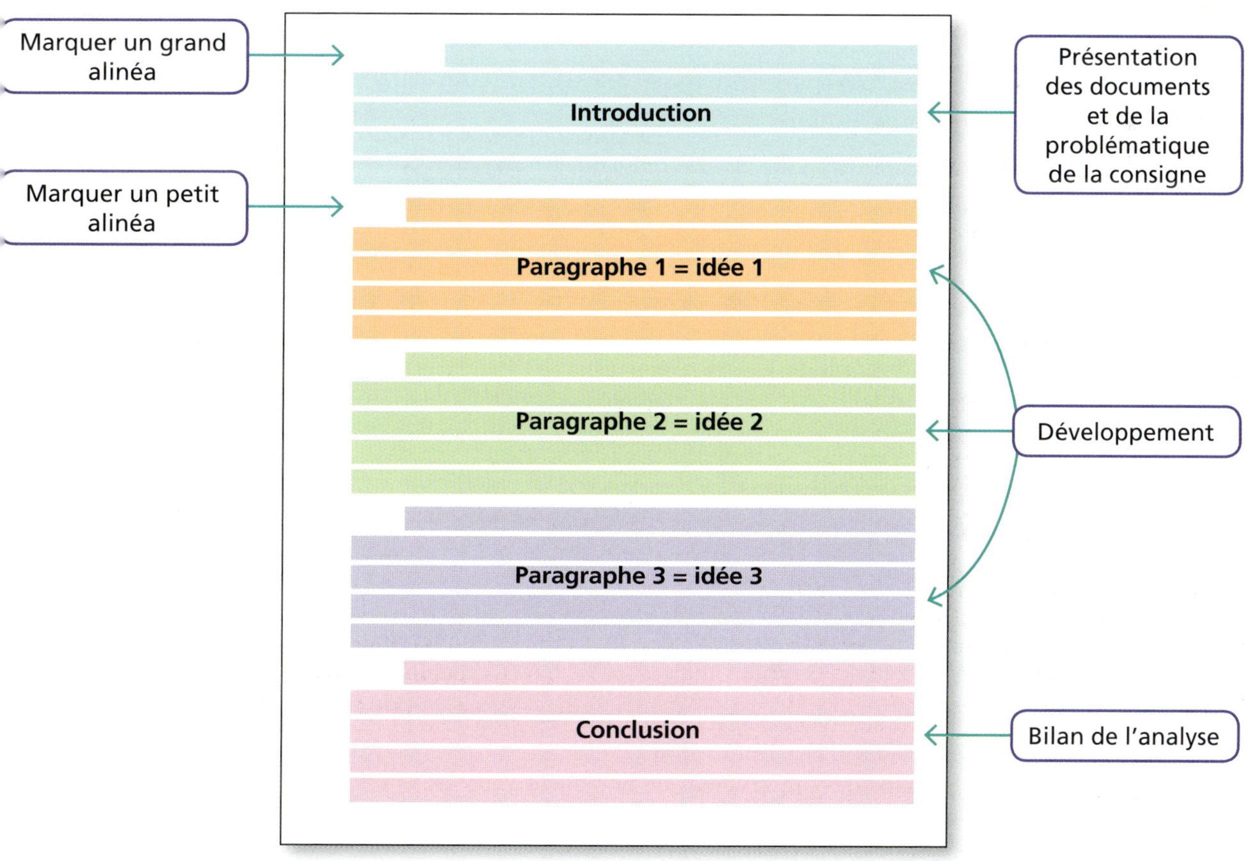

env. 1 h

# Le croquis

**Étape 1**
Déterminer l'objectif du croquis

**Étape 3**
Classer les informations et choisir les figurés

**Étape 4**
Réaliser le croquis

**Travail préparatoire au brouillon** → **Travail au propre sur la copie** → **Relecture**

**Étape 2**
Sélectionner les informations dans le texte

## ÉTAPE 1 Au brouillon → Déterminer l'objectif du croquis

**SUJET** La mégalopole japonaise, une interface fortement intégrée dans la mondialisation

- La mégalopole japonaise : Espace à définir et à représenter
- interface, mondialisation : Notions à définir

## ÉTAPE 2 Au brouillon → Sélectionner les informations dans le texte

### La mégalopole japonaise, une interface fortement intégrée dans la mondialisation

**Une vaste aire urbaine**

La mégalopole occupe le littoral sud de l'île d'Honshu. Elle rassemble 80 % de la population japonaise. Polarisée par trois mégapoles, Tokyo (37 millions d'habitants), Osaka (19 millions) et Nagoya (9,5 millions), cette région urbaine s'étend d'est en ouest, de la plaine du Kanto où se situe Tokyo jusqu'à Kitakyushu-Fukuoka (5,5 millions d'habitants). Elle est jalonnée par d'importantes métropoles régionales, comme Hiroshima avec ses 2 millions d'habitants. L'extension de l'espace mégalopolitain se poursuit vers les îles du sud (Kyushu, Shikoku) et vers Sendai (2,3 millions d'habitants) au nord-est.

**Une interface dynamique**

La région urbaine est structurée par un important réseau de transports. Elle est traversée par un axe ferroviaire majeur desservi par un train à grande vitesse, le Shinkansen, reliant Tokyo au sud de Kyushu. Cinq aéroports internationaux assurent un trafic croissant de passagers.

**Un espace fortement intégré dans la mondialisation**

Tokyo est l'une des plus puissantes métropoles de la planète : elle est le siège du Kabuto-Chô, la 3e place boursière mondiale.

- Les titres indiquent les parties du plan de la légende
- Informations à représenter
- Les lieux concernés

## ÉTAPE 3 **Au brouillon** → Classer les informations et choisir les figurés

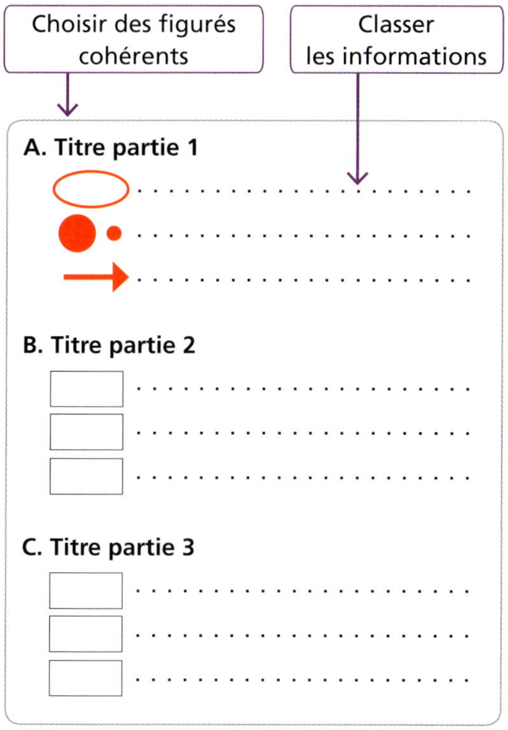


### Le langage cartographique

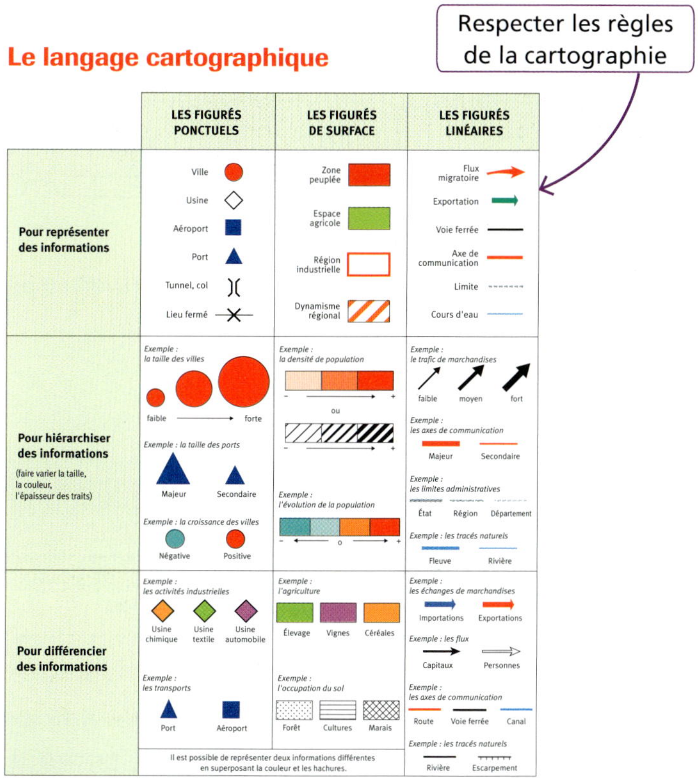


**+ Langage cartographique**

## ÉTAPE 4 **Au propre sur la copie** → Réaliser le croquis

→ **Donner un titre au croquis et soigner la réalisation.**

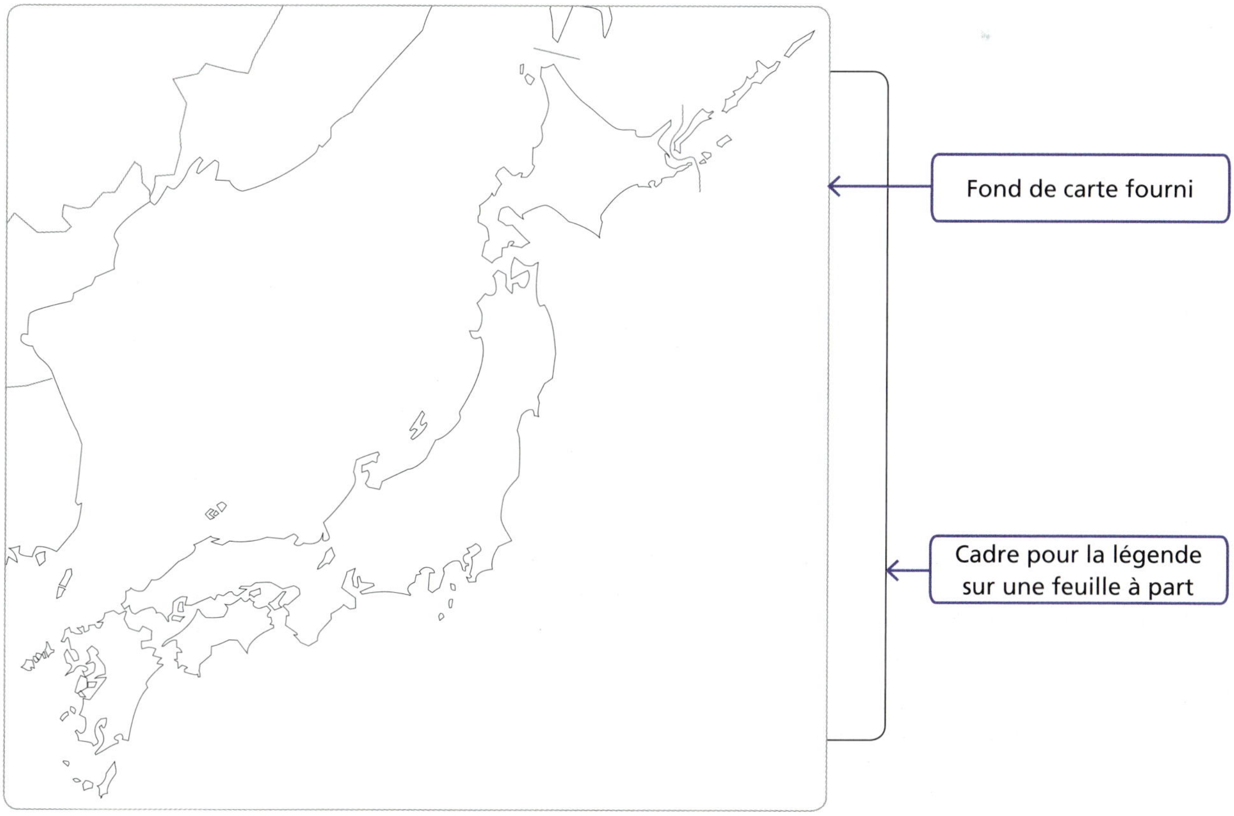

CAHIER BAC

env. 1 h

# La réponse à une question problématisée

**Étape 1**
Analyser la question

**Étape 2**
Mobiliser et organiser ses connaissances

**Étape 3**
Rédiger la réponse à la question

**Travail préparatoire au brouillon** → **Travail au propre sur la copie** → **Relecture**

## ÉTAPE 1 Au brouillon → Analyser la question problématisée

**SUJET**

Idée d'utilisation raisonnée et de préservation. → gestion

Notions clés à définir → ressources, développement

Pourquoi la gestion des ressources est-elle un défi du développement en Chine ?

Échelle du sujet → Chine

→ **La question constitue la problématique à laquelle le devoir doit répondre.**

→ **Le plan est donné dans la question.**

## ÉTAPE 2 Au brouillon → Mobiliser et organiser ses connaissances

**Mobiliser ses connaissances**
Dresser une liste des connaissances personnelles :
– Notions,
– Faits, idées,
– Données chiffrées,
– Exemples à utiliser.

**Organiser** →

**Construire le plan détaillé**
1re idée clé
– Arguments
– Exemples et/ou schémas
2e idée clé
– Arguments
– Exemples
3e idée clé
– Arguments
– Exemples

**Le plan peut comporter 2 ou 3 parties, en fonction de la question.**

## ÉTAPE 3 Au propre sur la copie → Rédiger la réponse à la question

### 1 Rédiger l'introduction

Marquer un alinéa → La Chine connaît un développement rapide qui s'appuie en partie sur l'utilisation de ses ressources énergétiques et environnementales. ← Présenter le thème de la question

Pourquoi la gestion des ressources est-elle un défi du développement en Chine ? ← Énoncer la question problématisée

### 2 Rédiger le développement (2 ou 3 paragraphes)

Marquer un alinéa → **Commencer par une phrase énonçant l'idée clé du premier paragraphe.**
**Sous-partie 1** : annoncer l'argument n° 1 et l'illustrer par des exemples.
**Sous-partie 2** : annoncer l'argument n° 2 et l'illustrer par des exemples.
*Faire une transition*

Sauter une ligne → **Commencer par une phrase énonçant l'idée clé du deuxième paragraphe.**
**Sous-partie 1** : annoncer l'argument n° 1 et l'illustrer par des exemples.
…

Sauter une ligne → **Commencer par une phrase énonçant l'idée clé du troisième paragraphe.**
**Sous-partie 1** : annoncer l'argument n° 1 et l'illustrer par des exemples.
…

### 3 Rédiger une courte conclusion

Bilan du développement → La réduction de la pression sur les ressources et la transition vers les énergies renouvelables sont une priorité des autorités chinoises pour poursuivre le développement du pays.

# LEXIQUE

## A

**Accaparement des terres *(land grabbing)* :** processus mondialisé d'acquisition ou de location de terres par des investisseurs étrangers, essentiellement à des fins agricoles. (voir p. 138 et 142)

***Agribusiness* :** ensemble des activités économiques qui se développent autour de l'agriculture productiviste et qui ont pour but la transformation et la vente des produits alimentaires. (voir p. 160)

**Agriculture biologique :** agriculture qui n'utilise pas d'intrants (engrais, pesticides, produits chimiques) d'origine industrielle, ni d'OGM. (voir p. 146)

**Agriculture extensive :** système de production agricole dont les rendements à l'hectare sont peu élevés. (voir p. 144 et 159)

**Agriculture intensive :** système de production agricole assurant des rendements à l'hectare élevés. (voir p. 144 et 159)

**Agriculture productiviste :** agriculture commerciale dont l'intensivité et la productivité reposent sur un recours aux techniques et aux progrès scientifiques. (voir p. 142 et 160)

**Agriculture sur brûlis :** cultures réalisées sur une ancienne forêt défrichée par le feu. (voir p. 142 et 144)

**Agriculture vivrière :** agriculture destinée à nourrir la famille (petites exploitations, main-d'œuvre abondante, travail manuel et peu mécanisé, faibles rendements). (voir p. 142)

**Agritourisme :** activité touristique pratiquée sur une exploitation agricole (gîte rural, chambre d'hôtes, camping à la ferme). (voir p. 141)

**Agrocarburants :** carburants produits à partir de produits agricoles. (voir p. 141)

**Agroécologie :** pratique agricole qui s'appuie sur les caractéristiques du milieu naturel pour tirer le meilleur parti des interactions entre les végétaux, les humains, les animaux et l'environnement. Elle vise à diminuer les pressions sur l'environnement et à préserver les ressources naturelles en maintenant les capacités de renouvellement de la nature.

**Aire urbaine :** espace continu qui se compose d'une ville-centre, de ses banlieues immédiates et d'une couronne périurbaine. Cette dernière regroupe des communes dans lesquelles au moins 40 % de la population résidente ayant un emploi travaille dans la ville-centre. (voir p. 48)

**Aléa :** phénomène à l'origine d'un danger potentiel, plus ou moins fort selon sa fréquence et son intensité. (voir p. 190)

**Archipel :** groupe d'îles. (voir p. 82)

**Archipel mégalopolitain mondial :** nom donné à l'ensemble des grandes mégalopoles mondiales qui établissent des relations entre elles. (voir p. 31 et 32)

**Aurifère :** adjectif relatif à l'or. (voir p. 106)

## B

**Bidonville :** quartier d'habitations précaires ou insalubres construites illégalement avec des matériaux de récupération. (voir p. 34)

**Bocage :** type de paysage agraire formé de champs et de prés clos par des levées de terre plantées de haies d'arbres. (voir p. 152)

## C

**Capitalisation :** ensemble des placements financiers en bourse. (voir p. 31)

**Capitalisation boursière :** ensemble des valeurs cotées sur une place boursière. (voir p. 90)

***Central business district* (CBD) :** quartier d'affaires où se concentrent les sièges sociaux des entreprises, les banques, etc. (voir p. 34)

**Chaîne de valeur :** ensemble des opérations réalisées par des entreprises dans le processus de fabrication d'un produit, de sa conception à sa commercialisation. (voir p. 80)

**Compétitivité :** capacité d'une entreprise, d'un secteur économique ou d'un territoire à vendre ou à fournir durablement un ou plusieurs biens ou services sur un marché concurrentiel. (voir p. 104)

**Conflit d'usage :** rivalité opposant les acteurs spatiaux autour de l'utilisation d'une ressource ou d'un territoire. (voir p. 146)

**Conteneurisation :** généralisation du transport de marchandises dans des conteneurs (boîtes de transport au format standardisé). (voir p. 90)

**Croissance :** augmentation de la production de biens et de services dans une économie sur une période donnée. La croissance ne doit pas être confondue avec le développement. (voir p. 192)

## D

**Décentralisation :** processus de transfert de pouvoirs et de compétences, de l'État aux collectivités territoriales (régions, départements, communes…) en matière de transport, d'éducation, de formation, d'aménagement des territoires. Ce processus a été initié par les lois de décentralisation de 1982, et confirmé depuis. (voir p. 48)

**Déforestation :** diminution des surfaces couvertes de forêts. (voir p. 194)

**Délocalisation :** transfert de production vers des pays disposant d'une main-d'œuvre à bas coût et de réglementations sociales et environnementales peu contraignantes. (voir p. 104)

**Déprise agricole :** abandon de l'activité agricole sur un territoire. (voir p. 144)

**Désertification :** avancée du désert qui s'installe durablement sur des régions où se trouvaient auparavant de la végétation ou des cultures. (voir p. 194)

**Désindustrialisation :** diminution ou disparition de l'activité industrielle. (voir p. 104)

**Développement :** processus qui marque le passage d'une économie rurale où la pauvreté reste forte à une économie urbaine où la pauvreté est minoritaire. Ce processus s'accompagne d'une amélioration généralisée des conditions de vie des habitants et d'une démocratisation sur le plan politique. (voir p. 192)

**Développement durable :** mode de développement qui répond aux besoins du présent sans compromettre la capacité des générations futures à répondre aux leurs. Le développement durable suppose la prise en compte de facteurs économiques, sociaux et environnementaux. (voir p. 194)

**Diaspora :** dispersion d'une communauté (ethnique, religieuse...) dans le monde. Celle-ci parvient à conserver son identité culturelle en maintenant des liens de solidarité forts entre ses membres. (voir p. 188)

**District industriel :** concentration, sur un territoire donné, de petites et moyennes entreprises, spécialisées dans un secteur d'activité reposant sur des savoir-faire hérités. (voir p. 102, 146 et 160)

**Dystopie :** contraire d'utopie. Récit imaginant le pire des mondes, généralement par extrapolation de la société réelle. (voir p. 37)

## E

**Économie numérique :** ensemble des secteurs d'activité et des entreprises qui produisent des biens et des services assimilés aux technologies de l'information et de la communication (TIC) comme l'informatique, les télécommunications et l'électronique. (voir p. 88)

**Économie présentielle :** économie reposant sur la production de biens et de services visant la satisfaction des besoins de personnes présentes sur un territoire (résidents, touristes). (voir p. 141)

**Écotourisme (tourisme vert) :** tourisme centré sur la découverte de la nature, ainsi que le respect de l'environnement et des cultures locales. (voir p. 141)

***Edge cities* :** centres périurbains où se concentrent bureaux et équipements divers. (voir p. 34)

**Émergence :** forte croissance économique d'un pays, mais accompagnée d'une amélioration lente des conditions de vie des habitants les plus pauvres. (voir p. 184)

**Énergies fossiles :** énergies issues de la combustion de matières organiques fossilisées contenues dans le sous-sol (charbon, pétrole, gaz). (voir p. 190 et 194)

**Énergies renouvelables :** énergies produites au moyen de ressources naturelles inépuisables (soleil, vent, eau) ou encore de végétaux. (voir p. 182, 190 et 194)

**Énergivore :** qui consomme beaucoup d'énergie. (voir p. 194)

**Espace transfrontalier :** espace « à cheval » sur la frontière entre deux pays, articulé autour de formes de coopération que le passage de la frontière peut engendrer.

**Estuaire :** embouchure d'un fleuve dans laquelle entre la marée, naturellement bordé de zones humides. (voir p. 155)

**Exode rural :** migration importante de populations quittant les campagnes pour s'installer dans les villes. (voir p. 32 et 144)

## F

**Façade maritime :** ensemble de grands ports desservant un même arrière-pays. (voir p. 90)

**Filière :** ensemble des étapes et des acteurs le long d'un processus de production d'un produit. (voir p. 80)

**Firme transnationale (FTN) :** entreprise implantée dans de nombreux pays et qui réalise la majeure partie de son chiffre d'affaires en dehors de son pays d'origine. (voir p. 32 et 87)

**Flux :** circulation de biens, de personnes, de capitaux ou d'informations. (voir p. 87)

**Front pionnier :** processus d'appropriation d'un territoire considéré comme « vierge » à des fins de mise en valeur (agricole, minière...) et/ou de peuplement. (voir p. 190)

## G

***Gated community* :** quartier enclos et sécurisé où se concentrent des populations aisées. (voir p. 34)

**Gentrification :** processus d'appropriation d'un quartier populaire par une population plus aisée. (voir p. 34 et 48)

**Gisement :** richesse géologique présente en masse. (voir p. 106)

## H

***Hub* :** plate-forme de correspondance dans un réseau de transport. (voir p. 49)

## I

**IDE (Investissements directs à l'étranger) :** sommes d'argent investies par des entreprises étrangères sur un territoire (création, rachat d'entreprise). (voir p. 74, 90 et 188)

**IDH (Indice de développement humain) :** mesure globale du niveau de développement. Il prend en compte le revenu par habitant (niveau de vie), l'espérance de vie (santé) et l'alphabétisation (deux indicateurs : durée moyenne et durée maximale de scolarisation). La valeur de l'IDH s'exprime de 0 à 1. (voir p. 192)

**Indice de Gini :** indice mesurant les inégalités de revenus entre les habitants d'un État. Il varie de 0 (égalité parfaite) à 1 (inégalité absolue). (voir p. 192)

**Innovation :** capacité à améliorer les performances d'une production ou d'une activité. (voir p. 79, 96 et 104)

**Interface :** zone de contact entre deux ensembles géographiques distincts. Elle génère le plus souvent des flux mais parfois aussi des tensions. (voir p. 90)

## L

**Littoralisation :** concentration des populations et des activités sur les littoraux. (voir p. 87)

# LEXIQUE

## M

**Maraîchage :** culture de légumes et de certains fruits destinés à être vendus frais. (voir p. 159)

**Mégalopole :** grande région urbaine concentrant des métropoles reliées entre elles et exerçant un rayonnement mondial. (voir p. 23, 31 et 32)

**Mégapole :** très grande agglomération urbaine de plus de 10 millions d'habitants (selon le critère de l'ONU). (voir p. 32)

**Métaux lourds :** métaux toxiques pour la santé, présents dans l'air, dans les eaux, dans les sols (plomb, mercure…).

**Métropole :** ville de grande importance qui exerce des fonctions de commandement, d'organisation et d'impulsion sur une région et qui permet son intégration avec le reste du monde. (voir p. 40 et 188)

**Métropole fragmentée :** ville qui se caractérise par de profondes inégalités et une séparation spatiale marquée entre les différentes classes sociales.

**Métropolisation :** processus de concentration des populations, des activités, des investissements et des fonctions de commandement dans les métropoles. (voir p. 28, 40, 87)

**Mix énergétique :** répartition entre les différentes sources d'énergie consommées par un État, une entreprise. (voir p. 182)

**Mondialisation :** processus d'intégration et d'interdépendance des territoires et des sociétés humaines à l'échelle de la planète. Il entraîne une intensification des flux de capitaux, d'informations, de marchandises et de populations. (voir p. 31)

## N

**Naxalites :** groupes révolutionnaires partisans d'une réforme agraire (redistribution des terres agricoles). (voir p. 130)

**Néoruraux :** citadins venus s'installer en zone rurale. (voir p. 160)

**« Nouvelles routes de la Soie » (*Belt and Road Initiative*) :** stratégie de développement mise en place par l'État chinois en 2013 afin de relier plus facilement la Chine à l'Europe et l'Afrique par des voies ferroviaires et maritimes. (voir p. 192)

## O

**Openfield :** paysage agricole à champs ouverts. (voir p. 152)

**Organisme génétiquement modifié (OGM) :** organisme dont on a modifié le patrimoine génétique afin de lui donner de nouvelles propriétés (résistance aux insectes, tolérance aux herbicides). (voir p. 141 et 144)

## P

**Paradis fiscaux :** pays où la réglementation financière et la fiscalité sont plus favorables que dans le reste du monde. (voir p. 85)

**Particules fines :** particules en suspension dans l'air. Un taux élevé de particules fines dans l'air occasionne des risques pour la santé et réduit l'espérance de vie. Le seuil de tolérance est fixé par l'Organisation mondiale de la santé à 50 microgrammes (µg)/m$^3$ d'air.

**Patrimoine :** biens naturels ou culturels, matériels ou immatériels, qu'on souhaite transmettre aux générations futures. (voir p. 146)

**Patrimoine mondial :** ensemble des biens culturels et naturels représentant l'héritage commun de l'humanité, selon l'Unesco. (voir p. 91)

**Pays émergent :** pays en développement dont la croissance est forte et dont les conditions de vie des habitants s'améliorent, mais qui est encore marqué par de fortes inégalités sociospatiales. (voir p. 192)

**Paysage agraire :** résultat visible de l'aménagement de la surface de la terre par les paysans. (voir p. 152)

**Périphérie :** espace situé autour d'un centre. (voir p. 34)

**Périurbanisation :** processus d'urbanisation des marges rurales d'une agglomération urbaine. (voir p. 34 et 49)

**« Petite » agriculture :** agriculture à faible productivité du travail, pratiquée dans des exploitations familiales de taille relativement modeste, que ce soit en termes de superficies cultivées, de moyens de production mobilisés, de chiffres d'affaires ou de quantités produites.

**Petites villes :** villes comprises entre 2 000 et 20 000 habitants, et regroupant pour l'Insee entre 1 500 et 5 000 emplois. Elles représentent 37,9 % de la population en France.

**PIB (Produit intérieur brut) :** ensemble des richesses produites dans un pays en un an. Le PIB est exprimé en dollars. (voir p. 192)

**Pôle de compétitivité :** regroupement reconnu par l'État, sur un territoire donné, d'entreprises, d'organismes de formation et de centres de recherche publique ou privée, engagé autour de projets innovants dans un secteur d'activité donné. (voir p. 96)

**Politique agricole commune (PAC) :** politique européenne créée en 1962 pour moderniser et développer l'agriculture des pays membres de la CEE puis de l'UE. (voir p. 160)

**Politique de l'enfant unique :** politique de contrôle des naissances mise en place en Chine entre 1979 et 2015. (voir p. 193)

**Polycentrisme :** principe d'organisation d'un territoire autour de plusieurs centres.

**Polyculture :** production de différentes cultures sur une même exploitation. (voir p. 160)

**Productivité :** rapport entre la quantité produite et les moyens (humains, matériels) utilisés pour cette production. (voir p. 104)

**Prospective :** démarche qui consiste, par des scénarios d'anticipation, à envisager les futurs possibles d'un territoire. C'est une vision non de ce qui va se passer, mais seulement de ce qui pourrait se passer. (voir p. 37)

## R

**R&D (Recherche et développement) :** activité destinée à améliorer la qualité et la capacité de production d'une entreprise. C'est un facteur majeur d'innovation, et donc de compétitivité. (voir p. 70, 88 et 104)

**Reconversion :** réorientation des activités d'une entreprise ou d'un espace vers un secteur plus compétitif suite au déclin d'une production. (voir p. 92 et 104)

**Régions ultra-périphériques :** territoires bénéficiant d'aides spécifiques de l'Union européenne en raison de leur éloignement et de fortes contraintes (risques naturels, enclavement, dépendance économique). (voir p. 159)

**Relocalisation :** retour dans le pays d'origine d'unités productives antérieurement délocalisées. (voir p. 100)

**Remembrement :** consiste à regrouper des parcelles agricoles dispersées et à éliminer les obstacles à la mécanisation de l'exploitation (bosquets, haies) pour améliorer la productivité. (voir p. 152)

**Réseau :** ensemble de lignes ou de relations permettant de connecter des lieux entre eux, ainsi que les acteurs spatiaux qui y sont présents. (voir p. 49 et 88)

**Réserve naturelle :** portion de territoire délimitée et protégée juridiquement de façon à préserver certains milieux remarquables ou espèces menacées de disparition. (voir p. 155)

## S

**Ségrégation :** processus, volontaire ou non, de séparation des populations dans l'espace selon des critères sociaux, ethniques ou d'âge. (voir p. 34)

**Seuil d'extrême pauvreté :** niveau au-dessous duquel une personne est considérée comme extrêmement pauvre. Ce seuil, actuellement fixé à 1,90 dollar par jour, est régulièrement relevé par la Banque mondiale. (voir p. 193)

**Silicon Valley :** espace productif développé autour de l'université de Stanford au sud de San Francisco où la recherche et l'industrie informatique travaillent en réseau. Don Hoefler, journaliste californien, invente l'expression de la Silicon Valley en référence au « silicium » (en anglais *silicon*), désignant le matériau de base des puces électroniques. (voir p. 79)

**Synergie :** action à plusieurs provoquant un effet global. (voir p. 23)

## T

**Technopôle :** parc d'activités souvent situé en situation suburbaine regroupant entreprises et centres de formation supérieure ou de recherche spécialisés dans des activités de haute technologie. (voir p. 99)

**Télétravail :** activité professionnelle réalisée à distance grâce aux technologies de l'information et de la communication. (voir p. 160)

**Terroir :** portion de territoire caractérisée par des aptitudes agricoles particulières liées au climat, aux sols et au relief, valorisée par des savoir-faire locaux souvent ancestraux. (voir p. 146)

**Tertiarisation :** progression du poids des services dans l'économie et la population active d'un pays. (voir p. 104)

**Tomate d'industrie :** tomate sélectionnée génétiquement exclusivement destinée à être transformée par l'industrie. (voir p. 80)

**Transition énergétique :** passage d'une forte consommation d'énergies fossiles non renouvelables (pétrole, charbon) à des énergies renouvelables (éolien, solaire). (voir p. 182)

## U

**Urbanisation :** processus de concentration des populations dans les villes qui s'accompagne d'un accroissement de leur superficie. (voir p. 28 et 32)

## V

**Valeur ajoutée :** supplément de valeur donné par une entreprise aux biens et aux services entre le début et la fin de leur production. (voir p. 88)

**Ville fragmentée :** ville qui se caractérise par de profondes inégalités et une séparation spatiale marquée entre les différentes classes sociales. (voir p. 34)

**Ville nouvelle :** nouveaux espaces urbains implantés volontairement en périphérie des très grandes villes dans l'intention de maîtriser leur croissance.

**Villes moyennes :** villes comprises entre 20 000 et 200 000 habitants, et regroupant pour l'Insee entre 5 000 et 10 000 emplois. Elles représentent 30,3 % de la population en France.

## Z

**Zone de revitalisation rurale :** ensemble de communes rurales fragiles bénéficiant d'aides fiscales pour favoriser leur développement économique. (voir p. 159)

**Zone économique spéciale (ZES) :** zone franche, à l'échelle d'un port, d'un quartier ou d'une ville, bénéficiant d'avantages fiscaux et/ou douaniers pour attirer les entreprises. (voir p. 90)

**Zone franche :** territoire bénéficiant d'avantages fiscaux et/ou douaniers. (voir p. 88)

**Zone industrialo-portuaire (ZIP) :** espace portuaire accueillant une forte concentration d'activités industrielles. (voir p. 102)

# CRÉDITS ICONOGRAPHIQUES

**Couverture haut** © Jon Arnold Images / HEMIS.fr ; **Couverture bas** © AD04-Mir photos/Via Ferrata de la Grande Fistoire

**5** SHUTTERSTOCK/Randy Andy ; **6** ONLY France/Christophe Lepetit ; **7** ANDIA/Alpaca/Zintzmeyer ; **8** HEMIS/Alamy/Tuul et Bruno Morandi ; **12-13** SHUTTERSTOCK/Randy Andy ; **14-15** GETTY IMAGES France/Visual Space ; **17** SHUTTERSTOCK/Alexandre Rotenberg ; **18** Heathrow Airport Limited 2018 ; **20** HAWKES JASON AERIAL PHOTO LIBRARY ; **23** SHUTTERSTOCK/Richard Cavalleri ; **24** HEMIS/Alamy Stock/Olaf Schuelke ; **26** Manila Bulletin/Romi Santiago/DR ; **36** Mirrors Edge Catalyst and screenshots of it are licensed property of Electronic Arts, Inc. ; **37** Capcom Entertainment France SAS ; **38-39** REA/Sébastien Ortola ; **41** HEMIS/Alamy Stock/Manjik Photographie ; **42** HEMIS/Alamy/Ayhan Altun ; **45** Métropole de Lyon/Thierry Fournier ; **50** Compagnie de Phalsbourg ; **51** bas Association Non au gratte-ciel de Toulouse ; **51 ht** © Plusimgs et Constructa ; **53** SHUTTERSTOCK/Randy Andy ; **58** HEMIS/Alamy/Marcel van den Bos ; **59** SHUTTERSTOCK/Sarymsakov Andrey ; **66-67** ONLY France/Christophe Lepetit ; **68-69** GETTY IMAGES France/Picture Alliance ; **71 ht** HEMIS/Alamy/Nasa Photo ; **73 ht** ESA/Stephane Corvaja ; **74 bas** GETTY IMAGES France/Sebastion Meyer ; **76** MAXPPP/Newscom/Ding Lin Xinhua News Agency ; **77** JEUNE AFRIQUE ; **79** GETTY IMAGES France/Kyodo News ; **80** AFP/Xinhua/Yan Zhijiang ; **82 ht** © Ministère du Tourisme de la République dominicaine/DR ; **82 bas** © Tahiti Tourisme ; 83 ht SHUTTERSTOCK/Siraphob Werakijpanich ; **92 ht** AFP/Filippo Monteforte ; **92 bas** Stiftung Zollverein/Photo Jochen Tack ; **93 g** © Creative Commons/Photo courtesy of flickr user David Shankbone ; **133 d** © Friends of the High Line ; **94-95** HEMIS/Alamy Stock Photo/Julian Castle/© ADAGP, Paris 2019 ; **96** © Bioceanor ; **98 ht** © IGN – 2019 ; **99** © TBC-France ; **100** © Archiduchesse ; **107** © Or de Question ; **108** LE MONDE ; 109 ONLY France/Christophe Lepetit ; **114** Dario Ingiusto et Cécile Marin, Le Monde Diplomatique, 2016 ; **115** © SCALEN - Agence de développement des territoires Nancy Sud Lorraine ; **122-123** ANDIA/Alpaca/Zintzmeyer ; **124-125** GETTY IMAGES France/Juan Carlos Munoz ; **127** HEMIS/Alamy/Scott Wilson ; **128** SHUTTERSTOCK/Robertonencini ; **129** HEMIS/Alamy Stock Photo/Panther Media GmbH ; **130** Keralatourism ; **133** © Photo by www.stockaerialphotos.com/Keith Walter ; **134 ht** SHUTTERSTOCK/LMspencer ; **134 bas** HEMIS/Alamy/Overflightstock Ltd ; **136** INTREPID ESCAPE ; **137** GETTY IMAGES France/John S. Lander ; **138** www.fiami.ch ; **139** GETTY IMAGES France/Light Rocket/Satoshi Takahashi ; **148 ht** CHRISTOPHE L COLLECTION ; **148 bas** CHRISTOPHE L COLLECTION/© Tokuma Japan Communication Co Ltd ; 149 HEMIS/Alamy Stock Photo/A. F. Archive ; **150-151** Office du tourisme de Chamrousse (Isère) /Photo Emilie Garcin ; **153** François Levalet ; **154 ht** © Fromages AOP de Normandie ; **154 bas** HEMIS/Francis Cormon ; **155** L'Express 14/01/2015, couverture d'une édition régionale ; **156** © Ligue royale belge pour la protection des oiseaux/Dessin de Sten ; **157 bas** © Générations futures ; **163 ht** Fañch Ar Ruz ; **163 bas** © Procar Demas www.procar-demas.fr ; **165** ANDIA/AlpacaZintzmeyer ; **170** © Gab ; **178-179** HEMIS/Tuul et Bruno Morandi ; **181** HEMIS/Alamy Stock Photo/Panther media GmnH ; **182** AFP/Imagine China/Geng Yuhe ; **185** AFP/Imagine China/Qianlong ; **187** AFP/Xinhua/Yu Fangping ; **198** AFP/Imagine China/Zhu Yinwei ; **199 ht** GREENPEACE FRANCE/photo Lu Guang ; **199 bas** © Liu Bolin, courtesy Galerie Paris-Beijing ; **203** REA/Panos/Ian Teh.

**Compléments aux sources des textes présents dans le manuel**

**96-1** « Le pôle de compétitivité SCS », Ville de Rousset, http://rousset-fr.com, 2019 ; **99-9** Dominique Gonod, « Première délégation française à Las Vegas, la Région Sud emmène 55 startups ! », TechSnooper [en ligne], 30 décembre 2018 ; **100-3** Christian Chavagneux, « Il y a peu de relocalisations en France, car il y a eu peu de délocalisations », Alternatives Économiques, n°380, juin 2018 ; **126-2** Jean-François Breuiller et Melani Le Bris, Toscane - Ombrie, Editions Gallimard Loisirs, coll. « GÉOguides », 2018 ; **127-4** Angus Mackinnon, « Le chianti, star vieille de 300 ans, cherche un nouvel élan », Agence France-Presse, 23 septembre 2016 ; **155-9** « La Normandie, l'une des régions les plus bétonnées de France : comment endiguer le phénomène ? », Actu.fr, 05 octobre 2018, https://actu.fr/ ; **155-6** Amandine Cailhol, « Services publics : sociabilité, commerces... chaque fermeture a un effet boule de neige », Libération, 22 janvier 2019, https://www.liberation.fr/ ; **184-1** Thierry Sanjuan, Atlas de la Chine, Les nouvelles échelles de la puissance, Thierry Sanjuan, cartographie Madeleine Benoit-Guyod © Editions Autrement, 2018 ; 187-5 Emmanuel Véron, « Les sociétés locales rurales et le développement des gîtes dans la mégalopole de Shanghai », EchoGéo n° 43, janvier-mars 2018.

Pratique du Tai Chi sur le Bund,
Shanghai, Chine, 2017.

Via Ferrata de la Grande Fistoire, Le Caire, Alpes de Haute-Provence (04), 2018.

**Édition :** Séverine Bulan, avec l'aide d'Émeline Marx,
Lucile Foucher et Mathilde Boisserie
**Direction éditoriale :** Carole Greffrath
**Conception graphique (intérieur et couverture) :** Élise Launay
**Responsable artistique :** Pierre-Yves Skrzypczak
**Mise en page :** Anne-Danielle Naname
**Iconographie :** Maryse Hubert
**Cartographie :** AFDEC – Bertrand de Brun
**Charte graphique des schémas :** WeDoData
**Infographies, schémas, graphiques :** Renaud Scapin
**Relecture :** Marjolaine Revel
**Fabrication :** Adeline Caillot

FSC MIXTE Papier issu de sources responsables FSC® C022030 www.fsc.org

Nathan est un éditeur qui s'engage pour la préservation
de son environnement et qui utilise du papier fabriqué à partir
de bois provenant de forêts gérées de manière responsable.

N° de projet : 10257519 - Dépôt légal : Août 2019 Imprimé en Italie Juillet 2019 par Rotolito S.p.A. Italie

Retournez votre manuel
pour consulter la partie

# HISTOIRE

MANUEL RÉVERSIBLE

Retournez votre manuel
pour consulter la partie

# GÉOGRAPHIE

# Histoire 1re

**NOUVEAU PROGRAMME 2019**

**Sous la direction de Guillaume LE QUINTREC**

**Caroline BARCELLINI**
Agrégée d'histoire
Professeure au lycée Jean-Baptiste Corot à Savigny-sur-Orge (91)

**Mathias BURGÉ**
Agrégé d'histoire
Professeur au lycée Rabelais de Meudon (92)

**Léo CAYEUX**
Agrégé d'histoire, ancien élève de l'École normale supérieure
Professeur en section européenne au lycée Louise Weiss à Achères (78)

**Valentin CHÉMERY**
Agrégé d'histoire
Professeur au lycée Guillaume Apollinaire à Thiais (94)

**Défendin DÉTARD**
Agrégé d'histoire
Professeur au lycée Évariste Galois à Noisy-le-Grand (93)

**Juliette HANROT**
Agrégée d'histoire
Professeure en section internationale britannique
au lycée Camille Sée à Paris (75)

**Guillaume LE QUINTREC**
Agrégé d'histoire, ancien élève de l'École normale supérieure
Professeur en classes préparatoires au lycée Fénelon à Paris (75)

**Florian LOUIS**
Agrégé d'histoire
Professeur au lycée Jean-Jacques Rousseau à Sarcelles (95)

**Julie NOESSER**
Certifiée d'histoire-géographie
Professeure au lycée d'Arsonval à Saint-Maur-des-Fossés (94)

**Cécile VIDIL**
Agrégée d'histoire
Professeure au lycée international Lucie Aubrac de Courbevoie (92)

Coordination pédagogique : **Juliette HANROT**

Nathan

# À la découverte de votre manuel

## Chaque chapitre comporte trois temps

### REPÈRES ET COURS

**La première partie rassemble toutes les connaissances et les repères indispensables.**

Le **rappel** de ce que vous avez déjà étudié au collège sur le sujet et de **ce que vous allez découvrir.**

Des **frises** à plusieurs échelles chronologiques pour se repérer.

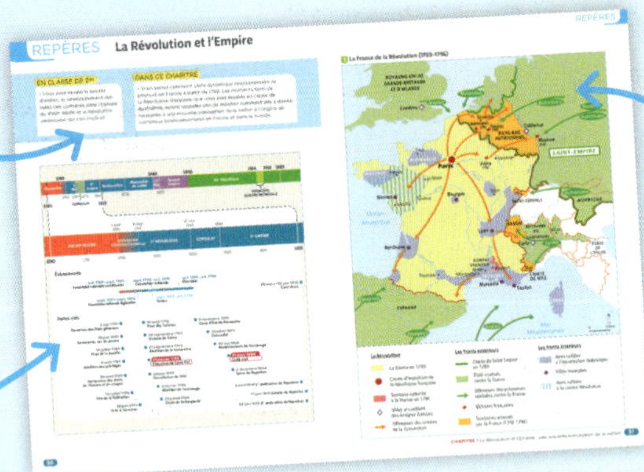


Les **cartes** incontournables.

Des questions rapides d'**autoévaluation** pour vérifier votre connaissance du cours.

Le **podcast** du cours pour réviser dans les transports, sur le chemin du lycée…

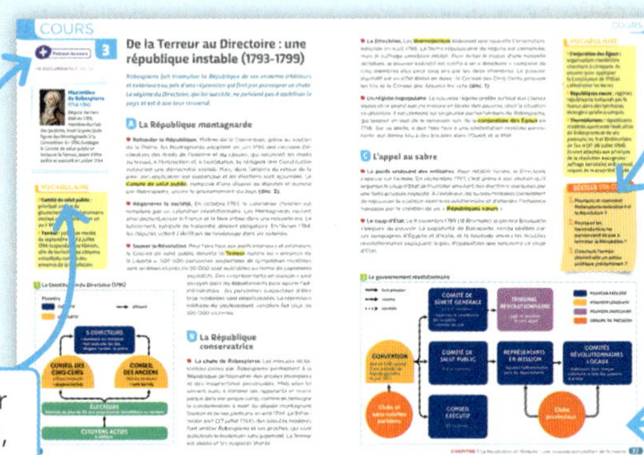


Des **infographie** pour mieux mémoriser votre cours.

Le **vocabulaire** et toute l'aide nécessaire pour comprendre le cours : repères, sens des mots, éclairage du passé sur le présent…

### DOCUMENTS

**Dans cette partie, vous trouverez les documents sur lesquels vous allez travailler toute l'année.**

Tous les **points de passage** du programme traités.

De nombreux **documents sélectionnés avec soin** pour vous aider à illustrer vos exposés et à enrichir vos copies.

**Écoutez l'histoire !** Chaque texte est disponible en version audio, lu par un(e) comédien(ne).

© Nathan 2019 – 25, avenue Pierre de Coubertin, 75013 Paris – ISBN : 978-2-09-172889-6

Retrouvez ces activités téléchargeables gratuitement sur le site Nathan.

L'histoire est une science vivante ! Des activités innovantes, testées en classe : jeux de rôles, mises en scène, débats.

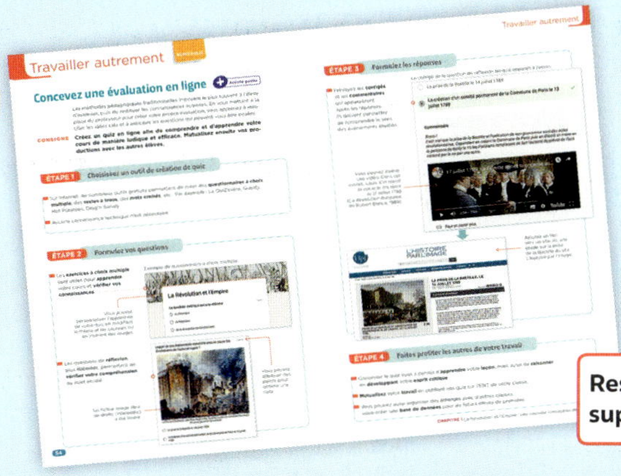

**Ressource numérique supplémentaire !**

## Révisions

**La dernière partie du chapitre vous donne toutes les clés pour préparer efficacement vos révisions.**

Une **page** pour réviser et construire **votre propre fiche** : connaissez-vous bien le plan du chapitre ? Les idées, les dates et les notions clés ?

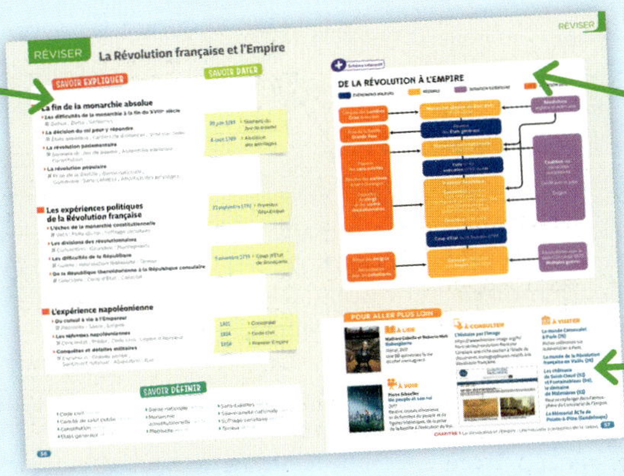

Un **schéma de synthèse** pour retenir l'essentiel de chaque chapitre sous une forme plus visuelle.

Des **suggestions** de livres, de films, de sites... pour approfondir ou préparer un exposé.

**Mais également...**

**BAC**

**Des pages pour se préparer aux épreuves communes de contrôle continu en classe de 1re.**

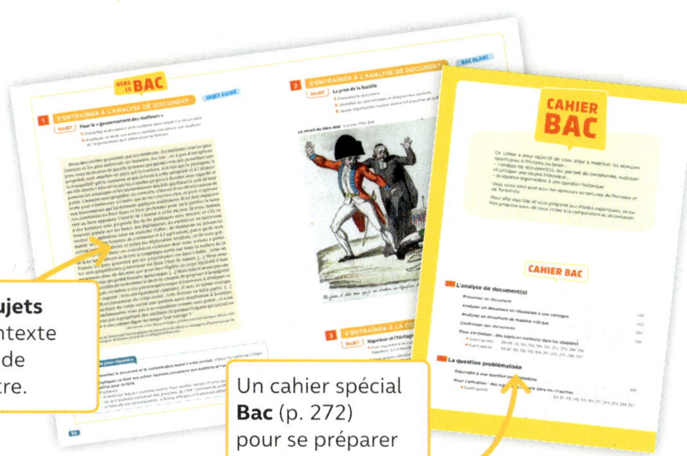

Des **sujets** en contexte en fin de chapitre.

Un cahier spécial **Bac** (p. 272) pour se préparer aux épreuves.

SOMMAIRE

# Nations, empires, nationalités de 1789 aux lendemains de la Première Guerre mondiale

## THÈME 1 L'Europe face aux révolutions

## THÈME 2 La France dans l'Europe des nationalités : politique et société (1848-1871)

CHAPITRE 4

## L'industrialisation et l'accélération des transformations économiques et sociales en France (1848-1870)



CHAPITRE 5

## La France et la construction de nouveaux États par la guerre et la diplomatie (1848-1871)

# THÈME 3 La Troisième République avant 1914 : un régime politique, un empire colonial

CHAPITRE 6

## La mise en œuvre du projet républicain (1870-1914)

## THÈME 4 La Première Guerre mondiale : le « suicide de l'Europe » et la fin des empires européens

## CHAPITRE 10 Les sociétés en guerre : des civils acteurs et victimes de la guerre



## CHAPITRE 11 Sortir de la guerre



## BAC Les méthodes pour se préparer au BAC en histoire

**Révisez les épreuves communes de contrôle continu grâce à votre manuel !**

30 pages sont consacrées à la préparation de ces épreuves :

- 2 pages en contexte à la fin de chaque chapitre
- 1 cahier Bac p. 272

### ANALYSE DE DOCUMENT(S)



### QUESTION PROBLÉMATISÉE

# Découvrez votre manuel augmenté !

***Plus de 200 ressources numériques supplémentaires à votre disposition***

▶ Toutes les ressources numériques sont repérables par des pictos qui vous indiquent le type de ressource proposé.

***« Comment accéder à ces ressources ?***

▶ En flashant les pages grâce à l'appli Nathan Live !
▶ Sur le site Nathan du manuel : **lyceen.nathan.fr/lequintrec1re-2019**
▶ Sur votre manuel numérique.
▶ **Mode d'emploi des différents accès sur le rabat de couverture, p. I.**

## LES RESSOURCES À LA LOUPE

### TOUS LES COURS ET LES DOCUMENTS TEXTES EN VERSION AUDIO

**Podcast du cours**

▶ Tous les documents textes et les cours du manuel sont disponibles en version audio, lue par un(e) comédien(e). Vous pouvez les télécharger ou les podcaster.

▶ **Rendez-vous sur toutes les pages Documents et Cours du manuel.**

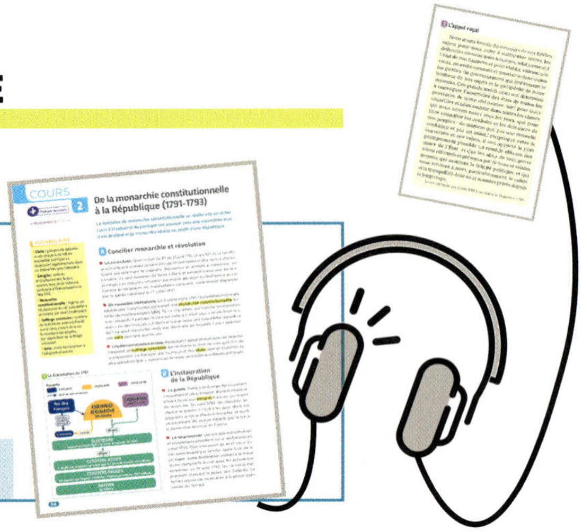

### DES EXERCICES INTERACTIFS

**Exercices interactifs**

▶ Pour s'entraîner facilement et à tout moment, de nombreux exercices pour vous assurer que vous maîtrisez les connaissances de chaque chapitre.

▶ **Rendez-vous sur les pages Réviser de chaque chapitre !** p. 38, 62, 84, 106, 124, 150, 174, 196, 224, 244, 268.

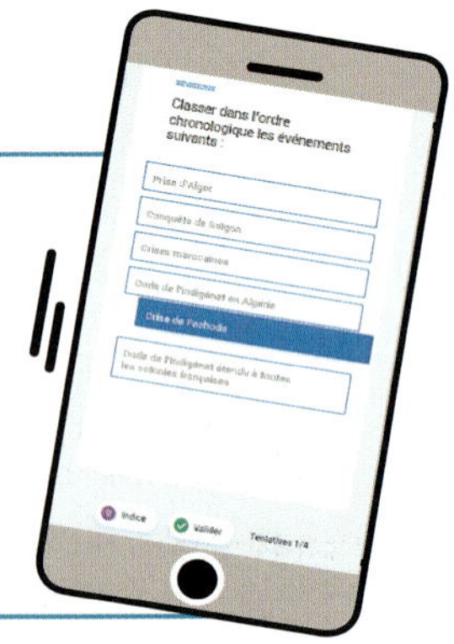


### DES SCHÉMAS BILANS INTERACTIFS À COMPLÉTER

**Schéma interactif**

▶ Des schémas de synthèse avec des champs à compléter pour s'exercer et vérifier les acquis de façon autonome.

▶ **Rendez-vous sur les pages Révisions de chaque chapitre !** p. 39, 63, 85, 107, 125, 151, 175, 197, 225, 245, 269.

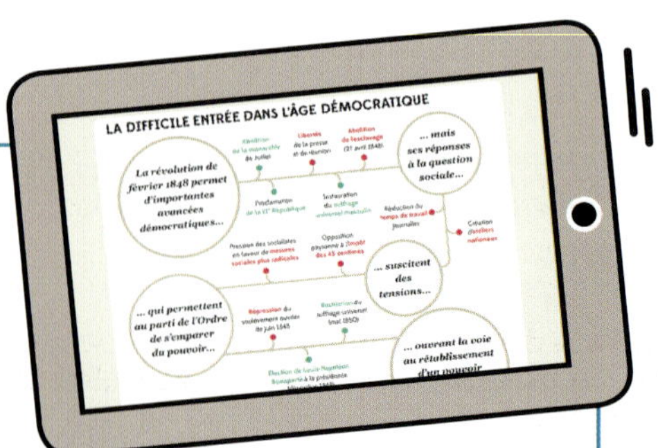

# GRÂCE AUX DIFFÉRENTS OUTILS PROPOSÉS PAR NATHAN, VOTRE MANUEL PAPIER PREND VIE !

## LES CARTES INTERACTIVES

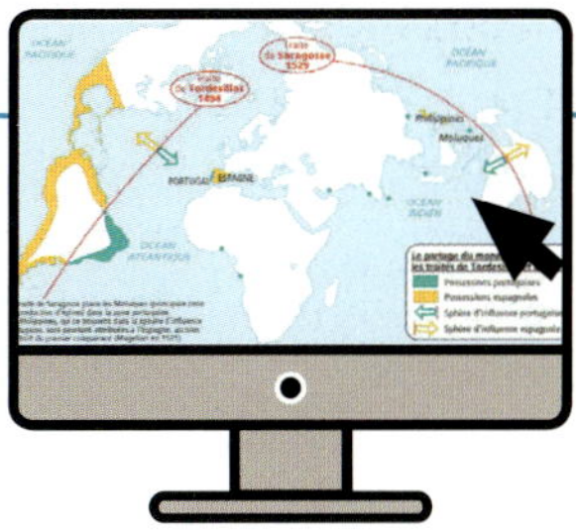

▶ Toutes les cartes de ce manuel sont disponibles en version interactive : cliquez sur la légende pour faire apparaître les figurés sur la carte.

## SPÉCIAL ACCESSIBILITÉ – LES TEXTES EN VERSION DYS

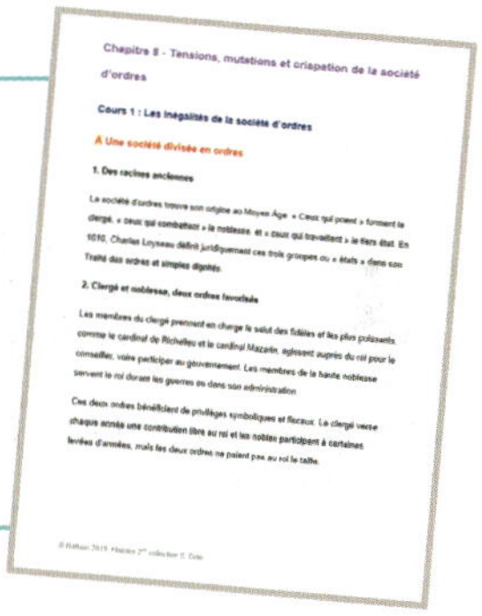

▶ Tous les documents textes de ce manuel sont disponibles dans une version imprimable adaptée aux DYS (police, interlignage).

▶ **Téléchargez-les facilement sur le site lyceen.nathan.fr/lequintrec1re-2019**

## DES ANIMATIONS

Animation

▶ Des animations pour découvrir des œuvres d'art au fil de votre manuel.

▶ **Rendez-vous** p. 26, 36, 58, 61, 77, 88, 96, 102, 120, 143, 149, 154, 167, 187, 200, 222.

## UNE FRISE INTERACTIVE

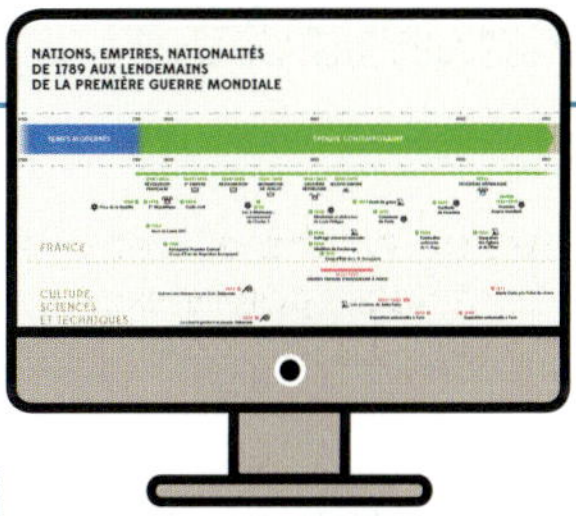


Frise interactive

▶ La frise du programme, de 1789 aux lendemain de la Première Guerre mondiale, à consulter tout au long de l'année.

▶ **Rendez-vous p. II de la couverture**

# HISTOIRE 1RE

*BO spécial n° 1 du 22 janvier 2019*

## Nations, empires, nationalités (de 1789 aux lendemains de la Première Guerre mondiale)

### THÈME 1 L'Europe face aux révolutions *(11-13 heures)*

#### CHAPITRE 1 La Révolution française et l'Empire : une nouvelle conception de la nation

| Objectifs du chapitre | Points de passage et d'ouverture |
|---|---|
| ● Ce chapitre vise à montrer l'ampleur de la rupture révolutionnaire avec « l'Ancien Régime » et les tentatives de reconstruction d'un ordre politique stable.<br>● On peut mettre en avant :<br>- la formulation des grands principes de la modernité politique synthétisés dans la Déclaration des Droits de l'Homme et du Citoyen ;<br>- la volonté d'unir la nation, désormais souveraine, autour de ces principes ;<br>- les conflits et débats qui caractérisent la période ; l'affirmation de la souveraineté nationale, la mise en cause de la souveraineté royale, les journées révolutionnaires, la Révolution et l'Église, la France, la guerre et l'Europe, la Terreur, les représentants de la nation et les sans-culottes<br>- l'établissement par Napoléon Bonaparte d'un ordre politique autoritaire qui conserve néanmoins certains principes de la Révolution ;<br>- la diffusion de ces principes en Europe ;<br>- la fragilité de l'empire napoléonien qui se heurte à la résistance des monarchies et des empires européens ainsi qu'à l'émergence des sentiments nationaux ;<br>- de la nation en armes à la Grande Armée. | ● Madame Roland, une femme en révolution.<br>● Décembre 1792 - janvier 1793 – Procès et mort de Louis XVI.<br>● 1804 – Le Code civil permet l'égalité devant la loi et connaît un rayonnement européen. |

#### CHAPITRE 2 L'Europe entre restauration et révolution (1814-1848)

| Objectifs du chapitre | Points de passage et d'ouverture |
|---|---|
| ● Ce chapitre vise à montrer la volonté de clore la Révolution, dont témoigne la restauration de l'ordre monarchique européen, ainsi que la fragilité de l'œuvre du congrès de Vienne.<br>● On peut mettre en avant :<br>- les deux expériences de monarchie constitutionnelle en France (la charte de 1814 ; la charte révisée de 1830) ;<br>- le projet de construire une paix durable par un renouvellement des règles de la diplomatie ;<br>- l'essor du mouvement des nationalités qui remet en cause l'ordre du congrès de Vienne ;<br>- la circulation des hommes et des idées politiques sous forme d'écrits, de discours, d'associations parfois secrètes (« Jeune-Italie » de G. Mazzini ...) ;<br>- les deux poussées révolutionnaires de 1830 et 1848 en France et en Europe. | ● 1815 – Metternich et le congrès de Vienne.<br>● 1822 – Le massacre de Chios.<br>● Les Trois Glorieuses. |

### THÈME 2 La France dans l'Europe des nationalités : politique et société (1848-1871) *(11-13 heures)*

#### CHAPITRE 3 La difficile entrée dans l'âge démocratique : la Deuxième République et le Second Empire

| Objectifs du chapitre | Points de passage et d'ouverture |
|---|---|
| ● Ce chapitre vise à montrer que l'instauration du suffrage universel masculin en 1848 ne suffit pas à trancher la question du régime politique ouverte depuis 1789.<br>● On peut mettre en avant :<br>- les idéaux démocratiques hérités de la Révolution française qui permettent en 1848 des affirmations fondamentales et fondatrices (suffrage universel masculin, abolition de l'esclavage...) ;<br>- l'échec du projet républicain en raison des tensions qui s'expriment (entre conservateurs et républicains, villes et campagnes, bourgeois et ouvriers) ;<br>- les traits caractéristiques du Second Empire, régime autoritaire qui s'appuie sur le suffrage universel masculin, le renforcement de l'État, la prospérité économique et qui entend mener une politique de grandeur nationale ;<br>- les oppositions rencontrées par le Second Empire et la répression qu'il exerce (proscriptions de Victor Hugo, Edgar Quinet...). | ● Alphonse de Lamartine en 1848.<br>● George Sand, femme de lettres engagée en politique.<br>● Louis-Napoléon Bonaparte, premier président de la République. |

#### CHAPITRE 4 L'industrialisation et l'accélération des transformations économiques et sociales en France

| Objectifs du chapitre | Points de passage et d'ouverture |
|---|---|
| ● Ce chapitre vise à montrer que la société française connaît des mutations profondes liées à l'industrialisation et à l'urbanisation.<br>● On peut mettre en avant :<br>- les transformations des modes de production (mécanisation, essor du salariat...) et la modernisation encouragée par le Second Empire ;<br>- l'importance du monde rural et les débuts de l'exode rural ;<br>- l'importance politique de la question sociale | ● Paris haussmannien : la transformation d'une ville.<br>● Les frères Pereire, acteurs de la modernisation économique.<br>● 25 mai 1864 – Le droit de grève répond à l'une des attentes du mouvement ouvrier. |

#### CHAPITRE 5 La France et la construction de nouveaux États par la guerre et la diplomatie

| Objectifs du chapitre | Points de passage et d'ouverture |
|---|---|
| ● Ce chapitre vise à montrer le rôle de la France lors de la construction des unités italienne et allemande. Cette politique d'unification est menée par des régimes monarchiques qui s'appuient sur le mouvement des nationalités, la guerre et la diplomatie.<br>● On peut mettre en avant :<br>- la participation du Second Empire à la marche vers l'unité italienne ;<br>- la guerre de 1870 qui entraîne la chute du Second Empire et permet l'unité allemande. | ● Le rattachement de Nice et de la Savoie à la France.<br>● 1871 – Bismarck et la proclamation du Reich. |

## THÈME 3 — La Troisième République avant 1914 : un régime politique, un empire colonial *(11-13 heures)*

### CHAPITRE 6 La mise en œuvre du projet républicain

| Objectifs du chapitre | Points de passage et d'ouverture |
| --- | --- |
| ● Ce chapitre vise à montrer la manière dont le régime républicain se met en place et s'enracine ainsi que les oppositions qu'il rencontre.<br>● On peut mettre en avant :<br>- 1870-1875 : l'instauration de la République et de la démocratie parlementaire ;<br>- l'affirmation des libertés fondamentales ;<br>- le projet d'unification de la nation autour des valeurs de 1789 et ses modalités de mise en œuvre (symboles, lois scolaires...) ;<br>- les oppositions qui s'expriment (courants révolutionnaires, refus de la politique laïque par l'Église catholique, structuration de l'antisémitisme autour de l'affaire Dreyfus, nationalisme...) ;<br>- le refus du droit de vote des femmes. | ● 1871 – Louise Michel pendant la Commune de Paris.<br>● 1885 – Les funérailles nationales de Victor Hugo.<br>● 1905 – La loi de séparation des Églises et de l'État : débats et mise en oeuvre. |

### CHAPITRE 7 Permanences et mutations de la société française jusqu'en 1914

| Objectifs du chapitre | Points de passage et d'ouverture |
| --- | --- |
| ● Ce chapitre vise à montrer les spécificités de la société française qui connaît une révolution industrielle importante tout en demeurant majoritairement rurale.<br>● On peut mettre en avant :<br>- l'industrialisation et les progrès techniques ;<br>- la question ouvrière et le mouvement ouvrier ;<br>- l'immigration et la place des étrangers ;<br>- l'importance du monde rural et ses difficultés ;<br>- l'évolution de la place des femmes. | ● 1891 – La fusillade de Fourmies du 1er mai.<br>● Les expositions universelles de 1889 et 1900.<br>● Le Creusot et la famille Schneider. |

### CHAPITRE 8 Métropole et colonies

| Objectifs du chapitre | Points de passage et d'ouverture |
| --- | --- |
| ● Ce chapitre vise à étudier la politique coloniale de la IIIe République, les raisons sur lesquelles elle s'est fondée, les causes invoquées par les républicains. Le contexte international de cette politique est également étudié, ainsi que ses effets dans les territoires colonisés.<br>● On peut mettre en avant :<br>- l'expansion coloniale française : les acteurs, les motivations et les territoires de la colonisation ;<br>- les débats suscités par cette politique ;<br>- les chocs entre puissances occasionnés par cette expansion ;<br>- le cas particulier de l'Algérie (conquise de 1830 à 1847) organisée en départements français en 1848 ;<br>- le fonctionnement des sociétés coloniales (affrontements, résistances, violences, négociations, contacts et échanges). | ● 1887 – Le code de l'indigénat algérien est généralisé à toutes les colonies françaises.<br>● 1898 – Fachoda, le choc des impérialismes.<br>● Saigon, ville coloniale. |

## THÈME 4 — La Première Guerre mondiale : le « suicide de l'Europe » et la fin des empires européens *(11-13 heures)*

### CHAPITRE 9 Un embrasement mondial et ses grandes étapes

| Objectifs du chapitre | Points de passage et d'ouverture |
| --- | --- |
| ● Ce chapitre vise à présenter les phases et les formes de la guerre (terrestre, navale et aérienne).<br>● On peut mettre en avant :<br>- les motivations et les buts de guerre des belligérants ;<br>- l'extension progressive du conflit et les grandes étapes de la guerre ;<br>- l'échec de la guerre de mouvement et le passage à la guerre de position ;<br>- l'implication des empires coloniaux britannique et français ;<br>- la désintégration de l'empire russe. | ● Août - septembre 1914 – Tannenberg et la Marne.<br>● 1915 – L'offensive des Dardanelles.<br>● 1916 – La bataille de la Somme.<br>● Mars 1918 – La dernière offensive allemande. |

### CHAPITRE 10 Les sociétés en guerre : des civils acteurs et victimes de la guerre

| Objectifs du chapitre | Points de passage et d'ouverture |
| --- | --- |
| ● Ce chapitre vise à souligner l'implication des sociétés, des économies, des sciences et des techniques dans une guerre longue.<br>● On peut mettre en avant :<br>- les dimensions économique, industrielle et scientifique de la guerre ;<br>- les conséquences à court et long termes de la mobilisation des civils, notamment en ce qui concerne la place des femmes dans la société ;<br>- le génocide des Arméniens, en articulant la situation des Arméniens depuis les massacres de 1894-1896 et l'évolution du conflit mondial. | ● Marie Curie dans la guerre.<br>● 24 mai 1915 – La déclaration de la Triple Entente à propos des « crimes contre l'humanité et la civilisation » perpétrés contre les Arméniens de l'Empire ottoman.<br>● Les grèves de l'année 1917. |

### CHAPITRE 11 Sortir de la guerre : la tentative de construction d'un ordre des nations démocratiques

| Objectifs du chapitre | Points de passage et d'ouverture |
| --- | --- |
| ● Ce chapitre vise à étudier les différentes manières dont les belligérants sont sortis de la guerre et la difficile construction de la paix.<br>● On peut mettre en avant :<br>- le bilan humain et matériel de la guerre ;<br>- les principes formulés par le président Wilson et la fondation de la Société des Nations ;<br>- les traités de paix et la fin des empires multinationaux européens ;<br>- les interventions étrangères et la guerre civile en Russie jusqu'en 1922 ;<br>- les enjeux de mémoire de la Grande Guerre tant pour les acteurs collectifs que pour les individus et leurs familles. | ● 1919-1923 – Les traités de paix.<br>● 1920 – Le soldat inconnu et les enjeux mémoriels.<br>● 1922 – Le passeport Nansen et le statut des apatrides. |

CHAPITRE

# 1 La Révolution et l'Empire : conception de la nation

# une nouvelle

**Dans ce chapitre**

- **TOUS LES TEXTES** en version audio
- **TOUTES LES CARTES** en version interactive

**L'autorité royale contestée**

Le 23 juin 1789, à Versailles, Henri de Dreux-Brezé est envoyé par le roi Louis XVI pour demander aux députés réunis pour les États généraux de se séparer. Certains refusent d'obéir, à l'image de Mirabeau qui s'écrie : « Allez dire à ceux qui vous envoient que nous sommes ici par la volonté du peuple et qu'on ne nous en arrachera que par la puissance des baïonnettes. »

*Mirabeau répondant à Dreux-Brézé*, huile sur toile d'Alexandre-Évariste Fragonard, XIXe siècle, 71 x 104 cm, musée du Louvre, Paris.

# REPÈRES La Révolution et l'Empire

## EN CLASSE DE 2de

• Vous avez étudié la société d'ordres, le développement des idées des Lumières dans l'Europe du XVIIIe siècle et la Révolution américaine qui s'en inspirait.

## DANS CE CHAPITRE

• Vous verrez comment cette dynamique révolutionnaire se poursuit en France à partir de 1789. Les moments forts de la Révolution française, que vous avez étudiés en classe de quatrième, seront rappelés afin de montrer comment elle a donné naissance à une nouvelle conception de la nation à l'origine de nombreux bouleversements en France et dans le monde.

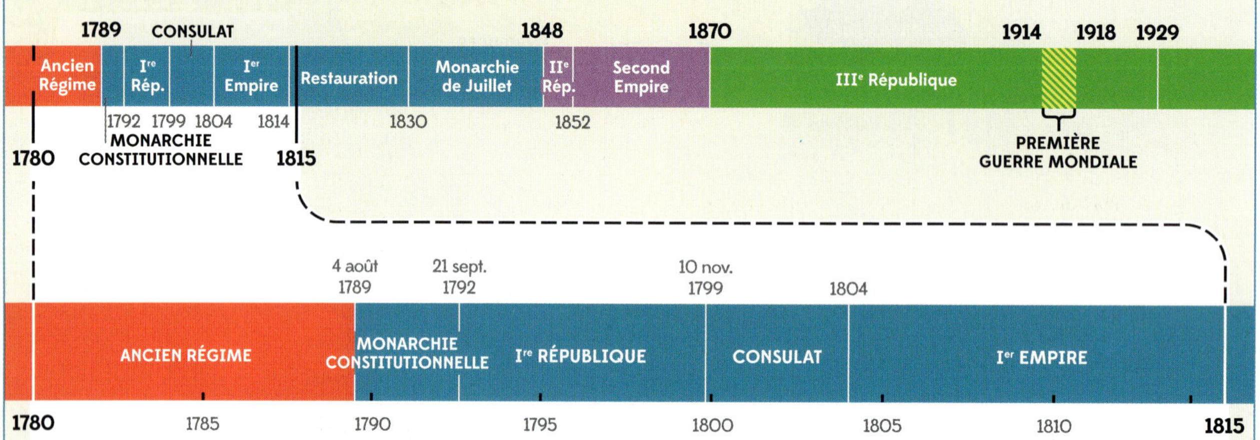


### Événements

- **juil. 1789 › sept. 1791** Assemblée nationale constituante
- **sept. 1791 › sept. 1792** Assemblée nationale législative
- **sept. 1792 › oct. 1795** Convention nationale
- **sept. 1793 › juil. 1794** Terreur
- **oct. 1795 › juil. 1799** Directoire
- **20 mars › 22 juin 1815** Cent-Jours

### Dates clés

- **5 mai 1789** Ouverture des États généraux
- **20 juin 1789** Serment du Jeu de paume
- **14 juillet 1789** Prise de la Bastille
- **4 août 1789** Abolition des privilèges
- **26 août 1789** Déclaration des droits de l'homme et du citoyen
- **14 juillet 1790** Fête de la Fédération
- **20 juin 1791** Fuite à Varennes
- **10 août 1792** Prise des Tuileries
- **20 septembre 1792** Victoire de Valmy
- **21 septembre 1792** Abolition de la monarchie
- **21 janvier 1793** Exécution de Louis XVI
- **24 juin 1793** Constitution de 1793
- **4 février 1794** Abolition de l'esclavage
- **27 juillet 1794** Chute de Robespierre
- **9 novembre 1799** Coup d'État de Bonaparte
- **17 juillet 1801** Concordat
- **20 mai 1802** Rétablissement de l'esclavage
- **21 mars 1804** Code civil
- **2 décembre 1804** Sacre de Napoléon
- **6 avril 1814** 1re abdication de Napoléon
- **17 juin 1815** Défaite de Waterloo
- **22 juin 1815** 2e abdication de Napoléon

## 1 La France de la Révolution (1789-1796)

**La Révolution**

- La France en 1789
- Centre d'impulsion de la Révolution française
- Territoire rattaché à la France en 1791
- Villes accueillant des émigrés français
- Offensives des armées de la Convention

**Les fronts extérieurs**

- Limite du Saint-Empire en 1789
- États coalisés contre la France
- Offensives des puissances coalisées contre la France
- Victoires françaises
- Territoires annexés par la France (1792-1796)

**Les fronts intérieurs**

- Aires ralliées à l'insurrection fédéraliste
- Villes insurgées
- Aires ralliées à la contre-Révolution

Podcast du cours



→ DOCUMENTS P. 24, 26, 30

# L'effondrement de la monarchie absolue (1788-1790)

*À la tête d'un royaume confronté à de grandes difficultés économiques, Louis XVI décide de convoquer les États généraux. Ils marquent le coup d'envoi d'une révolution qui remet en cause la souveraineté royale.*

## A La crise de la monarchie

**Un État endetté.** Lorsqu'il accède au trône en 1774, Louis XVI hérite d'un État affaibli par un déficit budgétaire chronique. Le coûteux soutien qu'il apporte aux insurgés américains aggrave la dette publique, dont le remboursement absorbe à lui seul près de la moitié du budget de l'État.

**L'impossible réforme.** Pour rééquilibrer les comptes du royaume, les ministres des finances successifs élaborent des projets visant à aller chercher l'argent là où il est, à savoir chez les nobles, qui ne payent pas d'impôts. Ils se heurtent au refus obstiné de ces derniers de renoncer à leurs privilèges.

**La convocation des États généraux.** Pour tenter de sortir de l'impasse, Louis XVI se résout à ressusciter une institution tombée dans l'oubli, les **États généraux**, qu'il convoque pour le mois de mai 1789. Partout en France, la population se réunit pour élire les députés des trois ordres et rédiger des **cahiers de doléances** (**doc. 2**).

## B L'engrenage révolutionnaire

**Une Assemblée nationale.** Les États généraux s'ouvrent le 5 mai 1789 à Versailles. Les députés du tiers état, soutenus par quelques nobles comme La Fayette, ont obtenu le doublement de leur effectif. Mais ils réclament en vain de voter par tête plutôt que par ordre (**doc. 1**). Le 17 juin, s'estimant investis de la **souveraineté nationale** par le fait qu'ils représentent l'immense majorité des Français, ils s'autoproclament Assemblée nationale. Le 20 juin, ils prêtent le serment du Jeu de paume, par lequel ils s'engagent à rester unis « jusqu'à ce que la **Constitution** du royaume soit établie ». Le roi cède et invite le clergé et la noblesse à les rejoindre pour former une Assemblée nationale constituante : c'est la fin de la monarchie absolue.

**La révolte populaire.** Enhardi par la faiblesse du roi, le peuple parisien se soulève le 14 juillet 1789. Il prend d'assaut la prison de la Bastille, où il pense trouver des munitions, et exécute son gouverneur. Sous la pression de la rue, Louis XVI est contraint de reconnaître la **Commune de Paris** et sa milice, la **garde nationale**. À travers le royaume, de nombreuses villes comme Marseille ou Bordeaux se dotent à leur tour d'une commune et d'une milice. Dans les campagnes, la propagation de rumeurs évoquant un complot des aristocrates contre la révolution provoque la « **Grande Peur** ». Les paysans attaquent les châteaux pour détruire les registres établissant les **droits seigneuriaux**.

### VOCABULAIRE

- **Cahiers de doléances :** textes rédigés dans toutes les paroisses recueillant les plaintes (doléances) et les souhaits des trois ordres.
- **Commune de Paris :** administration de la ville de Paris formée spontanément et illégalement par des bourgeois le 12 juillet 1789.
- **Constitution :** loi fondamentale qui définit l'organisation d'un État, précisant l'attribution des différents pouvoirs.
- **États généraux :** assemblée des représentants des trois ordres (états) convoquée par le roi pour donner son avis ou enregistrer des décisions royales. Ils n'ont pas été convoqués entre 1614 et 1789.
- **Garde nationale :** milice municipale de citoyens armés, chargée de maintenir l'ordre et de lutter contre les ennemis de la Révolution.
- **Souveraineté nationale :** principe selon lequel la source de l'autorité politique (la souveraineté) est la nation (l'ensemble des citoyens).
- **Droits seigneuriaux :** privilèges et redevances dont bénéficient les seigneurs.
- **Grande Peur :** mouvement de panique, puis de colère, qui affecte les campagnes durant l'été 1789.

**1** Voter par ordre ou par tête ?

| Ordre | Nombre de députés | Vote par ordre | Vote par tête |
|---|---|---|---|
| Tiers état | 578 | 1 voix | **578 voix** |
| Noblesse | 291 | 1 voix | 291 voix |
| Clergé | 270 | 1 voix | 270 voix |
| Total des privilégiés | 561 | **2 voix** | 561 voix |

# C La difficile construction d'un « nouveau régime »

**La fin de la société d'ordres.** Affolés par l'agitation populaire, les députés, tous issus de la noblesse ou de la bourgeoisie, tentent de l'apaiser : ils décrètent l'abolition des droits féodaux et des privilèges durant la nuit du 4 août 1789. Le 26 août, ils adoptent une Déclaration des droits de l'homme et du citoyen, qui proclame la liberté et l'égalité de tous les Français. C'est la fin de l'**Ancien Régime**.

**Le roi affaibli.** Le 5 octobre 1789, le peuple parisien, femmes en tête, marche sur Versailles pour réclamer du pain. Le château est envahi et le roi contraint de venir résider au palais des Tuileries, au cœur de Paris, où il est sous la pression permanente des **sans-culottes**. Le 14 juillet 1790, anniversaire de la prise de la Bastille, une fête de la Fédération est organisée dans la capitale. Le roi assiste au défilé des gardes nationaux et doit prêter serment à la Constitution en cours de rédaction par l'Assemblée.

**Le clergé divisé.** Le 22 octobre 1790, les députés adoptent la Constitution civile du clergé, qui décrète les propriétés de l'Église catholique « biens nationaux ». Elles sont confisquées et vendues. Les prêtres, jusqu'alors nommés par le pape, sont désormais élus par les fidèles et rémunérés par l'État, auquel ils doivent prêter allégeance. Le clergé se divise entre les « jureurs », qui se plient à cette obligation, et les « réfractaires », qui s'y refusent.

**2** La société française à la veille de la Révolution

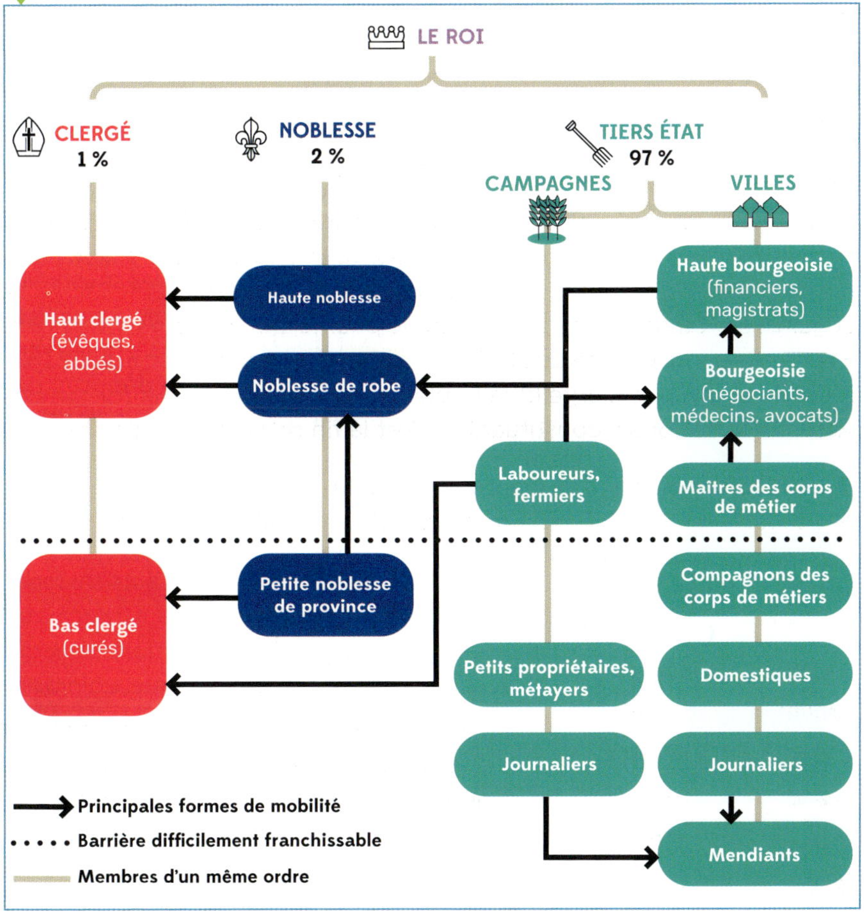


## VOCABULAIRE

**Ancien Régime :** nom donné rétrospectivement par les révolutionnaires à la société d'avant 1789.

**Sans-culottes :** terme initialement péjoratif désignant les révolutionnaires parisiens issus du peuple, qui portent le pantalon plutôt que la culotte et les bas de soie des bourgeois et des nobles.

## RÉVISER SON COURS

1. Pourquoi le roi décide-t-il la convocation des États généraux ?
2. Pourquoi leur contrôle lui échappe-t-il ?
3. Pourquoi peut-on dire que l'Ancien Régime prend fin durant l'été 1789 ?

Podcast du cours

# 2 De la monarchie constitutionnelle à la République (1791-1793)

→ DOCUMENTS P. 25, 28

*La tentative de monarchie constitutionnelle se révèle vite un échec. Louis XVI refusant de partager son pouvoir avec une assemblée élue, il est destitué et la monarchie abolie au profit d'une République.*

## VOCABULAIRE

- **Clubs :** groupes de députés ou de citoyens de même sensibilité politique se réunissant régulièrement dans un même lieu pour débattre.
- **Émigrés :** contre-révolutionnaires, le plus souvent issus de la noblesse, qui fuient la France à partir de l'été 1789.
- **Monarchie constitutionnelle :** régime où les pouvoirs du roi sont définis et limités par une Constitution.
- **Suffrage censitaire :** système où le droit de vote est fondé sur le cens, c'est-à-dire sur le montant des impôts, par opposition au suffrage universel.
- **Veto :** droit de s'opposer à l'adoption d'une loi.

## A Concilier monarchie et révolution

**Un roi en fuite.** Dans la nuit du 20 au 21 juin 1791, Louis XVI et sa famille, se considérant comme prisonniers de l'Assemblée et des sans-culottes, fuient secrètement la capitale. Reconnus et arrêtés à Varennes, en Lorraine, ils sont ramenés de force à Paris et perdent beaucoup de leur prestige. Les députés refusent néanmoins de voter la déchéance du roi comme le réclament les manifestants parisiens, violemment dispersés par la garde nationale le 17 juillet 1791.

**De nouvelles institutions.** Le 3 septembre 1791, l'Assemblée nationale adopte une Constitution instaurant une **monarchie constitutionnelle** inspirée du modèle anglais **(doc. 1)**. Le souverain, qui nomme les ministres avec lesquels il partage le pouvoir exécutif, n'est plus « roi de France », mais « roi des Français ». Il doit composer avec une Assemblée législative qu'il ne peut dissoudre, mais aux décisions de laquelle il peut opposer son **veto** pendant quatre ans.

**Une démocratisation limitée.** Redoutant l'agitation populaire, les députés adoptent un **suffrage censitaire** qui ne donne le droit de vote qu'à 15% de la population. La floraison des journaux et des **clubs** permet toutefois au plus grand nombre, y compris les femmes, de s'initier aux débats politiques.

**1** La Constitution de 1791

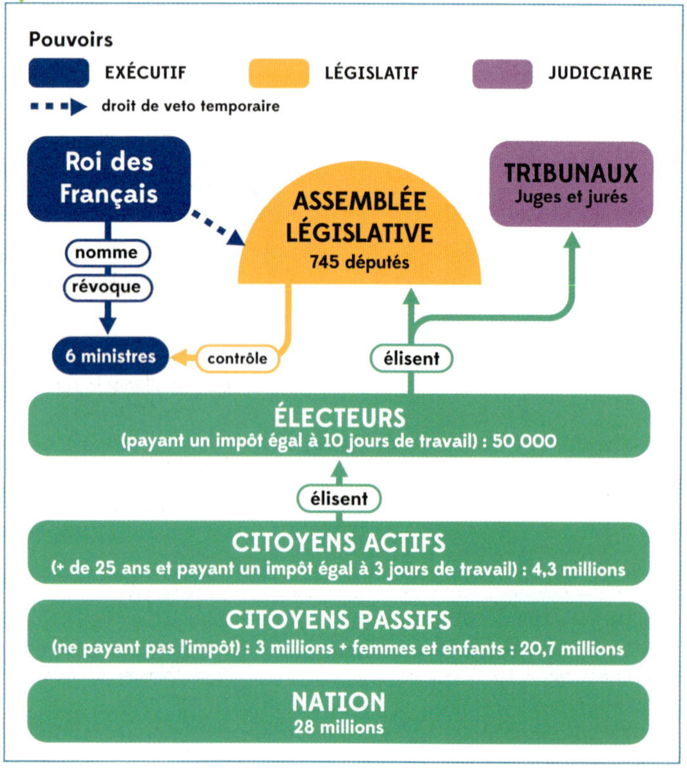


## B L'instauration de la République

**La guerre.** Partout en Europe, les souverains s'inquiètent d'une contagion révolutionnaire et offrent l'asile aux **émigrés** français qui rêvent de revanche. En avril 1792, les députés déclarent la guerre à l'Autriche, pays dont est originaire la reine Marie-Antoinette, et qu'ils soupçonnent de vouloir rétablir par la force la monarchie absolue en France.

**Le roi prisonnier.** Les troupes autrichiennes et prussiennes pénètrent sur le sol français en juillet 1792. Elles menacent de mort ceux qui s'en prendraient à la famille royale. Loin de le protéger, cette déclaration alimente la thèse d'une complicité du roi avec les puissances ennemies. Le 10 août 1792, les sans-culottes prennent d'assaut le palais des Tuileries. La famille royale est incarcérée à la prison parisienne du Temple.

**La République proclamée.** Sous la pression populaire, l'Assemblée législative vote la suspension de la royauté et l'élection au suffrage universel masculin de la Convention, chargée de rédiger une nouvelle Constitution. Du 2 au 5 septembre 1792, les sans-culottes massacrent dans les prisons parisiennes 1 400 personnes suspectées d'activités contre-révolutionnaires. Le 20 septembre 1792, les troupes françaises gagnent la bataille de Valmy face à l'armée prussienne. Le lendemain, la Convention vote à l'unanimité l'abolition de la monarchie et l'instauration d'une République. Le sort de Louis XVI en revanche fait débat : il est finalement condamné à mort et guillotiné le 21 janvier 1793.

## C La République en péril

**La Convention divisée**. La courte majorité pour la mort du roi révèle les divisions entre les députés de la Convention. Les Girondins, partisans d'une république modérée, s'opposent aux Montagnards, proches des revendications des sans-culottes. Entre les deux, les députés de la Plaine font office d'arbitres **(doc. 2)**.

**La coalition des monarchies.** L'exécution de Louis XVI ravive l'ardeur de la coalition contre-révolutionnaire menée par l'Autriche et la Prusse, qui sont rejointes par l'Angleterre. Pour y faire face, la Convention décrète en février 1793 la « levée en masse » de 300 000 hommes tirés au sort pour partir à la guerre.

**Les contestations intérieures.** Refusant la **déchristianisation** et la **conscription**, des paysans vendéens se soulèvent contre la Convention. À Paris, sous la pression des sans-culottes, l'Assemblée vote le 2 juin 1793 l'arrestation de 29 députés girondins. Ils sont accusés de trahison du fait de leur modération. Ce coup de force provoque une forte réaction : une **insurrection fédéraliste** éclate dans plusieurs départements du Sud et de l'Ouest, notamment à Lyon et Marseille.

### VOCABULAIRE

**Conscription :** « levée en masse », service militaire obligatoire.

**Déchristianisation :** politique visant à éliminer l'influence du christianisme dans la vie quotidienne.

**Insurrection fédéraliste :** révolte provinciale contre les Montagnards. Ils la qualifient ainsi parce qu'elle porterait atteinte à l'unité nationale.

### RÉVISER SON COURS

1. Comment l'Assemblée constituante tente-t-elle de concilier l'ancien et le nouveau régime ?
2. Pourquoi la Constitution de 1791 devient-elle vite caduque ?
3. Par quoi la République est-elle menacée dès sa naissance ?

**2 La Montagne, la Plaine et la Gironde**

| Position dans l'hémicycle | MONTAGNARDS 260 députés | PLAINE 329 députés | GIRONDINS 160 députés |
|---|---|---|---|
| Alliances | | Majorité de septembre 1792 à juin 1793 | Majorité de septembre 1792 à juin 1793 |
| | Majorité de juin 1793 à septembre 1794 | Majorité de juin 1793 à septembre 1794 | |
| Principales figures | Danton, Robespierre, Marat, Saint-Just | Abbé Grégoire, Sieyès, Boissy d'Anglas, Cambacérès | Brissot, Vergniaud, Condorcet, Roland |
| Origine du nom | Référence à la position en haut des gradins de la moitié gauche de l'hémicycle | Référence à la position du groupe en bas et au centre de l'hémicycle | Forgé après la Révolution pour souligner la sur-représentation des députés de la région bordelaise. |
| Clubs proches | Club des Jacobins, Club des Cordeliers | | Club de la Réunion |
| Consensus | Préservation de l'héritage de 1789 (abolition des privilèges, droits de l'homme, souveraineté nationale) | | |
| Divergences | › Républicains radicaux favorables à un encadrement de l'économie et aux revendications égalitaristes des sans-culottes parisiens.<br>› Favorables à la mort du Roi. | › Groupe très hétérogène dont les membres soutiennent parfois les Girondins, parfois les Montagnards. | › Républicains modérés favorables au libéralisme économique.<br>› Plutôt opposés à la mort du Roi. |

# COURS

Podcast du cours

→ DOCUMENTS P. 32, 34

# 3 De la Terreur au Directoire : une république instable (1793-1799)

*Robespierre fait triompher la République de ses ennemis intérieurs et extérieurs au prix d'une répression qui finit par provoquer sa chute. Le régime du Directoire, qui lui succède, ne parvient pas à stabiliser le pays et est à son tour renversé.*

**Maximilien de Robespierre** (1758-1794)

Député du tiers état en 1789, membre du club des Jacobins, il est la principale figure des Montagnards à la Convention. En 1793, il intègre le Comité de salut public et instaure la Terreur, avant d'être arrêté et exécuté en juillet 1794.

## VOCABULAIRE

- **Comité de salut public :** principal organe du gouvernement révolutionnaire institué par la Convention en avril 1793.
- **Terreur :** politique menée de septembre 1793 à juillet 1794 suspendant les libertés, afin de terroriser les citoyens considérés comme des ennemis de la Révolution.

## A La République montagnarde

**Refonder la République.** Maîtres de la Convention, grâce au soutien de la Plaine, les Montagnards adoptent en juin 1793 une nouvelle Déclaration des droits de l'homme et du citoyen, qui reconnaît les droits au travail, à l'instruction et à l'assistance. Ils rédigent une Constitution instaurant une démocratie sociale. Mais, dans l'attente du retour de la paix, son application est suspendue et les élections sont ajournées. Le **Comité de salut public**, composé d'une dizaine de députés et dominé par Robespierre, assure le gouvernement du pays **(doc. 2)**.

**Régénérer la société.** En octobre 1793, le calendrier chrétien est remplacé par un calendrier révolutionnaire. Les Montagnards veulent ainsi déchristianiser la France et la faire entrer dans une nouvelle ère. Le tutoiement, symbole de fraternité, devient obligatoire. En février 1794, les députés votent l'abolition de l'esclavage dans les colonies.

**Sauver la Révolution**. Pour faire face aux périls intérieurs et extérieurs, le Comité de salut public décrète la **Terreur** contre les « ennemis de la Liberté ». 500 000 personnes suspectées de sympathies royalistes sont arrêtées et près de 20 000 sont exécutées au terme de jugements expéditifs. Des « représentants en mission » sont envoyés dans les départements pour épurer l'administration : les personnes suspectées d'être trop modérées sont emprisonnées. La répression militaire du soulèvement vendéen fait plus de 100 000 victimes.

**1** La Constitution du Directoire (1795)

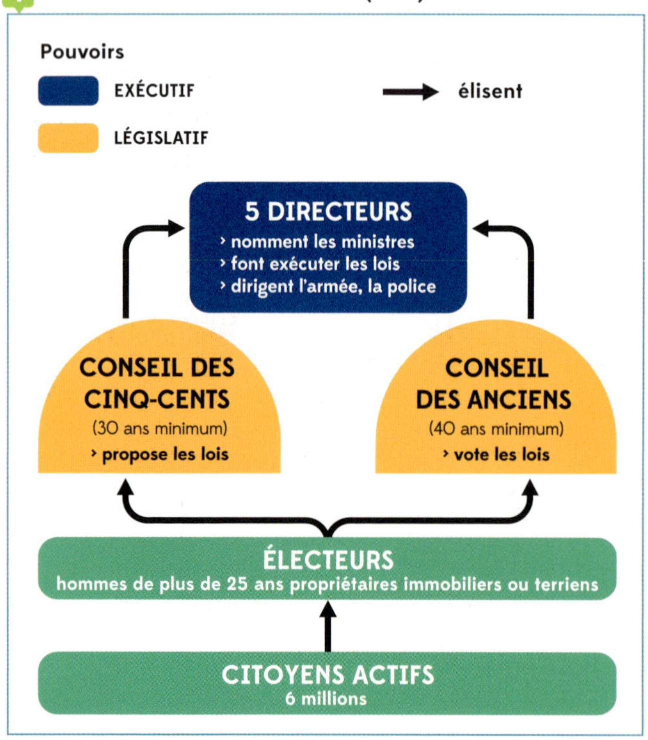


## B La République conservatrice

**La chute de Robespierre.** Les mesures dictatoriales prises par Robespierre permettent à la République de triompher des armées étrangères et des insurrections provinciales. Mais elles lui servent aussi à éliminer ses opposants et rivaux jusque dans son propre camp, comme en témoigne la condamnation à mort du député montagnard Danton et de ses partisans en avril 1794. Le 9 thermidor an II (27 juillet 1794), des députés modérés font arrêter Robespierre et ses proches, qui sont guillotinés le lendemain sans jugement. La Terreur est abolie et les suspects libérés.

**Le Directoire.** Les **thermidoriens** élaborent une nouvelle Constitution, adoptée en août 1795. La forme républicaine du régime est conservée, mais le suffrage censitaire rétabli. Pour éviter le risque d'une nouvelle dictature, le pouvoir exécutif est confié à un « directoire » composé de cinq membres élus pour cinq ans par les deux chambres. Le pouvoir législatif est en effet divisé en deux : le Conseil des Cinq-Cents propose les lois et le Conseil des Anciens les vote **(doc. 1)**.

**Un régime impopulaire.** Le nouveau régime profite surtout aux classes aisées et ne prend aucune mesure en faveur des pauvres, dont la situation se détériore. Il est contesté sur sa gauche par les héritiers de Robespierre, qui tentent en vain de le renverser lors de la **conjuration des Égaux** en 1796. Sur sa droite, il doit faire face à une contestation royaliste persistante, qui donne lieu à des troubles dans l'Ouest et le Midi.

## C L'appel au sabre

**Le poids croissant des militaires.** Pour rétablir l'ordre, le Directoire s'appuie sur l'armée. En septembre 1797, c'est grâce à son soutien qu'il organise le coup d'État de fructidor annulant des élections marquées par une forte poussée royaliste. À l'extérieur, les succès militaires permettent de repousser la coalition contre-révolutionnaire et d'étendre l'influence française par la création de six « **Républiques sœurs** ».

**Le coup d'État.** Le 9 novembre 1799 (18 Brumaire), le général Bonaparte s'empare du pouvoir. La popularité de Bonaparte, rendu célèbre par ses campagnes d'Égypte et d'Italie, et la lassitude envers les troubles révolutionnaires expliquent le peu d'opposition que rencontre ce coup d'État.

### VOCABULAIRE

**Conjuration des Égaux :** organisation clandestine cherchant à s'emparer du pouvoir pour appliquer la Constitution de 1793 et collectiviser les terres.

**Républiques sœurs :** régimes républicains instaurés par la France dans des territoires étrangers qu'elle a conquis.

**Thermidoriens :** républicains modérés ayant voté l'exécution de Robespierre et de ses partisans les 9 et 10 thermidor de l'an II (27-28 juillet 1794). Ils sont attachés aux principes de la révolution bourgeoise : suffrage censitaire, ordre social, respect de la propriété privée.

### RÉVISER SON COURS

1. Pourquoi et comment Robespierre radicalise-t-il la Révolution ?
2. Pourquoi les thermidoriens ne parviennent-ils pas à terminer la Révolution ?
3. Comment l'armée devient-elle un acteur politique prédominant ?

**2** Le gouvernement révolutionnaire

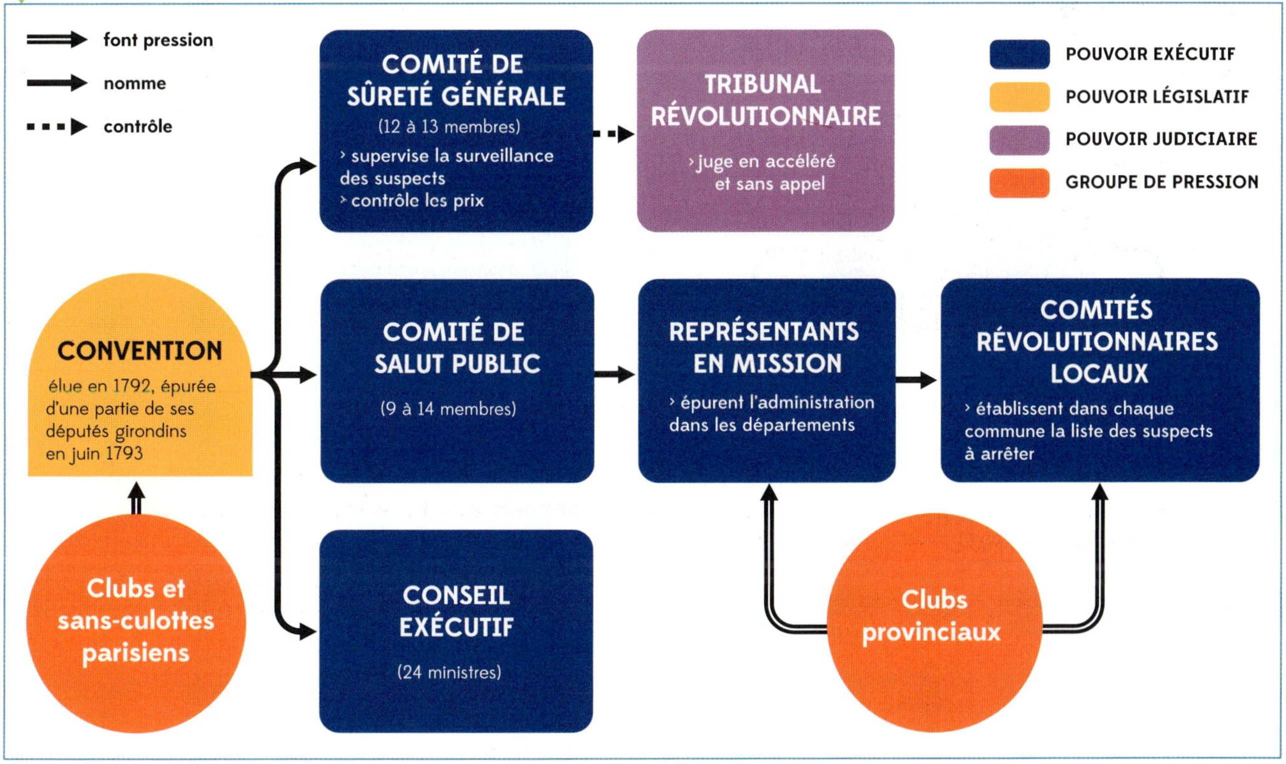

COURS

Podcast du cours

# 4 La France et l'Europe napoléoniennes (1799-1815)

→ DOCUMENTS P. 36, 37

*En quelques années, Bonaparte, devenu l'empereur Napoléon, réorganise la France et s'y assure d'un pouvoir absolu. Mais il s'avère incapable de contrôler durablement l'immense empire qu'il a conquis.*

## A Du Consulat à l'Empire

**Une République autoritaire.** La Constitution adoptée en décembre 1799 maintient la République, mais confère l'essentiel des pouvoirs à un homme, le Premier Consul. Celui-ci propose les lois, désigne les juges et nomme les hauts fonctionnaires. Morcelé en quatre chambres, le pouvoir législatif est affaibli. Le suffrage universel masculin est maintenu, mais il est manipulé pour mettre en scène le soutien populaire à Bonaparte au travers de **plébiscites**. En 1802, l'esclavage est rétabli aux colonies.

**Le retour de la monarchie**. Par plébiscite, Bonaparte se fait nommer « consul à vie » en 1802, puis «empereur des Français » en 1804. Un sacre est organisé à Notre-Dame de Paris en présence du pape le 2 décembre 1804. Celui que l'on nomme désormais Napoléon Ier prétend créer une nouvelle dynastie. Il recrée une noblesse, dite d'Empire, et instaure la Légion d'honneur pour récompenser les soutiens du nouveau régime.

## B Terminer la Révolution

**La France surveillée.** Dès son arrivée au pouvoir, Bonaparte met en place une administration centralisée. Dans chaque département, un préfet représente l'État et relaie l'action du gouvernement. Dirigée par l'ancien montagnard Fouché, la police voit ses moyens renforcés. La censure fait taire les voix dissidentes. L'instauration du **livret ouvrier** en 1803 renforce l'emprise des patrons sur leurs employés.

**La France pacifiée**. Le Concordat, accord conclu en 1801 entre la France et le pape, met un terme aux troubles provoqués par la Constitution civile du clergé. Il facilite la réconciliation avec les royalistes et le retour des émigrés. Parce qu'il suppose la reconnaissance par l'Église de la confiscation de ses biens, le Concordat rassure aussi les nombreux paysans qui s'en sont portés acquéreurs.

**La France réorganisée.** Adopté en 1804, le **Code civil** entérine les principes de 1789. Il garantit l'égalité des citoyens devant la loi. Mais il y inscrit l'infériorité juridique de la femme, placée sous la tutelle de son mari. La création de la Banque de France en 1800 et d'une nouvelle monnaie, le franc germinal, en 1803, permet de stabiliser l'économie. La fondation des lycées (1802) et de l'université (1808) améliore la qualité d'un enseignement qui demeure néanmoins réservé à une élite riche et masculine **(doc. 1)**.

### VOCABULAIRE

- **Code civil :** recueil unifiant les différentes lois concernant les personnes et les biens.
- **Livret ouvrier :** document où sont enregistrés les déplacements de l'ouvrier. Tout ouvrier circulant sans son livret risque l'emprisonnement.
- **Plébiscites :** votes sur une question à laquelle les électeurs répondent par « oui » ou par « non » et témoignent de leur degré d'adhésion au pouvoir.

### 1 Les grandes réformes napoléoniennes

| | |
|---|---|
| 1799 | **Conseil d'État :** conseille le gouvernement dans l'élaboration des lois |
| 1800 | **Banque de France :** émet la monnaie<br>**Préfet :** représente l'état dans un département<br>**Système métrique :** unifie poids et mesures |
| 1802 | **Lycée :** assure la formation des garçons<br>**Légion d'honneur :** récompense les mérites civils et militaires |
| 1803 | **Franc germinal :** stabilise la valeur de la monnaie. / **Livret ouvrier :** renforce le contrôle des ouvriers |
| 1804 | **Code civil :** uniformise le droit civil |
| 1807 | **Cour des comptes :** surveille les comptes publics |
| 1808 | **Université :** délivre les diplômes |

## C L'éphémère hégémonie française en Europe

**L'expansion française.** Après un bref épisode de paix durant le Consulat, les guerres contre les puissances européennes hostiles à la Révolution reprennent. Dans un premier temps, Napoléon multiplie les succès militaires et étend son empire à une large partie de l'Europe **(doc. 2)**. Certains territoires ainsi conquis sont annexés à la France, qui compte 130 départements en 1811. D'autres deviennent des États soumis à la France, avec parfois un souverain choisi parmi les proches de Napoléon.

**Libération ou occupation ?** La domination française est dans un premier temps plutôt bien accueillie par les populations européennes, car elle leur fait bénéficier des avancées de 1789, notamment l'abolition de la féodalité. Mais à mesure que les réquisitions militaires et les impôts s'alourdissent, des résistances se font jour, notamment en Espagne, dans le royaume de Naples, le Tyrol et en Allemagne, où l'occupation française contribue à l'éveil du sentiment national.

**L'effondrement.** En 1812, Napoléon déclare la guerre à la Russie, mais son armée est prise au piège de l'hiver. Décimée, elle est incapable d'empêcher l'invasion de la France par les troupes autrichiennes et prussiennes en 1814. Vaincu, Napoléon est contraint d'abdiquer. Sa tentative de reconquête du pouvoir en 1815 (les « Cent-Jours ») se solde par le désastre de Waterloo et l'exil définitif à Sainte-Hélène.

**Repères**

**Deux abdications**

Napoléon **abdique** le 6 avril 1814 à Fontainebleau. Il est exilé sur l'île d'Elbe, tandis que la royauté des Bourbon est restaurée avec Louis XVIII.

Puis Napoléon tente de reconquérir le pouvoir : il revient en France le 1er mars 1815 et chasse Louis XVIII du pouvoir. Vaincu à Waterloo le 17 juin, il **abdique** de nouveau le 22 juin 1815. Il est exilé sur l'île de Sainte-Hélène, où il meurt en 1821.

**RÉVISER SON COURS**

1. Comment Bonaparte renforce-t-il son pouvoir ?
2. Comment et pourquoi réforme-t-il le pays ?
3. Quelles sont les conséquences sur la France et l'Europe des guerres napoléoniennes ?

**2 L'Europe napoléonienne (1811)**

# 1789 : des États généraux à l'Assemblée nationale constituante

## Comment la souveraineté du roi est-elle remise en cause durant l'année 1789 ?

→ COURS P. 16

### 1 L'appel royal

Nous avons besoin du concours de nos fidèles sujets pour nous aider à surmonter toutes les difficultés où nous nous trouvons, relativement à l'état de nos finances et pour établir, suivant nos vœux, un ordre constant et invariable dans toutes les parties du gouvernement qui intéressent le bonheur de nos sujets et la prospérité de notre royaume. Ces grands motifs nous ont déterminé à convoquer l'assemblée des états de toutes les provinces de notre obéissance, tant pour nous conseiller et nous assister dans toutes les choses qui nous seront mises sous les yeux, que pour faire connaître les souhaits et les doléances de nos peuples : de manière que, par une mutuelle confiance et par un amour réciproque entre le souverain et ses sujets, il soit apporté le plus promptement possible un remède efficace aux maux de l'État, et que les abus de tout genre soient réformés et prévenus par de bons et solides moyens qui assurent la félicité publique, et qui nous rendent à nous, particulièrement, le calme et la tranquillité dont nous sommes privés depuis si longtemps.

Lettre adressée par Louis XVI à ses sujets le 24 janvier 1789.

### 2 La proclamation de l'Assemblée nationale

*Le 17 juin 1789, les députés du tiers état, rejoints par une partie des députés de la noblesse et du clergé, adoptent la déclaration suivante (491 voix contre 90).*

Cette assemblée est déjà composée des représentants envoyés directement par les quatre-vingt-seize centièmes au moins de la nation. [...] Il n'appartient qu'à elle d'interpréter et de présenter la volonté générale de la nation. Il ne peut exister entre le trône et cette assemblée aucun veto, aucun pouvoir négatif. L'Assemblée déclare donc que l'œuvre commune de la restauration nationale peut et doit être commencée sans retard, par les députés présents, et qu'ils doivent la suivre sans interruption comme sans obstacle. La dénomination d'Assemblée nationale est la seule qui convienne à l'Assemblée dans l'état actuel des choses, soit parce que les membres qui la composent sont les seuls représentants légitimement et publiquement connus et vérifiés, soit parce qu'ils sont envoyés directement par la presque totalité de la nation, soit enfin parce que la représentation étant une et indivisible, aucun des députés, dans quelque ordre ou classe qu'il soit choisi, n'a le droit d'exercer ses fonctions séparément de la présente Assemblée.

Motion rédigée par l'abbé Sieyès, député du tiers état.

### 3 Le 20 juin 1789

Les députés prêtent le serment de ne pas se séparer avant d'avoir donné à la France une Constitution. *Le Serment du Jeu de paume*, huile sur toile de Jacques-Louis David, XVIIIe siècle, 35 x 88 cm, musée Carnavalet, Paris.

#### Répondre aux questions

1. **Caractérisez** les difficultés dont souffre la France au début de l'année 1789 selon Louis XVI (**doc. 1**).
2. **Expliquez** ce que le roi attend de ses sujets (**doc. 1**).
3. **Résumez** la décision prise par les députés le 17 juin 1789 (**doc. 2**).
4. **Analysez** l'argumentaire qu'ils utilisent pour justifier cette décision (**doc. 2**).
5. **Décrivez** l'attitude et la posture des députés représentés (**doc. 3**). Que signifie-t-elle ?
6. À l'aide des réponses précédentes, **montrez** comment la souveraineté du roi est remise en cause durant l'année 1789.

# 1791 : le roi en fuite

## *Quelles sont les causes et les conséquences de la fuite de Louis XVI ?* → COURS P. 18

### 1 Le roi s'adresse à ses sujets

Tant que le Roi a pu espérer voir renaître l'ordre et le bonheur du royaume par les moyens employés par l'Assemblée nationale, et par sa résidence auprès de cette Assemblée dans la capitale du Royaume, aucun sacrifice personnel ne lui a coûté […]. Mais aujourd'hui que la seule récompense de tant de sacrifices est de voir la destruction de la royauté, de voir tous les pouvoirs méconnus, les propriétés violées, la sûreté des personnes mise partout en danger, les crimes rester impunis, et une anarchie complète s'établir au-dessus des lois, sans que l'apparence d'autorité que lui donne la nouvelle Constitution soit suffisante pour réparer un seul des maux qui affligent le royaume, […] est-il étonnant que le Roi ait cherché à recouvrer sa liberté et à se mettre en sûreté avec sa famille ? Français, et vous surtout Parisiens, vous habitants d'une ville que les ancêtres de Sa Majesté se plaisaient à appeler la bonne ville de Paris, méfiez-vous des suggestions et des mensonges de vos faux amis, revenez à votre Roi, il sera toujours votre père, votre meilleur ami. Quel plaisir n'aura-t-il pas d'oublier toutes ces injures personnelles, et de se revoir au milieu de vous lorsqu'une Constitution qu'il aura acceptée librement fera que notre sainte religion sera respectée, que le gouvernement sera établi sur un pied stable et utile par son action, que les biens et l'état de chacun ne seront plus troublés, que les lois ne seront plus enfreintes impunément, et qu'enfin la liberté sera posée sur des bases fermes et inébranlables.

*Déclaration de Louis XVI à tous les Français à sa sortie de Paris,* 20 juin 1791.

### Repères

• **21 juin 1791 :**

– **À minuit dix**, la famille royale quitte secrètement le palais des Tuileries pour se réfugier dans une place forte, située à la frontière allemande.

– **À 7 h**, le valet de chambre de Louis XVI découvre l'absence du roi et la lettre qu'il a laissée (doc. 1).

– **À 19 h 55**, à Sainte-Menehould (Marne), la famille royale est reconnue par le maître de poste Jean-Baptiste Drouet, qui a séjourné à Versailles dans le passé. Il prévient les autorités.

• **À 23 h 10 :** la famille royale est arrêtée à Varennes (Meuse) par la garde nationale de la ville.

• **25 juin 1791 :** la famille royale est de retour à Paris.

### 2 Le retour à Paris

*La famille des cochons ramenée dans l'étable*, estampe anonyme, musée Carnavalet, Paris.

#### Répondre aux questions

1. **Expliquez** les arguments que le roi avance pour justifier sa conduite (**doc. 1**).
2. **Analysez** la manière dont il procède pour tenter de rallier à sa cause les Français (**doc. 1**).
3. **Décrivez** et **expliquez** la situation dans laquelle sont représentés les membres de la famille royale (**doc. 2**).
4. À l'aide des réponses précédentes, **analysez** les causes et les conséquences de la fuite du roi.

#### Réaliser un schéma explicatif

À l'aide des documents, complétez chaque case du schéma avec un paragraphe explicatif.

La manière dont le roi perçoit sa situation à Paris.
→ La décision qu'il prend pour y remédier.
→ Le résultat qu'il en attend.
→ L'échec auquel il est confronté.
→ Les conséquences qu'il subit.

# DOCUMENTS

## La Déclaration des droits de l'homme et du citoyen

### *Dans quelle mesure la Déclaration des droits de l'homme et du citoyen marque-t-elle la fin de l'Ancien Régime ?*

→ COURS P. 16

**1** La Déclaration des droits de l'homme et du citoyen votée le 26 août 1789

Gravure de Letourmi XVIIIe siècle, musée de la Révolution française, Vizille, Isère.

Animation

## 2 Le projet d'un pamphlétaire royaliste

*L'écrivain Antoine de Rivarol publie cet article dans le journal satirique royaliste* Les Actes des Apôtres.

Messieurs, ce serait en vain que vous auriez changé les mœurs de la nation et de l'univers entier, l'œuvre est incomplète, et il est de votre sagesse, ainsi que de votre gloire, de l'achever par un décret qui régénère le monde physique, et le rende conforme au monde moral que vous venez de créer. [...]

Je propose donc de décréter les articles ci-après :

**Art. I.** À compter du 14 juillet prochain, les jours seront égaux aux nuits pour toute la surface de la Terre, le jour commençant à cinq heures.

**Art. II.** Au moment où le jour finira, la lune commencera à luire, et elle sera dans son plein jusqu'au lever du soleil.

**Art. III.** Il régnera constamment d'une extrémité à l'autre du globe une température modérée et toujours égale.

**Art. IV.** La foudre et la grêle ne tomberont jamais que sur les forêts. L'humanité sera à jamais préservée des inondations, et la Terre, dans toute son étendue, ne recevra plus que de salutaires rosées, qui la feront fructifier à l'avantage de tous ses habitants sans distinction.

Antoine de Rivarol, « Projet de décret présenté à l'Assemblée nationale », *Les Actes des Apôtres*, 1790.

## 3 Le projet d'une militante féministe

**Préambule.** [...] Le sexe supérieur en beauté comme en courage dans les souffrances maternelles reconnaît et déclare [...] les droits suivants de la femme et de la citoyenne :

**Art. 1.** La femme naît libre et demeure égale à l'homme en droits. Les distinctions sociales ne peuvent être fondées que sur l'utilité commune. [...]

**Art. 6.** La loi doit être l'expression de la volonté générale ; toutes les citoyennes et tous les citoyens doivent concourir personnellement ou par leurs représentants à sa formation ; elle doit être la même pour tous ; toutes les citoyennes et tous les citoyens, étant égaux à ses yeux, doivent être également admissibles à toutes dignités, places et emplois publics, selon leurs capacités. [...]

**Art. 10.** Nul ne doit être inquiété pour ses opinions même fondamentales, la femme a le droit de monter sur l'échafaud, elle doit avoir également celui de monter sur la tribune.

Olympe de Gouges, *Déclaration des droits de la femme et de la citoyenne*, septembre 1791.

### Dans quelle mesure la Déclaration des droits de l'homme et du citoyen marque-t-elle la fin de l'Ancien Régime ?

#### Répondre aux questions

1. **Interprétez** les symboles dans l'image qui illustrent la rupture majeure avec l'Ancien Régime que représente la Déclaration (**doc. 1**) ?
2. **Nommez** la caractéristique de la société d'Ancien Régime qui est abolie par l'article 1 de la Déclaration (**doc. 1**).
3. **Citez** les deux articles qui mettent fin à la monarchie absolue et **justifiez** votre réponse (**doc. 1**).
4. **Illustrez** l'article 2 en citant les autres articles relatifs aux différents droits naturels de l'homme (**doc. 1**).
5. **Caractérisez** le ton employé par Rivarol et la manière dont il critique la Déclaration et défend l'Ancien Régime (**doc. 2**).
6. **Analysez** la méthode utilisée par Olympe de Gouges pour défendre les droits des femmes (**doc. 3**).
7. À partir des réponses précédentes, **montrez** que la Déclaration des droits de l'homme et du citoyen marque la fin de l'Ancien Régime, sans pour autant mettre fin à toutes les inégalités qui le caractérisaient.

#### Débattre

Imaginez un débat entre des citoyens : l'un est royaliste comme Rivarol, l'autre est féministe comme Olympe de Gouges. Tous deux critiquent la Déclaration des droits de l'homme et du citoyen. Un troisième intervenant se charge de défendre la rupture qu'elle marque avec la société d'ordres.

# Louis XVI en procès

## Pour quels motifs Louis XVI a-t-il été condamné à mort ? → COURS P. 18

### 1 Pourquoi juger Louis XVI ?

Le procès doit être fait à un roi non point pour les crimes de son administration, mais pour celui d'avoir été roi, car rien au monde ne peut légitimer cette usurpation ; et de quelque illusion, de quelques conventions que la royauté s'enveloppe, elle est un crime éternel, contre lequel tout homme a le droit de s'élever et de s'armer ; elle est un de ces attentats que l'aveuglement même de tout un peuple ne saurait justifier. [...] On ne peut régner innocemment : la folie en est trop évidente. Tout roi est un rebelle et un usurpateur.

Saint-Just, Discours prononcé à la Convention le 13 novembre 1792.

### 3 Louis XVI face à ses juges

Le roi, assis à gauche, fait face au président de la Convention nationale, Bertrand Barère. À l'arrière-plan, on voit les députés assis et, dans les tribunes, un public nombreux.
*Procès de Louis XVI à l'Assemblée de la Convention nationale, salle du Manège du palais des Tuileries, 11 décembre 1792*, 1792, musée Carnavalet, Paris.

### 2 La défense du roi

Citoyens représentants de la Nation, il est donc enfin arrivé ce moment où Louis, accusé au nom du peuple français, peut se faire entendre au milieu de ce peuple lui-même ! [...] Déjà, le silence même qui m'environne m'avertit que le jour de la justice a succédé aux jours de colère et de prévention ; que cet acte solennel n'est point une vaine forme, que le temple de la liberté est aussi celui de l'impartialité que la loi commande ; et que l'homme, quel qu'il soit, qui se trouve réduit à la condition humiliante d'accusé, est toujours sûr d'appeler sur lui et l'attention et l'intérêt de ceux mêmes qui le poursuivent. Je dis l'homme, quel qu'il soit, car Louis n'est plus en effet qu'un homme, et un homme accusé. Il n'exerce plus de prestige, il ne peut plus rien, il ne peut plus imprimer de crainte, il ne peut plus offrir d'espérances : c'est donc le moment où vous lui devez non seulement le plus de justice, mais j'oserai dire le plus de faveur. [...] Citoyens, je vous parlerai avec la franchise d'un homme libre : je cherche parmi vous des juges, et je n'y vois que des accusateurs ! Vous voulez prononcer sur le sort de Louis, et c'est vous-mêmes qui l'accusez ! Vous voulez et vous avez déjà émis votre vœu ! [...] Louis sera donc le seul Français pour lequel il n'existe aucune loi ni aucune forme ! Il ne jouira ni de son ancienne condition ni de la nouvelle ! Quelle étrange et inconcevable destinée !

Plaidoirie de Romain de Sèze, avocat de Louis XVI, le 26 décembre 1792.

### 4 L'accusation

Louis a été dénoncé au peuple comme un tyran qui constamment s'est appliqué à empêcher ou à retarder les progrès de la liberté, et même à l'anéantir par des attentats persévéramment soutenus et renouvelés, et qui n'ayant pu parvenir par ses efforts et ses crimes à empêcher une nation libre de se donner une constitution et des lois, a conçu, dirigé, exécuté, un plan de conspiration qui devait anéantir l'État. [...] Tous ses pas, toutes ses démarches, ont été constamment dirigés vers le même but, qui était de recouvrer son ancienne autorité, d'immoler tout ce qui résisterait à ses efforts. [...] La coalition des puissances, la guerre étrangère, les étincelles de la guerre civile, la désolation des colonies, les troubles de l'intérieur, qu'il a fait naître, entretenus et fomentés, sont les moyens dont il s'est servi pour relever son trône ou s'ensevelir sous ses débris.

Robert Lindet, *Rapport sur les crimes imputés à Louis Capet*, lu à l'ouverture du procès le 11 décembre 1792.

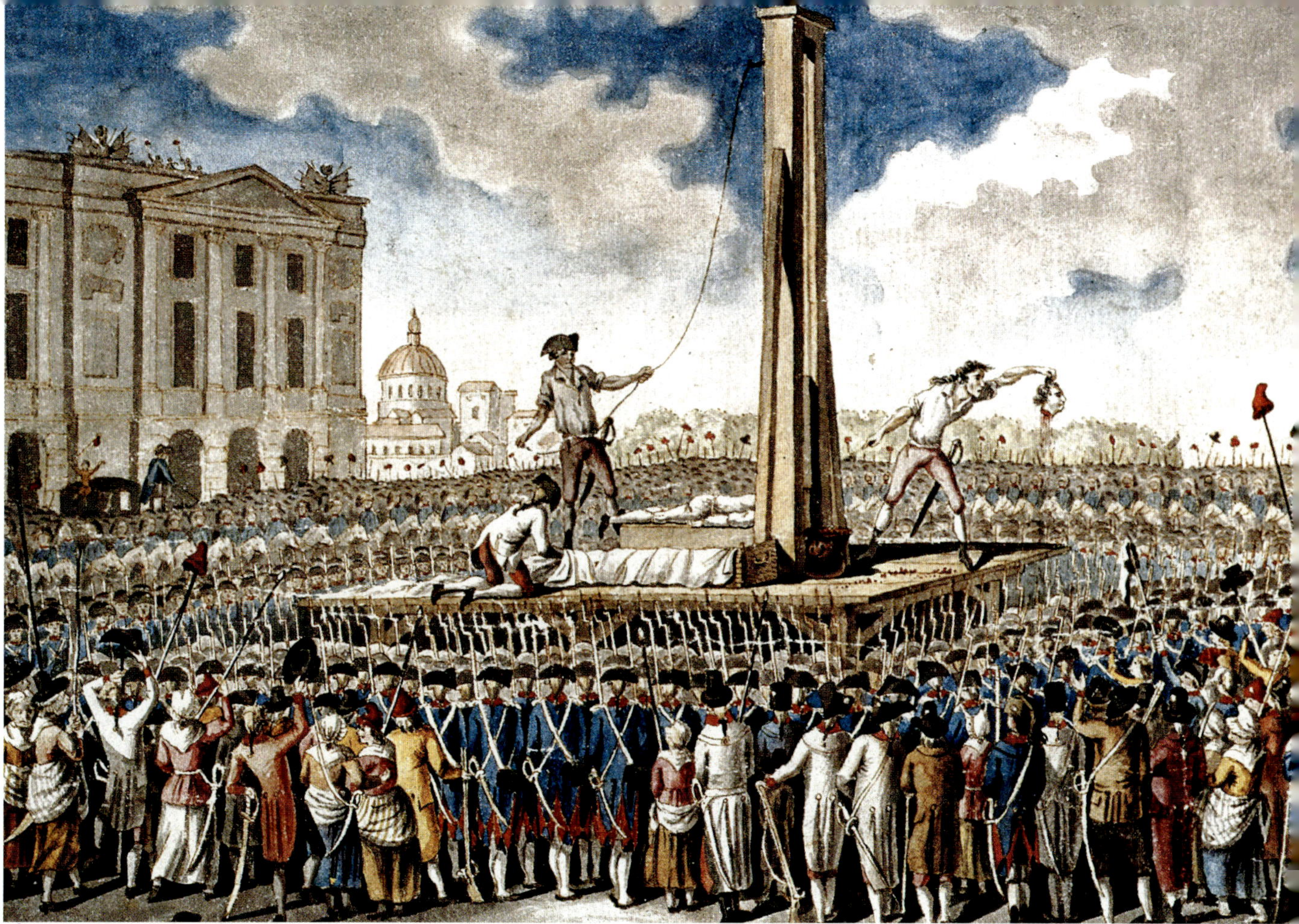

**5** **L'exécution de la sentence**

*L'exécution de Louis XVI sur la place de la Révolution le 21 janvier 1793,* estampe anonyme, fin du XVIIIe siècle, musée Carnavalet, Paris.

## Repères

**Le vote des députés**

### Pour quels motifs Louis XVI a-t-il été condamné à mort ?

## Répondre aux questions

1. **Comparez** les arguments de Saint-Just et de Lindet en faveur de la culpabilité de Louis XVI (**doc. 1 et 4**).
2. **Décrivez** l'agencement de la salle du procès et **analysez** la position qu'y occupe le roi (**doc. 3**).
3. **Montrez** que, bien que Robert Lindet et Romain de Sèze nomment le roi de la même manière, ils le font dans un objectif différent (**doc. 2 et 4**).
4. **Expliquez** la stratégie de défense adoptée par Romain de Sèze (**doc. 2**).
5. **Décrivez** la composition et la réaction de la foule assistant à l'exécution du roi, puis **expliquez**-les (**doc. 5**).
6. À partir des réponses précédentes, **expliquez** pour quels motifs Louis XVI a été condamné à mort.

## Réaliser une carte mentale

1. Écrivez « La condamnation de Louis XVI » au milieu d'une page.
2. Développez vos idées sous forme de mots clés dans des bulles que vous reliez les unes aux autres en fonction de leurs articulations.
3. Complétez chaque bulle avec des informations extraites des documents.

# Madame Roland et Théroigne de Méricourt : deux femmes en révolution

**En quoi Madame Roland et Théroigne de Méricourt illustrent-elles deux formes différentes d'engagement féminin dans la Révolution ?**

→ COURS P. 18

**Marie-Jeanne Philippon, dite Madame Roland**
(1754-1793)

**1754** : naissance à Paris dans une famille bourgeoise.

**1765** : entrée au couvent des Augustines, à Paris. Elle reçoit une solide éducation.

**1780** : épouse l'économiste Jean-Marie Roland, de 26 ans son aîné.

**1791** : reçoit dans son salon des collègues girondins de son mari, élu à la Convention.

**1793** : tandis que son mari fuit Paris pour échapper à la répression dont sont victimes les Girondins, se laisse arrêter. Jugée, elle est condamnée à mort et exécutée en novembre.

**1 Portrait de Madame Roland**

*Portrait de Madame Roland, figure de la Révolution française, coiffée du bonnet girondin*, XVIIIe siècle, musée Lambinet, Versailles.

## 2 « Un rôle convenant à son sexe »

Brissot nous vint visiter[1]. […] Il nous fit connaître ceux des députés que d'anciennes relations ou la seule conformité des principes et le zèle de la chose publique réunissaient fréquemment pour conférer sur elle. Il fut même arrangé que l'on viendrait chez moi quatre fois la semaine dans la soirée, parce que j'étais sédentaire, bien logée, et que mon appartement se trouvait placé de manière à n'être fort éloigné d'aucun de ceux qui composaient ces petits comités. Cette disposition me convenait parfaitement ; elle me tenait au courant des choses auxquelles je prenais un vif intérêt ; elle favorisait mon goût pour suivre les raisonnements politiques et étudier les hommes. Je savais quel rôle convenait à mon sexe, et je ne le quittai jamais. Les conférences se tenaient en ma présence sans que j'y prisse aucune part. […] L'habitude et le goût de la vie studieuse m'ont fait partager les travaux de mon mari tant qu'il a été simple particulier ; j'écrivais avec lui, comme j'y mangeais, parce que l'un m'était presque aussi naturel que l'autre, et que, n'existant que pour son bonheur, je me consacrais à ce qui lui faisait le plus de plaisir. […] Il devint ministre : je ne me mêlai point de l'administration ; mais s'agissait-il d'une circulaire, d'une instruction, d'un écrit public et important, nous en conférions suivant la confiance dont nous avions l'usage, et, pénétrée de ses idées, nourrie des miennes, je prenais la plume que j'avais plus que lui le temps de conduire.

Madame Roland, *Mémoires particuliers* (rédigés en prison en 1793, publiés en 1901).

1. Jacques Pierre Brissot de Warville est l'un des chefs des Girondins.

**Anne-Josèphe Théroigne, dite Théroigne de Méricourt**
(1762-1814)

**1762** : naissance en Belgique dans une famille aisée.

**1789** : installée à Paris, elle suit assidûment les débats de l'Assemblée nationale.

**1790** : fonde le club des Amis de la loi, qui réclame notamment l'égalité des droits civiques entre hommes et femmes.

**1790-1792** : incarcérée en Autriche.

**1792** : de retour à Paris, elle participe en août à la prise des Tuileries.

**1793** : agressée et humiliée publiquement à l'Assemblée par des femmes du parti montagnard, elle se retire de la scène publique.

**1794** : son frère la fait interner dans un hôpital parisien où elle meurt en 1817.

## 4 L'appel aux armes de Théroigne de Méricourt

Citoyennes, armons-nous ; nous en avons le droit par la nature et même par la loi ; montrons aux hommes que nous ne leur sommes inférieures ni en vertus ni en courage ; montrons à l'Europe que les Françaises connaissent leurs droits, et sont à la hauteur des Lumières du XVIIIe siècle. […] Françaises, je vous le répète encore, élevons-nous à la hauteur de nos destinées ; brisons nos fers ; il est temps enfin que les femmes sortent de leur honteuse nullité, où l'ignorance, l'orgueil et l'injustice des hommes les tiennent asservies depuis si longtemps. […] Nous aussi nous voulons mériter une couronne civique, et briguer l'honneur de mourir pour une liberté qui nous est peut-être plus chère qu'à eux puisque les efforts du despotisme s'appesantissaient encore plus durement sur nos têtes que sur les leurs. Oui, généreuses citoyennes, vous toutes qui m'entendez, armons-nous, allons nous exercer deux ou trois fois par semaine aux Champs-Élysées, ou au champ de la Fédération, […] nous nous réunirons ensuite pour nous concerter sur les moyens d'organiser un bataillon.

Théroigne de Méricourt, Discours prononcé à la société fraternelle des Minimes le 25 mars 1792.

## 3 Portrait de Théroigne de Méricourt

*Théroigne de Méricourt*, XVIIIe siècle, musée Carnavalet, Paris.

***En quoi Madame Roland et Théroigne de Méricourt illustrent-elles deux formes différentes d'engagement féminin dans la Révolution ?***

### Répondre aux questions

1. **Analysez** l'attitude adoptée par Madame Roland vis-à-vis des hommes politiques et notamment de son mari (**doc. 2**).
2. **Expliquez** de quelle manière Théroigne de Méricourt souhaite s'engager dans la Révolution (**doc. 4**).
3. **Comparez** les deux portraits et la manière dont ces femmes sont nommées (**doc. 1 et 3**). **Montrez** que cela correspond à deux conceptions différentes du rôle des femmes.
4. À partir des réponses précédentes, **expliquez** en quoi Madame Roland et Théroigne de Méricourt illustrent deux formes différentes d'engagement féminin dans la Révolution.

### Rédiger un plaidoyer argumenté

Imaginez la lettre qu'aurait pu écrire Théroigne de Méricourt à Madame Roland au moment où son mari devient ministre pour la convaincre de s'engager publiquement dans la Révolution. Vous commencerez par insister sur leurs points d'accord, puis vous reprocherez de manière argumentée à Madame Roland son manque d'audace.

# La Terreur

## Pourquoi les mesures exceptionnelles adoptées à partir de septembre 1793 pour défendre la Révolution ont-elles été contestées ?

→ COURS P. 20

### 1 « Écraser les traîtres »

*Jacques Roux édite le journal* Le Publiciste *dans lequel il exprime l'opinion des sans-culottes les plus radicaux, surnommés les « enragés ».*

En fait de révolution, le seul moyen de la consolider, c'est d'écraser les traîtres dans la fureur de la guerre ; c'est d'imprimer le fer rouge de l'ignominie sur le front des royalistes ; c'est de faire briller le glaive de la loi sur les têtes coupables. Un peuple libre ne capitule jamais avec des rebelles. Il les dénonce, il les poursuit, la justice les frappe. C'est là la conduite que la Convention nationale doit tenir envers les administrateurs de Lyon, de Marseille, et des autres villes qui ne sont pas rentrées dans le giron de la République, envers ceux qui ont provoqué la coalition fédérative, envers ceux qui se sont réunis à l'armée des contre-révolutionnaires du Calvados et de la Vendée. [...] Représentants du peuple, montrez un front d'airain : les traîtres ne se jettent à nos genoux que pour paralyser nos moyens de défense, que pour avoir le temps de composer leur poison, et nous étrangler avec facilité. [...] N'écoutez aucune proposition d'accommodement : si les scélérats qui ont trahi la patrie sont sincèrement convertis, eh bien ! en montant à l'échafaud, ils crieront : vive la République !

Jacques Roux, *Le Publiciste de la République française*, 1793.

### 2 « Ouvrez les prisons »

*Camille Desmoulins prend ses distances avec les Montagnards en décembre 1793. Il est exécuté en même temps que Danton le 5 avril 1794.*

Ouvrez les prisons à ces deux cent mille citoyens que vous appelez suspects ; car dans la Déclaration des droits, il n'y a point de maison de suspicion, il n'y a que des maisons d'arrêt. [...] Il n'y a point de gens suspects, il n'y a que des prévenus de délits fixés par la loi. Et ne croyez pas que cette mesure serait funeste à la République. Ce serait la mesure la plus révolutionnaire que vous eussiez jamais prise. Vous voulez exterminer tous vos ennemis par la guillotine ! Mais y eut-il jamais plus grande folie ? Pouvez-vous en faire périr un seul à l'échafaud, sans vous faire dix ennemis de sa famille ou de ses amis ? Croyez-vous que ce soient ces femmes, ces vieillards, ces cacochymes[1], ces traînards de la révolution, que vous enfermez, qui sont dangereux ? De vos ennemis, il n'est resté parmi vous que les lâches et les malades. Les braves et les forts ont émigré. Ils ont péri à Lyon ou dans la Vendée ; tout le reste ne mérite pas votre colère.

Camille Desmoulins, *Le Vieux Cordelier*, 20 décembre 1793.

1. Personnes en mauvaise santé.

### 3 Un comité de surveillance révolutionnaire

Chaque commune ou section de commune (pour les grandes villes) est dotée par la Convention d'un comité de surveillance chargé d'établir des listes de suspects et des certificats de civisme.

*Comité de salut public et du gouvernement de la Terreur en 1793 et 1794*, gravure de Carl Schleich, 1816.

## 4 Le gouvernement de Robespierre

(La Scène se passe sur la place de la Révolution)
« Admirez de Samson[1] l'intelligence extrême !
Par le couteau fatal il a tout fait périr. Dans cet affreux état que va-t-il devenir ? Il se guillotine lui-même. »
*Le bourreau se guillotinant lui-même*, gravure anonyme, vers 1794, musée Carnavalet, Paris.

1. Samson est le bourreau chargé de la guillotine.

## 5 Une analyse du « système de la terreur »

*En août 1794, un mois après l'exécution de Robespierre, le député Tallien dénonce sa politique.*

Le système de la terreur suppose le pouvoir le plus concentré, le plus approchant de l'unité, et tend nécessairement à la royauté. Il peut exister unité d'action et de volonté dans un conseil ou comité lorsqu'il s'agit d'une administration régulière, équitable, dont la marche est tracée par la loi ou par la raison ; mais, dans une agence de terreur, où il n'y a point de règle fixe, où chacun peut reprocher à un autre d'avoir fait, de vouloir faire trop ou trop peu, l'unité ne peut résulter que de la subjection aveugle de tous devant un seul, dont la volonté tient lieu de loi. Or cette unité d'action est surtout nécessaire aux scélérats pour la rapidité de leurs mouvements, pour la facilité de leurs entreprises, pour le secret de leurs desseins, pour leur sûreté contre leurs ennemis, contre la justice. […]

L'autorité légitime, celle qui a l'aveu du plus grand nombre, n'a besoin que de cet aveu pour triompher, pour prévenir les résistances particulières. La terreur ne peut être utile qu'à la minorité qui veut opprimer la majorité.

Jean-Lambert Tallien, Discours à la Convention nationale le 11 fructidor an II (29 août 1794).

### Pourquoi les mesures exceptionnelles adoptées à partir de septembre 1793 pour défendre la Révolution ont-elles été contestées ?

#### Répondre aux questions

1. **Classez** les ennemis de la Révolution dont la répression rendrait nécessaire la Terreur selon Jacques Roux (**doc. 1**).
2. **Expliquez** les raisons pour lesquelles Camille Desmoulins estime la politique de Terreur non seulement inutile, mais aussi contre-productive (**doc. 2**).
3. **Décrivez** les différents personnages et **interprétez** le message de cette image (**doc. 3**).
4. **Décrivez** puis **interprétez** la manière dont l'auteur de la gravure résume le « gouvernement de Robespierre » (**doc. 4**).
5. **Expliquez** les raisons qui ont conduit à l'adoption de la Terreur selon Tallien (**doc. 5**).
6. **Expliquez** pourquoi les mesures exceptionnelles adoptées à partir de septembre 1793 pour défendre la Révolution sont contestées.

#### Compléter un schéma de synthèse

Complétez chacune des cases du schéma de synthèse en citant précisément les documents.

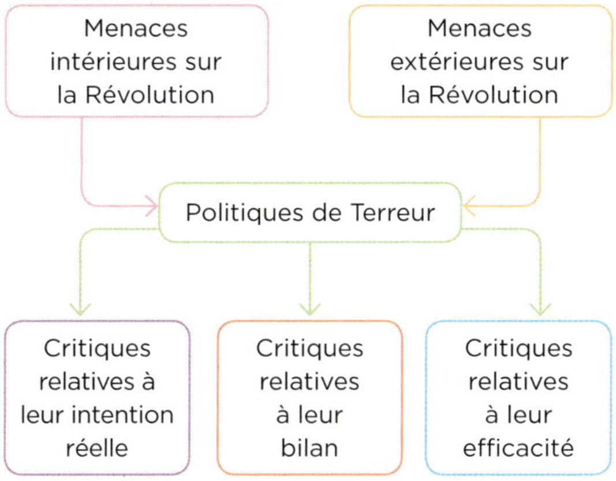

# La Révolution dans les Antilles françaises

## Quelles ont été les répercussions de la Révolution dans les colonies antillaises de la France ?

→ COURS P. 20

### 1 Représenter les colonies aux États généraux

Les planteurs[1] de nos colonies demandent à avoir 21 députés aux États généraux. Ils ont calculé ce nombre, non seulement d'après la population blanche, mais d'après la population noire. Comment ces mêmes hommes qui ne rougissent pas d'acheter des Africains, et de les traiter comme des bêtes de somme, veulent aujourd'hui les élever au niveau, non seulement d'hommes, mais d'hommes libres ! Ainsi, ils osent aujourd'hui mettre des Noirs sur la ligne des Français, tandis que nous les avons vus constamment, et dans leurs écrits, et dans leurs discours, les dégrader au-dessous du niveau de l'espèce humaine ! Ah ! Si ce changement de langage n'avait d'autre objet que de réparer une erreur, que d'expier les délits des siècles passés, si les planteurs ne demandaient à représenter les Noirs que pour avouer enfin, à la face de l'univers, qu'ils sont hommes comme nous, ayant les mêmes droits que nous […], sans doute, il ne serait pas de Français, sensible, éclairé, qui ne s'écriât : partageons nos droits avec les Noirs, ils sont hommes, ils sont nos frères. Mais, gardons-nous ici du piège qu'on leur tend ; ce n'est pas pour faire rendre aux Noirs leur liberté, ce n'est pas pour en proscrire à jamais l'horrible trafic, que les planteurs réclament une représentation nombreuse ; non, c'est pour continuer, pour faire sanctionner[2] par la Nation le régime actuel.

Jacques Pierre Brissot,
Discours sur l'admission des planteurs
prononcé à la Société des amis des Noirs
dont il est l'un des fondateurs, 1788.

**1.** Propriétaires de plantations sur lesquelles travaillent des esclaves.
**2.** Ici, au sens de « confirmer ».

### 2 Le soulèvement

Le 23 août 1791, une rébellion d'esclaves se produit dans la partie française de Saint-Domingue, ce qui conduit le gouvernement révolutionnaire local à y abolir l'esclavage durant l'été 1793.
*La révolte d'esclaves contre les propriétaires des plantations de Saint-Domingue en 1791*, gravure, XVIIIe siècle.

### 3 Le sort des hommes de couleur

*Ce discours est prononcé à l'occasion des débats précédant le vote du décret abolissant l'esclavage dans les colonies françaises.*

En travaillant à la Constitution du peuple français, nous n'avons pas porté nos regards sur les malheureux hommes de couleur. […] Il est temps de nous élever à la hauteur des principes de la liberté et de l'égalité. On aurait beau dire que nous ne reconnaissons pas d'esclaves en France, n'est-il pas vrai que les hommes de couleur sont esclaves dans nos colonies ? Proclamons la liberté des hommes de couleur. En faisant cet acte de justice, vous donnez un grand exemple aux hommes de couleur esclaves dans les colonies anglaises et espagnoles. Les hommes de couleur ont, comme nous, voulu briser leurs fers ; nous avons brisé les nôtres, nous n'avons voulu nous soumettre au joug d'aucun maître ; accordons-leur le même bienfait.

Intervention du député de la Sarthe Lacroix
à la Convention nationale le 4 février 1794.

**Repères**

**La population des Antilles françaises en 1788-1789**

| | Esclaves | Blancs | Libres de couleur | Total |
|---|---|---|---|---|
| Saint-Domingue | 405 584 | 27 717 | 21 808 | 455 109 |
| Guadeloupe | 89 823 | 13 969 | 3 125 | 106 917 |
| Martinique | 81 130 | 10 635 | 5 235 | 97 000 |

Source : Frédéric Régent, *La France et ses esclaves*, Grasset, 2007.

## 4 Le rétablissement de l'esclavage

Citoyens législateurs, l'excès de philanthropie est souvent à côté de l'erreur politique. […] Sans les colonies, la France ne trouverait pas dans la paix le moyen de conserver sa gloire et le fruit de ses triomphes. […] Qu'elles soient pour la métropole tout ce qu'elles doivent être. Mais pour que ces destinées soient remplies, il faut que la culture des colonies soit assurée ; il faut vaincre la difficulté du climat. En Europe, la terre est la matière première. Partout des bras s'offrent pour elle ; et nous voyons que les hommes qui sont voués aux travaux mécaniques de l'agriculture savent se rendre dignes d'être comptés au rang de citoyens. Dans nos colonies, les bras sont presque tout. L'expérience nous apprend quels sont les bras qui seuls peuvent être employés à leur culture. Elle nous dit quels sont les êtres pour lesquels la liberté n'est qu'un fruit empoisonné. […] Obéissons à la grande loi des empires et à la nécessité. Ne troublons pas le monde par des théories.

Intervention du député Jaubert, lors des débats précédant l'adoption de la loi rétablissant l'esclavage le 20 mai 1802.

## 5 Jacques I^er^, empereur d'Haïti

À Saint-Domingue, l'annonce du rétablissement de l'esclavage provoque un soulèvement, que les troupes envoyées en renfort par Napoléon ne parviennent pas à mater. La colonie devient une République indépendante sous le nom de Haïti, le 1er janvier 1804. L'un des meneurs des insurgés, Jean-Jacques Dessalines, prend le pouvoir et se fait couronner empereur le 8 octobre 1804.

*Le couronnement de Jean-Jacques Dessalines, empereur d'Haïti*, gravure, 1806.

### *Quelles ont été les répercussions de la Révolution dans les colonies antillaises de la France ?*

**Répondre aux questions**

1. **Expliquez** ce que réclament les planteurs en vue de la réunion des États généraux et la raison pour laquelle Brissot qualifie cette demande de « piège » (**doc. 1**).
2. **Montrez** que la décision de la Convention d'abolir l'esclavage s'explique à la fois par des questions de principe et par des calculs stratégiques (**doc. 2 et 3**).
3. **Résumez** les arguments de François Jaubert pour justifier le rétablissement de l'esclavage (**doc. 4**).
4. **Identifiez** les éléments montrant que la France contre laquelle Haïti conquiert son indépendance influence néanmoins le pays nouvellement indépendant (**doc. 5**).
5. À partir des réponses précédentes, **montrez** les répercussions de la Révolution dans les colonies antillaises de la France.

**Réaliser un diaporama**

1. Réalisez un diaporama en vous aidant du plan suivant :
   - A. La situation des colonies françaises en 1788
   - B. Le soulèvement des esclaves de Saint-Domingue en 1791
   - C. L'abolition de l'esclavage
   - D. Le rétablissement de l'esclavage et ses conséquences

   Faites référence à chacun des documents dans la partie qu'il permet d'illustrer.
2. Présentez le diaporama à l'oral devant vos camarades de classe.

# Le Concordat

## En quoi l'accord conclu entre Bonaparte et le pape constitue-t-il un compromis entre l'héritage de l'Ancien Régime et celui de la Révolution ?

→ COURS P. 22

### 1 Le Concordat

Le gouvernement de la République reconnaît que la religion catholique, apostolique et romaine est la religion de la grande majorité des citoyens français. [...]

**Article 1** – La religion catholique, apostolique et romaine sera librement exercée en France. Son culte sera public, en se conformant aux règlements de police que le Gouvernement jugera nécessaires pour la tranquillité publique [...].

**Article 5** – Les nominations aux évêchés [...] seront faites par le Premier Consul. [...]

**Article 6** – Les évêques [...] prêteront directement, entre les mains du Premier Consul, le serment de fidélité [...] exprimé dans les termes suivants : « je jure et promets à Dieu, sur les Saints Évangiles, de garder obéissance et fidélité au Gouvernement établi par la Constitution de la République française. Je promets aussi de n'avoir aucune intelligence[1], de n'assister à aucun conseil, de n'entretenir aucune ligue, soit au-dedans soit au-dehors, qui soit contraire à la tranquillité publique ; et si, dans mon diocèse ou ailleurs, j'apprends qu'il se trame quelque chose au préjudice de l'État, je le ferai savoir au Gouvernement. [...] »

**Article 13** – Sa Sainteté, pour le bien de la paix et l'heureux établissement de la religion catholique, déclare que ni elle ni ses successeurs ne troubleront en aucune manière les acquéreurs des biens ecclésiastiques aliénés. [...]

**Article 14** – Le gouvernement assurera un traitement convenable aux évêques et aux curés.

Traité signé à Paris le 15 juillet 1801 entre les représentants du Premier Consul Bonaparte et du pape Pie VII.

1. Complicité.

### 2 La réconciliation avec l'Église catholique

*Le culte catholique rendu au peuple français par le Premier Consul*, Claude-Louis Desrais, 1802, musée du Louvre, Paris.

+ Animation

### Repères

**Juifs et protestants dans la France napoléonienne**

En 1802, Bonaparte fait adopter des articles « organiques » réglementant le culte chrétien. Ces textes étendent les dispositions prévues par le Concordat aux protestants. Leur culte est désormais reconnu par l'État, qui salarie les pasteurs. En 1808, Napoléon crée le Consistoire pour organiser le culte juif en France sur le même modèle.

### Répondre aux questions

1. **Décrivez** la façon dont l'État intervient dans le fonctionnement de l'Église catholique en vertu du Concordat et **expliquez** dans quelle intention il le fait (**doc. 1**).
2. **Caractérisez** les craintes qui sont à l'origine de l'obligation faite aux évêques de prêter serment au gouvernement (**doc. 1**).
3. **Expliquez** les concessions faites par le pape et ce qu'il obtient en contrepartie (**doc. 1**).
4. **Analysez** la manière dont ce dessin met en scène la signature du Concordat. **Expliquez** au service de qui et de quoi il a pu être utilisé (**doc. 2**).
5. À partir des réponses précédentes, **montrez** que le Concordat constitue un compromis entre l'héritage de l'Ancien Régime et celui de la Révolution.

# Le Code civil

## Sur quels principes le Code civil organise-t-il la société ?

→ COURS P. 22

### 1 Pourquoi un Code civil ?

*L'avocat Jean-Étienne Portalis est l'un des rédacteurs du Code civil.*

Quel spectacle s'offrait à nos yeux ! On ne voyait devant soi qu'un amas confus et informe de lois étrangères et françaises, de coutumes générales et particulières, d'ordonnances abrogées et non abrogées, de maximes écrites et non écrites, de règlements contradictoires et de décisions opposées. […] Aujourd'hui, une législation uniforme fait disparaître ces absurdités et ces dangers ; l'ordre civil vient cimenter l'ordre politique. Nous ne sommes plus Provençaux, Bretons, Alsaciens, mais Français. […]

Autrefois les distinctions humiliantes que le droit politique avait introduites entre les personnes s'étaient glissées jusque dans le droit civil. Il y avait une manière de succéder pour les nobles, et une autre manière de succéder pour ceux qui ne l'étaient pas ; il existait des propriétés privilégiées que ceux-ci ne pouvaient posséder, au moins sans une dispense du souverain. Toutes ces traces de barbarie sont effacées ; la loi est la mère commune des citoyens, elle leur accorde une égale protection à tous. […]

On n'a pas cherché, dans la nouvelle législation, à introduire des nouveautés dangereuses. On a conservé des lois anciennes tout ce qui pouvait se concilier avec l'ordre présent des choses ; on a pourvu à la publicité des mariages ; on a posé de sages règles pour le gouvernement des familles ; on a rétabli la magistrature des pères ; on a rappelé toutes les formes qui pouvaient garantir la soumission des enfants.

Jean-Étienne Portalis, « Exposé des motifs de la loi relative à la réunion des lois civiles en un seul corps de lois, sous le titre de Code civil des Français », 19 mars 1804.

### 2 Quelques extraits du Code civil

**Article 8** – Tout Français jouira des droits civils.

**Article 146** – Il n'y a pas de mariage lorsqu'il n'y a point de consentement.

**Article 212** – Les époux se doivent mutuellement fidélité, secours, assistance.

**Article 213** – Le mari doit protection à sa femme, la femme obéissance à son mari.

**Article 214** – La femme est obligée d'habiter avec le mari, et de le suivre partout où il juge à propos de résider : le mari est obligé de la recevoir, et de lui fournir tout ce qui est nécessaire pour les besoins de la vie, selon ses facultés et son état.

**Article 229** – Le mari pourra demander le divorce pour cause d'adultère de sa femme.

**Article 230** – La femme pourra demander le divorce pour cause d'adultère de son mari, lorsqu'il aura tenu sa concubine dans la maison commune.

**Article 544** – La propriété est le droit de jouir et disposer des choses de la manière la plus absolue, pourvu qu'on n'en fasse pas un usage prohibé par les lois ou les règlements.

**Article 545** – Nul ne peut être contraint de céder sa propriété, si ce n'est pour cause d'utilité publique et moyennant une juste et préalable indemnité.

#### Répondre aux questions

1. **Expliquez** ce qui rend l'adoption d'un Code civil nécessaire selon Portalis (**doc. 1**).
2. **Montrez** que Portalis cherche à convaincre à la fois les partisans de la Révolution et les conservateurs. **Justifiez** votre réponse (**doc. 1**).
3. **Citez** les articles du Code civil réaffirmant les principes de 1789. **Justifiez** votre réponse en citant les articles de la Déclaration des droits de l'homme (**doc. 1 p. 42**) qui y font référence (**doc. 2**).
4. **Montrez** que l'égalité n'est pas assurée au sein du couple (**doc. 2**).

#### Construire un argumentaire oral

Réalisez un exposé d'une dizaine de minutes sur l'origine et le contenu du Code civil. Vous structurerez votre propos selon le plan suivant en veillant à faire régulièrement référence aux documents dont vous extrairez des citations pertinentes à l'appui de votre propos.

- Une introduction expliquant les raisons ayant présidé à l'élaboration du Code civil.
- Une partie montrant en quoi il reprend certains des principes fondamentaux de 1789.
- Une partie montrant son caractère conservateur.
- Une brève conclusion répondant à la problématique.

# La Révolution française et l'Empire

## SAVOIR EXPLIQUER

### La fin de la monarchie absolue

- **Les difficultés de la monarchie à la fin du XVIIIe siècle**
  # Déficit ; Dette ; Réformes
- **La décision du roi pour y répondre**
  # États généraux ; Cahiers de doléances ; Vote par ordre
- **La révolution parlementaire**
  # Serment du Jeu de paume ; Assemblée nationale ; Constitution
- **La révolution populaire**
  # Prise de la Bastille ; Garde nationale ; Commune ; Sans-culottes ; Abolition des privilèges

### Les expériences politiques de la Révolution française

- **L'échec de la monarchie constitutionnelle**
  # Veto ; Fuite du roi ; Suffrage censitaire
- **Les divisions des révolutionnaires**
  # Convention ; Girondins ; Montagnards
- **Les difficultés de la République**
  # Guerre ; Insurrection fédéraliste ; Terreur
- **De la République thermidorienne à la République consulaire**
  # Directoire ; Coup d'État ; Consulat

### L'expérience napoléonienne

- **Du consul à vie à l'Empereur**
  # Plébiscite ; Sacre ; Empire
- **Les réformes napoléoniennes**
  # Concordat ; Préfet ; Code civil ; Légion d'honneur
- **Conquêtes et défaites militaires**
  # Expansion ; Grande armée ; Sentiment national ; Abdication ; Exil

## SAVOIR DATER

- 20 juin 1789 ▸ Serment du Jeu de paume
- 4 août 1789 ▸ Abolition des privilèges

- 21 septembre 1792 ▸ Première République

- 9 novembre 1799 ▸ Coup d'État de Bonaparte

- 1801 ▸ Concordat
- 1804 ▸ Code civil
- 1804 ▸ Premier Empire

+ Exercices interactifs

## SAVOIR DÉFINIR

- Code civil → P. 22
- Comité de salut public → P. 20
- Constitution → P. 16
- États généraux → P. 16
- Garde nationale → P. 16
- Monarchie constitutionnelle → P. 18
- Plébiscite → P. 22
- Sans-culottes → P. 17
- Souveraineté nationale → P. 16
- Suffrage censitaire → P. 18
- Terreur → P. 20

Schéma interactif

# DE LA RÉVOLUTION À L'EMPIRE

Légende : ÉVÉNEMENTS MAJEURS · RÉGIMES · SITUATION EXTÉRIEURE · SITUATION INTÉRIEURE

- Critiques des **Lumières** / **Crise** financière → **Monarchie absolue de droit divin** (XVIIIe siècle) ← **Révolutions** anglaise et américaine
- Réunion des **États généraux** → Prise de la Bastille / **Grande Peur**
- Pression des **sans-culottes** / Révoltes des **esclaves** à Saint-Domingue / Opposition du **clergé** et des **contre-révolutionnaires** → **Monarchie constitutionnelle** (1789-1792) ← **Révolutions** anglaise et américaine ; ← **Coalition** des monarchies européennes / Conflit avec le pape / Émigrés
- **Fuite** (1791) **exécution** (1793) du **roi**
- **Première République** : **Convention** girondine (sept. 1792-juin 1793), montagnarde (juin 1793-juillet 1794) puis thermidorienne (juillet 1794-octobre 1795) ; **Directoire** (1795-1799) ← pressions intérieures ; ← **Révolutions** anglaise et américaine ; ← **Coalition** des monarchies européennes / Conflit avec le pape / Émigrés
- **Coup d'État** du 18 Brumaire (1799)
- Retour des **émigrés** / Réconciliation avec les **catholiques** → **Consulat** (1799-1804) puis **Empire** (1804-1815) ← Réconciliation avec le pape (Concordat 1802) / **Multiples guerres**

## POUR ALLER PLUS LOIN

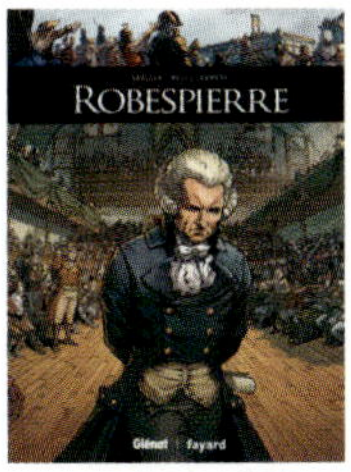


### À LIRE

**Mathieu Gabella et Roberto Meli**
**Robespierre**
Glénat, 2017
Une BD qui retrace la vie du chef montagnard.

### À VOIR

**Pierre Schoeller**
**Un peuple et son roi**
2017
Destins croisés d'hommes et de femmes du peuple et de figures historiques, de la prise de la Bastille à l'exécution du Roi.

### À CONSULTER

**L'Histoire par l'image**
https://www.histoire-image.org/fr/hors-series/revolution-francaise
Consacre une riche section à l'étude de documents iconographiques relatifs à la Révolution française.

### À VISITER

**Le musée Carnavalet à Paris (75)**
Riches collections sur la Révolution à Paris.

**Le musée de la Révolution française de Vizille (38)**

**Les châteaux de Saint-Cloud (92) et Fontainebleau (94), le domaine de Malmaison (92)**
Pour se replonger dans l'atmosphère du Consulat et de l'Empire.

**Le Mémorial ACTe de Pointe-à-Pitre (Guadeloupe)**

# BAC

## 1 S'ENTRAÎNER À L'ANALYSE DE DOCUMENT(S)

SUJET GUIDÉ

**SUJET** La République conservatrice

**Après avoir présenté le document, expliquez ce dont l'auteur souhaite convaincre son auditoire et l'argumentaire qu'il utilise pour ce faire.**

### Pour le « gouvernement des meilleurs »

Nous devons être gouvernés par les meilleurs ; les meilleurs sont les plus instruits et les plus intéressés au maintien des lois : or, à peu d'exceptions près, vous ne trouvez de pareils hommes que parmi ceux qui, possédant une propriété, sont attachés au pays qui la contient, aux lois qui la protègent, à la tranquillité qui la conserve, et qui doivent à cette propriété et à l'aisance qu'elle donne, l'éducation qui les a rendus propres à discuter avec sagacité et justesse les avantages et les inconvénients des lois qui fixent le sort de leur patrie. L'homme sans propriété, au contraire, a besoin d'un effort constant de vertu pour s'intéresser à l'ordre qui ne lui conserve rien, et pour s'opposer aux mouvements qui lui donnent quelques espérances. Il lui faut supposer des combinaisons bien fines et bien profondes pour qu'il préfère le bien réel au bien apparent, l'intérêt de l'avenir à celui du jour. Si vous donnez à des hommes sans propriété les droits politiques sans réserve, et s'ils se trouvent jamais sur les bancs des législateurs, ils exciteront ou laisseront exciter des agitations sans en craindre l'effet ; ils établiront ou laisseront établir des taxes funestes au commerce et à l'agriculture, parce qu'ils n'en auront senti, ni redouté, ni prévu les déplorables résultats ; et ils nous précipiteront enfin dans ces convulsions violentes dont nous sortons à peine, et dont les douleurs se feront si longtemps sentir sur toute la surface de la France. Un pays gouverné par les propriétaires est dans l'ordre ; celui où les non-propriétaires gouvernent est dans l'état de nature. […] Nous vous proposons donc de décréter que pour être éligible au corps législatif il faut posséder une propriété foncière quelconque. […] Mais nous n'avons pas cru qu'il fût possible de restreindre le droit de citoyen, de proposer à la majorité des Français, ou même à une portion quelconque d'entre eux, d'abdiquer ce caractère auguste : tous ont également combattu, et avec le même courage, pour l'affranchissement du corps social ; tous doivent en faire partie. […] En retranchant du corps social une portion aussi nombreuse d'hommes, ne les condamneriez-vous pas à se considérer comme sans patrie ; et n'en feriez-vous pas à perpétuité des satellites du premier brigand qui saurait se montrer à eux comme digne de venger leur outrage ?

Discours du comte Boissy d'Anglas, président de la Convention, 29 juin 1795.

### Aide pour répondre

1. **Présentez le document.** Utilisez la méthode CANDI (Contexte, Auteur, Nature, Destinataire, Idée générale).
2. **Expliquez ce dont l'auteur souhaite convaincre son auditoire et l'argumentaire qu'il utilise pour ce faire.** Expliquez :
   - le droit sur lequel il souhaite revenir. Pour quelles raisons et avec quels arguments ?
   - ce qu'il souhaite conserver des principes de 1789. Comment le justifie-t-il ?
   - à l'aide de vos connaissances, si Boissy d'Anglas a finalement obtenu gain de cause.

## 2 S'ENTRAÎNER À L'ANALYSE DE DOCUMENT(S)

**BAC BLANC**

**SUJET** La prise de la Bastille

**Après avoir présenté le document et identifié les personnages, indiquez la signification que l'auteur donne à la prise de la Bastille.**

### Le réveil du tiers état

Gravure, 1789, BNF.

## 3 RÉPONDRE À UNE QUESTION PROBLÉMATISÉE

**SUJET GUIDÉ**

**SUJET** **Napoléon a-t-il liquidé ou consolidé l'héritage de la Révolution française ?**

**Aide pour répondre**

Vous pouvez adopter le plan suivant :
- Le bilan de la Révolution quand Napoléon Bonaparte arrive au pouvoir
- Les mesures napoléoniennes revenant sur des acquis révolutionnaires
- Les mesures napoléoniennes consolidant les acquis révolutionnaires

**Retrouvez des sujets de BAC et des méthodes conformes et actualisés sur le site → lyceen.nathan.fr/lequintrec1re-2019**

CHAPITRE

# 2

# L'Europe entre Restaura
# (1814-1848)

# tion et Révolution

**Dans ce chapitre**
- TOUS LES TEXTES en version audio
- TOUTES LES CARTES en version interactive

**Le peuple souverain en lutte**

À travers la révolution française des Trois Glorieuses, Delacroix peint le grand mouvement qui ébranle l'Europe entre 1815 et 1848 : le peuple souverain, qui réunit toutes les classes sur les barricades autour du drapeau national.

*La Liberté guidant le peuple,* huile sur toile d'Eugène Delacroix, 1830, 260 x 325 cm, musée du Louvre, Paris.

# REPÈRES L'Europe entre 1814 et 1848

## DANS LE CHAPITRE 1

- Vous avez vu comment la France révolutionnaire a adopté et diffusé en Europe l'idée de souveraineté nationale.

## DANS CE CHAPITRE

- Vous allez voir comment le mouvement des nationalités a remis en cause l'ordre européen établi en 1814-1815 par le congrès de Vienne. Vous étudierez aussi les efforts de la monarchie constitutionnelle pour concilier en France la royauté restaurée des Bourbon et les acquis de 1789.

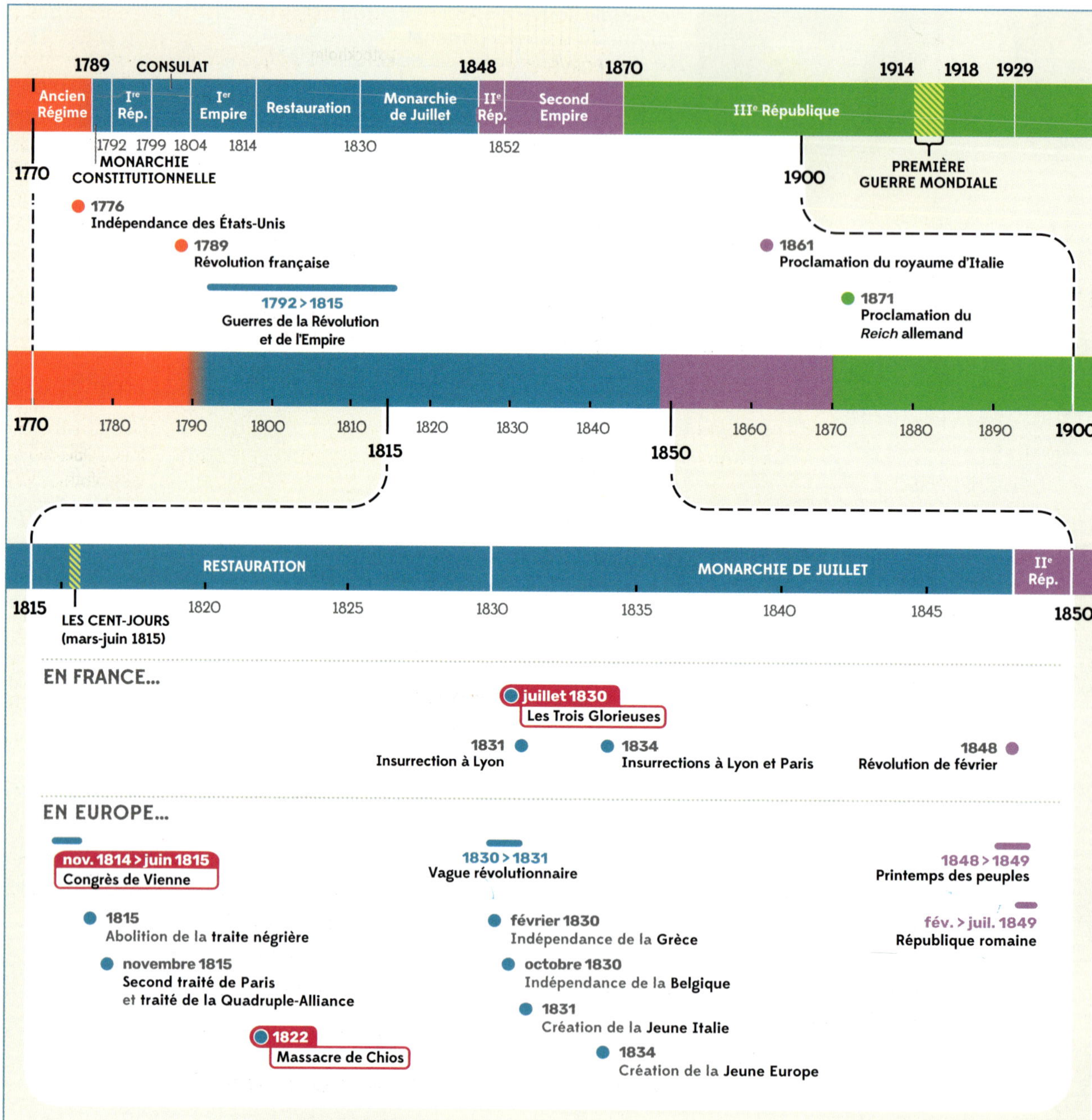

## 1 Les nouvelles frontières de l'Europe

**L'Europe du congrès de Vienne (1815)**

- Frontières des États
- Gains territoriaux des États après la chute de Napoléon Ier
- États de la Quadruple-Alliance
- Limites de la Confédération germanique
- Limites des petits États de la Confédération germanique

**La question des nationalités (1815-1847)**

- Frontières des principautés autonomes de l'Empire ottoman
- États accédant à l'indépendance en 1830
- Répression du mouvement des nationalités
- Lieux d'accueil des réfugiés politiques

COURS

Podcast du cours

# 1 Un nouvel ordre européen (1814-1815)

→ DOCUMENTS P. 54, 56

*Parce qu'il a voulu refonder l'Europe sur des principes contraires à la souveraineté nationale, le congrès de Vienne a été d'emblée critiqué. Il a cependant favorisé la paix en modernisant la diplomatie européenne.*

## A Le congrès de Vienne

**L'Europe réunie à Vienne.** Napoléon abdique le 11 avril 1814, vaincu par les armées de la **Quadruple-Alliance**. Celle-ci organise un grand congrès diplomatique à Vienne pour reconstruire une Europe qui a été profondément bouleversée par les guerres menées par la France sous la Révolution, puis l'Empire. Le congrès de Vienne se réunit du 3 novembre 1814 au 11 juin 1815. Ses travaux sont un peu perturbés par le retour de Napoléon en France, qui oblige les alliés à reprendre la guerre, jusqu'à leur victoire à Waterloo le 18 juin 1815.

**Les Quatre et la France.** Tous les États européens sont représentés à Vienne, sauf l'Empire ottoman. Les négociations sont menées par les quatre grandes puissances, sous la direction de Metternich, le ministre des Affaires étrangères de l'Autriche. La France est représentée par Talleyrand. Ses talents de négociateur ont facilité la réintégration de la France dans la diplomatie européenne. Mais il n'a pu éviter les sanctions contre la France, alourdies en novembre 1815 par le second traité de Paris à cause du retour de Napoléon.

## B Les princes contre les nations

**Un retour en arrière ?** Au nom de la **légitimité dynastique**, les souverains renversés par la Révolution ou par Napoléon sont restaurés, comme les Bourbon en France, en Espagne et dans le royaume de Naples. C'est le triomphe d'une idéologie **réactionnaire**, dirigée contre le libéralisme, qui nie la souveraineté nationale. Partout des régimes autoritaires sont mis ou remis en place, inaugurant la **Restauration** en Europe. Le traité de la Sainte-Alliance **(doc. 1)** prétend ainsi fonder l'ordre européen sur « une fraternité véritable et indissoluble » entre les souverains chrétiens.

**Les marchandages territoriaux.** Concrètement, les négociations entre les quatre puissances victorieuses de Napoléon consistent à s'accorder mutuellement des avantages territoriaux tout en évitant l'hégémonie d'une d'entre elles. Une « commission statistique » est chargée de compter les habitants de tous les territoires ayant été intégrés à l'empire napoléonien pour faciliter leur répartition entre les vainqueurs. La Pologne est une nouvelle fois partagée entre la

### VOCABULAIRE

- **Concert européen :** concertation permanente entre les grandes puissances pour maintenir entre elles un équilibre, garant de la paix en Europe.
- **Confédération germanique :** organisée par le congrès de Vienne, elle rassemble 38 États allemands et dispose d'une Diète fédérale (*Bundesrat*) installée à Francfort et présidée par l'Autriche.
- **Légitimité dynastique :** principe selon lequel le pouvoir appartient légitimement à la dynastie ayant régné sur un pays, et non au peuple souverain.
- **Quadruple-Alliance :** alliance entre les quatre grandes puissances européennes contre Napoléon, puis pour réorganiser l'Europe (Royaume-Uni, Autriche, Russie, Prusse).
- **Réactionnaire :** qui refuse le changement, qui veut restaurer l'Ancien Régime, contre-révolutionnaire.
- **Restauration :** nom donné en France, en Italie et en Allemagne à la période 1815-1830, marquée par la restauration des monarchies autoritaires.

**1** L'Europe en 1815

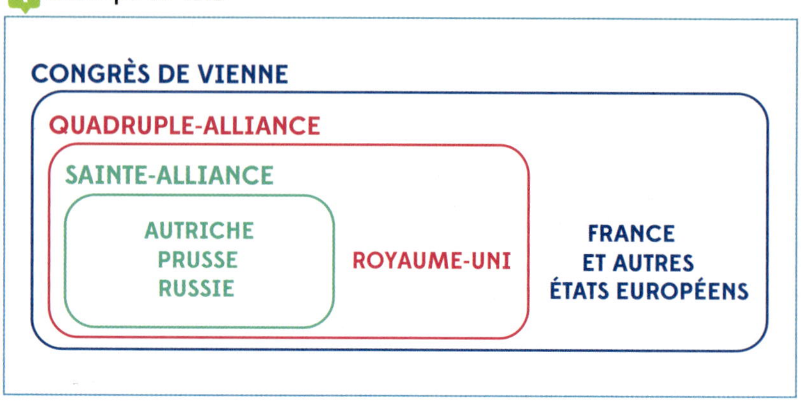

Russie, l'Autriche et la Prusse. L'Autriche annexe une partie de l'Italie et contrôle le reste de la péninsule, divisée en huit États. L'Allemagne est organisée en une **Confédération germanique**, elle aussi sous tutelle autrichienne. La Prusse s'agrandit, aux dépens surtout de la Saxe.

## C La paix par la diplomatie

**Des avancées importantes.** Le bilan du congrès de Vienne est cependant plus complexe qu'il n'y paraît. Metternich sait que le retour à l'Ancien Régime est impossible et, en privé, il se moque du traité de la Sainte-Alliance, auquel le Royaume-Uni a refusé de participer. Ce dernier fait adopter par le congrès le principe de l'abolition de la traite négrière **(doc. 2)**. Dans les États de la Confédération germanique, les droits féodaux et les privilèges sont abolis ; la liberté de culte est accordée à toutes les Églises chrétiennes, et parfois aux juifs. La liberté de navigation est prévue pour les fleuves internationaux, comme le Rhin et l'Escaut.

**Le concert européen.** Les négociations entre les grandes puissances, bien qu'elles nuisent aux petits États, ont pour but de garantir la paix en Europe. Le **concert européen** permet d'éviter la guerre. Le congrès de Vienne, à la demande de Talleyrand, déclare qu'il se fonde sur le « droit public », reconnaissant ainsi l'existence d'un droit international. L'ordre des États pour la signature d'un traité sera désormais tiré au sort selon l'ordre alphabétique français, afin d'éviter les interminables querelles de préséances.

**Le sens des mots**

Le **libéralisme**, issu de la philosophie des Lumières et diffusé par la Révolution française, veut fonder la société sur la liberté individuelle. L'État doit garantir les libertés fondamentales ; les citoyens forment la nation, qui détient la souveraineté. L'État doit limiter ses interventions dans l'économie, fondée sur les libertés de propriété et d'entreprise, sur la libre concurrence entre les entreprises et le libre-échange entre les nations.

**RÉVISER SON COURS**

1. Quel est l'objectif du congrès de Vienne ?
2. Pourquoi est-il apparu comme réactionnaire ?
3. Quels progrès diplomatiques a-t-il cependant initiés ?

### 2 Les traités ratifiés entre 1814 et 1815

**Six traités en 20 mois...**

signataires

| Date | Traité | Signataires |
|---|---|---|
| 9 mars 1814 | **Traité de Chaumont :** pas de paix séparée avec la France, concertation sur les moyens de garantir le maintien de la paix en Europe à l'avenir. | Quadruple-Alliance |
| 30 mai 1814 | **Premier traité de Paris :** la France est ramenée à ses frontières d'avant 1792 ; elle doit payer une indemnité de guerre. Plusieurs accords doivent être confirmés par le congrès de Vienne. | Quadruple-Alliance + France, Portugal, Suède |
| 9 juin 1815 | **Acte final du congrès de Vienne :** texte en français de 121 articles et 7 annexes contenant toutes les décisions du congrès (frontières des États, organisation de la Confédération germanique, abolition de la traite négrière, etc.). | Quadruple-Alliance + France, Portugal, Suède, puis tous les États européens (sauf Espagne et papauté) |
| 25 septembre 1815 | **Traité de la Sainte-Alliance :** proclame d'une manière très abstraite la solidarité chrétienne entre les souverains européens. | Russie, Autriche et Prusse + France et divers États européens ensuite |
| 20 novembre 1815 | **Second traité de Paris :** la France est ramenée à ses frontières de 1790, elle cède la Savoie à la Sardaigne et quelques territoires aux Pays-Bas, à la Suisse et à la Prusse ; elle doit payer une indemnité de guerre alourdie. | Quadruple-Alliance + France |
| | **Traité de la Quadruple-Alliance :** engagement de faire respecter le second traité de Paris et de garantir la paix par le concert européen. | Quadruple-Alliance |

Podcast du cours

→ DOCUMENTS P. 58

# La monarchie constitutionnelle en France (1814-1848)

*La royauté, restaurée en France en 1814, doit composer avec l'héritage de la Révolution française. Mais les deux expériences monarchiques sont interrompues par une révolution, en 1830 puis en 1848.*

## VOCABULAIRE

**Droit d'adresse :** droit de critiquer le gouvernement accordé aux députés une fois par an, en réponse au discours prononcé par le roi à l'ouverture de la session parlementaire.

**Monarchie constitutionnelle :** régime où les pouvoirs du roi sont définis et limités par une Constitution.

**Question sociale :** ensemble des problèmes posés par la misère et le chômage faisant l'objet d'un débat politique.

**Régime parlementaire :** régime fondé sur un équilibre entre le pouvoir exécutif, qui peut dissoudre le Parlement, et le pouvoir législatif, qui peut renverser le gouvernement (celui-ci est responsable devant le Parlement).

**Suffrage censitaire :** système où le droit de vote est limité, car fondé sur le cens (sur le montant des impôts), par opposition au suffrage universel.

## A La Restauration (1814-1830)

**Le retour des Bourbon.** Après la défaite de Napoléon en 1814, le frère de Louis XVI devient roi sous le nom de Louis XVIII et rétablit le drapeau blanc. Napoléon tente de reprendre le pouvoir pendant les Cent-Jours (mars-juin 1815), mais il est vaincu à Waterloo par les armées des puissances européennes. Celles-ci occupent la France, obligent Napoléon à abdiquer définitivement le 22 juin 1815 et rétablissent Louis XVIII.

**La recherche d'un compromis.** La royauté restaurée est fondée en théorie sur la légitimité dynastique, et non sur la souveraineté nationale. Mais Louis XVIII sait qu'il est impossible de revenir à l'Ancien Régime. Il « octroie » donc aux Français une Charte constitutionnelle, qui reconnaît une grande partie des acquis de la Révolution française et du Code civil. Elle garantit en effet l'égalité civile et les libertés individuelles. Le roi a seul l'initiative des lois, qui sont votées par la Chambre des députés, élus au **suffrage censitaire**, et la Chambre des pairs, nommés par le roi. Celui-ci peut aussi légiférer par ordonnances en suspendant les lois.

**La révolution de 1830.** Dans la pratique, la monarchie s'oriente vers le **régime parlementaire**. Les députés usent de leur **droit d'adresse** pour faire des suggestions au roi. Mais après la mort de Louis XVIII (1824), son frère Charles X se fait sacrer à Reims (1825). Il mène une politique de plus en plus autoritaire, qui provoque la révolution des Trois Glorieuses du 27 au 29 juillet 1830. Charles X est renversé et remplacé par son cousin le duc d'Orléans, qui devient roi sous le nom de Louis-Philippe Ier.

**1** La Charte révisée de 1830

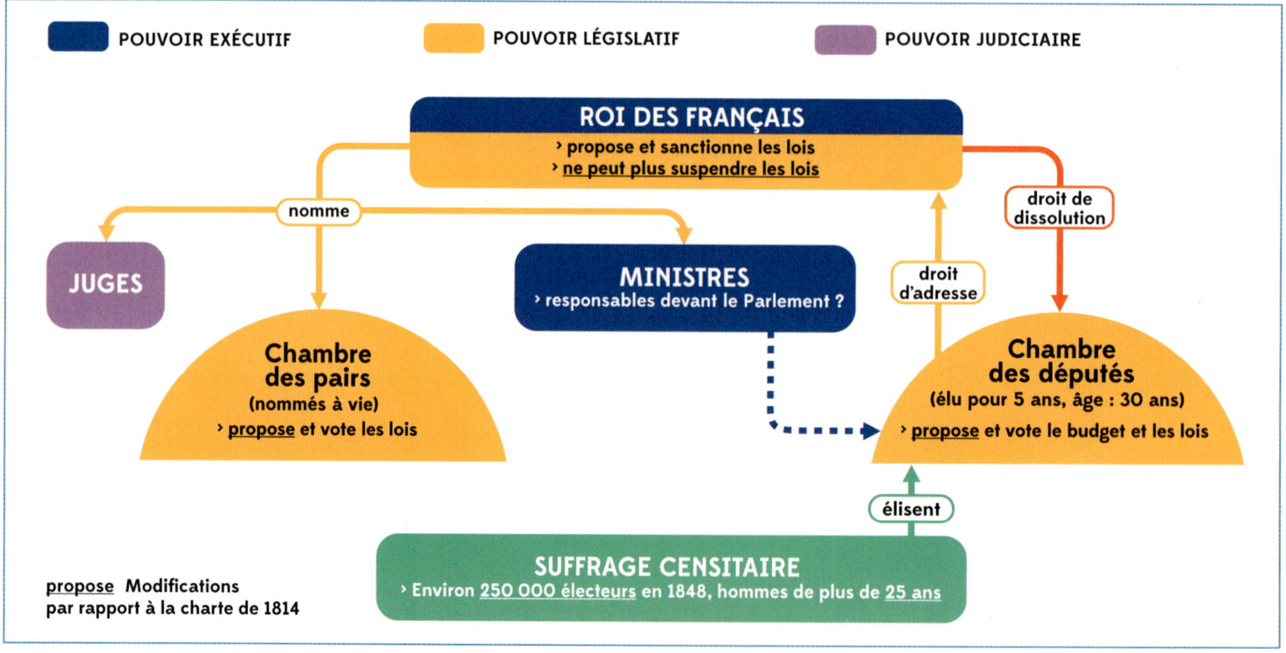

## B La monarchie de Juillet (1830-1848)

**De grands espoirs.** Louis-Philippe rétablit le drapeau tricolore et accepte la Charte révisée par les Chambres **(doc. 1)**. Appelé « roi des Français », il reconnaît que son pouvoir vient de la nation et il partage l'initiative des lois avec les Chambres. La France est clairement une **monarchie constitutionnelle**. Le régime parlementaire existe de fait, car les gouvernements cherchent une majorité au Parlement. La garde nationale, qui avait été supprimée en 1827, est rétablie.

**De rapides déceptions.** Mais Louis-Philippe ne veut pas d'une vraie démocratie. Le régime censitaire est maintenu, avec un corps électoral un peu élargi. Au nom du libéralisme, le gouvernement refuse d'intervenir pour régler la **question sociale**. Louis-Philippe est caricaturé sous les traits d'un bourgeois ventripotent et égoïste, insensible à la misère du peuple. Des révoltes ouvrières ont lieu en 1831 à Lyon, puis en 1834 à Paris et à Lyon. La liberté de la presse est restreinte en 1835, après une tentative d'attentat contre le roi.

### Repères

**L'évolution du corps électoral masculin**

| Électeurs | Restauration | Monarchie de Juillet | IIe Rép. |
|---|---|---|---|
| Âge | 30 ans | 25 ans | 21 ans |
| Cens[1] | 300 francs | 200 francs[2] | aucun |
| Nombre | 100 000 | 250 000 | 9 400 000 |
| **Éligibles** | | | |
| Âge | 40 ans | 30 ans | 25 ans |
| Cens | 1 000 francs | 500 francs | aucun |

1. Le cens est le niveau minimum d'impôts annuels requis pour être électeur et éligible. À titre de comparaison, un instituteur gagne environ 500 francs par an dans les années 1840.
2. Le cens est abaissé à 100 francs pour les « capacités » (officiers en retraite, membres de l'Institut).

## C La montée de l'opposition républicaine (1830-1848)

**Pour des réformes politiques.** Sur sa droite, Louis-Philippe est contesté dès l'origine par les légitimistes **(doc. 2)**. Mais la principale opposition vient, sur la gauche, des républicains, qui s'organisent autour de journaux comme *Le National* et *La Réforme*. Ils réclament en vain la « réforme électorale », c'est-à-dire le suffrage universel, et la « réforme parlementaire », c'est-à-dire la fin de la corruption. De nombreux députés sont en effet des fonctionnaires obéissant au gouvernement.

**Pour des réformes sociales.** Les républicains se rapprochent du monde ouvrier et dénoncent l'inaction du gouvernement, alors que la crise économique qui frappe l'Europe à partir de 1846 aggrave encore les difficultés sociales en France. Les républicains modérés prennent leurs distances avec le libéralisme économique « pur et dur » et souhaitent aider les ouvriers à s'organiser pour défendre leurs intérêts. L'extrême gauche se réclame explicitement du socialisme, théorisé notamment par Louis Blanc.

**RÉVISER SON COURS**

1. Sur quel compromis est fondé le régime dit de la Restauration ?
2. Pourquoi la monarchie de Juillet est-elle vite devenue impopulaire ?
3. Quel est le programme de l'opposition républicaine à Louis-Philippe ?

**2 Les familles politiques**

| Nom | Drapeau | Programme | Divisions internes |
|---|---|---|---|
| Légitimistes | Blanc | Royauté des Bourbon | Les « ultras » refusent tout compromis avec l'héritage de la Révolution. |
| Orléanistes | Tricolore | Royauté des Orléans libéralisme, régime parlementaire | Le « Mouvement » souhaite élargir le droit de vote, la « Résistance » refuse les réformes. |
| Bonapartistes | Tricolore | Empire des Bonaparte conciliant l'ordre et les principes de 1789, suffrage universel | La « gauche » bonapartiste met l'accent sur les réformes sociales. |
| Républicains | Tricolore ou rouge | République, suffrage universel, réformes sociales | L'extrême gauche défend le socialisme et le drapeau rouge. |

# COURS 3

Podcast du cours

→ DOCUMENTS P. 60

# Le mouvement des nationalités en Europe (1815-1848)

***À peine restauré par le congrès de Vienne, l'ordre européen est ébranlé par le mouvement des nationalités. Celui-ci est réprimé en Italie, en Allemagne ou en Pologne, mais les grandes puissances doivent accepter l'indépendance de la Grèce et de la Belgique.***

**Le sens des mots**

La **nation** est un groupe qui a conscience d'être uni par un passé commun. Cette unité se définit sur le plan politique (territoire, État, citoyenneté) et culturel (langue, religion, traditions, etc.). Au XIXe siècle, le terme **nationalité** désigne une nation privée d'État, un peuple qui aspire à sa reconnaissance en tant que nation souveraine. Le **principe des nationalités**, c'est donc le droit des peuples à disposer d'eux-mêmes.

## A L'éveil des nations

**Une idée retournée contre la France.** La Révolution française, en voulant libérer les peuples de la monarchie absolue, a diffusé dans toute l'Europe l'idée de nation souveraine. Celle-ci, paradoxalement, s'est renforcée dans la lutte contre les armées françaises devenues des forces d'occupation. Le sentiment national se développe ainsi durant ce que les Allemands appellent les « guerres de libération » contre Napoléon (1813-1814).

**Des peuples en quête d'identité.** L'Europe vit alors un grand mouvement d'affirmation des nationalités. Les élites, qui parlaient le français ou le latin au XVIIIe siècle, redécouvrent la langue nationale. Les savants cherchent dans l'histoire « l'âme du peuple ». Les écrivains et les artistes s'inspirent des traditions populaires pour créer des œuvres « nationales ». Le romantisme joue dans ce sens, en exaltant les légendes et les traditions médiévales.

**VOCABULAIRE**

- ***Carbonari* :** membres des sociétés secrètes luttant pour l'unité italienne. Les libéraux français ont formé un mouvement similaire appelé la charbonnerie. Le terme vient des charbonniers et forestiers auxquels ces sociétés ont emprunté certains rites initiatiques.
- ***Risorgimento* :** terme italien (« renaissance », « résurrection ») désignant le mouvement d'unification de l'Italie.

## B Pour une Europe des peuples libres

**Les combattants de la liberté.** En reconstruisant l'Europe selon le principe de la légitimité dynastique, le congrès de Vienne a nié la souveraineté nationale. Parce qu'ils défendent celle-ci et parce qu'ils s'opposent aux régimes autoritaires restaurés en 1814-1815, les libéraux dénoncent la Sainte-Alliance des princes et son programme réactionnaire. Pour échapper à la répression, ils forment des sociétés secrètes, comme les ***carbonari*** en Italie. Ils se recrutent dans les milieux intellectuels (étudiants, journalistes, artistes) et parmi les militaires ayant servi dans les armées napoléoniennes. Ils pratiquent la lutte armée et vivent souvent en exil pour fuir la répression.

**Une nation, un État ?** Certaines nationalités, divisées en de multiples États, aspirent à l'unité. Ainsi, les libéraux appellent en Italie au ***Risorgimento***, à l'unification de la péninsule, tandis que, dans les États de la Confédération germanique, ils font du drapeau tricolore (noir, rouge et or) l'emblème d'une Allemagne libre et unie. D'autres peuples rêvent de disposer d'un État dont ils sont privés : c'est le cas des Polonais, divisés entre la Russie, l'Autriche et la Prusse, des peuples slaves inclus dans l'Empire d'Autriche (Croates, Slovènes, Tchèques, Slovaques) ou des peuples chrétiens orthodoxes (Grecs, Serbes, Bulgares, Roumains) soumis à l'Empire ottoman **(doc. 1)**.

**Repères**

**L'exil et les réfugiés politiques**

Les *carbonari* et autres militants libéraux sont souvent obligés de s'exiler : à Londres, à Paris, à Bruxelles et dans les villes suisses. Le statut de réfugié politique est créé en France par la loi du 21 avril 1832. Ils sont 13 502 en 1839, dont les trois quarts sont polonais. La Légion étrangère est créée en 1831 pour intégrer des réfugiés politiques dans l'armée française.

## C Succès et désillusions

**Deux indépendances en 1830.** Le soulèvement des Grecs contre les Turcs en 1821 reçoit le soutien des libéraux de toute l'Europe. Les grandes puissances reconnaissent en février 1830 l'indépendance de la Grèce. La révolution de juillet 1830 à Paris suscite de grands espoirs en Europe. Les Belges, qui ont mal accepté leur incorporation dans le Royaume des Pays-Bas en 1814, se soulèvent et obtiennent leur indépendance en décembre 1830.

**Des révoltes réprimées.** Les Polonais se révoltent à leur tour le 29 novembre 1830, mais ils sont écrasés par la Russie en 1831. Cet échec est dû aux divisions internes des Polonais et au refus d'intervention du Royaume-Uni et de la France, malgré un intense mouvement de sympathie dans l'opinion. Les soulèvements qui ont lieu en Italie et en Allemagne sont aussi victimes de la répression, dirigée par l'Autriche en 1831-1832.

**Des voies d'avenir.** Les désillusions de 1830 entraînent une réflexion dans toute l'Europe. En Italie et en Allemagne, on cherche de nouveaux moyens de parvenir à l'unité. Giuseppe Mazzini, en exil à Marseille puis en Suisse, veut rassembler tous les militants dans le mouvement **Jeune Italie**, puis le mouvement Jeune Europe. D'autres rejettent la voie révolutionnaire et cherchent une solution plus pragmatique : unifier l'Italie autour du royaume de Sardaigne, le seul État qui échappe au contrôle de l'Autriche. En Allemagne, la Prusse promeut l'unification pacifique par la voie de l'économie : c'est le ***Zollverein***.

### VOCABULAIRE

**Jeune Italie :** mouvement fondé en 1831 par Mazzini dont le but est un soulèvement général pour faire de l'Italie une république unitaire.

***Zollverein* :** union douanière entre les différents États allemands, initiée par la Prusse en 1831.

### RÉVISER SON COURS

1. Pourquoi l'idée de nation se diffuse-t-elle en Europe au début du XIXe siècle ?
2. Quelles formes prend le mouvement des nationalités ?
3. Quel est son bilan entre 1815 et 1848 ?

### 1 L'Europe des nationalités dans la première moitié du XIXe siècle

COURS

Podcast du cours

4

# Le Printemps des peuples

*Le mouvement des nationalités connaît son apogée au printemps 1848, quand l'Europe est secouée par une vague de révolutions. Si celles-ci échouent en 1849, elles ont néanmoins profondément ébranlé l'ordre établi en 1815 par le congrès de Vienne.*

## A La déferlante révolutionnaire

**Un événement européen.** La révolution de février 1848 à Paris (voir p. 70) accentue l'agitation qui règne déjà en Italie et en Allemagne. Le 13 mars 1848, des émeutes à Vienne obligent Metternich à quitter le pouvoir et à s'exiler. La chute de l'homme qui était depuis 1815 le gardien de l'ordre européen provoque une onde de choc. Partout, les nationalités se réveillent et les libéraux réclament des réformes : c'est le « Printemps des peuples » **(doc. 1)**. La dimension nationale et libérale est donc essentielle, mais la révolution prend parfois, comme en France et en Allemagne, un aspect social.

**L'Autriche au bord de l'implosion.** Alors que Vienne, Budapest et Prague se couvrent de barricades, l'empereur Ferdinand convoque une Assemblée constituante élue au suffrage universel pour la première fois. Les Tchèques réclament l'autonomie. Les Hongrois obtiennent une quasi-indépendance. Les Autrichiens sont chassés de Milan et Venise par des insurrections. Le roi de Sardaigne déclare la guerre à l'Autriche pour libérer le royaume lombard-vénitien : débute alors ce que les historiens italiens appellent la « première guerre d'indépendance ».

**La floraison des constitutions.** Les libéraux semblent triompher. Les princes doivent accepter une constitution, notamment dans les États italiens (Sardaigne, Toscane, royaume des Deux-Siciles) et en Prusse. Une Assemblée constituante, élue au suffrage universel par tous les Allemands, se réunit en mai 1848 : c'est le Parlement de Francfort, qui adopte en décembre 1848 une déclaration des droits du peuple allemand.

## B La fin des illusions

**La répression autrichienne.** Les conservateurs reprennent le pouvoir, grâce à l'armée, qui écrase la révolution à Prague (juin 1848) et à Vienne (octobre 1848). Ferdinand abdique en faveur de son neveu François-Joseph. L'armée autrichienne bat celle du roi de Sardaigne Charles-Albert à Custozza en juillet 1848, puis les Hongrois à Vilagos en août 1849, avec l'aide de la Russie et des nationalités redoutant la domination hongroise (Slovaques, Roumains, Croates).

### VOCABULAIRE

- **Grande Allemagne :** projet d'unification de l'Allemagne incluant l'Autriche ou au moins la partie germanophone de l'Autriche. Il est soutenu par les conservateurs, les catholiques, l'Autriche.
- **Petite Allemagne :** projet d'unification de l'Allemagne excluant l'Autriche, parce que sa population est largement composée de populations non allemandes. Il est soutenu par les libéraux, les protestants, la Prusse.

**1** Carte générale du Printemps des peuples

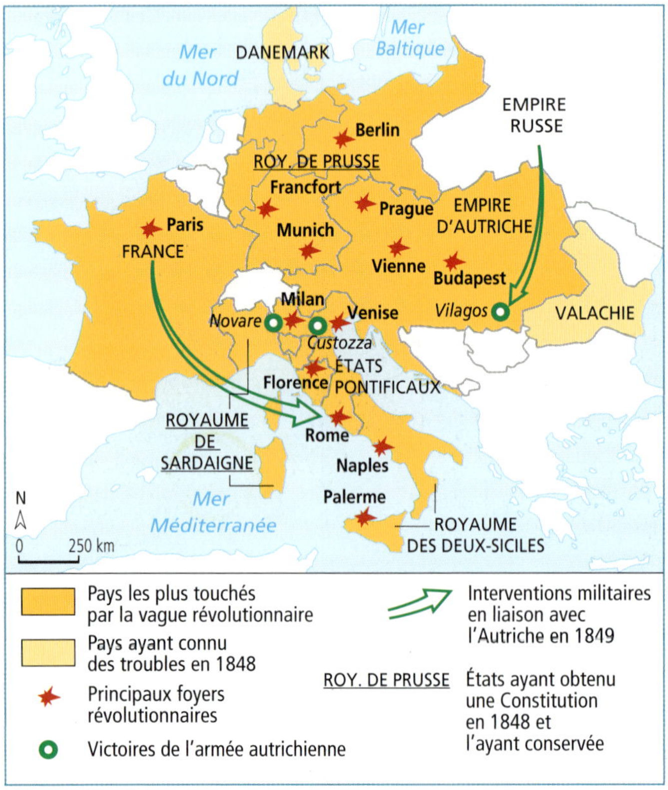

**La radicalisation en Italie.** La répression entraîne un durcissement du mouvement révolutionnaire. De nouvelles insurrections établissent un régime républicain en février 1849 à Florence et à Rome, avec Mazzini et Garibaldi. Charles-Albert reprend alors la guerre contre l'Autriche, mais il est battu à Novare (mars 1849). Louis-Napoléon Bonaparte envoie une armée française rétablir le pape Pie IX à Rome, d'où les républicains sont chassés (juillet 1849).

**L'enlisement en Allemagne.** Le Parlement de Francfort, après de longs débats entre partisans de la Grande Allemagne et de la Petite Allemagne, a finalement opté pour cette dernière **(doc. 2)**. Il élabore une constitution qui ferait du roi de Prusse Frédéric-Guillaume IV le souverain d'un Empire allemand. Mais celui-ci refuse, parce qu'il a peur de la réaction de l'Autriche et qu'il ne veut pas devoir sa couronne à une assemblée. Le Parlement est dissous et les révolutionnaires sont pourchassés dans les États allemands.

**Passé Présent**

Le **Printemps des peuples** est resté dans la mémoire collective, car il a inspiré des expressions désignant une vague de révolutions touchant plusieurs pays. On a parlé ainsi d'« automne des peuples » en 1989, quand les régimes prosoviétiques ont été renversés en Europe centrale et orientale. Et le « printemps arabe » désigne les troubles qui ont concerné de nombreux pays arabes de décembre 2010 jusqu'en 2012.

## C Un bilan contrasté

**Le manque d'unité.** Les tensions entre nationalités sont évidentes dans l'empire d'Autriche, où les Hongrois ont refusé d'accorder aux autres peuples la liberté qu'ils avaient eux-mêmes obtenue de l'Autriche. Les divergences politiques entre libéraux et républicains radicaux ont pesé en Italie et en Allemagne.

**Un espoir pour l'avenir.** Mais partout le peuple a pris la parole, le suffrage universel masculin a été expérimenté. Le royaume de Sardaigne et la Prusse ont conservé leur constitution ; ces deux États apparaissent comme les moteurs d'une future unification italienne et allemande. En Autriche, si la constitution de 1849 ne fut jamais appliquée, les droits féodaux sont abolis. Les principes du congrès de Vienne sont dépassés, une Europe des peuples semble possible.

**RÉVISER SON COURS**

1. Pourquoi parle-t-on d'un Printemps des peuples en 1848 ?
2. Pourquoi a-t-il été de courte durée ?
3. Quel bilan peut-on en tirer pour l'histoire européenne ?

**2 Grande ou Petite Allemagne ?**

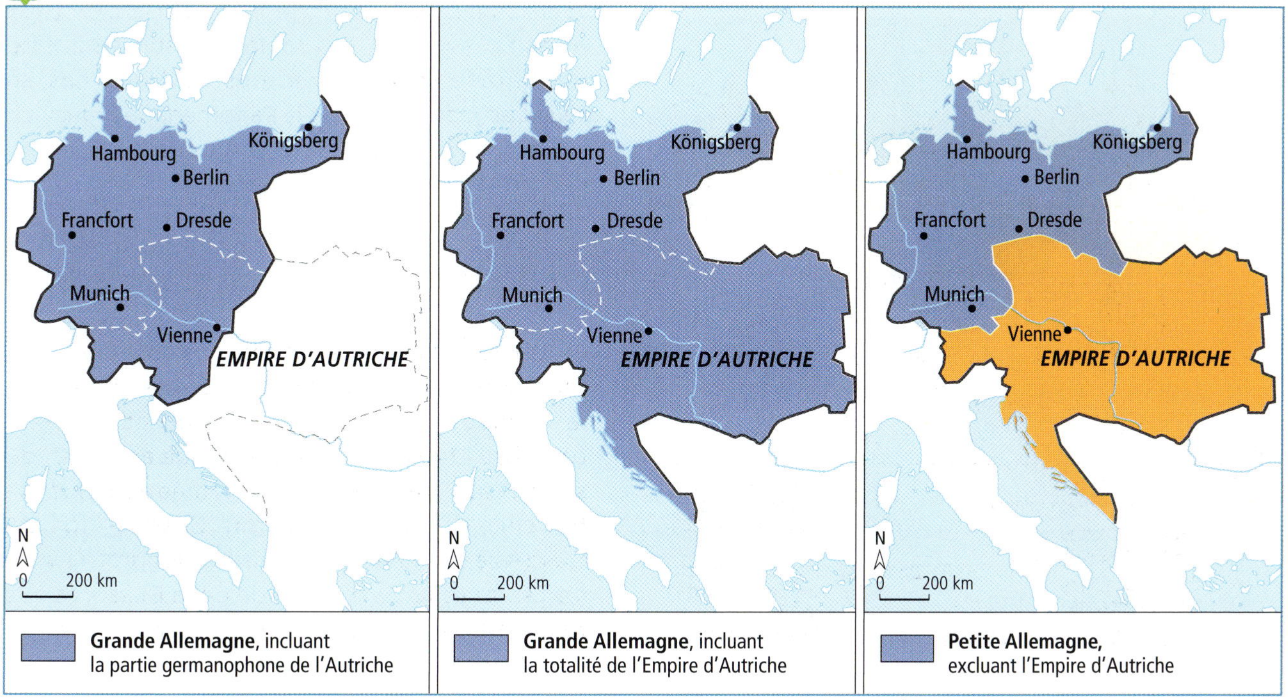

# Metternich et le congrès de Vienne

## En quoi le congrès de Vienne présidé par Metternich a-t-il consisté ? → COURS P. 46

### 1 L'image officielle

Isabey est le peintre officiel du congrès. Il représente une séance de travail dans la résidence du chancelier Metternich. Les principaux négociateurs sont : ① le prince de Metternich (Autriche), ② le prince de Hardenberg (Prusse), ③ le comte de Nesselrode (Russie), ④ le vicomte de Castlereagh (Angleterre), ⑤ le duc de Wellington (Angleterre), ⑥ le prince de Talleyrand (France).

*Le Congrès de Vienne*, Jean-Baptiste Isabey, 1819.

### 2 Une vision critique

De gauche à droite : Guillaume d'Orange (roi de Hollande), Wellington, Metternich, Frédéric-Guillaume III, Alexandre Ier et Talleyrand.

*La Balance politique*, gravure anonyme, mai 1815, BNF.

**Klemens von Metternich**
(1773-1859)

Né à Coblence en Rhénanie, il fait ses études à Strasbourg et Mayence et devient diplomate. Ministre des Affaires étrangères de l'Autriche à partir de 1809, il organise la Quadruple-Alliance contre Napoléon et préside le congrès de Vienne. Il est nommé chancelier d'Autriche en 1821.

## 3 Le principe de la légitimité dynastique

*Talleyrand résume ici pour Louis XVIII son action pendant le congrès de Vienne. Il a notamment convaincu l'Angleterre et l'Autriche d'empêcher la Prusse d'annexer la totalité du royaume de Saxe.*

La Révolution n'avait point borné ses effets au seul territoire de la France ; elle s'était répandue au-dehors par la force des armes, par les encouragements donnés à toutes les passions […]. La Hollande et plusieurs parties de l'Italie avaient vu, à diverses reprises, des gouvernements révolutionnaires remplacer des gouvernements légitimes. Depuis que Bonaparte était maître de la France, non seulement le fait de la conquête suffisait pour ôter la souveraineté, mais on s'était accoutumé à voir de simples décrets détrôner des souverains, anéantir des gouvernements, faire disparaître des nations entières. […] Nous fîmes voir que c'était surtout pour l'intérêt des peuples qu'il fallait consacrer la légitimité des gouvernements, parce que les gouvernements légitimes peuvent seuls être stables, et que les gouvernements illégitimes, n'ayant d'autre appui que la force, tombent d'eux-mêmes dès que cet appui vient à manquer et livrent ainsi les nations à une suite de révolutions dont il est impossible de prévoir le terme. Ces principes étaient trop sévères pour la politique de quelques cours [royales] […]. Avant que nous fussions parvenus à en faire sentir l'importance, les puissances alliées avaient déjà pris des arrangements qui y étaient entièrement opposés. La Prusse avait demandé la Saxe tout entière. […] La Saxe était ainsi complètement sacrifiée par des arrangements particuliers faits entre l'Autriche, la Russie, l'Angleterre et la Prusse, auxquels la France était restée étrangère.

Talleyrand, *Rapport fait au roi pendant son voyage de Gand à Paris*, juin 1815.

## 4 Un bilan rétrospectif

La grande Alliance[1], cette union morale que, dans le temps de son triomphe, j'ai le premier qualifiée de véritable institution européenne, cette union que l'esprit de faction et d'erreur involontaire a tantôt désignée sous l'épithète de Sainte-Alliance et injuriée comme l'œuvre d'un obscurantisme abject, dans laquelle les adeptes du libéralisme n'ont vu qu'une conjuration du despotisme contre les libertés légales, que dans plusieurs pays des esprits étroits et malveillants ont dénoncée comme la mise à exécution d'un plan formé par les Puissances prépondérantes dans le but de régenter les États du second et du troisième ordre […], cette Alliance qu'a-t-elle été en réalité ? Je ne lui ai jamais connu d'autre objet que celui de rendre les premières puissances de l'Europe solidaires dans le maintien de la paix publique. La base de l'Alliance, son mot d'ordre, son application journalière, fut le respect pour l'indépendance réelle de tous les États, la conservation des relations amicales entre tous les gouvernements aussi souvent qu'une difficulté grave devait rendre problématique le maintien de la paix, enfin le respect le moins douteux pour tous les droits, pour tout ce qui existe légalement.

Metternich, Lettre au comte de Ficquelmont, ambassadeur d'Autriche en Russie, 11 février 1830.

1. Metternich parle de la Quadruple-Alliance et du congrès de Vienne.

### En quoi le congrès de Vienne présidé par Metternich a-t-il consisté ?

**Répondre aux questions**

1. **Définissez** la notion de congrès diplomatique, puis présentez l'objectif du congrès de Vienne et ses principaux acteurs (**doc. 1, 2, 3 et 4**).
2. **Décrivez** l'image et interprétez son titre et les références à la Saxe, la Pologne et l'Italie (**doc. 2**).
3. **Définissez** le principe de légitimité dynastique en précisant quel est son intérêt et à quoi il s'oppose selon Talleyrand (**doc. 3**).
4. **Montrez** que Metternich défend l'œuvre du congrès de Vienne en répondant à un certain nombre de critiques qui lui ont été faites (**doc. 4**).
5. À l'aide des réponses précédentes, **expliquez** en quoi a consisté le congrès de Vienne présidé par Metternich.

**Classer des informations dans un tableau**

Remplissez le tableau en utilisant tous les documents.

| | Doc. 1 | Doc. 2 | Doc. 3 | Doc. 4 |
|---|---|---|---|---|
| Objectifs | | | | |
| Acteurs | | | | |
| Critiques de ses opposants | | | | |
| Arguments de ses défenseurs | | | | |

# L'abolition de la traite négrière

## Pourquoi l'abolition de la traite négrière a-t-elle été difficile ?

→ COURS P. 46

**Repères**

**Chronologie de l'abolition**

**1804** : le Danemark abolit la traite, c'est-à-dire interdit à ses ressortissants de la pratiquer.

**1807** : le Royaume-Uni et les États-Unis abolissent la traite.

**1808** : le Royaume-Uni crée une escadre (*West Africa Squadron*) pour intercepter les navires négriers.

**1814** : les Provinces-Unies abolissent la traite.

**1815** : le congrès de Vienne proclame le principe de l'abolition universelle de la traite à l'initiative du Royaume-Uni.

**1818** : la France abolit la traite.

**1831** : la France signe des accords avec le Royaume-Uni pour renforcer la lutte contre la traite clandestine.

**1833** : le Royaume-Uni est le premier pays qui abolit l'esclavage dans ses colonies.

### 1 Un argumentaire pour les Français

*Wilberforce, leader du mouvement abolitionniste anglais, veut convaincre Talleyrand, représentant la France au congrès de Vienne, de soutenir l'abolition de la traite.*

L'Angleterre, malgré le capital immense et le nombre étonnant de matelots et de navires qu'elle y consacrait, malgré l'avantage qu'en tiraient ses manufactures et une foule d'ouvriers de toute espèce, malgré tous ces motifs puissants pour continuer ce trafic, cette nation commerçante l'a abandonné. […] Comment donc le peuple français pourrait se refuser à suivre un tel exemple ? Au moment même aussi où les Provinces-Unies des Pays-Bas, dont le commerce paraît être le soutien et l'âme, ont généreusement approuvé les volontés de leur Souverain bienfaisant et ont rejeté sans un seul murmure ces gains sanguinaires ; au moment même aussi où le roi de Danemark a pris le premier rang parmi les âmes compatissantes ; et quoiqu'il sentît bien que la prospérité et presque l'existence de son royaume dépendaient de son commerce, il a su faire usage de son pouvoir despotique pour obliger ses sujets à se détourner de cette infâme et cruelle voie de richesses.

Serait-il donc possible que la nation française, dont l'esprit est si noble et si élevé, se dégradât au point d'ambitionner les gains honteux auxquels tant de nations ont renoncé avec indignation et horreur ?

William Wilberforce, Lettre au prince de Talleyrand sur la traite des nègres, traduite de l'anglais, octobre 1814.

### 2 La décision du congrès de Vienne

Les plénipotentiaires[1] des puissances […], ayant pris en considération que le commerce connu sous le nom de *traite des nègres d'Afrique* a été envisagé, par les hommes justes et éclairés de tous les temps, comme répugnant aux principes d'humanité et de morale universelle ;

Que les circonstances particulières auxquelles ce commerce a dû sa naissance, et la difficulté d'en interrompre brusquement le cours, ont pu couvrir jusqu'à un certain point ce qu'il y avait d'odieux dans sa conservation, mais qu'enfin la voix publique s'est élevée dans tous les pays civilisés pour demander qu'il soit supprimé le plus tôt possible ; […]

Que les plénipotentiaires rassemblés dans ce congrès ne sauraient mieux honorer leur mission […] qu'en proclamant, au nom de leurs souverains, le vœu de mettre un terme à un fléau qui a si longtemps désolé l'Afrique, dégradé l'Europe, et affligé l'humanité ; […]

Ils déclarent à la face de l'Europe que, regardant l'abolition universelle de la traite des Nègres comme une mesure particulièrement digne de leur attention, conforme à l'esprit du siècle et aux principes généreux de leurs augustes souverains, ils sont animés du désir sincère de concourir à l'exécution la plus prompte et la plus efficace de cette mesure […]. Trop instruits toutefois des sentiments de leurs souverains, pour ne pas prévoir que, quelque honorable que soit leur but, ils ne le poursuivront pas sans de justes ménagements pour les intérêts, les habitudes et les préventions mêmes de leurs sujets, lesdits plénipotentiaires reconnaissent en même temps que cette déclaration générale ne saurait préjuger le terme que chaque puissance en particulier pourrait envisager comme le plus convenable pour l'abolition définitive du commerce des Nègres.

Déclaration des Puissances sur l'abolition de la traite des Nègres, 8 février 1815 (texte écrit en français et intégré ensuite à l'Acte final du congrès de Vienne).

1. Représentants.

**3 La bonne nouvelle**

« Les Anglais annoncent aux Africains l'abolition de la traite des Noirs après le traité du 20 novembre 1815 ». Gravure, v. 1815, BNF.

## 4 La France contre la traite

**Article 1er** – Quiconque aura armé ou fait armer un navire dans le but de se livrer au trafic connu sous le nom de traite des noirs sera puni d'un emprisonnement de deux ans au moins, à cinq ans au plus, si le navire est saisi dans le port d'armement avant le départ. [...]

**Article 2** – Si le navire est saisi en mer avant qu'aucun fait de traite ait eu lieu, les armateurs seront punis de dix ans de travaux forcés au moins, à vingt ans au plus. [...]

**Article 3** – Si un fait de traite a eu lieu, le capitaine et le subrécargue[1] seront punis de dix ans de travaux forcés au moins, à vingt ans au plus. Les officiers seront punis de cinq ans de travaux forcés au moins, à dix ans au plus. Les hommes de l'équipage seront punis de la réclusion [...].

**Article 8** – Quiconque fabriquera, vendra ou achètera des fers spécialement employés à la traite des noirs, sera puni d'un emprisonnement d'un an au moins à deux ans au plus. [...]

**Article 9** – Quiconque aura sciemment recelé, vendu ou acheté un ou plusieurs noirs introduits par la traite dans une colonie, depuis la promulgation de la présente loi, sera puni d'un emprisonnement de six mois au moins et de cinq ans au plus.

**Article 16** – Les fonds provenant de la vente des navires et cargaisons seront affectés, ainsi que le produit des amendes, à l'amélioration du sort des noirs libérés [...].

Loi française du 4 mars 1831.

1. Représentant de l'armateur sur le bateau.

## *Pourquoi l'abolition de la traite négrière a-t-elle été difficile ?*

### Répondre aux questions

1. **Montrez** que les trois textes témoignent des résistances à l'abolition de la traite négrière (**doc. 1, 2 et 4**).
2. **Résumez** les arguments de Wilberforce pour pousser la France à abolir la traite (**doc. 1**).
3. **Décrivez** l'image et **interprétez** la vision qu'elle veut donner des relations entre Européens et Africains (**doc. 3**).
4. **Expliquez** comment la loi française entend lutter contre la traite clandestine (**doc. 4**).
5. **Montrez** que l'abolition de la traite doit beaucoup à la circulation des idées entre l'Angleterre et la France (**doc. 1 et 3**).
6. À partir des réponses précédentes, **expliquez** pourquoi l'abolition de la traite négrière a été difficile.

### Créer une carte mentale

1. Écrivez le titre « La difficile abolition de la traite négrière » au centre de la page. Tracez quatre branches :
   - Les freins
   - L'influence anglaise
   - Les arguments en faveur de l'abolition
   - La mise en œuvre
2. Complétez chaque branche à l'aide des documents.

# Les Trois Glorieuses

**Pourquoi et comment la France a-t-elle changé de roi en trois jours ?** → COURS P. 48

**Repères**

**16 mars :** 221 députés libéraux (contre 181 ultras) votent une adresse exprimant leur défiance à l'égard du gouvernement du prince de Polignac, chef des ultras.

**16 mai :** Charles X dissout la Chambre.

**23 juin et 3 juillet :** victoire des libéraux aux élections (274 contre 143 ultras).

**25 juillet :** dissolution de la Chambre, suspension de la liberté de la presse, réduction du corps électoral par des ordonnances de Charles X.

**26 juillet :** appel à la résistance de la presse libérale.

**27, 28, 29 juillet :** les « Trois Glorieuses », journées révolutionnaires qui renversent Charles X (environ 1 000 morts et 5 000 blessés).

**31 juillet :** les Chambres remettent le pouvoir au duc d'Orléans, qui devient le roi Louis-Philippe Ier.

## 1 La résistance des journalistes libéraux

*Protestation rédigée par Thiers et signée par les représentants de 11 journaux parisiens (dont* Le National, Le Constitutionnel, Le Globe, Le Temps, Le Figaro*), parus sans autorisation le 27 juillet 1830.*

Le régime légal est interrompu : celui de la force est consommé. Dans la situation où nous sommes placés, l'obéissance cesse d'être un devoir. Les citoyens appelés les premiers à obéir sont les écrivains des journaux ; ils doivent donner les premiers l'exemple de la résistance à l'autorité qui est dépouillée du caractère de la loi. Aujourd'hui le gouvernement a violé la légalité. Nous sommes dispensés d'obéir. Nous essaierons de publier nos feuilles sans demander l'autorisation qui nous est demandée. Nous ferons nos efforts pour qu'aujourd'hui au moins elles puissent arriver à toute la France [...]. Le gouvernement a perdu aujourd'hui le caractère de légalité qui commande l'obéissance. Nous lui résistons pour ce qui nous concerne. C'est à la France à juger jusqu'où doit s'étendre sa propre résistance.

Adolphe Thiers, 27 juillet 1830.

+ Animation

## 2 Les combats de rue

Ce tableau fut exposé au Salon de 1831 en même temps que celui de Delacroix *La Liberté guidant le peuple* (voir p. 43). Le personnage tenant le drapeau est un élève de l'École polytechnique.

*Combat de la porte Saint-Denis, 28 juillet 1830*, huile sur toile d'Hippolyte Lecomte, 1830, 46 x 60 cm, musée Carnavalet, Paris.

## 3 Un écrivain dans la bataille

*Alexandre Dumas (1802-1870), militant républicain, participe à l'assaut contre le Louvre, défendu par les gardes suisses.*

Le Louvre présentait un aspect formidable. Toutes les fenêtres de la grande galerie des tableaux étaient ouvertes ; il y avait deux Suisses, le fusil à la main, à chaque fenêtre. [...] La plupart des hommes qui composaient le rassemblement où je me trouvais étaient des gens du peuple. Les autres étaient des commis de magasin, des étudiants et des gamins. [...] Enfin, au bout d'une demi-heure à peu près, on se lassa de cette fusillade sans résultat. Deux ou trois hommes crièrent : « Au Louvre ! Au Louvre ! » C'était insensé, car il était évident qu'on n'était qu'une centaine d'hommes et qu'on allait avoir affaire à deux ou trois cents Suisses. Mais, dans ces circonstances, on ne s'arrête pas seulement aux choses raisonnables [...]. Un tambour battit la charge et s'élança le premier sur le pont. Tous les gamins l'accompagnèrent en criant : « Vive la Charte ! »

Alexandre Dumas, *Mes mémoires*, 1852.

## 4 Les Trois Glorieuses des femmes

Sur la place du Palais-Royal, une jeune femme habillée en homme allait au milieu de la mêlée au secours des blessés : un coup de feu reçu ne ralentit pas son zèle ; nombre d'autres imitèrent son exemple et se signalèrent par ce courage patriotique et si digne d'admiration. [...] Une jeune fille, nouvelle Jeanne d'Arc, combattit à la place de la Bourse avec une valeur extrême ; elle s'y empara, malgré la grêle des balles, d'une pièce de canon. Ses compagnons de gloire, émerveillés de sa conduite, la portèrent sur un fauteuil à l'Hôtel-de-Ville et couronnée de lauriers ; puis le 29 au soir, placée sur un char triomphant qu'on orna de palmes, de lauriers, de myrtes et de drapeaux blancs renversés, d'étendards tricolores victorieux [...]. Jamais on n'aurait dit que quelques heures auparavant le peuple qui s'amusait ainsi avait bravé la mort pour reconquérir la liberté et les lois. [...] Madame Laval, de la rue Saint-Denis, n° 200, est signalée par les habitants pour l'héroïsme de sa conduite. Mère de quatre fils, elle les a constamment encouragés, dans les travaux des barricades, par ses énergiques exhortations et par son exemple. Ces remparts une fois terminés, elle les a armés et conduits elle-même dans les rangs de nos braves, et uniquement occupée, pendant les jours du combat, à leur préparer des aliments, elle les renvoyait après s'exposer à la mort ou triompher pour la liberté.

P. Cuisin, *Les Barricades immortelles du peuple de Paris*, Paris, septembre 1830.

## 5 Portrait du nouveau roi

*Le Drapeau tricolore*, gravure sur bois de François Georgin, 1830, BNF.

### Pourquoi et comment la France a-t-elle changé de roi en trois jours ?

**Répondre aux questions**

1. **Expliquez** pourquoi Thiers appelle à la désobéissance (**doc. 1**).
2. **Décrivez** les techniques de combat des insurgés (**doc. 2, 3 et 4**).
3. **Caractérisez** les différentes catégories de la population participant à la révolution (**doc. 2 et 3**).
4. **Classez** les rôles des femmes dans la révolution (**doc. 4**).
5. **Décrivez** l'image (arrière-plan, couleurs, personnage central) et expliquez-en le message en vous appuyant aussi sur le titre et la légende (**doc. 5**).
6. À l'aide des réponses précédentes, **expliquez** pourquoi et comment la France a changé de roi en trois jours.

**Réaliser un diaporama**

1. Préparez un diaporama sur les Trois Glorieuses. Utilisez chaque document dans la partie la plus adéquate, en suivant ce plan :
   - **A.** Les causes de la révolution
   - **B.** Trois journées de guérilla urbaine
   - **C.** L'appel à Louis-Philippe
2. Faites une présentation orale de votre diaporama.

 POINT DE PASSAGE

# Le massacre de Chios

## Comment ce massacre a-t-il mobilisé l'opinion française en faveur des Grecs ?

→ COURS P. 50

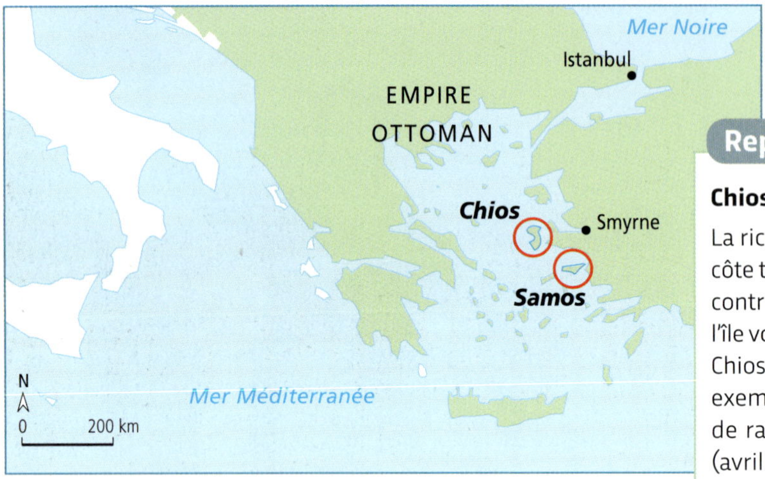


### Repères

**Chios, île martyre**

La riche île grecque de Chios (ou Scio), proche de la côte turque, n'a pas participé au soulèvement de 1821 contre l'Empire ottoman. Mais des insurgés venus de l'île voisine de Samos attaquent la garnison turque de Chios en mars 1822. Le sultan décide alors de faire un exemple : il envoie une armée à Chios, avec mission de ravager l'île. Le massacre dure deux semaines (avril 1822). Le bilan estimé par les historiens est de 23 000 morts et 47 000 personnes vendues comme esclaves, sur une population grecque d'environ 100 000 habitants.

### 1 Un reportage de la presse

*Le Constitutionnel, quotidien libéral, est le journal français le plus engagé en faveur des insurgés grecs.*

Turquie. Smyrne, 3 mai.

Le capitan-pacha[1] était encore à Scio le 31 avril. Excepté les 21 villages du mastic[2], qui étaient soigneusement gardés par des corps de troupes qu'il y avait envoyés, tout le reste, dans l'intérieur de l'île, continuait à être pillé, dévasté, incendié. On voyait toujours le feu dans plusieurs endroits de la ville. Elle a failli être toute consumée. [...] L'air était infecté de l'odeur des cadavres. On les voyait, en quantité, flotter sur la mer et venir battre les flancs des navires. On assure qu'il a dû périr, le premier jour où les Turcs ont donné l'assaut, de 8 à 10 000 individus sans distinction d'âge ni de sexe. Il y avait une quantité considérable d'esclaves répartis dans la citadelle et sur les bâtiments de l'escadre et autres ; on en fait monter le nombre à plus de 15 000, mais le capitan-pacha n'en laissait plus transporter aucun ailleurs, il attendait pour prendre une détermination à ce sujet les ordres de son gouvernement, motif qui pourrait le retenir encore à Scio plus d'une semaine. Les Turcs revenaient de temps en temps de l'intérieur de l'île à la ville, amenant avec eux nombre de femmes et d'enfants esclaves.

*Le Constitutionnel*, lundi 17 juin 1822.

1. Amiral de la flotte turque.
2. Arbuste produisant une résine, principale richesse de l'île depuis l'Antiquité.

### 2 Le poème de Victor Hugo

Les Turcs ont passé par là. Tout est ruine et deuil ;
Chio, l'île des vins, n'est plus qu'un sombre écueil.
Chio, qu'ombrageaient les charmilles,
Chio, qui dans les flots reflétait ses grands bois,
Ses coteaux, ses palais, et le soir quelquefois
Un chœur dansant de jeunes filles.
Tout est désert. Mais non ; seul près des murs noircis,
Un enfant aux yeux bleus, un enfant grec, assis,
Courbait sa tête humiliée ;
Il avait pour asile, il avait pour appui
Une blanche aubépine, une fleur, comme lui
Dans le grand ravage oubliée. [...]
Que veux-tu ? Bel enfant, que faut-il te donner
Pour rattacher gaiement et gaiement ramener
En boucles sur ta blanche épaule,
Ces cheveux qui du fer n'ont pas subi l'affront [...] ?
Veux-tu, pour me sourire, un bel oiseau des bois,
Qui chante avec un chant plus doux que le hautbois,
Plus éclatant que les cymbales ?
Que veux-tu ? Fleur, beau fruit ou l'oiseau
merveilleux ?
Ami, dit l'enfant grec, dit l'enfant aux yeux bleus,
Je veux de la poudre et des balles.

Victor Hugo, « L'enfant, 8-10 juin 1828 », poème publié dans *Les Orientales* en 1829.

### 3 La réaction du public

*Ce texte présente les tableaux du Salon de 1824 sous la forme d'un dialogue entre deux visiteurs.*

*Le philosophe.* De qui est ce tableau qui me frappe de terreur et de pitié ?

*L'artiste.* D'un jeune homme nommé Delacroix.

*Le philosophe.* […] Le plus beau pays de la Grèce est dévasté, les maisons sont brûlées, les enfants sont écrasés sous la pierre, les églises sont profanées […]. Chrétiens […], que je vous déteste ! que je méprise cette politique avare et honteuse qui vous fera sacrifier jusqu'au dernier des Grecs, sans que vous pensiez à le secourir[1] ! […] Scio aura péri […] et vous aurez conservé votre attitude égoïste ! Mais le ciel combattra pour les Grecs, le Turc sera rejeté sur les côtes d'Asie […].

*L'artiste.* Je vous écoute et félicite, en vous écoutant, le peintre qui a trouvé le secret d'exciter à ce point votre sensibilité. Ce n'est pas sur votre âme seulement qu'il a pris cet empire. Voyez la foule se presser autour de son tableau. Lisez sur toutes les figures de ses spectateurs l'indignation dont vous êtes ému. Le silence morne que chacun garde à l'aspect de cette scène de désolation, et les larmes qui coulent des yeux de cette jeune femme au spectacle douloureux de l'épisode effrayant qui termine à droite la composition, voilà le succès le plus beau qu'ait pu envier l'auteur.

A. Jal, *L'Artiste et le Philosophe, entretiens critiques sur le Salon de 1824*, Paris, Ponthieu, 1824.

1. Les puissances européennes sont alors divisées : l'Autriche refuse de soutenir les insurgés, la Russie, le Royaume-Uni et la France sont intervenus en 1827.

**+ Animation**

### 4 Le tableau de Delacroix

Présenté au Salon (exposition officielle) de 1824, il connaît un grand succès.
*Scènes des massacres de Scio*, huile sur toile d'Eugène Delacroix, 419 x 354 cm, 1824, musée du Louvre, Paris.

### Comment ce massacre a-t-il mobilisé l'opinion française en faveur des Grecs ?

**Répondre aux questions**

1. **Montrez** que ce journal veut donner à ses lecteurs les informations les plus précises possible sur les événements survenus à Chios (**doc. 1**).
2. **Expliquez** la composition du poème qui donne toute sa force au message de Victor Hugo (**doc. 2**).
3. **Analysez** les moyens utilisés par Delacroix pour émouvoir le spectateur (**doc. 3 et 4**).
4. **Résumez** l'opinion du « philosophe » sur la politique des grandes puissances (**doc. 3**).
5. À l'aide des réponses précédentes, **montrez** comment ce massacre a mobilisé l'opinion française en faveur des Grecs.

**Écrire un texte argumenté**

Vous faites partie d'une association franco-grecque qui souhaite ériger en 2022 un monument commémoratif à Chios. En vous aidant des documents, rédigez un court texte présentant les événements de 1822 et le retentissement qu'ils ont eu en France.

RÉVISER

# Entre Restauration et Révolution (1814-1848)

## SAVOIR EXPLIQUER

### L'opposition entre légitimité dynastique et légitimité nationale en Europe

**Le congrès de Vienne**

\# Quadruple-Alliance ; Légitimité dynastique ; Sainte-Alliance ; Confédération germanique ; Abolition de la traite négrière ; Concert européen

**Le mouvement des nationalités**

\# Sentiment national ; Souveraineté nationale ; *Carbonari* ; Exil ; *Risorgimento* ; Jeune Italie ; *Zollverein*

**Le Printemps des peuples**

\# Exil de Metternich ; Première guerre d'indépendance italienne ; Constitutions ; Déclaration des droits du peuple allemand ; Répression

## SAVOIR DATER

| | |
|---|---|
| 3 novembre 1814 au 11 juin 1815 | Congrès de Vienne |
| 18 juin 1815 | Bataille de Waterloo |
| 1815 | Abolition de la traite négrière |
| 1822 | Massacre de Chios |
| 1830 | Indépendance de la Grèce et de la Belgique ; révolte des Polonais |
| 1848 | « Printemps des peuples » |

### Les monarchies constitutionnelles françaises

**La Restauration**

\# Restauration ; Charte constitutionnelle ; Suffrage censitaire ; Régime parlementaire ; Droit d'adresse

**La monarchie de Juillet**

\# Révolution des Trois Glorieuses ; Drapeau tricolore ; Monarchie constitutionnelle ; Rétablissement de la garde nationale ; Libéralisme ; Socialisme ; Légitimistes ; Orléanistes ; Républicains

| | |
|---|---|
| 11 avril 1814 | Première abdication de Napoléon |
| Mars à juin 1815 | Cent-Jours |
| 22 juin 1815 | Deuxième abdication de Napoléon |
| 1815 | Louis XVIII roi de France |
| 1824 | Charles X roi de France |
| 27-29 juillet 1830 | Révolution des Trois Glorieuses ; Louis Philippe Ier roi des Français |
| Février 1848 | Révolution et proclamation de la IIe République |

+ Exercices interactifs

## SAVOIR DÉFINIR

- *Carbonari* → P. 50
- Concert européen → P. 46
- Confédération germanique → P. 46
- Droit d'adresse → P. 48
- Jeune Italie → P. 51
- Légitimité dynastique → P. 46
- Libéralisme → P. 47
- Monarchie constitutionnelle → P. 48
- Nationalité → P. 50
- Quadruple-Alliance → P. 46
- Question sociale → P. 48
- Réactionnaire → P. 46
- Régime parlementaire → P. 48
- Restauration → P. 46
- *Risorgimento* → P. 50
- Suffrage censitaire → P. 48
- *Zollverein* → P. 51

Schéma interactif

# UN ORDRE EUROPÉEN BOULEVERSÉ

***Les guerres de la Révolution et de l'Empire diffusent en Europe des idées nouvelles…***

- **Idées nationales**
  **Lutte contre l'occupation française**
- **Idées libérales**
  **Abolition de l'Ancien Régime (égalité civile, libertés fondamentales, peuple souverain)**

***… que l'ordre européen instauré par le congrès de Vienne (1815)…***

***… combat…***

- **Rétablissement d'un ordre européen** **fondé sur la légitimité dynastique plutôt que sur la souveraineté nationale**
  - **Répression** **des revendications nationales**
  - **Création de la Sainte-Alliance** **pour maintenir par la force l'ordre monarchique européen**
- **Restauration des dynasties d'Ancien Régime** **en France, en Italie et en Allemagne**

***… mais doit en partie accepter.***

- **Accession à l'indépendance** **de la Grèce et de la Belgique (1830)**
  - **Essor des revendications unitaires** **en Italie et en Allemagne**
- **Non-participation du Royaume-Uni à la Sainte-Alliance**
  - **Abolition de la traite négrière (1815)**
  - **Abolition des droits féodaux** **dans la Confédération germanique**
  - **Instauration de régimes républicains** **en France, à Rome et à Florence (1848)**

## POUR ALLER PLUS LOIN

### À LIRE

**Victor Hugo**
**Les Orientales**
1829
Un recueil de poèmes témoignant du soutien du poète français à la cause grecque.

**Jean-Claude Caron (dir.)**
**1848, le Printemps des peuples**
Le Monde, 2013
Une anthologie commentée de textes témoignant de l'agitation révolutionnaire dans l'Europe du milieu du XIXe siècle.

**Jacqueline Lalouette**
**Les Mots de 1848**
Presses universitaires du Mirail, 2008
Un abécédaire qui restitue l'atmosphère des révolutions de 1848.

### À VOIR

**Mario Martone**
**Frères d'Italie**
2010
Un film en quatre épisodes sur la réalisation de l'unité italienne.

### À VISITER

**Le musée national du *Risorgimento* à Turin (Italie)**

BAC

## 1 S'ENTRAÎNER À L'ANALYSE DE DOCUMENT(S)

SUJET GUIDÉ

**SUJET** **L'abolition de la traite négrière par le congrès de Vienne**

**Après avoir présenté le document et expliqué les raisons qui ont poussé les Anglais à abolir la traite, montrez que l'auteur donne ici une image un peu inattendue du congrès de Vienne.**

### L'analyse d'un diplomate français

On ne pouvait pas dire que la question des noirs ne regardât que les puissances à colonies ; il est conforme à la loi naturelle et à la confraternité des nations de protéger la liberté des peuples doux et ignorants contre les violences des armateurs et l'avarice des colons. Dans une assemblée de potentats[1] et de ministres appelés à affermir la liberté de l'Europe, il n'était pas déplacé de s'occuper aussi des hommes opprimés par les Européens eux-mêmes. [...] La sagesse du congrès et l'élévation de ses principes devaient éclater en faveur du bonheur général. [...] La pensée du gouvernement anglais dans l'émancipation des noirs est magnanime sous un rapport et pleine d'intelligence sous l'autre. En jetant les fondements de la civilisation de l'Afrique par un commerce direct avec ce vaste continent, il s'empare de contrées à peine exploitées et qui peuvent lui offrir un jour des richesses prodigieuses, ne fût-ce que par l'échange. Mais, quoique les Anglais puissent avoir un intérêt matériel à l'abolition immédiate de la traite, aujourd'hui surtout que leurs colonies sont suffisamment pourvues de bras, les Anglais ont eu aussi des intentions nobles qu'il ne faut pas méconnaître ; et c'est bien mériter du monde entier que de savoir concilier ses intérêts avec ceux des peuples voués à l'esclavage. [...] Les conférences pour l'abolition de la traite, aussi intéressantes pour les principes manifestés que par les résolutions arrêtées, offrent un des plus beaux triomphes de la raison et du sentiment de la dignité de l'homme, quelle que soit la couleur dont la nature ait pu varier les physionomies. Cette discussion fera école dans l'histoire philosophique, commerciale et politique du genre humain.

Gaëtan Raxis de Flassan[2], *Histoire du congrès de Vienne*, I, 1829, pp. 293-294.

**1.** Souverains, dirigeants.
**2.** Proche de Talleyrand, historiographe du ministère des Affaires étrangères, Flassan a suivi de près le congrès de Vienne au sein de la délégation française.

### Aide pour répondre

1. **Présentez le document.** Utilisez la méthode CANDI (Contexte, Auteur, Nature, Destinataire, Idée générale).
2. **Expliquez les deux raisons qui ont poussé les Anglais à abolir la traite.** Définissez ces deux raisons – « intérêt matériel » et « intentions nobles » –, puis expliquez comment les Anglais ont su les concilier.
3. **Montrez que l'auteur donne ici une image un peu inattendue du congrès de Vienne.** Relevez dans le texte les expressions élogieuses utilisées par l'auteur et montrez qu'elles ne correspondent pas à l'image traditionnelle, réactionnaire, du congrès de Vienne.

## 2 S'ENTRAÎNER À L'ANALYSE DE DOCUMENT(S)

**BAC BLANC**

**SUJET** **Le mouvement des nationalités en Europe**

**Montrez que cette déclaration est emblématique du principe des nationalités, puis que les Grecs veulent ici légitimer la guerre qu'ils ont lancée tout en répondant à certaines critiques.**

### La déclaration d'indépendance grecque

La nation grecque prend le ciel et la terre à témoin que, malgré le joug affreux des Ottomans qui la menaçait d'une ruine entière, elle existe encore. Pressée par les mesures aussi iniques que destructives [...], elle s'est trouvée dans la nécessité absolue de courir aux armes pour mettre à l'abri sa propre conservation. Après avoir repoussé la violence par le seul courage de ses enfants, elle déclare aujourd'hui devant Dieu et devant les hommes, par l'organe de ses représentants légitimes réunis dans le congrès national, convoqué par le peuple, son indépendance politique.

Descendants d'une nation distinguée par ses lumières et par la douce civilisation, vivant à une époque où cette même civilisation répand, avec une profusion vivifiante, ses bienfaits sur les autres peuples de l'Europe, et ayant sans cesse le spectacle du bonheur dont les peuples jouissent sous l'égide protectrice de la loi, les Grecs pouvaient-ils rester plus longtemps dans un état aussi affreux qu'ignominieux, et voir avec apathie le bonheur qu'ils sentaient que la nature a également réservé à tous les hommes ! Des motifs si puissants et si justes ne pouvaient sans doute que presser le moment du réveil, où la nation, pleine de ses souvenirs et de son indignation, devait réunir ses forces pour revendiquer ses droits et venger la patrie d'une tyrannie dont rien n'égale l'horreur.

Telles sont les causes de la guerre que nous avons été forcés d'entreprendre contre les Turcs. Loin d'être fondée sur des principes de démagogie et de rébellion, loin d'avoir pour motifs les intérêts particuliers de quelques individus, cette guerre est une entreprise nationale et sacrée ; elle n'a pour but que la restauration de la nation et sa réintégration dans les droits de propriété, d'honneur et de vie ; droits qui sont le partage des peuples policés nos voisins, mais qui étaient arrachés aux Grecs par une puissance spoliatrice. [...] Partant de ces principes et sûrs de nos droits, nous ne voulons, nous ne réclamons que notre rétablissement dans l'association européenne où notre religion, nos mœurs et notre position nous appellent à nous réunir à la grande famille des chrétiens et à reprendre, parmi les nations, le rang qu'une force usurpatrice nous a ravi injustement. [...]

Épidaure, le 15 (27) janvier 1822, et l'an 1er de l'indépendance.

## 3 RÉPONDRE À UNE QUESTION PROBLÉMATISÉE

**SUJET GUIDÉ**

**SUJET** **Comment le mouvement des nationalités a-t-il remis en cause l'ordre européen entre 1814 et 1849 ?**

**Aide pour répondre**

Vous pouvez adopter le plan suivant :
- Le principe des nationalités contre le principe de légitimité dynastique défendu par le congrès de Vienne
- Les peuples en lutte pour l'indépendance et l'unité nationale
- Échecs et succès du mouvement des nationalités en 1830-1831 et en 1848-1849

**Retrouvez des sujets de BAC et des méthodes conformes et actualisés sur le site → lyceen.nathan.fr/lequintrec1re-2019**

CHAPITRE

# 3 La difficile entrée dans la Deuxième République

# l'âge démocratique : et le Second Empire

**Dans ce chapitre**
TOUS LES TEXTES en version audio
TOUTES LES CARTES en version interactive

**Un bureau de vote sous le Second Empire**

Le dessinateur décrit l'ambiance pittoresque dans un bureau de vote sous Napoléon III, comme le montre le buste de l'empereur sur le mur de gauche. On y voit l'aspect modeste de cette maison et la diversité des votants (paysans et notables).
*Le Suffrage universel,* dessin de Gabriel Gostiaux, fin du XIXe siècle.

# REPÈRES De la République à l'Empire

## EN CLASSE DE 4e

- Vous avez étudié l'histoire politique de la France au XIXe siècle et notamment la pratique du vote entre 1815 et 1870.

## DANS CE CHAPITRE

- Vous verrez comment le suffrage universel masculin, instauré en 1848 par la Deuxième République et conservé ensuite par le Second Empire, a bouleversé la vie politique française.

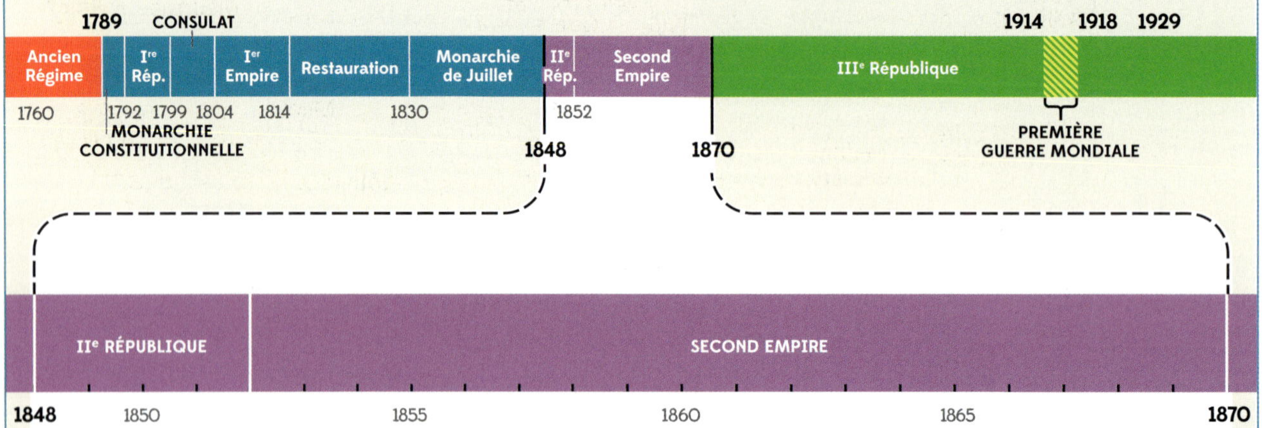


### Événements

**22 > 24 février 1848**
Journées révolutionnaires

**1869 > 1870**
Réformes instituant un régime parlementaire

### Dates clés

- **14 février 1848** Interdiction d'un banquet républicain à Paris
- **24 février 1848** Proclamation de la IIe République
- **24 février 1848** Lamartine dirige le gouvernement provisoire
- **5 mars 1848** Suffrage universel masculin
- **27 avril 1848** Abolition de l'esclavage
- **juin 1848** Insurrection à Paris
- **4 novembre 1848** Vote de la Constitution
- **10 décembre 1848** Louis-Napoléon Bonaparte, premier président de la République
- **13 mai 1849** Victoire du parti de l'Ordre aux élections législatives
- **2 décembre 1851** Coup d'État de Louis-Napoléon Bonaparte
- **2 décembre 1852** Proclamation du Second Empire
- **1860** Traité de libre-échange avec la Grande-Bretagne
- **1864** Instauration du droit de grève
- **2 septembre 1870** Napoléon III prisonnier à Sedan
- **4 septembre 1870** Proclamation de la IIIe République

## 1 La vie politique sous la Deuxième République

**Révolutions**

Journées révolutionnaires de février et juin 1848

**Les élections législatives du 13 mai 1849**

Parti de l'Ordre

Parti des démocrates-socialistes

Pas de réelle majorité

**Opposition au coup d'État du 2 décembre 1851**

Principaux mouvements d'opposition armée

Podcast du cours

→ DOCUMENTS P. 74, 76, 78, 80, 82

# 1 La Deuxième République (1848-1852) : entre espoirs et échecs

*La révolution de février 1848 fait naître la Deuxième République et de grandes espérances. Mais celles-ci sont rapidement déçues et Louis-Napoléon Bonaparte instaure son pouvoir personnel entre décembre 1851 et décembre 1852.*

### VOCABULAIRE

- **Ateliers nationaux :** chantiers de travaux publics organisés par l'État pour employer les ouvriers au chômage.
- **Banquet républicain :** repas organisé par des républicains pour contourner l'interdiction de réunions politiques durant la monarchie de Juillet.
- **Césarisme :** voir p. 72.
- **Libéralisme :** voir p. 47.
- **Parti de l'Ordre :** parti réunissant les royalistes (légitimistes et orléanistes), rejoints par certains républicains modérés par peur des « rouges ».
- **Question sociale :** voir p. 49.

## A Le retour des idéaux démocratiques

**La révolution de février 1848.** L'interdiction par le pouvoir d'un banquet républicain à Paris provoque une vague de protestations. Du 22 au 25 février 1848, une révolution parisienne renverse la monarchie de Juillet. Un gouvernement provisoire proclame la République, la deuxième après celle de 1792. Diverses tendances y sont représentées : l'une modérée avec Lamartine, l'autre proche du socialisme avec Louis Blanc ou l'ouvrier Albert.

**« L'esprit de 1848 ».** L'espoir est immense, un climat d'euphorie s'installe : c'est « l'esprit de 1848 ». Des arbres de la liberté sont bénis par des prêtres. Les libertés de la presse et de réunion sont rétablies. Les clubs politiques se multiplient. Le gouvernement provisoire institue le suffrage universel masculin, qui fait passer le corps électoral de 250 000 à 10 millions de Français de plus de 21 ans. Dans les colonies, l'esclavage est aboli le 27 avril. La peine de mort pour délit politique est supprimée.

**1 La Constitution du 4 novembre 1848**

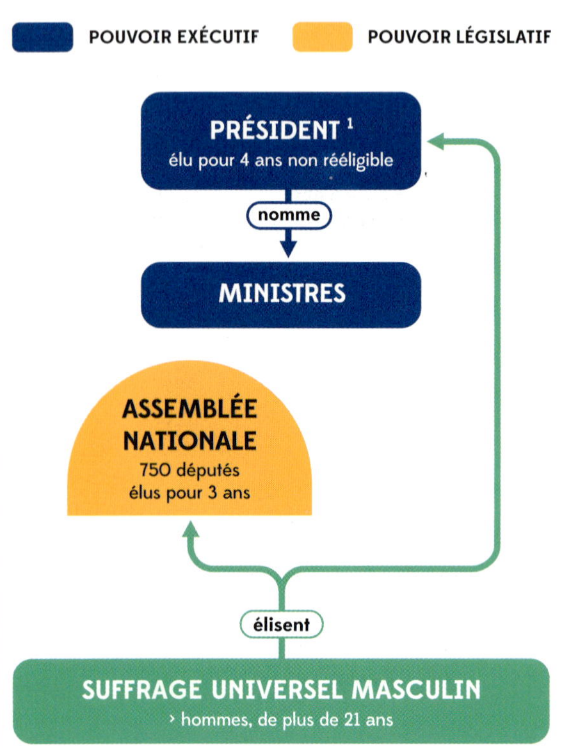


¹ Le président est déchu de ses fonctions s'il fait entrave à l'Assemblée nationale (art. 68).

**Le désenchantement des femmes.** Eugénie Niboyet créé le journal *La Voix des femmes,* Jeanne Deroin milite au sein du club de l'Émancipation des femmes pour que le droit de vote ne soit pas un privilège masculin. Mais ces militantes féministes se heurtent à une misogynie quasi générale et, le 26 juillet, on interdit aux femmes de participer à tout débat public.

## B L'échec de la république sociale

**Les ateliers nationaux.** Le gouvernement souhaite régler la question sociale. Le temps de travail est réduit à 10 heures à Paris, à 11 heures en province. La création d'ateliers nationaux répond au chômage des ouvriers. Cette mesure est financée par une hausse des impôts directs de 45 % (les « 45 centimes ») qui mécontente l'opinion, notamment les paysans.

**L'opposition entre modérés et socialistes.** En avril 1848, les législatives sont remportées par les républicains modérés face aux royalistes et aux socialistes **(doc. 2)**. Pourtant, à Paris, la pression des clubs politiques est constante. Le 15 mai, l'Assemblée nationale est envahie par la foule. Le prétexte est tout trouvé pour arrêter les meneurs comme Auguste Blanqui et mettre fin à la « menace rouge ».

**La révolution des prolétaires.** En réaction, le nouveau gouvernement annonce la fermeture des ateliers nationaux considérés comme des foyers d'agitation. Du 23 au 26 juin 1848, les ouvriers des quartiers populaires de l'Est parisien et de Marseille se soulèvent. À Paris, le général Cavaignac reçoit les pleins pouvoirs pour réprimer violemment les insurgés.

## C La fin de la République

**Le parti de l'Ordre.** Après les journées de juin 1848, la droite royaliste se rassemble dans le **parti de l'Ordre** conduit par Adolphe Thiers et fait pression sur le gouvernement. La journée de travail est de nouveau fixée à 12 heures. Des mesures limitent la liberté d'expression. La République ne sera pas sociale, et elle devient de moins en moins démocratique par peur du prolétariat.

**La question des institutions.** La constitution du 4 novembre 1848 répartit difficilement les pouvoirs entre une Assemblée législative et un président de la République, élu pour quatre ans et non rééligible **(doc. 1)**. Le 10 décembre 1848, Louis-Napoléon Bonaparte est élu président de la République comme candidat du parti de l'Ordre, qui triomphe aux législatives de mai 1849. La loi électorale du 31 mai 1850 restreint le suffrage en radiant des listes 3 millions d'électeurs.

**Vers le Second Empire.** Louis-Napoléon Bonaparte cherche à réviser la Constitution pour pouvoir être réélu. N'y parvenant pas, il organise un coup d'État le 2 décembre 1851, tout en rétablissant le suffrage universel masculin. La résistance est assez faible à Paris, car les ouvriers ne veulent pas défendre le régime qui les a réprimés en juin 1848. Elle est plus forte dans les campagnes du sud-est et du centre de la France. Le 2 décembre 1852, la République est abolie au profit du Second Empire ; Louis-Napoléon Bonaparte devient « empereur des Français ».

**Le sens des mots**

Le drapeau rouge, utilisé en 1789 pour disperser les attroupements jugés séditieux, devient l'emblème du peuple révolté. À partir de 1848, les « **rouges** » désignent les démocrates-socialistes qui demandent des mesures sociales pour répondre aux besoins des ouvriers.

**RÉVISER SON COURS**

1. **Quels idéaux démocratiques sont affirmés en 1848 ?**
2. **Pourquoi la question sociale entraîne-t-elle la fin de l'esprit fraternel de 1848 ?**
3. **Comment le retour à l'ordre provoque-t-il la chute de la République ?**

**2 Les forces politiques sous la Deuxième république**

| Tendance politique | Programme | Caractéristiques du pouvoir exécutif souhaité | Suffrage universel ou censitaire ? | Quel programme économique ? |
|---|---|---|---|---|
| Légitimistes (« blancs ») | Restaurer la monarchie des Bourbon | Monarchie forte | Suffrage censitaire masculin | Catholicisme social |
| Orléanistes | Restaurer la monarchie des Orléans | Monarchie parlementaire | Suffrage censitaire masculin | Programme libéral |
| Bonapartistes | Restaurer l'Empire | Césarisme | Suffrage universel masculin et favorable à une consultation directe du peuple (plébiscite) | Programme social |
| Républicains modérés (« bleus ») | Mettre en place une république libérale | République parlementaire avec un Président à la tête de l'exécutif | Suffrage universel masculin | Hésitations entre mesures sociales et mesures libérales |
| Démocrates-socialistes (« rouges ») | Mettre en place une république sociale | Démocratie directe | Suffrage universel masculin | Mesures sociales |

COURS

Podcast du cours

# 2 Le Second Empire (1852-1870) : de la dictature au régime parlementaire

VOCABULAIRE

**Candidats officiels :** soutenus par le gouvernement, ils sont les seuls à bénéficier pour leurs affiches du papier blanc utilisé par l'administration.

**Césarisme démocratique :** régime qui prétend établir un lien direct entre l'empereur et le peuple, en référence au modèle romain de Jules César.

**Plébiscite :** voir p. 22.

**Régime parlementaire :** voir p. 49.

*Devenu empereur des Français en 1852, Napoléon III entend concilier les acquis de 1789 et le maintien de l'ordre. Le régime impérial se démocratise dans les années 1860. Il est renversé non par l'opposition, mais à cause de sa défaite militaire face à la Prusse.*

## A L'empire autoritaire

**Une nouvelle monarchie.** Napoléon III devient empereur le 2 décembre 1852. C'est la date anniversaire du sacre de Napoléon Ier en 1804 et de la victoire d'Austerlitz en 1805, ce qui permet au régime de s'inscrire dans la tradition napoléonienne. Le mariage avec Eugénie de Montijo, une jeune noble espagnole, puis la naissance du prince impérial en 1856 installent la dynastie.

**Un régime autoritaire.** Napoléon III concentre les pouvoirs exécutif et législatif. Il a l'initiative exclusive des lois. Les députés du corps législatif sont élus au suffrage universel masculin, mais leur action est limitée par le Conseil d'État, qui rédige les projets de loi et les amendements, et par le Sénat, qui peut bloquer une loi. Les sénateurs sont membres de droit (cardinaux, amiraux et maréchaux) ou nommés à vie par l'empereur **(doc. 1)**.

1 Les institutions du Second Empire

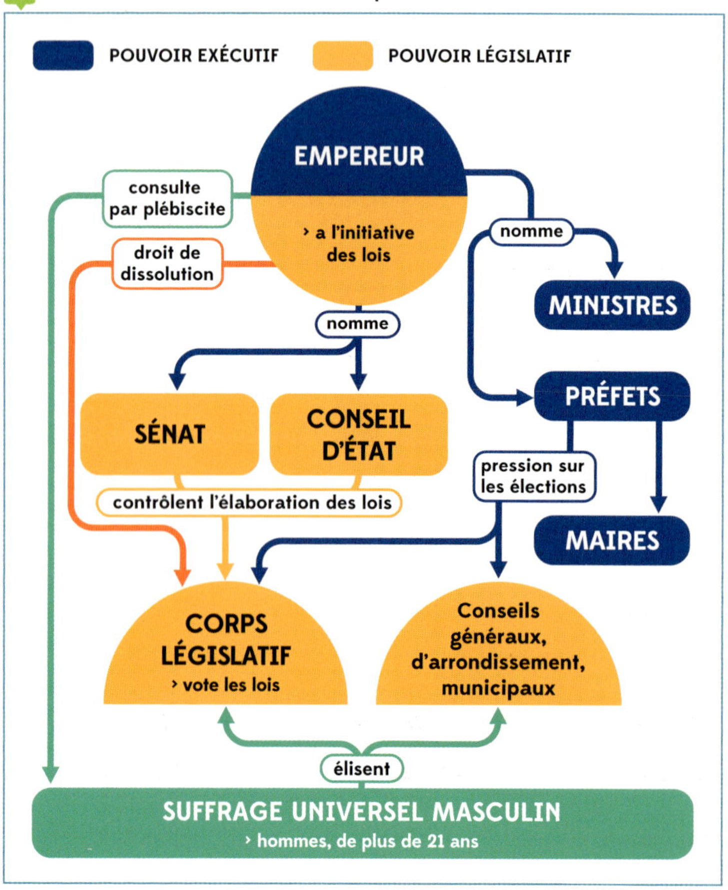


**La répression des oppositions.** Les préfets nommés par l'empereur quadrillent le territoire. Ils désignent les **candidats officiels** aux élections législatives et nomment les maires des communes. À l'université, les historiens Edgar Quinet et Jules Michelet sont exclus en raison de leurs opinions républicaines. Le contrôle de la presse pousse les journalistes à l'autocensure. Contraint à l'exil, Victor Hugo écrit depuis les îles anglo-normandes un recueil de poèmes, *Les Châtiments*, contre « Napoléon le petit ».

## B Le « césarisme démocratique »

**Le maintien du suffrage universel.** Napoléon III a légitimé le coup d'État par le rétablissement du suffrage universel et affirme tenir son pouvoir du peuple, qu'il consulte par **plébiscite** **(doc. 2)**. Le **césarisme démocratique** se présente comme une alternative à la démocratie parlementaire. La pratique du vote s'enracine en France, même si les élections sont truquées par le système des candidats officiels.

**La recherche de nouveaux soutiens.** En négociant, en 1859, le rattachement de l'Italie centrale au royaume de Sardaigne contre les intérêts du pape (voir p. 146), Napoléon III mécontente les catholiques. Un traité de libre-échange conclu avec la Grande-Bretagne en 1860 inquiète les milieux d'affaires qui craignent la concurrence anglaise. Napoléon III se trouve alors lâché par ses soutiens habituels et contraint d'en chercher d'autres. Il tente de se rapprocher des ouvriers en accordant en 1864 le droit de grève, mais il ne parvient pas à les détacher de l'opposition républicaine.

**Le sens des mots**

En sciences politiques, on distingue le **plébiscite**, procédure d'approbation utilisée par un régime autoritaire, du **référendum**, qui est une consultation démocratique.

## C Vers un Empire libéral ?

**Les concessions politiques.** Napoléon III décide alors de se rapprocher des libéraux, en leur accordant les « libertés nécessaires» réclamées en 1864 par Thiers. Les députés reçoivent le droit d'amender les projets de loi (1866) et d'interpeller le gouvernement (1867). Les libertés de la presse et de réunion sont quasiment rétablies en 1868. Ces mesures renforcent l'opposition républicaine, qui s'efforce depuis quelques années de jouer le jeu des élections et de diffuser ses valeurs dans la société civile. Aux élections législatives de 1869, les candidats officiels réunissent 4 438 000 voix et ceux de l'opposition 3 355 000.

**Un régime quasiment parlementaire.** La Constitution est révisée en 1870 : le gouvernement est désormais responsable devant l'empereur et devant le corps législatif. Émile Ollivier, républicain rallié à l'Empire, devient chef du gouvernement. Napoléon III a presque accepté le **régime parlementaire**, mais il cherche à maintenir son lien direct avec le peuple. Il organise donc un plébiscite, par lequel les Français approuvent à 85 % les réformes. Mais la défaite face aux Prussiens, qui capturent Napoléon III le 2 septembre 1870, porte un coup fatal à un régime fondé sur la gloire militaire et le prestige de l'empereur. Le 4 septembre 1870, le Second Empire disparaît avec la proclamation d'une nouvelle République.

**Repères**

**Jules Michelet, un opposant républicain (1798-1874)**

Professeur d'histoire, Michelet se fait connaître par ses ouvrages, dont son *Histoire de France* en 17 tomes parus entre 1833 et 1867. À partir de 1838, ses cours au Collège de France rencontrent un vif succès chez les républicains. Après le coup d'État du 2 décembre 1851, l'historien doit quitter le Collège de France et perd ensuite son poste aux Archives nationales, en raison de son refus de prêter serment à l'Empire.

**RÉVISER SON COURS**

1. Pourquoi parle-t-on d'un empire autoritaire dans les années 1850 ?
2. Comment caractériser le « césarisme démocratique » ?
3. Comment le régime impérial évolue-t-il dans les années 1860 ?

### 2 Le suffrage universel sous le Second Empire

1. Ce tableau ne tient pas compte des plébiscites locaux consacrés au rattachement de Nice (15 et 16 avril 1860) et de la Savoie (22 et 23 avril 1860) à la France.
2. La population française passe de 35,8 millions d'habitants en 1850 à 38,5 millions d'habitants en 1870.

| | Abstention | Oui / Candidats officiels | Non / Opposition |
|---|---|---|---|
| Plébiscite, 1851 (sur le rétablissement du suffrage universel) | 1 692 000 | 7 439 000 | 646 000 |
| **Élections législatives, 1852** | **3 613 000** | **5 218 000** | **811 000** |
| Plébiscite, 1852 (sur l'instauration de l'Empire) | 2 049 000 | 7 824 000 | 253 000 |
| **Élections législatives, 1857** | **3 372 000** | **5 471 000** | **665 000** |
| **Élections législatives, 1863** | **2 714 000** | **5 308 000** | **1 954 000** |
| **Élections législatives, 1869** | **2 291 000** | **4 438 000** | **3 355 000** |
| Plébiscite, 1870 (sur les réformes libérales) | 1 875 000 | 7 358 000 | 1 570 000 |

# Alphonse de Lamartine en 1848

## En quoi Lamartine incarne-t-il « l'esprit de 1848 » ?

→ COURS P. 70

**Alphonse de Lamartine** (1790-1869)

**1820** : issu d'une famille de la petite noblesse, publie les *Méditations poétiques*, célèbre recueil de poèmes.

**1833** : est élu député du département du Nord.

**1847** : publie une *Histoire des Girondins* favorable aux républicains

**24-25 février 1848** : prend la tête du gouvernement provisoire de la République et devient ministre des Affaires étrangères.

**23 avril 1848** : est élu député de l'Assemblée constituante.

**9 mai 1848** : fait partie de la commission exécutive qui remplace le gouvernement provisoire.

**10 décembre 1848** : à l'élection présidentielle, obtient 0,23 % des voix contre 74 % pour Louis-Napoléon Bonaparte.

### 2 Le drapeau de la France

*Le 25 février 1848, le drapeau rouge est brandi par les insurgés parisiens devant l'Hôtel de Ville, où se forme le gouvernement provisoire. Lamartine répond à un Parisien réclamant son adoption comme drapeau officiel de la République.*

Citoyens, vous pouvez faire violence au gouvernement, vous pouvez lui commander de changer le drapeau de la nation et le nom de la France. Si vous êtes assez mal inspirés et assez obstinés dans votre erreur pour lui imposer une République de parti et un pavillon de terreur, le gouvernement, je le sais, est aussi décidé que moi-même à mourir plutôt que de se déshonorer en vous obéissant. Quant à moi, jamais ma main ne signera ce décret. Je repousserai jusqu'à la mort ce drapeau de sang, et vous devez le répudier plus que moi, car le drapeau rouge que vous rapportez n'a jamais fait que le tour du Champ-de-Mars, traîné dans le sang du peuple en 91 et en 93, et le drapeau tricolore a fait le tour du monde, avec le nom, la gloire et la liberté de la patrie. […] C'est le drapeau de la France, c'est le drapeau de nos armées victorieuses, c'est le drapeau de nos triomphes qu'il faut relever devant l'Europe. […] Ah ! Embrassons-nous, aimons-nous, fraternisons comme une seule famille, de condition à condition, de classe à classe, d'opulence à indigence.

Lamartine, Discours du 25 février 1848.

### 1 Lamartine à l'Hôtel de Ville de Paris

*Lamartine repoussant le drapeau rouge devant l'Hôtel de Ville, le 25 février 1848*, huile sur toile d'Henri Félix Emmanuel Philippoteaux, vers 1848, 298 x 520 cm, musée des Beaux-Arts de la Ville de Paris, Petit Palais.

+ Animation

## 3 Le suffrage universel

*Au nom du gouvernement provisoire, Lamartine présente aux Français la nouveauté du suffrage universel.*

[…] Nous avons hâte de remettre la République à la nation. La loi électorale provisoire que nous avons faite est la plus large qui, chez aucun peuple de la Terre, ait jamais convoqué le peuple à l'exercice du suprême droit de l'homme, sa propre souveraineté. L'élection appartient à tous sans exception. À dater de cette loi, il n'y a plus de prolétaires en France. Tout Français en âge viril est citoyen politique. Tout citoyen est électeur. Tout électeur est souverain. Le droit est égal et absolu pour tous. Il n'y a pas un citoyen qui puisse dire : « Tu es plus souverain que moi ! ». Contemplez votre puissance, préparez-vous à l'exercer, et soyez dignes d'entrer en possession de votre règne. Le règne du peuple s'appelle la République. Si vous nous demandez quelle république nous entendons par ce mot, et quels principes, quelle politique, quelles vertus nous souhaitons aux républicains que vous allez élire, nous vous répondrons : regardez le peuple de Paris et de la France depuis la proclamation de la République.

Le peuple a combattu avec héroïsme.Le peuple a triomphé avec humanité.Le peuple a réprimé l'anarchie dès la première heure ! Le peuple a brisé de lui-même, aussitôt après le combat, l'arme de sa juste colère. Il a brûlé l'échafaud. Il a proclamé l'abolition de la peine de mort contre ses ennemis.

Alphonse de Lamartine, Déclaration du gouvernement provisoire le 17 mars 1848, *Œuvres complètes*, t. 39, 1863.

## 4 Le jugement de Pâris

De même que le Troyen Pâris devait désigner la plus belle des déesses, de même la République doit choisir parmi les candidats à l'élection présidentielle. De gauche à droite : Louis-Napoléon Bonaparte, le général Cavaignac, Lamartine et Ledru-Rollin (en paon). Le petit personnage coiffé d'un chapeau est Thiers.
*Le jugement de Pâris,* caricature anonyme, XIX^e siècle, BNF.

### *En quoi Lamartine incarne-t-il « l'esprit de 1848 » ?*

**Répondre aux questions**

1. **Montrez** que la défense du drapeau tricolore par Lamartine est caractéristique de « l'esprit de 1848 » (**doc. 1 et 2**).
2. **Décrivez** les signes de fraternisation visibles sur le tableau (**doc. 1**).
3. **Expliquez** puis critiquez l'affirmation de Lamartine : « À dater de cette loi, il n'y a plus de prolétaires en France » (**doc. 2**).
4. **Montrez**, en citant précisément le texte, que Lamartine n'envisage pas un suffrage vraiment universel (**doc. 3**).
5. **Interprétez**, au regard de cette caricature, la façon dont Lamartine est considéré par ses contemporains (**doc. 4**).
6. À partir des réponses précédentes, **justifiez** cette affirmation : Lamartine incarne « l'esprit de 1848 ».

**Réaliser une carte mentale**

Réalisez un diaporama pour montrer que Lamartine incarne « l'esprit de 1848 ». Utilisez tous les documents selon le plan suivant.

**I.** Un poète en politique, avec un style lyrique
**II.** Des citoyens qui fraternisent autour du drapeau tricolore et du suffrage universel
**III.** Une égalité bien théorique

# George Sand, femme de lettres engagée en politique

**Comment caractériser l'engagement politique de George Sand pendant la Deuxième République ?**

→ COURS P. 70

## 1 Un rêve qui se réalise

*George Sand, de retour de Paris à Nohant, écrit à son ami Charles Poncy, poète ouvrier.*

Vive la République ! Quel rêve, quel enthousiasme et en même temps quelle tenue, quel ordre à Paris ! J'en arrive, j'y ai couru, j'ai vu s'ouvrir les dernières barricades sous mes pieds. J'ai vu le peuple grand, sublime, naïf, généreux, le peuple français, réuni au cœur de la France, au cœur du monde, le plus admirable peuple de l'Univers. J'ai passé bien des nuits sans dormir, bien des jours sans m'asseoir. On est fou, on est ivre, on est heureux de s'être endormi dans la fange[1] et de se réveiller dans les cieux. Que tout ce qui vous entoure ait courage et confiance ! La République est conquise, elle est assurée, nous y périrons tous plutôt que de la lâcher. […] Je repars pour Paris dans quelques jours probablement, pour faire soit un journal, soit autre chose. Je choisirai le meilleur instrument possible pour accompagner ma chanson. J'ai le cœur plein et la tête en feu. Tous mes maux physiques, toutes mes douleurs personnelles sont oubliés. […] Je suis revenue ici aider mes amis dans la mesure de mes forces à révolutionner le Berry qui est bien engourdi. Maurice[2] s'occupe de révolutionner la commune. Chacun fait ce qu'il peut.

George Sand, Lettre à Charles Poncy, 9 mars 1848.

1. Boue (George Sand décrit ici le sentiment des révolutionnaires de février 1848 transformés en héros).
2. Maurice, son fils, devenu maire de Nohant.

**Aurore Dupin de Francueil, dite George Sand**
(1804-1876)

**1831** : publie des articles dans *Le Figaro* et *La Revue de Paris*.

**1832** : publie le roman *Indiana* sous le pseudonyme de George Sand.

**1836** : se sépare de son mari Casimir Dudevant, récupère sa maison de Nohant (Indre) et obtient la garde de ses enfants.

**1844** : lance le journal *L'Éclaireur de l'Indre* avec son ami, le théoricien socialiste Pierre Leroux.

**1848** : soutient le gouvernement provisoire et fonde le journal *La Cause du Peuple*.

**1849** : publie *La Petite Fadette* et *François le Champi*.

**1852** : reçue par Louis-Napoléon Bonaparte après le coup d'État, essaie en vain d'obtenir la libération de ses amis républicains.

## 2 « Occupée comme un homme d'État »

*George Sand a rédigé (anonymement) certains des* Bulletins de la République, *circulaires envoyées par le ministère de l'Intérieur aux maires des communes. Elle en parle à son fils.*

Mon Bouli,

Me voilà déjà occupée comme un homme d'État. J'ai fait déjà deux circulaires gouvernementales aujourd'hui, une pour le ministère de l'Instruction publique, et une pour le ministère de l'Intérieur. Ce qui m'amuse, c'est que tout cela s'adresse aux maires, et que tu vas recevoir par la voie officielle les instructions de ta mère.

Ah ! Ah ! monsieur le maire ! Vous allez marcher droit, et pour commencer, vous allez lire vos *Bulletins de la République* tous les dimanches à votre garde nationale réunie. Quand vous l'aurez lu, vous l'expliquerez, et quand ce sera fait, vous afficherez ledit *Bulletin* à la porte de l'église. Les facteurs ont l'ordre de faire leur rapport contre ceux des maires qui y manqueront.

[…] Nous l'aurons, va, la République, en dépit de tout. Le peuple est debout et diablement beau ici. Tous les jours et sur tous les points, on plante des arbres de la liberté. J'en ai rencontré trois hier en diverses rues, des pins immenses portés sur les épaules de cinquante ouvriers.

George Sand, Lettre à Maurice Dudevant-Sand, 23 mars 1848.

## 3 L'affranchissement de la femme

*George Sand répond aux militantes féministes qui ont présenté sans la consulter sa candidature à l'Assemblée constituante.*

Les femmes doivent-elles participer un jour à la vie politique ? Oui, un jour, je le crois avec vous, mais ce jour est-il proche ? Non, je ne le crois pas, et pour que la condition des femmes soit ainsi transformée, il faut que la société soit transformée radicalement. […] Quelques femmes ont soulevé cette question : pour que la société soit transformée, ne faut-il pas que la femme intervienne politiquement dès aujourd'hui dans les affaires publiques ? – J'ose répondre qu'il ne le faut pas, parce que les conditions sociales sont telles que les femmes ne pourraient pas remplir honorablement et loyalement un mandat politique. La femme étant sous la tutelle et dans la dépendance de l'homme par le mariage, il est absolument impossible qu'elle présente des garanties d'indépendance politique […].

Je dirai toute ma pensée sur ce fameux affranchissement de la femme dont on a tant parlé dans ce temps-ci. Je le crois facile et immédiatement réalisable, dans la mesure que l'état de nos mœurs comporte. Il consiste simplement à rendre à la femme les droits civils que le mariage seul lui enlève, que le célibat seul lui conserve ; erreur détestable de notre législation qui place en effet la femme dans la dépendance cupide de l'homme, et qui fait du mariage une condition d'éternelle minorité […].

George Sand, *Aux membres du Comité central*, lettre inachevée et non expédiée, mi-avril 1848.

## 4 Un portefeuille ministériel

Derrière Ledru-Rollin, ministre de l'Intérieur, George Sand tient un maroquin, ou portefeuille ministériel, sur lequel on peut lire « ministère de l'Intérieur ». Une foule de femmes les acclament en arrière-plan.

*Révolution de 1848 : Alexandre-Auguste Ledru-Rollin et George Sand*, caricature anonyme, XIXe siècle, musée George Sand et de la Vallée Noire, La Châtre.

### Comment caractériser l'engagement politique de George Sand pendant la Deuxième République ?

**Répondre aux questions**

1. **Montrez** que George Sand est une fervente républicaine, en prenant appui sur des extraits précis du texte (**doc. 1**).
2. **Décrivez** l'action politique de George Sand (**doc. 1, 2 et Biographie**).
3. **Résumez** l'opinion de George Sand sur l'émancipation de la femme (**doc. 3**).
4. **Interprétez** cette image : quelle vision donne-t-elle de George Sand (**doc. 4**) ?
5. À partir des réponses précédentes, **caractérisez** l'engagement politique de George Sand durant la Deuxième République.

**Faire une carte mentale**

1. Écrivez « L'engagement politique de George Sand » au milieu d'une page.
2. Tracez trois branches partant de ce titre :
   - Ses idées
   - Sa participation à l'action du gouvernement
   - La critique qui est faite
3. Complétez chaque branche avec des informations extraites des documents.

DOCUMENTS **POINT DE PASSAGE**

# Louis-Napoléon Bonaparte, premier président de la République

▶ ***Que représente pour les Français l'élection de Louis-Napoléon Bonaparte comme premier président de la République ?***

→ COURS P. 70

## 1 Le candidat du suffrage universel

*Élu député en 1848, Louis Cormenin est un juriste favorable au suffrage universel et spécialiste des élections.*

Louis-Napoléon Bonaparte est un nom qui est un souvenir et qui est une espérance.

[…] Louis-Napoléon Bonaparte sera élu président parce que libre du passé, dégagé du présent, il tient l'avenir.

Parce que son nom, c'est la confiance,

Parce que son nom, c'est la démocratie organisée,

Parce que son nom, c'est le peuple. […]

Le peuple a l'instinct plus sûr, la vue plus nette et le cœur plus grand que les sophistes[1] et les journaux. En nommant Louis-Napoléon, il reconquiert le suffrage universel, la seule et vraie conquête ; il assoit sa souveraineté. […]

Les journaux qui discutent Louis-Napoléon se croient encore sous Louis-Philippe avec un cens de 200 francs. Ils ont oublié que nous avons le suffrage universel, qui ne les subit plus, et sept millions d'électeurs qui voient sans les écouter. Leurs abonnés ne sont pas le pays !

Louis Cormenin, *Opinion du citoyen Louis Cormenin sur la candidature de Louis-Napoléon Bonaparte*, 1848.

1. Orateur qui manipule avec de faux arguments.

**Repères**

**L'élection présidentielle du 10 décembre 1848**

Sur 10 026 000 électeurs, 7 497 000 votent à ce scrutin, ce qui représente un taux de participation de 74,8 %.

| Candidat | Parti | Résultats |
|---|---|---|
| Louis-Napoléon Bonaparte | Parti de l'Ordre | 74 % |
| Louis-Eugène Cavaignac | Républicain modéré | 19,81 % |
| Alexandre Ledru-Rollin | Démocrate-Socialiste | 5,06 % |
| François-Vincent Raspail | Socialiste | 0,51 % |
| Alphonse de Lamartine | Sans étiquette | 0,23 % |
| Nicolas Changarnier | Légitimiste | 0,06 % |

## 2 L'espoir

« La France était divisée en plusieurs partis qui maintenant attendent avec confiance le résultat du vote universel qui, par 5 millions quatre cent mille et plus de suffrages, a proclamé : Louis Napoléon Bonaparte président de la République française. L'Assemblée nationale a constaté le vote de la France le 20 décembre 1848. »

*Le vœu de la France*, lithographie de Turgis, 1848, BNF.

### Le deuil 3

En arrière-plan : les leaders de la gauche socialiste (Raspail, Barbès, Blanqui). Le cortège est conduit par Louis-Napoléon Bonaparte. Près du cheval se trouve Thiers. Derrière le convoi : Marrast, Cavaignac, Ledru-Rollin, Considérant et Proudhon.
*L'enterrement d'une jeune personne après dix mois de souffrances, ses amis sont inconsolables de sa perte,* estampe, XIXᵉ siècle, BNF.

### 4 Premier dîner à l'Élysée

*Sur décision de l'Assemblée nationale, Louis-Napoléon Bonaparte s'installe au palais de l'Élysée.*

Louis Bonaparte a donné son premier dîner, hier samedi, 23, deux jours après sa proclamation comme président de la République. [...] Je remarquai la forme de ces invitations tout à fait semblable à la forme employée par le roi Louis-Philippe. Comme je tenais à ne rien faire qui pût ressembler à de la froideur calculée, je m'habillai, il était six heures et demie, et je me rendis sur-le-champ à l'Élysée. [...] Je songeais à cet emménagement brusque, à cette étiquette essayée, à ce mélange de bourgeois, de républicain et d'impérial, à cette surface d'une chose profonde qu'on appelle aujourd'hui : le président de la République [...]. Ce n'est pas une des moindres curiosités et un des faits les moins caractéristiques de la situation, que cet homme auquel on peut dire et on dit en même temps et de tous les côtés à la fois : prince, altesse, monsieur, monseigneur et citoyen.

Victor Hugo, *Choses vues*, 1848.

### 5 Regard d'historien

La principale conséquence de cette élection [du 10 décembre 1848] dont le succès était imprévu fut le coup d'État du 2 décembre 1851, suivi, un an plus tard, par l'avènement du Second Empire. Dans sa volonté d'être réélu, le prince-président voulut la révision constitutionnelle. Le césarisme revenait en force au pays de la Révolution. [...] Avec l'appui d'un suffrage universel que Bonaparte avait eu l'intelligence de rétablir en accomplissant son forfait – alors que l'Assemblée conservatrice avait restreint le suffrage en 1850. Les républicains en ont tiré quelques leçons durables. La première était le nécessaire apprentissage du suffrage universel : la démocratie ne pouvait s'installer, solide, que par l'éducation des citoyens. D'autre part, ils posèrent comme postulat républicain le refus d'un pouvoir exécutif puissant, appuyé sur le suffrage universel. Un dogme qui ne fut remis en cause qu'en 1962. Du même coup, les fondateurs de la IIIᵉ République et leurs continuateurs de la IVᵉ donneront le pouvoir prépondérant au Parlement. »

Michel Winock, « Un Bonaparte à l'Élysée », *L'Histoire* n° 258, octobre 2001.

## *Que représente pour les Français l'élection de Louis-Napoléon Bonaparte comme premier président de la République ?*

### Répondre aux questions

1. **Résumez** les arguments de Louis Cormenin en faveur de l'élection de Louis-Napoléon Bonaparte (**doc. 1**).
2. **Décrivez** les différentes visions de l'élection de Louis-Napoléon Bonaparte données par ces deux dessins (**doc. 2 et 3**).
3. **Caractérisez** le portrait du président de la République par Victor Hugo (**doc. 4**).
4. **Résumez** les arguments qui expliquent la méfiance tenace en France à l'égard d'un président élu au suffrage universel direct (**doc. 5**).
5. À partir des réponses précédentes, **montrez** ce que représente pour les Français l'élection de Louis-Napoléon Bonaparte comme président de la République.

### Classer des informations dans un tableau

Complétez le tableau en sélectionnant des arguments dans les documents.

| | L'élection de Louis-Napoléon Bonaparte : | |
|---|---|---|
| | une chance pour la France | la démocratie menacée |
| Doc 1 | | |
| Doc 2 | | |
| Doc 3 | | |
| Doc 4 | | |
| Doc 5 | | |

# L'abolition de l'esclavage

## Quelles sont les conséquences de l'abolition de l'esclavage de 1848 ? → COURS P. 70

**Victor Schœlcher**
(1804-1893)
Fervent partisan de l'abolition de l'esclavage, Victor Schœlcher présida la Commission d'abolition de l'esclavage dans les colonies françaises. Il fut élu député de Martinique en 1848 et de Guadeloupe en 1849. La ville de Case-Navire en Martinique prend le nom de Schœlcher en 1889 pour honorer sa mémoire. Ses cendres sont transférées au Panthéon en 1949.

### 1 Décret du 27 avril 1848

Le gouvernement provisoire, considérant que l'esclavage est un attentat contre la dignité humaine ; Qu'en détruisant le libre arbitre de l'homme, il supprime le principe naturel du droit et du devoir ; Qu'il est une violation flagrante du dogme républicain *Liberté, Égalité, Fraternité* ;

Considérant que si des mesures effectives ne suivaient pas de très près la proclamation déjà faite du principe de l'abolition, il en pourrait résulter dans les colonies les plus déplorables désordres,

Décrète

**Art. 1er.** L'esclavage sera entièrement aboli dans toutes les colonies et possessions françaises, deux mois après la promulgation du présent décret dans chacune d'elles. À partir de la promulgation du présent décret dans les colonies, tout châtiment corporel, toute vente de personnes non libres, seront absolument interdits […].

**Art. 5.** L'Assemblée nationale réglera la quotité de l'indemnité qui devra être accordée aux colons. […]

**Art. 8.** À l'avenir, même en pays étranger, il est interdit à tout Français de posséder, d'acheter ou de vendre des esclaves, et de participer, soit directement, soit indirectement, à tout trafic ou exploitation de ce genre.

Décret du gouvernement provisoire, paru dans *Le Moniteur universel*, 2 mai 1848.

### 2 Le point de vue des propriétaires blancs

*Les propriétaires blancs de Port-Louis (Guadeloupe) exposent à Adolphe Gatine, commissaire général de la République envoyé par Victor Schœlcher, leurs inquiétudes face aux conséquences économiques de l'abolition de l'esclavage.*

Citoyen commissaire général,

La commune de Port-Louis se réjouit de votre arrivée longtemps désirée, impatiemment attendue. Une des premières, elle éleva la voix en faveur de l'abolition de l'esclavage ; depuis longtemps nous avions tous compris que cet état anormal, dont nous nous trouvons les tristes héritiers, devait avoir un terme ; mais ne pouvant opérer la libération gratuite de nos esclaves, sans ruiner nos familles et nuire à nos créanciers, nous demandions une indemnité équitable qui pût amoindrir le préjudice réel que cette mesure devait occasionner. […] Vous aurez compris qu'il est de la plus haute importance d'obtenir un dégrèvement[1] sur le sucre et le café qui puisse permettre d'opérer avec quelque avantage la culture de nos uniques productions.

Port-Louis, le 6 juin 1848.

1. Réduction sur les taxes prélevées par la République.

### 3 Regard d'historienne

Au nom de « la prospérité », était en effet lancé le slogan de la « réconciliation sociale ». Hors des cadres de la servitude, il apparaissait comme la seule voie de réussite de la politique coloniale républicaine. Le clergé et la presse étaient les médiateurs les plus efficaces des mots d'ordre officiels : travail, ordre public, oubli du passé. Les maîtres des terres, des plantations puis des premières fabriques, théoriquement privés du pouvoir politique, allaient conserver de fait le pouvoir économique et disposer de l'écoute ministérielle. Les anciens esclaves devront quant à eux se plier à cette apparence de nouvel ordre social. […] Les décrets de 1848 contenaient en fait tous les recours légaux pour surveiller, réglementer, voire réduire la liberté tout juste acquise. […] Le dénuement des « nouveaux libres » était profond. Au Lamentin, en Guadeloupe, un géreur de plantation témoignait en juin 1848 : « *La misère est à son comble ici.* » Il décrivait des « bandes » d'anciens esclaves errant dans la colonie « *poussés par la faim et pour ainsi dire nus, ayant vendu, pour la plupart, leurs effets* ». Les abolitionnistes avaient, en revanche, prévu d'indemniser les planteurs dépossédés de leurs esclaves. Des fonds leur étaient versés en liquidités et en parts de capitaux des banques coloniales créées en 1851.

Nelly Schmidt, « La liberté, et après ? », *L'Histoire* n° 353, mai 2010.

## 4 Que faire avec cette liberté ?

Aux nouveaux citoyens.

Mes amis,

Depuis vingt ans, j'étais en France l'un de vos défenseurs. Je suis venu au milieu de vous pour être votre père. Écoutez donc mes avis. La providence a fait pour vous en un jour ce que vous attendiez depuis si longtemps. Vous êtes à la fois libres et citoyens français ! C'est un titre dont vous devez être fiers, il faut montrer que vous en êtes dignes. […]

Honneur à ceux qui ont repris le travail ! Reprenez-le tous à la voix de votre commissaire général. C'est pour vous désormais que vous cultivez la terre. Elle n'appartient pas à tous les hommes : elle est la propriété de ceux qui l'ont acquise légitimement ; mais, fécondée par vos bras, elle sera pour vous une bonne mère vous aurez votre part de ses riches produits. […]

Les cases appartiennent au propriétaire, comme les jardins, parce qu'elles sont sur son terrain, et, en général, construites à ses frais. […] Mais les propriétaires, si vous travaillez chez eux, au salaire, ou par association, vous laisseront la jouissance des cases et des jardins que vous cultiverez le samedi […].

Adolphe Gatine, *Lettre adressée aux nouveaux citoyens de Guadeloupe*, 10 juin 1848.

## 5 L'esclavage affranchi

Cette œuvre répond à un concours de peinture commandé en août 1848 par la direction des Beaux-arts pour illustrer l'avènement de la République. Le tableau fut ensuite exposé au Salon de 1849.

*Liberté, Égalité, Fraternité ou L'esclavage affranchi*, huile sur toile de Nicolas Gosse, 1849, 39 x 25 cm, musée de l'Oise, Beauvais.

### Quelles sont les conséquences de l'abolition de l'esclavage de 1848 ?

**Répondre aux questions**

1. **Résumez** les objectifs et le contenu du décret du 27 avril 1848 (**doc. 1**).
2. **Montrez** que le document 4 est une réponse aux inquiétudes des propriétaires blancs (**doc. 2**).
3. **Décrivez** le sort des esclaves affranchis après 1848 (**doc. 3 et 4**).
4. **Montrez** que ce tableau illustre les valeurs promues par la Deuxième République (**doc. 5**).
5. À partir des réponses précédentes, **expliquez** les conséquences de l'abolition de l'esclavage.

**Écrire un texte imaginatif**

Imaginez le récit que ferait un esclave affranchi des conséquences de l'abolition sur sa vie et celle des autres affranchis et sur la vie des propriétaires blancs.

# Le suffrage universel sous la Deuxième République

## En quoi le suffrage universel bouleverse-t-il la vie politique en France ?

→ COURS P. 70

### 1 « Le droit d'insurrection aboli par le droit de suffrage »

*En mai 1850, les députés discutent de la proposition de loi du parti de l'Ordre consistant à conditionner le suffrage universel à une domiciliation fixe de plus de trois ans.*

Dissoudre les animosités, désarmer les haines, faire tomber la cartouche des mains de la misère [...] ; en un mot, inspirer aux masses cette patience forte qui fait les grands peuples, voilà l'œuvre du suffrage universel ! [...] Il y a dans l'année un jour où le plus imperceptible citoyen participe à la vie immense du pays tout entier, où la plus étroite poitrine se dilate à l'air des grandes affaires publiques. *(Rire à droite.)* Il y a, dis-je, dans l'année un jour où le plus faible sent en lui la grandeur de la souveraineté nationale, où le plus humble sent en lui l'âme de la patrie ! [...] Qu'est-ce que tout cela ? C'est la fin de la violence, c'est la fin de la force brutale, c'est la fin de l'émeute [...] ; c'est le droit d'insurrection aboli par le droit de suffrage. *(Approbation à gauche.)* [...] Messieurs, cette loi construit tout un système de formalités et de délais qui entraîne des déchéances ; elle est pleine de pièges et de trappes où se perdra le vote de trois millions d'hommes ! Elle viole, ceci résume tout, elle viole ce qui est antérieur et supérieur à la Constitution : la souveraineté de la nation ! *(Bravos à gauche.)* [...] Elle fait gouverner féodalement trois millions d'exclus par six millions de privilégiés (Nouvel assentiment à gauche.) ; elle institue des ilotes, fait monstrueux.

Victor Hugo, Discours à l'Assemblée nationale, 21 mai 1850.

1. Esclave dans la cité antique de Sparte.

### 2 Chanter le suffrage universel

*Pierre Dupont est l'auteur de chansons populaires, favorables à la cause des ouvriers.*

*Ô République tutélaire,*
*Ne remonte jamais au ciel,*
*Idéal incarné sur terre*
*Par le suffrage universel !*
*La République militante,*

Lasse de voir le sang couler,
De sa robe a fait une tente
Où tous peuvent se rassembler.
Plus de parias, plus d'ilote,
Chacun a son droit de cité,
Et sur son bulletin de vote
Peut écrire sa volonté.

*Refrain*

Du jour qu'avec indépendance
Chacun peut exprimer son vœu,
En face de sa conscience,
Le scrutin est la voix de Dieu.
Plus de tyran qui vous domine
Au nom d'un caprice mouvant ;
Tous ont parlé... chacun s'incline
Comme les cèdres sous le vent.

Pierre Dupont, *Le Chant du vote, 1849.*

### 3 Allégorie du suffrage universel

Cette allégorie exalte le suffrage universel, défendu par Ledru-Rollin ① et attaqué par la droite, avec la loi du 31 mai 1850 proposée par Thiers ②.

*Allégorie au suffrage universel*, Frédéric Sorrieu, 1850, musée Carnavalet, Paris.

**4** **L'urne ou le fusil**

On peut lire sous la gravure « Ça, c'est pour l'ennemi du dehors ; pour le dedans, voici comme l'on combat loyalement les adversaires. »

*Suffrage universel : le vote ou le fusil*, gravure, avril 1848, musée Carnavalet, Paris.

## 5 Pour le droit de vote des femmes

*Jeanne Deroin (1805-1894), militante socialiste et féministe, se présente aux élections en 1849, malgré l'opposition quasi unanime des hommes politiques.*

Inspirée et dirigée par le sentiment du droit et de la justice, nous avons accompli un devoir en réclamant le droit de prendre part aux travaux de l'Assemblée législative. Ce n'est pas seulement au nom des femmes, mais dans l'intérêt de la société tout entière, et au nom d'un principe qui renferme en lui l'extinction radicale de tous les privilèges que nous avons demandé l'abolition du privilège de sexe. Nous n'avons pas consulté nos forces, mais seulement notre conscience et notre dévouement, et c'est avec une conviction profonde que, dans toutes les réunions électorales où l'on nous a accordé la parole, nous avons proclamé ce grand principe de l'égalité civile et politique des deux sexes. […] Nous avons manifesté notre étonnement de voir des hommes qui se disent des hommes d'avenir, qui se déclarent démocrates-socialistes et qui repoussent les conséquences logiques et l'application des principes qui sont la base du socialisme, qui reculent devant la pratique et qui n'ont pas le courage de leur opinion, qui demandent l'abolition des privilèges et qui veulent conserver celui qu'ils partagent avec les privilégiés, celui qui est la source de tous les autres privilèges, de toutes les inégalités sociales, la domination de l'homme sur la femme. […] La Constitution de 1848 a légalement aboli le privilège de race, de caste et de fortune, par l'affranchissement des esclaves noirs, par l'extinction des titres de noblesse, par la suppression du cens électoral, mais le privilège de sexe est resté sous-entendu dans cette constitution.

Jeanne Deroin, *Pétition des femmes au gouvernement et au peuple français*, avril 1849.

## *En quoi le suffrage universel bouleverse-t-il la vie politique en France ?*

### Répondre aux questions

1. **Expliquez** et **justifiez** la référence aux ilotes faite par Victor Hugo et par Pierre Dupont (**doc. 1 et 2**).
2. **Décrivez** les catégories de la population représentées sur cette gravure (**doc. 3**).
3. **Montrez** que l'image est une bonne illustration du texte de Victor Hugo (**doc. 1 et 4**).
4. **Expliquez** les arguments de Jeanne Deroin pour étendre le suffrage (**doc. 5**).
5. À partir des réponses précédentes, **montrez** que le suffrage universel bouleverse la vie politique en France.

### Réaliser un schéma

Complétez le schéma en citant précisément les documents.

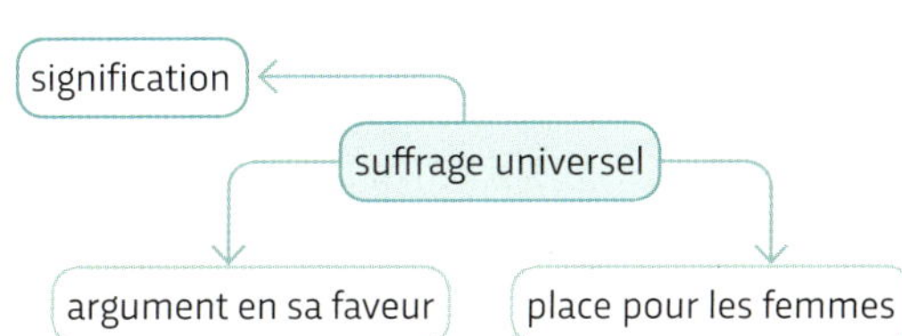

## RÉVISER

# De la République à l'Empire

## SAVOIR EXPLIQUER

### L'instauration de la Deuxième République

- **La révolution de février 1848**

  # Monarchie de Juillet ; Banquet républicain ; Gouvernement provisoire ; Deuxième République

- **Les mesures prises par le gouvernement provisoire**

  # Liberté de la presse ; Liberté de réunion ; Clubs politiques ; Suffrage universel masculin ; Abolition de l'esclavage

### L'échec de la Deuxième République

- **La question sociale irrésolue**

  # Chômage ; Ateliers nationaux ; Hausses d'impôts ; Socialistes ; Répression des journées de juin

- **La République abolie**

  # Royalisme ; Bonapartisme ; Parti de l'Ordre ; Restriction du corps électoral ; Coup d'État ; Abolition de la République

### Le Second Empire

- **L'empire autoritaire**

  # Monarchie ; Empire ; Maintien du suffrage universel ; Plébiscite ; Césarisme démocratique ; Candidatures officielles ; Censure ; Exil des opposants

- **La libéralisation et la chute de l'Empire**

  # Rupture avec les catholiques ; Traité de libre-échange ; Droit de grève ; « Libertés nécessaires » ; Renforcement du pouvoir parlementaire ; Capture de l'empereur

## SAVOIR DATER

| | |
|---|---|
| 22-25 février 1848 | Révolution à Paris, proclamation de la République et instauration d'un gouvernement provisoire |
| 5 mars 1848 | Suffrage universel masculin |
| 27 avril 1848 | Abolition de l'esclavage |

| | |
|---|---|
| 23-26 juin 1848 | Soulèvement ouvrier à Paris réprimé par Cavaignac |
| 4 novembre 1848 | Adoption de la Constitution de la Deuxième République |
| 10 décembre 1848 | Élection de Louis-Napoléon Bonaparte à la présidence de la République |
| Mai 1849 | Triomphe du parti de l'Ordre aux législatives |
| 2 décembre 1851 | Coup d'État de Louis-Napoléon Bonaparte |

| | |
|---|---|
| 2 décembre 1852 | Abolition de la Deuxième République et instauration du Second Empire |
| 1859 | Intervention française en Italie |
| 1864 | Droit de grève |
| 1866-1867 | Accroissement des pouvoirs parlementaires |
| 1868 | Rétablissement des libertés de la presse et de réunion |
| 2 septembre 1870 | Défaite de Sedan, Napoléon capturé par les Prussiens |

Exercices interactifs

## SAVOIR DÉFINIR

- Ateliers nationaux → P. 70
- Banquet républicain → P. 70
- Candidat officiel → P. 72
- Césarisme démocratique → P. 72
- Parti de l'Ordre → P. 70

# LA DIFFICILE ENTRÉE DANS L'ÂGE DÉMOCRATIQUE

***La révolution de février 1848 permet d'importantes avancées démocratiques...***

- **Abolition de la monarchie** de Juillet
- Proclamation **de la IIe République**
- **Libertés** de la presse et de réunion
- Instauration du **suffrage universel masculin**
- **Abolition de l'esclavage** (27 avril 1848)

***... mais ses réponses à la question sociale...***

- Réduction du **temps de travail** journalier
- Création d'**ateliers nationaux**

***... suscitent des tensions...***

- Opposition paysanne à l'**impôt des 45 centimes**
- Pression des socialistes en faveur de **mesures sociales plus radicales**

***... qui permettent au parti de l'Ordre de s'emparer du pouvoir...***

- **Répression** du soulèvement ouvrier de juin 1848
- **Élection de Louis-Napoléon Bonaparte** à la présidence (décembre 1848)
- **Restriction** du suffrage universel (mai 1850)

***... ouvrant la voie au rétablissement d'un pouvoir monarchique autoritaire...***

- **Coup d'État** du 2 décembre 1851
- Proclamation du **Second Empire** (2 décembre 1852)

***... qui se démocratise tardivement.***

- Reconnaissance du **droit de grève** (1864)
- Renforcement des **pouvoirs parlementaires** (1868-1870)

● Sur le plan politique
● Sur le plan social

## POUR ALLER PLUS LOIN

### À LIRE

**Régis Hautière, Alain Grand, David François**
**Pour tout l'or du monde**
Éditions Soleil, 2011
Une plongée dans le Paris de 1850 sous la présidence de Louis-Napoléon Bonaparte.

**Gil et Paturaud**
**Victor Hugo, Aux frontières de l'exil**
Daniel Maghen, 2013
Une description de l'exil de Victor Hugo à partir de 1848.

**Émile Zola**
**La Fortune des Rougon**
1871
Premier roman de la série des Rougon-Macquart, il décrit, quelques jours après le coup d'État du 2 décembre 1851, la prise de pouvoir des Rougon à Plassans.

### À VOIR

**Laurence Jourdan**
**Second empire, le pouvoir en scène**
Arte, 2015

### À CONSULTER

**Site du palais de Compiègne pour comprendre les arts sous le Second Empire**
https://palaisdecompiegne.fr/

**Site de l'Assemblée nationale pour lire les grands discours de la IIe République**
http://www2.assemblee-nationale.fr/decouvrir-l-assemblee/histoire/les-grands-discours-parlementaires/deuxieme-republique

# BAC

## 1 S'ENTRAÎNER À L'ANALYSE DE DOCUMENT(S)

**SUJET GUIDÉ**

**SUJET** L'opposition au Second Empire

**Après avoir présenté le document, analysez les reproches adressés au régime de Napoléon III.**

### Les libertés nécessaires

Pour moi, messieurs, il y a cinq conditions qui constituent ce que j'appelle le nécessaire en fait de liberté. La première est celle qui est destinée à assurer la sécurité du citoyen. Il faut que le citoyen repose tranquillement dans sa demeure, et parcoure toutes les parties du territoire sans être exposé à aucun acte arbitraire. Pourquoi les hommes se mettent-ils en société ? Pour assurer leur sécurité. Mais quand ils se sont mis à l'abri de la violence individuelle, s'ils restaient exposés à la violence du pouvoir destiné à le protéger, ils auraient manqué leur but. Il faut que le citoyen soit garanti contre la violence individuelle et contre tout acte arbitraire du pouvoir. Ainsi, quant à cette liberté qu'on appelle liberté individuelle, je n'insisterai pas [...]. De même que la liberté individuelle du citoyen existe à la condition qu'il n'aura pas provoqué la vindicte des lois, la liberté de la presse est à cette condition que l'écrivain n'aura ni outragé l'honneur des citoyens, ni troublé le repos du pays. Ainsi, selon moi, la seconde liberté nécessaire, c'est, pour les citoyens, cette liberté d'échanger leurs idées, liberté qui enfante l'opinion publique. Mais lorsque cette opinion se produit, [...] il faut qu'elle ait un résultat. Pour cela, il faut que des hommes choisis viennent l'apporter ici, au centre de l'État – ce qui suppose la liberté des élections. [...] Il ne faut pas qu'il [le gouvernement] puisse dicter les choix et imposer sa volonté dans les élections. Voilà ce que j'appelle la liberté électorale.

[...] Quand ces élus mandataires de l'opinion publique, chargés de l'exprimer, sont réunis ici, il faut qu'ils jouissent d'une liberté complète ; il faut qu'ils puissent à temps [...] opposer un utile contrôle à tous les actes du pouvoir. [...] Cette liberté est, selon moi, la quatrième des libertés indispensables. Enfin vient la dernière [...] : c'est de faire que l'opinion publique, bien constatée ici à la majorité, devienne la directrice de la marche du gouvernement.

Adolphe Thiers, Discours devant le corps législatif, 11 janvier 1864.

**Aide pour répondre**

1. **Présentez le document.** Utilisez la méthode CANDI (Contexte, Auteur, Nature, Destinataire, Idée générale).
2. **Analysez les reproches adressés au régime de Napoléon III.** Relevez dans le texte les différents types de libertés que Thiers appelle de ses vœux. Montrez que ces libertés ne sont pas encore présentes sous le Second Empire à cette date.

## 2 S'ENTRAÎNER À L'ANALYSE DE DOCUMENT(S)

**BAC BLANC**

**SUJET** **Les désillusions de 1848**

**Après avoir caractétérisé l'espoir suscité par la révolution de février 1848, montrez que ces deux documents présentent des visions différentes des événements.**

### 1 L'esprit de 1848

L'enthousiasme avait saisi le peuple tout entier, depuis que le gouvernement avait arrêté le sang, protégé les personnes, sauvé les propriétés, proclamé la République et repoussé les symboles de la terreur et de l'anarchie. La concorde était rentrée dans le cœur des citoyens, la joie jaillissait des physionomies, la fraternité des paroles se traduisait en actes. La révolution ressemblait à une fête plutôt qu'à une catastrophe. […] Enfin, l'audace avec laquelle quelques hommes désintéressés d'ambition avaient joué leur vie en se précipitant, à la tête du peuple, à l'hôtel de ville pour prévenir l'anarchie et pour sauver à la fois la révolution et la société, la résistance désespérée et victorieuse de ces hommes au drapeau rouge, à la terreur, aux excès, aux démences qu'on était venu leur commander, tout cela avait inspiré une véritable déférence pour eux à toute la population. Les scènes dramatiques de l'hôtel de ville, dont cent mille témoins avaient répandu et exagéré les récits dans Paris et dans les départements, avaient montré à la nation qu'elle n'avait pas à sa tête de faibles jouets des séditions, mais des hommes capables de les affronter et de les vaincre. Ces journées où quelques hommes luttaient sans fléchir contre des masses armées avaient inspiré confiance et donné une immense autorité au gouvernement provisoire. Il avait consolidé sa popularité en la jouant, elle n'était qu'un souffle, elle était devenue à l'hôtel de ville un pouvoir.

Alphonse de Lamartine, *Histoire de la révolution de 1848*, 1860.

### 2 Le désenchantement

Moi je n'ai qu'une passion, l'idée d'égalité. […] Elle seule épanouit mon âme et console d'immenses douleurs. Mais c'est un beau rêve dont je ne verrai pas la réalisation. J'ai cru, […] après février, que les temps étaient mûrs où l'humanité pouvait comprendre que son mal venait de l'inégalité et où, par l'instinct, le besoin et le vœu de presque tous, les mœurs allaient subir un changement progressif comme on dit, mais continu, rapide et même facile. Je suis détrompée aujourd'hui. Les hommes n'en sont pas là. Ils ont trop de rancune, trop de peur, trop de petitesses. […] Ce qui me reste à vivre n'est point couleur de rose. Je ne parle pas de l'existence matérielle, ceci m'importe peu, et quelle que soit la mienne, je m'en arrangerai, chaumière ou prison ! Mais j'ai toujours vécu par l'idée : quand ce soleil pâlit, rien ne me charme, quand il se ranime, rien ne m'épouvante.

George Sand, Lettre à Hortense Allart de Méritens, 10 juin 1848.

## 3 RÉPONDRE À UNE QUESTION PROBLÉMATISÉE

**SUJET GUIDÉ**

**SUJET** Pourquoi le Second Empire a-t-il connu une évolution politique aussi importante entre 1852 et 1870 ?

**Aide pour répondre**

Vous pouvez adopter le plan suivant :
- Un régime autoritaire né dans la violence (1852-1859)
- Un régime qui se réclame du suffrage universel et qui cherche de nouveaux soutiens (1859-1868)
- Une monarchie quasi parlementaire en 1869-1870

**Retrouvez des sujets de BAC et des méthodes conformes et actualisés sur le site → lyceen.nathan.fr/lequintrec1re-2019**

CHAPITRE

# 4 L'industrialisation et l' ac économiques et sociales

# célération des transformations en France (1848-1870)

Dans ce chapitre

TOUS LES TEXTES en version audio

TOUTES LES CARTES en version interactive

**Vue du palais de l'Industrie, Paris.**

Le 15 mai 1855, Napoléon III inaugure à Paris l'*Exposition universelle des produits de l'agriculture, de l'industrie et des beaux-arts*. Près de 24 000 exposants venus de 36 pays sont invités ; il s'agit avant tout pour le régime impérial de mettre en scène la puissance française.
Lithographie de Max Berthelin, 1855, musée Carnavalet.

Animation

# REPÈRES L'industrialisation (1848-1871)

## EN CLASSE DE 4e

- Vous avez étudié la « révolution industrielle » et les transformations économiques et sociales qu'elle engendre en Europe au XIXe siècle.

## DANS CE CHAPITRE

- Dans ce chapitre, vous allez analyser les mutations profondes que connaît la France entre 1848 et 1870, sous l'effet de l'industrialisation et de l'urbanisation.

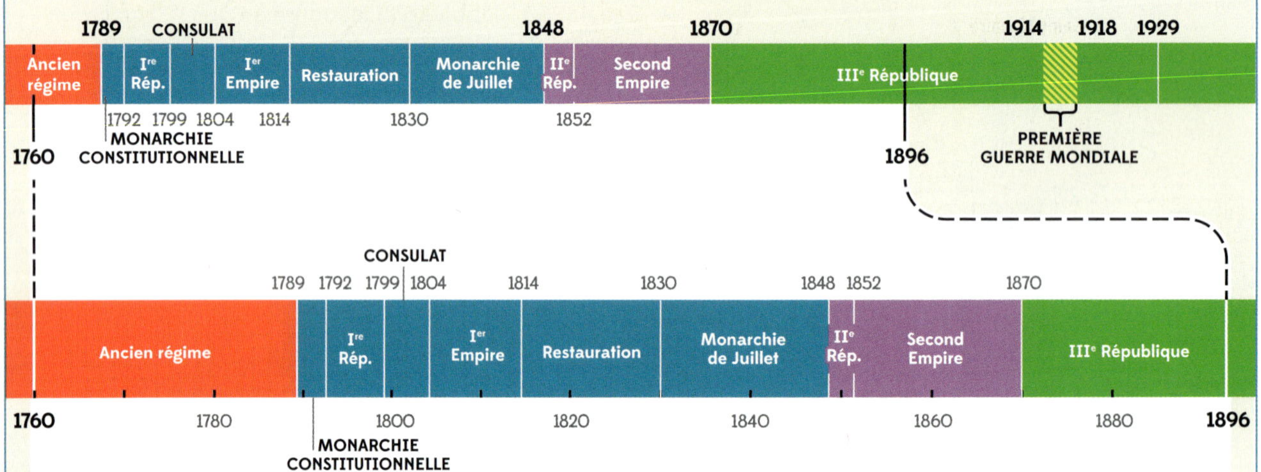


### Dates clés

**1760 > 1770** Décollage industriel au Royaume-Uni

**1807** 1er bateau à vapeur

**1813** 1re locomotive à vapeur

**1837** 1re ligne de chemin de fer de voyageurs en France

**1851** 1re exposition universelle au Royaume-Uni

**1852** Naissance du Second Empire, création du Crédit mobilier des frères Pereire et du Bon Marché

**1853** Début de la politique des grands travaux d'Haussmann à Paris

**1855** Mise au point du procédé Bessemer 1re exposition universelle de Paris

**1860** Traité de libre-échange avec le Royaume-Uni et agrandissement de Paris à 20 arrondissements

**1864** Reconnaissance du droit de grève

**1867** 2e exposition universelle de Paris

**1870** Grèves au Creusot et chute du Second Empire

**1875** Inauguration de l'Opéra Garnier

**1882** Invention de l'ampoule électrique

**1896** Invention de l'automobile

## 1 Le développement économique du territoire français sous le Second Empire (1852-1870)

**Le développement des réseaux de transport**

**L'extension du réseau ferroviaire**

- Voies ferrées existant en 1850
- Principales voies ferrées construites entre 1850 et 1870

**Le développement des échanges maritimes et fluviaux**

- Ports aménagés ou développés sous le Second Empire
- Principales lignes maritimes exploitées
- Canaux construits ou achevés sous le Second Empire

**Les territoires moteurs de la croissance**

- Principaux bassins houillers (production de charbon)
- Mise en valeur des régions incultes (assèchement, assainissement, défrichement)
- Villes de + de 100 000 habitants modernisées selon les principes haussmanniens

COURS

Podcast du cours

# 1 L'entrée de la France dans la modernité

→ DOCUMENTS P. 96, 98, 104

*Le Second Empire s'inscrit dans une période de forte croissance économique liée à l'industrialisation de l'Europe. Sous l'impulsion de l'État, la France connaît alors une profonde transformation économique, financière et urbaine.*

**Repères**

**Le saint-simonisme**

Le saint-simonisme est la doctrine théorisée par Saint-Simon (1760-1825) et diffusée par ses disciples comme Prosper Enfantin (1796-1864) et les frères Pereire. Selon cette doctrine, la force d'un pays repose sur ses « industriels », c'est-à-dire tous ceux qui contribuent à la production des richesses : paysans, ouvriers, chefs d'entreprise, banquiers, ingénieurs, etc. L'État doit s'appuyer sur eux, encourager la production et la circulation des biens, veiller aussi à une juste répartition des richesses. Les saint-simoniens peuvent être des socialistes, qui insistent sur ce dernier point, ou des libéraux, qui privilégient la modernisation économique et le libre-échange entre les nations.

## A Un contexte européen d'industrialisation

- **Une industrialisation initiée par le Royaume-Uni.** À partir des années 1760-1770, le Royaume-Uni a connu des transformations économiques rapides, qui ont parfois été qualifiées de « révolution industrielle ». La machine à vapeur a dynamisé le textile et la sidérurgie, secteurs moteurs de la croissance économique. De vastes usines regroupent des milliers de travailleurs venus des campagnes. Cet exode rural massif accélère l'urbanisation. À l'imitation de l'Angleterre, l'Europe de l'Ouest connaît l'**industrialisation** dans la première moitié du XIXe siècle.

- **Un modèle français original.** La France est entrée dans l'ère industrielle de façon plus progressive que le Royaume-Uni, notamment parce qu'elle est pauvre en charbon. Les petits ateliers urbains, avec des ouvriers qualifiés qui sont encore des artisans, assurent une grande partie de la production dans le secteur du luxe, spécialité française. Les produits textiles sont largement fabriqués dans les campagnes dans le cadre de la **proto-industrialisation**. C'est sous le Second Empire que la croissance s'accélère et que les usines commencent à se multiplier en France **(doc. 1)**.

**1 La croissance économique de la France sous le Second Empire**

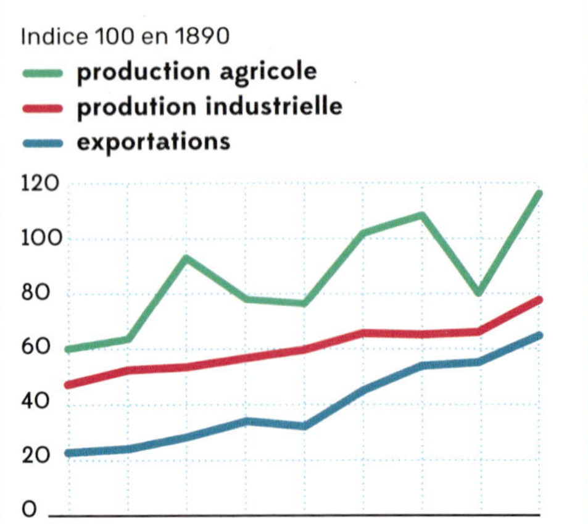


Source : M. Lévy-Leboyer, « La croissance économique en France au XIXe siècle », *Annales ESC*, 1968.

## B La politique économique impériale et ses effets

- **Favoriser la croissance économique.** Napoléon III, proche du saint-simonisme, pense que la prospérité économique est un facteur de paix sociale. Il stimule l'investissement privé en modernisant le système bancaire : naissance de grandes banques de crédit (Crédit lyonnais, Société générale), usage des chèques (1865), création du statut de **société anonyme** (1867). Le traité de **libre-échange** de 1860 signé avec le Royaume-Uni oblige les industriels français à moderniser leurs méthodes de production afin d'être compétitifs face aux produits britanniques.

- **Un secteur industriel dynamisé.** Si l'industrie reste dominée par le secteur textile, qui emploie plus de 50 % des ouvriers, elle se diversifie **(doc. 2)**. Grâce à la demande en rails de chemin de fer ou en charpentes métalliques, la sidérurgie connaît une progression fulgurante : la France, grâce au **procédé Bessemer**, concurrence l'Angleterre dans la production de machines ou de locomotives.

**L'essor des grands magasins.** Le secteur du commerce est également bouleversé par la naissance des grands magasins. *Au Bon Marché*, *Au Printemps* ou les *Nouvelles Galeries* offrent des produits en abondance, à prix fixe, présentés dans des vitrines éclairées et vendus à grand renfort de publicités. Ces magasins provoquent la ruine de nombreux petits commerces de détail.

## C Une politique d'aménagement volontariste : les grands projets

**La révolution des transports et la mise en valeur du territoire.** Le réseau de voies ferrées passe de 3 870 km en 1852 à 17 000 km en 1870. Il est contrôlé par six grandes compagnies au lieu des 42 petits réseaux précédents. Le réseau routier double. Des grands travaux assèchent les régions marécageuses (Sologne) et irriguent les régions sèches (Provence) ; des défrichements massifs rendent fertiles les terres de la Dombes et une vaste forêt artificielle de pins est plantée dans les Landes. Des canaux et des ports sont créés (Saint-Nazaire) ou agrandis (Le Havre, Bordeaux, Marseille).

**Les grands travaux d'urbanisme.** Napoléon III souhaite faire de Paris une capitale aussi moderne que Londres, son modèle. Il confie cette tâche à Haussmann, préfet de la Seine de 1853 à 1869. Les vieux quartiers insalubres, propices aux épidémies de choléra et aux émeutes (révolution de 1848), sont détruits. Des espaces verts sont créés, un réseau d'assainissement et de distribution d'eau et de gaz est mis en place. Pour faciliter la circulation et l'accès aux gares, on trace de larges avenues bordées d'immeubles bourgeois uniformes. Des aménagements similaires sont réalisés à Lyon, Rouen ou Marseille.

### VOCABULAIRE

- **Industrialisation :** développement de la production industrielle réalisée dans des usines, concentrant de nombreux ouvriers autour des machines.
- **Libre-échange :** politique favorisant le commerce international en supprimant les barrières douanières entre les États.
- **Procédé Bessemer :** procédé de transformation de la fonte, permettant la production d'un acier bon marché.
- **Proto-industrialisation :** développement de la production industrielle réalisée par des paysans-ouvriers, travaillant à domicile.
- **Société anonyme :** entreprise dont le capital est divisé en actions cotées en Bourse et dont le conseil d'administration est élu par l'assemblée des actionnaires.

**2 La population active industrielle en 1866 (en milliers de travailleurs)**

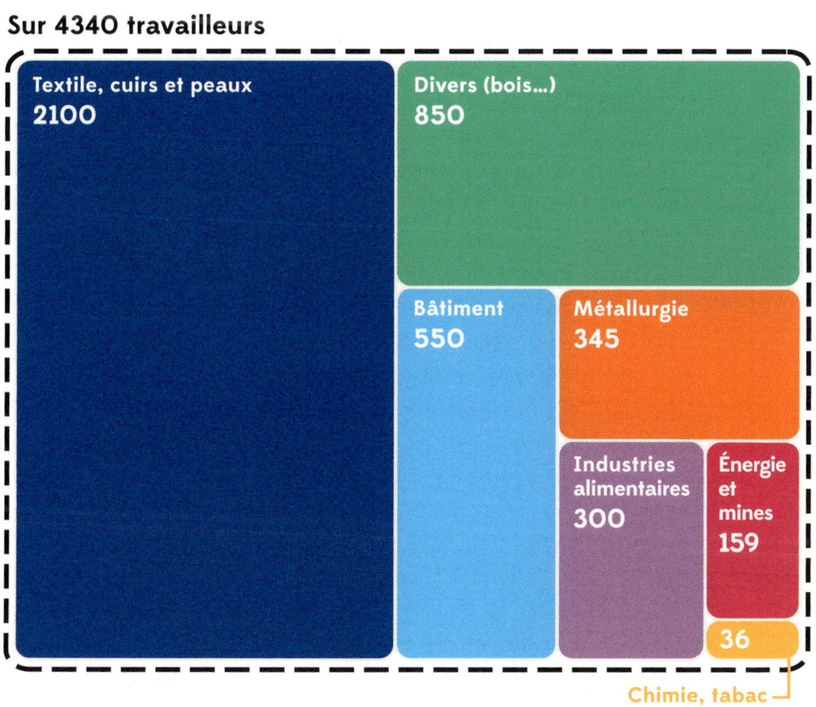


Source : Jean-Claude Toutain, *La population de la France de 1700 à 1959*, cahier de l'ISEA, 1963.

### RÉVISER SON COURS

1. En quoi le modèle d'industrialisation français se démarque-t-il du modèle britannique ?
2. Quelle est la politique économique menée par l'État sous le Second Empire ?
3. Quels grands aménagements transforment les campagnes et les villes ?

COURS

Podcast du cours

# 2 La société française sous le Second Empire

→ DOCUMENTS P. 100, 102

*Le Second Empire accompagne et encadre les mutations sociales provoquées par l'industrialisation et l'urbanisation. Toutefois, si elle voit l'émergence du salariat et d'un monde ouvrier plus structuré, la société française reste majoritairement rurale.*

## A Les conséquences sociales de l'industrialisation

**L'essor de la bourgeoisie et des classes moyennes urbaines.** Sous le Second Empire, la bourgeoisie prospère. Elle est cependant très diverse. Dans la grande bourgeoisie se côtoient rentiers, industriels et banquiers qui ont fait fortune (les familles Pereire et Schneider, par exemple). La moyenne rassemble les professions libérales (avocats, notaires, médecins). La petite est constituée de commerçants, de fonctionnaires et d'un nombre croissant d'employés, car le **salariat** se développe. Ces **« cols blancs »** forment une classe moyenne émergente, qui se situe entre la classe dirigeante et les milieux populaires. Ces derniers, en ville, sont essentiellement constitués par les domestiques et les ouvriers.

**Un monde ouvrier en pleine évolution.** La création d'usines nécessitant une main-d'œuvre abondante entraîne l'afflux de ruraux dans les grandes villes et les centres industriels et miniers (Nord, Pas-de-Calais, Alsace). Les ouvriers qualifiés dont le travail est proche de l'artisanat commencent à être remplacés par des ouvriers non qualifiés travaillant en usine. Ce sont ces ouvriers qui forment, selon Marx, le prolétariat exploité par les capitalistes. Des quartiers ouvriers se développent, souvent en périphérie, où se concentrent les problèmes sociaux. Les débats politiques sont nourris par la **question sociale**. En France, comme dans les autres pays qui s'industrialisent, les idées socialistes se répandent dans la classe ouvrière.

## B Napoléon III et les ouvriers

**Des mesures sociales.** Louis-Napoléon Bonaparte a écrit en 1844 *L'Extinction du paupérisme*, présenté comme « un écrit qui a pour unique but le bien-être de la classe ouvrière ». Devenu empereur, il veut, sous l'influence saint-simonienne, concilier le développement du capitalisme et la législation sociale, en encourageant notamment le **paternalisme** chez les patrons. Il espère ainsi détourner les ouvriers de l'opposition républicaine. Le droit de grève est accordé en 1864 et les syndicats sont tolérés à partir de 1866. Une loi de 1868 abolit l'article 1781 du Code civil qui établissait la supériorité de l'employeur sur l'employé devant la justice.

**Une opposition ouvrière persistante.** Ces mesures ne convainquent guère les ouvriers. L'Empire continue à être perçu comme un régime « bourgeois », qui exerce une surveillance policière par le biais du **livret ouvrier**. Les militants de l'Internationale poussent à la grève.

### VOCABULAIRE

- **« Cols blancs » :** employés (portant la chemise blanche et la cravate) par opposition aux « cols bleus » que sont les ouvriers (portant la blouse ou bleu de travail).
- **Livret ouvrier :** document que les ouvriers doivent présenter aux autorités lors de leurs déplacements. Pour changer d'entreprise, l'ouvrier doit avoir l'accord du patron, signalé sur le livret.
- **Paternalisme :** attitude de certains patrons qui assimilent l'entreprise à une famille et traitent donc leurs ouvriers comme des enfants.
- **Question sociale :** expression apparue dans les années 1840 pour désigner les problèmes de la misère et du chômage et inviter les hommes politiques à y apporter des solutions.
- **Salariat :** ensemble des travailleurs rémunérés par un salaire, contrairement aux travailleurs indépendants ou aux professions libérales.

Le 16 juin 1869, à La Ricamarie, localité minière proche de Saint-Étienne, l'armée arrête des grévistes et tire sur la foule qui réclamait leur libération, tuant 14 personnes.

## C Une société encore majoritairement paysanne

- **Un « âge d'or » des campagnes.** La France rurale bénéficie de la croissance généralisée. Les régions d'agriculture intensive (le Nord et le Bassin parisien) se mécanisent et développent la production de la pomme de terre ou de la betterave. Le chemin de fer favorise la spécialisation : chaque région peut privilégier une production : les fruits dans le Midi par exemple, exportés dans toute la France grâce au train. La viticulture, présente presque partout sur le territoire, connaît son apogée.

- **L'adhésion du monde paysan au régime.** En 1850, la population rurale française atteint un pic historique. Un million de paysans émigrent vers les villes durant le Second Empire, ce qui assure le plein emploi dans les campagnes. Dans le même temps, les revenus paysans progressent, grâce à la hausse des prix agricoles. Sensibles à la relative amélioration de leurs conditions de vie, et sans doute moins attachés aux libertés politiques que les citadins, les paysans soutiennent le régime impérial jusqu'à sa chute.

**Repères**

**L'Internationale**
L'Association internationale des travailleurs, appelée couramment l'Internationale, est créée à Londres en 1864 par des ouvriers, surtout anglais et français, à l'initiative de Karl Marx notamment. Au départ, Napoléon III encourage la section française de l'Internationale, puis il l'interdit en 1867, quand elle s'oppose clairement à son régime.

**RÉVISER SON COURS**

1. Quelles sont les conséquences de l'industrialisation sur la société française ?
2. Quels sont les rapports de Napoléon III avec les ouvriers ?
3. Pourquoi peut-on parler d'un « âge d'or » des campagnes sous le Second Empire ?

**1 La répartition de la population active**

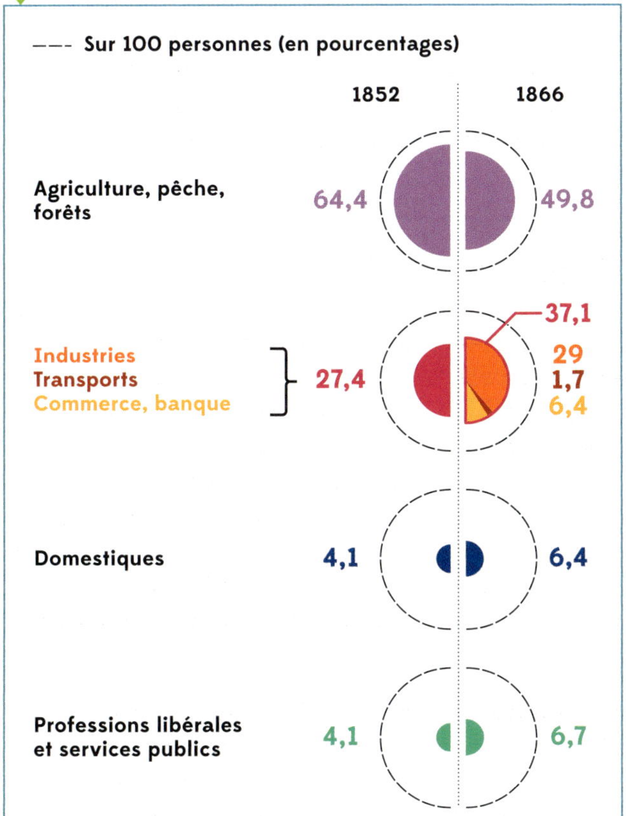


**2 Consommation moyenne par tête et par jour**

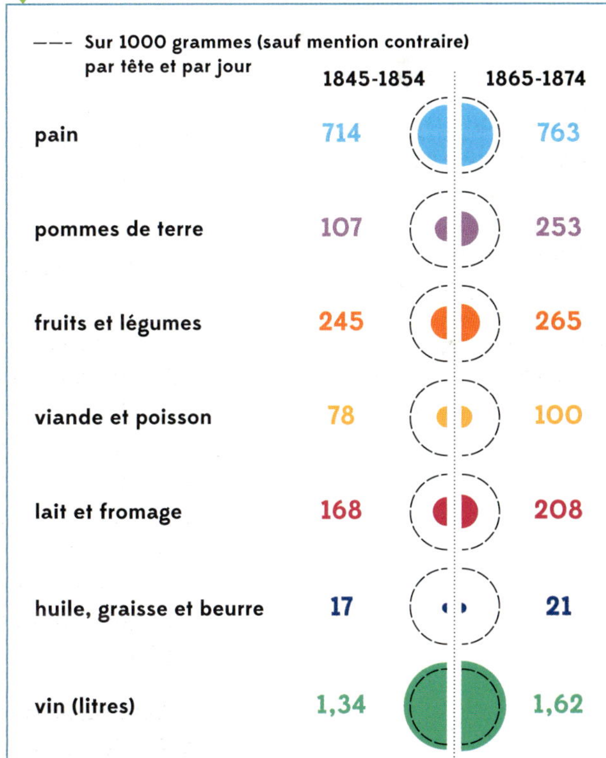


Source : Jean-Claude Toutain, *La consommation alimentaire en France de 1789 à 1964*, cahier de l'ISEA, 1971

# Le Paris d'Haussmann : la transformation d'une ville

**Repères**

**Population de Paris**
**1851 :** 1 053 262
**1861 :** 1 696 141
**1872 :** 1 851 792

***En quoi les travaux réalisés sous le Second Empire transforment-ils radicalement Paris ?***

→ COURS P. 92

## 1 Le centre de Paris transformé

Animation

a. L'île de la Cité avant les travaux d'Haussmann (rue Haute-des-Ursins, 1855).

Animation

b. L'île de la Cité après les travaux d'Haussmann (boulevard du Palais, vers 1873).

## 2 Jugement d'un contemporain sur l'œuvre d'Haussmann

Je regrette le Paris de nos pères, que ne remplacera jamais le Paris de nos fils ; oui je regrette ses vieilles maisons pignonnées, surplombantes, moussues, culottées par les pluies et par les fumées, qui étaient le cortège naturel de ses vieilles églises enfouies au milieu d'elles. […] Il faisait peut-être meilleur vivre là que dans ces maisons froides, incolores, régulières comme des casernes et tristes comme des prisons, au milieu de ces rues alignées comme des fantassins, tirées au cordeau, tracées stratégiquement, et, à cause de cela, lamentables dans leur régularité.

Alfred Delvau, *Les Plaisirs de Paris*, guide pratique et illustré, 1867.

## 3 Les conséquences sociales de la destruction des vieux quartiers de Paris

Les circonstances qui forcent les ouvriers à s'éloigner du centre de Paris ont été généralement signalées comme ayant eu des conséquences fâcheuses sur leur conduite et sur leur moralité. Autrefois, ils habitaient en général les étages du haut des maisons qu'occupaient, du reste, des familles d'entrepreneurs d'industrie et des gens relativement dans l'aisance. Une sorte de solidarité s'établissait entre les différents habitants de la même maison. On se rendait quelques services réciproques. Les ouvriers trouvaient, en cas de maladie ou de chômage de travail, beaucoup de services et d'assistance ; et, d'un autre côté, une sorte de respect humain imprimait un caractère de régularité dans les habitudes des familles ouvrières. En se transportant au Nord du canal Saint-Martin et même en dehors des barrières[1], les ouvriers habitent où ne se trouvent pas de familles bourgeoises, et se trouvent privés des secours et affranchis du frein que leur donnait précédemment le voisinage.

Rapport du secrétaire de la Chambre de commerce de Paris, Horace Say, 15 juin 1855.

1. Limites de Paris jusqu'en 1860.

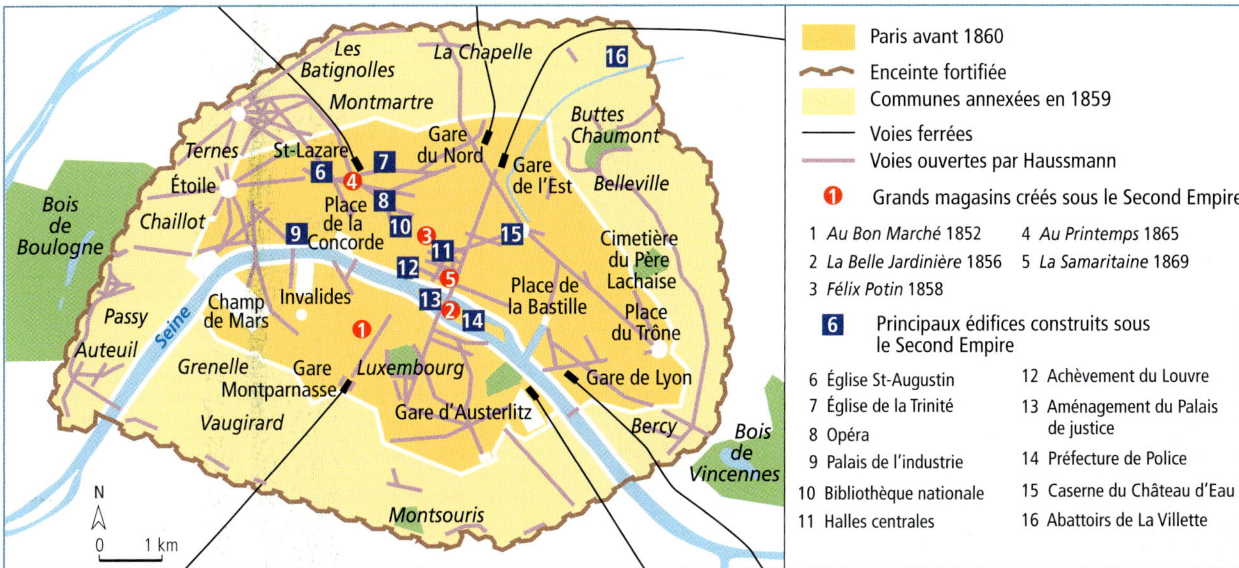


**4** **Les grands aménagements réalisés à Paris**

## 5 Un bilan de l'œuvre d'Haussmann

Nous manquions d'eau, de marchés, de lumière, dans ces temps reculés, qui ne sont pas encore à trente ans de nous. […] Les chemins de fer existaient cependant ; ils versaient tous les jours, dans Paris, des torrents de voyageurs, qui ne pouvaient ni se loger dans nos maisons, ni circuler dans nos rues tortueuses. Un des prédécesseurs de M. Haussmann s'était illustré pour avoir percé la rue Rambuteau. Pour lui, il fit, en dix ans, plus qu'on avait fait en un demi-siècle. Il démolit des quartiers ; on pourrait dire : des villes entières. On criait qu'il nous donnerait la peste ; il laissait crier et nous donnait, au contraire, par ses intelligentes percées, l'air, la santé et la vie. Tantôt c'était une rue qu'il créait ; tantôt une avenue ou un boulevard ; tantôt, une place, un square, une promenade. Il fondait des hôpitaux, des écoles, des groupes d'écoles. Il nous apportait toute une rivière. Il creusait des égouts magnifiques. Il élevait des casernes, des théâtres. Il tirait de leur néant les Champs-Elysées, le bois de Boulogne, le bois de Vincennes. Il achevait les Halles centrales. Il généralisait l'usage du gaz ; il multipliait les lignes d'omnibus ; il jetait sur la Seine les bateaux qui l'animent, et qui facilitent la circulation. Il introduisait, dans sa belle capitale, les arbres et les fleurs. Il la peuplait de statues.

Article de Jules Simon, ancien opposant républicain à Napoléon III, publié dans *Le Gaulois* en mai 1882.

### *En quoi les travaux réalisés sous le Second Empire transforment-ils radicalement Paris ?*

### Répondre aux questions

1. **Décrivez** la rue (**doc 1 a**). **Localisez**-la dans Paris (**doc 4**). Quelles transformations connaît l'île de la Cité (**doc 1 a et b**) ?
2. **Identifiez** les différentes infrastructures réalisées pour faciliter la circulation et développer les transports. Quel équipement permet d'améliorer l'assainissement de l'eau dans la capitale (**doc. 1 b, 4 et 5**) ?
3. **Identifiez** les aménagements réalisés pour le commerce et les loisirs des Parisiens (**doc. 4 et 5**).
4. **Analysez** les conséquences de l'annexion des communes de banlieue à la ville de Paris en 1860 (**Repères, doc. 4**).
5. **Identifiez** les différents types de critiques faites à l'encontre de la politique urbaine d'Haussmann (**doc. 2, 3 et 5**).
6. À l'aide des réponses aux questions précédentes, **montrez** que les travaux réalisés sous le Second Empire transforment radicalement Paris.

### Classer des informations dans un tableau

**Classez** les informations tirées des documents dans ce tableau :

| | Doc. 1 | Doc. 2 | Doc. 3 | Doc. 4 | Doc. 5 |
|---|---|---|---|---|---|
| Agrandissement de la capitale et transformation des vieux quartiers | | | | | |
| Modernisation du réseau de transport et des équipements urbains | | | | | |
| Création d'espaces dédiés aux loisirs et à la consommation | | | | | |
| Critiques et polémiques causées par l'œuvre d'Haussmann | | | | | |

# Les frères Pereire, acteurs controversés de la modernisation économique

## *Pourquoi le rôle joué par les frères Pereire dans la modernisation économique est-il controversé ?*

→ COURS P. 92

**Jacob Émile et Isaac Pereire**
(1800-1875)
(1806-1880)

Après avoir participé au mouvement saint-simonien, les frères Pereire entrent dans le monde des affaires dans les années 1830 (compagnies ferroviaires). Ils fondent le Crédit mobilier en 1852, une banque chargée de financer les entreprises. Députés de 1863 à 1869, ils sont proches de Napoléon III. Ils perdent leur influence avec la faillite du Crédit mobilier en 1869.

### 1 Les secteurs d'activités des frères Pereire

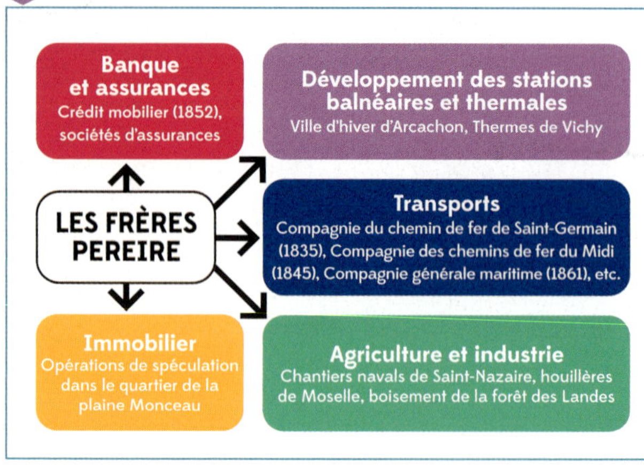


### 2 Les « innombrables intérêts » d'Émile Pereire

Lorsqu'on songe également au caractère qu'a pris en France la société anonyme, lorsqu'on réfléchit que cette forme de société, si impersonnelle de sa nature, est arrivée, dans la grande industrie des chemins de fer en particulier, à se personnifier partout dans une ou plusieurs individualités hors ligne, il est impossible de faire abstraction du rôle rempli à cet égard par M. Pereire. Concessionnaire et directeur, en 1835, du chemin de fer de Saint-Germain, président du conseil d'administration du chemin de fer du Midi et du canal latéral à la Garonne, administrateur des chemins de fer du Nord, de l'Ouest, de l'Est, de Saint-Rambert, des chemins autrichiens, de l'Ouest suisse, du Central suisse, de la Compagnie de canalisation de l'Ebre (Espagne), du Crédit foncier, du Crédit mobilier, de la Compagnie générale maritime, du Crédit mobilier espagnol, et président du conseil de la Société des immeubles de la rue de Rivoli ; les lignes de voies ferrées ou fluviatiles, à l'administration desquelles il prend part, représentent, tant en France qu'en Autriche, en Suisse et en Espagne, plus de 10 000 kilomètres de parcours, et jamais, on peut le dire à sa louange, son zèle, ses lumières, sa sollicitude n'ont fait défaut à aucun des innombrables intérêts qui se sont abrités sous son patronage.

Louis Clot, *Émile Pereire*, Bureau de la Publication, Paris, 1856.

### 3 L'aménagement d'Arcachon

Un décret impérial, en date du 4 avril 1857, a autorisé notre Compagnie à prolonger le chemin de fer de La Teste jusque sur les bords du bassin d'Arcachon […] ; dans quelques semaines, le nouveau chemin sera ouvert au public et, en rendant les communications plus commodes et plus rapides, augmentera le nombre déjà très considérable des personnes qui viennent se promener, prendre des bains de mer ou résider à Arcachon, pendant la saison d'été. Mais bien que, depuis quelques temps, beaucoup de maisons particulières s'y soient établies […] , Arcachon ne possède encore aucun établissement qui présente des conditions de vie confortables et offre aux malades, aux touristes, les agréments qu'ils sont aujourd'hui habitués à trouver dans tous les bains en réputation. […] Nous demandons que dans la forêt domaniale d'Arcachon, le long des parcelles qui ont été précédemment aliénées à divers particuliers, le Gouvernement nous concède 400 hectares de terrain. […] Nous prendrons en effet l'engagement de consacrer la moitié de ce terrain à l'établissement d'un Casino et de ses dépendances, des promenades pour les piétons et les cavaliers. […] Nous nous réservons de faire de l'autre moitié tel usage qui conviendrait à nos intérêts.

Courrier adressé par Émile Pereire, président au Conseil d'administration de la Compagnie du Midi, au ministre des Finances, le 8 mai 1857, Archives départementales de la Gironde.

**4 Le nouveau quartier de la plaine Monceau**

Photographie aérienne montrant les rues nouvelles aménagées au nord du parc Monceau sous le Second Empire (8$^{e}$ et 17$^{e}$ arrondissements).

## 5 La « fièvre de spéculation »

*Comme l'indique son titre, le roman de Zola* La Curée *montre Paris livré à la meute des spéculateurs sous le Second Empire. Le personnage de Saccard est inspiré des Pereire.*

La Ville s'était déjà décidée à ne plus exécuter elle-même les travaux, à céder les boulevards à forfait. Les compagnies concessionnaires[1] s'engageaient à lui livrer une voie toute faite, arbres plantés, bancs et becs de gaz posés, moyennant une indemnité convenue ; quelquefois même, elles donnaient la voie pour rien : elles se trouvaient largement payées par les terrains en bordure, qu'elles retenaient et qu'elles frappaient d'une plus-value considérable. La fièvre de spéculation sur les terrains, la hausse furieuse sur les immeubles datent de cette époque. Saccard, par ses attaches, obtint la concession de trois tronçons de boulevard. […] Bientôt, remuant les capitaux à la pelle, il eut huit maisons sur les nouveaux boulevards. Il en avait quatre complètement terminées, deux rue de Marignan et deux sur le boulevard Haussmann ; les quatre autres, situées sur le boulevard Malesherbes, restaient en construction […]. Il était actionnaire de toutes les sociétés, bâtissait avec une sorte de fureur, se mettait de tous les trafics.

Émile Zola, *La Curée*, 1871.

1. Compagnie concessionnaire : entreprise qui a obtenu de la ville de Paris la concession d'un terrain avec des travaux à réaliser.

### *Pourquoi le rôle joué par les frères Pereire dans la modernisation économique est-il controversé ?*

### Répondre aux questions

1. **Identifiez** les principaux secteurs d'activités des Pereire et **analysez** les liens existant entre ces secteurs (**doc. 1, 2, 3**).
2. **Expliquez** en quoi consiste une société concessionnaire pour expliquer l'activité des Pereire dans l'urbanisme et l'immobilier (**doc. 3, 4 et 5**).
3. **Comparez** ces deux portraits, en relevant les termes employés, en définissant la nature précise du texte et en interprétant l'objectif de l'auteur (**doc. 2 et 5**).
4. À l'aide des réponses aux questions précédentes, **montrez** pourquoi le rôle joué par les frères Pereire dans la modernisation économique est controversé.

### Rédiger un texte argumenté

Une pétition est envoyée à la mairie de Paris pour demander que le boulevard Pereire, dans le XVII$^{e}$ arrondissement, soit débaptisé. Rédigez la réponse de la mairie, qui refuse de changer le nom du boulevard. En utilisant tous les documents, vous montrerez que, malgré les critiques qui ont pu leur être adressées, les frères Pereire ont été des acteurs de la modernisation économique sous le Second Empire.

# DOCUMENTS

POINT DE PASSAGE

# La loi de 1864 sur le droit de grève

## *La loi de 1864 répond-elle à toutes les attentes du monde ouvrier ?*

→ COURS P. 94

**Repères**

La loi Le Chapelier de 1791 a interdit en France les « coalitions », c'est-à-dire les grèves et les syndicats. Elle est abolie par la loi Ollivier du 25 mai 1864, qui autorise les grèves sous certaines conditions : ne pas empêcher le travail des non-grévistes et ne pas commettre d'acte de violence. Mais le droit de réunion n'est pas reconnu, ce qui rend difficile l'organisation des grèves. À partir de 1866, l'administration tolère les syndicats, puis la loi du 6 juin 1868 autorise les réunions avec certaines restrictions (on peut y parler des questions sociales, mais non des questions politiques).

**1 Des ouvriers sous surveillance**

Un gendarme contrôlant le livret ouvrier d'un tailleur de pierre sous le Second Empire.
Gravure, vers 1880.

### 2 « Nous émanciper socialement »

*En février 1864, 60 ouvriers de la Seine signent un texte pour soutenir la candidature de certains d'entre eux aux élections.*

Le suffrage universel nous a rendus majeurs politiquement, mais il nous reste encore à nous émanciper socialement. La liberté que le Tiers État sut conquérir avec tant de vigueur et de persévérance doit s'étendre en France, pays démocratique, à tous les citoyens. Droit politique égal implique nécessairement un égal droit social. On a répété à satiété : il n'y a plus de classes ; depuis 1789, tous les Français sont égaux devant la loi. Mais nous qui n'avons d'autre propriété que nos bras, nous qui subissons tous les jours les conditions légitimes ou arbitraires du capital ; nous qui vivons sous des lois exceptionnelles, telles que la loi sur les coalitions et l'article 1781[1], qui portent atteinte à nos intérêts en même temps qu'à notre dignité, il nous est bien difficile de croire à cette affirmation. […] Nous qui n'avons pas le droit de nous entendre pour défendre pacifiquement notre salaire, pour nous assurer contre le chômage, nous affirmons que l'égalité écrite dans la loi n'est pas dans les mœurs, et qu'elle est encore à réaliser dans les faits.

Extraits du *Manifeste des 60*, 17 février 1864, publié dans *L'Opinion nationale*, journal des bonapartistes de gauche.

1. Allusion à l'article du Code pénal selon lequel le témoignage en justice d'un patron vaut plus que celui d'un salarié.

### 3 La loi de 1864

*Émile Ollivier répond ici à Charles Seydoux, député du Nord et patron d'une entreprise textile, qui veut maintenir l'interdiction des coalitions.*

Je réponds à l'honorable M. Seydoux que depuis les temps auxquels il fait allusion se sont passés des faits très graves que je lui demande la permission d'indiquer. Le premier, c'est l'établissement du suffrage universel. Ce fait immense dont nous voyons tous les jours le déploiement ne peut être sans conséquences sur le régime industriel. Ceux qui jadis étaient réputés incapables de participer aux affaires publiques sont appelés aujourd'hui à les trancher. Or, ainsi que votre esprit judicieux l'a bien compris, refuser aux ouvriers le droit de se coaliser, cela équivaut à leur dire : « Ouvriers, vous êtes incapables ! Vous ne savez pas ! Votre esprit n'est pas suffisamment éclairé ! » […] Et en vérité, il y aurait une contradiction singulière à reconnaître à des hommes la capacité de se prononcer sur les affaires les plus graves de leur pays, et de les déclarer en même temps incapables de décider sur la question qui est leur affaire personnelle de tous les jours, sur celle qu'ils connaissent plus que toutes les autres et sur laquelle ils ont une compétence spéciale.

Émile Ollivier, rapporteur du projet de loi sur les coalitions, discours devant le Corps législatif, 28 avril 1864.

## 4 Le droit de réunion

*Cet article résume les revendications des délégués ouvriers autorisés à se réunir à l'occasion de l'Exposition universelle de Paris en 1867.*

La loi qui fut promulguée le 25 mai 1864 mit les patrons et les ouvriers sur la même ligne [...]. Ainsi l'ancien délit de coalition disparaissait [...]. On reconnaissait hautement aux ouvriers le droit de se concerter au sujet de leur salaire et de se mettre en grève dans les cas où ils le jugeraient utile. Seulement, pour user de cette faculté, il fallait pouvoir se réunir. « Les ouvriers, dit un délégué, se voient à l'atelier ou à la promenade, quelques-uns dans les endroits où ils prennent leurs repas. Ils peuvent bien y converser entre eux ; mais, s'ils délibèrent, ils violent la loi ». [...] L'inconvénient des grèves était en effet accru par la nécessité de les organiser clandestinement. « Il n'y a pas, dit le même délégué en parlant de la grève, de résolution plus grave à prendre, ni qui exige plus de maturité et de réflexion » [...]. La loi du 6 juin 1868 est venue, comme nous l'avons dit, leur donner satisfaction en autorisant toutes les réunions publiques qui n'ont point pour objet de traiter de matières politiques et religieuses. Elle laisse bien encore subsister quelques difficultés ; elle demande un local clos et couvert, ce qui peut gêner souvent les réunions. Enfin il y a l'article 13 de la loi, par lequel les préfets peuvent ajourner et le ministre de l'intérieur interdire toute réunion qui leur paraîtrait de nature à troubler l'ordre ou à compromettre la sécurité publique ; mais les résultats obtenus n'en ont pas moins leur importance, et nous pouvons voir maintenant fonctionner dans des conditions normales le mécanisme des coalitions et des grèves.

Edgar Saveney, « Les délégations ouvrières à l'Exposition universelle de 1867 », *Revue des Deux Mondes*, 1868.

## 5 La répression d'une grève en 1869

*Massacre des mineurs à la Ricamarie.*
Reproduction du journal *La Lanterne*, 7 mai 1869, dirigé par le républicain Henri Rochefort.

### La loi de 1864 répond-elle à toutes les attentes du monde ouvrier ?

#### Répondre aux questions

1. **Décrivez** la situation juridique des ouvriers sous le Second Empire avant 1864 (**doc. 1 et 2**)
2. **Expliquez** le lien que l'on peut faire entre le suffrage universel et les revendications ouvrières (**doc. 2 et 3**).
3. **Résumez** le contenu des lois de 1864 et 1868 (**doc. 3, 4 et repères**).
4. **Montrez** les limites des lois de 1864 et 1868 pour le mouvement ouvrier (**doc. 4 et 5**).
5. À l'aide des réponses aux questions précédentes, **argumentez** pour savoir si la loi de 1864 répond à toutes les attentes du monde ouvrier.

#### Réaliser un diaporama

**Réalisez** un diaporama en vous aidant du plan suivant :

1. La situation juridique des ouvriers avant 1864
2. Les lois de 1864 et 1868
3. Leurs limites

Prévoyez une diapositive pour l'introduction, deux ou trois par partie et une pour la conclusion. Chaque diapositive comportera un titre, une ou deux images légendées et les informations à retenir sous forme de mots clés. Présentez le diaporama à l'oral.

# Les campagnes françaises sous le Second Empire

## *Dans quelle mesure les campagnes sont-elles touchées par la croissance et la modernisation ?*

→ COURS P. 94

### 1 L'agriculture dans le programme économique de Napoléon III

Depuis longtemps on proclame cette vérité qu'il faut multiplier les moyens d'échange pour rendre le commerce florissant ; que sans concurrence l'industrie reste stationnaire et conserve des prix qui s'opposent aux progrès de la consommation ; que sans une industrie prospère qui développe les capitaux, l'agriculture elle-même demeure dans l'enfance. Tout s'enchaîne donc dans le développement successif des éléments de la prospérité publique ! [...] Ainsi, avant de développer notre commerce étranger par l'échange des produits, il faut améliorer notre agriculture. [...] Il faut la faire participer aux bienfaits des institutions de crédit : défricher les forêts situées dans les plaines et reboiser les montagnes, affecter tous les ans une somme considérable aux grands travaux de dessèchement, d'irrigation et de défrichement. Ces travaux, transformant les communaux incultes en terrains cultivés, enrichiront les communes sans appauvrir l'État. [...] Le ministre des Travaux publics fera exécuter le plus promptement possible les voies de communication, canaux, routes et chemins de fer qui auront surtout pour but d'amener la houille et les engrais sur les lieux où les besoins de la production les réclament. Par ces mesures, l'agriculture trouvera l'écoulement de ses produits.

Napoléon III, *Lettre au ministre d'État Achille Fould*, 5 janvier 1860.

**Repères**

**Évolution de la population rurale sous le Second Empire**

| | 1846 | 1861 | 1872 |
|---|---|---|---|
| Population totale (en millions) | 35,4 | 37,4 | 36,1 |
| Population rurale (en millions) | 26,8 | 26,6 | 24,9 |
| Pourcentage de la population rurale par rapport à la population totale | 76 % | 71 % | 69 % |

### 2 Une vision de la vie paysanne

Les glaneurs sont les personnes qui passent dans les champs après les moissons pour ramasser les épis oubliés.

Jean-François Millet, *Des glaneuses*, 1857.

Animation

## 3 Les progrès agricoles dans la région de Toulouse

L'élevage des animaux a pris une extension considérable et les races se sont améliorées. [...] Des croisements heureux avec les races anglaises ont profité à l'espèce ovine, sous le rapport de l'engraissement. [...] L'augmentation du nombre des animaux a entraîné l'extension des cultures fourragères. La jachère perd tous les jours du terrain. [...] La terre est mieux travaillée qu'autrefois ; ce résultat est dû principalement aux améliorations apportées dans la confection des instruments aratoires[1]. L'antique charrue de bois a presque partout disparu. [...] Toutes nos exploitations ont des herses, un grand nombre possèdent des rouleaux à briser les mottes, etc. Grâce à l'habileté de nos fabricants les coupe-racines, les hache-paille, les égrainoirs à maïs sont d'un usage assez répandu. Nos constructeurs viennent à peine d'aborder la batteuse[2]. [...] Les communications intérieures ont reçu des développements immenses ; l'ouverture et l'entretien des routes et des chemins vicinaux ont transformé le Midi, mais le réseau de chemin de fer inachevé ne nous permet pas d'exploiter encore toutes nos richesses.

L. Théron de Montaugé, rapport sur les travaux de la section d'agriculture du congrès méridional de 1859.

1. Qui servent à travailler la terre.
2. Machine servant à séparer les grains de blé ou d'autres céréales de leurs épis qui remplace l'activité du battage à la main.

## 4 Des campagnes désertées

Paysans d'Auvergne en route vers Paris, *L'Illustration*, 31 mai 1862.

## 5 La vie dans un canton rural du Puy-de-Dôme

Le canton de Saint-Amand-Roche-Savine se trouve placé dans les montagnes, le sol en est pauvre et peu favorisé de la nature. Doit-on attribuer à cette situation l'indifférence du cultivateur en fait d'améliorations agricoles ? Toujours est-il que l'agriculture n'a fait, pour ainsi dire, aucun progrès et que les domaines ou propriétés un peu considérables sont soumis au même mode de culture qu'il y a un siècle [...]. La plupart (des paysans) émigrent comme scieurs de long, d'autres comme chiffonniers, et un grand nombre d'entre eux, trouvant un avantage marqué à changer de résidence, partent avec l'idée fixe de ne plus revenir et fondent en d'autres lieux leur établissement. Ainsi la population tend-elle constamment à diminuer[1] et la valeur des propriétés à décroître [...]. Aucune amélioration agricole n'est à signaler dans le canton, point de prairies artificielles ! point de récoltes sarclées ! pas de variété dans la culture ! partant point d'assolements[2] ! Toujours la jachère[3] ! rien que la jachère ! première année du seigle, deuxième année jachère ou culture improductive ; quelques terrains de choix produisent la pomme de terre.

« Un canton routinier dans le Puy-de-Dôme », enquête réalisée en 1855, citée dans M. Chaulanges, *Textes historiques : le milieu du XIXe siècle*, Delagrave.

1. Nombre d'habitants du canton : 7674 en 1854 ; 6349 en 1867.
2. Rotation des cultures.
3. Terre laissée au repos.

### *Dans quelle mesure les campagnes sont-elles touchées par la croissance et la modernisation ?*

#### Répondre aux questions

1. **Montrez** que l'agriculture reste archaïque dans certaines régions françaises (**doc. 2 et 5**).
2. **Illustrez** l'enquête sur le Puy-de-Dôme à l'aide de l'image (**doc. 4 et 5**).
3. **Analysez** les différents moyens permettant de moderniser l'agriculture sous le Second Empire (**doc. 1 et 3**) ?
4. **Justifiez** cette affirmation : Napoléon III veut attirer l'attention de son gouvernement sur l'agriculture (**doc. 1**).
5. À l'aide des réponses précédentes, **expliquez** dans quelle mesure les campagnes sont touchées par la croissance et la modernisation.

#### Rédiger un texte argumenté

1. **Écrivez** la problématique : « Peut-on parler d'un âge d'or des campagnes sous le Second Empire ? »
2. **Faites** deux colonnes, l'une pour les arguments « pour », l'autre pour les arguments « contre », et placez-y les différentes informations prélevées dans les documents sous forme de notes (sans rédiger).

# *Au Bon Marché*, « temple de la consommation »

## *Comment les grands magasins révolutionnent-ils le commerce ?*

→ COURS P. 92

**Aristide Boucicaut**
(1810-1877)

Aristide Boucicaut travaille d'abord comme employé dans la boutique de son père chapelier à Bellême (Orne). À 18 ans, il suit un marchand ambulant d'étoffes à Paris. Il y devient vendeur, puis chef de rayon dans un commerce de tissus. En 1852, il s'associe avec les patrons du magasin *Au Bon Marché*. Il en fait le premier des grands magasins parisiens, en appliquant ses idées nouvelles sur le commerce. Zola s'en est inspiré pour son roman *Au Bonheur des Dames*, dont l'action se situe entre 1864 et 1869.

### 1 Au bonheur des dames

Le magasin, vide encore de clientes, et où le personnel arrivait à peine, bourdonnait à l'intérieur comme une ruche qui s'éveille. [...] Dans le pan coupé donnant sur la place Gaillon, la haute porte, toute en glace, montait jusqu'à l'entresol, au milieu d'une complication d'ornements, chargés de dorures. Deux figures allégoriques, deux femmes riantes, la gorge nue et renversée, déroulaient l'enseigne : *Au Bonheur des Dames*. [...]

Il y avait là, au plein air de la rue, sur le trottoir même, un éboulement de marchandises à bon marché, la tentation de la porte, les occasions qui arrêtaient les clientes au passage. Cela partait de haut, des pièces de lainage et de draperie, mérinos, cheviottes, molletons, tombaient de l'entresol, flottantes comme des drapeaux, et dont les tons neutres, gris ardoise, bleu marine, vert olive, étaient coupés par les pancartes blanches des étiquettes. À côté, encadrant le seuil, pendaient également des lanières de fourrure, des bandes étroites pour garnitures de robe, la cendre fine des dos de petit gris, la neige pure des ventres de cygne, les poils de lapin de la fausse hermine et de la fausse martre.

Émile Zola, *Au Bonheur des Dames*, 1883

### 2 Le Bon Marché

Vue extérieure du *Bon Marché*. Boucicaut a fait reconstruire le magasin en 1869, selon les techniques modernes de l'architecture (structures métalliques).

**3** Un lieu dédié à la consommation

### 4 Les méthodes commerciales des grands magasins

*Jusqu'au Second Empire, le commerce de détail conserve un aspect quasi médiéval : petites boutiques spécialisées, marchandage, bénéfice irrégulier, mais élevé, sur des ventes peu nombreuses. En 1852,* Le Bon Marché *révolutionne le commerce.*

**a. Invitation à une exposition (1er octobre 1867)**

Madame,

Nous venons vous prier de vouloir bien honorer de votre présence notre exposition des nouveautés de la saison, qui aura lieu cette année les lundi 7, mardi 8, mercredi 9 et jeudi 10 octobre. Comme de coutume, des désignations et des prix mis sur chaque marchandise vous mettront à même d'apprécier que le système de vendre tout bon marché et entièrement de confiance, est absolu dans notre maison.

Aristide Boucicaut

**b. Avis à la clientèle (1870)**

Les employés sont tenus de renseigner exactement les acheteurs sur les marchandises, d'en signaler les moindres défauts, et de ne garantir que celles reconnues bonnes. La plus grande complaisance est recommandée aux employés, soit que les Dames veuillent acheter ou seulement se renseigner, ou bien encore échanger une marchandise qui a cessé de plaire. Même facilité, même complaisance, pour le remboursement de celles que l'on désire rendre sans les remplacer.

### 5 La politique sociale du *Bon Marché*

**Logement**

La Maison du *Bon Marché* pourvoit au logement :

1. des demoiselles qui n'ont pas leur famille à Paris ; rue de Babylone, 16 ;
2. des jeunes gens qui ne peuvent habiter chez leurs parents ; rue du Bac, 106.

Les employés, logés par la maison, doivent être rentrés, en semaine, à 11 heures précises du soir ; le dimanche et les jours de fête, à minuit et demi.

Le plus grand soin doit être apporté à la bonne tenue et à la propreté des chambres.

Un salon de réunion, avec piano et jeux divers, est à la disposition des demoiselles, rue de Babylone, 16.

Le service des chambres est fait gratuitement.

**Service médical**

Un médecin est attaché à la maison.

Les consultations ont lieu tous les matins, à 9 heures ; elles sont gratuites. […]

Une allocation est accordée aux femmes en couches : 100 fr. pour les employées, et 60 fr. pour les ouvrières.

**Langue anglaise**

Les cours de langue anglaise ont lieu les lundis, mercredis et vendredis, de 8 heures ½ à 9 heures ½ du soir.

L'employé désireux de suivre les cours doit se faire inscrire et s'engager à suivre régulièrement les leçons. […]

Chaque année, les élèves les plus méritants sont envoyés à Londres, aux frais de la maison, pour un séjour de six mois, afin de se perfectionner dans l'usage de la langue anglaise.

Extraits du résumé du règlement général ; Institutions philanthropiques en faveur du personnel du *Bon Marché*, 1894, Gallica, BNF.

### *Comment les grands magasins révolutionnent-ils le commerce ?*

**Répondre aux questions**

1. **Justifiez** l'expression « temple de la consommation » associée au *Bon Marché* (**doc. 1, 2 et 3**).
2. **Expliquez** les différentes stratégies commerciales mises en œuvre par le *Bon Marché* (**doc. 1, 3 et 4**).
3. **Analysez** les rôles joués par les femmes dans les grands magasins (**doc. 1, 3, 4 et 5**)
4. **Montrez** que la politique sociale du *Bon Marché* est paternaliste (**doc. 5**).
5. À l'aide des réponses aux questions précédentes, **expliquez** comment les grands magasins révolutionnent le commerce.

**Mettre en récit**

En vous aidant des informations tirées des documents, rédigez une lettre écrite par une employée nouvellement embauchée par le *Bon Marché* racontant ses premières impressions à un membre de sa famille et montrant comment les grands magasins révolutionnent le commerce.

# RÉVISER L'industrialisation

## SAVOIR EXPLIQUER

### La manière dont la France participe à l'industrialisation de l'Europe

**L'industrialisation de l'Europe**

# « Révolution industrielle » ; Machine à vapeur ; Industrie textile ; Sidérurgie ; Usines ; Croissance économique ; Exode rural, Urbanisation

**Le modèle français d'industrialisation**

# Persistance de l'artisanat ; Proto-industrialisation

### La modernisation de la France sous le Second Empire

**La politique économique de Napoléon III**

# Saint-simonisme ; Modernisation du système bancaire ; Libre-échange ; Grands magasins

**L'aménagement du territoire sous le Second Empire**

# Grands travaux ; Défrichement ; Chemin de fer ; Canaux ; Ports ; Réseau d'assainissement ; Aménagements haussmanniens

**Les progrès de l'agriculture**

# Mécanisation ; Spécialisation ; Agriculture intensive

### Les mutations de la société française sous le Second Empire

**De nouvelles hiérarchies sociales**

# Essor de la bourgeoisie ; Classes moyennes ; Fonctionnaires ; Salariat ; Ouvriers (qualifiés / non qualifiés) ; Prolétariat

**La condition ouvrière**

# Question sociale ; Socialisme ; Paternalisme ; Droit de grève ; Syndicats ; Livret ouvrier

## SAVOIR DATER

- 1760-1770 : Début de l'industrialisation au Royaume-Uni

- 1853 1869 : Travaux d'Haussmann à Paris
- 1860 : Traité de libre-échange avec le Royaume-Uni
- 1865 : Mise au point du procédé Bessemer
- 1867 : Création du statut de société anonyme

- 1850 : Pic démographique des campagnes françaises
- 1864 : Reconnaissance du droit de grève
- 1869 : Répression des grèves ouvrières

Exercices interactifs

## SAVOIR DÉFINIR

- Industrialisation → P. 93
- Proto-industrialisation → P. 93
- Libre-échange → P. 93
- Procédé Bessemer → P. 93
- Salariat → P. 94
- Cols blancs → P. 94
- Bourgeoisie → P. 94
- Prolétariat → P. 94
- Question sociale → P. 94
- Paternalisme → P. 94
- Livret ouvrier → P. 94

Schéma interactif

## UNE SOCIÉTÉ EN MUTATION

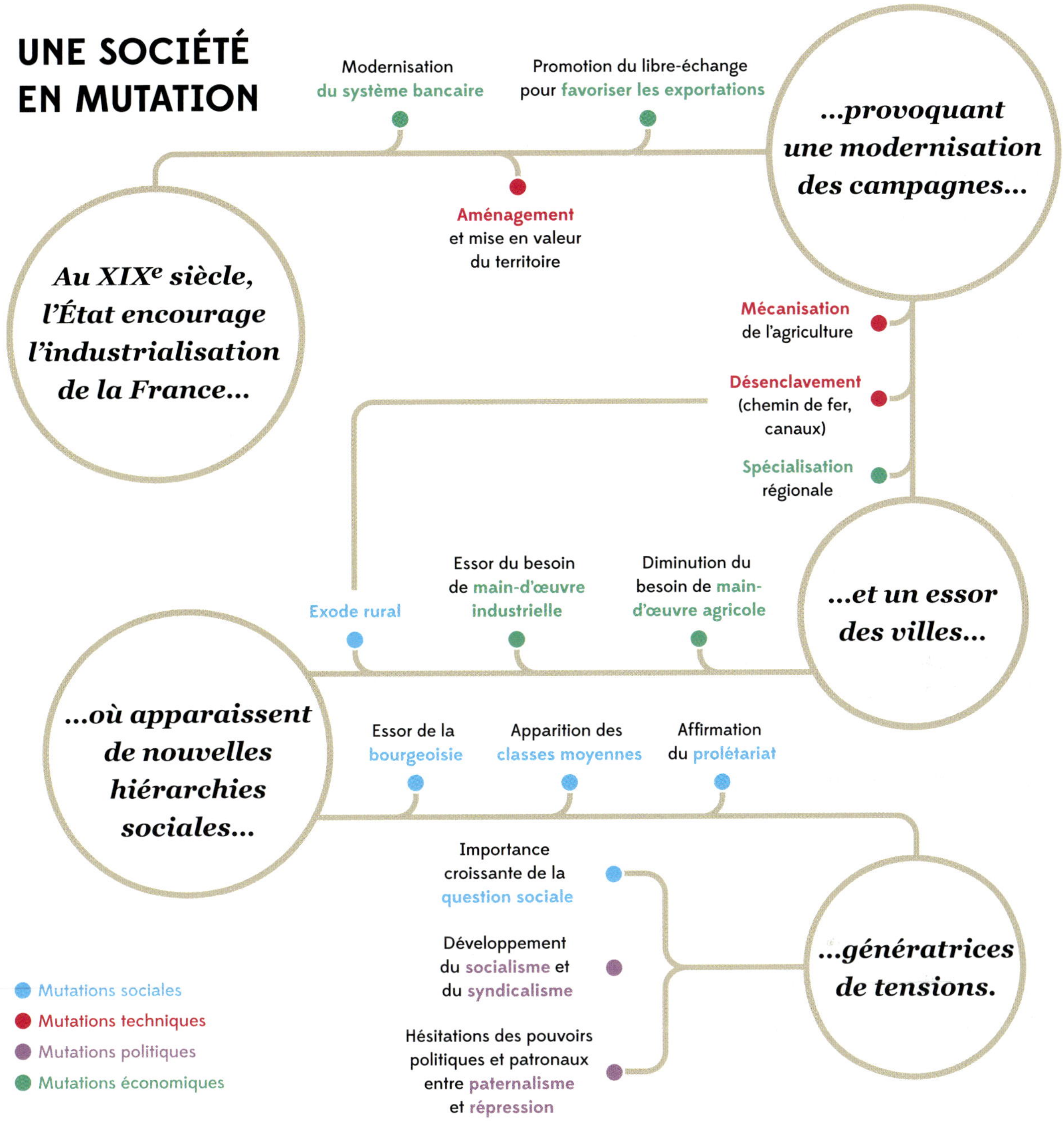


## POUR ALLER PLUS LOIN

### À LIRE

**Émile Zola** a consacré de nombreux romans à la société du Second Empire.

**La Curée**
(1872, sur la spéculation immobilière)

**Le Ventre de Paris**
(1873, sur le petit monde des Halles)

**L'Assommoir**
(1876, sur la condition des ouvriers parisiens)

**Xavier Mauduit**
**Flamboyant Second Empire ! Et la France entra dans la modernité**
A. Colin, 2016.

### À ÉCOUTER

**Georges-Eugène Haussmann, le préfet qui inventa Paris (1809-1891)**
Une vie, une œuvre, France Culture, 22 septembre 2018
https://www.franceculture.fr/

### À VOIR

**Raoul Peck**
**Le Jeune Karl Marx** (2016)
Un film sur la rencontre à Paris entre Karl Marx et Friedrich Engels qui s'associent pour prendre la défense des ouvriers de l'industrie naissante.

### À VISITER

**Le musée d'Orsay**
possède de riches collections sur l'art du XIXe siècle qui témoignent des évolutions que connaît alors la société française.

**Le familistère de Guise (02)**
offre un exemple original de paternalisme du XIXe siècle.

**La cité du train de Mulhouse (68)**
retrace l'histoire du développement du chemin de fer français.

# BAC

## 1 S'ENTRAÎNER À L'ANALYSE DE DOCUMENT(S) — SUJET GUIDÉ

**SUJET** **La modernisation de la France sous le Second Empire**

**Montrez que le programme économique et social du Second Empire est à la fois modernisateur en matière économique et conservateur en matière politique et indiquez si les promesses faites ont été tenues, en vous appuyant sur des exemples précis.**

### Le programme de Napoléon III

Aujourd'hui, la France m'entoure de ses sympathies, parce que je ne suis pas de la famille des idéologues. Pour faire le bien du pays, il n'est pas besoin d'appliquer de nouveaux systèmes ; mais de donner, avant tout, confiance dans le présent, sécurité dans l'avenir. Voilà pourquoi la France semble vouloir revenir à l'Empire.

Il est néanmoins une crainte à laquelle je dois répondre. Par esprit de défiance, certaines personnes se disent : l'Empire, c'est la guerre. Moi, je dis : l'Empire, c'est la paix. C'est la paix car la France la désire, et, lorsque la France est satisfaite, le monde est tranquille. La gloire se lègue bien à titre d'héritage, mais non la guerre. […]

J'en conviens, cependant, j'ai, comme l'Empereur, bien des conquêtes à faire. Je veux, comme lui, conquérir à la conciliation les partis dissidents et ramener dans le courant du grand fleuve populaire les dérivations hostiles qui vont se perdre sans profit pour personne.

Je veux conquérir à la religion, à la morale, à l'aisance, cette partie encore si nombreuse de la population qui, au milieu d'un pays de foi et de croyance, connaît à peine les préceptes du Christ ; qui, au sein de la terre la plus fertile du monde, peut à peine jouir des produits de première nécessité.

Nous avons d'immenses territoires à défricher, des routes à ouvrir, des ports à creuser, des rivières à rendre navigables, des canaux à terminer, notre réseau de chemins de fer à compléter. Nous avons, en face de Marseille, un vaste royaume à assimiler à la France. Nous avons tous nos grands ports de l'Ouest à rapprocher du continent américain par la rapidité de ces communications qui nous manquent encore. Nous avons partout enfin des ruines à relever, des faux dieux à abattre, des vérités à faire triompher.

Voilà comment je comprendrai l'Empire, si l'Empire doit se rétablir. Telles sont les conquêtes que je médite, et vous tous qui m'entourez, qui voulez, comme moi, le bien de notre patrie, vous êtes mes soldats.

Extrait du discours prononcé par le président de la République Louis-Napoléon Bonaparte, le 9 octobre 1852, devant la Chambre de commerce de Bordeaux

### Aide pour répondre

1. **Montrez que le programme annoncé est à la fois :**
   **– modernisateur en matière économique ;**
   quels éléments évoquent la modernisation de l'agriculture et des infrastructures de transport, le commerce international, la colonisation ?
   **– et conservateur en matière politique ;**
   quel régime propose le président ? sur quelles valeurs veut-il s'appuyer ? qui sont les « partis dissidents » ?
2. **Les promesses faites ont-elles été tenues ?**
   Justifiez votre réponse à l'aide d'exemples précis. En matière économique, utilisez le cours de la page 118. En ce qui concerne les promesses politiques et sociales, utilisez les cours pages 94 et 120.

## 2 S'ENTRAÎNER À L'ANALYSE DE DOCUMENT(S)

BAC BLANC

**SUJET** Deux visions des grands travaux d'Haussmann

**Après avoir présenté les deux documents, expliquez comment Napoléon III justifie son projet d'urbanisme et identifiez le principal reproche formulé par Larousse à l'encontre d'Haussmann.**

### 1 Le témoignage d'un député bonapartiste (en 1853)

Voici ce que l'Empereur me répondit ; je suis sûr des idées, et à peu près des termes. […] « La transformation de Paris est le complément nécessaire du réseau de chemins de fer dont je veux couvrir la France […]. Que deviendraient ces flots de voyageurs jetés dans une ville qui n'est pas percée en vue de les recevoir ? Où seraient les voitures pour les distribuer dans les divers quartiers et les hôtels pour les loger ? Et puis peut-on songer à attirer les étrangers à Paris pour leur montrer des quartiers infects, sans air et sans soleil ? […] Je ferai de vastes parcs bien aménagés, bien arrosés, bien percés, avec les bois embroussaillés et poussiéreux de Boulogne et de Vincennes ; je sèmerai des squares à travers la ville et je ferai un parterre des Champs-Elysées. Je sais que l'on critiquera, que l'on se plaindra. Le paysan, dont on coupe la vigne pour faire passer une ligne de rails pousse des cris perçants ; le propriétaire parisien dont on détruit le nid à rats, pour élever le Louvre, gémit d'être obligé de déménager. Quand mon œuvre sera achevée, on me rendra justice ; et si les partis m'attaquent dans le présent, les chemins de fer de la province et les monuments de Paris me défendront dans l'avenir ».

A. Granier de Cassagnac, *Souvenirs du Second Empire*, 1881.

### 2 L'opinion d'un célèbre encyclopédiste républicain

Transformer complètement la capitale de la France, y percer de larges voies stratégiques dans l'espoir de rendre impossible toute révolution, remplacer les vieux quartiers par des quartiers opulents, rejeter l'élément ouvrier du centre à la circonférence extérieure, faire de Paris une ville de plaisirs, une cité cosmopolite, n'appartenant plus aux Parisiens annihilés, mais bien à l'aristocratie européenne, tel est, à grands traits, le programme de celui qui, pendant seize ans, fut le véritable vice-empereur de Paris. Il suffit d'indiquer ce programme, tant admiré par les complices de l'Empire, pour montrer à quel point il donnait prise à la critique. Si M. Haussmann s'était borné à assainir, à embellir Paris, en opérant avec lenteur et prudence, nous n'aurions que des éloges à lui donner ; mais, en mêlant une idée politique à ses agissements, en forçant la population laborieuse à une sorte d'émigration, en provoquant dans les loyers une augmentation désastreuse pour les petits budgets, en voulant tout faire à la fois, en bouleversant même sans raison les quartiers les plus riches, il a apporté dans l'existence de la population parisienne une perturbation dont elle ressentira longtemps les déplorables effets.

Pierre Larousse, article « G.-E. Haussmann », *Grand dictionnaire universel du XIXe siècle*, 1873.

## 3 RÉPONDRE À UNE QUESTION PROBLÉMATISÉE

SUJET GUIDÉ

**SUJET** **De quelle façon la vie des citadins est-elle transformée par la politique économique et sociale du Second Empire ?**

**Aide pour répondre**

Vous pouvez adopter le plan suivant :
- La croissance urbaine sous l'effet de l'industrialisation
- L'essor de la bourgeoisie et des classes moyennes
- Un paysage urbain transformé par l'haussmannisation

**Retrouvez des sujets de BAC et des méthodes conformes et actualisés sur le site → lyceen.nathan.fr/lequintrec1re-2019**

CHAPITRE

# 5 La France et la construction par la guerre et la diplomatie

# de nouveaux États

**Dans ce chapitre**

**TOUS LES TEXTES** en version audio

**TOUTES LES CARTES** en version interactive

**La campagne d'Italie de 1859**

À la bataille de Solférino, le régiment d'élite des bersagliers brandit le drapeau du royaume de Sardaigne, qui lutte pour l'unité italienne avec la France contre l'Autriche.

*Bataille de Solférino, 24 juin 1859*, XIXe siècle, musée national du Risorgimento, Turin.

# REPÈRES Vers l'unité italienne

## DANS LE CHAPITRE 2

• Vous avez vu comment le mouvement des nationalités a agité l'Europe dans la première moitié du XIXe siècle, en créant notamment une aspiration à l'unification de deux nations divisées en de nombreux États : l'Italie et l'Allemagne.

## DANS CE CHAPITRE

• Vous allez étudier le rôle joué par la France dans l'achèvement de ce processus d'unification, avec le soutien apporté par Napoléon III à l'unité italienne, puis la guerre de 1870-1871 qui a permis l'unité allemande.

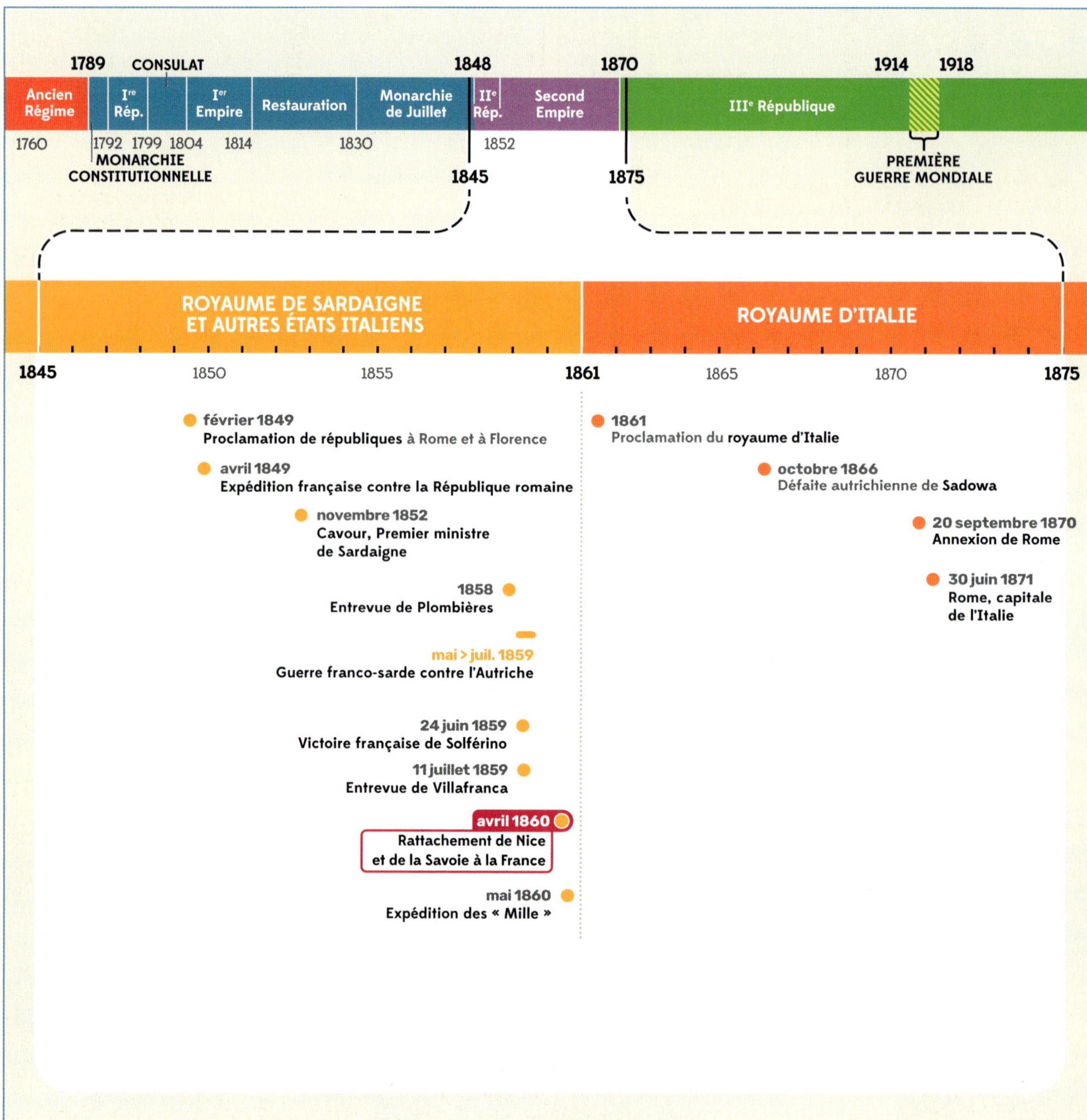

## 1 Les étapes de l'unité italienne

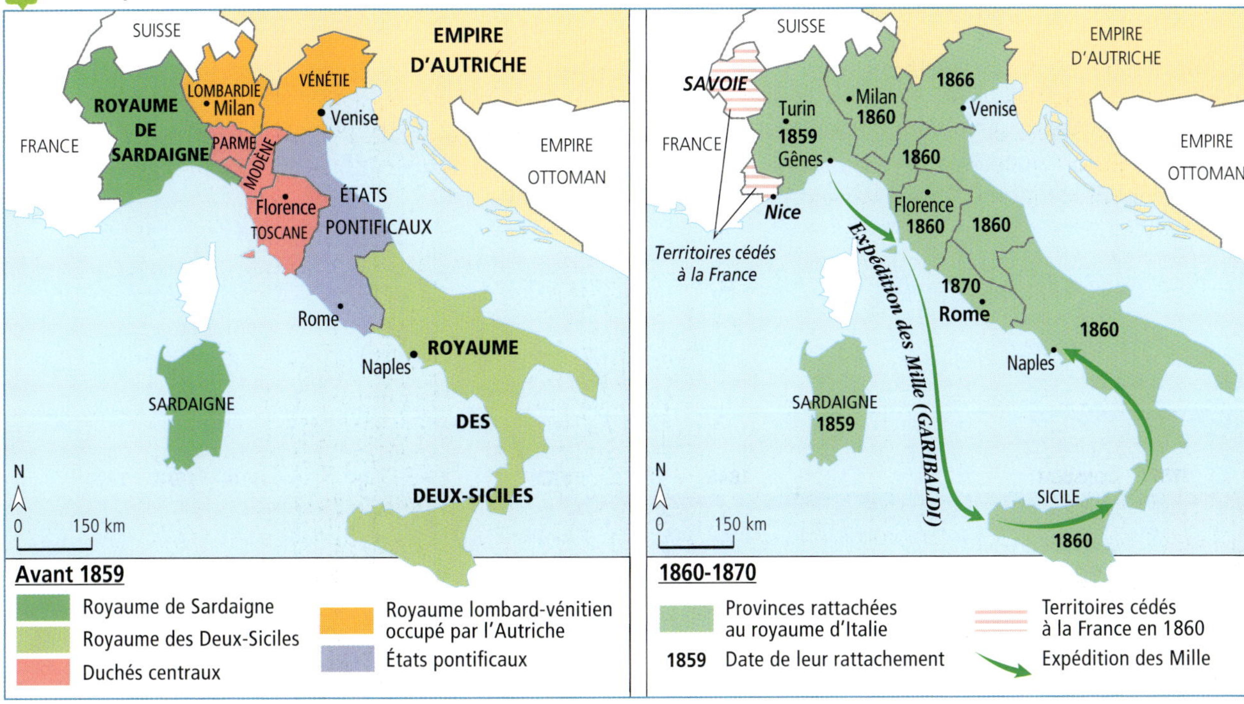


## 2 Deux acteurs de l'unité italienne

### Camillo Benso, comte de Cavour, dit Cavour (1810-1861)

**1847** : fonde le journal *Il Risorgimento*, qui prône la monarchie constitutionnelle.

**1848** : député libéral au parlement de Sardaigne.

**1852** : Premier ministre de Sardaigne.

**1858** : négocie une alliance militaire avec Napoléon III lors de l'entrevue de Plombières.

**1860** : négocie la cession de Nice et la Savoie à la France.

**14 mars 1861** : dirige le premier gouvernement après l'unification du royaume d'Italie par Victor-Emmanuel II.

*Portrait de Camillo Benso, comte de Cavour*, Tranquillo Cremona, musée du Risorgimento, Turin.

### Giuseppe Garibaldi (1807-1882)

**1834** : membre de la *Jeune Italie* de Mazzini, participe à une insurrection ratée à Gênes.

**1835-1848** : exil en Amérique du Sud, où il défend les idées républicaines.

**1848** : de retour en Italie, combat pour le roi de Sardaigne, Charles-Albert, contre les Autrichiens.

**1849** : après avoir défendu la République romaine contre l'armée française, de nouveau contraint à l'exil en Amérique.

**1860** : dirige l'expédition des Mille, une armée de volontaires chargée de chasser les Bourbon pour rattacher la Sicile et le sud de l'Italie au royaume de Sardaigne.

**1870** : s'engage pour défendre la République française contre la Prusse ; élu député de Paris en 1871.

En arrière-plan, le débarquement en Sicile des troupes de Garibaldi : les « Chemises rouges ».
*Garibaldi à Marsala, le 11 mai 1860*, Gerolamo Induno, musée du Risorgimento, Turin.

# REPÈRES Vers l'unité allemande

## DANS LE CHAPITRE 2

• Vous avez vu comment le mouvement des nationalités a agité l'Europe dans la première moitié du XIXe siècle, en créant notamment une aspiration à l'unification de deux nations divisées en de nombreux États : l'Italie et l'Allemagne.

## DANS CE CHAPITRE

• Vous allez étudier le rôle joué par la France dans l'achèvement de ce processus d'unification, avec le soutien apporté par Napoléon III à l'unité italienne, puis la guerre de 1870-1871 qui a permis l'unité allemande.

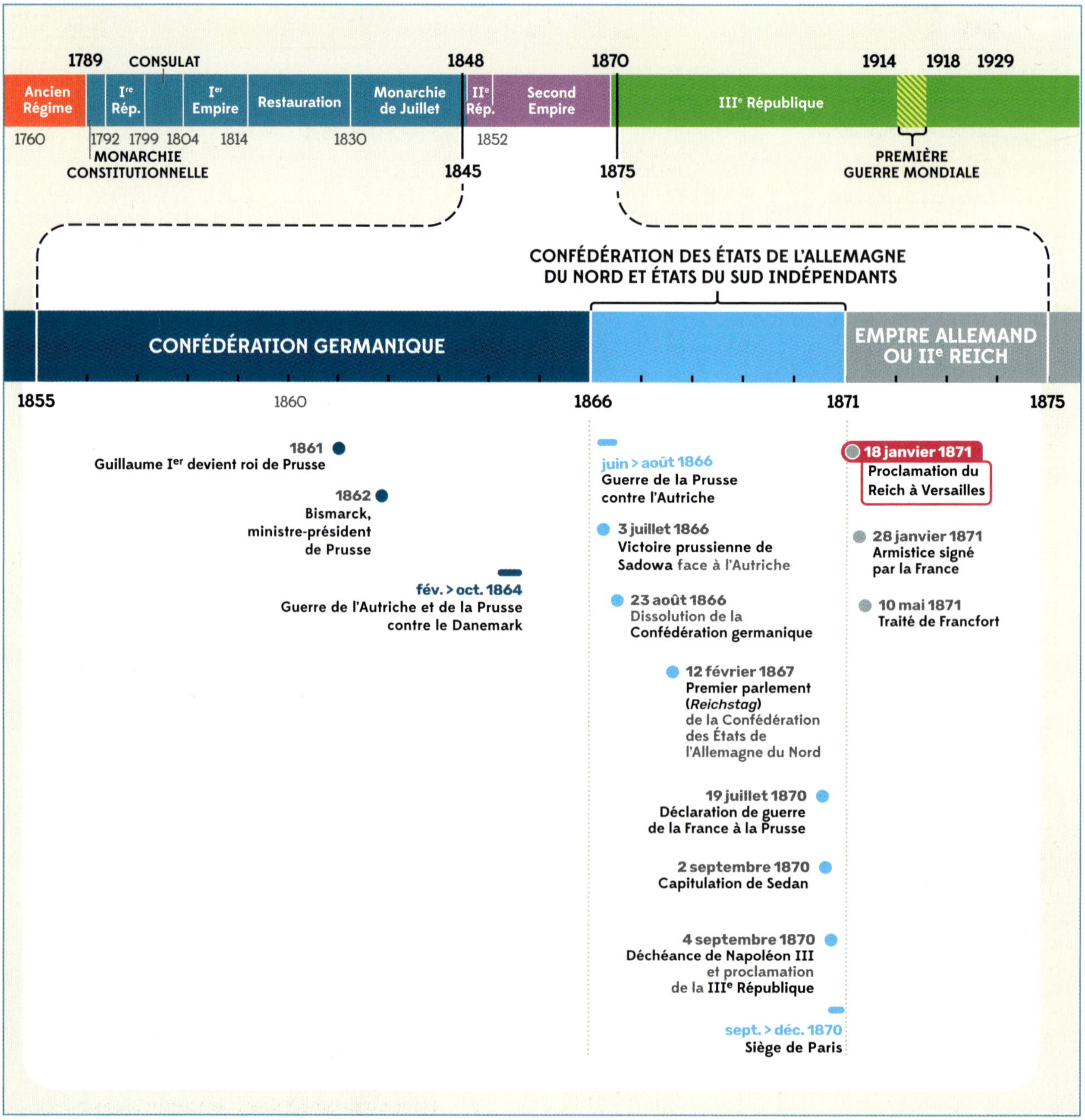

## 1 Les étapes de l'unité allemande

Carte animée — HISTOIRE À LA CARTE

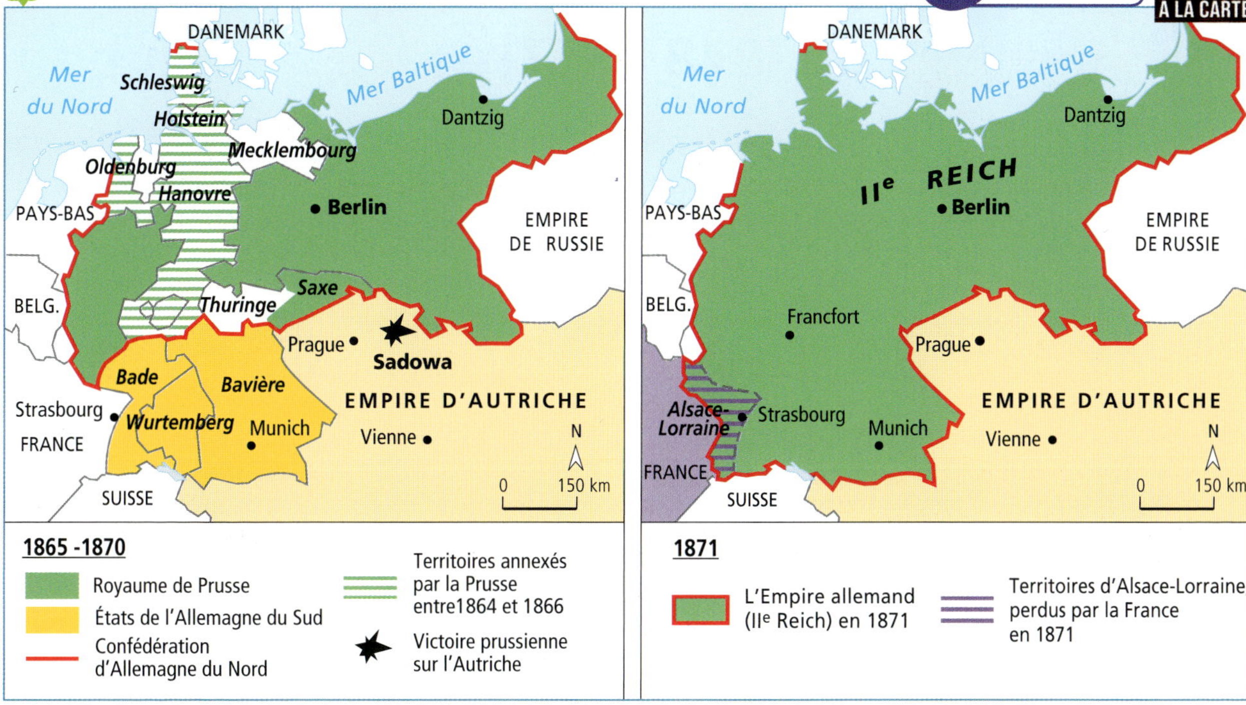


## 2 Deux acteurs de l'unité allemande

### Otto Leopold von Bismarck (1815-1898)

**1832-1834** : études de droit à Göttingen et Berlin.

**1847** : député conservateur au parlement de Prusse, il lutte contre les libéraux en 1848-1849.

**1851-59** : représentant de la Prusse au Parlement de Francfort, veut réduire l'influence de l'Autriche en Allemagne.

**1859-1862** : ambassadeur de Prusse en Russie puis en France.

**1862** : ministre-président de Prusse.

**1867** : chancelier de la Confédération de l'Allemagne du Nord.

**1871** : chancelier du Reich.

**1890** : démission et retrait de la vie politique.

L'empereur porte autour du cou la Croix de fer, décoration militaire créée en 1813 et qu'il a rétablie en 1870.
*Portrait de Guillaume Ier*, Paul Bulow, vers 1880, Johanniter-Orden, Berlin.

Le chancelier porte ici le traditionnel casque adopté par l'armée prussienne dès 1842 et qui devient ensuite celui des soldats allemands.
*Portrait d'Otto von Bismarck*, Franz von Lenbach, 1870, collection privée.

### Guillaume Ier de Hohenzollern (1797-1888)

**1814-1815** : fils cadet du roi de Prusse Frédéric-Guillaume III, combat contre Napoléon Ier.

**1848-1849** : participe à la répression contre les libéraux.

**1858** : régent du royaume de Prusse (car son frère aîné, le roi Frédéric-Guillaume IV, est dément).

**1861** : roi de Prusse sous le nom de Guillaume Ier.

**1864** : victorieux dans la guerre contre le Danemark, annexe le Schleswig-Holstein.

**1866** : annexe de nombreux territoires après sa victoire face aux Autrichiens.

**1870-1871** : victorieux dans la guerre contre la France, proclamé *Kaiser* (« empereur allemand ») à Versailles le 18 janvier 1871. C'est la naissance du IIe Reich.

COURS

Podcast du cours

→ DOCUMENTS P. 118, 120, 122

# La France et l'Europe de 1848 à 1871

*La France, en s'engageant militairement contre l'Autriche, joue un rôle décisif dans l'unité italienne. Mais la Prusse, après avoir battu l'Autriche, réalise l'unité allemande grâce à sa victoire sur la France en 1870-1871.*

## A Les principes de la diplomatie française

**La Deuxième République.** Les républicains de 1848 veulent se démarquer de la Première République, qui avait mené des guerres de conquête en Europe. Les démocrates-socialistes se sentent solidaires du Printemps des peuples (voir p. 52), de la lutte des Polonais et des Italiens pour la liberté. Mais le président élu en décembre 1848, Louis-Napoléon Bonaparte, envoie une armée française à Rome pour rétablir le pape, chassé par les républicains italiens. Cette intervention provoque à Paris et à Lyon, en juin 1849, des soulèvements réprimés par la force.

**Le Second Empire.** Devenu empereur, Napoléon III veut rassurer les monarques d'Europe en affirmant son désir de paix. Il marque ainsi ses distances avec les guerres menées par son oncle, tout en rêvant de renouer avec la gloire de celui-ci. Pour redonner à la France un rôle moteur en Europe et réviser les traités de 1815 (voir p. 46), Napoléon III mêle diplomatie et alliances militaires.

## B La France pour l'unité italienne

**L'aide militaire de la France.** En 1858, à Plombières, Napoléon III rencontre Cavour, le Premier ministre du royaume de Sardaigne. Ce dernier est soutenu par la France dans la « deuxième guerre d'indépendance italienne » contre l'Autriche. Victorieux à Solférino et Magenta en juin 1859, Napoléon III négocie seul avec les Autrichiens l'armistice de Villafranca le 11 juillet 1859. Il obtient le rattachement de la Lombardie et de l'Italie centrale (Toscane, Parme, Modène, Romagne) au royaume de Sardaigne **(doc. 1)**. Pour le prix de son intervention, le roi Victor-Emmanuel II lui offre en 1860 Nice et la Savoie. Toutes ces annexions sont entérinées par des plébiscites.

**L'épopée de Garibaldi et la question romaine.** En 1860, Guiseppe Garibaldi lance « **l'expédition des Mille** » pour rattacher le royaume des Deux-Siciles au royaume de Sardaigne (voir carte p. 113). Il unifie ainsi le Sud et le Nord. Le 17 mars 1861, le royaume d'Italie est proclamé ; Victor-Emmanuel II devient roi d'Italie. En 1866, la Vénétie est rattachée au royaume, après la victoire de la Prusse, alliée aux Italiens, sur les Autrichiens à Sadowa. Les États pontificaux restent aux mains du pape, que Napoléon III protège à plusieurs reprises contre les tentatives de Garibaldi. C'est grâce à la défaite française de Sedan en 1870 que Rome devient la capitale de l'Italie unifiée, le 1er août 1871.

### VOCABULAIRE

**Expédition des Mille :** menée par Garibaldi et composée d'un millier de volontaires appelés les « Chemises rouges », elle contribue en 1860 à l'annexion du royaume des Deux-Siciles à l'Italie unifiée.

### Repères

**Les États pontificaux**

Depuis le Moyen Âge, le pape est un chef d'État gouvernant un territoire qu'on appelle les **États pontificaux**. Le centre en est la région de Rome ou « patrimoine de Saint-Pierre ». D'autres territoires au centre de l'Italie s'y sont ajoutés au cours des siècles. En 1848-1849, l'armée française les protège en chassant les républicains de Rome. En 1860, le pape doit céder ses territoires d'Italie centrale (Romagne, Marches, Ombrie) au nouveau royaume d'Italie. Grâce à la protection française, il conserve la région de Rome jusqu'en 1870, date à laquelle elle est annexée à l'Italie. Le pape se considère comme « prisonnier » dans Rome, jusqu'aux accords du Latran signés avec l'État italien en 1929. Le pape devient alors le souverain du Vatican, le plus petit État du monde (44 hectares).

## C L'unité allemande contre la France

**La guerre franco-prussienne.** En 1870, un prince Hohenzollern, membre de la famille du roi de Prusse Guillaume Ier, se porte candidat au trône d'Espagne. La France redoute l'encerclement et elle demande à Guillaume Ier de s'opposer à cette candidature. Celui-ci le fait, mais il est ensuite agacé par les « garanties » que la France demande avec insistance. Le chancelier Bismarck durcit volontairement la réponse du roi dans la « dépêche d'Ems ». Le 19 juillet 1870, la France déclare la guerre à la Prusse. Mal préparée, l'armée française est rapidement vaincue. Le 2 septembre 1870, la capture de Napoléon III à Sedan entraîne la chute de l'Empire.

**La proclamation de l'Empire allemand.** Le gouvernement de défense nationale de la IIIe République française tente de poursuivre la guerre (voir p. 132). Les Prussiens assiègent Paris et s'installent à Versailles. Le 18 janvier 1871, dans la galerie des Glaces du château, ils proclament l'Empire allemand dont Guillaume Ier devient empereur. La France signe l'armistice le 28 janvier.

**Les conditions de la défaite française.** Par le traité de Francfort (19 mai 1871), la France cède l'Alsace (sauf le Territoire de Belfort) et le nord de la Lorraine à l'Empire allemand (voir doc. 2, p. 122). L'annexion de ces territoires revendiqués par les nationalistes allemands permet à Bismarck de souder le peuple allemand autour du nouveau Reich.

### 1 Les États italiens en 1860

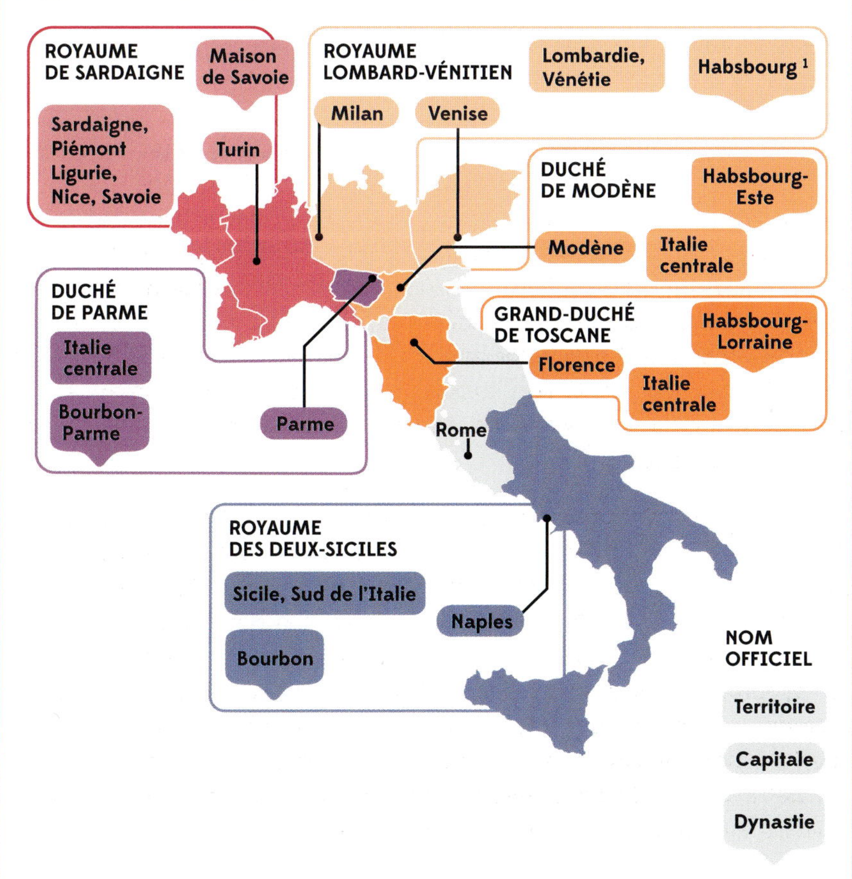


1. Vice-roi appartenant à la famille des Habsbourg et représentant l'Empereur d'Autriche.

**Les sources de l'historien**

**La dépêche d'Ems**

Le roi de Prusse Guillaume Ier séjourne dans la station thermale d'Ems, en Rhénanie. Le 13 juillet 1870, il reçoit l'ambassadeur français, lui confirme qu'il s'oppose à la candidature de Léopold von Hohenzollern au trône d'Espagne, mais refuse de donner des « garanties complémentaires ». Le roi envoie par télégramme un compte-rendu de cette rencontre à Bismarck, qui se trouve à Berlin. Bismarck décide alors de publier cette « dépêche d'Ems » sous une forme condensée volontairement pour offenser la France. Ce texte, publié à 22 heures par la presse berlinoise, pousse la France à déclarer la guerre.

**Le sens des mots**

En 1860, le terme le plus courant pour évoquer le sort de Nice et de la Savoie est **annexion**. Lors du plébiscite, la question posée aux électeurs est : « La Savoie veut-elle être **réunie** à la France ? » À partir du centenaire de 1960, on parle plutôt de **rattachement**.

**RÉVISER SON COURS**

1. Quels sont les principes de la politique extérieure de la France entre 1848 et 1870 ?
2. De quelle manière la France contribue-t-elle à l'unité italienne ?
3. Comment l'action de la France favorise-t-elle involontairement l'unité allemande ?

# Le rattachement de Nice et de la Savoie à la France

## *Comment expliquer le rattachement de Nice et de la Savoie à la France en 1860 ?*

→ COURS P. 116

### 1 L'analyse d'Engels

*Le théoricien anglais Engels dénonce la domination des monarchies sur les peuples européens.*

À mesure que l'unification de l'Italie du Nord se révèle inévitable, l'« idée » pour laquelle la France a mené cette guerre apparaît au grand jour : il s'agit d'annexer la Savoie et le comté de Nice à la France. Pendant la guerre, certains avaient déjà laissé entendre que tel était le prix de l'intervention française en Italie. Mais on ne les écouta pas ! […] Dès lors, la preuve était faite : Nice et la Savoie seraient le prix de Louis-Napoléon pour le rattachement de la Lombardie et de la Vénétie au Piémont : ne pouvant pour le moment mettre la main sur la Vénétie, il en faisait le prix de son consentement à l'annexion de l'Italie centrale[1]. Les agents bonapartistes commencèrent leur répugnante besogne en Savoie et à Nice, et la presse stipendiée[2] de Paris se mit en chœur à proclamer que, dans ces provinces, le gouvernement du Piémont brimait la volonté d'un peuple souhaitant ardemment son rattachement à la France. Enfin Paris déclara hautement : les Alpes sont notre frontière naturelle ; la France possède un droit sur les Alpes.

Friedrich Engels, *La Savoie, Nice et le Rhin*, 1860, publié à Berlin en brochure anonyme.

**1.** Annexion des petits États d'Italie centrale par le royaume de Sardaigne (Toscane, Modène, Parme, Romagne).
**2.** Payée pour relayer la propagande française.

### Repères

**Des frontières mouvantes**

**1388 :** Nice rattachée à la Savoie.
**1720 :** le duc de Savoie devient roi de Sardaigne.
**1792-1814 :** Savoie rattachée à la France sous le nom de département du Mont-Blanc.
**1793-1814 :** Nice rattachée au département français des Alpes-Maritimes.
**1814-1815 :** restitution de la Savoie et de Nice au royaume de Sardaigne.
**24 mars 1860 :** traité de Turin cédant la Savoie et Nice à la France.
**15-16 avril 1860 :** plébiscite de Nice favorable « à la réunion ».
**22-23 avril 1860 :** plébiscite de la Savoie favorable à la « réunion ».
**14 juin 1860 :** la France prend possession de la Savoie et de Nice.

### Repères

**Résultats aux plébiscites de 1860**

Lors des plébiscites, il n'y a pas toujours de bulletins « Non » dans les bureaux de vote.

Les votes (en pourcentages).

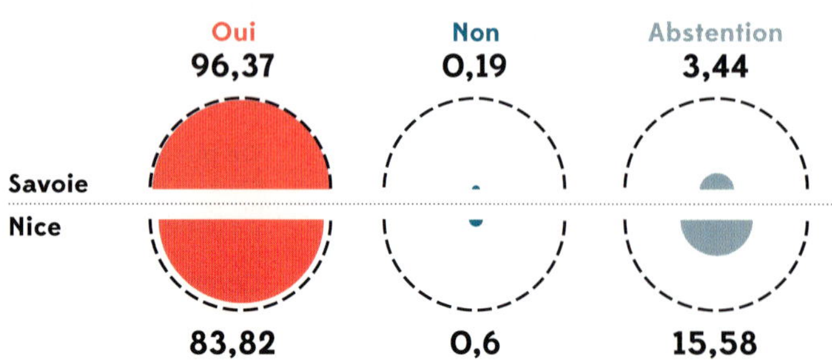


Le taux d'abstention à Nice s'explique par le vote des militaires, à qui le royaume de Sardaigne offrait des perspectives de carrière.

### 2 La frontière des Alpes

En présence de cette transformation de l'Italie du Nord, qui donne à un État puissant tous les passages des Alpes, il était de mon devoir, pour la sûreté de nos frontières, de réclamer les versants français de nos montagnes. Cette revendication d'un territoire de peu d'étendue n'a rien qui doive alarmer l'Europe, car la France ne veut procéder à cet agrandissement, quelque faible qu'il soit, ni par une occupation militaire, ni par une insurrection provoquée, ni par de sourdes manœuvres, mais en exposant franchement la question aux grandes puissances. Elles comprendront sans doute dans leur grande équité que l'important remaniement territorial qui va avoir lieu nous donne droit à une garantie indiquée par la nature elle-même.

Napoléon III, Discours devant le corps législatif, 1er mars 1860.

### 3 Le traité de Turin vu d'Italie

À gauche : Napoléon III. À droite : Garibaldi donnant des coups de bâton à un soldat autrichien.
*Caricature sur le traité de Turin du 24 mars 1860*, dessin de Delfico, 1860, collection privée, Milan.

### 4 Le point de vue de Cavour

*Dans cette lettre rendue publique par* La Gazette de Nice, *Cavour écrit le 2 mars 1860 à Costantino Nigra, ambassadeur à Paris.*

Je suis loin de croire que l'agrandissement de la Sardaigne ne puisse jamais constituer un danger pour la France, à laquelle les derniers événements nous rattachent par les liens de la reconnaissance et de l'amitié. Cependant, nous avons trop le sentiment de ce que l'Italie doit à l'Empereur pour ne pas accorder la plus sérieuse attention à une demande, qui repose sur le principe du respect des vœux des populations. Le gouvernement de Sa Majesté ne consentirait jamais, même en vue des plus grands avantages, à céder ou échanger aucune des parties du territoire qui forme depuis tant de siècles l'apanage glorieux de la Maison de Savoie. […] Au moment où nous réclamons hautement, pour les habitants de l'Italie centrale, le droit de disposer de leur sort, nous ne saurions, sans encourir la tache d'inconséquence et d'injustice, refuser aux sujets du roi qui habitent au-delà des Alpes le droit de manifester librement leur volonté.

*La Gazette de Nice*, 12 mars 1860.

### Comment expliquer le rattachement de Nice et de la Savoie à la France en 1860 ?

**Répondre aux questions**

1. **Résumez** les arguments utilisés par Engels pour expliquer le rattachement de Nice et de la Savoie à la France (**doc. 1**).
2. **Expliquez** les arguments utilisés par Napoléon III pour convaincre le Corps législatif et l'Europe du rattachement de la Savoie et de Nice à la France (**doc. 2**).
3. **Décrivez** les éléments composant la caricature puis **interprétez** son message (**doc. 3**).
4. **Montrez** que la décision du rattachement de Nice et de la Savoie à la France est une décision diplomatique entre la France et l'Italie (**doc. 4**).
5. À partir de vos réponses, **expliquez** le rattachement de la Savoie et de Nice à la France.

**Réaliser un schéma**

Complétez le schéma, selon les différents points de vue exprimés dans les documents.

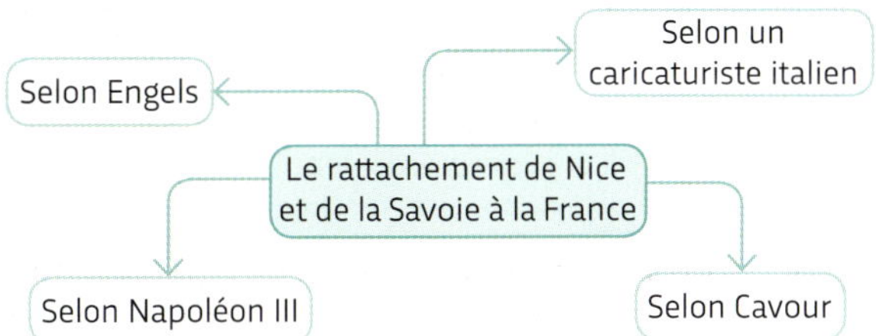

DOCUMENTS **POINT DE PASSAGE**

# 1871 : Bismarck et la proclamation du Reich

## *Quels sont le contexte et les conséquences de la proclamation du Reich en 1871 ?*

→ COURS P. 116

### 1 Bismarck et la création de la dignité impériale

L'adoption par le roi du titre d'empereur, au moment où l'on élargissait la Confédération de l'Allemagne du Nord, était un besoin politique. [...] En m'efforçant de rétablir le titre impérial, je n'obéissais pas à un amour-propre dynastique prussien, mais uniquement à la croyance où j'étais, qu'il contribuerait à favoriser l'unité nationale. [...] Son Altesse Royale avait adopté l'idée de l'un ou l'autre des hommes politiques auxquels elle prêtait l'oreille, que l'héritage de l'Empire « romain » ressuscité par Charlemagne avait été le malheur de l'Allemagne, une conception étrangère, malsaine pour la nation. [...] Dans la délibération définitive du 17 janvier 1871, il repoussa le titre d'Empereur allemand et déclara qu'il voulait être Empereur d'Allemagne ou ne pas être empereur du tout. [...] Le grand-duc de Bade esquiva la difficulté en poussant un vivat en l'honneur non de l'Empereur allemand ni de l'Empereur d'Allemagne, mais de l'Empereur Guillaume[1].

Otto von Bismarck, *Pensées et souvenirs*, Chap. IX.

1. Devant l'insistance de Bismarck, Guillaume Ier prend finalement le titre officiel d'« empereur allemand ».

**Repères**

**La notion de *Reich* ou d'Empire allemand**

Le premier *Reich* a été fondé en 962 par Otton, qui se voulait l'héritier de Charlemagne et de l'Empire romain. Au XVIe siècle, on l'appelle le Saint-Empire romain germanique et il est dirigé par la dynastie autrichienne des Habsbourg. En 1806, sous la pression de Napoléon, François II décrète la fin du Saint-Empire et se contente du titre d'empereur d'Autriche. En 1871, le roi de Prusse prend la tête du IIe Reich ou *Deutsches Reich* (Empire allemand), dont l'Autriche ne fait bien sûr pas partie.

**Repères**

**19 juillet 1870 :** déclaration de guerre de la France à la Prusse.
**2 septembre 1870 :** reddition de Napoléon III à Sedan.
**4 septembre 1870 :** proclamation de la IIIe République.
**19 septembre 1870 :** début du siège de Paris par les Prussiens.
**5 octobre 1870 :** Guillaume Ier et Bismarck s'installent à Versailles.
**18 janvier 1871 :** proclamation de l'Empire allemand.
**28 janvier 1871 :** armistice.
**10 mai 1871 :** signature du traité de paix de Francfort.

Animation

### Guillaume Ier proclamé *Kaiser* 2

En haut des marches, au centre, Guillaume Ier. Bismarck lui fait face en uniforme blanc de cuirassier.
*La Proclamation de l'Empire allemand le 18 janvier 1871*, huile sur toile d'Anton von Werner, 167 x 202 cm, 1885, musée Bismarck, Friedrichsruh.

## 3 La protestation de Bordeaux

*Cette expression désigne la protestation lue à la tribune de l'Assemblée (réunie à Bordeaux à cause de la guerre) le 1er mars 1871 au nom des 27 députés alsaciens et lorrains.*

Les représentants de l'Alsace et de la Lorraine ont déposé, avant toute négociation de paix, sur le bureau de l'Assemblée nationale, une déclaration affirmant de la manière la plus formelle, au nom de ces deux provinces, leur volonté et leur droit de rester françaises. Livrés, au mépris de toute justice et par un odieux abus de la force, à la domination de l'étranger, nous avons un dernier devoir à remplir. Nous déclarons encore une fois nul et non avenu un pacte qui dispose de nous sans notre consentement. La revendication de nos droits reste à jamais ouverte à tous et à chacun dans la forme et dans la mesure que notre conscience nous dictera. Au moment de quitter cette enceinte où notre dignité ne nous permet plus de siéger, et malgré l'amertume de notre douleur, la pensée suprême que nous trouvons au fond de nos cœurs est une pensée de reconnaissance pour ceux qui, pendant six mois, n'ont pas cessé de nous défendre, et d'inaltérable attachement à la patrie dont nous sommes violemment arrachés. Nous vous suivrons de nos vœux et nous attendrons, avec une confiance entière, dans l'avenir, que la France régénérée reprenne le cours de sa grande destinée. Vos frères d'Alsace et de Lorraine, séparés en ce moment de la famille commune, conserveront à la France, absente de leurs foyers, une affection filiale, jusqu'au jour où elle viendra y reprendre sa place.

Député Grosjean, Discours devant l'Assemblée, 1er mars 1871.

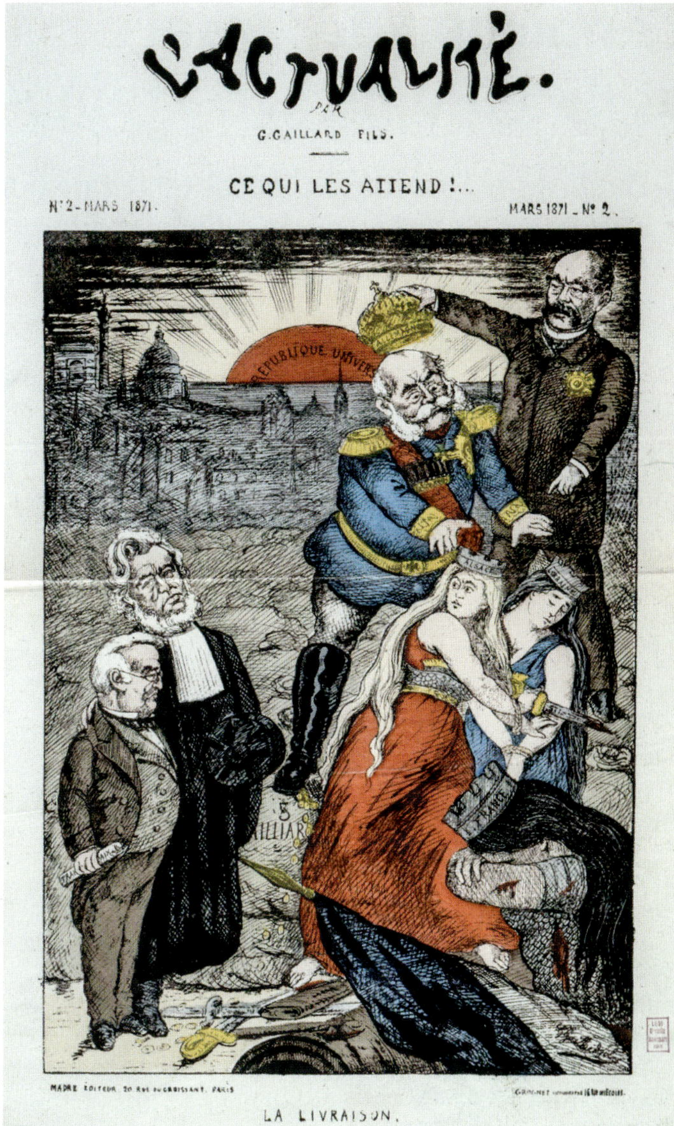


## 4 La perte de l'Alsace-Lorraine vue de France

« Ce qui les attend !... La Livraison. »
À gauche, Adolphe Thiers, président du Conseil et Jules Favre, ministre des Affaires étrangères (en habit d'avocat). À droite, Bismarck couronnant Guillaume Ier.
*L'Actualité*, n° 2, mars 1871.

### *Quels sont le contexte et les conséquences de la proclamation du Reich en 1871 ?*

#### Répondre aux questions

1. **Expliquez** la scène représentée sur ce tableau, en vous appuyant sur le témoignage de Bismarck (**doc. 1 et 2**).
2. **Analysez** le rôle de Bismarck dans la proclamation de l'Empire allemand (**doc.1, 2 et 3**).
3. **Montrez** les conséquences de l'action de Bismarck pour la France (**doc. 3 et 4**).
4. À partir des réponses précédentes, **expliquez** le contexte et les conséquences de la proclamation du Reich allemand en 1871.

#### Réaliser une carte mentale

1. Écrivez « La proclamation du Reich » au milieu d'une page.
2. Dessinez des bulles que vous reliez les unes aux autres : contexte (où ? quand ?) et conséquences.
3. Complétez chaque bulle avec des informations extraites des documents en veillant à présenter le point de vue français et le point de vue allemand.

# L'annexion de l'Alsace et du nord de la Lorraine en 1871

**Quelles sont les conséquences de l'annexion de l'Alsace et du nord de la Lorraine à l'Empire allemand ?**

→ COURS P. 116

## 1 Un manuel scolaire français

*Écrit en 1877 par Augustine Fouillée sous le pseudonyme G. Bruno,* Le Tour de la France par deux enfants *est un manuel de lecture destiné aux élèves d'école primaire (niveau CM1). Il raconte l'histoire de deux orphelins quittant l'Alsace-Lorraine et traversant la France pour rejoindre leur oncle à Marseille.*

On se trouvait alors en 1871, peu de temps après la dernière guerre avec la Prusse. À la suite de cette guerre, l'Alsace et une partie de la Lorraine, y compris la ville de Phalsbourg, étaient devenues allemandes ; les habitants qui voulaient rester Français étaient obligés de quitter leurs villes natales pour aller s'établir dans la vieille France. Le père d'André et de Julien, un brave charpentier veuf de bonne heure, qui avait élevé ses fils dans l'amour de la patrie, songea comme tant d'autres Alsaciens et Lorrains à émigrer en France. [...] Tout était prêt pour le voyage, l'époque même du départ était fixée, lorsqu'un jour le charpentier vint à tomber d'un échafaudage. On le rapporta mourant chez lui. [...] André le voyait inquiet et il cherchait à deviner ; il se pencha jusqu'auprès des lèvres du moribond, l'interrogeant du regard. Un mot plus léger qu'un souffle arriva à l'oreille d'André :

– France !

– Oh ! s'écria le fils aîné avec élan, soyez tranquille, cher père, je vous promets que nous demeurerons les enfants de la France ; nous quitterons Phalsbourg pour aller là-bas ; nous resterons Français, quelque peine qu'il faille souffrir pour cela.

G. Bruno, *Le Tour de la France par deux enfants*, 1877.

## 2 Territoires français annexés à l'issue du traité de Francfort (19 mai 1871)

## 3 Un manuel scolaire allemand

La marche-frontière allemande reconquise d'Alsace-Lorraine (qui représente à peu près la superficie du grand-duché de Bade), avec son million et demi d'habitants, est devenue un *Land* autonome du *Reich* placé sous la direction d'un gouverneur impérial. Metz et Strasbourg ont retrouvé leur rôle d'éminentes citadelles à la frontière occidentale du pays.

Hélas, une grande partie de la population alsacienne et lorraine exprime une opposition ouverte à son rattachement à l'ancienne patrie. Les Français, eux aussi, aiment encore aujourd'hui à s'enflammer contre le « vol » de provinces limitrophes et à raviver les passions nationales.

H. Winter, *Manuel d'histoire allemande et bavaroise pour les établissements d'enseignement supérieur,* 1899.

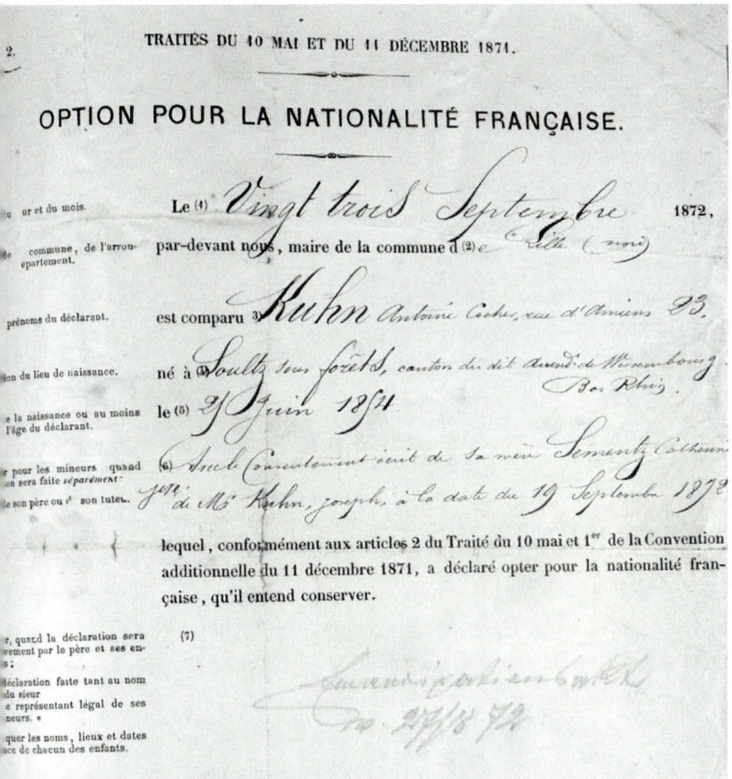
TRAITÉS DU 10 MAI ET DU 11 DÉCEMBRE 1871.

OPTION POUR LA NATIONALITÉ FRANÇAISE.

Le (1) Vingt trois Septembre 1872,

par-devant nous, maire de la commune d (2) Lille (nord)

est comparu (3) Kuhn

né à (4) Soultz sous forêts

le (5) 21 Juin 1854

(6)

lequel, conformément aux articles 2 du Traité du 10 mai et 1er de la Convention additionnelle du 11 décembre 1871, a déclaré opter pour la nationalité française, qu'il entend conserver.

(7)

## 4 Un certificat de nationalité française

Certificat délivré le 23 septembre 1872 à Antoine Kuhn.
Archives départementales du Bas-Rhin.

**Repères**

**Les « optants »**

Selon le traité de Francfort, les Alsaciens et Lorrains ont jusqu'en 1872 pour choisir la nationalité française et quitter leur territoire ou devenir allemands et y rester. Environ 160 000 personnes font une déclaration d'option en faveur de la citoyenneté française : ils sont appelés « optants ». Seules 49 926 personnes ont réellement quitté leur domicile après avoir effectué leur déclaration pour la nationalité française.

## 5 Le témoignage d'un Alsacien célèbre

*Jean-Jacques Waltz (1873-1951), plus connu sous le surnom d'Oncle Hansi, est un Alsacien élevé par des parents français devenus allemands en 1871. Dans cet extrait, l'illustrateur Hansi témoigne de ses années de jeunesse au lycée impérial de Colmar.*

Dans mon enfance, quand dans la journée j'avais été brutalisé au lycée boche, quand le professeur d'allemand nous avait enseigné que la langue allemande était la plus belle et la plus ancienne de toutes les langues, quand le professeur d'histoire avait insulté nos pères et tous les Français, en remontant jusqu'au temps de Charlemagne, quand le professeur de français, originaire de Kœnigsberg, nous avait prouvé que ni les Français ni les Alsaciens ne savaient leur propre langue et que ce n'est qu'à Kœnigsberg que l'on parle le français correctement, quand à mon retour du lycée, d'où tous les jours je rapportais quelques gifles et quelques heures d'arrêts, j'avais rencontré les officiers insolents battant le pavé de notre ville, les fonctionnaires, laids et arrogants, et que je rentrais chez moi, triste et découragé, alors, pour me consoler, mon père me racontait combien notre petite ville était belle du temps français. [...] Je m'endormais content et je faisais de beaux rêves : je voyais les soldats français de garde à la mairie et le drapeau tricolore au balcon, j'étais moi-même parmi les gosses qui suivaient les régiments et je me sentais heureux. Mais au matin le beau rêve était fini il fallait aller au lycée et subir les insultes du Professeur et la glorification méthodique de l'Allemagne. C'était de tristes réveils...

Hansi, *Le paradis tricolore*, 1918.

### Quelles sont les conséquences de l'annexion de l'Alsace et du nord de la Lorraine à l'Empire allemand ?

**Répondre aux questions**

1. **Expliquez** le choix auquel sont confrontés les habitants de l'Alsace-Moselle (**doc. 1 et 4**).
2. **Résumez** le point de vue allemand sur l'annexion (**doc. 3**).
3. **Analysez** le rôle de l'école dans la diffusion du sentiment national (**doc. 1, 3 et 5**).
4. En vous appuyant sur le contexte de publication du document, **montrez** que l'auteur y développe un sentiment de revanche à l'égard de l'Allemagne (**doc. 5**).
5. À partir des réponses précédentes, **expliquez** les conséquences de l'annexion de l'Alsace-Lorraine.

**Écrire un récit imaginatif**

Vous êtes un journaliste suisse et votre rédaction vous demande, en 1872, de faire un reportage en Alsace-Moselle pour expliquer les conséquences de l'annexion, en prenant en compte les points de vue français et allemand. Votre texte devra respecter les normes d'un article de presse (titre, date et signature).

RÉVISER

# La France et la construction de nouveaux États

## SAVOIR EXPLIQUER

### Le rôle de la France dans l'unification de l'Italie

- **Les interventions militaires françaises**
  # Défense du pape ; Deuxième guerre d'indépendance italienne ; Guerre contre l'Autriche
- **L'unité italienne**
  # Expédition des Mille ; Proclamation du royaume d'Italie ; États pontificaux
- **Les gains territoriaux français**
  # Rattachement de Nice et de la Savoie à la France ; Plébiscites

## SAVOIR DATER

| | |
|---|---|
| 1848 | Intervention militaire française à Rome pour défendre le pape |
| 1858 | Rencontre entre Napoléon III et Cavour à Plombières |
| 1859 | Victoires françaises de Solférino et Magenta, armistice de Villafranca |
| 1860 | Rattachement de Nice et de la Savoie à la France ; Garibaldi lance l'expédition des Mille |
| 1861 | Proclamation du royaume d'Italie |
| 1866 | Rattachement de la Vénétie au royaume d'Italie |
| 1871 | Rome devient la capitale italienne |

### Les conséquences de l'unité allemande pour la France

- **La guerre franco-prussienne de 1870**
  # Encerclement ; Dépêche d'Ems ; Défaite de Sedan ; Capture de Napoléon III
- **La défaite française et ses conséquences**
  # Siège de Paris ; Armistice ; Traité de Francfort ; Proclamation du Reich ; Annexion de l'Alsace-Lorraine par l'Allemagne

| | |
|---|---|
| 19 juillet 1870 | Déclaration de guerre française à la Prusse |
| 2 septembre 1870 | Défaite française de Sedan |
| 18 janvier 1871 | Proclamation de l'Empire allemand à Versailles |
| 28 janvier 1871 | Signature de l'armistice par la France |
| 19 mai 1871 | Traité de Francfort prévoyant la cession de l'Alsace et de la Lorraine |

Exercices interactifs

## SAVOIR DÉFINIR

- Annexion → P. 117
- États pontificaux → P. 116
- Expédition des Mille → P. 116
- Rattachement → P. 117
- *Reich* → P. 120

Schéma interactif

# UN ENGAGEMENT AUX CONSÉQUENCES MULTIPLES

- Dimension politique
- Dimension territoriale
- Dimension militaire

→ volontaire
⇢ involontaire

***La guerre française contre l'Autriche favorise...***

Victoires françaises contre l'Autriche à Magenta et Solférino (1859)

***... le Royaume de Sardaigne...***

- Réduction de l'influence autrichienne en Italie
- Affirmation de Victor-Emmanuel II et Cavour

***... qui réalise l'unité italienne...***

- Rattachement de la Lombardie et de l'Italie centrale au royaume de Sardaigne
- Proclamation du Royaume d'Italie (1861)

***... et favorise la France.***

- Rattachement de Nice et de la Savoie à la France

***... la Prusse...***

- Victoire prussienne contre l'Autriche à Sadowa (1866)
- Affirmation de Guillaume I^er^ et Bismarck

***... qui réalise l'unité allemande...***

- Annexion de nombreux territoires germaniques à partir de 1864
- Confédération d'Allemagne du Nord (1867)

***... au détriment de la France.***

- Guerre franco-prussienne (1870)
- Proclamation du II^e^ Reich à Versailles (1871)
- Annexion de l'Alsace-Lorraine par l'Allemagne (1871)

## POUR ALLER PLUS LOIN

### À LIRE

**Giuseppe Tomasi di Lampedusa**
**Le Guépard**
1958
L'unification italienne au travers du destin d'un noble sicilien.

**Jean Giono**
**Le Hussard sur le toit**
1951
Le combat d'un aristocrate italien pour l'unification de son pays.

### À CONSULTER

**Le site du Musée historique de la ville de Strasbourg**
https://www.musees.strasbourg.eu/apercu-collections-musee-historique

### À VISITER

**Le Musée de l'histoire allemande (*Deutsches Historisches Museum*), Berlin**
Il consacre une part importante à l'unification du pays.

**La ville de Strasbourg**
Elle conserve de nombreuses traces, notamment architecturales et urbanistiques, de son annexion par l'Allemagne entre 1871 et 1918.

# BAC

## 1 S'ENTRAÎNER À L'ANALYSE DE DOCUMENT(S)

**SUJET GUIDÉ**

**SUJET** **Le rattachement de Nice et de la Savoie à la France**

**Après avoir présenté les documents, montrez qu'ils ont pour objectif de rassurer la population des territoires annexés par la France en 1860.**

### 1 Nice

Les incertitudes sur nos destinées viennent de cesser. Par le traité signé le 24 mars dernier, le vaillant roi Victor-Emmanuel a cédé à la France la Savoie et l'arrondissement de Nice. Les plus puissants motifs de convenance politique, les exigences de l'avenir de l'Italie, le sentiment de reconnaissance envers son puissant allié, les circonstances enfin toutes particulières de notre pays, ont décidé, quoique à regret, ce bien aimé souverain à se séparer de provinces étroitement liées depuis des siècles à sa dynastie. Mais le sort des peuples ne doit pas ressortir exclusivement de la seule volonté des princes. Aussi, le magnanime Empereur Napoléon III et le loyal Victor-Emmanuel ont-ils désiré que le traité de cession fût fortifié par l'adhésion populaire. […]

Pour le grand Napoléon III, dont la puissante et ferme volonté est d'ouvrir une ère nouvelle de prospérité pour notre pays, commenceront notre fidélité à toute épreuve et notre respectueux dévouement. Vive la France ! Vive l'Empereur Napoléon III !

Proclamation du gouverneur provisoire Louis Lubonis, Nice, le 5 avril 1860.

### 2 La Savoie

Aux habitants de la province de Chambéry[1].

Concitoyens, en nous faisant loyalement connaître les considérations puissantes qui l'ont amené à se séparer de nous, Sa Majesté le Roi Victor-Emmanuel II nous a dit combien ce sacrifice a été pénible à son cœur. Il conserve pour la Savoie, cette terre dont sa famille a illustré le nom, ces sentiments d'estime et d'affection qu'elle a su mériter par huit siècles de fidélité et de dévouement.

Une pensée, toutefois, adoucit l'amertume de ses regrets, c'est que la réunion de notre patrie à la France assure à jamais son bonheur et sa prospérité, dont il confie le soin à son magnanime allié, Sa Majesté l'Empereur Napoléon III. Le pays cependant doit faire entendre sa voix. Les deux souverains y tiennent également, et leur ferme volonté est que la liberté la plus entière soit assurée à la manifestation de ses vœux. En acceptant dans ces circonstances la mission délicate qui m'a été confiée et qui, toute temporaire qu'elle est, est bien au-dessus de mes forces, je n'ai consulté que mon dévouement à notre chère patrie. Je compte, pour la remplir, sur le loyal concours de toutes les autorités, et sur le bon esprit de la population de cette province.

Concitoyens, recueillons-nous en attendant le moment solennel où nous devrons exprimer nos vœux, suivant le mode qui sera ultérieurement adopté : et lorsque ce jour sera venu, tous réunis dans un même sentiment d'amour pour la patrie, nous marcherons avec autant de calme que de résolution vers les nouvelles et grandes destinées qui l'attendent.

Le gouverneur régent Dupasquier, Chambéry, le 4 avril 1860.

**1.** Chambéry est une ville située en Savoie.

#### Aide pour répondre

1. **Présentez les documents.** Utilisez la méthode CANDI (Contexte, Auteur, Nature, Destinataire, Idée générale).
2. **Montrez que ces documents ont pour objectif de rassurer la population des territoires annexés par la France en 1860.**
   Montrez que les gouverneurs cherchent à rassurer en expliquant les raisons du rattachement de ces territoires italiens à la France.
   Relevez les autres éléments de langage destinés à rassurer les populations.

## 2 S'ENTRAÎNER À L'ANALYSE DE DOCUMENT(S)

BAC BLANC

**SUJET** La guerre franco-prussienne

**Analysez les conditions de ce traité de paix et expliquez en quoi il est une façon de renforcer l'unité allemande.**

### La victoire de l'Allemagne

**Art. 2.** – Les sujets français, originaires des territoires cédés, domiciliés actuellement sur ce territoire, qui entendront conserver la nationalité française, jouiront, jusqu'au 1er octobre 1872, et moyennant une déclaration préalable faite à l'autorité compétente, de la faculté de transporter leur domicile en France et de s'y fixer, sans que ce droit puisse être altéré par les lois sur le service militaire, auquel cas la qualité de citoyen français leur sera maintenue.
Ils seront libres de conserver leurs immeubles situés sur le territoire réuni à l'Allemagne. Aucun habitant des territoires cédés ne pourra être poursuivi, inquiété ou recherché, dans sa personne ou dans ses biens, à raison de ses actes politiques ou militaires pendant la guerre. [...]

**Art. 7.** – Le paiement de 500 millions aura lieu dans les trente jours qui suivront le rétablissement de l'autorité du gouvernement français dans la ville de Paris. Un milliard sera payé dans le courant de l'année et un demi-milliard au 1er mai 1872. Les trois derniers milliards resteront payables au 2 mars 1874, ainsi qu'il a été stipulé par le traité de paix préliminaire. À partir du 2 mars de l'année courante, les intérêts de ces 3 milliards de francs seront payés chaque année, le 3 mars, à raison de 5 % par an. [...]

**Art. 10.** – Le gouvernement allemand continuera à faire rentrer les prisonniers de guerre en s'entendant avec le gouvernement français. Le gouvernement français renverra dans leurs foyers ceux de ces prisonniers qui sont libérables. Quant à ceux qui n'ont point achevé leur temps de service, ils se retireront derrière la Loire. Il est entendu que l'armée de Paris et de Versailles, après le rétablissement de l'autorité du gouvernement français à Paris, et jusqu'à l'évacuation des forts par les troupes allemandes, n'excédera pas 80 000 hommes. Jusqu'à cette évacuation, le gouvernement français ne pourra faire aucune concentration de troupes sur la rive droite de la Loire, mais il pourvoira aux garnisons régulières des villes placées dans cette zone, suivant les nécessités du maintien de l'ordre et de la paix publique. [...]

**Art. 16.** – Les deux gouvernements français et allemand s'engagent réciproquement à faire respecter et entretenir les tombeaux des soldats ensevelis sur leurs territoires respectifs. [...]

Traité de Francfort, 10 mai 1871.

## 3 RÉPONDRE À UNE QUESTION PROBLÉMATISÉE

SUJET GUIDÉ

**SUJET** Dans quelle mesure la France a-t-elle favorisé l'unité italienne ?

**Aide pour répondre**

Vous pouvez adopter le plan suivant :
- Le soutien militaire de la France
- Le soutien diplomatique de la France à l'Italie
- La France et la question romaine

**Retrouvez des sujets de BAC et des méthodes conformes et actualisés sur le site → lyceen.nathan.fr/lequintrec1re-2019**

CHAPITRE

# 6 La mise en œuvre du projet républicain

Dans ce chapitre

TOUS LES TEXTES en version audio

TOUTES LES CARTES en version interactive

**Le 14 juillet, place de la République**

La fête nationale est aussi le jour de l'inauguration de la statue de la République (sculptée par Léopold Morice). À cette occasion, on fait défiler les « bataillons scolaires » créés en 1882 pour donner aux enfants de l'école primaire une formation paramilitaire.

*Défilé des enfants des bataillons scolaires sur la place de la République le 14 juillet 1883*, lithographie, XIXe siècle, musée Carnavalet, Paris.

# REPÈRES La Troisième République

## EN CLASSE DE 4e

- Vous avez étudié l'histoire politique de la France au XIXe siècle, et notamment la Troisième République de 1870 à 1914.

## DANS CE CHAPITRE

- Vous verrez comment les républicains conquièrent le pouvoir entre 1870 et 1879, puis comment ils parviennent à enraciner les valeurs républicaines en France de 1879 à 1914, malgré les oppositions.

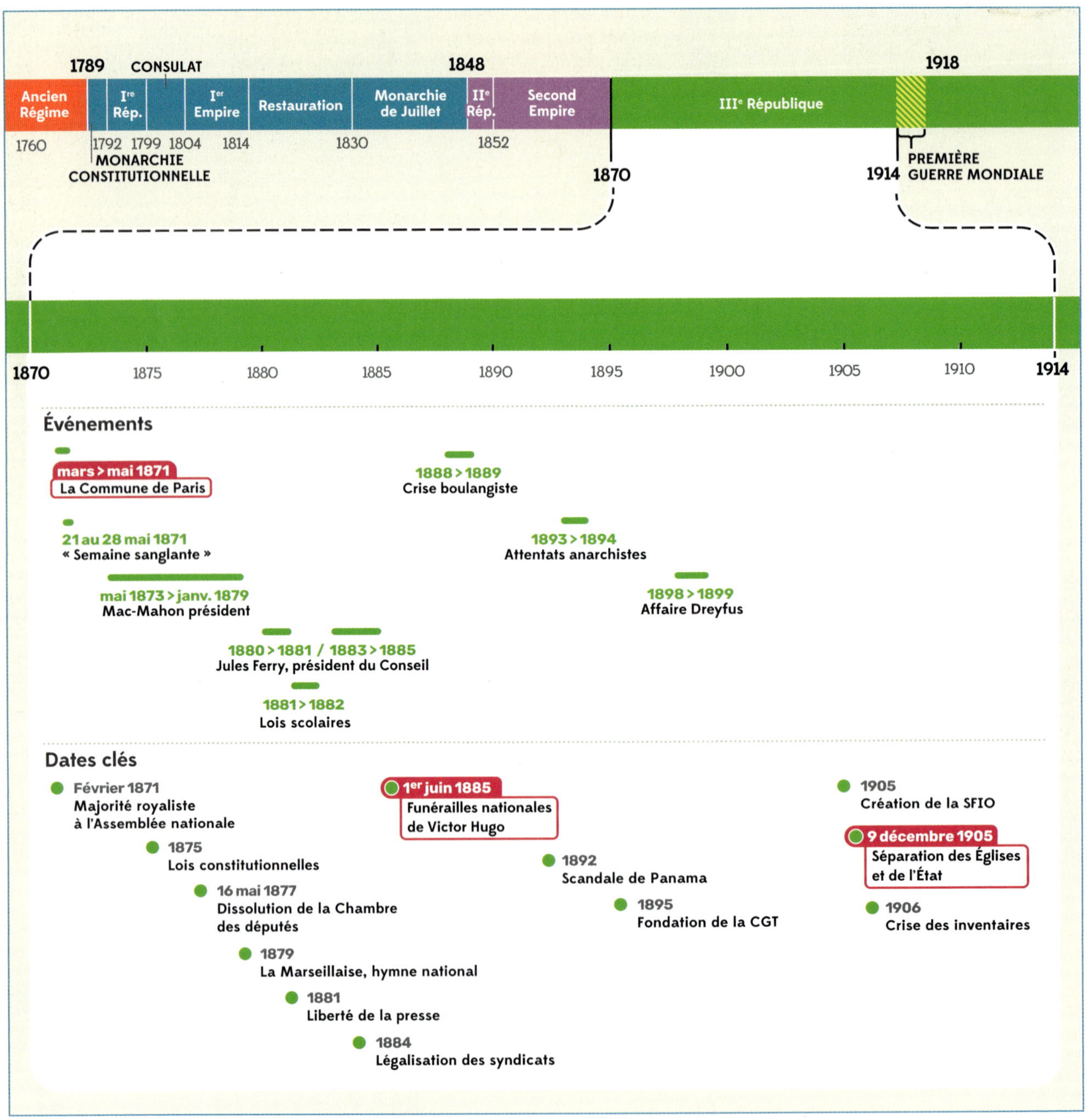

**1 La France en 1871**

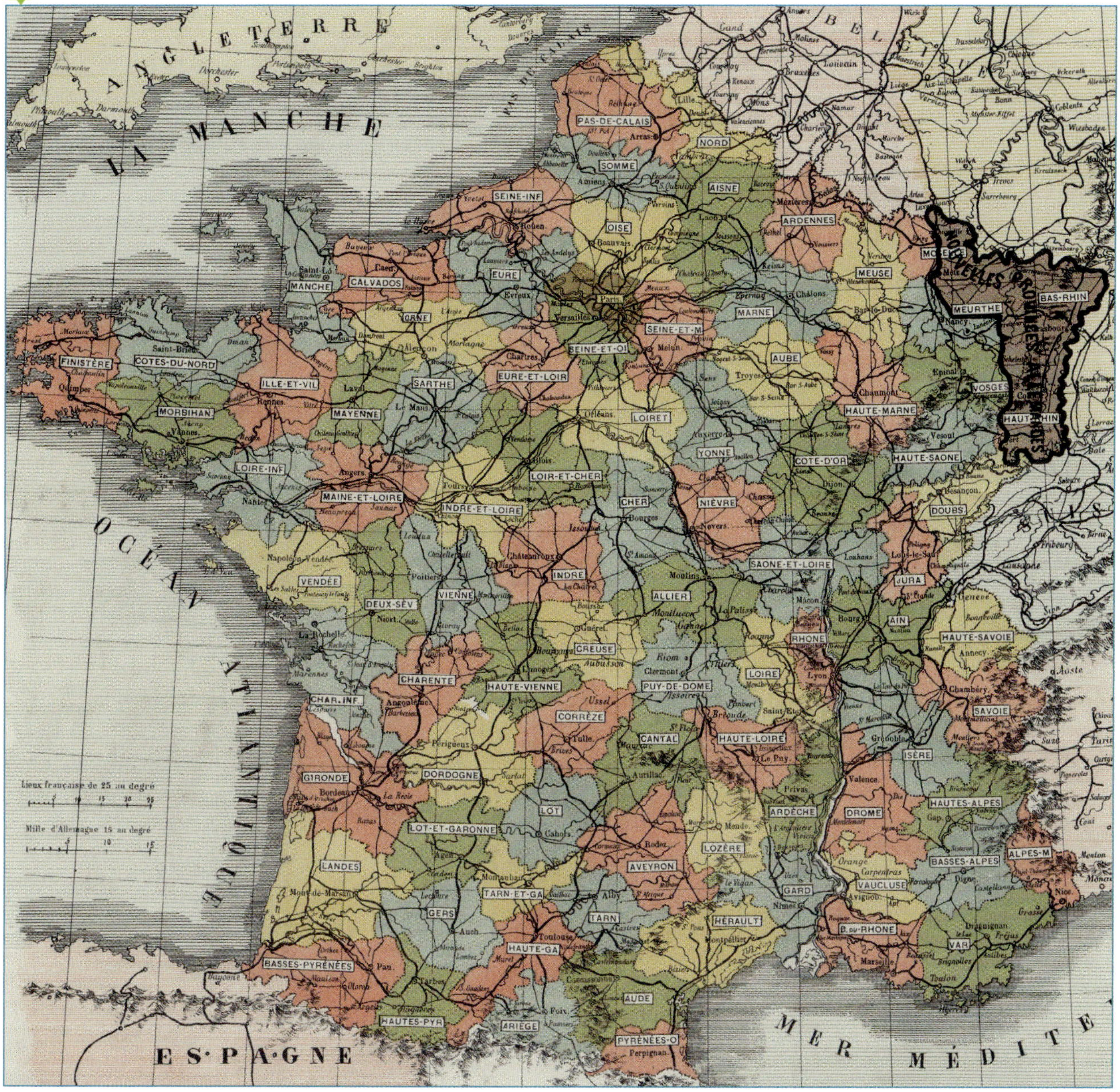


Le format de la carte n'a pas permis de figurer la Corse, qui constitue à cette date un département (préfecture : Ajaccio).

COURS

# 1 La conquête du pouvoir par les républicains (1870-1879)

Podcast du cours

→ DOCUMENTS P. 138

*La guerre contre la Prusse a provoqué la chute du Second Empire : la République est proclamée le 4 septembre 1870. Mais le régime républicain ne va pas de soi : il faut une décennie aux républicains pour conquérir le pouvoir.*

## VOCABULAIRE

**Communards :** partisans de la Commune. Ce terme, utilisé par les historiens, était à l'origine péjoratif et peu employé. On parle à l'époque de « fédérés », en référence à l'uniforme de la fédération de la garde nationale qu'ils portaient.

**Commune :** municipalité élue organisant la démocratie directe dans une ville. Pour l'extrême gauche en 1870-1871, la France doit devenir une fédération de communes libres.

**Garde nationale :** milice de citoyens créée en 1789 et réorganisée en 1830 qui joue un rôle décisif dans les événements de la Commune. Elle est définitivement dissoute par la loi du 30 août 1871.

**Versaillais :** royalistes favorables à l'installation de l'Assemblée à Versailles et à la répression de la Commune.

## A Une République née de la guerre

**La défaite militaire.** Le 2 septembre 1870, Napoléon III, prisonnier des Prussiens, capitule à Sedan. Le 4 septembre, la nouvelle de la défaite est connue à Paris, et la République proclamée. Le gouvernement de Défense nationale, dominé par Gambetta, se trouve dans une situation militaire et politique difficile. Paris est assiégée et l'extrême gauche veut y organiser une **Commune**. La débâcle militaire oblige le gouvernement à signer l'armistice le 28 janvier 1871.

**Le retour de la droite royaliste.** Pour que la paix soit conclue régulièrement, des élections législatives sont organisées le 8 février. La droite royaliste, favorable à la paix, l'emporte et élit Adolphe Thiers à la tête de l'exécutif. La nouvelle Assemblée nationale, repliée à Bordeaux, accepte des conditions de paix très dures : de lourdes indemnités de guerre et la perte de l'Alsace et d'une partie de la Lorraine (voir p. 122).

**La Commune de Paris.** L'extrême gauche parisienne s'estime trahie par un gouvernement qui multiplie les provocations. Le 10 mars 1871, l'Assemblée s'installe à Versailles, la ville de Louis XIV ! Le 18 mars, Thiers envoie l'armée à Paris pour récupérer les canons de la **garde nationale**. Cela déclenche une insurrection populaire et l'élection d'un conseil municipal qui proclame la Commune de Paris le 28 mars. Elle instaure une démocratie directe dans la capitale. Mais les mesures qu'elle prend (école primaire gratuite et laïque, séparation des Églises et de l'État, coopératives ouvrières) ne peuvent guère être appliquées, à cause de la guerre civile entre **Communards** et **Versaillais**. Du 21 au 28 mai, l'armée des Versaillais reconquiert Paris au cours de la « semaine sanglante » et se livre à une violente répression (10 000 morts).

**1** Les institutions de la III^e République

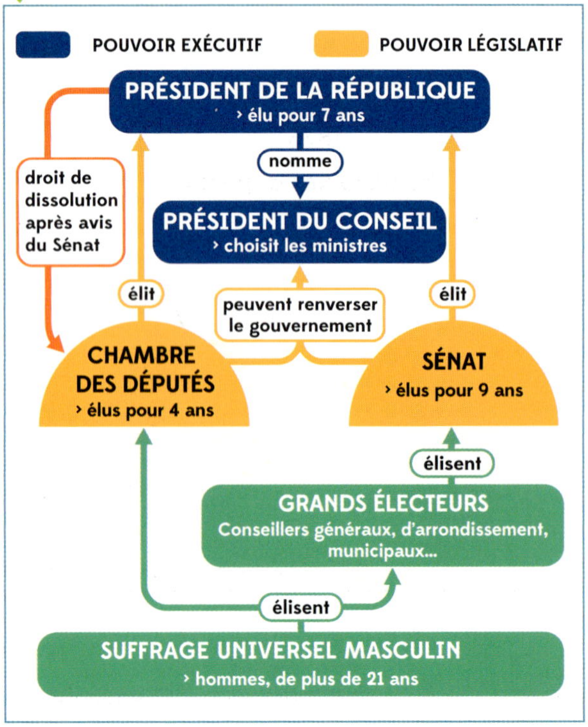


## B Monarchie ou République ?

**Une tentative de restauration.** La Commune écrasée, la question est désormais de déterminer la nature du régime. Les royalistes, majoritaires à l'Assemblée, rêvent de la Restauration. Mais divisés entre légitimistes et orléanistes, ils ne parviennent pas à s'accorder sur celui à placer sur le trône de France. Alors que le comte de Chambord ne veut pas renoncer au drapeau blanc des Bourbon, l'Assemblée élit comme président de la République le maréchal légitimiste Mac-Mahon, le 24 mai 1873. Ce gouvernement, qui s'appuie sur l'Église et l'armée, se donne pour objectif de rétablir « l'ordre moral ».

**« La République sera conservatrice ou elle ne sera pas » (Thiers).** Alors que la perspective d'une Restauration s'éloigne, Thiers et une partie des orléanistes se rallient à une république parlementaire et conservatrice. Ils sont prêts à coopérer avec les républicains modérés comme Jules Ferry et Léon Gambetta, qui prennent leurs distances avec la Commune et veulent rassurer l'électorat des campagnes.

## C Les républicains à la conquête de la République

**La Constitution de la Troisième République.** C'est dans ce contexte que le 30 janvier 1875 est adopté à une voix près l'amendement Wallon, qui institue définitivement la République. Les lois constitutionnelles votées en 1875 résultent d'un compromis entre les républicains et les orléanistes. Elles créent un régime parlementaire, avec un gouvernement responsable devant la Chambre des députés et un président de la République disposant de larges pouvoirs **(doc. 1)**.

**La crise du 16 mai 1877.** Le président Mac-Mahon est contraint de gouverner avec les républicains majoritaires à la Chambre des députés depuis les élections de 1876 **(doc. 2)**. Le 16 mai 1877, il dissout la Chambre en espérant une nouvelle majorité royaliste. Mais les républicains remportent de nouveau les élections législatives d'octobre 1877 et conquièrent le Sénat en janvier 1879, ce qui entraîne la démission de Mac-Mahon.

**La « Constitution Grévy ».** La crise du 16 mai 1877 a d'importantes conséquences sur le fonctionnement de la Troisième République. Dans le sillage du nouveau président Jules Grévy, les présidents de la République renoncent à leur droit de dissolution de la Chambre des députés.

**Repères**

**L'amendement Wallon**

Lors des débats sur la Constitution, le député républicain Henri Wallon propose un amendement (nouvelle rédaction d'un article de loi), qui est adopté le 30 janvier 1875 par 353 voix contre 352. En définissant le statut du président de la République dans la loi, il institue définitivement le régime républicain, à une voix de majorité !

**RÉVISER SON COURS**

1. Quelles difficultés la République naissante a-t-elle rencontrées en 1870-1871 ?
2. Pourquoi les royalistes ne sont-ils pas parvenus à restaurer la monarchie ?
3. Comment les républicains ont-ils conquis le pouvoir ?

**2 Évolution des forces politiques entre 1871 et 1876**

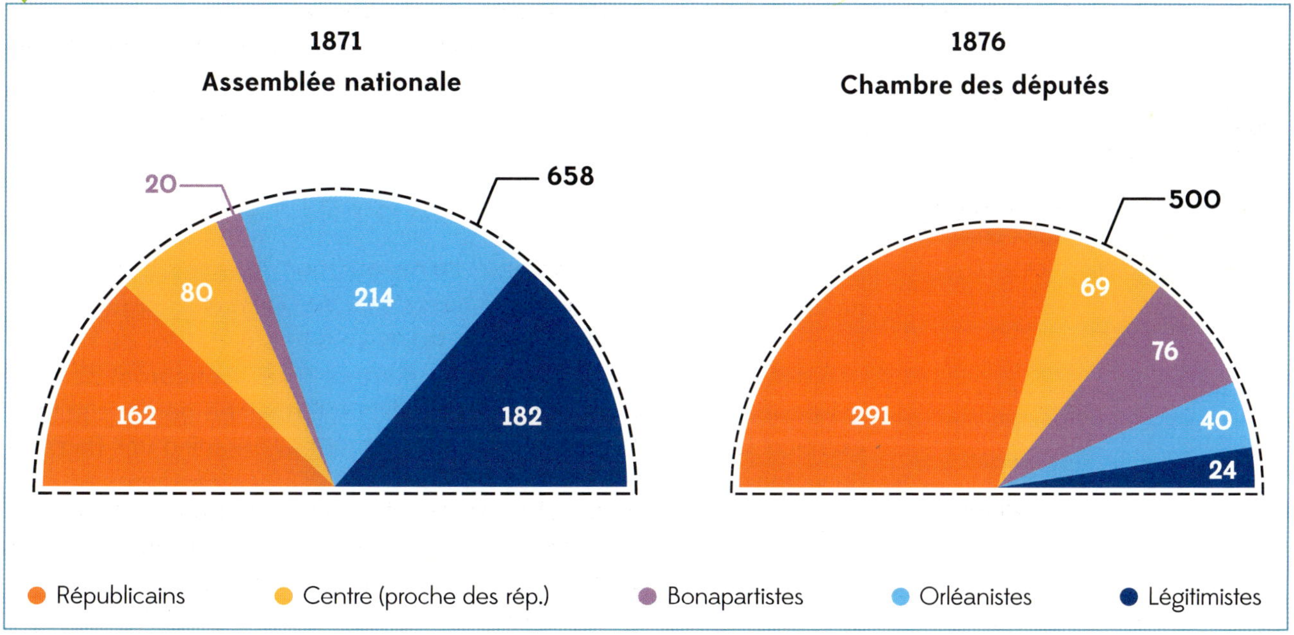

# COURS

Podcast du cours

2

→ DOCUMENTS P. 140, 142, 144, 146, 148

# L'enracinement de la République (1879-1914)

*La Troisième République, enfin gouvernée par des républicains à partir de 1879, a désormais les moyens de s'inscrire dans la durée. C'est le premier régime qui parvient à traduire l'héritage de la Révolution française dans des institutions stables.*

## A Une démocratie libérale

**Les libertés fondamentales.** Les républicains modérés au pouvoir entreprennent d'abord de supprimer les mesures oppressives dont ils ont souffert pendant les décennies précédentes. Ils font ainsi voter une série de lois reconnaissant les libertés fondamentales et qui consolident la **démocratie libérale**, héritière des principes de 1789 **(doc. 1)**. Par la loi du 14 août 1884, « la forme républicaine du gouvernement ne peut plus faire l'objet d'une proposition de révision ».

**Le suffrage universel masculin.** La pratique du suffrage universel s'ancre et s'étend avec la loi municipale de 1884, qui confie l'élection des maires, auparavant nommés par le préfet, aux conseils municipaux, eux-mêmes élus par les citoyens. Cependant, le droit de vote est toujours refusé aux femmes, suspectées d'être sous l'influence des prêtres et donc proches des idées monarchistes. La mobilisation des premières féministes et le rapport parlementaire de Ferdinand Buisson en leur faveur (1909) ne parviennent pas à changer la mentalité dominante.

**Un régime d'assemblée.** La crise du 16 mai 1877 a entraîné l'effacement du pouvoir exécutif devant le Parlement. Ce **régime d'assemblée** est considéré par les républicains comme la meilleure garantie face au **césarisme**. La Chambre des députés, lieu du débat contradictoire et de l'élaboration de la loi, devient l'organe essentiel de la vie politique.

## B Une nouvelle culture politique

**Une société guidée par la raison.** Influencés par les idées des Lumières et le **positivisme**, les républicains pensent que la science est le moteur du progrès. C'est pourquoi ils combattent sinon la religion, vue comme une survivance du passé, du moins le **cléricalisme**.

**La laïcisation de la société.** Les républicains mènent une politique de **laïcisation** qui concerne d'abord l'école, mais vise aussi l'ensemble de la société. Les emblèmes religieux sont retirés des lieux publics, le divorce est rétabli (1884). Le processus s'achève par la loi de séparation des Églises et de l'État de 1905. Mettant fin au **Concordat** de 1801, la République ne reconnaît plus aucun culte, mais en garantit le libre exercice. Cette loi, condamnée par le pape, est à l'origine d'une flambée de violence avec la crise des inventaires.

**Les symboles républicains.** Pour rendre la République familière aux Français, on en diffuse des allégories, avec les bustes de Marianne et les statues monumentales qui trônent dans l'espace urbain. La Marseillaise

### VOCABULAIRE

- **Césarisme :** voir p. 72.
- **Cléricalisme :** idéologie visant à donner au clergé un statut public et un rôle politique.
- **Concordat :** voir p. 22.
- **Démocratie libérale :** régime politique fondé sur les principes de 1789 (égalité civile, libertés fondamentales, souveraineté nationale) et sur les acquis ultérieurs de la démocratie (suffrage universel).
- **Laïcisation :** politique volontaire d'un État visant à ôter tout rôle public aux Églises et à cantonner la religion à la sphère privée.
- **Positivisme :** doctrine du philosophe français Auguste Comte (1798-1857). Selon lui, l'humanité est entrée au XIXe siècle dans « l'âge positif », où tout peut s'expliquer par la science et non plus par la religion.
- **Régime d'assemblée :** régime dans lequel le pouvoir exécutif est subordonné au pouvoir législatif (qu'il ne peut pas dissoudre).

### Repères

**La crise des inventaires**

La loi de 1905 (article 4) prévoit de dresser un **inventaire** des biens présents dans les lieux de culte avant qu'ils ne soient transférés à des associations cultuelles. Ces inventaires suscitent de graves incidents en 1906, car de nombreux catholiques considèrent l'entrée des agents de l'État dans les églises comme une violation de leurs sanctuaires et tentent de s'y opposer.

devient l'hymne national (1879) et le 14 juillet la fête nationale (1880). Les commémorations et les hommages aux grands hommes se multiplient pour entretenir la ferveur des citoyens.

## C L'apprentissage de la citoyenneté

**L'école au cœur du projet républicain.** L'école joue un rôle déterminant dans la diffusion des valeurs républicaines. Sous l'impulsion de Jules Ferry, les lois de 1881-1882 font de l'enseignement primaire un service public : l'école est désormais gratuite, obligatoire et laïque. L'instruction religieuse ne fait plus partie des programmes scolaires : les républicains veulent briser l'influence de l'Église sur les jeunes esprits et préparer le citoyen de demain à exercer son droit de vote.

**Garantir l'égalité des chances.** L'école doit être aussi un moyen de promotion par le mérite. Si les classes moyennes rêvent d'ascension sociale pour leurs enfants, celle-ci n'est pas toujours une réalité. L'enseignement secondaire, payant, est de fait réservé aux enfants des milieux aisés, les bourses restant peu nombreuses.

**Le service militaire.** Par la loi de 1889, le service militaire d'une durée de deux ans devient obligatoire pour tous les jeunes hommes d'une classe d'âge, sans exemption possible. Il permet un brassage social au sein des régiments et contribue à diffuser dans toute la France les valeurs républicaines, le patriotisme et le mode de vie urbain.

**RÉVISER SON COURS**

1. Quelles sont les caractéristiques de la démocratie libérale ?
2. Pourquoi la laïcité est-elle au cœur de la culture républicaine ?
3. Comment l'école et le service militaire participent-ils à l'apprentissage de la citoyenneté ?

### 1 Les libertés fondamentales

**Des lois qui consolident la démocratie libérale en quelques dates**

30 juin 1881 — **Liberté de réunions publiques**
« Art. 1 – Les réunions publiques sont libres. Elles peuvent avoir lieu sans autorisation préalable. »

16 juin 1881 — **Loi établissant la gratuité absolue de l'enseignement primaire dans les écoles publiques**
« Art. 1 – Il ne sera pas perçu de rétribution scolaire dans les écoles primaires publiques. »

29 juillet 1881 — **Liberté de presse et d'affichage**
« Art. 5 – Tout journal ou tout périodique peut être publié sans autorisation préalable et sans dépôt de cautionnement. »

28 mars 1882 — **Loi instituant le caractère obligatoire et laïque de l'école primaire publique**
« Art. 4 – L'instruction primaire est obligatoire pour les enfants des deux sexes, âgés de six ans révolus, à treize ans révolus. »

21 mars 1884 — **Liberté syndicale**
« Art. 2 – Les syndicats ou associations professionnelles [...] pourront se constituer librement sans l'autorisation du gouvernement. »

30 octobre 1886 — **« Loi Goblet » portant sur l'organisation de l'enseignement primaire et confiant à un personnel exclusivement laïque l'enseignement dans les écoles publiques**
« Art. 17 – Dans les écoles publiques de tout ordre, l'enseignement est exclusivement confié à un personnel laïque. »

1er juillet 1901 — **Liberté d'association**
« Art. 2 – Les associations de personnes pourront se former librement sans autorisation ni déclaration préalable. »

COURS

Podcast du cours

3

# Les limites du consensus républicain

*Avec la liberté de la presse, les opposants peuvent désormais s'exprimer, parfois violemment, contre le gouvernement. Tout en s'inscrivant dans le jeu de la démocratie, ces contestations ébranlent parfois le régime républicain.*

## A La montée de l'antiparlementarisme

**Un contexte difficile.** Au milieu des années 1880, la République est confrontée à un fort mécontentement social lié à la crise économique. Accusés à la fois d'incompétence et de corruption suite à des scandales politico-financiers révélés par la presse, les républicains modérés connaissent un recul aux élections de 1885. Avec une majorité parlementaire plus étroite, l'instabilité ministérielle s'accroît et l'**antiparlementarisme** se développe dans l'opinion.

**La crise boulangiste.** Un mouvement disparate, allant de l'extrême gauche à la droite monarchiste, trouve un chef en la personne du général Boulanger, ancien ministre de la Guerre, populaire pour sa fermeté envers l'Allemagne. Élu député de Paris en janvier 1889, il appelle à la dissolution de la Chambre et à une révision de la Constitution. Alors que ses soutiens le poussent au coup d'État, les républicains s'unissent pour défendre le régime et écartent la menace du boulangisme aux élections de septembre 1889.

**Un régime fragile.** Après avoir triomphé de cette contestation, la République bénéficie du **Ralliement** des catholiques. Mais les opposants au régime ne disparaissent pas et l'antiparlementarisme est relancé en 1892 avec le scandale de Panama mettant en cause l'intégrité de la classe politique.

## B L'extrême droite nationaliste

**La nation contre la République ?** Les anciens boulangistes et opposants à la République libérale, comme Maurice Barrès, se rassemblent dans les années 1890 autour du **nationalisme**. Le patriotisme des républicains est fondé sur une définition politique de la nation, rassemblant des citoyens. Le nationalisme de l'extrême droite est fondé sur une définition biologique de la nation, rassemblant les Français contre les étrangers et les juifs.

**L'affaire Dreyfus.** La force de ce nouveau courant politique se manifeste dans l'affaire Dreyfus. Accusé à tort par un tribunal militaire d'espionnage au profit de l'Allemagne, le capitaine Dreyfus est condamné à la déportation à vie en 1894. Alors que la presse vilipende majoritairement ce juif alsacien, Émile Zola dénonce une erreur judiciaire étouffée par l'armée dans son « J'accuse », paru dans *L'Aurore* le 13 janvier 1898.

**La défense des valeurs de la République.** Si l'affaire Dreyfus permet au nationalisme antisémite de se structurer au sein de **ligues**, telles que

### VOCABULAIRE

- **Anarchistes :** partisans de l'anarchie, pour qui la liberté individuelle passe par le rejet de toute autorité (celle de l'État, de l'Église ou du patron).
- **Antiparlementarisme :** opposition au régime parlementaire et au régime d'assemblée, considérés comme favorisant la corruption, l'indécision et l'instabilité ministérielle.
- **CGT :** Confédération générale du travail. Centrale syndicale française fondée en 1895.
- **Ligues :** mouvements politiques privilégiant l'action dans la rue, souvent violente, par opposition aux partis politiques fondés sur l'action parlementaire.
- **Nationalisme :** exploitation politique du sentiment national. En France, le terme désigne le nationalisme agressif de l'extrême droite par opposition au patriotisme républicain.
- **Ralliement :** acceptation du régime républicain par les catholiques (qui étaient jusque-là liés à la droite monarchiste) à l'appel du pape Léon XIII en 1890-1892.
- **SFIO :** Section française de l'Internationale ouvrière, fondée en 1905 et rassemblant la grande majorité des socialistes français.

la Ligue des patriotes de Paul Déroulède, elle soude aussi la gauche autour de la défense des droits de l'homme. En s'engageant en faveur de Dreyfus, Jaurès rapproche les socialistes de la république parlementaire. Le gouvernement de « défense républicaine », mené par Waldeck-Rousseau en 1899, regroupe alors républicains modérés, radicaux et socialistes, unis contre l'extrême droite **(doc. 1)**.

## C Le mouvement ouvrier

**Les ouvriers contre la République bourgeoise ?** Après la répression de la Commune, le mouvement ouvrier s'est reconstruit autour des syndicats, autorisés en 1884, et de plusieurs partis socialistes, qui contestent le régime « bourgeois ». Une opposition plus violente est menée par les **anarchistes**, qui dérivent dans le terrorisme avec l'assassinat du président de la République Sadi Carnot en juin 1894. Le gouvernement réprime durement les anarchistes, qui décident alors de faire des syndicats une arme politique contre le capitalisme. C'est le « syndicalisme révolutionnaire », défendu par la **CGT** fondée en 1895.

**La montée du socialisme.** La majorité de gauche, dominée par les radicaux, qui gouverne la France de 1899 à 1906, tente par ses réformes sociales de se rapprocher des ouvriers. Mais le gouvernement de Georges Clemenceau (1906-1909) se distingue ensuite par sa grande fermeté contre les grévistes, ce qui rejette dans l'opposition la plupart des socialistes. Ceux-ci parviennent à surmonter leurs divisions pour créer la **SFIO** en 1905. Sous la direction de Jaurès, la SFIO accepte progressivement la démocratie parlementaire, tout en affirmant sa volonté de renverser le capitalisme.

### Repères

**Le scandale de Panama**

La Compagnie du canal de Panama a payé une centaine de députés pour qu'ils votent en 1888 une loi favorable à ses intérêts, ce qui ne l'a pas empêchée de faire faillite en 1889, ruinant de nombreux épargnants. Ce scandale de corruption est découvert en 1892 et exploité par la presse d'extrême droite pour alimenter l'antiparlementarisme et l'antisémitisme (elle dénonce les « affairistes juifs »). Un seul homme politique est condamné, mais de nombreux députés ne sont pas réélus aux élections de 1893.

### RÉVISER SON COURS

1. **La République est-elle menacée par l'antiparlementarisme ?**
2. **En quoi consiste le nationalisme qui s'affirme pendant l'affaire Dreyfus ?**
3. **Pourquoi le monde ouvrier a-t-il des rapports difficiles avec la République ?**

### 1 Les forces politiques de 1879 à 1914

| Tendance politique | Idées politiques |
|---|---|
| La droite monarchiste | Regroupant les orléanistes, les légitimistes et les bonapartistes dans l'opposition à la République, elle tend à disparaître après 1889 au profit des autres droites. |
| La droite nationaliste (extrême droite) | Née avec le boulangisme, elle s'affirme pendant l'affaire Dreyfus. Elle rassemble anciens monarchistes et anciens radicaux autour d'un programme antilibéral, antiparlementaire et antisémite. C'est une droite populiste, organisée en ligues. |
| La droite républicaine et libérale | Elle rassemble les monarchistes ralliés à la République dans les années 1890 et les républicains modérés qui glissent vers le centre-droit autour d'un programme libéral et conservateur. |
| Les républicains modérés | Ils gouvernent la France au centre de 1879 à 1899 sous le nom d'« opportunistes » puis de « progressistes ». Les uns se rapprochent ensuite des radicaux, les autres de la droite libérale. |
| Les radicaux | Favorables à l'application radicale et immédiate du programme républicain, ils s'opposent aux républicains modérés de 1879 à 1899. Ils dirigent des gouvernements d'union des gauches de 1899 à 1906, puis glissent vers le centre. |
| Les socialistes | Affaiblis par la Commune, ils réapparaissent en 1879 et progressent aux élections à partir de 1893. Ils sont divisés en plusieurs petits partis (réformistes, révolutionnaires...) jusqu'à la création de la SFIO en 1905. |
| L'extrême-gauche | Animée par les anarchistes, non représentée au Parlement, elle s'exprime surtout par le syndicalisme révolutionnaire (CGT). |

# Louise Michel et la Commune de Paris

## En quoi Louise Michel est-elle une militante emblématique de la Commune ?

→ COURS P. 132

**Louise Michel**
(1830-1905)

**1856** : s'installe à Paris et ouvre une école à Montmartre. Elle fréquente les milieux socialistes et anarchistes.

**1870** : aide les gardes nationaux pendant le siège de Paris par les Prussiens.

**22 janvier 1871** : participe à une tentative d'insurrection contre le gouvernement provisoire.

**18 mars 1871** : appelle la population à s'opposer aux soldats venus récupérer les canons de la garde nationale.

**21-28 mai 1871** : combat sur les barricades pendant la « semaine sanglante ».

**Décembre 1871** : arrêtée et jugée par un tribunal militaire, elle est condamnée à la déportation en Nouvelle-Calédonie.

**Novembre 1880** : bénéficiant des lois d'amnistie, elle revient à Paris où elle est une militante anarchiste infatigable.

### 1 Louise Michel jugée

**Louise Michel :** Je ne veux pas me défendre, je ne veux pas être défendue. J'appartiens tout entière à la révolution sociale, et je déclare accepter la responsabilité de mes actes. [...] On me dit aussi que je suis complice de la Commune ! Assurément oui, puisque la Commune voulait avant tout la révolution sociale, et que la révolution sociale est le plus cher de mes vœux. [...] Nous n'avons jamais voulu que le triomphe de la Révolution. Je le jure par nos martyrs tombés sur le champ de Satory, par nos martyrs que j'acclame encore si hautement, et qui un jour trouveront bien un vengeur. [...]

**Le président :** Il paraît que vous portiez divers costumes sous la Commune.

**Louise Michel :** J'étais vêtue comme d'habitude, j'ajoutais juste une ceinture rouge sur mes vêtements.

**Le président :** N'avez-vous pas porté plusieurs fois un costume d'homme ?

**Louise Michel :** Une seule fois, c'était le 18 mars ; je m'habillai en garde nationale pour ne pas attirer les regards. [...]

**Le président :** Accusée, avez-vous quelque chose à dire pour votre défense ?

**Louise Michel :** Il faut me retrancher de la société. [...] Puisqu'il semble que tout cœur qui bat pour la liberté n'a droit qu'à un peu de plomb, j'en réclame une part, moi ! Si vous me laissez vivre, je ne cesserai de crier vengeance.

Compte-rendu du premier procès tenu par le VI^e Conseil de guerre, *La Gazette des tribunaux*, 16 décembre 1871.

### 2 La révolution sans les femmes ?

*Militante de « l'Union des femmes pour la défense de Paris », l'auteure interpelle l'état-major de la Commune, qui refuse de laisser les femmes intervenir dans les zones de combat.*

Savez-vous, général Dombrowki, comment s'est faite la révolution du 18 mars ? Par les femmes. On avait dirigé de grand matin des troupes de ligne[1] sur Montmartre. Le petit nombre des gardes nationaux qui gardaient les canons de la place Saint-Pierre avait été surpris et les canons enlevés ; on les descendait sur Paris, sans obstacle. [...] Mais alors, sur la place de l'abbaye, les femmes, les citoyennes de Montmartre, se portèrent en foule, saisirent la bride des chevaux, entourèrent les soldats, et leur dirent : « Quoi! Vous servez les ennemis du peuple, vous, ses enfants ! » [...] Les soldats comprirent ces reproches, et ils mirent en l'air la crosse de leurs fusils. [...] On replaça les canons ; désormais, la confiance, l'enthousiasme, un indomptable courage, remplissaient les âmes, indécises un instant auparavant. La Révolution était faite. Grâce aux femmes, surtout [...].

Il faudrait cependant raisonner un peu : croit-on pouvoir faire la Révolution sans les femmes ? Voilà 80 ans qu'on l'essaie et qu'on n'en vient pas à bout. La première Révolution leur décerna bien le titre de citoyennes, mais non les droits. Elle les laissa exclues de la liberté, de l'égalité. Repoussées de la Révolution, les femmes retournèrent au catholicisme, et sous son influence, composèrent cette immense force réactionnaire imbue de l'esprit du passé, qui étouffe la Révolution chaque fois qu'elle veut renaître.

Léodile Champseix, dite André Léo, *La Sociale*, 8 mai 1871.

1. Armée régulière.

## 3 Louise Michel à Satory

Le camp de Satory, près de Versailles, était un lieu de détention et d'exécution des communards. Louise Michel porte l'uniforme de la garde nationale sur sa robe.

*Louise Michel parle aux communards,* huile sur toile de Jules Girardet, 1871, musée d'Art et d'Histoire, Saint-Denis.

## 4 Des « viragos » et des « malades »

*L'écrivain Maxime du Camp, ami de Flaubert, exprime ici la peur que la Commune a suscitée chez les conservateurs.*

Celles qui se donnèrent à la Commune – et elles furent nombreuses – n'eurent qu'une seule ambition : s'élever au-dessus de l'homme en exagérant ses vices [...]. Comme « ambulancières », elles abreuvèrent les blessés d'eau-de-vie, sous prétexte de les « remonter », et poussèrent dans la mort bien des malheureux qu'une simple médication aurait guéris. Dans les écoles où elles s'installèrent, elles apprirent aux petits enfants à tout maudire, excepté la Commune. Du haut de la chaire des églises converties en clubs, elles se dévoilèrent : de leur voix glapissante, au milieu de la fumée des pipes, dans le bourdonnement des hoquets, elles demandèrent « leur place au soleil, leurs droits de cité, l'égalité qu'on leur refuse » [...]. Elles se déguisèrent en soldats [...]. Elles se grisèrent au sang versé et eurent une ivresse furieuse qui fut horrible à voir [...]. Aux derniers jours, ces viragos[1] belliqueuses tinrent derrière les barricades plus longtemps que les hommes, elles furent là où le crime fut sans merci et sans frein [...]. On en arrêta beaucoup, l'épaule meurtrie par le recul du fusil, tout émues encore de la surexcitation des batailles. [...] Pour qui a étudié l'histoire de la possession, il n'y a guère à se tromper, presque toutes les malheureuses qui combattirent avec la Commune étaient ce que l'aliénisme[2] appelle des « malades ».

Maxime du Camp, *Les Convulsions de Paris, Épisodes de la Commune*, 1878-1879.

1. Femmes d'allure masculine, aux manières rudes.
2. Branche de la médecine spécialisée dans le traitement des aliénés.

### *En quoi Louise Michel est-elle une militante emblématique de la Commune ?*

**Répondre aux questions**

1. **Identifiez** les idées défendues par Louise Michel et à l'origine de son engagement au côté des communards (**doc. 1 et 4**).
2. **Montrez** que le rôle des femmes suscite des réticences, même dans le camp des révolutionnaires (**doc. 2**).
3. **Montrez** que la participation des femmes à la vie politique est perçue comme un véritable « carnaval », une transgression des sexes par les conservateurs (**doc. 1 et 4**).
4. À l'aide des réponses précédentes, **précisez** en quoi Louise Michel est une militante emblématique de la Commune.

**Réaliser une carte mentale**

1. Écrivez « Louise Michel et les femmes dans la Commune » au milieu d'une page.
2. Tracez trois branches partant de ce titre :
   - Leur rôle
   - Leurs revendications
   - Leur perception par les conservateurs
3. Complétez chaque branche avec des informations extraites des documents.

# La culture républicaine

## Comment la culture républicaine s'inscrit-elle dans l'héritage de la Révolution française ?

→ COURS P. 134

**1** L'hymne national
*Le Petit Journal*, le 14 juillet 1912.

### 2 La fête nationale

*Le 6 juillet 1880 est promulguée la loi : « La République adopte le 14 juillet comme jour de fête nationale annuelle. »*

Les grands, les glorieux anniversaires ne manquent pas dans notre histoire. Celui qui vous est désigné est mémorable à double titre. […] La prise de la Bastille qui fut le premier acte de la Révolution a mis fin au monde ancien et, en ouvrant les portes de la rénovation sociale, a inauguré le monde nouveau dont nous voyons l'aurore, celui qui s'édifie, lentement mais sûrement, le monde de la justice et de l'humanité, de l'égalité des droits et des devoirs. […] La fête de la Fédération a fait le monde moderne. En mettant en contact sympathique des populations jusque-là étrangères les unes des autres, […] en les groupant dans une manifestation pacifique, en leur apprenant à se connaître et à s'aimer, la fête de la Fédération a fondé, sur des bases indestructibles, l'unité de la patrie.

Antoine Achard (député républicain radical), Rapport sur la proposition de loi Raspail, 8 juin 1880.

### 3 La République dans les manuels scolaires

Depuis 1870, la République est le gouvernement légal et définitif de la France. Il n'y a plus eu de révolutions ; au contraire, dans chacun de ses votes, le peuple affirme son entière sympathie pour ce régime qui est pour lui l'idéal. Pourquoi ? Parce que la République continue les traditions de la Révolution, parce que les citoyens français, proclamés égaux, participent tous à la vie publique. […] La République de 1870 assurera définitivement le triomphe des grandes idées de la Révolution.

J. Guiot et Fr. Mane, *Histoire de France, Cours moyen*, Delaphane, 1911.

### 4 Marianne, allégorie de la République

« Le nouveau buste officiel de la République »,
*Le Petit Journal*, 21 février 1891.

### 5 Une mise en garde

Et il y a dans quelques-uns de nos manuels une sorte d'admiration un peu complaisante et béate pour les choses d'aujourd'hui qui est injurieuse pour le passé et stérilisante pour l'avenir. Je vous l'avoue, quand je lis dans nos manuels, à la charge des siècles passés, à la charge de la monarchie, qu'alors les riches vivaient dans des palais splendides et que les pauvres végétaient dans des taudis […] ; j'ai peur précisément qu'un des fils du peuple venu à l'école par le détour de nos riches avenues et sortant de ces pauvres taudis où sont encore accumulées tant de familles ouvrières, j'ai peur que cette petite tête ne se redresse anxieuse et interrogative et que l'enfant ne dise tout haut : « Eh bien ! et aujourd'hui ? » […] Oh ! messieurs, glorifions le présent, mais avec mesure, avec sobriété, avec modestie ! Oui, ce qu'il faut, ce n'est pas juger toujours, juger tout le temps. Ah ! je sais bien qu'il est impossible que l'historien, dans le récit des faits, ne s'oriente pas pour ainsi dire vers les clartés d'aujourd'hui ; il est impossible qu'il ne recherche pas, qu'il ne retrouve pas avec émotion tout ce qui annonce, tout ce qui prépare les grandeurs de l'époque moderne ; mais chaque époque doit être jugée en elle-même dans ses moyens d'action et dans son enchaînement naturel.

Jean Jaurès, Discours à la Chambre des députés, « Pour la laïque », 24 janvier 1910.

## *Comment la culture républicaine s'inscrit-elle dans l'héritage de la Révolution française ?*

### Répondre aux questions

1. **Relevez** les références à la Révolution française présentes dans les symboles républicains (**doc. 1 à 4**).
2. **Précisez** quelle est la double signification du 14 juillet (**doc. 2**).
3. **Nommez** les valeurs de la Révolution française qui sont revendiquées par la République (**doc. 1 à 4**).
4. **Expliquez** la critique formulée par Jean Jaurès à l'égard des manuels d'histoire de la Troisième République (**doc. 3 et 5**). En quoi met-il en garde contre un discours républicain qui pourrait s'apparenter à de la propagande ?
5. À l'aide des réponses précédentes, **montrez** comment la culture républicaine s'inscrit dans l'héritage de la Révolution française.

### Classer des informations dans un tableau

Complétez le tableau à l'aide des documents.

| Symboles de la culture républicaine | Références à la Révolution française | Valeurs revendiquées comme héritées de la Révolution française |
|---|---|---|
| Marianne | | |
| Le drapeau tricolore | | |
| La Marseillaise | | |
| La fête nationale du 14 juillet | | |
| La République elle-même | | |

# Le suffrage universel masculin

## Pourquoi le suffrage universel masculin est-il au cœur de la vie politique ?

→ COURS P. 134

### 1 Le débat sur le droit de vote des femmes

Mesdames, il faut bien le dire, l'arme du vote sera pour nous ce qu'elle est pour l'homme, le seul moyen d'obtenir des réformes que nous désirons. [...] Le prolétaire comprit cela, lorsqu'en 1848 il revendiqua le suffrage comme le seul moyen de conquérir d'autres franchises[1]. [...] Nous sommes neuf millions de femmes majeures qui formons une nation d'esclaves dans la nation d'hommes libres. Nous sommes assujetties aux mêmes lois répressives, aux mêmes contributions que les hommes. [...] Par le fait que l'on paie l'impôt, on a le droit de participer à l'établissement de l'impôt. Étant contribuable, on doit être électeur. Les droits, les fonctions largement rétribuées appartiennent aux hommes seuls. [...] Vous refusez le vote des femmes sous prétexte qu'elles voteraient pour les prêtres et les Jésuites[2] – ce qui n'est pas prouvé – et vous ne craignez pas de permettre aux Jésuites et aux prêtres de voter. [...] Républicains, qui vous croyez radicaux, socialistes, qui niez le droit politique de la femme, vous êtes autocrates, vous niez la liberté, vous niez l'égalité. »

Hubertine Auclert, *Le droit politique des femmes, ou la question qui n'est pas traitée au Congrès international des femmes*, 1878.

**1.** Droits.
**2.** Membres d'une importante congrégation religieuse catholique enseignante, la Compagnie de Jésus.

Hubertine Auclert,
première féministe française.

### 2 Un anarchiste appelle à l'abstention

Comment peut-il arriver qu'il se rencontre quelque part, même dans le fond des landes perdues de la Bretagne, même dans les inaccessibles cavernes des Cévennes et des Pyrénées, un bonhomme assez stupide, assez déraisonnable, assez aveugle à ce qui se voit, assez sourd à ce qui se dit, pour voter bleu, blanc ou rouge, sans que rien l'y oblige, sans qu'on le paie ou sans qu'on le soûle ? À quel sentiment baroque, à quelle mystérieuse suggestion peut bien obéir ce bipède pensant, doué d'une volonté, à ce qu'on prétend, et qui s'en va, fier de son droit, assuré qu'il accomplit un devoir, déposer dans une boîte électorale quelconque un quelconque bulletin, peu importe le nom qu'il ait écrit dessus ? [...] Qu'est-ce qu'il espère? Car enfin pour consentir à se donner des maîtres avides qui le grugent et qui l'assomment, il faut qu'il se dise et qu'il espère quelque chose d'extraordinaire que nous ne soupçonnons pas. [...] Il a voté hier, il votera demain, il votera toujours. Les moutons vont à l'abattoir. Ils ne se disent rien, eux, et ils n'espèrent rien. Mais au moins ils ne votent pas pour le boucher qui les tuera, et pour le bourgeois qui les mangera. Plus bête que les bêtes, plus moutonnier que les moutons, l'électeur nomme son boucher et choisit son bourgeois. Il a fait des révolutions pour conquérir ce droit. [...] Donc, rentre chez toi, bonhomme, et fais la grève du suffrage universel. [...] Sur le seuil de ta porte, fermée aux quémandeurs d'aumônes politiques, tu regarderas défiler la bagarre, en fumant silencieusement ta pipe.

Octave Mirbeau, « La grève des électeurs »,
*Le Figaro*, 28 novembre 1888.

## 3 Le bureau de vote

*Le Suffrage universel*, huile sur toile d'Alfred Bramtot, 1891.

Animation

## 4 Les républicains à la conquête des campagnes françaises

C'est donc à faire comprendre à nos amis les paysans, à nos concitoyens, l'importance de ce bulletin de vote, de ce carré de papier, que je voudrais vous voir consacrer vos heures de repos [...]. Si vous vouliez, mes amis, bien réfléchir à ceci : que la République que nous voulons, c'est une république d'ordre, de progrès, de réflexion, d'intérêt général ; que nous avons horreur des agitations ; que ceux qui recherchent le trouble, le désordre, ce n'est pas nous ; que ceux qui ont jeté la France dans les aventures, ce n'est pas nous ; que ceux qui veulent faire une politique de castes, ce n'est pas nous ; que ceux qui rêvent de la domination d'un seul, ce n'est pas nous ; si vous vouliez bien réfléchir à tout cela, dis-je, vous comprendriez immédiatement que ce que nous voulons c'est que la démocratie française soit émancipée et respectée. Ce sont ces avis, ces conseils que je voudrais vous voir accueillir, car, ne l'oubliez pas, électeurs des campagnes, vous avez en mains l'avenir de la France. Je ne veux ni vous flatter ni vous diminuer, mais, dans un pays aussi éprouvé que le nôtre et qui sur dix millions d'électeurs compte huit millions d'agriculteurs, il est certain que vous aurez entre les mains les destinées de la patrie, vos propres destinées.

Léon Gambetta, *Discours de campagne électorale à Château-Chinon*, 26 octobre 1877.

### *Pourquoi le suffrage universel masculin est-il au cœur de la vie politique ?*

#### Répondre aux questions

1. **Résumez** les arguments d'Hubertine Auclert en faveur du droit de vote des femmes, en précisant pourquoi beaucoup à gauche craignent le vote féminin (**doc. 1**).
2. **Expliquez** pourquoi Octave Mirbeau compare les électeurs à des moutons (**doc. 2**).
3. **Montrez** que ce tableau fait du suffrage universel masculin un élément central de la culture républicaine (**doc. 3**).
4. **Expliquez** pourquoi Gambetta s'adresse aux paysans et comment il veut les convaincre de voter pour les républicains (**doc. 4**).
5. À l'aide des réponses précédentes, **montrez** pourquoi le suffrage universel masculin est au cœur de la vie politique.

#### Réaliser une carte mentale

1. Écrivez « Le suffrage universel masculin » au milieu d'une page.
   Tracez trois branches partant de ce titre :
   - Pour les républicains
   - Pour les féministes
   - Pour les anarchistes
2. Complétez chaque branche à l'aide des documents en montrant la position de chacun face au suffrage universel masculin.

# Les funérailles nationales de Victor Hugo

## *Pourquoi les funérailles de Victor Hugo n'ont-elles pas été vraiment consensuelles ?*

→ COURS P. 134

**Repères**

**Le Panthéon et les grands hommes**

Bâtie sur la montagne Sainte-Geneviève, cette église est transformée en 1791 en temple laïque et républicain, destiné à recevoir les cendres des grands hommes. Rendu à l'Église par Napoléon en 1806, le Panthéon retrouve sa vocation de « temple des grands hommes » sous la monarchie de Juillet. Napoléon III décide en 1853 de consacrer de nouveau le monument au culte de sainte Geneviève.

Le 22 mai 1885, la mort de Victor Hugo relance le débat. Dès le lendemain de sa mort, un projet de loi est présenté pour désacraliser le Panthéon et y déposer son corps. Le 27 mai, deux décrets paraissent au *Journal officiel* : « Le Panthéon est rendu à sa destination primitive et légale. Les restes des grands hommes qui ont mérité la reconnaissance nationale y seront déposés. » « À la suite des obsèques ordonnées par la loi du 24 mai 1885, le corps de Victor Hugo sera déposé au Panthéon. »

Le 31 mai, un cortège conduit le corps de Victor Hugo à l'Arc de Triomphe, transformé en chapelle ardente. Le lendemain, la procession civile vers le Panthéon est suivie par 3 millions de personnes.

**1 L'Arc de Triomphe transformé en chapelle ardente**

### 2 Un hommage officiel de la République

Le monde entier honore Victor Hugo, mais c'est à la France qu'il appartient. Quel que soit le caractère universel de son génie, il est nôtre d'abord. Il vient de nous, de nos traditions, de notre race ; et si nous accueillons avec une émotion reconnaissante les témoignages d'admiration et de respect que lui envoient à l'envi tous les peuples, cependant la France justement orgueilleuse, le revendique ; elle se glorifie en lui et s'illustre elle-même en lui faisant aujourd'hui ses funérailles nationales.

René Goblet, ministre de l'Instruction publique et des Beaux-Arts, Discours aux funérailles, 1er juin 1885.

### 3 Les visions divergentes d'un événement largement commenté

*Sur la transformation du Panthéon :*

Ce n'était pas assez d'avoir infligé à la France chrétienne ces funérailles que vous appelez nationales et dont vous bannissez une partie de la nation ! […] Vous allez chasser de l'église où elle était vénérée la sainte la plus populaire de l'histoire nationale, celle aux pieds de qui, pendant la souffrance du grand siège, la population parisienne, fidèle à ses traditions, se rendait en foule pour l'invoquer et lui demander la délivrance.

Albert de Mun, député de la droite monarchiste et catholique, Discours à la Chambre des députés, 29 mai 1885.

*Sur l'encadrement du cortège funéraire :*

On avait si bien limité et rétréci le cadre dans lequel l'émotion devait se contenir, on avait si bien ordonnancé l'enthousiasme qu'on aurait pu craindre de le voir dégénérer en mécontentement.

*Le Cri du peuple*, journal fondé par l'ancien communard Jules Vallès, 1er juin 1885.

**4** **Le transfert du corps de Victor Hugo au Panthéon, 1er juin 1885**

*Les Funérailles de Victor Hugo au Panthéon*, huile sur toile de Jean-Paul Sinibaldi, 1885, Maison de Victor Hugo, Paris.

## 5 Regard d'historien

Avec [*les funérailles*] de Victor Hugo, tout le problème du régime encore jeune est d'annexer l'émotion populaire en en conjurant la menace, d'orchestrer les débordements, et, en élargissant la base d'unanimité, de faire d'une manifestation géante une démonstration de force à la fois contre la droite et contre l'extrême gauche, un test de la cohérence et de la stabilité républicaines. [...] La possibilité d'une inhumation dans un Panthéon laïcisé redoubla l'enjeu des funérailles : il ne s'agissait pas seulement d'honorer la mémoire du poète, mais aussi de renouer de manière spectaculaire avec le culte des Grands Hommes inauguré en 1791 par l'Assemblée nationale. Confrontés à cette menace, les catholiques multiplièrent leurs attaques. [...] L'extrême gauche, quant à elle, était convaincue que la République républicaine ne devait pas laisser échapper cette occasion : « Les rois avaient Saint-Denis ; la nation qui est reine a droit à son Panthéon ». [...] Alors que les pouvoirs publics, indécis, étaient ainsi soumis aux pressions des deux bords, la commémoration de la « semaine sanglante » vint ajouter une nouvelle dimension à la controverse des funérailles. [...] L'extrême gauche tint de nombreuses réunions pour se préparer à « une nouvelle journée révolutionnaire ». Les agents de police se pressèrent à ces assemblées et envoyèrent des rapports alarmants à leurs chefs qui prirent très au sérieux les intentions des révolutionnaires.

Avner Ben-Amos, « Les funérailles de Victor Hugo, apothéose de l'événement spectacle », Pierre Nora (dir.), *Les Lieux de mémoires*, 1984, Gallimard.

### *Pourquoi les funérailles de Victor Hugo n'ont-elles pas été vraiment consensuelles ?*

**Répondre aux questions**

1. **Décrivez** le déroulement des funérailles de Victor Hugo (**doc. 1 et 4**).
2. **Précisez** en quoi ces funérailles ont été conçues comme une « apothéose républicaine » (**doc. 1 et 2**).
3. **Montrez** que les funérailles de Victor Hugo ont entraîné des débats qui reflètent ceux de la vie politique de la Troisième République (**doc. 3 et 5**).
4. **Expliquez** pourquoi les funérailles de Victor Hugo n'ont pas été vraiment consensuelles.

**Rédiger un texte fictif**

Vous êtes un journaliste anglais envoyé à Paris pour « couvrir » les funérailles nationales.
Vous rédigez un article qui raconte l'événement et qui explique aussi aux lecteurs l'absence d'un véritable consensus politique.

# La République à l'école

## En quoi l'école joue-t-elle un rôle central dans l'enracinement de la culture républicaine ?

→ COURS P. 134

### 1 Loi portant sur l'enseignement primaire

**Art. 1er** – L'enseignement primaire comprend :
- l'instruction civique et morale ;
- la lecture et l'écriture ;
- la langue et les éléments de la littérature française ;
- la géographie, particulièrement celle de la France ;
- l'histoire, particulièrement celle de la France jusqu'à nos jours ;
- quelques notions usuelles de droit et d'économie politique ;
- les éléments des sciences naturelles, physiques, et mathématiques, leurs applications à l'agriculture, à l'hygiène, travaux manuels et usage des outils des principaux métiers ;
- les éléments du dessin, du modelage et de la musique ;
- la gymnastique ;
- pour les garçons, les exercices militaires ;
- pour les filles, les travaux d'aiguille.

**Art. 2** – Les écoles primaires publiques vaqueront un jour par semaine en outre le dimanche, afin de permettre aux parents de faire donner, s'ils le désirent, à leurs enfants l'instruction religieuse en dehors des édifices scolaires […].

**Art. 4** – L'instruction primaire est obligatoire pour les enfants des deux sexes, âgés de six ans révolus, à treize ans révolus ; elle peut être donnée soit dans les établissements d'instruction primaire ou secondaire, soit dans les écoles publiques ou libres, soit dans les familles, par le père de famille lui-même ou par toute autre personne qu'il aura choisie.

Loi du 28 mars 1882.

### 2 L'enseignement des filles

Réclamer l'égalité d'éducation pour toutes les classes, ce n'est faire que la moitié de l'œuvre […] ; cette égalité, […] je la revendique pour les deux sexes […]. L'égalité d'éducation, c'est l'unité reconstituée dans la famille. Il y a aujourd'hui une barrière entre la femme et l'homme, entre l'épouse et le mari, ce qui fait que beaucoup de mariages, harmonieux en apparence, recouvrent les plus profondes différences d'opinions, de goûts, de sentiments. […]

Aujourd'hui, il y a une lutte sourde, mais persistante, entre la société d'autrefois, l'Ancien Régime avec son édifice de regrets, de croyances et d'institutions qui n'accepte pas la démocratie moderne, et la société qui procède de la Révolution française. […] Or dans ce combat, la femme ne peut pas être neutre […]. Les évêques le savent bien : celui qui tient la femme, celui-là tient tout, d'abord parce qu'il tient l'enfant, ensuite parce qu'il tient le mari […] (*nombreux applaudissements*). C'est pour cela que l'Église veut retenir la femme, et c'est aussi pour cela qu'il faut que la démocratie la lui enlève ; il faut que la démocratie choisisse, sous peine de mort ; il faut choisir, citoyens : il faut que la femme appartienne à la science ou qu'elle appartienne à l'Église. (*Applaudissements répétés*)

Jules Ferry, Discours de la salle Molière, 1870.

### 3 Mairie-école de Naours, Somme

Carte postale, début du XXe siècle.

## 4 L'instruction morale et civique

La loi du 28 mars se caractérise par deux dispositions […] : d'une part, elle met en dehors du programme obligatoire l'enseignement de tout dogme particulier ; d'autre part, elle y place au premier rang l'enseignement moral et civique. L'instruction religieuse appartient aux familles et à l'Église, l'instruction morale à l'école. Le législateur […] a eu pour premier objet de séparer l'école de l'Église, d'assurer la liberté de conscience et des maîtres et des élèves, de distinguer enfin deux domaines trop longtemps confondus : celui des croyances, qui sont personnelles, libres et variables, et celui des connaissances, qui sont communes et indispensables à tous, de l'aveu de tous. […] En vous dispensant de l'enseignement religieux, on n'a pas songé à vous décharger de l'enseignement moral ; c'eût été vous enlever ce qui fait la dignité de votre profession. Au contraire, il a paru tout naturel que l'instituteur, en même temps qu'il apprend aux enfants à lire et à écrire, leur enseigne aussi ces règles élémentaires de la vie morale qui ne sont pas moins universellement acceptées que celles du langage ou du calcul.

Vous n'êtes point l'apôtre d'un nouvel Évangile : le législateur n'a voulu faire de vous ni un philosophe ni un théologien improvisé. […] Vous êtes l'auxiliaire et, à certains égards, le suppléant du père de famille : parlez donc à son enfant comme vous voudriez que l'on parlât au vôtre […]. Peu de formules, peu d'abstractions, beaucoup d'exemples et surtout d'exemples pris sur le vif de la réalité. […] Ce n'est pas le livre qui parle, ce n'est même plus le fonctionnaire ; c'est, pour ainsi dire, le père de famille, dans toute la sincérité de sa conviction et de son sentiment.

Lettre de Jules Ferry aux instituteurs, 17 novembre 1883.

Son effort de prédilection s'est porté sur les lois d'éducation nationale, le budget des Ecoles a été doublé, et l'instruction de tous assurée.

## 5 L'œuvre de la République

« Ce qu'a fait la République », gravure, vers 1881, musée Carnavalet, Paris.

### En quoi l'école joue-t-elle un rôle central dans l'enracinement de la culture républicaine ?

#### Répondre aux questions

1. **Résumez** ce qu'est l'obligation scolaire et **montrez** qu'elle ne porte pas atteinte aux libertés individuelles (**doc. 1 à 3**).
2. **Expliquez** pourquoi les républicains sont attachés à l'enseignement des filles (**doc. 1 à 3**). S'agit-il d'assurer leur émancipation ?
3. **Expliquez** le rôle de l'instruction civique et **précisez** pourquoi Jules Ferry a éprouvé le besoin de clarifier la nature de cet enseignement (**doc. 4**).
4. **Définissez** le rôle des instituteurs selon Jules Ferry (**doc. 4 et 5**).
5. À l'aide des réponses précédentes, **montrez** en quoi l'école joue un rôle central dans l'enracinement de la culture républicaine.

#### Réaliser un diaporama

1. Réalisez un diaporama en vous aidant du plan suivant :

   I. L'école de la République : une volonté de développer l'enseignement pour tous dans le respect des libertés

   II. Une école publique au service des valeurs patriotiques et républicaines, mais fondée sur un réel conservatisme social

2. Présentez le diaporama à l'oral devant vos camarades de classe.

# La loi de séparation des Églises et de l'État

## Quels sont les enjeux et les modalités de la loi de séparation des Églises et de l'État ?

→ COURS P. 134

### 1 « L'Église doit être combattue »

Mais nous, libres penseurs, quelle est la séparation que nous voulons ? Ce ne peut être que celle qui amènera la diminution de la malfaisance de l'Église et des religions (*applaudissements ironiques à droite*). […] Aussi, qu'est-ce que je demande à la gauche ? Je lui demande […] de décider que l'Église, danger politique et danger social, doit être combattue de toutes les façons, et je m'étonne qu'au moment où nous entreprenons contre l'Église le combat décisif, on nous demande de déposer les armes et d'offrir à l'Église un projet dit libéral, tel qu'elle-même n'aurait jamais osé le souhaiter. […] Mais après l'avoir examiné, j'établirai et je prouverai que ce projet dit libéral n'est en somme qu'un nouveau régime de privilège que l'on nous demande d'instituer en faveur de l'Église (*exclamations ironiques à droite*). J'établirai et je prouverai qu'il ne présente pas pour la défense de l'État laïque et républicain toutes les garanties désirables […]. Je ne vous dissimule pas que tout mon contre-projet tend à ce que la religion devienne la chose anormale et à ce que l'areligion (avec un a privatif) devienne la chose normale. Je ne vous cache pas que mon contre-projet tend à déchristianiser le pays (*vives réclamations à droite*). C'est une opinion, j'ai le droit de l'exposer. Je crois, Messieurs, que le christianisme est un obstacle permanent au développement social de la République et à tout progrès vers la civilisation (*applaudissements à l'extrême gauche*).

Maurice Allard, député socialiste du Var, Discours à la Chambre des députés, 10 avril 1905.

**Repères**

**Juin 1902 à janvier 1905 :** le gouvernement du radical Émile Combes, très anticlérical, prépare une loi de séparation des Églises et de l'État.
**21 mars-3 juillet 1905 :** débats à la Chambre des députés. La droite s'oppose à la Séparation. Aristide Briand défend un projet de loi modéré. Une partie de la gauche défend un contre-projet ouvertement hostile à l'Église.
**3 juillet 1905 :** Le projet de loi de Briand est adopté par la Chambre des députés (341 voix contre 233).
**9 décembre 1905 :** après avoir été votée au Sénat le 6 décembre, la loi est promulguée par le président de la République.
**Février 1906 :** le pape Pie X, par l'encyclique *Vehementer nos*, condamne la loi de Séparation.
**1906 :** crise des inventaires (voir p. 166).

### 2 Une loi « acceptable par l'Église »

La loi que nous avons faite […], c'est bien une loi de liberté qui fera honneur à la République […]. Dans ce pays où des millions de catholiques pratiquent leur religion – les uns par conviction réelle, d'autres par habitude, par tradition de famille –, il était impossible d'envisager une séparation qu'ils ne puissent accepter. Ce mot a paru extraordinaire à beaucoup de républicains, qui se sont émus de nous voir préoccupés de rendre la loi acceptable par l'Église. […]

Outre qu'on ne fait pas une réforme contre une aussi notable portion du pays, je vous demande s'il ne serait pas imprudent de provoquer par des vexations inutiles tant d'autres citoyens, aujourd'hui indifférents en matière religieuse, mais qui demain ne manqueraient pas de se passionner pour l'Église s'ils pouvaient supposer que la loi veut leur faire violence. […]

Eh bien ! Je dis que, telle que nous l'avons conçue, telle que nous l'avons réalisée, laissant aux catholiques, aux protestants, aux israélites ce qui est à eux, leur accordant la jouissance gratuite et indéfinie des églises, leur offrant la pleine liberté d'exercer leurs cultes sans autres limites que le respect de l'ordre public, […] une telle réforme pourra affronter, sans péril pour la République, les critiques de ses adversaires ! La loi que nous aurons faite ainsi sera une loi de bon sens et d'équité, combinant justement les droits des personnes et l'intérêt des Églises avec les intérêts et les droits de l'État, que nous ne pouvions pas méconnaître sans manquer à notre devoir.

Aristide Briand, rapporteur du texte de loi, Discours à la Chambre des députés, 3 juillet 1905.

## 4 La crise des inventaires

Carte postale, 1906.

Animation

## 3 La loi du 9 décembre 1905

**Titre premier : Principes**

**Art. 1 –** La République assure la liberté de conscience. Elle garantit le libre exercice des cultes sous les seules restrictions édictées ci-après dans l'intérêt de l'ordre public.

**Art. 2 –** La République ne reconnaît, ne salarie, ni ne subventionne aucun culte. En conséquence, à partir du 1er janvier qui suivra la promulgation de la présente loi, seront supprimées des budgets de l'État, des départements et des communes, toutes dépenses relatives à l'exercice des cultes. Pourront toutefois être inscrites aux dits budgets les dépenses relatives à des services d'aumônerie et destinées à assurer le libre exercice des cultes dans les établissements publics tels que lycées, collèges, écoles, hospices, asiles et prisons. […]

**Titre II : Attributions des biens ; pensions**

**Art. 3 –** […] Dès la promulgation de la présente loi, il sera procédé par les agents de l'administration des domaines à l'inventaire descriptif et estimatif :
1° des biens mobiliers et immobiliers desdits établissements ;
2° des biens de l'État, des départements et des communes dont les mêmes établissements ont la jouissance. […]

**Art. 11 –** Les ministres des cultes qui, lors de la promulgation de la présente loi, seront âgés de plus de 60 ans révolus et qui auront, pendant trente ans au moins, rempli des fonctions ecclésiastiques rémunérées par l'État recevront une pension annuelle et viagère égale aux trois quarts de leur traitement.

Loi de séparation des Églises et de l'État, 9 décembre 1905.

### *Quels sont les enjeux et les modalités de la loi de séparation des Églises et de l'État ?*

**Répondre aux questions**

1. **Expliquez** pourquoi les républicains veulent une loi de Séparation et à quelle situation elle met fin (**doc. 1, 2 et 3**).
2. **Justifiez** cette affirmation : Maurice Allard conçoit la loi de Séparation comme une arme contre l'Église (**doc. 2**).
3. **Montrez** que la loi défendue par Aristide Briand ménage les catholiques (**doc. 3**).
4. **Résumez** la loi de 1905 (**doc. 3**). Quel article reprend une disposition déjà présente dans la Déclaration des droits de l'homme et du citoyen ?
5. **Décrivez** la scène et **expliquez** l'action de ces villageois (**doc. 4**).
6. À l'aide des réponses précédentes, **montrez** quels sont les enjeux et les modalités de la loi de séparation des Églises et de l'État.

**Classer des informations dans un tableau**

Complétez le tableau à l'aide des documents.

| Principales dispositions de la loi de 1905 | Objectifs des rédacteurs | Réception de la loi par les catholiques |
|---|---|---|
| Art. 1 : | | |
| Art. 2 : | | |
| Art. 3 : | | |

RÉVISER

# La mise en œuvre du projet républicain

## SAVOIR EXPLIQUER

### La prise du pouvoir par les républicains

**La chute du Second Empire**

# Défaite militaire ; Capture de l'empereur ; Gouvernement de Défense nationale ; Commune de Paris ; Droite royaliste

**L'instauration de la Troisième République**

# Division des royalistes ; Ordre moral ; Légitimistes ; Orléanistes ; Amendement Wallon ; Lois constitutionnelles ; Régime parlementaire ; Crise du 16 mai ; « Constitution Grévy »

### La consolidation de la République

**Des institutions stables**

# Démocratie libérale ; Libertés fondamentales ; Suffrage universel masculin ; Régime d'assemblée

**L'enracinement de la culture républicaine**

# Positivisme ; Anticléricalisme ; Laïcité ; Symboles républicains ; École ; Service militaire

### Les limites du consensus républicain

**Les ennemis de la Troisième République**

# Antiparlementarisme ; Crise boulangiste ; Nationalisme ; Scandale de Panama ; Affaire Dreyfus ; Ligues ; Anarchisme

**Les déçus de la Troisième République**

# Question sociale ; Socialisme ; Syndicalisme ; Féminisme

## SAVOIR DATER

| | |
|---|---|
| 2 septembre 1870 | Défaite de Sedan, Napoléon III prisonnier |
| 4 septembre 1870 | Proclamation de la IIIe République |
| 28 janvier 1871 | Armistice franco-prussien |
| 28 mars 1871 | Proclamation de la Commune de Paris |
| 21-28 mai 1871 | « Semaine sanglante » |
| 30 janvier 1875 | Amendement Wallon |
| 16 mai 1877 | Dissolution de la Chambre des députés par Mac-Mahon |

| | |
|---|---|
| 1880 | Le 14 juillet devient fête nationale |
| 1881-1882 | Lois Ferry |
| 14 août 1884 | « Forme républicaine du gouvernement » dans la loi |
| 1889 | Instauration d'un service militaire obligatoire de 2 ans |
| 1905 | Loi de séparation des Églises et de l'État |

| | |
|---|---|
| 1889 | Crise boulangiste |
| 1892 | Scandale de Panama |
| 1894 | Assassinat du président Sadi Carnot |
| 1898-1899 | Affaire Dreyfus |
| 1895 | Création de la SFIO et de la CGT |

Exercices interactifs

## SAVOIR DÉFINIR

- Anarchistes → P. 136
- Antiparlementarisme → P. 136
- CGT → P. 136
- Cléricalisme → P. 134
- Communards → P. 132
- Commune → P. 132
- Démocratie libérale → P. 134
- Garde nationale → P. 132
- Laïcisation → P. 134
- Ligues → P. 136
- Nationalisme → P. 136
- Positivisme → P. 134
- Ralliement → P. 136
- Régime d'assemblée → P. 134
- SFIO → P. 136
- Versaillais → P. 132

Schéma interactif

## LE LENT ENRACINEMENT DE LA IIIe RÉPUBLIQUE

● Contexte ● Opposition de gauche ● Opposition de droite ● Mesures républicaines

***Dès sa création en 1870, la IIIe République est affaiblie…***

- **Siège de Paris** (1870-1871) par les troupes prussiennes
- Perte de l'**Alsace-Lorraine** et lourdes **indemnités de guerre** (1871)
- Proclamation de la **Commune de Paris** par l'extrême gauche (mars 1871)
- Majorité parlementaire royaliste favorable à une **Restauration** (1871)

***… mais elle parvient à s'imposer…***

- **Par la répression** Semaine sanglante (mai 1871)
- **Par des campagnes électorales** auprès des électeurs de la France rurale
- **Grâce aux divisions** des royalistes entre légitimistes et orléanistes

***… et à enraciner ses valeurs…***

- Garantie des **libertés fondamentales**
- Diffusion de la **symbolique républicaine**
- Brassage social et acculturation via **l'école et le service militaire**
- **Laïcisation** Lois Ferry (1881-1882) Loi de Séparation (1905)

***… malgré la persistance de puissantes oppositions.***

- **Extrême droite antiparlementaire et nationaliste** Crise boulangiste (1888-1889) Affaire Dreyfus (1898-1899)
- **Anarchisme** Vague d'attentats (1893-1894)
- **Syndicalisme révolutionnaire** (CGT, 1895) **et socialisme** (SFIO, 1905)

## POUR ALLER PLUS LOIN

### À LIRE

**Jacques Tardi**
**Le Cri du peuple**
Casterman, 2001-2004
L'histoire de la Commune de Paris en quatre tomes.

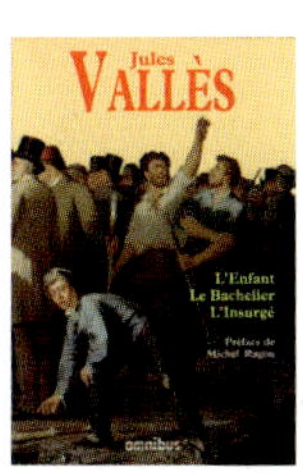


**Jules Vallès**
**Le Bachelier,** 1881
**L'Insurgé,** 1886
Deux romans évoquant les milieux républicains parisiens et la Commune à laquelle Vallès participa activement.

**Philippe Richelle**
**Les Mystères de la Troisième République**
Glénat 2013-2017
Une série de bandes dessinées sur l'histoire de la Troisième République.

### À VOIR

**Yves Boisset**
**L'Affaire Dreyfus**
1995
Un téléfilm en deux volets retraçant l'affaire Dreyfus.

### À VISITER

**L'Assemblée nationale au palais Bourbon (Paris)**
**Le Panthéon (Paris)**

# BAC

## 1 S'ENTRAÎNER À L'ANALYSE DE DOCUMENT(S) — SUJET GUIDÉ

**SUJET** La crise boulangiste

**Après avoir présenté les documents, expliquez quels sont les reproches adressés par les boulangistes au régime en place, puis les arguments des républicains contre le boulangisme.**

### 1 Le général Boulanger vu par ses partisans

Une du journal *La Bombe*, le 14 juillet 1889, BNF.

### 2 La défense de la République face aux boulangistes

Vous avez raillé le Parlement ! Il est étrange, pour vous, que cinq cent quatre-vingts hommes se permettent de discuter des plus hautes idées qui ont cours dans l'humanité et ne résolvent pas d'un seul coup tous les problèmes économiques et sociaux qui sont posés devant les hommes. Comment ? Les plus grands esprits, tous ceux qui chez tous les peuples honorent l'humanité ont médité sur ces choses : ils sont divisés parce que la recherche est longue, parce que la vérité se dérobe, et voici que, par un phénomène qui vous surprend, ces cinq cents hommes qui sont ici ne s'accordent pas sans discussion. Eh bien, puisqu'il faut le dire, ces discussions sont notre honneur à tous. Elles prouvent surtout notre ardeur à défendre les idées que nous croyons justes et fécondes. Ces discussions ont leurs inconvénients, le silence en a davantage encore.

Oui ! Gloire aux pays où l'on parle, honte aux pays où l'on se tait. Si c'est le régime de discussion que vous croyez flétrir sous le nom de parlementarisme, sachez-le, c'est le régime représentatif lui-même, c'est la République sur qui vous osez porter la main.

Georges Clemenceau, Intervention à la Chambre des députés, 4 juin 1888.

#### Aide pour répondre

1. **Présentez les documents.**
   Utilisez la méthode CANDI (Contexte, Auteur, Nature, Destinataire, Idée générale).
2. **Quels sont les reproches adressés par les boulangistes au régime en place ?**
   Décrivez l'image en identifiant les différents camps en présence ; analysez les inscriptions pour en conclure quelles sont les attaques formulées contre le régime républicain.
3. **Quels sont les arguments des républicains contre le boulangisme ?**
   Montrez que Georges Clemenceau défend ici le rôle du Parlement.

## 2 S'ENTRAÎNER À L'ANALYSE DE DOCUMENT(S)

BAC BLANC

**SUJET** L'enracinement de la République

**Expliquez en quoi les valeurs de la République sont opposées à celles de la religion, puis pourquoi l'éducation est un enjeu essentiel pour les républicains.**

### L'apprentissage de la citoyenneté

Le premier devoir d'une République est de faire des républicains, et l'on ne fait pas un républicain comme on fait un catholique. Pour faire un catholique, il suffit de lui imposer la vérité toute faite : la voilà, il n'a plus qu'à l'avaler. Le maître a parlé, le fidèle répète. Je dis catholique, mais j'aurais dit tout aussi bien protestant ou un croyant quelconque.

Bible ou pape, c'est toujours l'autorité prétendue surnaturelle, et toute l'éducation cléricale aboutit à ce commandement : croire et obéir, foi aveugle et obéissance passive.

Pour faire un républicain, il faut prendre l'être humain si petit et si humble qu'il soit, un enfant, un adolescent, une jeune fille ; il faut prendre l'homme le plus inculte, le travailleur le plus accablé par l'excès du travail et lui donner l'idée qu'il faut penser par lui-même, qu'il ne doit ni foi ni obéissance à personne, que c'est à lui de chercher la vérité et non pas à la recevoir toute faite d'un maître, d'un directeur, d'un chef quel qu'il soit, temporel ou spirituel.

Est-ce qu'on apprend à penser comme on apprend à croire ? Croire, c'est ce qu'il y a de plus facile ; et penser ce qu'il y a de plus difficile au monde. Pour arriver à juger soi-même d'après la raison, il faut un long et minutieux apprentissage, cela demande des années, cela suppose un exercice méthodique et prolongé. C'est qu'il s'agit de rien moins que de faire un esprit libre. [...]

Il n'y a pas d'éducation libérale là où l'on ne met pas l'intelligence en face d'affirmations diverses, d'opinions contraires, en présence du pour ou du contre, en lui disant : Compare et choisis toi-même ! Sans doute, il y a des vérités incontestables, mais celles-là l'État n'a pas besoin de les imposer : personne ne les conteste. Telles sont les vérités mathématiques, les lois fondées par l'expérience dans tous les ordres de la science. Celles-là, l'État les enseigne, non à titre de dogmes, mais de vérités démontrées et que chacun peut toujours vérifier. Quant aux autres, aux croyances, aux opinions, aux convictions religieuses par exemple, l'État ne les enseigne pas.

Ferdinand Buisson, Discours au congrès du parti radical, 1903.

## 3 RÉPONDRE À UNE QUESTION PROBLÉMATISÉE

SUJET GUIDÉ

**SUJET** **Quelles difficultés les républicains ont-ils dû surmonter pour conquérir et pérenniser leur pouvoir ?**

**Aide pour répondre**

Vous pouvez adopter le plan suivant :
- Lutter pour conquérir le pouvoir face aux monarchistes (1870-1879)
- Lutter pour ancrer le régime républicain dans la culture nationale (1879-1914)
- Lutter pour surmonter les crises politiques (1879-1914)

**Retrouvez des sujets de BAC et des méthodes conformes et actualisés sur le site → lyceen.nathan.fr/lequintrec1re-2019**

CHAPITRE

# 7 Permanences et mutatio[ns de la société] française (1870-1914)

# ns de la société

Dans ce chapitre

TOUS LES TEXTES en version audio

TOUTES LES CARTES en version interactive

**La Belle Époque ?**

Ce tableau cubiste représente l'effervescence de la modernité. Au paysage du port et du chemin parcouru de piétons et de chevaux, il associe les cheminées d'usines, un avion, un pont levant.
*14 juillet, port de Bordeaux-Poincaré,* André Lhote, 1913-1914.

Animation

# REPÈRES La société française (1870-1914)

## DANS LE CHAPITRE 4

- Vous avez étudié les transformations économiques et sociales que connaît la France de 1848 à 1870 sous l'effet de l'industrialisation et de l'urbanisation.

## DANS CE CHAPITRE

- Vous allez poursuivre cette étude de 1870 à 1914 et voir que, si la France continue à se moderniser, elle reste un pays majoritairement rural à la veille de la Première Guerre mondiale.

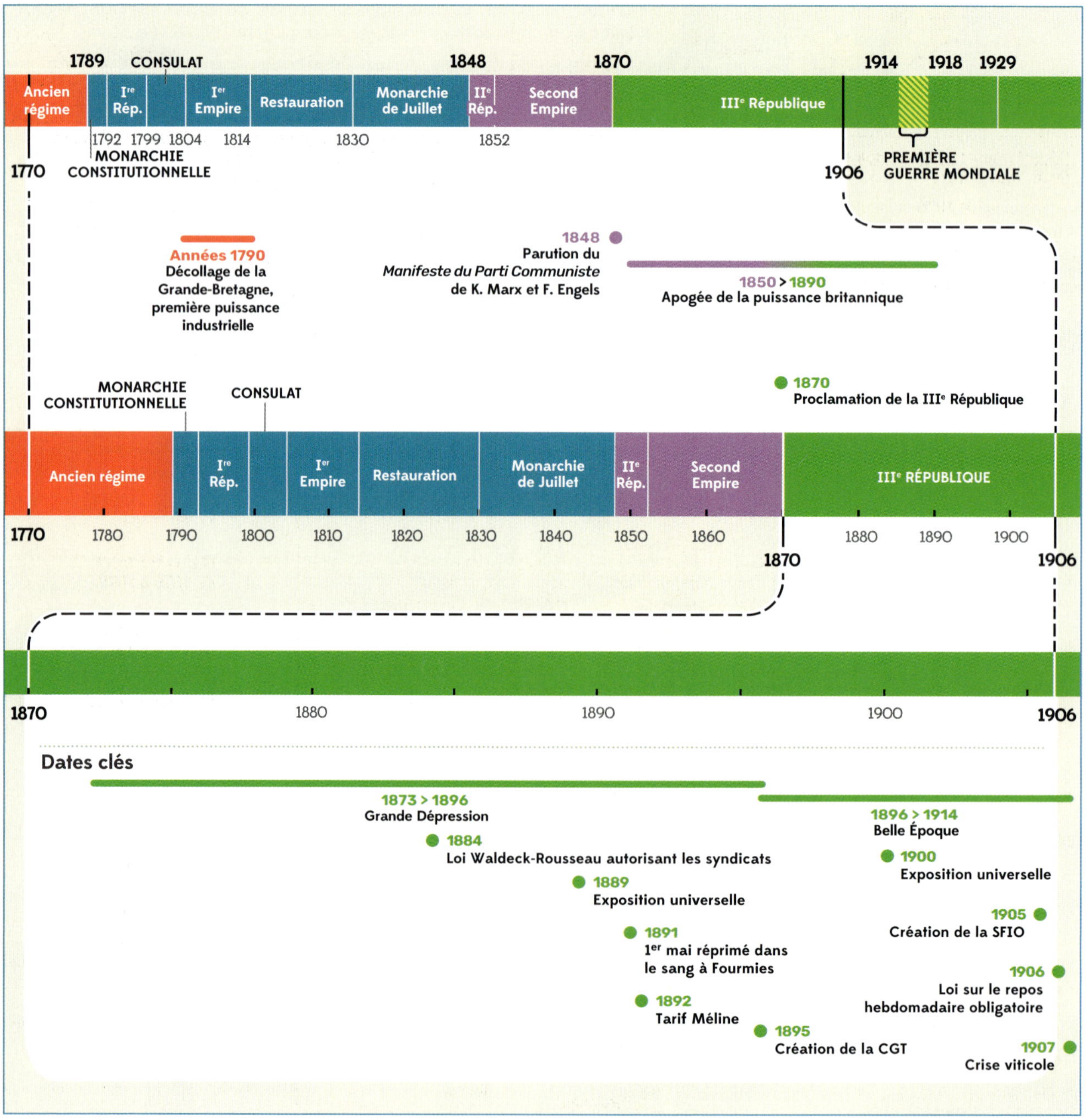

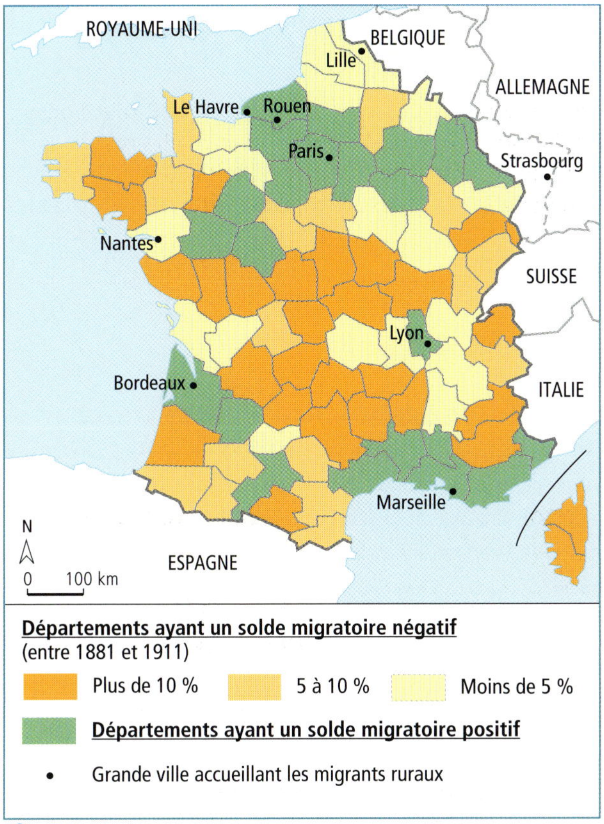


**1 L'exode rural**

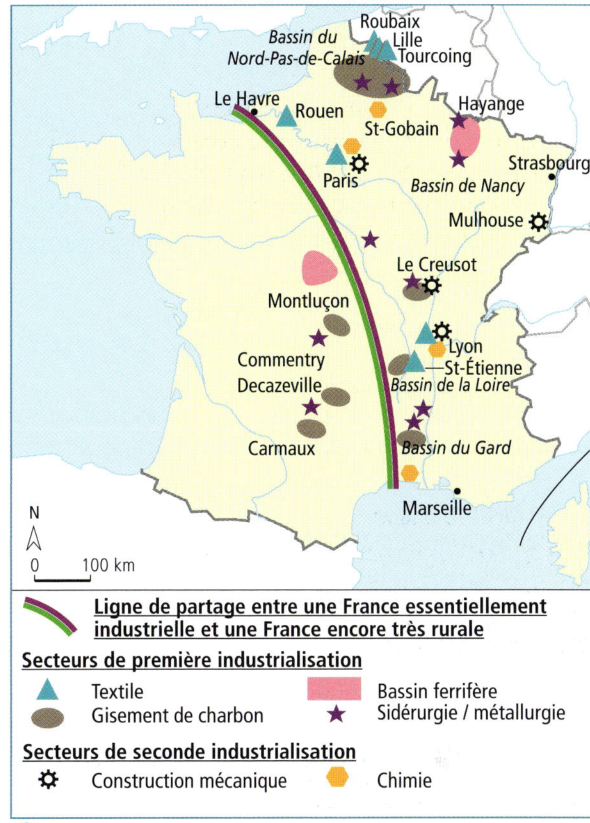


**2 L'industrialisation**

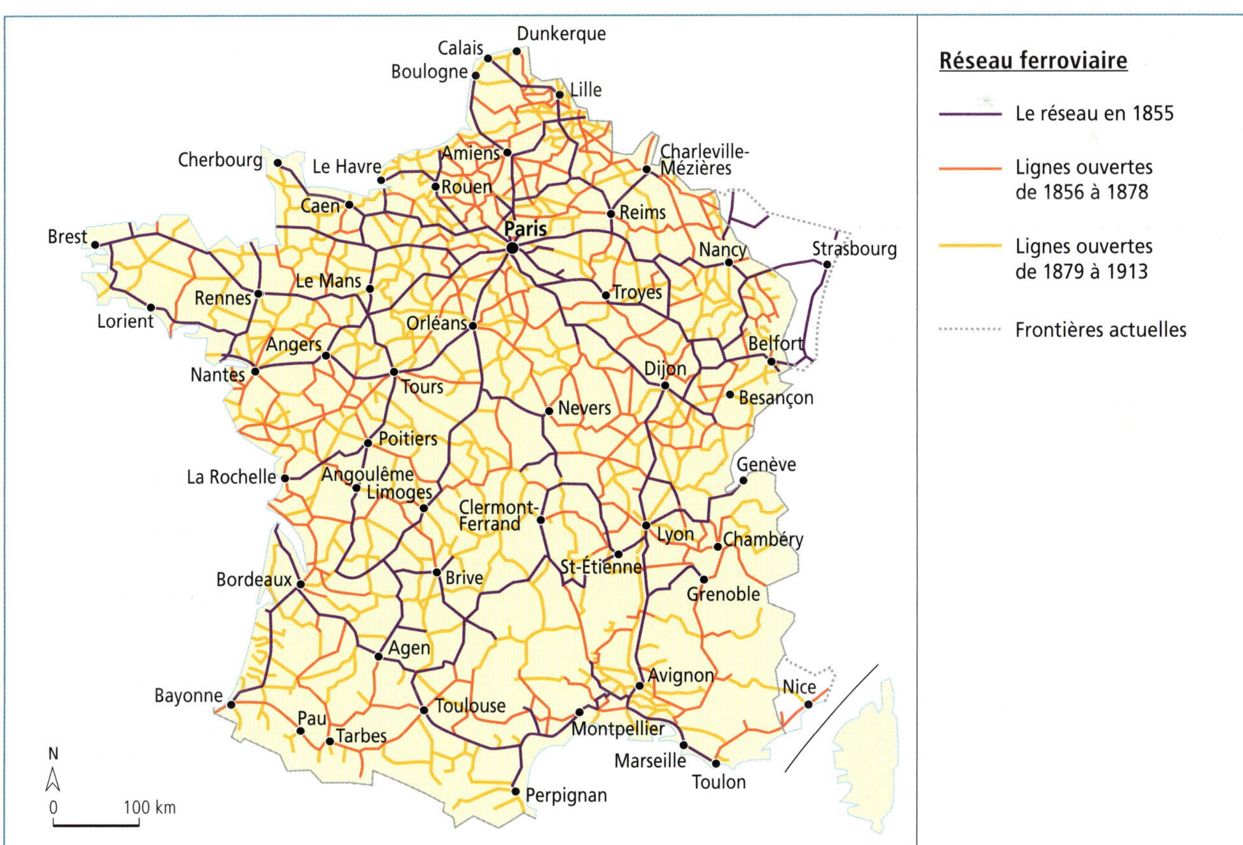


**3 Le réseau ferroviaire**

COURS

Podcast du cours

1

# Les lentes mutations du monde rural de 1870 à 1914

→ DOCUMENTS P. 164, 170

*La France est encore majoritairement rurale au début du XXe siècle, à la différence des puissances voisines. Mais les campagnes sont entrées dans un mouvement de modernisation, accéléré par la crise et l'intervention de l'État.*

## A Le poids des traditions

**Des paysans nombreux.** L'exode rural est encore lent dans les années 1870, il touche surtout les plus fragiles : ouvriers agricoles, petits propriétaires appauvris et artisans concurrencés par la production industrielle. Plutôt qu'un départ définitif, beaucoup de paysans préfèrent toujours compléter leurs revenus par un travail textile à domicile dans le cadre de la **proto-industrialisation** ou par des migrations temporaires dans les grandes villes. Ceux qui restent profitent du départ des petits propriétaires pour agrandir leur exploitation. En limitant leur descendance, ils évitent de partager l'exploitation entre plusieurs héritiers.

**Des exploitations archaïques.** De grandes exploitations pratiquent la monoculture dans les plaines d'Île-de-France et du Nord. Mais, à l'échelle nationale, les rendements moyens restent faibles. La petite propriété domine dans tout le Sud, dans l'Ouest, en Bourgogne ; elle vivote en pratiquant la polyculture avec une main-d'œuvre abondante et peu de capitaux. La France accuse un retard technique important : engrais et machines agricoles sont peu utilisés.

## B Le choc de la crise

**Une agriculture en danger.** Dans un contexte de mondialisation et de développement du transport maritime, l'agriculture européenne est concurrencée par les « pays neufs » comme le Canada, l'Australie ou l'Argentine. Cela entraîne une forte baisse des prix, de 23 % par exemple pour les céréales en France entre 1875 et 1895, et donc du revenu des agriculteurs. En plus, la viticulture est ravagée par le **phylloxera** dans les années 1870-1880, puis victime de la surproduction au début du XXe siècle, du fait de l'importation des vins algériens. Cela entraîne une très grave crise en 1907 dans le Languedoc : on frôle l'insurrection avec des centaines de milliers de manifestants à Montpellier et Narbonne.

**La recherche de solutions.** Face à la crise, le monde agricole, jusqu'alors marqué par l'individualisme, comprend la nécessité de s'organiser et de faire valoir son poids électoral. Les syndicats agricoles se développent, pour défendre les intérêts des producteurs de tel produit ou de telle région. En 1881, un ministère de l'Agriculture distinct de celui du Commerce est créé. Les députés, de gauche comme de droite, se mobilisent en faveur des paysans. Parmi eux, Jules Méline fait voter la loi de 1892 qui augmente les

### VOCABULAIRE

- **Patois :** parlers locaux, utilisés par une population rurale jugée arriérée. Ce terme péjoratif était employé même à propos de langues régionales à part entière comme le breton ou le basque.
- **Phylloxera :** puceron qui détruit la vigne.
- **Protectionnisme :** politique douanière qui vise à protéger l'économie nationale contre la concurrence étrangère.
- **Proto-industrialisation :** développement de la production industrielle réalisée par des paysans-ouvriers, travaillant à domicile.
- **Terroirs :** petites régions rurales cultivant une forte identité.
- **Veillées :** dans la culture villageoise traditionnelle, temps après le dîner réunissant famille et voisinage consacré à des travaux communs tout en récitant des contes et des chants.

**1 La structure des exploitations en 1882**

| 1882 | | |
|---|---|---|
| Taille de l'exploitation | En % du nombre total d'exploitations | En % de la superficie totale |
| ≤ 1 ha | 38 % | 2 % |
| 1 à 10 ha | 45 % | 23 % |
| 10 à 40 ha | 13 % | 20 % |
| ≥ 40 ha | 4 % | 45 % |

Source : Jean Le Yaouang, *Structures sociales en France de 1815 à 1845*, Ellipses, 1998.

droits de douane (« tarif Méline »). Le **protectionnisme** fait baisser les importations de produits agricoles. Pour faciliter les investissements, le Crédit agricole est créé en 1899 par la fusion des associations de crédit agricole locales.

## C Les facteurs du changement

**Un début de modernisation.** La crise explique l'accélération de l'exode rural dans les années 1900-1914, ce qui entraîne la hausse des salaires agricoles et pousse certains exploitants à acheter des machines agricoles, dont le prix baisse. La productivité s'améliore grâce à cette mécanisation et aussi grâce à l'utilisation accrue des engrais produits par l'industrie chimique. La dépression des années 1870-1890 a donc facilité la modernisation des campagnes, en parallèle à l'action menée par la IIIe République.

**L'intégration des campagnes à la nation.** L'école impose le français contre les langues régionales et les **patois**, ce qui permet aux ruraux de participer à la vie politique nationale par la lecture de la presse régionale, en plein essor. Le plan Freycinet (1878) renforce le réseau de chemin de fer à l'échelle locale et désenclave les campagnes. Enfin, le service militaire obligatoire ouvre de nouveaux horizons aux jeunes paysans et déclenche souvent leur départ définitif pour la ville. Le mode de vie urbain se diffuse dans les campagnes : la vente par correspondance permet de se procurer les articles vendus dans les grands magasins. La culture villageoise des **veillées** tend à disparaître, la fin des **terroirs** approche.

**RÉVISER SON COURS**

1. Pourquoi la France rurale reste-t-elle très traditionnelle ?
2. En quoi consiste la crise qui touche l'agriculture dans les années 1870-1890 et quelles solutions sont proposées ?
3. Comment expliquer la modernisation des campagnes qui s'amorce au début du XXe siècle ?

**2** Une France plus rurale que ses voisins

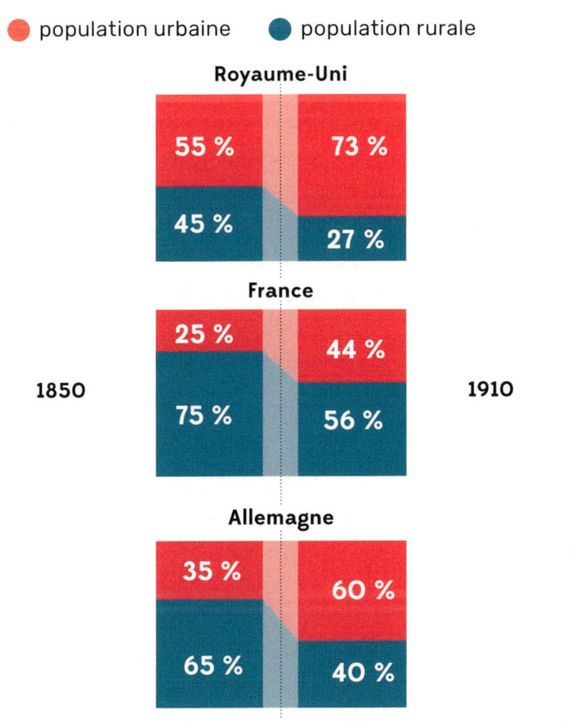


Sources : Archives nationales, ministère de l'Instruction publique, *Statistique : états divers*

**3** La population agricole en 1882

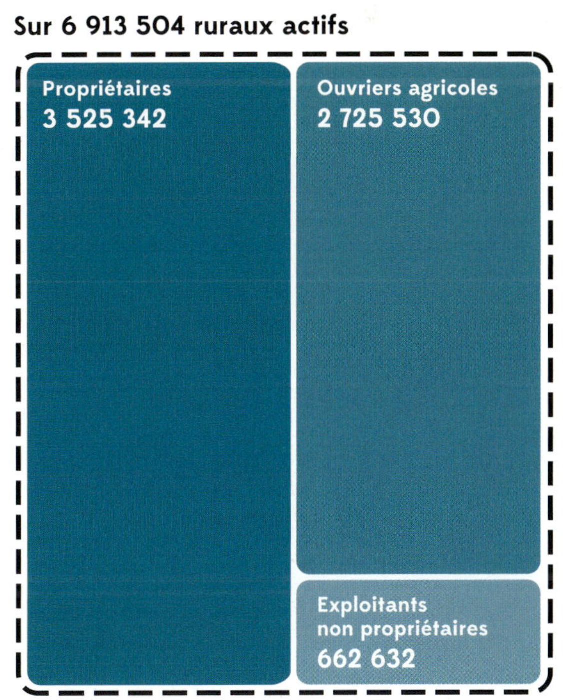


Source : Jean Le Yaouanq, *Les structures sociales en France de 1815 à 1945*, Ellipses, 1998.

Podcast du cours

→ DOCUMENTS P. 166, 168, 173

# Les ouvriers au cœur de la question sociale

*En s'industrialisant massivement, la France voit le développement d'une classe ouvrière homogène, formée par les ouvriers d'usine. Les combats du mouvement ouvrier et les progrès de la législation sociale permettent une amélioration relative de la condition ouvrière.*

## A La classe ouvrière

**La seconde industrialisation.** À partir des années 1870, un nouveau cycle d'innovations techniques liées à l'électricité et au pétrole (moteur à explosion) stimule le développement d'industries nouvelles comme l'automobile, l'aéronautique ou la chimie. De grandes entreprises, comme Renault ou Air Liquide, sont créées. Les ateliers et les petites entreprises, employant des ouvriers hautement qualifiés, déclinent au profit d'usines employant des milliers de salariés.

**Le prolétariat.** Ces ouvriers d'usine, travaillant sur des machines, forment désormais l'essentiel de la main-d'œuvre industrielle. Ils sont des **prolétaires** interchangeables : en tant qu'**OS**, ils n'ont besoin d'aucune qualification et sont mal payés. L'**OST**, importée des États-Unis, rend le travail aliénant : en 1903, une grève chez Renault conteste le chronométrage des tâches.

**Les femmes et les immigrés.** La pénurie chronique de main-d'œuvre explique l'emploi massif des femmes dans l'industrie (36 % des actifs dans l'industrie en 1910). Elles occupent les postes les plus dévalorisés et les moins rémunérés. La France fait aussi venir des travailleurs immigrés, principalement des Italiens et des Belges, très nombreux dans les mines et les usines textiles du Nord et du Pas-de-Calais **(doc. 2)**. En temps de crise, ils sont perçus comme les suppôts du patronat pour faire pression sur les salaires et subissent une violente xénophobie. En 1893, une loi sur le séjour des étrangers et la protection du travail national les oblige à s'enregistrer.

## B Le mouvement ouvrier

**Parti ou syndicat ?** Ces prolétaires ont conscience de former une classe qui doit défendre ses intérêts. Mais le mouvement ouvrier français est très divisé. Les uns prônent l'action politique au nom du **socialisme**, mais sont divisés entre les « révolutionnaires » comme Jules Guesde, hostiles à tout compromis avec la « bourgeoisie », et les « réformistes » comme Jaurès, attachés à la république et à l'action parlementaire. La création de la SFIO en 1905 permet de surmonter plus ou moins ces divisions. Les autres veulent utiliser les syndicats, légalisés en 1884, pour mener une « action directe » à l'usine et dans la rue. C'est le « syndicalisme révolutionnaire » défendu par la CGT (Confédération générale du travail), créée en 1895.

**L'âge de la grève.** Le moyen d'action privilégié par les syndicats est la grève, notamment le 1er mai, qui devient à partir de 1891 une journée

### VOCABULAIRE

- **HBM :** habitations à bon marché, offrant des loyers modérés, financées en partie par l'État (exonérations fiscales pour les promoteurs immobiliers).
- **OS (ouvriers spécialisés) :** ouvriers sans qualification attachés à une tâche spéciale, c'est-à-dire limitée et répétitive.
- **OST (organisation scientifique du travail) :** méthode de gestion et d'organisation du travail destinée à augmenter la productivité par une division extrême du travail en différentes tâches répétitives.
- **Paternalisme :** attitude de certains patrons qui assimilent l'entreprise à une famille et traitent donc leurs ouvriers comme des enfants.
- **Prolétaires :** travailleurs salariés ne possédant que leur force de travail. Le prolétariat constitue pour Marx une classe exploitée par le capitalisme.

**1 L'évolution de la productivité chez Renault**

| | Nombre d'ouvriers | Production |
|---|---|---|
| 1900 | 110 | 179 |
| 1905 | 800 | 1 179 |
| 1910 | 3 300 | 6 800 |

J. Wolff, *Entrepreneurs et frimes. Ford et Renault de leurs débuts à 1914*, Revue économique, 1957.

d'action nationale. La répression sanglante à Fourmies, le 1er mai 1891, médiatise le mouvement ouvrier. La CGT espère renverser le capitalisme en organisant la grève générale. Un pic d'agitation est atteint en 1906 avec 1 309 grèves, regroupant 450 000 salariés. Le Premier ministre Clemenceau y répond d'une manière très ferme, qui lui vaut le surnom de « briseur de grèves ».

## C La condition ouvrière

**La législation sociale.** La répression n'est pas la seule réponse de la IIIe République à la **question sociale**. Des lois sont votées pour apporter un début de protection aux salariés face aux accidents du travail ou à la vieillesse. Les **HBM** construites dans l'agglomération parisienne offrent des logements décents et accessibles. Par ailleurs, certains patrons, au nom du **paternalisme**, proposent des avantages sociaux à leurs salariés, afin de les fidéliser et de mieux les contrôler.

**Le quotidien.** La condition ouvrière s'améliore, mais elle reste précaire. Souvent, la famille s'entasse dans un logement exigu et insalubre. La faiblesse des salaires pousse au travail des femmes et des enfants à partir de 13 ans, quand ils ne sont plus obligés d'aller à l'école. Face aux difficultés de la vie quotidienne, une sociabilité originale se crée dans les banlieues qui se développent autour des usines. Les clubs de football et les bals populaires participent de cette culture ouvrière.

**2 Les immigrés en France à la fin du XIXe siècle**

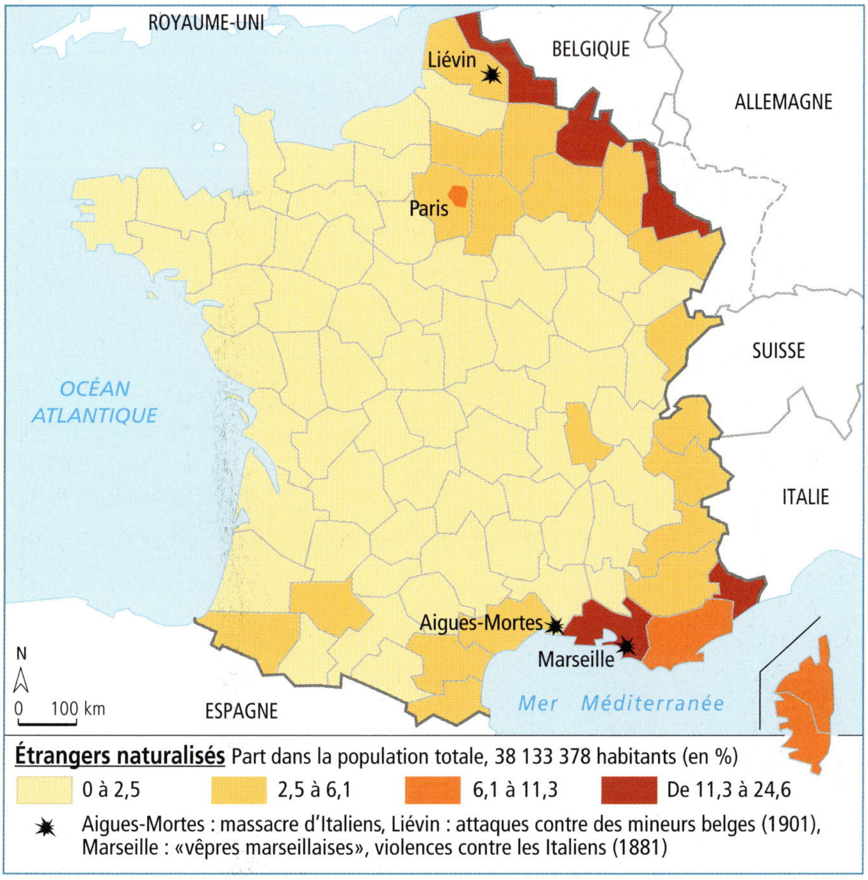


**Étrangers naturalisés** Part dans la population totale, 38 133 378 habitants (en %)
- 0 à 2,5
- 2,5 à 6,1
- 6,1 à 11,3
- De 11,3 à 24,6
- Aigues-Mortes : massacre d'Italiens, Liévin : attaques contre des mineurs belges (1901), Marseille : «vêpres marseillaises», violences contre les Italiens (1881)

### VOCABULAIRE

**Question sociale :** expression apparue dans les années 1840 pour désigner les problèmes de la misère et du chômage et inviter les hommes politiques à y apporter des solutions.

**Socialisme :** doctrine politique visant l'appropriation par la collectivité des moyens de production et donc la suppression de la propriété privée.

### Repères

**Les principales lois sociales**

**1874 :** création de l'inspection du travail.
**1884 :** loi Waldeck-Rousseau, autorisant les syndicats.
**1892 :** limitation du travail des enfants (à partir de 13 ans) et des femmes.
**1894 :** création des habitations bon marché (HBM).
**1898 :** responsabilité patronale dans les accidents du travail.
**1906 :** repos hebdomadaire obligatoire ; création du ministère du Travail.
**1910 :** création d'un système de retraites ouvrières et paysannes après 65 ans.

### RÉVISER SON COURS

1. Quelles mutations la seconde industrialisation entraîne-t-elle pour le monde ouvrier ?
2. Comment le mouvement ouvrier s'organise-t-il ?
3. La condition ouvrière s'est-elle améliorée au début du XXe siècle ?

COURS

3

Podcast du cours

→ DOCUMENTS P. 164, 166, 170

# Une société plus ouverte ?

*L'essor et la diversification des classes moyennes rendent la société française moins rigide. Le début du XXe siècle semble être une « Belle Époque », même si la prospérité profite d'abord à la bourgeoisie.*

## A Anciennes et nouvelles classes moyennes

**L'idéal du petit patron.** La France compte plus d'un million de petits patrons en 1876. Leur nombre diminue dans l'industrie, mais les petits ateliers jouent encore un rôle important dans des secteurs traditionnels comme le mobilier ou la maroquinerie. Le petit commerce, lui, permet de gagner sa vie sans travailler en usine et il se développe considérablement dans les secteurs de l'alimentation et de la restauration.

**L'essor des « cols blancs ».** Dans les entreprises, les besoins d'encadrement et de gestion des salariés entraînent la création de milliers d'emplois tertiaires. Les innovations techniques valorisent les ingénieurs, formés à Polytechnique ou à l'École centrale comme Gustave Eiffel. Les « **cols blancs** » sont aussi les milliers de fonctionnaires recrutés par l'administration : instituteurs (les « hussards noirs » de la République), postiers, employés des Ponts et Chaussées **(doc. 2)**. Leur effectif double sur la période et atteint 1,3 million en 1914.

**La promesse d'une ascension sociale.** Ces nouveaux emplois offrent la possibilité d'échapper à la condition d'ouvrier ou de paysan pauvre, grâce à l'école **(doc. 1)**. Le système des concours de la fonction publique est censé garantir l'égalité républicaine et la réussite par la **méritocratie**. Mais les femmes fonctionnaires sont moins payées à l'époque que les hommes à poste égal. Et l'enseignement secondaire reste payant : seuls quelques rares boursiers peuvent côtoyer au lycée les jeunes bourgeois.

## B La classe dirigeante

**La domination de la grande bourgeoisie.** Détenteurs du capital, à la tête des entreprises et des banques, intégrés dans le monde politique, les grands bourgeois dirigent le pays et s'enrichissent considérablement. De véritables dynasties se créent, comme celle des Schneider dans l'industrie. La haute bourgeoisie mène une vie fastueuse dans des hôtels particuliers, tenus par une nombreuse domesticité. Elle surclasse l'ancienne noblesse, qui poursuit cependant une tradition de service de l'État en conservant des postes importants dans l'armée et la diplomatie.

**Le renouvellement des élites.** Une bourgeoisie moyenne se développe autour des professions libérales, dont les effectifs augmentent avec les avocats d'affaires et les médecins. La seconde industrialisation promeut aussi des entrepreneurs issus des milieux modestes. Ainsi, Louis Renault et Marius Berliet construisent leur premier véhicule automobile dans leur garage avant de devenir de grands industriels.

### VOCABULAIRE

- **Belle Époque :** expression forgée après 1918, désignant avec nostalgie la vingtaine d'années précédant la Première Guerre mondiale.
- **« Cols blancs » :** employés (portant la chemise blanche et la cravate) par opposition aux « cols bleus » que sont les ouvriers (portant la blouse ou bleu de travail).
- **Grande Dépression :** crise économique qui touche le monde entier entre 1873 et 1896. Elle est suivie par une période de forte croissance de 1896 à 1914.
- **Méritocratie :** système dans lequel la position sociale est assurée par le mérite (scolaire ou professionnel) et non par la naissance ou par la fortune.

## C La Belle Époque ?

**La foi dans le progrès.** Les innovations techniques suscitent l'optimisme, d'autant que la **Grande Dépression** se termine en 1896 et que l'économie mondiale retrouve la croissance. Le XX$^e$ siècle qui commence apparaît comme celui de la prospérité et de la modernité. « Le monde a moins changé depuis Jésus-Christ qu'il n'a changé depuis trente ans », affirme en 1913 l'écrivain Charles Péguy.

**La vie moderne.** La **Belle Époque** est symbolisée par la « fée électricité », vedette de l'Exposition universelle de 1900 à Paris. Elle révolutionne les transports urbains, avec le métro et les tramways desservant les banlieues. L'automobile, réservée à une élite fortunée, et le train favorisent le tourisme. Les stations balnéaires normandes comme Deauville et Trouville accueillent ainsi la bourgeoisie parisienne. L'entreprise Michelin lance en 1900 un guide pour les automobilistes voyageant en France, qu'elle offre aux acheteurs de pneumatiques. L'Office national du tourisme est créé en 1910.

**Loisirs et consommation.** L'amélioration relative du niveau de vie, le développement du temps libre font entrer la France dans une nouvelle ère. La *Revue des deux mondes* salue en 1894 ce qu'elle appelle « la démocratisation du luxe ». Une industrie du divertissement se met en place, notamment avec le cinéma, lancé en 1895 par les frères Lumière et qui connaît un rapide succès populaire. Le sport devient un loisir de masse en même temps qu'un grand spectacle : les Jeux olympiques sont recréées par Pierre de Coubertin en 1896, le Tour de France cycliste est lancé en 1903.

**RÉVISER SON COURS**

1. Pourquoi les classes moyennes se développent-elles ?
2. Quelle est la classe dirigeante ?
3. Peut-on parler de « Belle Époque » en France au début du XX$^e$ siècle ?

### 1 Les dépenses annuelles d'un ménage d'instituteurs en 1907

Les recettes (deux salaires) sont de 2 413,15 francs. Le couple ne paie pas de loyer car il a hérité de son logement.

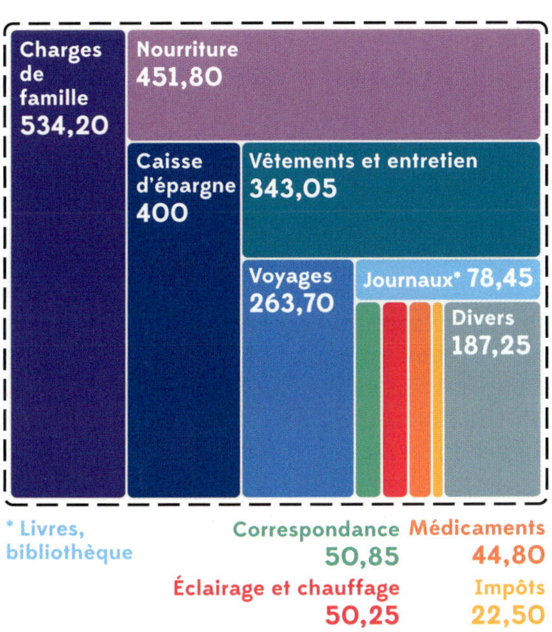


Source : Jacques Ozouf, *Nous les maîtres d'école. Autobiographies d'instituteurs de la Belle Époque*, Gallimard, 1973.

### 2 L'administration en 1896

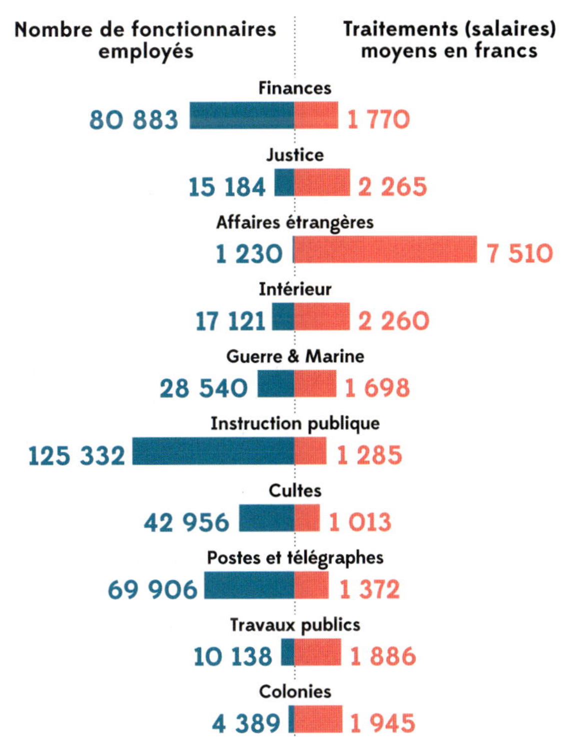


Source : *Statistique générale de la France*, 1896, gallica.bnf.fr.

# Les femmes dans la société française

## Le rôle croissant des femmes dans la société est-il pleinement reconnu ?

→ COURS P. 160, 162

**Marie Curie**

**1867 :** naissance à Varsovie (Pologne) de Marya Sklodowska.

**1891 :** arrivée en France.

**1895 :** épouse le physicien Pierre Curie.

**1896 :** reçue première à l'agrégation de physique.

**1900 à 1906 :** enseigne la physique dans un lycée de jeunes filles.

**1903 :** prix Nobel de physique partagé avec Henri Becquerel et Pierre Curie, qui doit intervenir pour que sa femme y soit associée.

**1906 :** première femme professeure à la Sorbonne (en remplacement de son mari mort dans un accident de la circulation).

**1910 :** refusée à l'Académie des sciences parce que femme, après une violente campagne de presse.

**1911 :** prix Nobel de chimie.

**1 Marie Curie, une femme d'exception**

Marie Curie avec ses élèves de l'École normale supérieure de jeunes filles de Sèvres, 1904.

### 2 La féminisation de l'emploi industriel

L'emploi de la main-d'œuvre féminine réalise une économie dans les frais de production. Les machines-outils, en bien des cas, ont facilité cette substitution. Voici ce que dit l'enquêteur du ministère du Commerce et de l'Industrie : « La machine est disposée pour exécuter toujours les mêmes opérations : ce sont alors [les ouvriers] de purs manœuvres qui n'ont à acquérir que l'attention dans la surveillance des opérations et la promptitude des mouvements. On arrive alors à substituer à ces manœuvres les femmes et les enfants pour des travaux qui semblent peu leur convenir *a priori*. » Comme le salaire de la femme est toujours très inférieur au salaire de l'homme, il s'ensuit que la substitution progressive de la main-d'œuvre féminine à la main-d'œuvre masculine est une cause d'appauvrissement au sein des familles.

H. Dagan, « La Femme ouvrière », *La Revue blanche*, 1902.

### 3 Rejet d'une pétition d'Hubertine Auclert

Au mois d'août 1880, [Hubertine Auclert] demandait au conseil de préfecture de la décharger de ses contributions sous prétexte que, n'ayant aucune part aux affaires publiques, elle ne pouvait, par suite, exercer aucun droit de contrôle sur l'emploi des fonds qu'elle versait à l'État. [...]

Aujourd'hui, [...] avec une subtilité d'imagination que nous ne pouvons pas lui contester, la demoiselle Hubertine Auclert sollicite l'exercice des droits politiques pour les veuves et les célibataires dont les intérêts ne sont, dit-elle, représentés par personne. [...] Dès lors il est facile de prévoir jusqu'où cette théorie peut conduire : la représentation des femmes dans nos grandes assemblées syndicales, financières, municipales ou législatives. La commission ne veut pas s'appesantir sur les graves inconvénients d'ordre moral ou physiologique qu'entraînerait une telle innovation. [...]

Pour nous, nous sommes convaincus, avec un de nos moralistes modernes, que si « les hommes font les lois, les femmes font les mœurs » et nous croyons que la femme a sa place marquée au sein du foyer domestique et que, fille, épouse ou mère, son principal rôle, celui qui, loin de l'asservir, l'élève et la rend belle et chère à l'humanité, consiste précisément dans l'exercice des vertus privées à l'aide desquelles elle exerce dans la famille, et par suite, dans la société, une autorité réelle pour y faire régner l'harmonie et la paix.

M. de Lévis-Mirepoix, rapporteur de la Commission de l'Assemblée nationale chargée d'examiner la pétition d'Hubertine Auclert, 24 juin 1886 [*Feuilleton des députés*, pétition n° 426].

## 4 L'institutrice

*Andrée Téry, connue ensuite sous le nom d'Andrée Viollis (1870-1950), écrit dans* La Fronde, *le premier quotidien publié par et pour les femmes.*

Car les femmes, plus encore que les hommes, sont la proie facile et désarmée des tyranneaux réactionnaires. Quel romancier nous contera les souffrances menues et intolérables dont est faite souvent la vie de l'institutrice de village ? [...] Stagiaire, l'institutrice reçoit bien, il est vrai, le même salaire de famine que l'instituteur [...]. Mais, à partir de la troisième classe, l'égalité des traitements cesse et, pour des raisons obscures, budgétaires ou électorales, l'institutrice devient tout à coup inférieure à son collègue masculin. [...] La calomnie, voilà surtout le danger inévitable. Sans soutien, sans expérience, comment la jeune institutrice y échapperait-elle ? Quand elle sort de l'école normale, c'est encore une enfant. Elle vient de quitter ses parents, ses professeurs, ses amis, le milieu où elle s'est formée. On l'envoie très loin, dans un bourg perdu dont elle ne sait rien. [...] Pauvre petite ! Elle tombe neuf fois sur dix dans un milieu défiant et sournois. Elle se sent entourée d'ennemis, à la fois abandonnée et étroitement surveillée, toute seule et toujours épiée. [...] Porte-t-elle sa jeunesse d'une fleur ou d'un ruban ? C'est une coquette, une dévergondée. Demeure-t-elle prudente et réservée ? C'est une mijaurée qui méprise ceux qui valent mieux qu'elle.

Andrée Téry, « La défense de l'institutrice », *La Fronde*, 13 octobre 1902.

## 5 Affiche publicitaire pour un roman

*Jenny l'ouvrière* est un roman feuilleton de Jules Cardoze. En 1890 et 1891, il paraît chaque semaine sous la forme d'un fascicule bon marché. Son héroïne, Jenny, est une ouvrière qui fait face aux difficultés de la vie avec courage.

### *Le rôle croissant des femmes dans la société est-il pleinement reconnu ?*

#### Répondre aux questions

1. **Justifiez** cette affirmation : la carrière de Marie Curie aurait été plus facile si elle avait été un homme (**doc. 1 et repères**).
2. **Montrez** que les femmes sont victimes d'inégalités au travail (**doc. 2 et 4**).
3. **Interprétez** le message de cette affiche : de quel type de livre fait-elle la promotion ? Qui en est le héros ? Quel est le public visé (**doc 5**) ?
4. **Résumez** les revendications d'Hubertine Auclert et la réponse des députés à sa pétition (**doc . 3**)
5. **Analysez** les difficultés rencontrées par l'institutrice en tant que femme (**doc. 4**).
6. À l'aide des réponses précédentes, **montrez** que le rôle croissant des femmes dans la société n'est pas pleinement reconnu.

#### Faire un tableau de synthèse

Complétez ce tableau sur la condition féminine à l'aide des documents :

| | Places occupées par les femmes | Inégalités hommes-femmes |
|---|---|---|
| Doc. 1 | | |
| Doc. 2 | | |
| Doc. 3 | | |
| Doc. 4 | | |
| Doc. 5 | | |

# DOCUMENTS

POINT DE PASSAGE

# Le Creusot et la famille Schneider

## Comment la famille Schneider a-t-elle marqué la ville du Creusot de son empreinte ?

→ COURS P. 160, 162

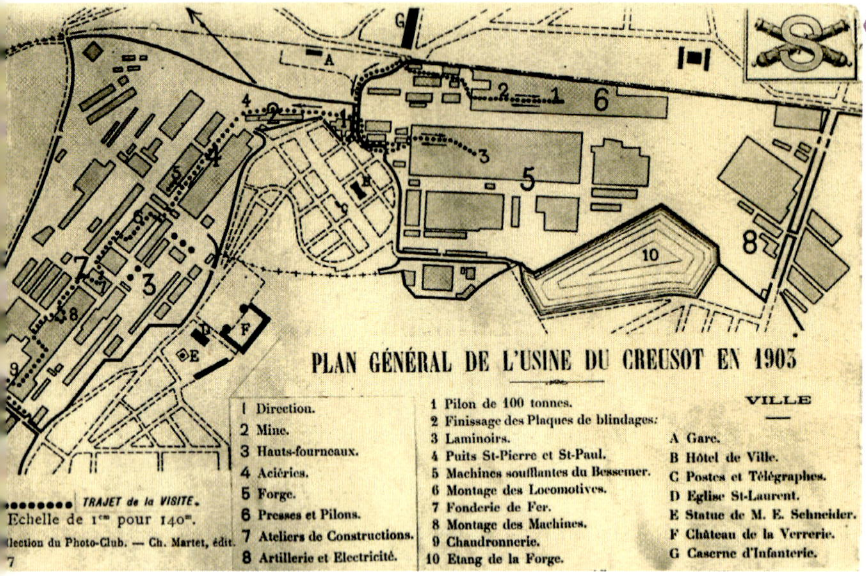


### 1 « Schneider-ville »

Plan général de l'usine et de la ville en 1903. Le château de la Verrerie est la résidence de la famille Schneider.
Collection Pierre Boyer.

### 2 Le « royaume du fer »

*Maupassant collabore avec le quotidien* Gil Blas*, dans lequel il publie des contes ou des chroniques comme celle-ci, relatant un voyage au Creusot.*

Le ciel est bleu, tout bleu, plein de soleil. Là-bas, devant nous, un nuage s'élève, tout noir, opaque, qui semble monter de la terre, qui obscurcit l'azur clair du jour, un nuage lourd, immobile. C'est la fumée du Creusot. Cent cheminées géantes vomissent dans l'air des serpents de fumée, d'autres moins hautes et haletantes crachent des haleines de vapeur ; tout cela se mêle, s'étend, plane, couvre la ville, emplit les rues, cache le ciel, éteint le soleil. Il fait presque sombre maintenant. Une poussière de charbon voltige, pique les yeux, tache la peau, macule le linge. […] C'est le Creusot. Un bruit sourd et continu fait trembler la terre, un bruit fait de mille bruits, que coupe d'instant en instant un coup formidable, un choc ébranlant la ville entière. Entrons dans l'usine de MM. Schneider. Quelle féerie ! C'est le royaume du Fer, où règne Sa Majesté le Feu ! Du feu ! on en voit partout. Les immenses bâtiments s'alignent à perte de vue, hauts comme des montagnes et pleins jusqu'au faîte[1] de machines qui tournent, tombent, remontent, se croisent, s'agitent, ronflent, sifflent, grincent, crient. Et toutes travaillent du feu. […] Les machines voraces mangent ce feu, ce fer éclatant, le broient, le coupent, le scient, l'aplatissent, le filent, le tordent, en font des locomotives, des navires, des canons, mille choses diverses, fines comme des ciselures d'artistes, monstrueuses comme des œuvres de géants, et compliquées, délicates, brutales, puissantes.

G. Maupassant, « Le Creusot », *Gil Blas*, 28 août 1883.

1 Sommet.

### 3 Le témoignage d'un ouvrier

*Jules Huret réalise pour le compte du* Figaro *une longue enquête sur les différents acteurs au sein de l'usine du Creusot. Ici, il interviewe un ouvrier au sujet de ses conditions matérielles d'existence.*

– Vous devriez être tranquille puisqu'il y a une caisse de retraites au Creusot ?

– Qu'est-ce que vous voulez ? La retraite, c'est joli, mais il n'y en a pas tant, allez, qui arrivent à soixante ans, avec des métiers pareils. […]

– On n'a pas envie de se révolter un peu, de faire des grèves ? […]

– Ici ? jamais de la vie ! On n'y pense seulement pas. Ce qu'on veut, c'est conserver son ouvrage, et gagner sa journée le plus longtemps possible… C'est plein de mouchards d'abord et gare au premier qui aurait l'air de faire le malin ! Dans le temps ici, il y a eu des réunions socialistes ici… tous les ouvriers qui y ont été ont été balayés ! Pas ensemble mais un à un, pour une raison ou pour une autre. À présent, on se méfie… Et puis on n'y pense pas, voyez-vous, à faire les méchants, ça n'avance jamais à rien, on n'est pas les plus forts, et puis, et puis… conclut-il avec un immense accent de découragement et de lassitude… on est trop fatigués !…

*Le Figaro*, 10 août 1892, gallica.fr

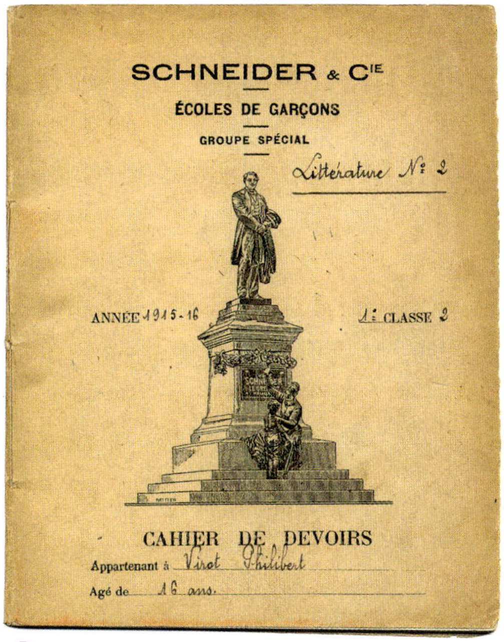


**5** Former les futurs ouvriers

Le « groupe spécial » accueille les meilleurs élèves issus du primaire pour leur donner une formation professionnelle.
Cahier de Philibert Virot, écomusée Creusot-Montceau

**4** Le saint patron

Animation

Henri Schneider est représenté en saint Éloi, patron des forgerons.
Vitrail de Joseph Besnard dans l'église Saint-Henri du Creusot, 1890.

**6** Une dynastie patronale

**Eugène Ier Schneider (1805-1875)**
- député de 1845 à 1870
- ministre du Commerce et de l'Agriculture en 1841
- maire du Creusot de 1866 à 1870
- En 1879, une statue en son honneur est érigée au Creusot.

**Henri Schneider (1840-1898)**
- maire de 1871 à 1896
- député de 1889 à 1898

**Eugène II Schneider (1868-1942)**
- maire de 1896 à 1900
- député de 1898 à 1910

**Charles Schneider (1898-1960)**
- co-gérant de Schneider & Cie à partir de 1918

*Comment la famille Schneider a-t-elle marqué la ville du Creusot de son empreinte ?*

**Répondre aux questions**

1. **Identifiez** l'activité de l'entreprise Schneider et **montrez** son emprise sur la ville du Creusot (**doc. 1 et 2**).
2. **Expliquez** ce qu'est le paternalisme à travers l'exemple des Schneider au Creusot, en montrant les avantages et les inconvénients pour les ouvriers (**doc. 3, 4 et 5**).
3. **Justifiez** l'expression « dynastie patronale » appliquée aux Schneider (**doc. 4 et 6**).
4. **Expliquez** pourquoi la presse parisienne s'intéresse au Creusot (**doc. 2 et 3**).
5. À l'aide des réponses précédentes, **analysez** comment la famille Schneider a marqué la ville du Creusot de son empreinte.

**Réaliser une carte mentale**

1. Placez au centre : Le Creusot, « Schneider-ville ».
2. Placez autour les 3 idées importantes du thème : paternalisme, une ville-usine, une dynastie patronale.
3. Illustrez chacune d'elle avec trois ou quatre exemples pris dans les documents.
4. Utilisez des couleurs, le surlignage de quelques mots clé pour profiter au mieux des qualités visuelles de la carte mentale.

# La fusillade de Fourmies, le 1er mai 1891

## *Que révèle la fusillade de Fourmies sur les tensions sociales en France ?*

→ COURS P. 160

**Repères**

**Fourmies (Nord) en 1891**

- 15 702 habitants, majoritairement des ouvriers.
- 19,3 % des habitants sont des Belges.
- 37 filatures de laine employant environ 5 000 hommes, femmes et adolescents.
- salaire moyen journalier : 5 francs pour un homme, 2,10 francs pour une femme.

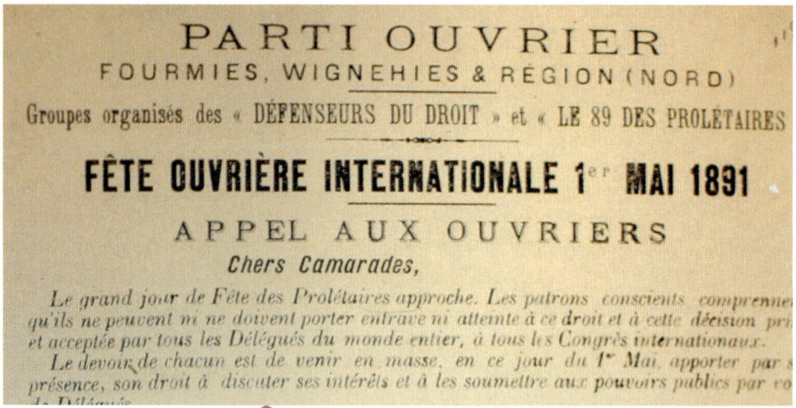

PARTI OUVRIER

FOURMIES, WIGNEHIES & RÉGION (NORD)

Groupes organisés des « DÉFENSEURS DU DROIT » et « LE 89 DES PROLÉTAIRES

FÊTE OUVRIÈRE INTERNATIONALE 1er MAI 1891

APPEL AUX OUVRIERS

*Chers Camarades,*

*Le grand jour de Fête des Prolétaires approche. Les patrons conscients comprenne qu'ils ne peuvent ni ne doivent porter entrave ni atteinte à ce droit et à cette décision pr et acceptée par tous les Délégués du monde entier, à tous les Congrès internationaux.*

*Le devoir de chacun est de venir en masse, en ce jour du 1er Mai, apporter par s présence, son droit à discuter ses intérêts et à les soumettre aux pouvoirs publics par vo*

**1 La « fête des prolétaires » ?**

Le 1er Mai a été adopté en 1889 comme journée de revendication par le mouvement ouvrier pour commémorer une manifestation durement réprimée à Chicago en 1886.

Extrait du tract distribué à Fourmies. Musée de Fourmies.

Troisième Année. — N° 119. Huit pages : CINQ centimes Dimanche 17 Mai 1891

Le Petit Parisien

SUPPLÉMENT LITTÉRAIRE ILLUSTRÉ

DIRECTION : 18, rue d'Enghien, PARIS

LES ÉVÉNEMENTS DE FOURMIES

(D'après les photographies de M. Perron)

**2 Un massacre à la une**

La fusillade fait 9 morts : 4 femmes (17, 18, 19 et 20 ans) et 5 hommes (12, 16, 19, 19 et 30 ans).

Une du *Petit Parisien*, 17 mai 1891.

**3 Les « prédications » socialistes**

Depuis trois semaines, la population était travaillée en vue du 1er Mai ; des réunions avaient lieu dans tous les centres ouvriers ; le socialiste parisien Lafargue[1] et un certain Culine, ont prononcé des discours violents. […] « Tous les patrons sont des pourris. Quand un animal est mort, il est bon à quelque chose, mais avec la peau d'un patron, on ne pourrait faire un gant. » S'adressant aux jeunes gens, un autre disait : « Quand vous serez soldats et qu'on vous donnera la consigne de garder les coffres-forts des ventrus, levez la crosse en l'air. » Quinze jours de ces prédications avaient porté leurs fruits : cette population est mobile, facile à exciter. […] La vérité sur ce qui s'est passé est difficile à démêler. […] Par deux fois, bien que le lieutenant ait été saisi par les grévistes, bien que les manifestants tentassent de s'emparer des fusils, on a tiré en l'air ; mais deux soldats étant tombés, frappés par des pierres, le visage ensanglanté, les fusils se sont abaissés machinalement et les coups sont partis.

« La situation à Fourmies », *Le Temps*, 5 mai 1891.

1 Paul Lafargue, gendre de Karl Marx, est l'un des dirigeants du Parti ouvrier. Hippolyte Culine est un militant socialiste très actif à Fourmies.

## 4 Une répression indigne du « monde civilisé »

Sommes-nous bien sûrs – et je suis le premier à me mettre en cause –, sommes-nous bien sûrs d'avoir fait tout ce qu'il fallait pour éviter les conflits, de nous être préoccupés comme nous l'aurions dû des questions si graves et si aiguës que soulève l'état social actuel ? Assurément non ! […] Cela doit nous porter à l'indulgence : nous devons nous regarder nous-mêmes un fort long temps […] avant de juger les autres. Eh bien, quand vous regardez ce qui s'est passé à Fourmies, qui pourrait soutenir, ici ou devant l'Europe, devant le monde civilisé, que les faits qui se sont passés à Fourmies avant la fusillade justifient la mort de ces femmes, de ces enfants, dont le sang a pour si longtemps rougi le pavé ! Non, assurément, […] il y a disproportion monstrueuse entre l'attaque et la répression ; il y a quelque part, sur le pavé de Fourmies, une tache de sang innocent qu'il faut laver à tout prix ! […] Oh ! je ne viens pas apporter ici des paroles de haine ; je dis que le fait capital de la politique actuelle, c'est l'inévitable révolution qui se prépare.

Discours de Georges Clemenceau à la Chambre des députés le 8 mai 1891.

Démolir la Bastille..... et aboutir à Fourmies

TOVJOVRS A GENOVX. TRAVAILLE ET...... DÉSESPÈRE

Dessin de A. Willette.

## 5 Le souvenir de l'événement

La jeune femme est Maria Blondeau, 18 ans, qui tenait un bouquet d'aubépine à la main, offert par son fiancé, quand elle a été tuée.
Adolphe Willette, *Almanach du Père Peinard*, 1896.

### *Que révèle la fusillade de Fourmies sur les tensions sociales en France ?*

#### Répondre aux questions

1. **Expliquez** le sens du 1er Mai, à Fourmies comme dans le reste du monde industrialisé (**doc. 1**).
2. **Reconstituez** les événements : le lieu, les deux groupes en présence, le déroulement du drame (**doc. 2 et 3**).
3. **Comparez** les points de vue des deux journaux sur l'événement (**doc. 2 et 3**).
4. **Expliquez** les leçons que Clemenceau veut tirer de la fusillade de Fourmies (**doc. 4**).
5. **Montrez** que ce drame devient un symbole du mouvement ouvrier en interprétant le titre de cette image (**doc. 5**).
6. À l'aide des réponses précédentes, **expliquez** ce que la fusillade de Fourmies révèle sur les tensions sociales en France.

#### Faire un jeu de rôles

Par groupes de trois, écrivez et jouez une saynète mettant en scène trois personnages : un ouvrier, un député et un militaire dans une conversation quelques jours après la tragédie. Reprenez les éléments des documents pour rendre le plus historique possible le rôle de chacun.

# Les expositions universelles de Paris de 1889 et 1900

## En quoi les expositions universelles sont-elles des vitrines de la modernité ?

→ COURS P. 162

**1 Le clou de l'Exposition de 1889**
Image d'Épinal, 1889.

### 2 Un bilan de l'Exposition de 1889

On a calculé que plus de 6 millions de personnes étrangères à Paris avaient visité l'Exposition et on a essayé de faire une moyenne des dépenses de chacun d'eux. On a supposé que les 1 500 000 étrangers avaient pu dépenser 500 fr. chacun, soit 750 millions ; les provinciaux, 100 fr. en moyenne, soit 4 à 500 millions, soit au total, 1 250 millions. […] Mais, au-dessus de ces millions gagnés et de ces profits matériels, aussi importants qu'ils soient, une richesse plus précieuse encore, richesse incalculable, reste acquise à la France : c'est le profit moral qu'elle a retiré, la renommée et l'honneur qu'elle a acquis en entreprenant et en réussissant une œuvre aussi considérable. […] En définitive, la France n'a rien perdu de sa grandeur : frappée durement, elle a mûri à l'école de l'adversité, et elle vient de prouver qu'il ne faut jamais désespérer d'elle puisque ses enfants sont capables de tels efforts.

Alfred Neymark, « Ce que la France a gagné à l'Exposition de 1889 », *Journal de la société statistique de Paris*, 1890.

### 3 La « rue des Nations » en 1900

Aménagée sur la rive gauche de la Seine, la « rue des Nations » permet à chaque pays d'exposer son savoir-faire et son identité nationale à travers l'architecture.

## La « fée électricité » 4

*L'Illustré*, Soleil du dimanche, septembre 1900.

## 5 Le festival du progrès

L'effort persévérant, l'énergie passionnée de M. Alfred Picard[1] et de ses collaborateurs ont mené à terme l'œuvre prodigieuse que je vous présente aujourd'hui. [...] Le visiteur de l'Exposition leur devra ce miracle de pouvoir, en quelques minutes, faire le tour du monde. Des types de toutes les architectures, groupés côte à côte, sur les deux rives de la Seine, en un chatoyant et harmonieux désordre, captiveront son imagination en amusant ses yeux. [...] Quels progrès peuvent être réalisés, quelles transformations opérées, en l'espace seulement de trois générations, un regard jeté sur l'Exposition centennale suffira à nous le révéler. [...] Je bornerai mon ambition à rappeler comment s'est renouvelée, en cent ans, la face du monde matériel. [...] Sous notre main, nous avons vu les forces de la nature s'asservir et se discipliner. La vapeur, l'électricité, réduites au rôle de servantes dociles, ont transformé les conditions de l'existence. La machine est devenue la reine du monde. Installé en maître dans nos usines, l'organisme de fer et d'acier chasse et remplace par un lent et continu envahissement les travailleurs de chair et d'os, dont il fait ses auxiliaires. Quel changement dans les relations humaines ! Les distances diminuent jusqu'à disparaître. En quelques heures sont dévorés des parcours qui ne s'accomplissaient jadis qu'au prix de jours et de semaines. Le téléphone, ce sorcier, fait entendre à notre oreille la parole et jusqu'au timbre de la voix d'un ami séparé de nous par des centaines de lieues.

Alexandre Millerand, ministre du Commerce, *Discours d'inauguration de l'Exposition universelle*, 14 avril 1900.

1 Alfred Picard est un haut-fonctionnaire, successivement rapporteur général de l'Exposition universelle de 1889 puis commissaire général de celle de 1900.

### *En quoi les expositions universelles sont-elles des vitrines de la modernité ?*

#### Répondre aux questions

1. **Identifiez** les raisons et les éléments de contexte qui poussent la France à organiser ces deux expositions universelles (**doc. 2 et 5**).
2. **Montrez** que ces expositions sont l'occasion de mettre en avant les innovations techniques dans une ambiance d'émulation internationale (**doc. 1, 3 et 4**).
3. **Expliquez** la foi dans le progrès qui se manifeste durant ces expositions (**doc. 4 et 5**).
4. **Montrez** et **expliquez** le succès public et commercial de ces deux expositions (**doc. 2, 3, 4 et 5**).
5. À l'aide des réponses aux questions précédentes, **expliquez** en quoi les expositions universelles de 1889 et 1900 sont des vitrines de la modernité.

#### Réaliser un diaporama

Réalisez un diaporama montrant que les deux expositions sont des vitrines de la modernité.
Vous devrez utiliser tous les documents, extraire les citations des textes les plus pertinentes et les classer selon le plan suivant :

I. Des expositions vitrines du « génie » français
II. La foi dans le progrès
III. Des événements très populaires

# La limitation des naissances en France au début du XXe siècle

## Pourquoi la natalité est-elle faible dans la France de la Belle Époque ?

→ COURS P. 158, 160

### 1 La baisse des naissances à Mazières-en-Gâtine (Deux-Sèvres)

La limitation volontaire du nombre des enfants était un fait grave. […] Parce qu'on était propriétaire, on cherchait à ne point morceler la propriété. Parce qu'on espérait en un avenir meilleur pour les siens, on calculait ; on augmentait les possibilités d'ascension sociale de sa famille en limitant le nombre de ses enfants. Les familles d'aisance moyenne – et sans réserves de biens ou d'argent – qui n'avaient qu'un ou deux enfants, pouvaient faire les frais de les mettre en pension ; elles n'auraient pu le faire si elles en avaient eu beaucoup. Enfin, les mœurs ayant changé, les plus pauvres étaient humiliés de gager leurs enfants très jeunes ; ils les envoyaient à l'école jusqu'à 13 ans. Et ils hésitaient par la suite à s'approprier leurs gages comme on le faisait couramment autrefois. […]

De 1885 à 1890, il y a 168 naissances (1885 : 36 ; 1886 : 30 ; 1887 : 36; 1888 : 38 ; 1889 : 28). La baisse est sensible ; elle s'accentue dans les cinq années qui suivent, où il n'y a que 155 naissances. De 1895 à 1900, le nombre des naissances diminue encore (1895 : 28 ; 1896 : 26 ; 1897 : 31 ; 1898 : 25 ; 1899 : 33 ; total : 143). Il est de 126 de 1900 à 1905. De 1905 à 1910, il y a un redressement ; le nombre des naissances remonte à 150 (1905 : 33 ; 1906 : 29 ; 1907 : 28 ; 1908 : 35 ; 1909 : 25). Mais c'est un redressement de courte durée. De 1910 à 1915, le nombre des naissances revient à 136 (1910 : 31 ; 1911 : 33 ; 1912 : 29 ; 1913 : 20 ; 1914 : 23). Les années 1913 et 1914, qui furent des années prospères, connurent, dans une commune où la population avait augmenté de près de 100 unités, un nombre de naissances à peine équivalent à celui des mauvaises années d'un temps où l'on ne se préoccupait point de raisonner sa vie.

Roger Thabault, *Mon village. Ses hommes, ses routes, son école*, Presses de Science Po, 1982 [1944].

### 2 « Libre amour, libre maternité »

Affiche du Parti socialiste (SFIO) pour une conférence sur la limitation des naissances à Paris, 1910.

#### Répondre aux questions

1. **Expliquez** à qui s'adresse cette conférence et quelle est la position des organisateurs sur la limitation des naissances (**doc. 2**).
2. Reportez dans un tableau les données par période quinquennale pour Mazières. Calculez en pourcentage l'évolution de la natalité (**doc. 1**).
3. **Résumez** l'explication par l'auteur de la baisse de la natalité à Mazières (**doc. 1**).
4. **Comparez** la perception de la baisse de la natalité dans les deux documents (**doc. 1 et 2**).
5. À l'aide des réponses précédentes, **expliquez** pourquoi la natalité est faible dans la France de la Belle Époque.

#### Réaliser une affiche

Réalisez à l'image du document 1 une affiche ou un tract favorable à la limitation des naissances dans les campagnes en reprenant les motivations exposées dans le document 2.

DOCUMENTS

# L'immigration italienne en France

## Quelle est la situation des immigrés italiens en France au début du XX$^{e}$ siècle ?

→ COURS P. 160

### 1 Les enfants ouvriers-verriers

*L'auteur est un diplomate italien, qui a été notamment en poste en France et en Suisse.*

Un entrepreneur parcourt les villages [du Sud de l'Italie] à la recherche d'enfants qu'on veuille bien lui livrer. La redevance actuelle varie de cent à cent cinquante lires pour un bail de trois ans. [...] Les enfants s'embarquent généralement à Naples à destination de Marseille. Arrivés à Marseille, la plus grande partie des enfants est dirigée sur Lyon et Rive-de-Gier et partagée entre les verreries des deux départements du Rhône et de la Loire. [...] Les entrepreneurs se présentent au directeur de l'établissement, qui leur a demandé du personnel ouvrier, avec leur escadre de garçons. Les petits y sont embauchés de suite sans difficulté. Et, en effet, où l'industriel pourrait-il trouver dans le pays un autre ouvrier à 35 ou 45 francs par mois pour un travail de dix heures par jour ? L'entrepreneur garde évidemment pour lui le droit de toucher les salaires des enfants.

Les entrepreneurs déclarent que les enfants sont embauchés pour des travaux qui ne requièrent pas de fatigue et d'efforts, par exemple, porter les bouteilles au four à recuire. [...] Rien de plus faux ! Nombre d'enfants que nous avons interrogés ont répondu, quelquefois même en présence du patron, qu'ils étaient employés au travail du grand garçon pour souffler le verre. [...] Qu'il nous soit permis de demander comment ce travail, exécuté dans des ateliers mal aérés, dans une atmosphère rendue malsaine par les émanations des minéraux en fonte, au milieu d'une température de 80° C, n'est pas interdit par les règlements de l'Administration publique comme excédant les forces d'un garçon de 13 ans !

R. Paulucci di Calboli, *Larmes et sourires de l'émigration italienne*, 1909.

### 2 Les cireurs napolitains à Marseille

« Ces garçons sont rasants, on en rencontre partout. Paul. 17/5/03 ».

Carte postale envoyée le 17 mai 1903. Paris, musée national de l'histoire de l'immigration.

**Repères**

**1881 :** 240 000 immigrés italiens
**1901 :** 330 000
**1914 :** 420 000 (36 % des étrangers)

Source : *Ciao Italia ! Un siècle d'immigration et de culture italiennes en France*, S. Mourlane et D. Païni, musée de l'histoire de l'immigration, 2017.

**Répondre aux questions**

1. **Caractérisez** l'immigration italienne présentée ici : âge, lieu de travail, emploi (**doc. 1 et 2**).
2. **Expliquez** ce qui pousse les familles italiennes à envoyer leurs enfants en France (**doc. 1**).
3. **Expliquez** ce qui pousse les patrons français à employer ces enfants (**doc. 1**).
4. **Montrez** que ces immigrés suscitent des réactions hostiles (**doc. 2**).
5. À l'aide des réponses précédentes, **analysez** la situation des immigrés italiens en France.

RÉVISER

# La société française (1870-1914)

## SAVOIR EXPLIQUER

### Les mutations du monde rural

- **La diversité des situations et des pratiques**
  # Ouvriers agricoles ; Petits propriétaires ; Artisans ; Grandes exploitations ; Monoculture ; Polyculture ; Proto-industrialisation ; Migrations temporaires ; Exode rural
- **Les difficultés du monde agricole et les réponses qui y sont apportées**
  # Crise ; Grande dépression ; Concurrence des « pays neufs » ; Phylloxera ; Surproduction ; Syndicalisme agricole ; Protectionnisme
- **La modernisation des campagnes**
  # Mécanisation ; Engrais ; École ; Désenclavement

### L'évolution de la condition ouvrière

- **La constitution d'une classe ouvrière**
  # Seconde industrialisation ; Grandes entreprises ; Usines ; Prolétariat ; OS ; Femmes ; Travailleurs immigrés
- **La condition ouvrière**
  # Question sociale ; OST ; Sociabilité ouvrière ; Paternalisme
- **Les luttes ouvrières**
  # Parti politique ; Syndicalisme, Socialisme ; Révolution ; Réforme ; Action directe ; Grève

### Les nouvelles hiérarchies et pratiques sociales

- **De nouvelles élites**
  # Déclin de l'aristocratie ; Haute bourgeoisie ; Professions libérales ; Entrepreneurs
- **L'essor des classes moyennes**
  # Petits patrons ; Cols blancs ; Secteur tertiaire ; Fonctionnaires ; Ascension sociale ; Méritocratie
- **L'avènement d'une société de loisirs**
  # Belle Époque ; Automobile ; Tourisme ; Loisirs de masse ; Cinéma ; Sports

## SAVOIR DATER

| | |
|---|---|
| Années 1870-1880 | Crise du phylloxera |
| 1907 | Crise viticole dans le Languedoc |
| 1878 | Plan Freycinet |
| 1881 | Création du ministère de l'Agriculture |
| 1889 | Création du Crédit agricole |
| 1892 | Tarif Méline |

| | |
|---|---|
| 1903 | Grèves chez Renault contre l'OST |
| 1er mai 1891 | Fusillade de Fourmies |
| 1893 | Loi sur le séjour des étrangers |
| 1894 | Création des HBM |
| 1895 | Création de la CGT |
| 1905 | Création de la SFIO |

| | |
|---|---|
| 1989 et 1900 | Paris accueille l'Exposition universelle |
| 1910 | Création de l'Office national du tourisme |

Exercices interactifs

## SAVOIR DÉFINIR

- Phylloxera → P. 158
- Protectionnisme → P. 158
- Proto-industrialisation → P. 158
- Terroirs → P. 158
- OS → P. 160
- OST → P. 160
- Paternalisme → P. 160
- Prolétariat → P. 160
- Question sociale → P. 161
- Socialisme → P. 161
- Belle Époque → P. 162
- Cols Blancs → P. 162
- Grande Dépression → P. 162
- Méritocratie → P. 162

Schéma interactif

# LES CONSÉQUENCES SOCIALES DE L'INDUSTRIALISATION

- En ville
- Dans les campagnes

***Première industrialisation*** ***(fin du XVIIIe siècle)*** ***(charbon / machine à vapeur)***

- Mécanisation du travail agricole → Migrations temporaires vers les villes
- Développement du chemin de fer
- Désenclavement des campagnes → Migrations temporaires vers les villes
- Développement des usines → Apparition d'une classe ouvrière

***Deuxième industrialisation*** ***(années 1870)*** ***(électricité / pétrole / moteur à explosion)***

- Développement du recours aux engrais chimiques → Amélioration des rendements et diminution du besoin de main-d'œuvre → EXODE RURAL
- Industries nouvelles (automobile, chimie) → Massification et prolétarisation de la classe ouvrière (O.S.) → Développement d'une classe moyenne de « cols blancs »
- EXODE RURAL → Massification et prolétarisation de la classe ouvrière (O.S.) ; Développement d'une classe moyenne de « cols blancs »

## POUR ALLER PLUS LOIN

### À LIRE

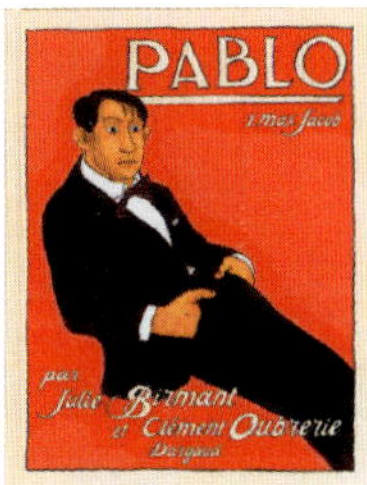


**Julie Birmant et Clément Oubrerie**
**Pablo**
Bande dessinée sur la vie parisienne du peintre Pablo Picasso pendant la Belle Époque avec de nombreuses vues de l'Exposition universelle de 1900.

### À VOIR

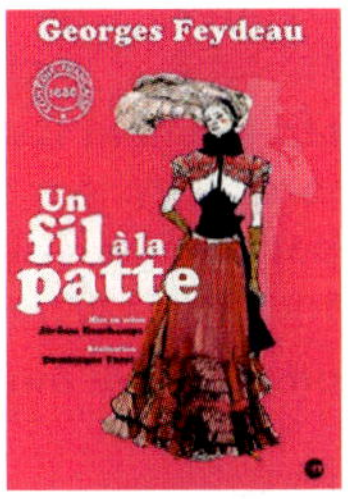


**Georges Feydeau**
**Un fil à la patte**
Mis en scène par Jérôme Deschamps par la Comédie-Française.
Une satire de la bourgeoisie de la Belle Époque, un classique du vaudeville.

**Jérôme Cornuau**
**Les Brigades du Tigre**
Film historique réalisé en 2016 sur les nouvelles méthodes du ministre de l'Intérieur Georges Clemenceau, surnommé le Tigre, face à la criminalité.

# BAC

## 1 S'ENTRAÎNER À L'ANALYSE DE DOCUMENT(S)

SUJET GUIDÉ

**SUJET** **Le mutations du monde rural de 1870 à 1914**

**Après avoir présenté le document, expliquez les relations qu'entretiennent les Petit avec leurs employés et montrez que leur ferme accompagne le mouvement de modernisation des campagnes françaises.**

### Une ferme en Champagne

Mon père, né en Belgique, est arrivé en France en 1867 avec ses deux frères pour rejoindre leur oncle déjà cultivateur à Moigny[1], près de Milly. Ils se sont embauchés à la ferme de Champagne, tenue par Charles Petit. Mon père fut pris comme mécanicien d'entretien et chauffeur-distillateur ; mon oncle Joseph comme chef de culture et l'oncle Baptiste comme jardinier. Mon père a travaillé cinquante ans chez les Petit. Ma mère était cuisinière de la famille. Henri Petit était un peu autoritaire. [...] Il passait dans la capitale les quatre ou cinq mois d'hiver.

Pendant ce temps, c'était l'oncle Joseph qui dirigeait la ferme, allait voir dans les champs, inspectait le personnel et contrôlait la comptabilité. Louis, le fils d'Henri, était très bien avec tout le monde. Il avait toujours une parole agréable. Il était encore plus aimé que son père par les ouvriers. Comme lui, sa femme, Anne Cossude, était la bonté même. Elle causait à tous, soignait les malades et les blessés. C'était un bonheur de leur rendre service. [...]

« Monsieur Louis » avait créé une caisse de retraite pour ses vieux ouvriers. Après mon certificat d'études, mon père me trouve une place en apprentissage, comme charron-forgeron. Ensuite je fus apprenti mécanicien chez Filtz pendant deux ans, et c'est là que je vois les premiers tracteurs. En novembre 1908, je fais les premiers essais de tracteurs agricoles à la ferme de Champagne, devant le ministre de l'Agriculture. De retour de mon service militaire, je suis affecté à la ferme de Champagne comme mécanicien. Entre-temps, le tracteur était devenu autonome. Il avait deux vitesses et il pouvait tourner sur place. En 1912, j'ai fait une démonstration d'utilisation du tracteur devant des délégations étrangères. En 1914, c'était M. Petit ou moi qui conduisait le tracteur.

Entretien réalisé en 1984.
P. Madeline et J.-M. Moriceau, *Les Paysans*, 1870-1970, Les Arènes, 2013.

1. Dans l'Essonne, en île-de-France.

### Aide pour répondre

1. **Présentez le document.**
Utilisez la méthode CANDI (Contexte, Auteur, Nature, Destinataire, Idée générale).
2. **Expliquez les relations qu'entretiennent les Petit avec leurs employés.**
Décrivez la variété et le nombre d'ouvriers en service à la ferme.
Prouvez que M. Petit est un patron paternaliste et décrivez les liens créés avec les ouvriers agricoles, dont la famille du narrateur.
3. **Montrez que leur ferme accompagne le mouvement de modernisation des campagnes françaises.**
Appuyez-vous sur le parcours du narrateur.

## 2 S'ENTRAÎNER À L'ANALYSE DE DOCUMENT(S)

**BAC BLANC**

**SUJET** **Les ouvriers et la Belle Époque**

**Après avoir présenté le document, en précisant le rôle joué par l'auteure lors de l'Exposition, expliquez pourquoi celle-ci suscite son enthousiasme.**

**Une syndicaliste à l'Exposition Universelle de 1900**

Pour fêter les prodiges des Arts, des Sciences, de l'Industrie et de l'Agriculture, la France invita toutes les nations à participer à l'Exposition universelle qu'elle organisait à Paris. Toutes répondirent à cette invitation ; elles tenaient à comparer les progrès de leur industrie avec ceux des autres nations. L'exposition de 1900 fut une merveille. [...] Jamais, à aucune autre époque de l'histoire, le travail n'a été autant glorifié que pendant l'année 1900. [...] Devant les splendeurs que les nations avaient réunies dans les immenses galeries de l'Exposition, il semblait que désormais les peuples ne pouvaient plus se haïr, et que la réunion des efforts mutuels était animée par un désir de paix universelle. [...] À l'occasion de l'Exposition universelle, le Parlement et certaines communes avaient voté des crédits pour permettre aux ouvriers, qui par leur travail avaient contribué à édifier tous ces palais et à fabriquer toutes ces richesses, de jouir de la vue de cette merveilleuse exposition. [...] Certains chefs d'industrie organisaient à leurs frais des visites de l'Exposition pour le personnel des ouvriers de leur établissement. [...] Pour recevoir et guider les délégations ouvrières, le Conseil municipal de Paris avait également voté une subvention à la Bourse du travail de Paris pour que les travailleurs parisiens puissent recevoir et fêter dignement les travailleurs qui venaient dans la capitale. [...] J'ai conservé un excellent souvenir de ces délégations ; il existait entre nous une franche camaraderie ; il m'a été donné, au cours de ma longue carrière de syndiquée, de rencontrer, plus de vingt ans après, des délégués qui me rappelaient les randonnées que je leur avais fait faire à travers cette immense exposition.

Jeanne Bouvier, *Mes mémoires, une syndicaliste féministe* (1875-1935), 1936.

## 3 RÉPONDRE À UNE QUESTION PROBLÉMATISÉE

**SUJET GUIDÉ**

**SUJET** **La période dite de la Belle Époque (1896-1914) est-elle synonyme de progrès et de modernité pour la société française ?**

**Aide pour répondre**

Vous pouvez adopter le plan suivant :
- L'entrée des classes moyennes dans la société de consommation et de loisir
- Des progrès limités pour le monde ouvrier
- Des campagnes en voie de modernisation

**Retrouvez des sujets de BAC et des méthodes conformes et actualisés sur le site → lyceen.nathan.fr/lequintrec1re-2019**

CHAPITRE

# 8 Métropole et colonies

Dans ce chapitre

TOUS LES TEXTES en version audio

TOUTES LES CARTES en version interactive

## La société coloniale en Afrique

Le Dahomey (actuel Bénin) est devenu une colonie française en 1894, malgré la résistance du roi Béhanzin.

Allada, Dahomey. Transport en hamac, années 1890.
Détail d'une vue stéréoscopique colorisée.

# REPÈRES Métropole et colonies

## EN CLASSE DE 4e

• Vous avez étudié les conquêtes et les sociétés coloniales au XIXe siècle.

## DANS LE CHAPITRE 6

• Vous avez vu comment la IIIe République a enraciné en France les valeurs républicaines.

## DANS CE CHAPITRE

• Vous allez analyser la politique coloniale de la IIIe République et la contradiction entre les valeurs universalistes qu'elle prétend diffuser et le statut inférieur des colonisés.

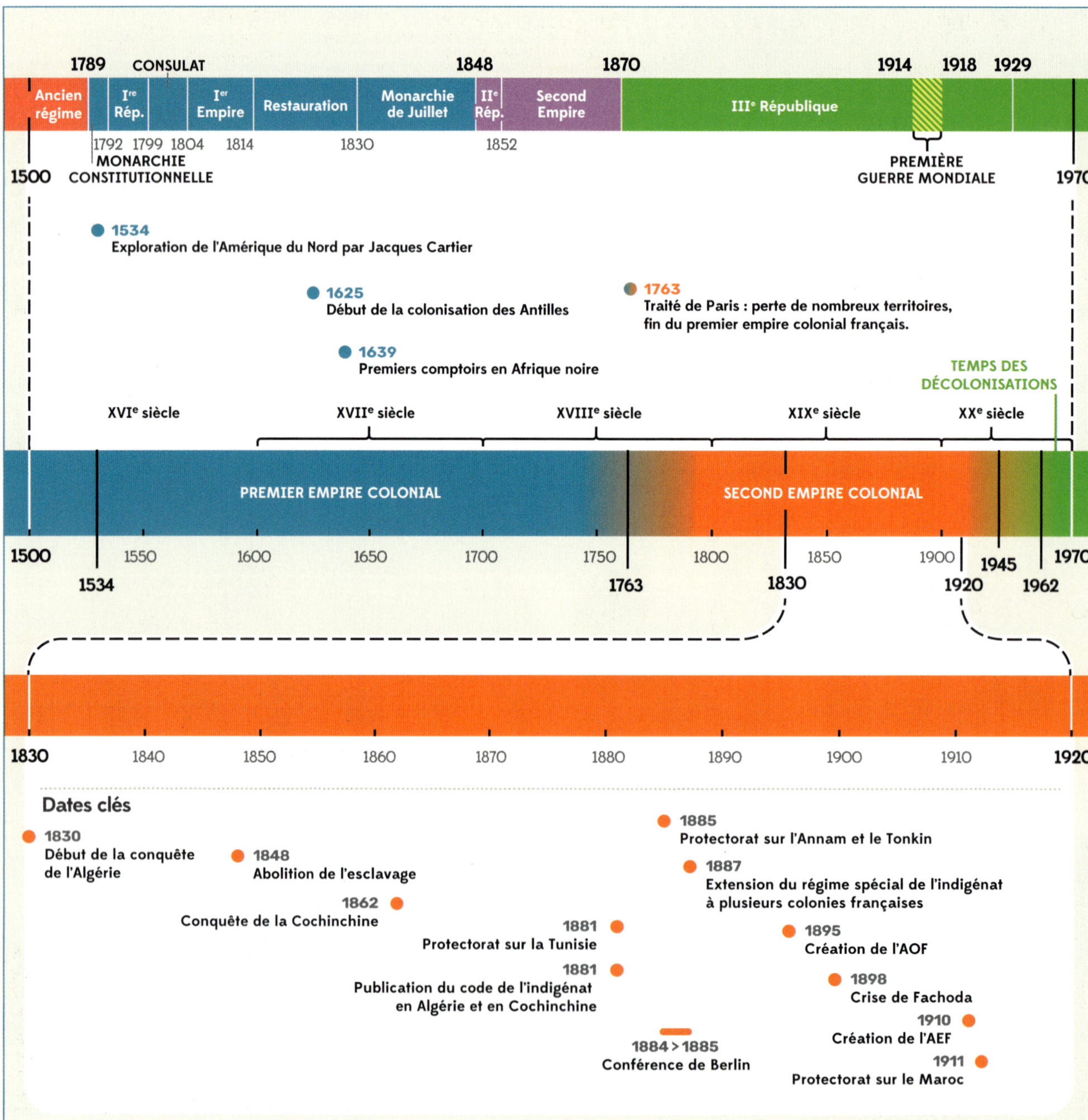

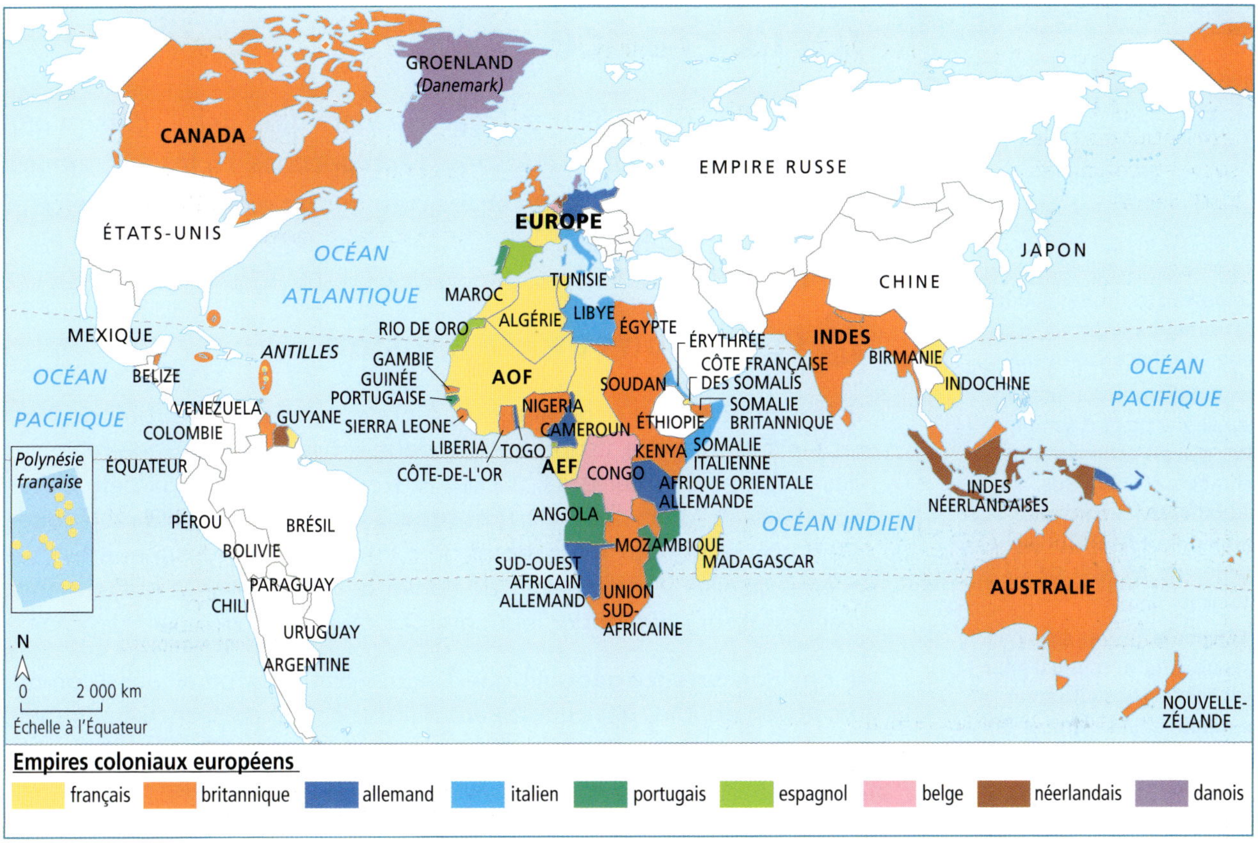


**1** Le monde en 1914

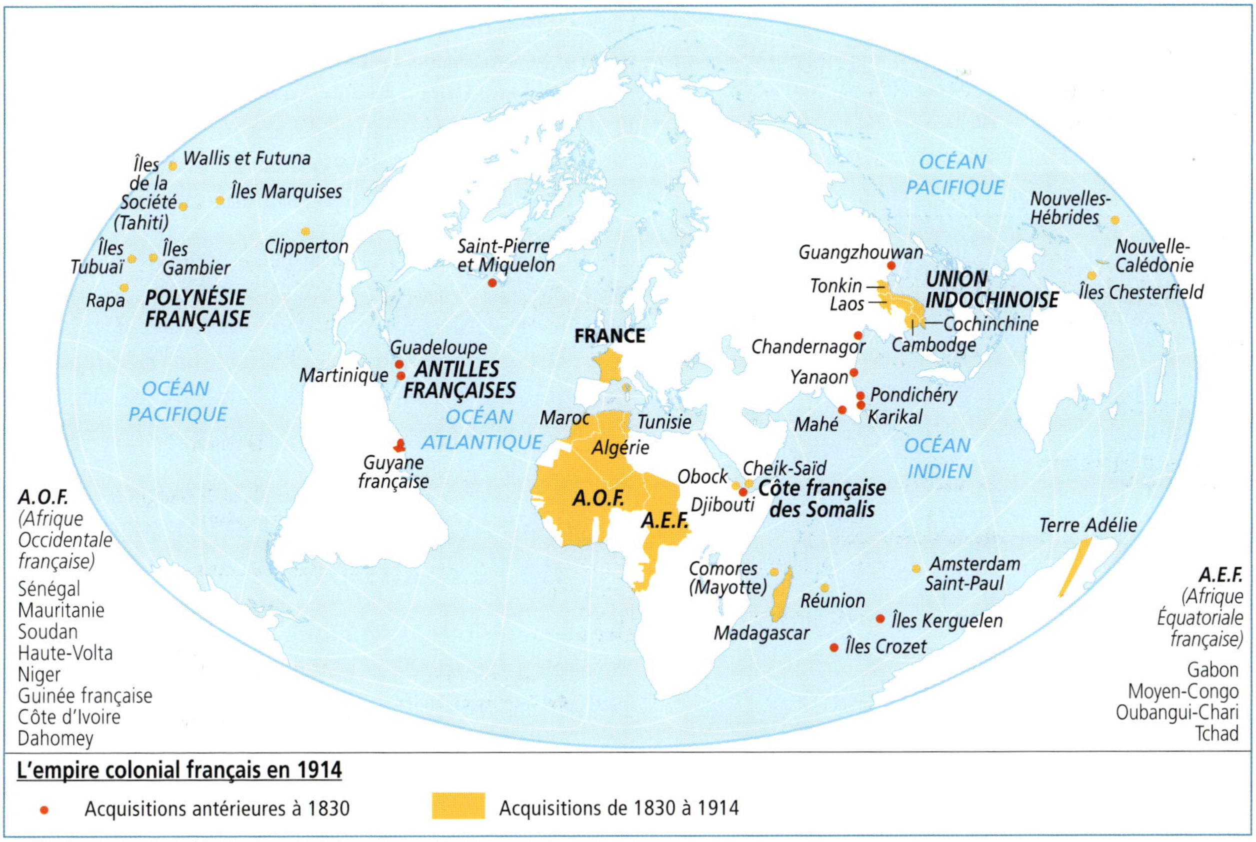


**2** L'empire français

COURS

1

Podcast du cours

→ DOCUMENTS P. 186, 190

# L'expansion coloniale de la France

*À partir des années 1880, la France se lance dans une « course » aux colonies avec les autres puissances européennes. En trois décennies, elle organise le deuxième empire colonial au monde, derrière celui de la Grande-Bretagne.*

## A Les raisons de l'expansion

**Des motivations économiques.** Alors que l'industrialisation de l'Europe est en marche, les pays européens souhaitent mettre la main sur des matières premières à bas coût et trouver de nouveaux débouchés pour leurs produits manufacturés **(doc. 3)**. La colonisation de territoires éloignés permet aux **métropoles** de contrôler le prix des matières premières qu'elles y achètent et de constituer des marchés qui leur sont réservés pour développer leur commerce.

**Une concurrence géopolitique.** La colonisation apparaît aussi comme un moyen pour les pays européens d'affirmer leur puissance. La France, vaincue en 1871 par l'Allemagne, cherche ainsi hors d'Europe des territoires et du prestige. Cet **impérialisme** permet de galvaniser le sentiment national.

**La « mission civilisatrice ».** Le sentiment de supériorité des Européens sur le reste du monde s'accompagne d'un désir d'apporter la « civilisation » aux peuples « sauvages » ou « arriérés ». L'idéologie coloniale repose le plus souvent sur la volonté de diffuser l'universalisme des Lumières et le christianisme. Même la République française, laïque, coopère avec les **missionnaires** dans les territoires qu'elle contrôle. Un racisme encore plus brutal peut aussi légitimer la domination européenne par la notion pseudo-scientifique d'une hiérarchie définitive entre les « races ».

**Un moyen de régler la question sociale.** La société industrielle, et les inégalités économiques et sociales qui la caractérisent, trouvent dans la colonisation un moyen de mettre à distance les populations marginales, qu'elles soient transportées de force ou incitées à émigrer dans les **colonies**.

## B Les acteurs et les moyens de l'expansion

**La supériorité technique des puissances industrielles.** L'industrialisation de l'Europe offre aux puissances du continent une supériorité technique sur les peuples qu'elles entendent soumettre. Le développement de la navigation à vapeur, le perfectionnement des armes à feu, les progrès de la médecine (**quinine**) sont autant d'éléments qui permettent aux Européens de se lancer à la conquête du monde.

### VOCABULAIRE

- **Colonies :** territoires soumis directement à la domination d'une puissance étrangère.
- **Impérialisme :** domination exercée par un État sur un autre grâce à sa supériorité technique, économique, culturelle, etc. Quand cette domination est territoriale et politique, on parle de colonisation.
- **Métropole :** terme employé dans un empire colonial pour désigner l'État colonisateur par rapport à ses colonies (en grec : « mère-patrie »).
- **Missionnaires :** voir p.184
- **Quinine :** substance extraite du quinquina qui permet de lutter contre le paludisme, maladie à laquelle sont exposés les colonisateurs dans les pays tropicaux.

**1 Le partage de l'Afrique**

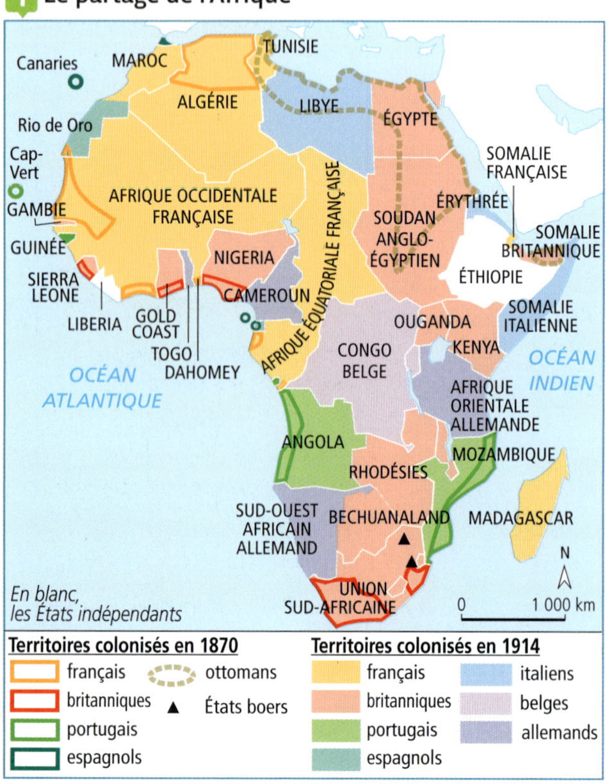

**Des acteurs nombreux.** Marchands et industriels souhaitant soutenir le développement du commerce, géographes, explorateurs et militaires avides de découvertes et de conquêtes, hommes politiques souhaitant conforter leur position sur la scène nationale, missionnaires rêvant d'évangélisation... tous prennent part au processus d'expansion. Ils constituent même, à la fin du XIXe siècle, une sorte de « parti colonial » informel qui coordonne les projets et élabore l'argumentaire colonialiste.

## C Les rythmes de l'expansion

**Une colonisation d'abord timide.** La France colonise lentement l'Algérie à partir de 1830, et elle dispose encore de quelques miettes de son premier empire colonial américain et asiatique. Mais son emprise sur le monde jusque dans les années 1880 reste limitée à quelques territoires insulaires ou littoraux (Sénégal, Gabon, Côte d'Ivoire, Cochinchine, Nouvelle-Calédonie) qu'elle conquiert souvent difficilement.

**La « course » aux colonies.** À partir des années 1880, les puissances européennes confrontent leurs impérialismes. Le Royaume-Uni et la France, puissances coloniales déjà affirmées, sont concurrencées par l'Allemagne, la Belgique ou encore l'Italie. Une véritable « course » aux territoires s'engage, qui accélère la colonisation des continents africain et asiatique **(doc. 1 et 2)**. En 1884-1885, lors de la conférence de Berlin, les puissances européennes fixent les règles du partage de l'Afrique. Mais cette apparente coordination n'empêche pas les tensions entre Français et Britanniques à Fachoda en 1898 ou entre Français et Allemands au Maroc en 1905 et 1911.

### 2 L'empire français en 1911

| Territoires | Superficie (en km²) | Population (en milliers d'habitants) |
|---|---|---|
| Algérie et Sahara | 2 969 289 | 6 014 |
| Tunisie | 125 130 | 1 929 |
| Maroc | 500 000 | 5 000 |
| A.O.F.[1] | 3 913 250 | 11 343 |
| A.E.F.[2] | 1 453 888 | 9 000 |
| Madagascar, Mayotte, Comores, Réunion | 590 102 | 3 423 |
| Côte des Somalis | 120 000 | 213 |
| Îles d'Amsterdam, Saint-Paul, Kerguelen | 3 514 | - |
| Établissements de l'Inde | 513 | 283 |
| Indochine | 803 568 | 16 990 |
| Guadeloupe, Martinique, Guyane, Saint-Pierre et Miquelon | 91 248 | 450 |
| Nouvelle-Calédonie et établissements de l'Océanie | 22 651 | 80 |
| **Total** | **10 592 842** | **54 725** |

Source : *Bulletin de l'Office colonial* cité par Michel Huber, *Journal de la société statistique de Paris*, 1914.

1. L'Afrique occidentale française, fondée en 1895, regroupe le Sénégal, le Soudan (actuel Mali), la Mauritanie, le Niger, la Guinée, la Côte d'Ivoire, le Dahomey (actuel Bénin) et la Haute-Volta (actuel Burkina Faso).
2. L'Afrique équatoriale française, fondée en 1910, comprend le Gabon, le Tchad, Le Moyen-Congo, l'Oubangui-Chari (actuelle République Centrafricaine).

### 3 Part de l'empire dans les exportations françaises en 1913

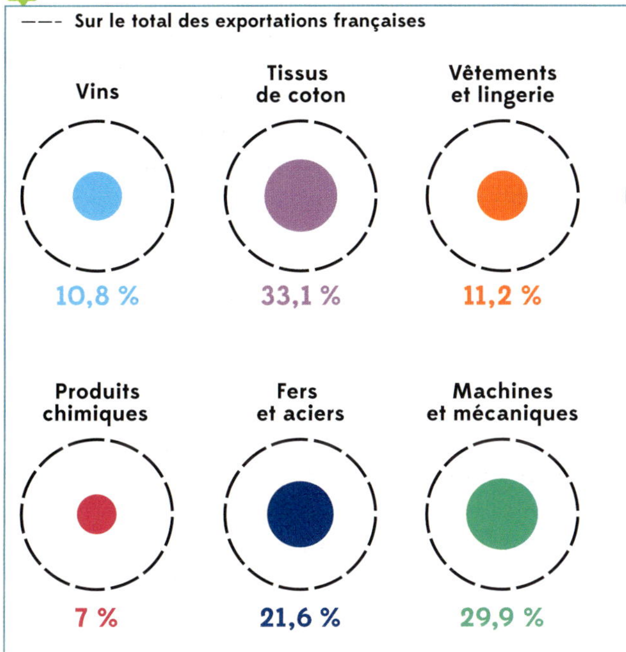


Source : *Tableau général du commerce et de la navigation.*

**RÉVISER SON COURS**

1. Quelles sont les motivations qui poussent les Européens à coloniser des espaces lointains ?
2. Quels sont les acteurs et les moyens de l'expansion coloniale ?
3. À quel rythme se déroule cette expansion ?

COURS

2

Podcast du cours

→ DOCUMENTS P. 186, 188, 192, 194

# La République et son empire : le fonctionnement des sociétés coloniales

*La colonisation bouleverse les sociétés, en métropole et dans les colonies. Celles-ci subissent une exploitation et une domination en contradiction complète avec l'idéal assimilateur affiché par la République.*

## A Les colonies : des sociétés dominées et exploitées

- **Une administration plus ou moins directe.** La métropole administre plus ou moins directement chaque territoire **(doc. 1)**. Dans le cas d'une administration directe, elle prend en charge l'encadrement de tous les aspects de la vie politique, économique et sociale par l'envoi de militaires et de nombreux fonctionnaires. C'est le cas de l'Algérie (colonie de peuplement) ou de nombreuses colonies d'exploitation d'Afrique subsaharienne. Dans le cas d'une administration indirecte, elle assure le contrôle de la politique militaire et étrangère, laissant aux élites « indigènes » leur rôle d'encadrement de la vie sociale tout en les surveillant étroitement. On parle alors de protectorat.

- **L'appropriation des richesses.** Outre-mer, les **colons** s'approprient les meilleures terres et exploitent les richesses minières par le biais de grandes **compagnies concessionnaires**. Les territoires conquis sont dotés d'infrastructures qui facilitent l'exploitation et l'exportation des richesses. Des routes, des chemins de fer et des ports sont construits, souvent par le recours au travail forcé. Les villes adoptent l'architecture et l'urbanisme européens.

## B La République coloniale

- **L'ambition assimilatrice.** La République prétend exporter les valeurs universelles qui sont les siennes dans les territoires soumis : y développer la « civilisation », « pacifier les sauvages », « éclairer les indigènes ». Cette ambition d'**assimilation** se traduit dans des efforts timides au niveau de la scolarisation, mais aussi dans le soutien affiché aux **missionnaires** envoyés dans les colonies. Elle est contredite toutefois par le statut inférieur assigné aux populations locales et par les discriminations qu'elles subissent. Celles-ci sont illustrées par des règles et infractions spécifiques rassemblées sous le terme de « code de l'indigénat ».

- **Le développement d'une culture coloniale.** Célébrée ou contestée, la colonisation entre dans l'imaginaire collectif des Français. Teintée d'exotisme, cette culture coloniale s'affiche lors de grandes expositions, comme à Marseille en 1906. La presse exalte les « héros » français partis conquérir le monde. Mais les débats parlementaires montrent que la politique coloniale de la France ne fait pas l'unanimité.

### VOCABULAIRE

- **Assimilation :** politique qui vise à assimiler les colonies à la métropole, en accordant à terme la citoyenneté aux colonisés.
- **Colons :** personnes venues de métropole pour s'installer définitivement dans une colonie.
- **Coloniaux :** personnes venues de métropole pour un temps limité dans une colonie et avec une fonction précise (administrateur, médecin, missionnaire).
- **Compagnies concessionnaires :** compagnies ayant obtenu les droits d'exploitation sur un territoire ou une richesse contre une redevance payée à l'État.
- **Missionnaires :** religieux ayant pour mission d'évangéliser les populations non chrétiennes.

### Le sens des mots

**Indigène :** le terme « indigène » désigne une personne originaire du pays où elle se trouve, il est synonyme d'« autochtone ». Avec la colonisation, le terme a pris un sens péjoratif, désignant les peuples soumis par les Européens et leur assignant un statut juridique et social inférieur.

## C Le bouleversement des sociétés locales

**Les colonisés face au système colonial.** Les sociétés colonisées, déjà désorganisées par les guerres de conquête, subissent la violence de la domination coloniale. Les populations sont expropriées de leurs terres, appauvries par la mise en place d'une économie d'exportation qui délaisse les cultures vivrières, et humiliées par les régimes discriminatoires mis en place.

**L'émergence de nouvelles élites.** Le développement de la scolarisation, tout comme le recours croissant à des auxiliaires administratifs « indigènes », participent à la formation de nouvelles élites occidentalisées. Ces « évolués », comme les appellent les Européens, relais essentiels de la politique coloniale de la France, sont souvent méprisés à la fois par les colons mais aussi par les locaux. Ils sont les premiers contestataires du système colonial au lendemain de la Première Guerre mondiale.

**Résistances.** Des voix s'élèvent pour contester la spoliation des richesses et des terres, ou les impôts injustes. La résistance au système colonial peut prendre des formes violentes. Pour les colons et les **coloniaux**, la moindre insubordination apparaît comme un défi lancé à l'autorité coloniale, qui doit être réprimé avec la plus grande sévérité.

**Passé Présent**

**Le débat sur le « rôle positif » de la colonisation**
En 2005, un projet de loi propose que les programmes scolaires tiennent compte du « rôle positif de la présence française outre-mer, notamment en Afrique du Nord », insistant sur les progrès (pourtant minces) de la médecine et de la scolarisation ou les aménagements réalisés pendant la période coloniale (mais passant sous silence le recours au travail forcé). Une vive polémique éclate en France, mais aussi dans les anciennes colonies françaises, face à cette volonté politique de contrôler l'enseignement de l'histoire. Des historiens signent une pétition intitulée « Liberté pour l'histoire », affirmant leur indépendance dans la recherche et la construction de la vérité historique. L'amendement est finalement retiré par le gouvernement.

### 1 Un ensemble de territoires aux statuts variés

| Statut du territoire | Caractéristiques | Ministère de rattachement | Territoires concernés |
|---|---|---|---|
| Colonies de peuplement | Nouveaux foyers de peuplement dans lesquels des colons, venus de métropole, s'installent définitivement | Ministère de l'intérieur | Algérie |
| Colonies d'exploitation | Colonies dont la vocation est essentiellement économique (exploitation des ressources et perception de l'impôt) | Ministère des Colonies | A.O.F. et A.E.F. |
| Colonies mixtes | La présence de colons est limitée à certains territoires | Ministère des Colonies | Cochinchine |
| Comptoirs | Établissements de commerce colonial situés sur un littoral | Ministère des Colonies | Comptoirs indiens : Mahé, Pondichéry, Karikal, Chandernagor, Yanaon |
| Protectorats | Territoires qui ont renoncé à une partie de leur souveraineté (défense, diplomatie, douanes) au profit d'une puissance européenne | Ministère des Affaires étrangères | Tunisie, Maroc, Laos, Cambodge, Tonkin, Annam |

**RÉVISER SON COURS**

1. Comment sont administrées et exploitées les colonies françaises ?
2. Quel est le projet de la République coloniale ?
3. Comment réagissent les sociétés locales ?

# DOCUMENTS

# L'Algérie, une colonie de peuplement

## Quelle est la spécificité de l'Algérie parmi les colonies françaises ? → COURS P. 182, 184

### 1 Les étapes du peuplement colonial de l'Algérie et l'extension des territoires civils

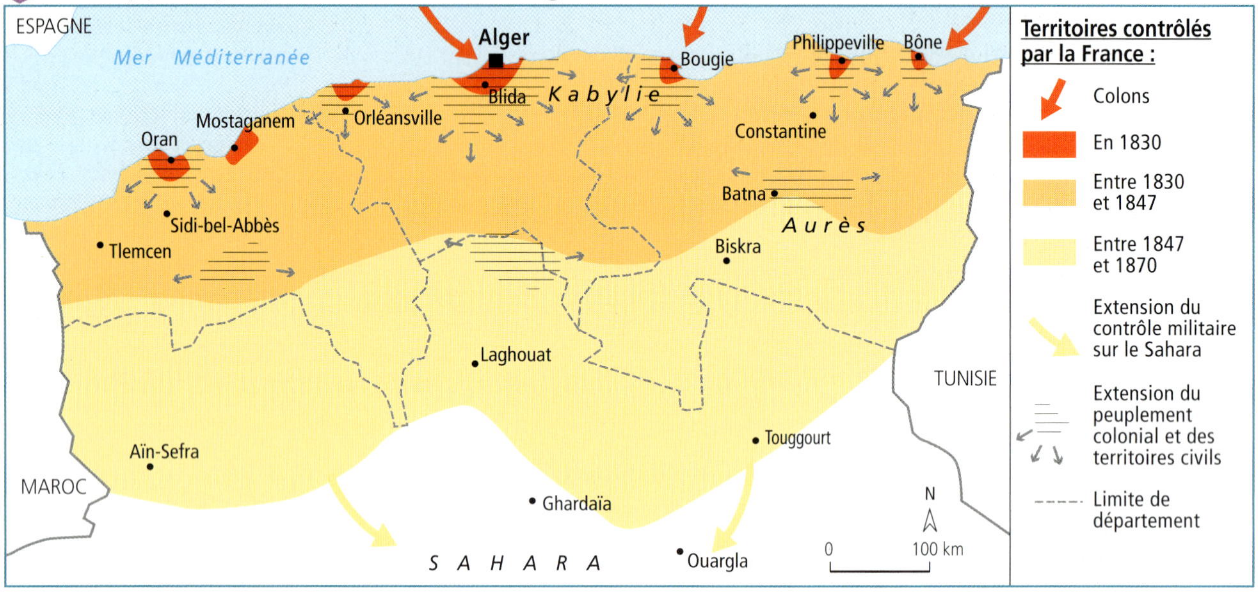


**Repères**

**Territoires civils, territoires militaires, territoires mixtes**

Les **territoires civils** sont ceux où la population européenne est nombreuse ; l'administration y est similaire à celle de la métropole.
Dans les **territoires militaires**, les colons sont absents. C'est l'armée qui se charge d'administrer les populations.
Les **territoires mixtes** ont un statut intermédiaire : la population européenne y est présente, mais pas assez nombreuse face à la population « indigène » pour justifier le transfert du modèle administratif de la métropole. Ils sont administrés par des commissaires civils qui disposent de larges pouvoirs.

### 2 La population de l'Algérie en 1881

Source : Dénombrement de 1881.

### 3 Les décrets Crémieux (1870)

**Décret n° 136 :** Le Gouvernement de la défense nationale décrète :

Les Israélites indigènes des départements de l'Algérie sont déclarés citoyens français ; en conséquence, leur statut réel et leur statut personnel seront, à compter de la promulgation du présent décret, réglés par la loi française, tous droits acquis jusqu'à ce jour restant inviolables.

**Décret n° 137 :** Le Gouvernement de la défense nationale décrète :

Art. 1er. La qualité de citoyen français, réclamée en conformité des articles 1er et 3 du sénatus-consulte du 14 juillet 1865[1], ne peut être obtenue qu'à l'âge de vingt et un ans accomplis. Les indigènes musulmans et les étrangers résidant en Algérie qui réclament cette qualité doivent justifier de cette condition par un acte de naissance ; à défaut, par un acte de notoriété dressé sur l'attestation de quatre témoins, par le juge de paix ou le cadi du lieu de résidence, s'il s'agit d'un indigène, et par le juge de paix, s'il s'agit d'un étranger.

1. Le sénatus-consulte de 1865 avait affirmé la reconnaissance de la nationalité française pour les « indigènes » juifs et musulmans, mais sans leur accorder la citoyenneté, les plaçant dans le statut de « sujets » français, tout en leur offrant la possibilité de se faire naturaliser au cas par cas. La naturalisation consiste à accorder la nationalité à une personne qui ne la possède pas.

Animation

## 4 « L'avenir véritable est en Algérie »

En comparant cette histoire avec celle des autres puissances, on est frappé d'un fait remarquable : presque partout, les Français se sont concilié les sympathies des populations au milieu desquelles ils venaient s'établir. […] La France d'aujourd'hui reste fidèle à ces traditions. Elle ne traite pas en simples sujets les populations conquises. Elle essaye au contraire de les assimiler, de leur enseigner sa langue, de leur inculquer ses mœurs et ses principes, de transformer graduellement ces étrangers en citoyens. […]

Mais l'avenir véritable est en Algérie et en Tunisie, colonies de peuplement et non point simples colonies d'exploitation. Elles ont des terres fertiles, sous un beau climat, qui rappelle celui de la France du Midi, et où les Français peuvent vivre, travailler et s'accroître. Notre langue y fait des progrès constants ; elle est parlée par une grande partie de la population des villes, qui acquiert graduellement nos usages. Quant aux Arabes des plateaux et du désert, s'ils sont moins assimilables que les Kabyles, ils sont du moins résignés au fait accompli. En restant tolérante, en continuant à pratiquer la justice qui assure aux conquérants le respect de ces musulmans, la France n'aura point à redouter de nouvelles insurrections, et sa puissance dans l'Afrique du Nord sera de plus en plus indéracinable.

F. Schrader, F. Prudent, E. Anthoine, *Atlas de géographie moderne*, Hachette, 1896.

## 5 Une vision de la colonisation française

*L'Almanach du petit colon algérien*, 1893.

## 6 La naturalisation des indigènes musulmans

| | Nombre d'indigènes musulmans naturalisés |
|---|---|
| **1866-1870** | 99 |
| **1871-1875** | 171 |
| **1876-1880** | 105 |
| **1881-1885** | 170 |
| **1886-1890** | 100 |
| **1891-1895** | 178 |
| **1896-1900** | 147 |
| **1901-1905** | 168 |
| **1906-1910** | 191 |
| **1911-1915** | 189 |

Source : *Bulletin officiel du gouvernement général de l'Algérie*, 1865-1919.

### *Quelle est la spécificité de l'Algérie parmi les colonies françaises ?*

**Répondre aux questions**

1. **Décrivez** l'évolution et la structure du peuplement colonial en Algérie (**doc. 1 et 2**).
2. **Caractérisez** le statut des populations « indigènes » juives et musulmanes (**doc. 3 et 6**).
3. **Analysez** l'ambition coloniale française pour l'Algérie (**doc. 4 et 5**).
4. À l'aide des réponses précédentes, **expliquez** la spécificité de l'Algérie parmi les colonies françaises.

**Faire un tableau de synthèse**

Après avoir prélevé les informations dans chaque document, vous les organiserez dans un tableau en suivant ce modèle :

| | |
|---|---|
| Une colonie de peuplement européen | |
| Le statut des « indigènes » : un statut inférieur | |
| L'ambition coloniale de la France en Algérie | |

# La généralisation du code de l'indigénat algérien dans les colonies françaises

**Quel est le but de la généralisation de ce régime juridique, spécifique dans l'empire français, et quelles conséquences a-t-il pour les colonisés ?**

→ COURS P. 184

**Repères**

**Le code de l'indigénat** est un ensemble de règles et d'infractions spécifiques aux indigènes algériens établi à partir de 1875 et unifié en 1881. Il est adapté et importé dans d'autres colonies françaises : Cochinchine en 1881, Sénégal et Nouvelle-Calédonie en 1887, A.O.F en 1904, Côte française des Somalis en 1912. Les peines peuvent être prononcées, sans jugement, par les administrateurs des territoires, qui bénéficient donc de larges pouvoirs disciplinaires. Elles vont de la simple amende à l'emprisonnement ou l'assignation à résidence et peuvent être collectives. À partir du XX^e siècle, ces peines sont de plus en plus souvent converties en journées de travail.

## 1 Extraits du code de l'indigénat algérien

Sont considérées comme infractions spéciales à l'indigénat et, comme telles, passibles de peines édictées par les articles 465 et 466 du code pénal, les faits et actes ci-après déterminés, savoir : [...]

**5.** Négligence à se présenter devant l'administrateur ou le maire de la commune après convocation remise par un agent de l'autorité administrative.
**6.** Acte irrespectueux ou propos offensants vis-à-vis d'un représentant ou agent de l'autorité, même en dehors de ses fonctions, et alors même que cet acte ou ce propos ne réunirait pas les caractères voulus pour constituer un délit [...].
**7.** Propos tenus en public dans le but d'affaiblir le respect dû à l'autorité. [...]
**13.** Négligence habituelle dans le payement des impôts et dans l'exécution des prestations en nature, manque d'obtempérer aux convocations des receveurs lorsqu'ils se rendent sur les marchés pour percevoir les contributions. [...]
**17.** Départ de la commune sans avoir, au préalable, acquitté les impôts et sans être muni d'un permis de voyage.

*Arrêté général sur les infractions de l'indigénat*, Gouvernement général de l'Algérie, 9 février 1875.

## 2 Pour le code de l'indigénat en Cochinchine

Dans un pays où il n'existe pas de citoyens dans la population indigène, mais seulement des sujets, où la langue et les mœurs sont absolument différents des nôtres, il est essentiel que le représentant du gouvernement soit toujours investi d'un pouvoir propre et personnel qui assure l'efficacité de ses ordres et l'action visible de notre souveraineté. Si, pour la moindre infraction aux règlements de police, il est obligé d'avoir recours à un magistrat qui rend la justice à son heure, il ne tarde pas à perdre tout prestige et toute autorité sur le peuple conquis. En Cochinchine, les pouvoirs disciplinaires appartiennent aux maires et chefs de cantons ainsi qu'aux administrateurs des affaires indigènes, qui sont également des fonctionnaires civils et exercent à peu près les attributions des administrateurs des communes mixtes en Algérie. Si donc, le maintien de ces pouvoirs est jugé nécessaire et légal pour notre possession africaine, il doit être conservé pour les établissements d'Extrême-Orient.

Charles Le Myre de Vilers, Gouverneur de la Cochinchine, *Rapport au président de la République*, 25 mai 1881.

## 3 La bastonnade

Les châtiments corporels, bien qu'illégaux, sont néanmoins largement pratiqués et supervisés par l'autorité coloniale.
Carte postale du début du XX^e siècle.

## 4 Le travail forcé

Ivoiriens astreints au travail forcé, construisant une route près d'Agboville, Côte d'Ivoire.

## 5 Une critique du code de l'indigénat

Dans l'application journalière du code de l'indigénat, et en particulier de l'article sur l'emprisonnement pour retard d'impôt, l'administrateur algérien se montre, neuf fois sur dix, d'une révoltante férocité. [...] Prélever la dîme sur la maigre moisson d'un peuple de misérables, auquel on a volé et auquel on vole chaque jour encore ses meilleures terres, est une de ces monstruosités qu'on reproche couramment au Moyen Âge, dans les écoles de la IIIe République. J'ajoute que nous, les vainqueurs et les maîtres de la Tunisie, sommes à l'égard de nos vaincus, cent fois plus cruels que ne le furent, aux époques les plus reculées décrites par Michelet, les bandits seigneuriaux à l'égard de leurs manants et de leurs serfs.

Paul Vigné d'Octon, *La Sueur du burnous. Les crimes coloniaux de la IIIe République*, 1911.

## 6 Punitions et journées de travail en Algérie

| | 1900 | 1901 | 1902 | 1903 | 1904 | 1905 |
|---|---|---|---|---|---|---|
| Punitions infligées | 23 086 | 24 680 | 24 157 | 22 407 | 21 953 | 23 349 |
| Punitions converties en journées de travail | 6 055 (26 %) | 7 148 (28 %) | 7 077 (29 %) | 9 875 (44 %) | 10 053 (45 %) | 12 363 (53 %) |
| Journées de travail infligées | 17 156,5 | 22 430 | 31750 | 40 274 | 48 611 | 62 490 |

Source : Sylvie Thénault, *Violence ordinaire dans l'Algérie coloniale. Camps, internements, assignations à résidence*, Odile Jacob, 2012.

***Quel est le but de la généralisation de ce régime juridique, spécifique dans l'empire français, et quelles conséquences a-t-il pour les colonisés ?***

### Répondre aux questions

1. **Caractérisez** les infractions spéciales que le code de l'indigénat entend réprimer (doc. 1).
2. **Présentez** les arguments justifiant la mise en place de ce code (doc. 2).
3. **Identifiez** les types de peines prononcées et leur évolution dans le temps. **Expliquez** cette évolution (doc. 4 et 6).
4. **Justifiez** cette affirmation : cette image témoigne de la banalisation de la violence dans les colonies. Dans votre réponse, vous décrirez la scène et vous analyserez la nature du document (doc. 3).
5. **Résumez** les critiques énoncées contre le « code de l'indigénat » (doc. 5).
6. À l'aide des réponses aux questions précédentes, **expliquez** le but de la généralisation de ce régime juridique spécifique dans l'empire français et ses conséquences pour les colonisés.

### Mettre en récit

À partir des informations tirées dans les documents, vous écrirez un article dénonçant le régime juridique spécial instauré par le code de l'indigénat, en vous mettant dans la peau d'un journaliste du début du XXe siècle envoyé faire un reportage dans une colonie française.

# Fachoda : le choc des impérialismes (1898)

## Que révèle la crise de Fachoda sur les tensions entre les impérialismes ?

→ COURS P. 182

### 1 Le partage de l'Afrique à la conférence de Berlin

Séance d'ouverture de la conférence de Berlin le 15 novembre 1884, Hermann Lüders.

### 2 Les ambitions françaises et britanniques en Afrique

Carte animée

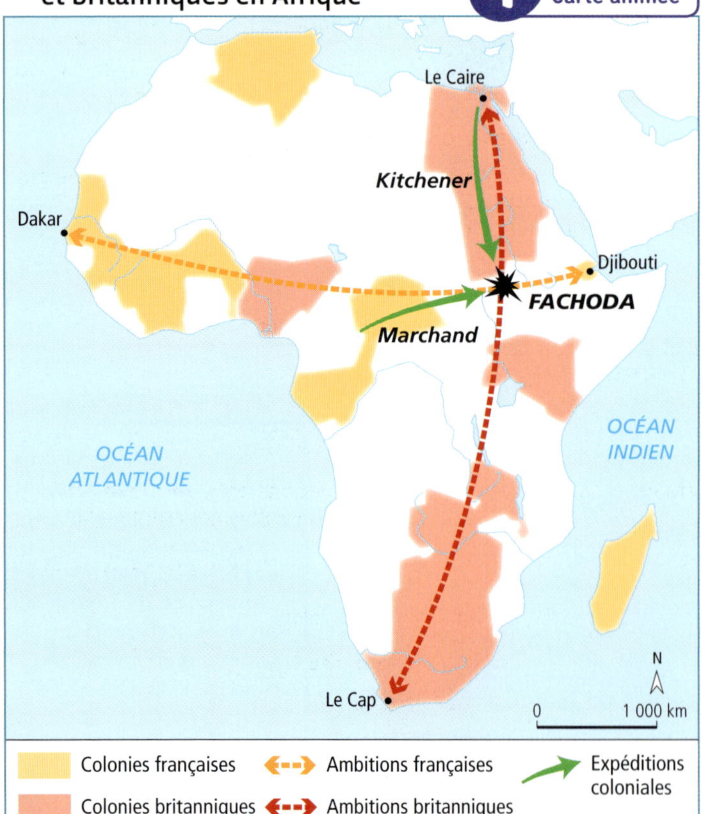


Carte animée · HISTOIRE À LA CARTE

**Repères**

Le commandant Marchand part en 1896 du Congo pour relier les possessions françaises d'Afrique occidentale à Djibouti. En 1898 à Fachoda, au Soudan, il rencontre les troupes anglo-égyptiennes du général Kitchener, en guerre contre des révoltés islamistes. Ce face-à-face provoque de vives tensions entre la France et l'Angleterre, qui réclament toutes les deux la souveraineté sur ce territoire.
Le gouvernement français finit par ordonner l'évacuation pour éviter un conflit et construire une alliance militaire avec le Royaume-Uni (l'Entente cordiale).

### 3 Le point de vue de la presse anglaise

On assure que, lorsque le Sirdar[1] a rencontré à Fachoda le commandant Marchand, l'entrevue a été des plus courtoises et que les deux officiers ont amicalement dîné ensemble. Il semble malheureusement que cet échange de bons procédés en Afrique ne doive pas être imité en Europe et que la presse anglaise s'efforce d'envenimer la question […]. Le *Times*, par exemple, a assez cavalièrement traité l'attitude conciliante de la presse française en disant : « Aucun entassement de généralités aimables sur les avantages d'un compromis et de la conciliation ne peut déguiser les faits élémentaires de la situation que créerait la ratification par le gouvernement français des actes du commandant Marchand. Dans la vallée du Nil, il n'y a pas d'élément de compromis. Les Français ne possèdent légalement rien qu'ils puissent nous donner en échange. Les possessions illégales ne peuvent devenir la base d'un arrangement international. » Et tous les journaux anglais adoptant cette thèse déclarent que la France doit évacuer d'abord et qu'on négociera ensuite.

Robert de Caix, « Fachoda et la presse anglaise », *Journal des débats politiques et littéraires*, 1er octobre 1898.

1. Titre de chef dans les pays orientaux. Il désigne ici lord Kitchener, nommé chef de l'armée d'Égypte.

## 4 Le récit du ministre des Affaires étrangères français

« Nous sommes à Fachoda, ai-je dit, et nous ne l'avons pris qu'à la barbarie […]. Nous demander de l'évacuer préalablement à toute discussion, ce serait, au fond, nous adresser un ultimatum. Eh bien ! qui donc, connaissant la France, pourrait douter de sa réponse ? Je puis faire à l'entente entre les deux pays des sacrifices d'intérêt matériel ; dans mes mains, l'honneur national restera intact. » Les ouvertures, assez vagues d'ailleurs, de lord Salisbury[1] ne furent relevées que près d'un mois plus tard, dans un entretien que le baron de Courcel[2] eut avec le noble lord, le 5 octobre. Pendant ce temps, l'opinion publique, des deux côtés de la Manche, était arrivée au maximum de tension. Les journaux impérialistes incriminaient d'avance, « les finasseries et les défaillances diplomatiques » du vieux lord. En France, le ton de la presse n'était pas plus mesuré […]. Comme lord Salisbury déclinait d'entrer en discussion sur le fond des questions, je lui dis qu'il fallait cependant trouver une issue à la situation actuelle et que l'évacuation de Fachoda, si bruyamment réclamée par les journaux anglais, ne serait pas une issue […]. Il était indispensable que l'évacuation de Fachoda, si elle devait avoir lieu […], fût précédée d'une entente sur son mode d'exécution et sur ses conséquences ; en d'autres termes, il fallait en venir à une délimitation amiable[3].

Gabriel Hanotaux, « Fachoda », *La Revue des deux mondes*, 1909.

**1.** Premier ministre britannique.
**2.** Ambassadeur de France à Londres.
**3.** La crise est réglée par la délimitation des zones d'influence française (Tchad) et anglo-égyptienne (Soudan).

## 5 Le commandant Marchand, héros national

*Le Commandant Marchand à travers l'Afrique*, couverture du premier fascicule d'une série consacrée aux aventures du commandant Marchand en Afrique, 1900.

### Que révèle la crise de Fachoda sur les tensions entre les impérialismes ?

#### Répondre aux questions

1. **Décrivez** la manière dont est partagée l'Afrique entre les puissances européennes (**doc. 1, 3 et 4**).
2. **Situez** Fachoda sur la carte de l'Afrique coloniale et **expliquez** le déclenchement de la crise (**doc. 2**).
3. **Caractérisez** le rôle de la presse et de l'opinion publique dans la crise (**doc. 3 à 5**).
4. **Analysez** la sortie de crise élaborée par les diplomates (**doc. 4**).
5. À l'aide des réponses précédentes, **montrez** ce que révèle la crise de Fachoda sur les tensions entre les impérialismes.

#### Faire un tableau de synthèse

À partir des informations prélevées dans les documents, vous compléterez le tableau suivant :

| | France | Royaume-Uni |
|---|---|---|
| Les ambitions coloniales | | |
| Les acteurs de la crise | | |
| La sortie de crise | | |
| L'expression du nationalisme | | |

# Saigon : ville coloniale

## En quoi la ville de Saigon est-elle caractéristique d'une société coloniale ?

→ COURS P. 184

### Repères

**L'Indochine française**

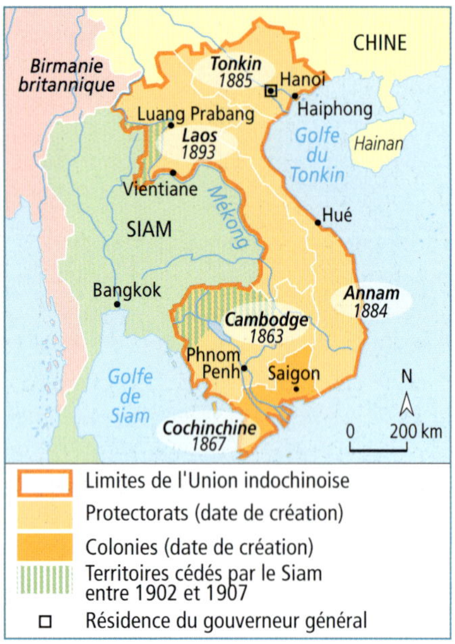


### 1 L'aménagement de la ville européenne

Outre les Annamites, on comptait encore en 1864 six mille Chinois, presque tous commerçants, habitant depuis le fleuve jusqu'à Tong Kéou, un certain nombre d'Indiens, environ 200, qui s'occupaient d'élever du bétail et de conduire des voitures. […] Les fonctionnaires et les gens les plus riches habitaient sur le plateau, entre la citadelle et la plaine des Tombeaux, les pauvres gens le long des arroyos[1].

Pour créer les établissements de commerce et de navigation, on fut obligé de relever les bords de la rivière. […] Lorsque la pente fut devenue à peu près régulière, on dessina des rues se coupant à angle droit. Ces larges voies macadamisées, plantées d'arbres qui devaient grandir ne furent garnies de maisons que très lentement ; les colons, peu nombreux, manquant de matériaux puisque le pays n'en fournit pas, ne pouvaient construire qu'en bois ; les établissements publics étaient des baraquements : les fonctionnaires habitaient des maisons à la mode annamite, et le gouverneur lui-même n'avait qu'un palais de bois démontable, fabriqué à Singapour.

En 1869, les recettes prévues pour les travaux de Saigon montaient à 554 000 fr. […] Les dépenses visaient l'augmentation du corps de police, l'établissement d'une école municipale, la création d'une bibliothèque, d'un service gratuit de vaccine ; la construction d'un marché en fer, le rechargement des rues en cailloux et sable, la construction d'égouts et de trottoirs.

Prosper Cultru, *Histoire de la Cochinchine française des origines à 1883*, A. Challamel, 1910.

1. Cours d'eau temporaires, ruisseaux qui se remplissent lorsqu'il pleut.

### 2 Plan de Saigon en 1881

*Saigon d'après nature*, Favre, 1881.

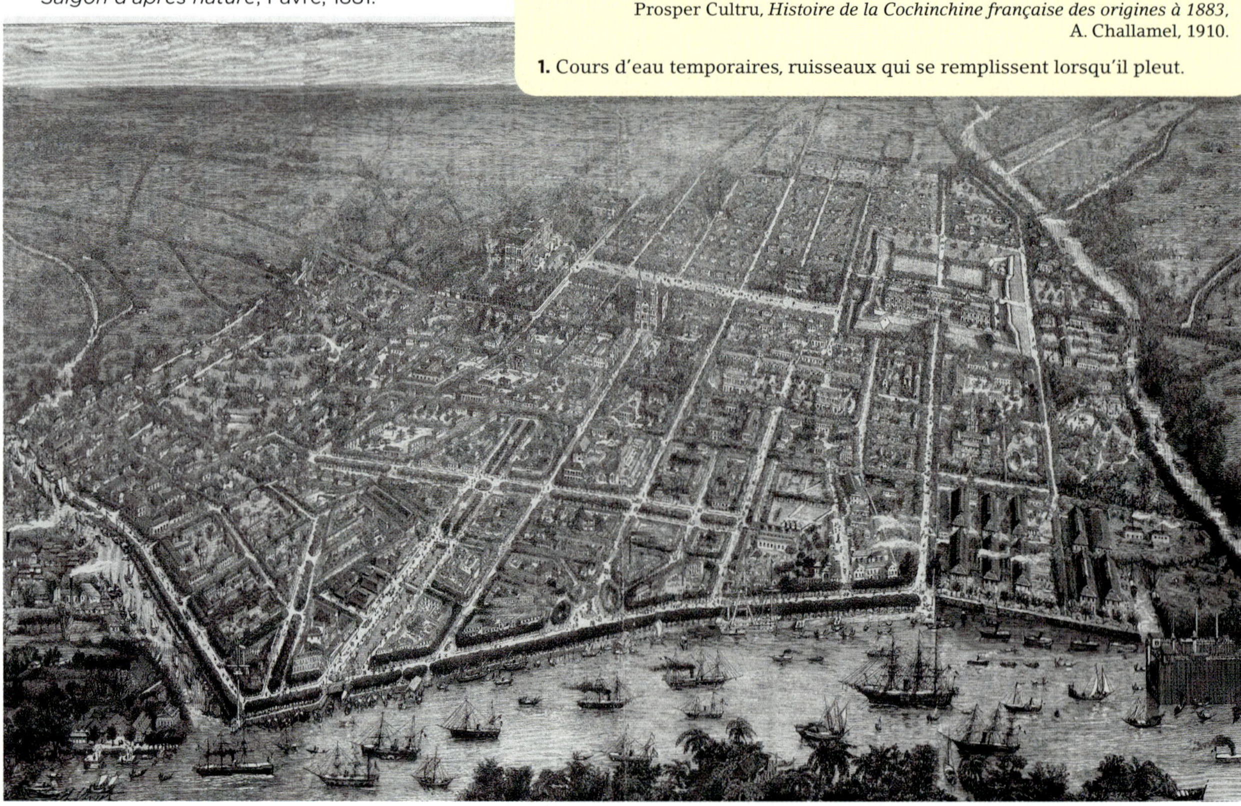

**3 La cathédrale et l'hôtel des postes**

La cathédrale est inaugurée en 1880. L'hôtel des postes en 1891.

Carte postale du début du XXe siècle.

**4 Une rue de Cholon, faubourg chinois**

Carte postale du début du XXe siècle.

▶ *En quoi la ville de Saigon est-elle caractéristique d'une société coloniale ?*

## Répondre aux questions

1. **Caractérisez** les différentes étapes du réaménagement de la ville de Saigon par les Français (**doc. 1, 2 et 3**).
2. **Décrivez** les ambitions de ce réaménagement (**doc. 1, 2 et 3**).
3. **Identifiez** les populations qui habitent dans la ville et analysez leur répartition dans l'espace urbain (**doc. 1, 3 et 4**).
4. **Comparez** l'organisation de la ville européenne et celle du faubourg chinois de Cholon (**doc. 2, 3 et 4**).
5. À l'aide des réponses aux questions précédentes, répondez de manière organisée à la problématique.

## Classer des informations dans un tableau

À partir des informations prélevées dans les documents, vous compléterez ce tableau :

| | |
|---|---|
| Saigon : une ville réaménagée par les colonisateurs | |
| Saigon : une ville multiculturelle | |
| Saigon : une ville ségréguée ? | |

# Marseille : la porte de l'empire

## Comment la ville de Marseille tire-t-elle profit de l'expansion coloniale ?

→ COURS P 184

**1 L'exotisme en métropole**
Carte postale publicitaire éditée par les *Nouvelles Galeries* en 1906.

### 2 Les Marseillais et l'empire colonial

Les Marseillais n'ont pas travaillé à l'expansion coloniale pour obéir à des théories, ni par amour des conquêtes, mais dans un but tout pratique. Même, avec eux, l'exploitation a toujours devancé la prise de possession ; le commerce a précédé le drapeau. On ne peut donc être étonné qu'ils aient pris une grande part à la mise en valeur de notre empire colonial. Négociants surtout, ce sont partout les entreprises commerciales qui les ont tentés particulièrement. [...] Mais Marseille est devenue aussi une très grande ville d'industrie ; on verra que beaucoup de ses usines font venir leur matière première des colonies. Des Marseillais aussi sont allés y établir des usines spécialement pour transformer sur place leurs produits agricoles. [...] Les Marseillais colons sont moins nombreux que les Marseillais négociants, industriels ou artisans aux colonies. On en trouve partout cependant ; souvent ils sont à la fois l'un et l'autre. [...]

Grand centre du mouvement de la navigation coloniale, le port provençal est encore plus le point de départ des courriers postaux coloniaux. Aussi voit-on embarquer et débarquer sur ses quais le plus grand nombre des Français qui partent pour les colonies ou des coloniaux, civils et militaires, qui viennent périodiquement refaire leur santé en métropole. En reprenant le mot de Méry[1], on peut dire que la Cannebière n'a pas son terminus seulement à Alger ou à Saïgon, elle se prolonge vers tous les pays de la France extérieure.

Paul Masson, *Marseille et la colonisation française. Essai d'histoire coloniale*, Barlatier, 1906.

1. Joseph Méry, écrivain marseillais.

### 3 L'activité du port de Marseille en 1896

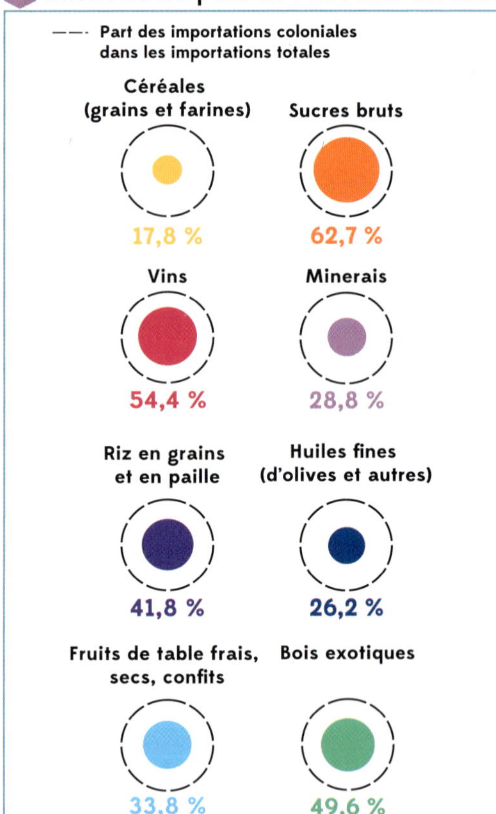


D'après Paul Masson, *Marseille et la colonisation française. Essai d'histoire coloniale*, Barlatier, 1906.

### 4 Le défilé des colonies

Cartes postales pour l'exposition coloniale de Marseille (1906).

### 5 Commerçants marseillais devant leur échoppe

*Quai du Port Vins d'Espagne et d'Afrique,* Marseille, photographie des frères Seeberger, 1910. © RMN/DR

***Comment la ville de Marseille tire-t-elle profit de l'expansion coloniale ?***

## Répondre aux questions

1. **Décrivez** l'importance des colonies dans l'économie et le commerce de Marseille au tournant du siècle (**doc. 2, 3 et 5**).
2. **Expliquez** le rôle que jouent les Marseillais dans le processus d'expansion coloniale (**doc. 2**).
3. **Analysez** la manière dont est mise en scène l'exposition coloniale de 1906 (**doc. 1 et 4**).
4. **Décrivez** la manière dont sont représentés les colonisés (**doc. 1 et 4**).
5. À l'aide des réponses aux questions précédentes, répondez de manière organisée à la problématique.

## Construire une carte mentale

Après avoir prélevé les informations dans les documents, vous construirez une carte mentale en suivant le modèle ci-dessous :

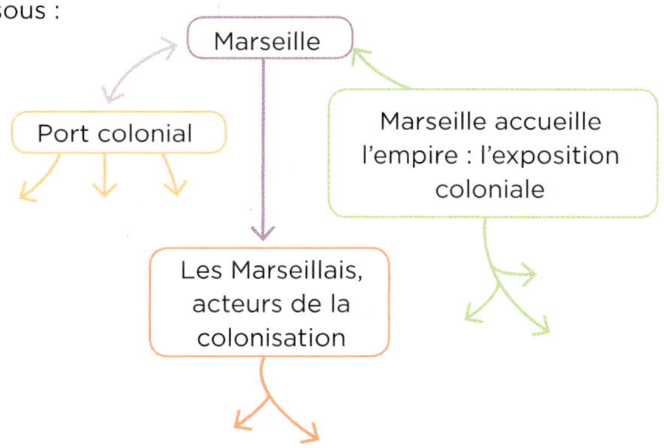

RÉVISER

# Métropole et colonies

## SAVOIR EXPLIQUER

### Les causes de l'expansion coloniale française

- **Les motivations économiques**
  # Industrialisation ; Matières premières ; Débouchés
- **Les motivations géopolitiques**
  # Rivalités entre puissances européennes ; Impérialisme ; Nationalisme
- **Les justifications idéologiques**
  # Mission civilisatrice ; Sentiment de supériorité ; Racisme

### Les formes de la colonisation française

- **Les acteurs de la colonisation**
  # Missionnaires ; Marchands ; Industriels ; Géographes ; Explorateurs ; Colons ; Colonial ; Compagnies concessionnaires ; Indigènes
- **Les types de colonisations**
  # Conquête ; Administration directe/indirecte ; Colonie de peuplement ; Colonie d'exploitation ; Comptoir ; Protectorat
- **Les rythmes de la colonisation**
  # Course aux colonies ; Conférence de Berlin

### Les conséquences de la colonisation française

- **Dans les colonies**
  # Violence coloniale ; Expropriation ; Assimilation ; Économie d'exportation ; Discriminations ; Travail forcé ; Émergence de nouvelles élites ; Résistances au colonialisme
- **En métropole**
  # Parti colonial ; Contestation de la colonisation ; Expositions coloniales

## SAVOIR DATER

- 1884 ▸ Conférence de Berlin
- 1898 ▸ Crise de Fachoda

- 1830 ▸ Début de la conquête de l'Algérie
- 1848 ▸ L'Algérie est divisée en trois départements
- 1887 ▸ Généralisation du code de l'indigénat

- 1870 ▸ Décrets Crémieux en Algérie
- 1906 ▸ Exposition coloniale à Marseille

Exercices interactifs

## SAVOIR DÉFINIR

- Colonie → P. 182
- Impérialisme → P. 182
- Métropole → P. 182
- Assimilation → P. 184
- Colon → P. 184
- Coloniaux → P. 184
- Missionnaire → P. 184
- Indigène → P. 184
- Colonie de peuplement → P. 185
- Colonie d'exploitation → P. 185
- Comptoir → P. 185
- Protectorat → P. 185
- Code de l'indigénat → P. 188

Schéma interactif

# L'EXPANSION COLONIALE FRANÇAISE

- Économie
- Militaire
- Idéologie
- Administratif

## *À la fin du XIXe siècle, plusieurs facteurs…*

- Sécurisation des approvisionnements **en matières premières**
  Recherche de débouchés pour la **production industrielle**
- Quête de **puissance** et de **prestige**
  Volonté d'**effacer l'humiliation de 1870**
- **Sentiment de supériorité** des Européens
  Prétention à « **civiliser** » et volonté d'**évangéliser** des populations considérées comme « arriérées »

## *…conduisent la France à se constituer outre-mer un empire…*

- **CONQUÊTE**
  Guerres coloniales
- **ADMINISTRATION**
  › Directement (colonies)
  › Indirectement (protectorats)
- **EXPLOITATION**
  › Appropriation des terres
  › Extraction et exportation des richesses
  › Recours au travail forcé

## *…qui suscite des contestations.*

- **CRISES ET TENSIONS INTERNATIONALES**
  › Avec le Royaume-Uni : **Fachoda** (1898)
  › Avec l'Allemagne : **crises marocaines** (1905-1911)
- **CONTESTATIONS EN MÉTROPOLE**
  Dénonciation des **crimes coloniaux**
  Contestation de **l'utilité de la colonisation**
- **CONTESTATIONS DANS LES COLONIES**
  Émergence d'**élites « indigènes »** condamnant le système colonial

## POUR ALLER PLUS LOIN

### À LIRE

**Erik Orsenna**
**L'Exposition coloniale**
« Points », Seuil, 2006
Un roman sur l'imaginaire colonial dans la France du début du XXe siècle.

**Tristan Till et Vincent Bailly**
**Congo 1905 : le Rapport Brazza**
Futuropolis, 2018
Une bande dessinée sur les exactions coloniales au Congo français.

**Pascal Blanchard (dir.)**
**Exhibitions : l'invention du sauvage**
Actes Sud, 2011
Le catalogue richement illustré d'une exposition consacrée aux exhibitions coloniales.

### À VOIR

**Alain Corneau**
**Fort Sagane (1984)**
L'histoire d'un officier français engagé au Sahara au début des années 1910.

**Med Hondo**
**Sarraounia (1986)**
Un film sur l'affrontement entre des colonisateurs français et des populations africaines à la fin du XIXe siècle.

**Joël Calmettes**
**Berlin 1885, la ruée sur l'Afrique (2011)**
Un documentaire sur la conférence de Berlin sur la colonisation de l'Afrique.

# BAC

## 1 S'ENTRAÎNER À L'ANALYSE DE DOCUMENT(S) — SUJET GUIDÉ

**SUJET** L'expansion coloniale de la France

**Après avoir présenté le document en tenant compte de son contexte, analysez de manière critique le regard porté par Lyautey sur les guerres coloniales menées par la France.**

### Les guerres coloniales vues par Lyautey

Laissez-moi aussi vous remercier d'avoir dit que le Maroc avait été l'occasion d'un réveil de l'âme française, et d'avoir éclairé d'une façon si heureuse l'œuvre à accomplir, en précisant que c'était avant tout une œuvre de pacification, celle qui crée, qui développe, celle qui humanise, qui fait aimer le drapeau sous les plis duquel elle s'accomplit.

Voici dix-huit ans que je pratique la guerre coloniale et, j'ose le dire, c'est une noble guerre, parce que seule, elle fait autre chose que de laisser des ruines, mais que, au contraire, elle sème la vie.

Je ne sais rien de plus consolant, au Tonkin, à Madagascar, en Algérie comme au Maroc, que de constater que c'est le sang français qui a appelé à la vie d'immenses espaces jusque-là incultes et inertes.

Je l'ai dit, il n'y a pas là une gerbe de blé qui n'ait été fécondée par le sang de nos soldats.

Jamais le pays ne saura avoir trop de reconnaissance pour les dévouements, les efforts, les sacrifices obscurs et anonymes qui lui apportent ce patrimoine. [...]

Vous avez, M. le Président[1], parlé du réveil français, ces années dernières. Tous tressaillent à ce réveil que sonne avec tant d'allégresse le coq gaulois et qui, nulle part, ne vibre plus haut et plus clair qu'au Maroc.

Mais si, là-bas, les officiers et les humbles soldats de notre race versent leur sang sans compter, il n'y a pas qu'eux, mais, à côté d'eux, les légionnaires venus de tous les points de l'Europe, les tirailleurs d'Algérie et les noirs du Sénégal. Il me semble que rien n'est plus symbolique que cette association et que rien ne caractérise mieux ce qu'il y a de grand, d'humain, de civilisateur dans l'œuvre que nous accomplissons sur cette terre.

Discours d'Hubert Lyautey, résident général au Maroc, devant la Chambre de commerce de Bordeaux, février 1913, in *Paroles d'action. Madagascar, Sud-Oranais, Oran, Maroc (1900-1926)*, Armand Colin.

**1.** Il s'agit du président de la Chambre de commerce de Bordeaux.

### Aide pour répondre

1. **Présentez le document.**
   Utilisez la méthode CANDI (Contexte, Auteur, Nature, Destinataire, Idée générale).
2. **Analysez de manière critique le regard porté par Lyautey sur les guerres coloniales menées par la France.**
   - Relevez dans le texte les passages évoquant les « missions » qui justifient l'engagement militaire de la France outre-mer et les effets des conquêtes réalisées sur les territoires conquis.
   - Relevez dans le texte les passages justifiant, pour la métropole, l'importance de ces conquêtes.
   - Grâce à vos connaissances, montrez les limites de ce document et du discours de Lyautey.

## 2 S'ENTRAÎNER À L'ANALYSE DE DOCUMENT(S)

**BAC BLANC**

**SUJET** Les impérialismes européens en Afrique

**Expliquez la position du gouvernement britannique lors de la crise de Fachoda et indiquez le sentiment de l'auteur sur l'attitude du Royaume Uni et la situation de la France.**

### La crise de Fachoda (1898)

En Europe, comme dans la vallée du Nil, les Anglais avaient brutalement formulé leur ultimatum : aucun Français dans le bassin nilotique. Aux arguments de M. de Courcel, notre ambassadeur à Londres, aux notes émanant du ministère des Affaires étrangères, lord Salisbury[1], parlant au nom du Royaume-Uni de Grande-Bretagne, répondait simplement : le Nil appartient à l'Égypte, nous avons rétabli la suzeraineté du Khédive[2] dans tous ses États, il nous est impossible de frustrer ce souverain en abandonnant une part quelconque des territoires sur lesquels s'étend son autorité légitime.

Demandait-on une compensation, au cas où l'on abandonnerait Fachoda, le Premier ministre anglais répliquait avec les apparences de la plus vertueuse indignation. – On ne peut admettre l'idée d'une compensation pour la restitution d'une chose dont on s'est indûment emparé.

Toute la presse britannique hurlait la menace contre la France. Les feuilles gallophobes[3] publiaient complaisamment les tableaux comparatifs des unités de combat des flottes anglaise et française. Il résultait de ces compilations que le Royaume-Uni pouvait mettre en ligne trois navires contre un ; qu'en cas de conflit, la marine française serait anéantie à coup sûr. Nos gouvernants le savaient mieux que personne. Aussi tâchaient-ils seulement d'éveiller dans le cœur des hommes d'État anglais quelques sentiments de justice. Peine perdue. La France n'était pas en état de faire la guerre, il n'y avait donc pas à la ménager.

Paul d'Ivoi, *La Mission Marchand II. Fachoda*, Fayard, 1900.

**1.** Premier ministre britannique.
**2.** Titre accordé par les Ottomans au pacha d'Égypte et maintenu par les Britanniques lors de l'occupation du pays à partir de 1882.
**3.** Hostiles à la France.

## 3 RÉPONDRE À UNE QUESTION PROBLÉMATISÉE

**SUJET GUIDÉ**

**SUJET** **Comment la République justifie-t-elle et applique-t-elle son projet colonisateur et pourquoi celui-ci entre-t-il en contradiction avec ses valeurs ?**

**Aide pour répondre**

Vous pouvez adopter le plan suivant :
- Le projet colonial de la République et sa justification
- La République aux colonies : une mise en œuvre différenciée
- Les contradictions du modèle républicain : violence et abus

**Retrouvez des sujets de BAC et des méthodes conformes et actualisés sur le site → lyceen.nathan.fr/lequintrec1re-2019**

CHAPITRE

# 9

# Un embrasement
# ses grandes étapes

mondial et

Dans ce chapitre
TOUS LES TEXTES en version audio
TOUTES LES CARTES en version interactive

**Nouvelles armes, nouvelles cibles**
L'aviation française a bombardé à de nombreuses reprises, entre 1915 et 1918, les usines chimiques de l'entreprise BASF situées au bord du Rhin, à Ludwigshafen.
*Bombardement d'usine,* huile sur toile de Maurice Busset, 1918, 176 x 250 cm, musée de l'Armée, Paris.

Animation

# REPÈRES La Première Guerre mondiale

**EN CLASSE DE 3e**

- Vous avez étudié le rôle des militaires et des civils dans la Première Guerre mondiale.

**DANS CE CHAPITRE**

- Vous allez comprendre comment la « Grande Guerre » s'est déclenchée, quelles ont été ses grandes phases, comment elle a pris une dimension mondiale et pourquoi les combattants ont tant souffert.

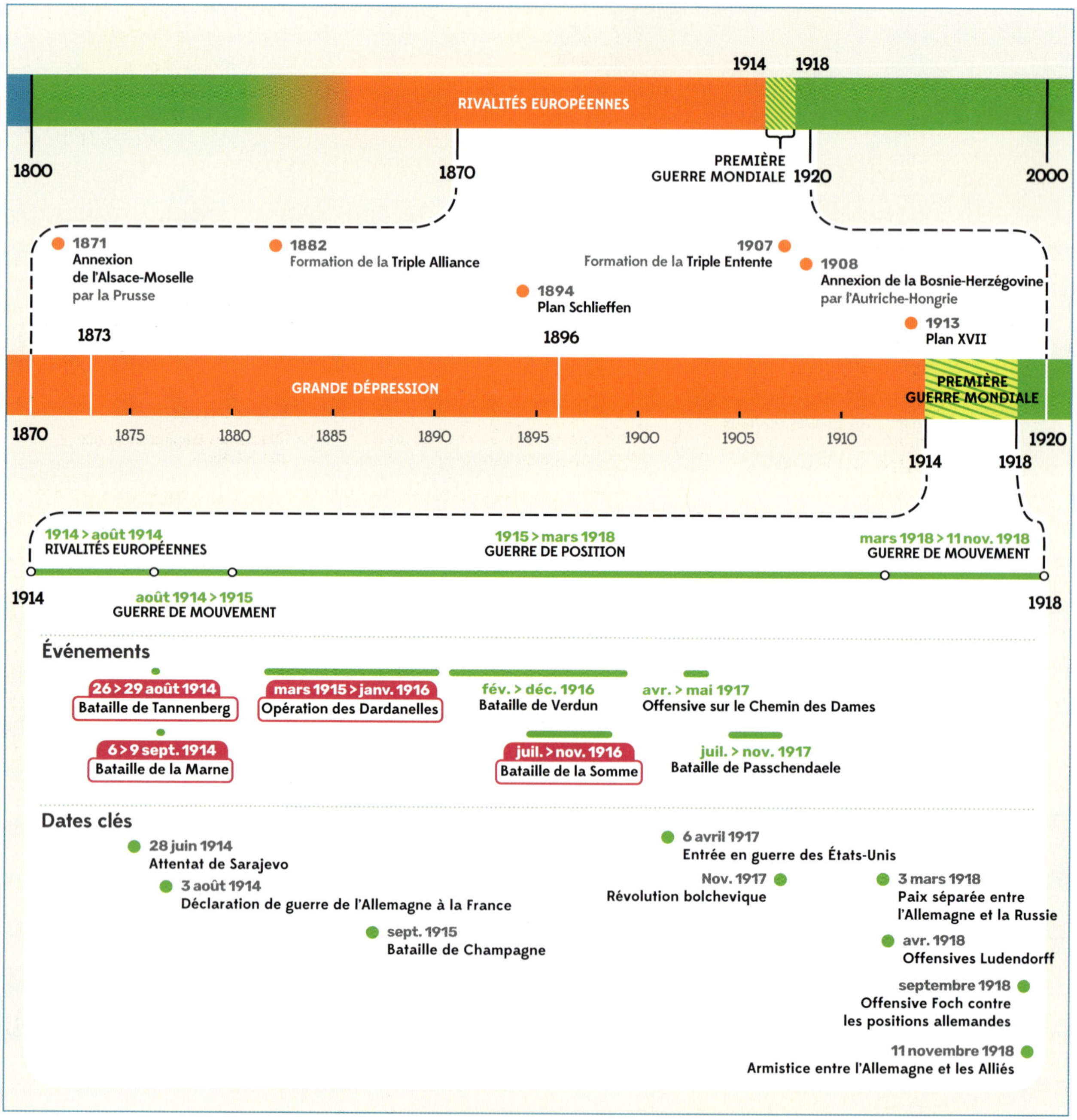

## 1 Une guerre mondiale

**Des belligérants originaires de tous les continents**

**La Triple Entente et ses alliés**
- Membres de la Triple Entente et leurs colonies
- Pays ayant rejoint la Triple Entente au cours du conflit

**Les Empires centraux et leurs alliés**
- Empires centraux et leurs colonies
- Pays ayant rejoint les Empires centraux au cours du conflit
- Pays non-engagés dans le conflit

**Des affrontements sur tous les continents**

**Des affrontements terrestres**
- Principaux fronts
- Principales offensives de l'Entente
- Principales offensives des Empires centraux
- Principales batailles terrestres
- Territoires occupés par les puissances centrales
- Territoires occupés par les Alliés

**Des affrontements en mer**
- Trajet parcouru par les différentes flottes militaires
- Principales batailles navales
- Zones de blocus sous-marin établies par l'Allemagne
- Blocus des Empires centraux par les Alliés

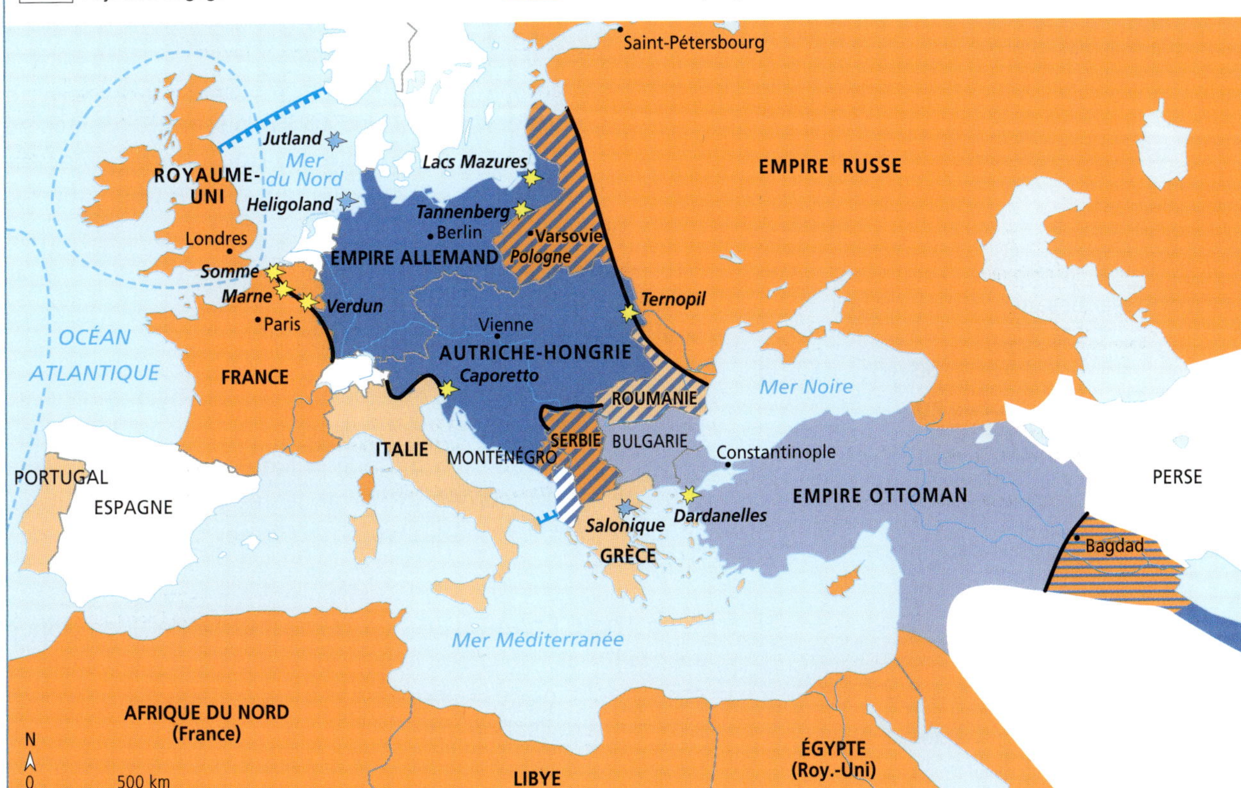


## 2 Des fronts essentiellement européens

COURS

Podcast du cours

# 1 Les origines de la Première Guerre mondiale

→ DOCUMENTS P. 212

*L'attentat de Sarajevo est l'étincelle qui met le feu à la poudrière européenne. Les tensions nationales activent le mécanisme des alliances, ce qui précipite l'Europe dans la guerre.*

## A La poudrière européenne

**Des puissances rivales.** L'Allemagne est devenue la première puissance industrielle d'Europe. Elle entend exercer une influence mondiale au nom de la *Weltpolitik* prônée par l'empereur Guillaume II. Cela inquiète le Royaume-Uni, qui est dépassé par l'Allemagne et même la Russie sur le plan économique et qui veut maintenir sa suprématie maritime **(doc. 1)**. Il adopte en 1889 la stratégie du *two-power standard* : la flotte britannique doit peser au moins autant que les flottes des deux puissances suivantes. En 1906, la mise au point du ***dreadnought*** lance une course aux armements navals.

**La compétition coloniale.** Les puissances européennes se disputent le contrôle de colonies en Afrique ou de zones d'influence en Asie. Depuis la fin du XIXe siècle, on observe ainsi de nombreuses tensions entre le Royaume-Uni et la France au Soudan, entre la France et l'Italie en Tunisie, entre l'Allemagne et la France au Maroc ou entre la Russie et la Grande-Bretagne en Iran et en Afghanistan. Mais ces tensions trouvent toujours une solution diplomatique.

**Les nationalismes en Europe.** Les risques de guerre sont beaucoup plus élevés en Europe. La France veut récupérer les « provinces perdues », l'Alsace et la Moselle, annexées en 1871 par l'Allemagne. L'Italie réclame les **terres irrédentes** à l'Autriche-Hongrie. Cette dernière annexe la Bosnie-Herzégovine en 1908, ce qui inquiète la Serbie. La Russie soutient la Serbie dans son projet de créer un État réunissant les Slaves du Sud (Yougoslaves), en les libérant de l'Empire austro-hongrois (Croates, Slovènes, Bosniaques). Les nationalismes mènent ainsi à deux guerres balkaniques, très violentes, en 1912-1913.

### VOCABULAIRE

- ***Dreadnought*** : abréviation de l'anglais *which dreads nought* (« qui ne redoute rien »), type de cuirassé mis au point par les Britanniques et imité ensuite par les autres pays.
- **Mobilisation générale** : rassemblement des troupes et du matériel en vue de préparer la guerre.
- **Terres irrédentes** : territoires revendiqués comme historiquement italiens, mais restés sous souveraineté autrichienne (Istrie, Dalmatie, Trentin, Tyrol du Sud). Le terme vient de l'expression *Italia irredenta* : « Italie non rachetée, non délivrée ».
- **Ultimatum** : exigence formulée par un État à l'encontre d'un autre État. La non-exécution de cette exigence dans le délai prévu entraîne des sanctions.

**1** Les grandes puissances économiques

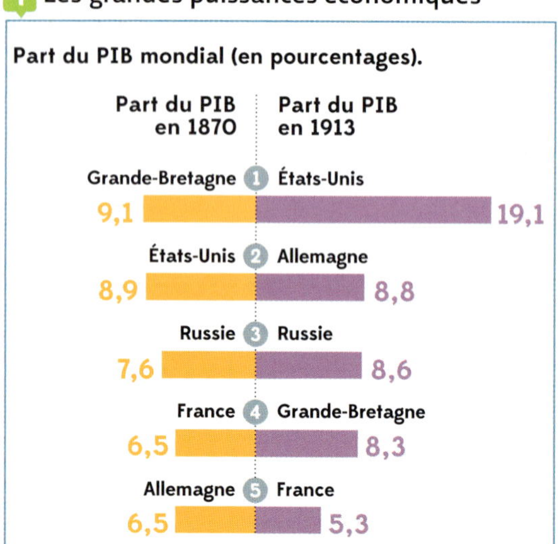


## B Deux blocs face à face

**La Triple Alliance.** L'Allemagne, qui craint une attaque française, et l'Autriche-Hongrie, qui redoute une agression russe, s'allient au sein de la Duplice (1879). En 1882, à la suite de l'établissement du protectorat français en Tunisie, l'Italie rejoint les deux pays pour former la Triple Alliance (Triplice).

**La Triple Entente.** En 1893, la France signe une alliance avec la Russie, qui craint le rapprochement entre l'Allemagne et l'Autriche et désire bénéficier des capitaux français pour son industrialisation. En 1904, le Royaume-Uni sort de son « splendide isolement » et signe avec la France l'Entente cordiale. En 1907, la Russie signe un accord avec le Royaume-Uni, ce qui crée la Triple Entente.

**Des stratégies offensives.** Dans les deux camps, les États préparent la guerre. En Allemagne, le plan Schlieffen (1894) prévoit une attaque brutale contre la France, afin de la vaincre en quelques semaines pour se retourner ensuite contre la Russie sans avoir à combattre sur deux fronts à la fois. En France, le plan XVII (1913) projette de déployer les troupes à la frontière allemande pour reconquérir l'Alsace-Moselle.

## C L'embrasement de l'Europe

**L'attentat de Sarajevo.** Le 28 juin 1914, François-Ferdinand de Habsbourg, héritier du trône d'Autriche-Hongrie, est assassiné en Bosnie-Herzégovine par Gavrilo Princip, un étudiant serbe de Bosnie qui rêve de réunifier les Slaves du Sud. C'est l'étincelle qui embrase l'Europe.

**L'engrenage des alliances.** L'Autriche accuse la Serbie de complicité et lui lance un **ultimatum** avant de lui déclarer la guerre le 28 juillet. La Russie, pays ami de la Serbie, ordonne la **mobilisation générale**. Cette menace russe est inacceptable pour l'Allemagne, qui lui déclare la guerre le 1er août. La France, alliée de la Russie, mobilise à son tour le 1er août, et se voit déclarer la guerre par l'Allemagne le 3 août. La Grande-Bretagne, d'abord réticente, entre en guerre lorsque l'Allemagne viole la neutralité de la Belgique. Seule l'Italie, malgré son appartenance à la Triple Alliance, reste neutre **(doc. 2)**.

### Repères

**Les Balkans en conflit**

La **première guerre balkanique** oppose en 1912 une coalition d'États balkaniques (Bulgarie, Serbie, Monténégro, Grèce) à l'Empire ottoman. Celui-ci est vaincu, mais les vainqueurs ne parviennent pas à se partager les territoires conquis. C'est pourquoi une **seconde guerre balkanique** oppose en 1913 la Bulgarie aux autres États, y compris l'Empire ottoman. Les historiens ont récemment montré que ces guerres balkaniques annonçaient par beaucoup d'aspects la Première Guerre mondiale : usage de l'aviation et de l'artillerie lourde, tranchées, violences contre les populations civiles.

**2** L'engrenage des alliances et la marche à la guerre

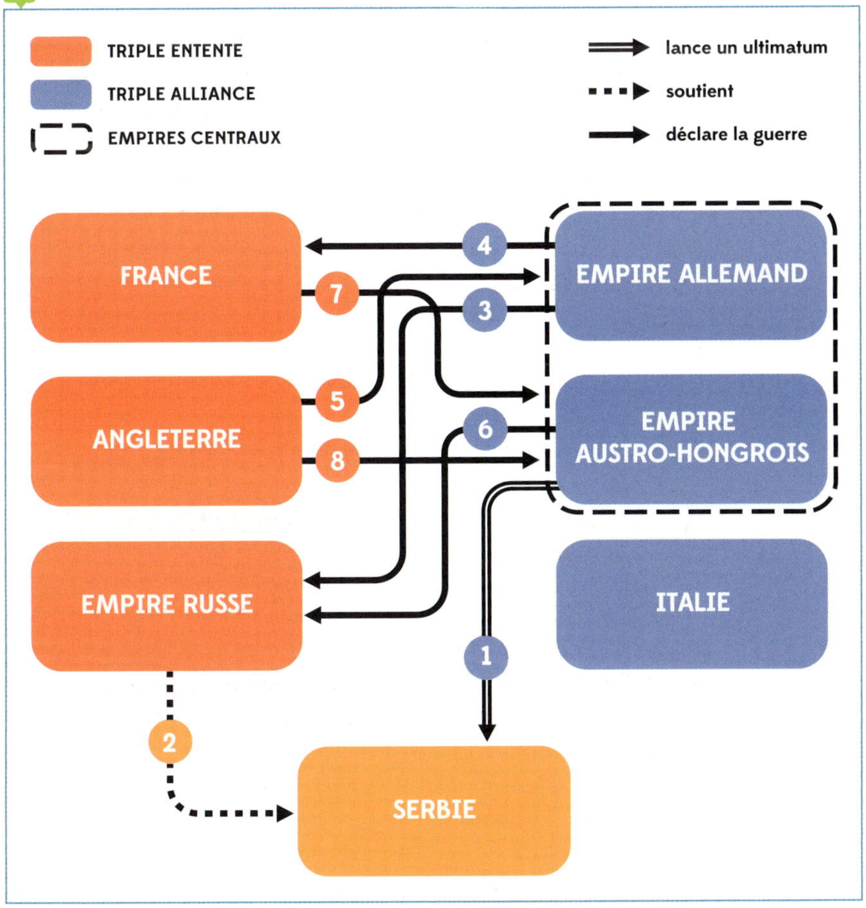


### RÉVISER SON COURS

1. Quelles tensions menacent l'équilibre du continent européen au début du XXe siècle ?
2. Comment l'Europe se divise-t-elle en deux grandes alliances ?
3. Pourquoi l'assassinat de l'archiduc François-Ferdinand précipite-t-il tout le continent dans la guerre ?

# COURS

Podcast du cours

# 2 Les grandes phases du conflit

→ DOCUMENTS P. 212, 214, 216, 218, 219, 220

***Après une première phase de guerre de mouvement, le front se fige. La guerre de position, qui s'enlise dans les tranchées, explique la durée du conflit. Celui-ci se termine quand la guerre de mouvement reprend et est perdue par l'Allemagne.***

## A L'espoir d'une guerre courte (août-novembre 1914)

**L'offensive allemande.** Le 3 août, l'armée allemande envahit la Belgique et le Luxembourg pour contourner les troupes françaises massées à la frontière franco-allemande. En quelques semaines, elle se retrouve à 40 kilomètres de Paris. Le 6 septembre, le général Joffre lance une contre-attaque au niveau de la Marne : elle surprend les forces allemandes et les pousse à se replier. Cette **guerre de mouvement** s'avère extrêmement meurtrière.

**Le blocage du front de l'Ouest.** Les armées allemandes s'enterrent dans des tranchées et les tentatives franco-britanniques pour contourner leurs positions par le nord sont systématiquement repoussées. Après cette « course à la mer », le **front** se fige en une ligne continue de la mer du Nord à la Suisse **(doc. 1)**. La **guerre de position** commence à l'ouest.

**Sur le front de l'Est.** Le 15 août, les armées autrichiennes pénètrent en Russie, mais sont vaincues. Le 20 août, les troupes du tsar attaquent l'Allemagne et remportent la bataille de Gumbinnen. Elles sont arrêtées lors des batailles de Tannenberg et des lacs Mazures.

**Le sens des mots**

Pour désigner la Triple Entente, aidée à partir de 1917 par les États-Unis, on emploie généralement le terme **les Alliés**. Pour désigner le camp adverse, on parle des **Empires centraux**, puisque l'Empire allemand et l'Empire austro-hongrois, alliés depuis 1879, sont situés au centre de l'Europe.

**1 La « course à la mer »**

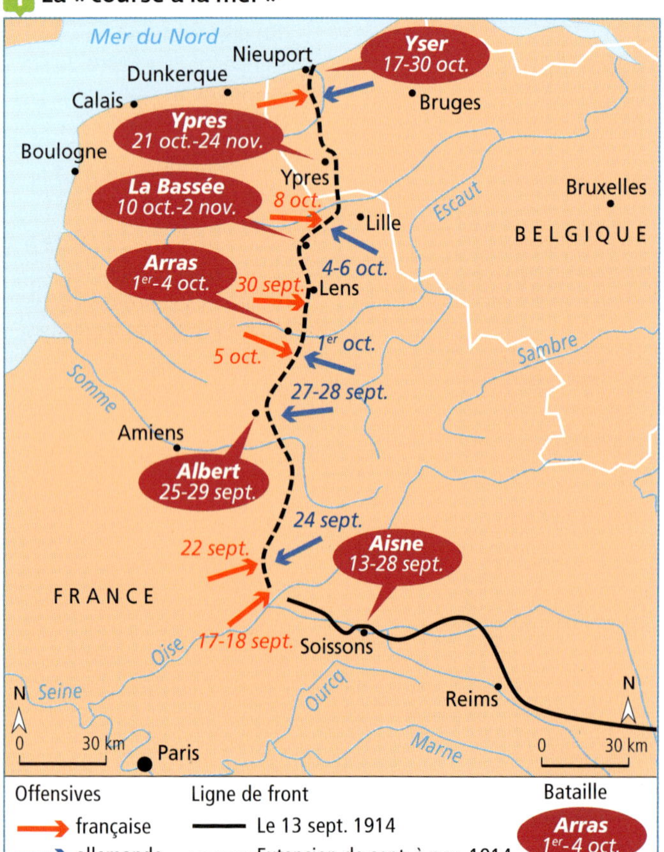


## B La réalité d'une guerre longue (novembre 1914-printemps 1918)

**L'enlisement (1915).** L'Entente décide d'ouvrir un front contre l'Empire ottoman, allié de l'Allemagne. C'est l'opération des Dardanelles : la flotte franco-britannique tente sans succès d'attaquer Constantinople. À l'Ouest, Joffre lance des offensives en Champagne et en Artois, mais n'obtient que des gains de terrain minime.

**L'enfer (1916).** Le 21 février, les armées allemandes lancent une offensive sur Verdun et progressent rapidement. Le 1er juillet, l'état-major franco-britannique lance une offensive dans la Somme, qui ne perce le front, mais soulage le secteur de Verdun. Entre octobre et décembre, l'attaque lancée par le général Nivelle permet aux Français de reconquérir le terrain perdu. À l'Est, les Russes enfoncent les lignes autrichiennes, mais sont arrêtés par des renforts allemands. Les Empires centraux conquièrent la Serbie et la Roumanie.

● **L'année terrible (1917).** En mars 1917, les défaites militaires et les difficultés de la vie quotidienne sont à l'origine d'une révolution en Russie (révolution de Février), qui contraint Nicolas II à abdiquer. Comme le gouvernement provisoire continue la guerre, les **bolcheviks** prennent le pouvoir en novembre (révolution d'Octobre) et signent un armistice avec les Empires centraux. La défection russe est compensée par l'entrée en guerre des États-Unis en avril. Pour tenter d'en finir avec les tranchées, Nivelle lance une offensive sur le Chemin des Dames, mais l'opération tourne au désastre. Les Britanniques remportent la bataille de Passchendaele et les Italiens sont battus par les Autrichiens à Caporetto **(doc. 2)**.

## C Le dénouement (printemps-novembre 1918)

● **L'échec des offensives allemandes.** Suite au traité de Brest-Litovsk avec la Russie (mars 1918), l'Allemagne peut déployer toutes ses forces à l'ouest. Le général Ludendorff lance plusieurs offensives qui percent le front et menacent de nouveau Paris. Mais la contre-attaque des chars français permet de stabiliser le front.

● **La victoire finale des Alliés.** L'assaut général contre les positions allemandes est lancé par le général Foch le 12 septembre. Les Alliés sont supérieurs en hommes, grâce aux renforts américains, et en matériels, grâce aux industries de guerre (chars, canons, avions). À l'est, l'offensive des **Armées alliées d'Orient** provoque la défaite de la Bulgarie, la reconquête de la Serbie et de la Roumanie, l'invasion de l'Autriche-Hongrie. Le 30 octobre, l'Empire ottoman signe un armistice. Les Autrichiens font de même le 3 novembre. Le 11 novembre, c'est au tour des Allemands.

**2** Bilan des principales batailles

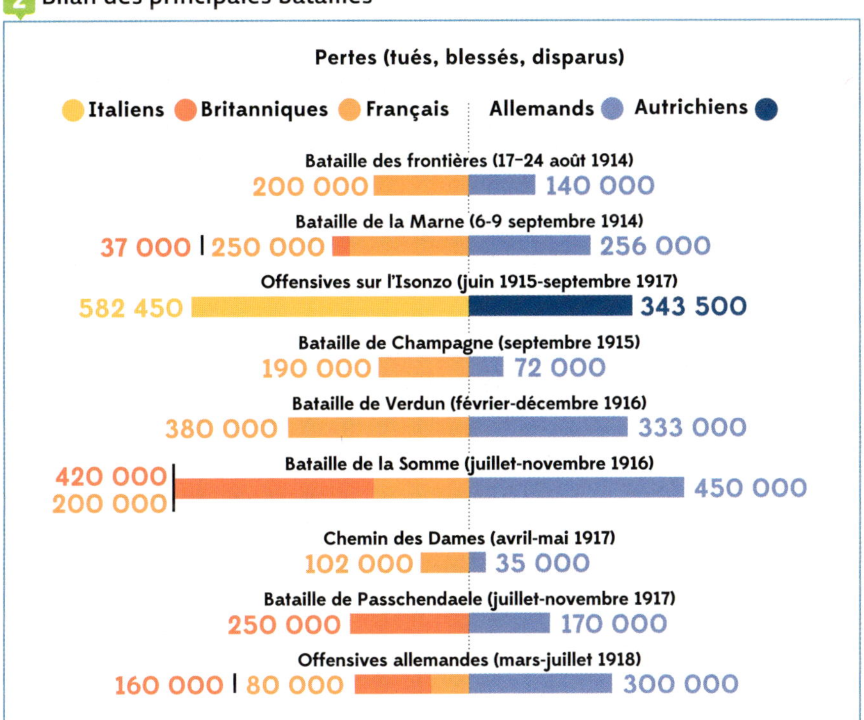


### VOCABULAIRE

**Armées alliées d'Orient :** regroupement de troupes françaises, britanniques, serbes, italiennes, russes et grecques, placées sous l'autorité du général français Franchet d'Espèrey.

**Bolcheviks :** révolutionnaires communistes russes, partisans de Lénine.

**Front :** zone de combat, qui évolue en fonction de l'avancée des armées.

**Guerre de mouvement :** stratégie reposant sur des déplacements rapides pour occuper le terrain de l'adversaire. Les batailles prennent la forme de charges violentes sur des terrains à découvert.

**Guerre de position :** stratégie fondée sur la défense de positions pour empêcher l'adversaire de progresser. Les armées s'enterrent dans des tranchées et s'affrontent à distance avec l'artillerie ou dans le *no man's land* avec l'infanterie.

### Le sens des mots

Les révolutions russes de **Février** et d'**Octobre** sont nommées en fonction du calendrier julien, alors utilisé en Russie et qui est décalé de 13 jours par rapport au calendrier grégorien en vigueur en Occident.

### RÉVISER SON COURS

1. Pourquoi passe-t-on de la guerre de mouvement à la guerre de position ?
2. Pourquoi la phase de guerre de position dure-t-elle si longtemps ?
3. Comment expliquer la victoire finale des Alliés ?

# 3 Une guerre mondiale

Podcast du cours

→ DOCUMENTS P. 217, 219

*Si le conflit est né en Europe, les combats prennent très rapidement une ampleur planétaire. Avec la multiplication des belligérants et l'ouverture de nouveaux fronts, le conflit européen se mue en guerre mondiale.*

## A Une guerre européenne aux ramifications planétaires

**Des fronts surtout européens.** Les combats se déroulent sur quatre fronts principaux, tous situés en Europe : le front de l'Ouest, immédiatement perçu comme la zone décisive de l'affrontement, le front de l'Est, qui s'étend de la Baltique à la mer Noire, le front italien et le front des Balkans.

**Une guerre navale déjà mondiale.** En octobre 1914, les flottes allemande, française et russe s'affrontent dans le détroit de Malacca. En novembre, la marine allemande inflige à la *Royal Navy* britannique sa première défaite depuis plus d'un siècle, lors de la bataille de Coronel, au large du Chili (doc. 1, p. 203). Parallèlement, les ***U-Boote*** attaquent les navires marchands dans l'Atlantique pour tenter d'affaiblir les Alliés.

**L'engagement des empires coloniaux.** Les puissances européennes utilisent des troupes venues d'outre-mer. Ainsi, lors de la bataille de la Somme, le Royaume-Uni engage contre l'armée allemande non seulement des Britanniques, mais aussi des Canadiens, des Australiens, des Néo-Zélandais et des Indiens **(doc. 1)**.

### VOCABULAIRE

***U-Boot*** **:** abréviation d'*Unterseeboot*, qui signifie « sous-marin » en allemand (*U-Boote* au pluriel).

**1** La mobilisation des colonies britanniques et françaises

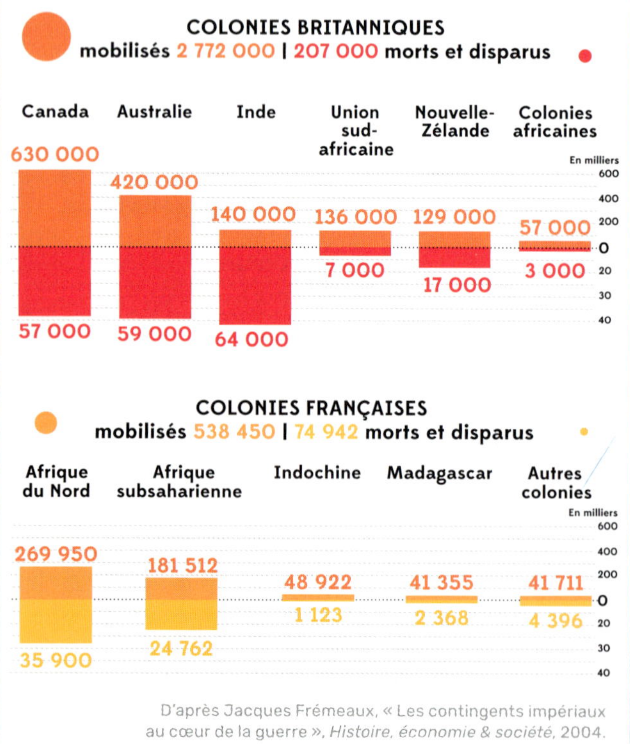


D'après Jacques Frémeaux, « Les contingents impériaux au cœur de la guerre », *Histoire, économie & société*, 2004.

## B L'extension continue du conflit

**De nouveaux belligérants.** Allié de l'Angleterre, le Japon déclare la guerre à l'Allemagne le 23 août 1914. En octobre, l'Empire ottoman rejoint les Empires centraux. L'Italie change de camp en 1915 et rejoint l'Entente, qui lui promet des territoires pris à l'Autriche-Hongrie. La même année, la Bulgarie s'engage aux côtés des Empires centraux. En 1916, le Portugal et la Roumanie entrent en guerre aux côtés de l'Entente **(doc. 2)**.

**L'entrée en guerre des États-Unis.** En 1917, les Allemands déclarent la « guerre sous-marine à outrance » pour asphyxier le Royaume-Uni. Cette guerre au commerce choque l'opinion américaine. Au même moment, les États-Unis apprennent que les Allemands ont proposé une alliance au Mexique. C'en est trop pour le président Wilson, qui décide le 2 avril l'entrée en guerre des États-Unis comme « associés » des Alliés.

**De la Chine au Brésil.** À l'été 1917, la Grèce et la Chine rejoignent l'Entente. À la demande des États-Unis, de nombreux pays d'Amérique centrale et des Caraïbes déclarent la guerre à l'Allemagne en 1917-1918 (Panama, Cuba, Guatemala, Costa Rica, Nicaragua, Haïti, Honduras). Le Brésil fait de même, fournissant aux Alliés des navires, des soldats et des médecins.

## C Des terrains d'affrontement sur tous les continents

**Les combats dans les colonies.** Les rivalités coloniales expliquent la multiplication des terrains d'affrontement. En 1914, la marine allemande bombarde Madras (Inde) et Papeete (Polynésie française). Le Japon attaque les possessions allemandes en Chine et dans le Pacifique. En Afrique, les troupes des colonies françaises, britanniques, belges et portugaises s'emparent des colonies allemandes (Togo, Cameroun, Sud-Ouest africain, Afrique orientale allemande). Au contraire des fronts européens, l'Afrique connaît une guerre de mouvement.

**La guerre au Proche-Orient.** En 1915, les troupes germano-ottomanes lancent une offensive sur le canal de Suez. L'attaque est repoussée par les Alliés et le front se stabilise sous la forme de tranchées. En 1916, le lieutenant britannique Lawrence incite les Arabes de l'Empire ottoman à se soulever en promettant la création d'un royaume arabe. Ce soutien permet aux Alliés de se rendre maîtres du Proche-Orient. Mais la promesse de « Lawrence d'Arabie » entre en contradiction avec les accords Sykes-Picot (1916), qui prévoient un partage de la région en zones d'influence française et britannique, et avec la déclaration Balfour (1917), qui s'engage à créer un État juif en Palestine.

**Passé Présent**

**L'héritage de l'année 1917**

Pour l'historien américain Jay Winter, **l'année 1917** constitue une rupture majeure, marquant le véritable début du XXe siècle. Les événements qui surviennent cette année-là bouleversent en effet durablement le monde. En Russie, la prise de pouvoir des bolcheviks annonce l'avènement du géant soviétique. Au Proche-Orient, la promesse britannique de créer un État juif est à l'origine d'un conflit qui n'est toujours pas résolu. Enfin, les États-Unis, puissance jusqu'alors discrète, rompent avec leur isolationnisme traditionnel et commencent à intervenir dans les affaires du monde.

**RÉVISER SON COURS**

1. Comment passe-t-on d'un conflit européen à une guerre mondiale ?
2. Sur quels fronts extraeuropéens les combats ont-ils lieu ?

**2 Une guerre mondiale**

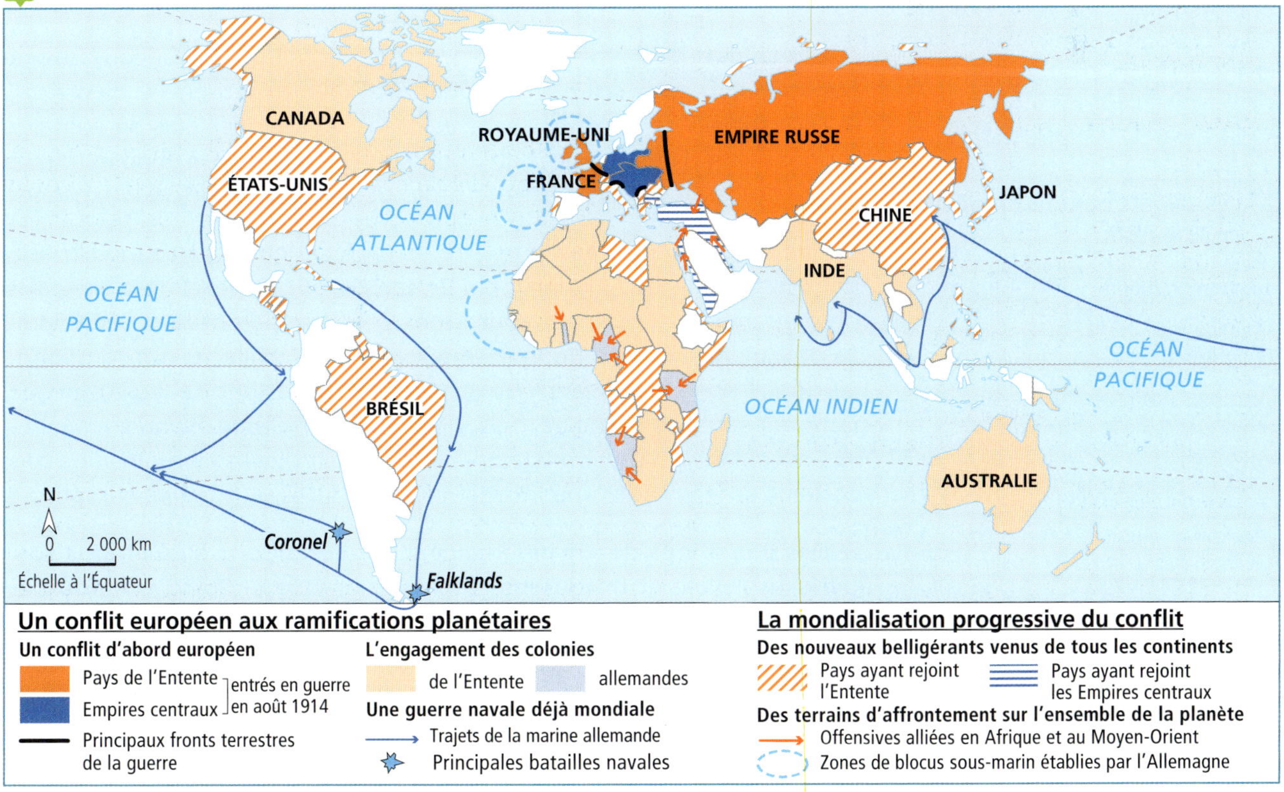


**Un conflit européen aux ramifications planétaires**

Un conflit d'abord européen
- Pays de l'Entente } entrés en guerre en août 1914
- Empires centraux } entrés en guerre en août 1914
- Principaux fronts terrestres de la guerre

L'engagement des colonies
- de l'Entente
- allemandes

Une guerre navale déjà mondiale
- Trajets de la marine allemande
- Principales batailles navales

**La mondialisation progressive du conflit**

Des nouveaux belligérants venus de tous les continents
- Pays ayant rejoint l'Entente
- Pays ayant rejoint les Empires centraux

Des terrains d'affrontement sur l'ensemble de la planète
- Offensives alliées en Afrique et au Moyen-Orient
- Zones de blocus sous-marin établies par l'Allemagne

COURS

Podcast du cours

# 4 L'enfer des combattants

→ DOCUMENTS P. 212, 214, 217, 221, 222

*Jamais autant d'hommes n'ont été mobilisés dans une guerre et jamais les combattants n'ont autant souffert. L'historien cherche à comprendre comment ils ont pu supporter cet enfer.*

### VOCABULAIRE

**Conscription :** service militaire obligatoire, réquisition par un État d'une partie de sa population pour servir dans l'armée.

**Gueules cassées :** nom donné aux 14 000 combattants français blessés au visage.

***No man's land*** **:** « la terre qui n'est à personne ». Zone située entre les premières lignes des deux armées, labourée par les tirs d'artillerie, où agonisent les blessés et gisent les cadavres durant des jours.

**Obusite :** forme de stress post-traumatique qui frappe les combattants de la Première Guerre mondiale.

## A Une nouvelle forme de guerre

**Une mobilisation massive.** 70 millions de combattants sont mobilisés. À l'exception du Royaume-Uni, qui recrute des volontaires, tous les belligérants ont recours à la **conscription**. Les femmes volontaires sont refusées dans les armées occidentales, mais certaines combattent sur le front oriental.

**Des armes destructrices.** L'artillerie est à l'origine de 70 % des décès. L'utilisation des mitrailleuses fait des ravages lors des offensives de 1914 et dans les tranchées. De nouvelles armes sont inventées. En 1915, les Allemands utilisent pour la première fois un gaz mortel à la deuxième bataille d'Ypres. Les premiers chars, créés par les Britanniques, font leur apparition lors de la bataille de la Somme. L'aviation militaire se développe et introduit une troisième dimension dans les combats. Elle menace les combattants au sol et fournit des informations sur les positions ennemies.

**La guerre de position.** Pour se protéger des mitrailleuses, les soldats s'enterrent dans des tranchées. Celles-ci sont constituées de plusieurs lignes successives reliées par des boyaux **(doc. 2)**. Les moyens défensifs l'emportent alors sur les capacités offensives. Le conflit s'éternise et les batailles de tranchées peuvent durer des mois.

## B L'expérience traumatisante du combat

**Des soldats peu expérimentés.** L'essentiel des troupes est composé de conscrits et non de soldats de métier. En Grande-Bretagne, la *New Army* est constituée de 2,5 millions de volontaires, dont certains ne sont pas formés avant d'être envoyés au front. Survivre à la guerre impose tout un apprentissage. Les jeunes recrues sont pour cette raison les plus exposées.

**Une violence extrême.** La guerre de mouvement est très meurtrière : dans la bataille de Charleroi, du 21 au 23 août 1914, l'armée française perd au moins 20 000 hommes. Dans la guerre de position, les assauts se déroulent toujours de la même manière : l'artillerie lourde pilonne les lignes ennemies avant que les soldats ne sortent de leur tranchée, rampent sous les barbelés, puis traversent le ***no man's land*** sous le feu des mitrailleuses. Un combattant sur deux est blessé au moins une fois, certains sont amputés ou atrocement défigurés (« **gueules cassées** »).

**Des conditions de vie inhumaines.** Les conditions climatiques sont difficiles : pluie et froid dans l'est de la France (– 25 °C à Verdun en 1916), chaleur et malaria dans les Dardanelles. Au front, les soldats ne peuvent souvent ni se laver ni se changer. Ils vivent dans la hantise des attaques-surprises et des gaz. Cette angoisse est renforcée par la proximité des cadavres impossibles à évacuer et par le bruit incessant des tirs d'artillerie. Beaucoup de combattants développent une **obusite**.

**1 Les soldats français fusillés en 1914-1918**

| Motifs d'exécution | |
|---|---|
| Abandons de poste en présence de l'ennemi | 393 |
| Refus d'obéissance en présence de l'ennemi | 109 |
| Espionnage | 56 |
| Crimes et délits de droit commun | 53 |
| Voies de fait envers un supérieur | 43 |
| Instigateurs de révolte | 19 |
| Autres | 68 |
| **Total** | **741** |

## C Comment les soldats ont-ils tenu ?

**Les raisons de la ténacité.** Combattre ne relève pas d'un choix. Les soldats sont plus résignés qu'enthousiastes et acceptent la mobilisation par sens du devoir. Un devoir civique intériorisé depuis le plus jeune âge : il faut obéir aux lois et défendre la patrie. Ce patriotisme est entretenu par la propagande, qui diabolise l'ennemi et conforte les combattants dans leur volonté de protéger leur famille. La ténacité s'explique aussi par la solidarité entre camarades de tranchées et par la crainte du conseil de guerre. Les manquements à la discipline militaire sont en effet sévèrement sanctionnés **(doc. 1)**.

**Les refus de guerre.** Les trêves et les fraternisations entre les deux camps montrent que les soldats s'affranchissent parfois de la propagande nationaliste. Ces mouvements sont tolérés parce qu'ils ne contestent pas ouvertement le commandement. Les refus de guerre restent minoritaires, sauf dans la Russie en révolution. En 1917, environ 40 000 poilus se mutinent, non sous l'effet d'un discours pacifiste, mais pour arrêter les offensives aussi sanglantes qu'inutiles lancées par l'état-major français. Celui-ci renonce alors à percer le front, procède à des exécutions pour l'exemple et prend des mesures pour améliorer le quotidien des soldats.

**Le sens des mots**

En France, les soldats sont surnommés « **poilus** », terme d'argot miliaire utilisé depuis le XIX$^{e}$ siècle pour désigner les soldats endurants et courageux, le poil étant synonyme de virilité et de force. Entre eux, les combattants utilisent des expressions moins reluisantes qui traduisent leur mal-être : « biffins » (misérables chiffonniers) ou « PCDF » (« pauvres couillons du front »).

**RÉVISER SON COURS**

1. En quoi ce conflit se distingue-t-il des précédents ?
2. Pourquoi les combattants décrivent-ils la guerre comme un enfer ?
3. Quelles sont les raisons qui poussent malgré tout les soldats à combattre ?

**1 Un réseau de tranchées**

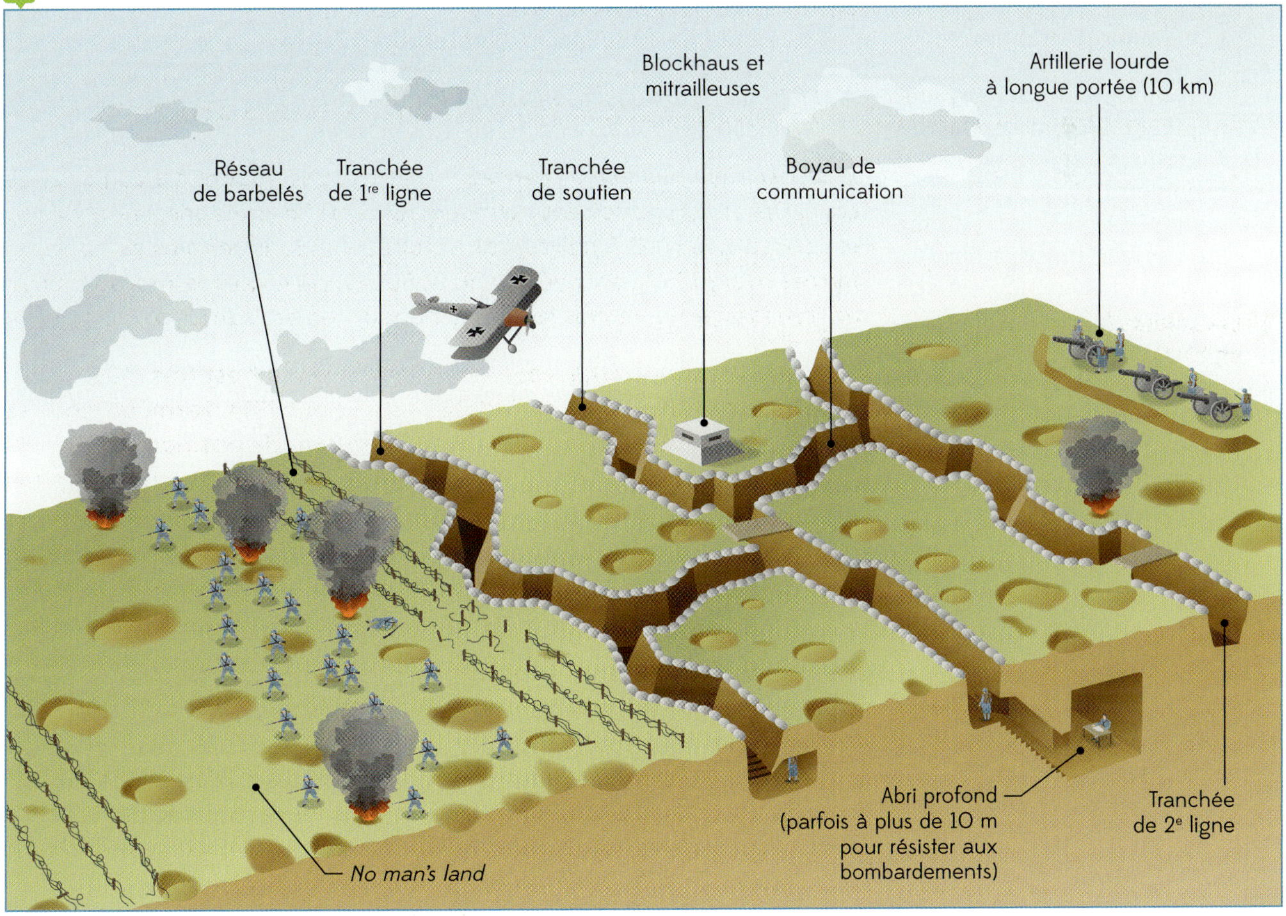

# Les batailles de Tannenberg et de la Marne

## En quoi les deux batailles sont-elles caractéristiques de la guerre de mouvement ?

→ COURS P. 204, 206

### 1 Carte des fronts européens à l'été 1914

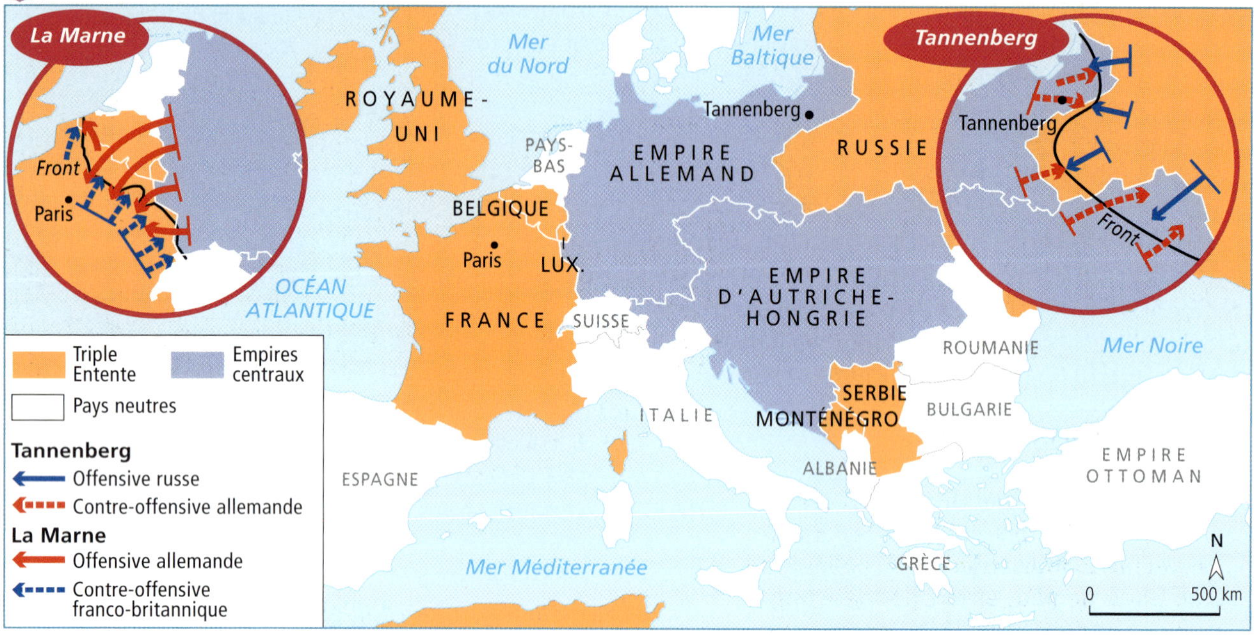


### 2 Le devoir d'attaquer

Au moment où s'engage une bataille dont dépend le salut du pays, il importe de rappeler à tous que le moment n'est plus de regarder en arrière ; tous les efforts doivent être employés à attaquer et à refouler l'ennemi, une troupe qui ne peut plus avancer devra, coûte que coûte, garder le terrain conquis et se faire tuer sur place plutôt que de reculer. Dans les circonstances actuelles, aucune défaillance ne peut être tolérée.

Général Joffre, *Message aux armées françaises*, 6 septembre 1914.

### 3 La bataille de la Marne (septembre 1914)

*Le soldat Alphonse Tellier, affecté au 276e régiment d'infanterie, dans la même section que l'écrivain Charles Péguy, est blessé par balle à l'épaule lors de l'assaut.*

Nous sommes repartis jusque dans le fossé de la route d'Iverny. Là nous sommes restés peut-être une heure couchés dans le fossé. Les mitrailleuses tiraient çà et là encore. Un officier d'ordonnance des tabors[1] marocains arrive à cheval sur le talus opposé à nous et dit au capitaine Guérin : « Que faites-vous là ? – J'attends les ordres qu'il répondit. – Moi, officier d'ordonnance[2], vous ordonne d'avancer aussitôt ! » Le capitaine se leva, sabre au clair, et cria « Baïonnette au canon ! » et le commandement « En avant ! » Les mitrailleuses tirèrent un feu nourri qu'il ne passa presque personne au travers. Le capitaine Guérin tué au départ, le lieutenant Péguy à 15 ou 20 mètres de la route. Seule la demi-section à la droite du lieutenant Péguy, dont je faisais partie, a passé par bonds, après avoir franchi au moins 200 mètres. Nous avons été jusqu'à la garenne ou bosquet en avant de nous à environ 800 mètres. Nous sommes restés jusqu'à la nuit. On entendait les camarades qui étaient blessés crier leur souffrance. On ne savait pas comment faire. Nous étions seuls. […] Quant à secourir les officiers, il était impossible à quiconque d'y aller. La route était repérée et les balles sifflaient. C'était risquer sa vie pour aller sur cette route. Moi qui ai été blessé, j'ai rampé pour m'en tirer presque jusque Villeroy.

Lettre d'Alphonse Tellier à Auguste Martin, citée par Jean-Pierre Rioux dans *La Mort du lieutenant Péguy*, Tallandier, 2014.

1. Unités d'infanterie légère de l'armée d'Afrique, composée de troupes marocaines encadrées par des officiers français. 2. Aide de camp d'un officier supérieur.

## 5 La bataille de Tannenberg (août 1914)

« Victoire éclatante sur les Russes à Tannenberg », Lithographie allemande, XXᵉ siècle.

## 4 Regard d'historien

Tous les états-majors européens qui ont préparé et réfléchi le conflit sont persuadés que la mobilisation inédite d'autant d'hommes ne peut être supportée longtemps. Il est donc nécessaire de remporter la guerre au plus vite. Pour cela, une seule solution s'impose : l'offensive immédiate pour anéantir au plus vite l'adversaire. Quelques semaines à peine après le début du conflit, les batailles de Tannenberg et de la Marne déjouent entièrement ce qui a été anticipé. Elles signifient d'abord l'échec de l'offensive, celle des Allemands à l'ouest, celle des Russes à l'est. Mais surtout, malgré leur ampleur, elles ne sont en rien décisives, car elles n'entraînent pas la fin de la guerre et la victoire d'un camp sur l'autre. Sur le front occidental, la contre-offensive de l'armée française ne parvient pas à repousser des Allemands qui reculent avec ordre et s'installent sur le territoire national. Sur le front oriental, malgré la victoire des lacs Mazures (8-13 septembre 1914) qui prolonge celle de Tannenberg, les Allemands ne prennent pas un avantage déterminant sur l'armée russe. Le destin de la guerre de mouvement est, en revanche, dissemblable selon les fronts : si, à l'ouest, la guerre de position s'installe dès les semaines suivant la Marne, la guerre de mouvement se poursuit à l'est durant tout le conflit.

Entretien avec Damien Baldin, auteur avec Emmanuel Saint-Fuscien de *Charleroi : 21-23 août 1914*, Tallandier, 2012.

### *En quoi les deux batailles sont-elles caractéristiques de la guerre de mouvement ?*

### Répondre à des questions

1. **Situez** ces deux batailles dans le cadre de la guerre de mouvement au début de la Première Guerre mondiale (**doc. 1, 2 et 4**).
2. **Analysez** l'image, en décrivant les deux camps en présence, puis en identifiant ses destinataires et son message (**doc. 5**).
3. **Montrez** que la guerre de mouvement est très meurtrière (**doc. 2, 3 et 5**).
4. **Expliquez** pourquoi la guerre de mouvement est un échec stratégique (**doc. 4**).
5. A l'aide des réponses précédentes, **montrez** en quoi les deux batailles sont caractéristiques de la guerre de mouvement.

### Utiliser un tableau pour confronter des documents

Complétez le tableau avec les informations fournies par le cours et les documents.

| | Bataille de Tannenberg | Bataille de la Marne |
|---|---|---|
| Date de la bataille | | |
| Armée à l'origine de l'offensive | | |
| Situation militaire à la veille de la bataille | | |
| Nature de l'affrontement | | |
| Violence des combats | | |
| Conséquences militaires de la bataille | | |

PROF Différenciation

# DOCUMENTS

POINT DE PASSAGE

# L'offensive des Dardanelles (1915)

## *En quoi l'offensive ratée des Dardanelles est-elle emblématique de la Première Guerre mondiale ?*

→ COURS P. 206

### 1 L'éxpédition des Dardanelles en 1915

**Une campagne initiée par Winston Churchill pour prendre le contrôle des détroits commandant le passage de la mer Noire à la Méditerranée et ouvrir un front oriental débute le 18 mars et fera plus de 100 000 morts.**

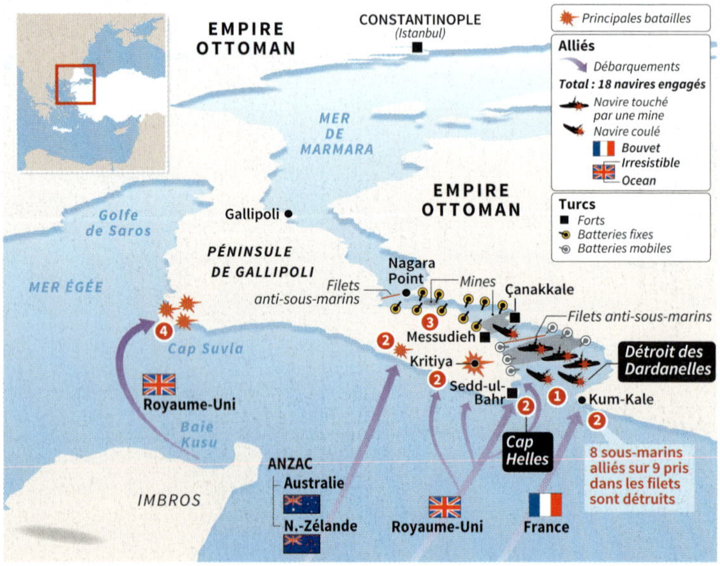


**1 18 mars 1915**
**Début de l'opération navale**
Une formidable armada est déployée mais les Turcs infligent de lourdes pertes aux bateaux alliés

**2 25 avril**
**Débarquement allié**
Il se heurte à une forte défense turque commandée par Mustafa Kemal et l'Allemand L. von Sanders

**3 6 mai, 28 juin et 12 juillet**
Malgré 3 batailles acharnées, les forces alliées ne peuvent percer les lignes turques

**4 7 au 23 août**
**Violents combats après un nouveau débarquement**
Les Alliés sont bloqués par la contre-attaque turque

**Octobre**
La France retire une partie de ses troupes pour porter secours à la Serbie attaquée par la Bulgarie

**28 déc. au 9 janv. 1916**
Évacuation de la presqu'île de Gallipoli

AFP

### 2 La bataille terrestre vue par un témoin

*Médecin militaire, Joseph Vassal fait le récit des opérations médicales réalisées lors de la bataille. Il décrit ici le sort des blessés lors des combats de Kum-Kale, le 25 avril 1915.*

Je parcours le champ de bataille. L'imagination ne peut rien trouver comme cette réalité. Je voudrais que rien ne reste dans mon cerveau de ces heures de sang et de mort. [...] Du crépuscule de cette journée du 25, jusqu'aux premières lueurs de l'aube du lendemain, nous nous pencherons sur des blessés dans une atmosphère de sang, de gémissements et d'horreurs inexprimables. [...] Un sergent-major meurt près de nous... pendant un instant, nous avons vu le cœur battre presque à nu. Un Sénégalais n'a plus de face à partir du nez. Ce masque remue et saigne ; les yeux expriment une douleur affreuse. [...] Le défilé lugubre des blessés commence et va se prolonger jusqu'à deux heures du matin. L'un, stoïque, assiste sans un geste à son éventration ; sous la chemise une fluctuation gluante, liquide, vivante et chaude, estomac, intestin... [...] Une poussière, sale, pénétrante, envahissante, vient de partout. Le vent se joue de cette poussière, il en refoule dans les plaies béantes.

Joseph Vassal, *Impressions et souvenirs de guerre (avril 1915 - février 1916)*, 1916.

### 3 La bataille navale vue par un journal français

Un marin, survivant du *Bouvet*, a fait le récit suivant à un journaliste grec : « Le cuirassé *Bouvet* s'avançait à toute vitesse dans l'intérieur des détroits. Nous commencions à bombarder le fort Hamidié, dont le tir violent manquait d'abord de précision ; mais il se régla assez rapidement et ses obus atteignirent le cuirassé et lui causèrent de sérieuses avaries. Je me tenais sous la passerelle du commandant ; celui-ci venait de donner l'ordre d'un changement de direction lorsque j'entendis un bruit formidable ; il provenait de l'explosion des soutes. Le *Bouvet* commença aussitôt à sombrer, emportant avec lui une bonne partie de l'équipage, tandis que le fort continuait à tirer sur le cuirassé. Je fus sauvé par une barque anglaise. »

Les dépêches ajoutent que les corps des matelots noyés sont recherchés au large par les contre-torpilleurs, qui les transportent ensuite sur les navires hôpitaux *Canada* et *Soudan*. Au passage de ces morts glorieux, les marins des bâtiments présentent les armes, les pavillons sont en berne ; les cloches sonnent le glas. Sur le rivage, de nombreuses femmes grecques jettent des fleurs dans la mer et brûlent de l'encens, tout en versant des larmes sur les héros inconnus.

Article extrait du journal *L'Illustration*, 17 avril 1915.

4

**Soldats australiens dans une tranchée**
L'ANZAC (*Australian and New Zealand Army Corps*) a été formé pour affronter les Turcs aux Dardanelles, en 1915. Le 25 avril, jour du débarquement dans la péninsule de Gallipoli, est célébré comme l'*Anzac Day* en Australie et en Nouvelle-Zélande.

## 5 Le débarquement des troupes alliées

Il s'est opéré sur six points différents, sous la protection de toute la flotte. Les opérations de cette première journée ont eu pour résultat l'installation d'importantes forces sur trois points principaux : les Australiens et les Néo-Zélandais sur les pentes intérieures de Sairi-Bair ; les Anglais au cap Tekeh et près de la baie de Morto ; enfin les Français sur le littoral asiatique, après une attaque vaillamment menée dans la direction de Yeni-Shehr. Le 26, avec le concours de la flotte, les Anglais ont enlevé d'assaut la position de Sedd-ul-Bahr. […] À Kum-Kale, l'action française a été particulièrement brillante. Nos forces comprenaient 4 000 hommes. En dépit de la résistance acharnée des Turcs, nos troupes réussirent à se maintenir jusqu'à ce que l'occupation du littoral de Sedd-ul-Bahr ait été complètement effectuée. Les assauts des Turcs ont été, depuis, repoussés avec de grosses pertes pour les assaillants.

« L'avance des forces alliées aux Dardanelles durant la première quinzaine de mai », *Le Miroir*, 16 mai 1915.

### *En quoi l'offensive ratée des Dardanelles est-elle emblématique de la Première Guerre mondiale ?*

**Répondre aux questions**

1. **Illustrez** la dimension mondiale du conflit avec l'exemple des Dardanelles (**doc. 1, 2, 4 et 5**).
2. **Décrivez** les différentes formes de guerre expérimentées dans l'opération des Dardanelles et leurs conséquences sur les soldats (**doc. 1 à 5**).
3. **Confrontez** le bilan qui est fait de la bataille de Kum-Kale par les journaux français et par les témoins directs (**doc. 2 et 4**).
4. **Montrez** que les journaux français participent à la propagande patriotique (**doc. 3 et 4**).
5. À l'aide des réponses précédentes, **expliquez** en quoi l'offensive ratée des Dardanelles est emblématique de la Première Guerre mondiale.

**Mettre en récit une situation historique**

En vous aidant des informations contenues dans les documents, rédigez la lettre qu'un soldat australien aurait pu écrire à sa famille pour lui raconter le déroulement de la bataille et son expérience du combat.

PROF **Différenciation**

# La bataille de la Somme (1916)

## En quoi la bataille de la Somme est-elle emblématique de la guerre de position ?

→ COURS P. 206

### 1 Lettre d'un poilu calédonien

*Le 9 septembre 1916, le soldat calédonien Louis Gondelon écrit sa dernière lettre à sa mère. Il est tué lors d'un assaut dans la Somme le 12 septembre.*

Bien chère maman,

Je t'écris en pleine offensive. Depuis 3 jours le régiment se bat et se fait décimer. […] nous subissons de lourdes pertes : les Allemands en subissent le double de nous. Mais cela ne ressuscite pas les morts. […] Les Calédoniens se font massacrer. Peu nombreux sont ceux qui sont debout à l'heure actuelle ! La majeure partie a été comptée comme disparus, c'est-à-dire prisonniers ou morts ! Nombreux sont les pauvres petits déchiquetés par les obus et qui gisent dans un coin de terre où jamais ceux qui les aiment ne viendront prier. Pauvre Mère va ! C'est terrible la guerre ! J'ai fait le sacrifice de ma vie ! Peu m'importe la mort à moi qui ai tant souffert.

Hier soir je me suis confessé, maintenant je suis prêt mais ce que je voudrais et de tout cœur, c'est que les générations futures ignorent les horreurs de la guerre. Je voudrais qu'on élève les petits avec l'amour du prochain ; qu'ils sachent bien que leurs aînés, tout en se sacrifiant, du fond du cœur maudissent la guerre. […]

Ne t'en fais pas si je viens à tomber, ce sera en bon Français. Je n'aurai fait que suivre la loi commune à tant de Calédoniens. Je n'aurai pas été un lâche. […]

Je t'embrasse du fond du cœur.

Ton petit qui t'aime. Louis.

*1914-1918. Mémoires océaniennes de la Grande Guerre. Chronique calédonienne*, Musée de la ville de Nouméa, 1999.

### Repères

**Les Calédoniens dans la Grande Guerre**

En Nouvelle-Calédonie, la mobilisation est décrétée le 5 août 1914 : 1 234 citoyens français sont appelés sous les drapeaux. 1 137 Kanaks, non concernés par la mobilisation, s'engagent volontairement.

### 2 Le front de la Somme en 1916

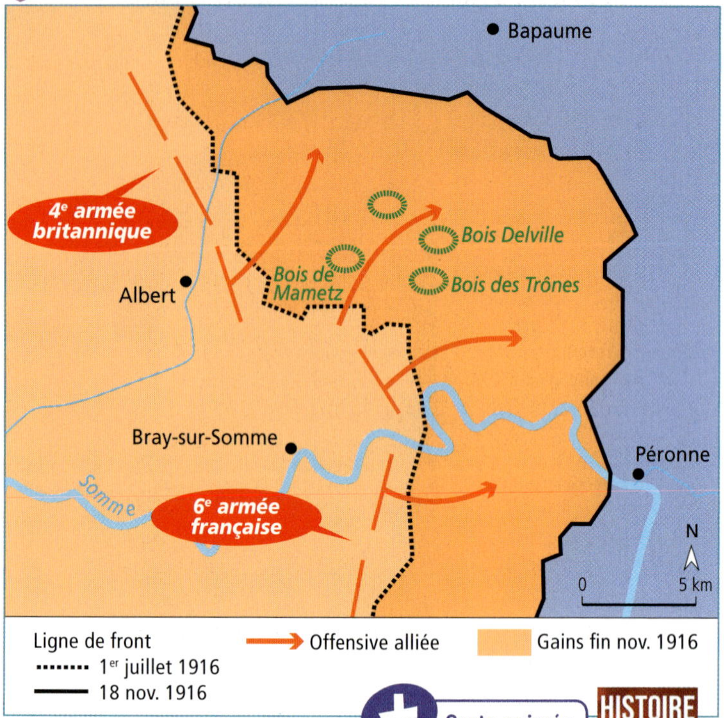


Carte animée — HISTOIRE À LA CARTE

### Repères

**Fin juin :** pilonnage des lignes allemandes. En une semaine, l'artillerie franco-britannique tire 1 732 873 obus, soit une moyenne de cinq obus pour chaque soldat allemand.

**1er juillet :** début de l'offensive franco-britannique. Lors des six premières minutes, 30 000 soldats britanniques sont blessés ou tués.

**14 juillet :** deuxième attaque d'envergure sur les positions allemandes.

**5 septembre :** troisième attaque d'envergure et première utilisation des chars d'assaut par les Britanniques.

**18 novembre :** dégradation des conditions climatiques, qui rend impossible la poursuite des combats.

### Répondre aux questions

1. **Décrivez** la violence des combats vécue par ce témoin (**doc. 1**).
2. **Expliquez** ce qui pousse malgré tout l'auteur à se battre (**doc. 1**).
3. **Montrez** que la bataille de la Somme s'inscrit dans la guerre de position. (**doc. 1 et 2**).
4. **Expliquez** en quoi la bataille de la Somme est emblématique de la guerre de position.

# L'engagement des troupes coloniales

## *Comment les troupes coloniales ont-elles été traitées durant la Première Guerre mondiale ?*

→ COURS P. 208

### 1 Les tirailleurs sénégalais au Chemin des Dames

Ils arrivent le 2 avril au front où, aussitôt, le 66e bataillon est envoyé aux tranchées d'abord pour des corvées[1], ensuite en première ligne, le 10, en face du Chemin des Dames, à Plessy. L'effectif, au 2 avril, du 57e régiment était de 654 Européens et 2 324 indigènes. Du 1er avril au 20, on est obligé d'évacuer pour gelure des pieds 233 hommes et 93 pour affections pulmonaires. […] Pour moi, c'est chaque fois un crime contre la défense nationale de traiter ainsi ces hommes, qui viennent ici, n'ayant rien d'autre à défendre que la liberté que vous devez demain leur donner d'une façon complète. Il est inadmissible qu'on les livre aux intempéries de la saison. […]

Alors c'est l'attaque du 16 avril pour ces régiments ; ces troupes ont subi la pluie, la neige, dans des conditions telles que je les retrouve dans une lettre du colonel disant que ses hommes étaient obligés de mettre leur fusil en parapluie sous le bras. Incapables de mettre baïonnette au canon, incapables de se servir de leurs grenades, ils arrivent quand même à la troisième ligne allemande et y subissent la contre-attaque allemande […].

Il faut que je vous donne le chiffre des pertes dans ces deux journées des 16 et 18 avril […]. Blessés : 19 officiers, 124 Européens, 436 indigènes ; tués : 8 officiers, 45 Européens et 541 indigènes ; disparus : 3 officiers, 34 Européens, 304 indigènes. Faites la proportion et vous verrez si c'est là le résultat qu'on peut demander à des hommes lorsque déjà on les a mis dans l'impossibilité de défendre leur pays[2].

Intervention de Blaise Diagne en comité secret de la Chambre des députés (séance du 29 juin 1917).

**1.** Les corvées de bois sont réservées aux tirailleurs sénégalais.
**2.** 6 000 tirailleurs sénégalais sont tués lors de la bataille du Chemin des Dames, soit 45 % de l'effectif engagé. Le général Mangin, qui assiste le général Nivelle, est surnommé le « boucher des Noirs ».

### Repères

**Les troupes d'Afrique noire**

Blaise Diagne (1872-1934)

À la veille de la guerre, la « **force noire** » (ainsi nommée par le général Mangin) rassemble 10 000 hommes. Leur nombre ne cesse d'augmenter pendant le conflit : 160 000 tirailleurs sont recrutés, 30 000 pour défendre les colonies et 130 000 engagés en Europe. Une fois le conflit terminé, la France ne leur accorde presque aucune reconnaissance : les pensions qui leur sont accordées sont inférieures à celles des métropolitains et ils n'ont toujours pas de droits politiques. Seuls les habitants de quatre communes du Sénégal bénéficient de certains droits, ce qui permet à Blaise Diagne d'être élu à la Chambre des députés en 1914 et de se battre en faveur des droits des Africains engagés dans l'armée française.

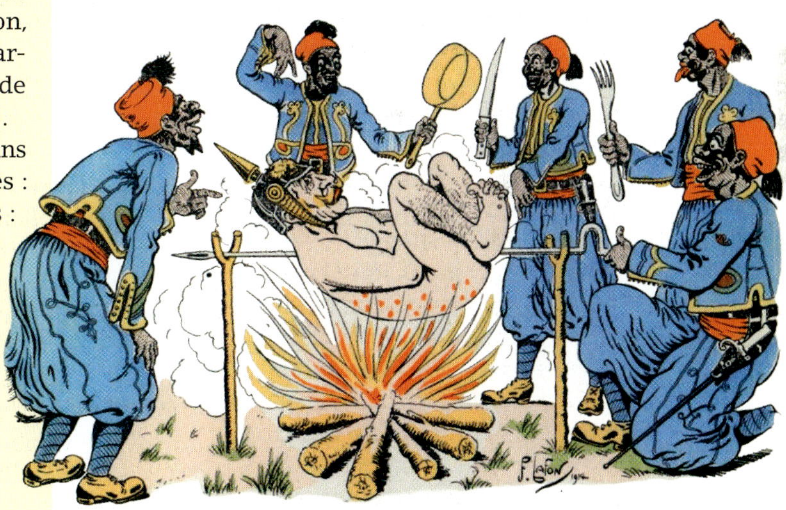

### 2 « La cuisine des tirailleurs »

« Tu sais, Missié Guillaume, ci pas pour nous qu'on ti fait cuire ; ci pour li soldats qui crivent de faim ! »
Carte postale, vers 1915.

### Répondre aux questions

1. **Situez** les événements mentionnés par Blaise Diagne dans la chronologie de la guerre (**doc. 1**).
2. **Analysez** l'expérience combattante des soldats africains (**doc. 1**).
3. **Comparez** la manière dont Blaise Diagne et la carte postale présentent les tirailleurs sénégalais (**doc. 1 et 2**).
4. **Expliquez** comment les troupes coloniales ont été traitées durant la Première Guerre mondiale.

# DOCUMENTS

# La désintégration de l'Empire russe (1917)

## *Pourquoi la Russie se retire-t-elle du conflit ?*

→ COURS P. 206

### 1 « Sortir de cette guerre effroyable »

Camarades soldats,

Les ouvriers et les soldats révolutionnaires de Petrograd ont renversé le tsarisme et complètement nettoyé la capitale de toute police. Les ouvriers du monde entier considèrent avec admiration et espoir les ouvriers et les soldats révolutionnaires de Russie comme l'avant-garde de l'armée libératrice mondiale de la classe ouvrière. […]

Unissez-vous, serrez vos rangs, organisez-vous vous-mêmes, sans vous fier à personne, en ne comptant que sur votre intelligence et sur votre expérience, et alors la Russie pourra se mettre en marche d'un pas ferme, régulier et sûr pour libérer notre pays et toute l'humanité, aussi bien des horreurs de la guerre que de l'oppression du Capital. Notre gouvernement, qui est un gouvernement de capitalistes, poursuit la guerre dans l'intérêt des capitalistes. […]

Des centaines de millions d'hommes, presque tous les pays du globe, sont entraînés dans cette guerre criminelle ; des capitaux se chiffrant par centaines de milliards sont investis dans de « lucratives » entreprises qui apportent aux peuples la mort, la famine, la ruine, la barbarie, et aux capitalistes des bénéfices exorbitants, scandaleux. Il n'est qu'un moyen de sortir de cette guerre effroyable et de conclure une paix vraiment démocratique, une paix qui ne soit pas imposée par la violence : le passage de tout le pouvoir aux soviets [conseils] des députés ouvriers et soldats. Les ouvriers et les paysans pauvres, qui n'ont aucun intérêt à sauvegarder les bénéfices du Capital et à piller les peuples faibles, pourront vraiment réaliser ce que les capitalistes ne font que promettre, à savoir : mettre fin à la guerre par une paix durable qui garantira la liberté à tous les peuples sans exception.

Discours de Lénine aux soldats du régiment Izmaïlovski, 10 avril 1917.

### 2 Manifestation à Petrograd le 23 février 1917

① « Nourrissez les enfants [illisible] de la patrie. » ② « Pour une augmentation des rations pour les familles des soldats qui sont les défenseurs de la liberté et de la paix populaire. »

### Repères

**23 février 1917 :** des ouvrières en grève défilent dans les rues de Petrograd, la capitale de l'Empire russe. Elles sont rejointes les jours suivants par des centaines de milliers d'ouvriers.

**26 février 1917 :** Nicolas II ordonne aux soldats de tirer sur les manifestants. Ils refusent et font cause commune avec eux.

**2 mars 1917 :** le tsar Nicolas II abdique ; le gouvernement provisoire s'engage à poursuivre la guerre.

**3 avril 1917 :** Lénine, exilé en Suisse, rentre en Russie et, dans ses « thèses d'avril », il dénonce la guerre et appelle à une deuxième révolution.

**25 octobre 1917 :** révolution bolchevique.

**9 décembre 1917 :** ouverture de pourparlers de paix entre l'Allemagne et la Russie à Brest-Litovsk.

**3 mars 1918 :** signature du traité de paix de Brest-Litovsk mettant fin au conflit entre l'Allemagne et la Russie.

### Répondre aux questions

1. **Expliquez** les raisons qui poussent les ouvriers et les soldats à manifester (**doc. 1 et 2**).
2. **Analysez** les reproches que fait Lénine au gouvernement provisoire (**doc. 1**).
3. **Résumez** le projet de Lénine (**doc. 1**).
4. **Expliquez** pourquoi la Russie se retire du conflit.

# L'entrée en guerre des États-Unis (1917)

## Quelles sont les conséquences de l'entrée en guerre des États-Unis ? → COURS P. 208

**Repères**

**Les États-Unis et la guerre**

La diplomatie américaine (doctrine Monroe, 1823) se caractérise par son isolationnisme : l'Europe ne s'immisce plus dans les affaires des États-Unis qui ne se mêlent pas des questions européennes. Ainsi, le 4 août 1914, le président Wilson déclare la neutralité américaine. Elle est d'autant plus nécessaire qu'elle permet de préserver la cohésion nationale dans un pays où la population est en grande partie composée d'immigrés venus des différents pays belligérants. Les États-Unis acceptent toutefois de prêter de l'argent aux Alliés.

**« Voilà les Américains ! » 1**

« L'Allemagne aurait voulu rompre le front occidental et imposer aux Alliés des conditions de paix aussi honteuses que celles imposées à la Russie. IL EST TROP TARD ! L'effort américain dépasse toutes les prévisions. Ce que nous apporte l'Amérique : »

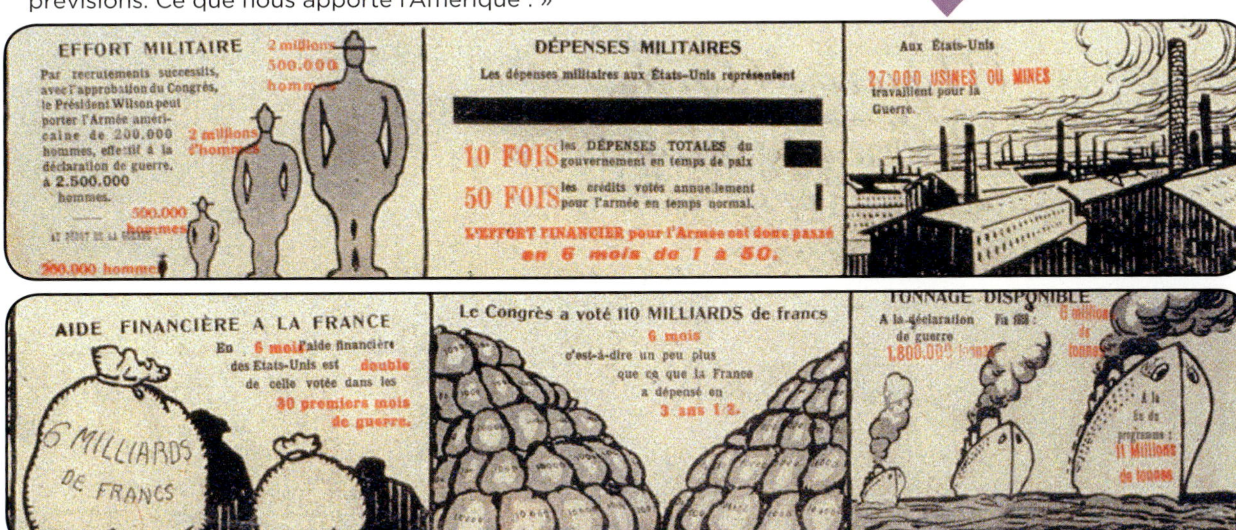


## Répondre aux questions

1. **Expliquez** pourquoi l'entrée en guerre des États-Unis est un soulagement pour les Alliés.
2. **Classez** les différentes formes d'engagements pris par les États-Unis pour venir en aide aux Alliés.
3. **Analysez** les méthodes graphiques utilisées par l'affichiste.
4. **Expliquez** les conséquences de l'entrée en guerre des États-Unis.

# La dernière offensive allemande (1918)

## Pourquoi la guerre de mouvement reprend-elle au printemps 1918 ? → COURS P. 206

### 1 Le plan du général Ludendorff

*Le général Ludendorff évoque ici la situation militaire de l'Allemagne suite au rapatriement des troupes allemandes du front de l'Est vers le front de l'Ouest.*

Nous n'avions jamais eu pareille supériorité de forces. La guerre sous-marine n'avait pas encore rendu, du point de vue économique ce que j'en avais espéré sur la foi du jugement des spécialistes. Je dus faire intervenir dans mes calculs l'arrivée des nouvelles formations américaines, à partir du printemps 1918. La situation chez nous et chez nos alliés, et les conditions dans lesquelles se trouvait l'armée exigeaient une offensive qui amenât une décision rapide. Pour cela il fallait un matériel formidable et des troupes solides dont les chefs seraient comme elles dressés à l'offensive. L'instruction exigea de nouveau un travail immense ; il fallut y consacrer l'hiver 1917-1918. Toutes les pensées de l'armée devaient être ramenées de la guerre de tranchées à l'attaque. Nous n'avions pas de tanks en tant qu'arme d'accompagnement de l'infanterie. [...] Pour faire appuyer l'attaque d'infanterie par l'aviation, nous créâmes des groupes spéciaux d'avions de combat. L'aviation acquit ainsi un nouveau champ d'action du plus haut intérêt. Les avions eurent aussi comme l'infanterie, l'artillerie et toutes les autres armes, à intervenir dans la lutte sur terre. En janvier et en février, les divisions qui étaient destinées à l'attaque sur le front Ouest furent retirées des lignes. Elles furent remplacées en partie par celles qui venaient d'autres théâtres de guerre. À partir de ce moment, elles durent se consacrer entièrement à leur entraînement et à leur équipement.

Général Erich Ludendorff, *Souvenirs de guerre*, 1920.

### 2 Le front occidental en 1918

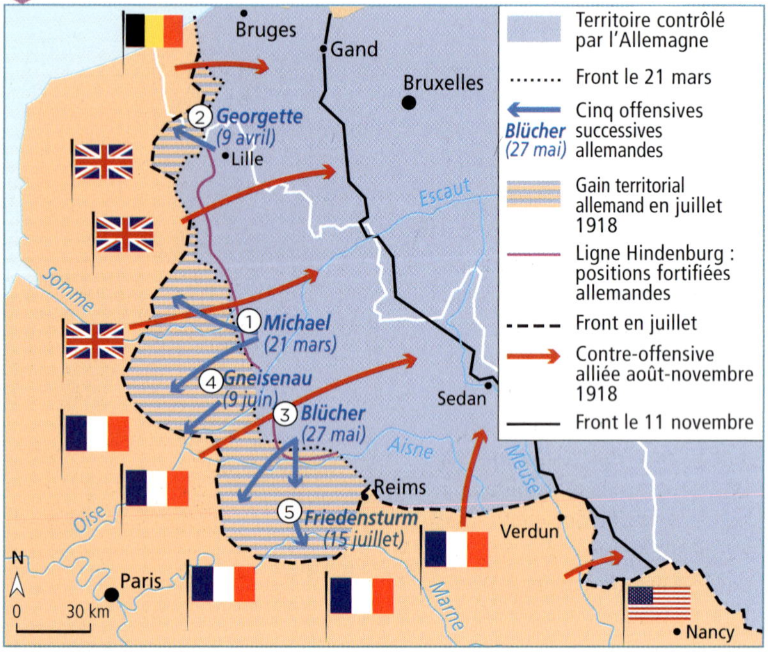


#### Repères

Au printemps 1918, Ludendorff lance la *Kaiserschlacht* (« bataille de l'empereur »). Cette quadruple offensive (offensives Michael ① dans la Somme, Georgette ② dans les Flandres, Blücher ③ sur le Chemin des Dames, Gneisenau ④ au nord de Paris) permet de briser le front et de menacer à nouveau la capitale. Une cinquième offensive (*Friedensturm* ⑤, « tempête pour la paix ») est lancée dans la région de Reims, mais la riposte des Alliés, menée à l'aide des chars, surprend les Allemands et les oblige à se replier. Le 8 août, l'offensive lancée par le général Foch dans la Somme est décisive et Ludendorff écrit que cette date constitue « le jour de deuil de l'armée allemande ».

#### Répondre aux questions

1. **Situez** l'offensive allemande dans la chronologie de la Première Guerre mondiale (**doc. 1 et 2**).
2. **Expliquez** la stratégie prônée par le général Ludendorff (**doc. 1 et 2**).
3. **Analysez** les limites de cette stratégie, qui expliquent son échec (**doc. 1**).
4. **Expliquez** pourquoi la guerre de mouvement reprend au printemps 1918.

# L'utilisation de nouvelles armes

## En quoi la mise au point de nouvelles armes bouleverse-t-elle l'expérience des combattants ?

→ COURS P. 210

**Repères**

**Le développement de l'aviation de chasse**

Négligée au début du conflit, l'aviation de chasse se développe progressivement. En 1915, l'Allemand Fokker équipe les avions de mitrailleuses permettant de tirer à travers les hélices. Pendant la bataille de la Somme, les avions français et britanniques mènent des actions offensives (attaques à la bombe et à la mitrailleuse) au-dessus de la zone contrôlée par les Allemands. À la fin du conflit, l'aviation est devenue indispensable.
Alors que l'armée française compte 300 pilotes en 1914, elle en totalise 6 400 en 1917.

**1 L'aviation militaire**

*Combat aérien*, aquarelle de François Flameng, 1918, collection privée.

### 2 La guerre chimique

*L'article fait le compte-rendu d'un rapport écrit des médecins qui ont pu interroger à Calais 112 soldats français victimes des gaz allemands.*

Par des tuyaux espacés de deux à quatre mètres étaient répandues des vapeurs jaunes et verdâtres[1] qui s'étalaient sur le sol en avant des tranchées allemandes et qui, poussées par le vent, gagnaient, en vagues rapides et lourdes, nos tranchées. L'action sur nos soldats se manifesta par la série des phénomènes suivants : picotement intense aux yeux, aux fosses nasales et à la gorge ; toux incessante, gêne respiratoire et oppression ; gorge et trachée très douloureuses, brûlure intrathoracique ; toux quinteuse, expectoration abondante et sanguinolente ; obnubilation et sensation de fatigue anormale. Les soldats qui ne purent fuir devant la vague gazeuse moururent, en vomissant du sang. Les autres, qui parvinrent à se traîner jusqu'à l'arrière, furent recueillis exténués, crachant le sang, les yeux larmoyants, les paupières gonflées, les lèvres violacées ; leur toux quinteuse était très pénible, et ils éprouvaient des points de côté fort douloureux.

*Le Figaro*, 12 mai 1915.

1. Il s'agit de gaz asphyxiants, à base de brome et de chlore.

**Répondre aux questions**

1. **Décrivez** la scène représentée en identifiant les deux belligérants (doc. 1). Quels sont les autres usages de l'aviation militaire ?
2. **Montrez** que l'utilisation des gaz de combat est encore rudimentaire en 1915 (doc. 2).
3. **Décrivez** les effets des gaz sur les combattants (doc. 2).
4. **Expliquez** pourquoi ces deux nouvelles armes constituent une rupture dans la manière de faire la guerre (doc. 1 et 2).
5. **Montrez** en quoi la mise au point de nouvelles armes bouleverse l'expérience des combattants.

# Les refus de guerre

**Dans quelle mesure les combattants ont-ils refusé la guerre en 1914-1918 ?**

→ COURS P. 208

### 1 La chanson de Craonne

*Populaire chez les combattants français après l'échec de l'offensive du Chemin des Dames en avril 1917, cette chanson est censurée par le commandement militaire. Craonne est un village situé au cœur de la bataille.*

Adieu la vie, adieu l'amour,
Adieu toutes les femmes
C'est bien fini, c'est pour toujours
De cette guerre infâme
C'est à Craonne sur le plateau
Qu'on doit laisser sa peau
Car nous sommes tous condamnés
Nous sommes les sacrifiés.

Ceux qu'ont l'pognon, ceux-là r'viendront
Car c'est pour eux qu'on crève
Mais c'est fini, car les trouffions
Vont tous se mettre en grève
Ce s'ra votre tour, messieurs les gros
De monter sur le plateau
Car si vous voulez faire la guerre
Payez-la de votre peau.

### 2 Regard d'historien : les consentements l'emportent sur les refus

Les refus – il serait absurde de le nier – ont été nombreux et variés [...] Mais de quelque manière qu'on les aborde, leur poids ne l'emporte pas, dans la balance, sur celui des consentements [...].

Ainsi observe-t-on que les mutins ne se lancent dans aucune fraternisation avec l'adversaire, dans aucune désertion vers l'intérieur, et même dans aucun refus de tenir les tranchées de première ligne lorsqu'ils les occupent [...].

Finalement, ce qui doit d'abord retenir l'attention n'est pas le fait qu'un certain nombre de soldats se soient mutinés en 1917, mais qu'il ne se soit pas produit un mouvement d'insubordination, bien plus large, bien plus tôt, et d'une ampleur bien supérieure à celui qui suivit l'échec de l'offensive du Chemin des Dames.

Stéphane Audoin-Rouzeau et Annette Becker, *14-18, retrouver la Guerre*, Gallimard, 2000.

Animation

### 3 Regard d'historien : un refus de guerre massif et multiforme

Les mutineries sont bien un refus de guerre massif et multiforme [...].

Loin de représenter des actes minimes, tous les « refus de marcher » qui constituent les mutineries sont bien une remise en cause du conflit, en actes, dans sa dimension fondamentale qui est la présence en première ligne des combattants des tranchées [...]. L'absence de pacifisme réfléchi, construit et militant ne rend pas moins intense la volonté que le conflit s'arrête, et qui fait agir les mutins de 1917.

André Loez, *14-18, les refus de guerre : une histoire des mutins*, Gallimard, 2010.

### 4 Exécution d'un soldat pour l'exemple

**5** **Scène de fraternisation**
Un soldat allemand et un soldat britannique partagent une cigarette le jour de Noël 1914.

## *Dans quelle mesure les combattants ont-ils refusé la guerre en 1914-1918 ?*

### Répondre aux questions

1. **Caractérisez** les différentes formes de refus de guerre (**doc. 1, 3 et 5**).
2. **Expliquez** les raisons pour lesquelles les soldats refusent de combattre (**doc. 1 à 4**).
3. **Analysez** la réaction des autorités face à ces comportements (**doc. 4**).
4. **Comparez** les deux interprétations proposées par les historiens (**doc. 2 et 3**).
5. À l'aide des réponses précédentes, **montrez** qu'il est difficile d'apprécier dans quelle mesure les combattants ont refusé la guerre en 1914-1918.

### Construire un schéma fléché

Complétez le schéma fléché avec des informations tirées des documents.

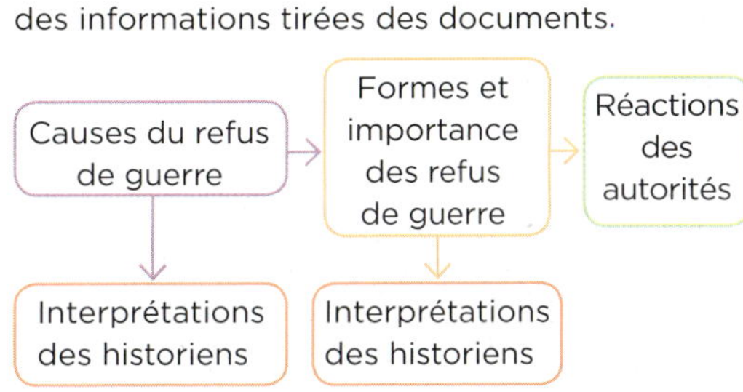

# La Première Guerre mondiale

## SAVOIR EXPLIQUER

### Les origines de la Première Guerre mondiale

**Les tensions internationales**

# Rivalité entre puissances européennes ; *Weltpolitik* ; *Two-power standard* ; Rivalités coloniales ; Nationalismes ; Terres irrédentes

**La marche à la guerre**

# Triple Alliance ; Triple Entente ; Attentat de Sarajevo ; Engrenage des alliances

### Une guerre longue et mondiale

**Les phases du conflit**

# Guerre de mouvement / de position ; Front

**La dimension mondiale du conflit**

# Front de l'Ouest ; Front de l'Est ; Front ottoman ; Guerre navale ; Entrée en guerre des États-Unis ; Mobilisation des empires coloniaux

### L'expérience des combattants

**Des armes redoutables**

# Mitrailleuse ; Artillerie ; Gaz ; Chars ; Aviation militaire

**Les conditions de vie au front**

# Tranchées ; Froid ; Boue ; Angoisse ; Assauts ; Blessés ; Tués ; Mutilés

**L'état d'esprit des soldats**

# Résignation ; Devoir civique ; Propagande ; Solidarité entre combattants ; Discipline militaire ; Pacifisme ; Fraternisations ; Refus de guerre ; Mutineries

## SAVOIR DATER

| | |
|---|---|
| 1892 | Constitution de la Triple Alliance |
| 1894 | Élaboration du plan Schlieffen |
| 1907 | Constitution de la Triple Entente |
| 28 juin 1914 | Attentat de Sarajevo |

| | |
|---|---|
| 3 août 1914 | Déclaration de guerre de l'Allemagne à la France |
| 1916 | Batailles de la Somme et de Verdun |
| Février 1917 | Révolution en Russie |
| Avril 1917 | Entrée en guerre des États-Unis |
| Mars 1918 | Traité de Brest-Litovsk |
| 11 novembre 1918 | Armistice entre l'Allemagne et la France |

| | |
|---|---|
| 1915 | Bataille d'Ypres |
| 1917 | Vague de mutineries |

Exercices interactifs

## SAVOIR DÉFINIR

- Armées alliées d'orient → P. 207
- Bolcheviks → P. 207
- Conscription → P. 210
- *Dreadnought* → P. 204
- Front → P. 207
- Guerre de mouvement / de position → P. 207
- Gueules cassées → P. 210
- Mobilisation générale → P. 204
- *No man's land* → P. 210
- Obusite → P. 210
- Terres irrédentes → P. 204
- *U-Boot* → P. 208
- Ultimatum → P. 204

Schéma interactif

# LES GRANDES ÉTAPES D'UN EMBRASEMENT MONDIAL

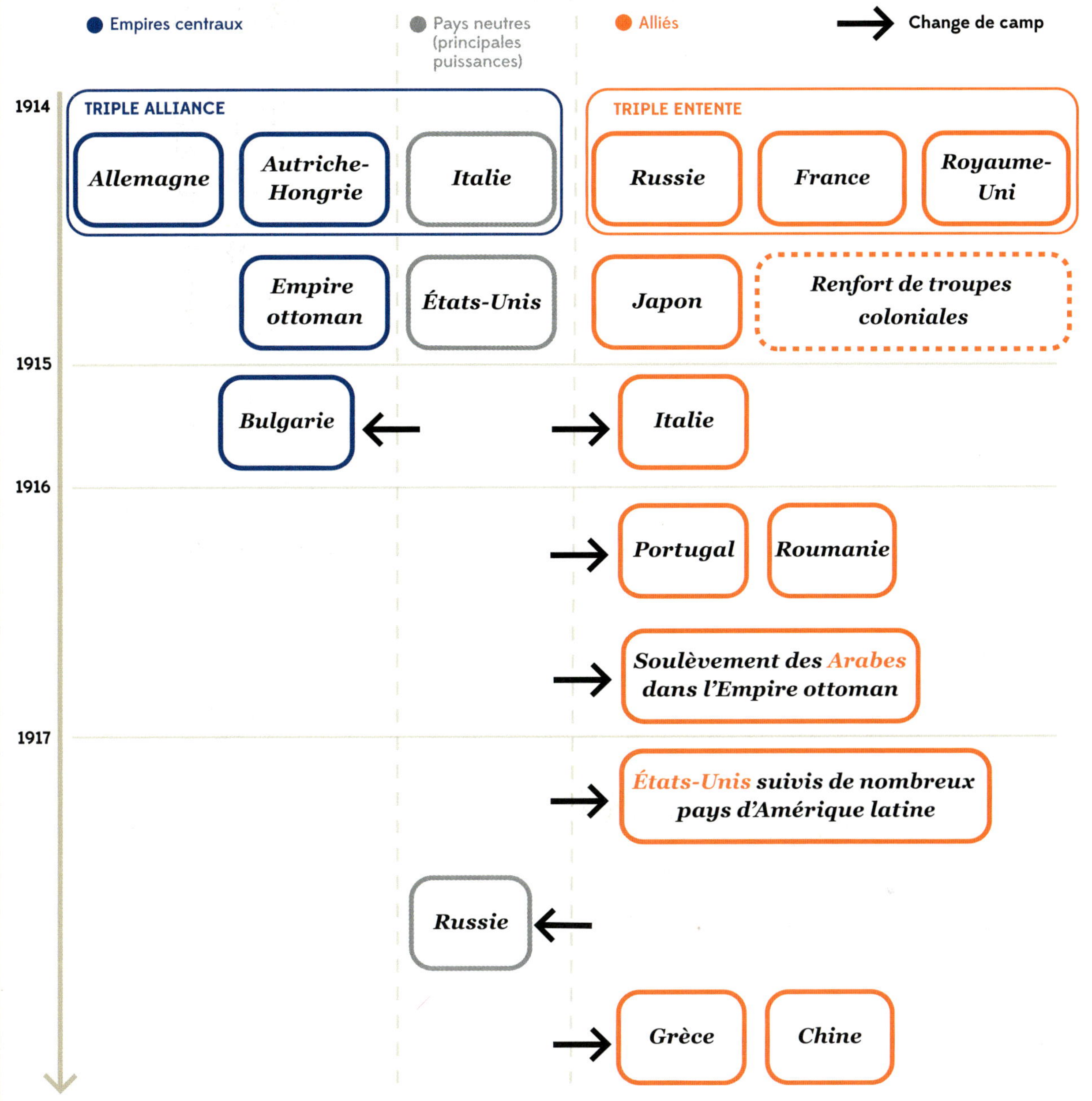


## POUR ALLER PLUS LOIN

### À LIRE

**Jacques Tardi**
**C'était la guerre des tranchées**
Casterman, 1982
**Putain de guerre (1914-1915-1916)**
Casterman, 2008
**Putain de guerre (1917-1918-1919)**
Casterman, 2009

**David Diop**
**Frère d'âme**
La légitimité que la guerre accorde à la violence interrogée à travers le récit éprouvant d'un tirailleur sénégalais.

### À VISITER

**L'historial de la Grande Guerre à Péronne (Somme)**
**Le musée de la Grande Guerre à Meaux (Seine-et-Marne)**

### POUR JOUER

**Soldats inconnus de la Grande Guerre**
Ubisoft, 2014
**The Trench 1916**
Gallica Studio, 2013

BAC

## 1 S'ENTRAÎNER À L'ANALYSE DE DOCUMENT(S)

SUJET GUIDÉ

**SUJET** L'embrasement de l'Europe

**Après avoir présenté le document, analysez de manière critique les raisons de l'entrée en guerre de la France énoncées par Poincaré.**

### L'entrée en guerre de la France

Depuis plus de quarante ans, les Français, dans un sincère amour de la paix, ont refoulé au fond de leur cœur le désir des réparations légitimes. Ils ont donné au monde l'exemple d'une grande nation qui, définitivement relevée de la défaite par la volonté, la patience et le travail, n'a usé de sa force renouvelée et rajeunie que dans l'intérêt du progrès et pour le bien de l'humanité.

Depuis que l'ultimatum de l'Autriche a ouvert une crise menaçante pour l'Europe entière, la France s'est attachée à suivre et à recommander partout une politique de prudence, de sagesse et de modération. On ne peut lui imputer aucun acte, aucun geste, aucun mot, qui n'ait été pacifique et conciliant. À l'heure des premiers combats, elle a le droit de se rendre solennellement cette justice qu'elle a fait, jusqu'au dernier moment, des efforts suprêmes pour conjurer la guerre qui vient d'éclater et dont l'Empire d'Allemagne supportera, devant l'Histoire, l'écrasante responsabilité. […] L'Allemagne a déclaré subitement la guerre à la Russie, elle a envahi le territoire du Luxembourg, elle a outrageusement insulté la noble nation belge, notre voisine et notre amie. […]

Mais la France veillait. Aussi attentive que pacifique, elle s'était préparée ; et nos ennemis vont rencontrer sur leur chemin nos vaillantes troupes de couverture, qui sont à leur poste de bataille et à l'abri desquelles s'achèvera méthodiquement la mobilisation de toutes nos forces nationales. Notre belle et courageuse armée, que la France accompagne aujourd'hui de sa pensée maternelle, s'est levée toute frémissante pour défendre l'honneur du drapeau et le sol de la patrie.

Le président de la République, interprète de l'unanimité du pays, exprime à nos troupes de terre et de mer l'admiration et la confiance de tous les Français.

Étroitement unie en un même sentiment, la nation persévérera dans le sang-froid dont elle a donné, depuis l'ouverture de la crise, l'exemple quotidien. Elle saura, comme toujours, concilier les plus généreux élans et les ardeurs les plus enthousiastes avec cette maîtrise de soi qui est le signe des énergies durables et la meilleure garantie de la victoire.

Elle est fidèlement secondée par la Russie, son alliée ; elle est soutenue par la loyale amitié de l'Angleterre. Et déjà, de tous les points du monde civilisé, viennent à elle les sympathies et les vœux. Car elle représente aujourd'hui, une fois de plus devant l'univers, la liberté, la justice et la raison.

Discours du président de la République Raymond Poincaré, 4 août 1914.

#### Aide pour répondre

1. **Présentez le document.**
   Utilisez la méthode CANDI (Contexte, Auteur, Nature, Destinataire, Idée générale).
2. **Analysez les raisons de l'entrée en guerre de la France énoncées par Poincaré…**
   Citez les raisons évoquées par Poincaré en les explicitant grâce à vos connaissances.
   **… de manière critique.**
   Montrez que le discours de Poincaré est partial et subjectif.

## 2 S'ENTRAÎNER À L'ANALYSE DE DOCUMENT(S)

BAC BLANC

**SUJET** D'une guerre à l'autre

**Expliquez les raisons de l'échec de la guerre de mouvement que ces documents permettent d'identifier, puis les raisons du passage à une guerre de position.**

### 1 L'analyse du Maréchal Joffre

La victoire de la Marne et la rude campagne de deux mois qui l'avaient suivie avaient arrêté l'invasion […]. Mais il n'en restait pas moins qu'en cette fin d'année de 1914, les Allemands, dont le plan reposait sur une mise hors de cause foudroyante des armées françaises, venaient de perdre tout espoir de gagner la guerre […]. Faute de mieux, les Allemands s'enterraient devant nous dans un système défensif qui allait chaque jour se perfectionnant. Il s'agissait pour nous d'attaquer cette immense forteresse, de rejeter l'ennemi dans la guerre de rase campagne, de lui imposer notre volonté. Une terrible guerre naissait, à laquelle il allait falloir s'adapter au plus vite. La création d'un matériel puissant d'artillerie s'imposait, doté de stocks de munitions devant l'importance desquels l'imagination reculait. À la fin de 1915, l'artillerie de campagne était plus que doublée […], l'artillerie lourde de tous les calibres développée dans de grandioses proportions […] bien que dix de nos départements fussent aux mains de l'ennemi et avec eux le bassin métallurgique de l'est et nos mines de charbon du Nord.

Maréchal Joffre, *Mémoires (1910-1917)*, 1932.

### 2 Témoignage du lieutenant Charles de Gaulle à la bataille de Charleroi[1]

Le capitaine Bosquet nous crie : « La 11e en avant ! Sur leurs talons ! De l'autre côté du pont ! La première section en tête ! » Je hurle : « Première section ! Avec moi en avant ! » et je m'élance, conscient que notre seule chance de réussite est de faire très vite avant que l'ennemi, qu'on voit refluer précipitamment, n'ait eu le temps de se retourner. J'ai l'impression que mon moi vient à l'instant de se dédoubler : un qui court comme un automate et un autre qui observe avec angoisse. J'ai à peine franchi la vingtaine de mètres qui nous séparent de l'entrée du pont que je reçois au genou un coup de fouet qui me fait manquer le pied. Les quatre premiers qui sont avec moi sont également fauchés en un clin d'œil. Je tombe […].

Charles de Gaulle, *Lettres, notes et carnets, 1905-1918*, Plon, 1980.

1. 40 000 soldats français sont tués au combat pendant la bataille de Charleroi qui oppose les armées françaises et allemandes du 21 au 23 août 1914 en Belgique.

## 3 RÉPONDRE À UNE QUESTION PROBLÉMATISÉE

SUJET GUIDÉ

**SUJET** **Pourquoi le conflit entre les puissances européennes prend-il une dimension mondiale ?**

**Aide pour répondre**

Vous pouvez adopter le plan suivant :
- Une guerre surtout européenne mais aux ramifications planétaires
- L'extension progressive à de nouveaux belligérants
- La multiplication des fronts

**Retrouvez des sujets de BAC et des méthodes conformes et actualisés sur le site → lyceen.nathan.fr/lequintrec1re-2019**

CHAPITRE

# 10 Les sociétés en guerre : et victimes de la guerre

# des civils acteurs

**Dans ce chapitre**

- **TOUS LES TEXTES** en version audio
- **TOUTES LES CARTES** en version interactive

**Une femme et des enfants labourant un champ en 1918.**
Les femmes – aidées parfois par les enfants – doivent remplacer les hommes mobilisés sur le front et accomplir pendant la guerre des tâches considérées comme masculines.

# Les sociétés en guerre

**EN 3e**

• Vous avez vu comment la « Grande Guerre » a touché les civils comme les militaires, de 1914 à 1918.

**DANS LE CHAPITRE 9**

• Vous avez mesuré l'ampleur de la Première Guerre mondiale et étudié ses grandes phases.

**DANS CE CHAPITRE**

• Vous allez analyser en détail l'implication des civils dans cette guerre longue et totale.

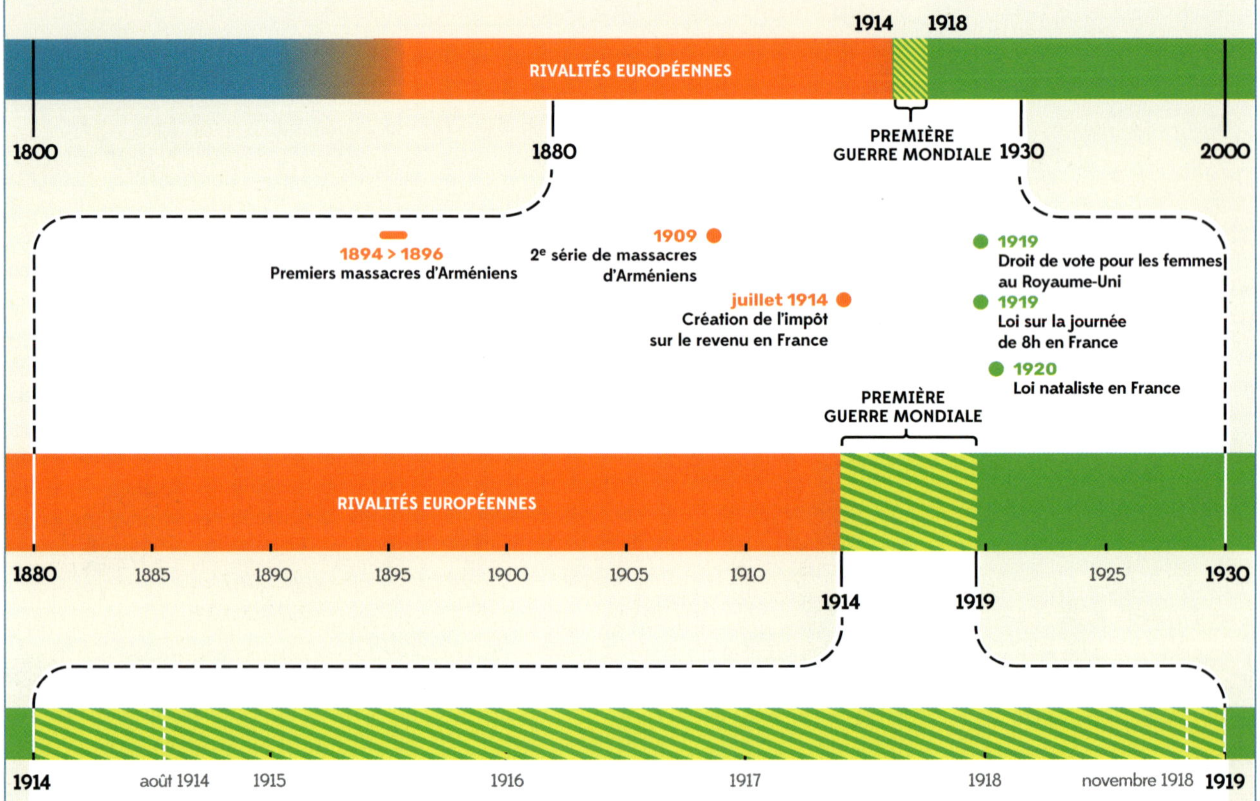


## Dates clés

- **Août 1914** Mise en place de l'Union sacrée en France
- **Fin 1914** Blocage du front et mise en place de l'économie de guerre. Début de la guerre totale
- **Avril 1915 > Juillet 1916** Génocide des Arméniens
- **Août 1915** Rappel des ouvriers français mobilisés au front
- **Août 1916** Programme Hindenburg en Allemagne
- **Décembre 1916** Loi sur le service auxiliaire en Allemagne
- **Mars 1917** 1re révolution russe
- **Mai 1917** Grèves en France
- **Novembre 1917** 2e révolution russe

## 1 Les civils dans la Grande Guerre

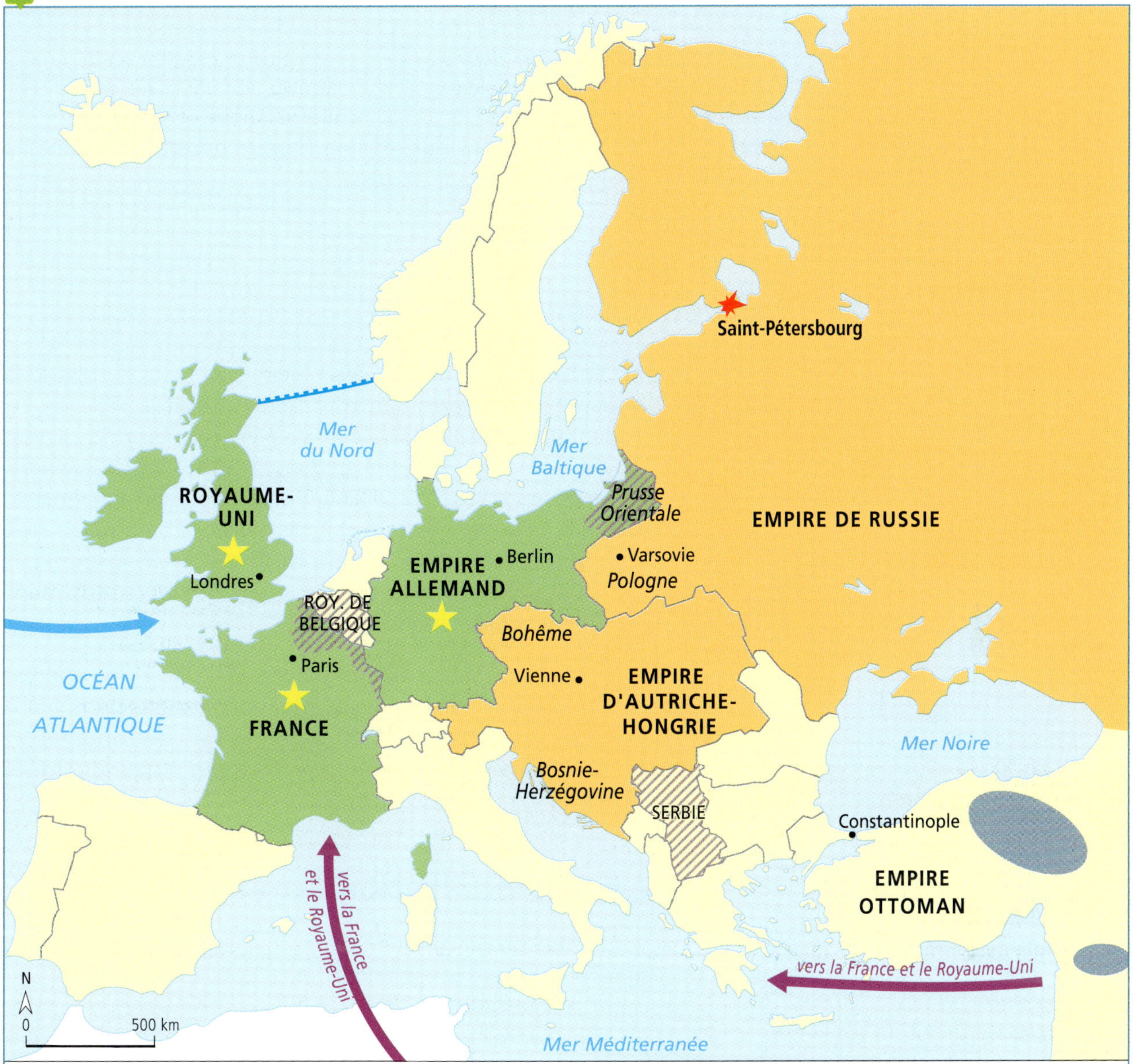


**L'entrée des pays dans la guerre en 1914**

**La guerre acceptée**

Pays dans lesquels une forme d'Union sacrée se met en place

**La guerre imposée**

Pays dans lesquels la guerre est imposée à la population

**Une guerre globale, qui connecte les continents**

**La mobilisation des colonies**

Arrivée de travailleurs venus de Chine et des colonies

**La mobilisation économique**

Flux de capitaux et de marchandises en provenance des États-Unis et à destination des Alliés

**Les civils, victimes de la guerre**

**Les souffrances des civils à l'arrière et dans les régions occupées**

Blocus des Empires centraux par la marine britannique, qui amplifie la pénurie

Territoires occupés par l'ennemi, dans lesquels les populations sont victimes de nombreuses exactions

**La remise en cause de la guerre par les civils**

Pays touché par des grèves en 1917

Révolutions russes de février et octobre 1917

**Un cas extrême**

Le génocide des Arméniens

COURS

Podcast du cours

# 1 La mobilisation totale des sociétés

*L'enlisement du conflit, à la fin de l'année 1914, explique la mise en place d'une guerre totale. Les États sont en effet contraints de mobiliser toutes leurs ressources durant une longue période, à un degré jamais atteint précédemment et dans un but d'anéantissement de l'adversaire.*

### VOCABULAIRE

- **« Bourrage de crâne » :** expression utilisée par les poilus et popularisée par le journaliste Albert Londres pour désigner les mensonges de la presse et plus généralement la propagande patriotique.
- **Économie de guerre :** économie dirigée par l'État et centrée sur la production du matériel militaire.
- **Union sacrée :** rapprochement des Français de toutes tendances politiques et religieuses pour assurer la victoire.

## A L'entrée en guerre

**La guerre acceptée.** Dans la plupart des États belligérants, les divisions politiques s'effacent et la nation fait front pour assurer la victoire. En France, le président Poincaré utilise pour la première fois le terme « **Union sacrée** » et appelle à défendre la patrie en danger. En Allemagne, le parti social-démocrate accepte aussi de se lancer dans une guerre défensive. Guillaume II déclare : « Je ne connais plus de partis, je ne connais que des Allemands. » Au Royaume-Uni, malgré de fortes tensions entre catholiques irlandais et protestants britanniques, les premiers proposent de combattre aux côtés des seconds.

**La guerre imposée.** La situation est très différente en Autriche-Hongrie et en Russie. La première est un empire multinational, qui ne peut guère compter sur un patriotisme unitaire. La seconde est confrontée à un mécontentement populaire de plus en plus fort, qui porte atteinte à l'image et à l'autorité du tsar Nicolas II.

**1** Productions de l'industrie de guerre française pour l'ensemble du conflit

Source : Nicolas Beaupré, *Les grandes guerres (1914-1945)*, Belin, 2012.

## B La mobilisation économique

**La mise en place d'une économie de guerre.** En 1914, la guerre n'est pas censée durer : les états-majors ont mis au point des stratégies offensives visant une victoire rapide. En effet, l'ampleur des moyens mobilisés rend normalement impossible la poursuite des combats sur le long terme. Quand, à la fin de l'année 1914, le conflit s'enlise, les États n'ont pas d'autre choix que de mobiliser l'arrière dans un effort de guerre sans précédent. L'économie de paix se transforme en **économie de guerre** **(doc. 1, 2 et 3).**

**L'intervention de l'État.** La production industrielle est rapidement inférieure aux besoins de l'armée. En France, toutes les entreprises susceptibles de fabriquer du matériel de guerre sont reconverties en usines de guerre : Schneider (acier), Citroën (obus), Breguet (aéronautique), Renault et Peugeot (véhicules militaires), Saupiquet (rations des soldats). En Allemagne, le programme Hindenburg (1916) prévoit de doubler la production de grenades et de tripler celle des mitrailleuses et des obusiers.

**Le financement de l'effort de guerre.** Les dépenses militaires explosent. L'impôt sur le revenu, qui existe déjà en Grande-Bretagne et en Allemagne, est instauré en France en 1914, juste avant le début du conflit. Comme il se révèle insuffisant, le gouvernement décide de taxer les bénéfices des entreprises liés à la guerre. Les États belligérants ont aussi recours à l'emprunt, à la fois auprès d'autres États et auprès de leur population (emprunt national).

## C La mobilisation idéologique

**La propagande.** Les journaux n'hésitent pas à diffuser de fausses informations pour faire croire que la victoire est assurée. C'est le « **bourrage de crâne** » : les Français découvrent ainsi que les « balles allemandes ne sont pas dangereuses » et que « les soldats vont à la bataille comme à une fête. » Dans chaque camp, la guerre est présentée comme la défense de la « civilisation » contre la « barbarie », les combattants sont héroïsés et les adversaires diabolisés. En France, les Allemands sont désignés par des termes péjoratifs comme « boches ». Selon un médecin français, la nature maléfique des Allemands se traduirait par leur odeur particulièrement forte, liée à une défécation et une sudation trop abondantes.

**La censure.** La correspondance des soldats est soumise au contrôle postal : certains passages sont dissimulés derrière des bandes noires ou découpés ; les lettres les plus alarmantes ne sont pas transmises. Dans le sens inverse, les lettres de femmes se plaignant de la difficulté de la vie à l'arrière sont interceptées pour ne pas démoraliser les combattants. La censure touche les journaux, qui paraissent parfois avec une « une » presque totalement blanche.

**Le sens des mots**

Les « **boches** »
Dès 1914, les Allemands sont rebaptisés « Huns » (allusion au peuple barbare) par les Britanniques. En France et en Belgique, ils sont appelés « fritz » (diminutif du prénom Friedrich, très porté outre-Rhin) ou « boches » (contraction de « alboches », qui signifie « Allemands à tête de bois ») et « schleus » (allusion à leur langue jugée incompréhensible).

**RÉVISER SON COURS**

1. Les États réagissent-ils tous de la même manière lors de la déclaration de guerre ?
2. Pourquoi et comment l'économie de guerre est-elle mise en place ?
3. Comment l'État parvient-il à contrôler l'opinion publique ?

**2 Évolution des dépenses publiques des belligérants**

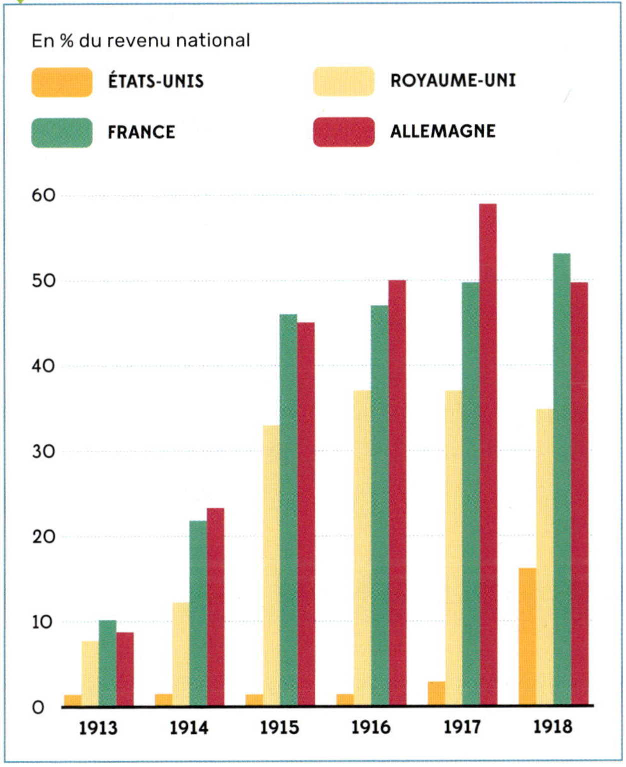


**3 Évolution de la production d'obus par les belligérants**

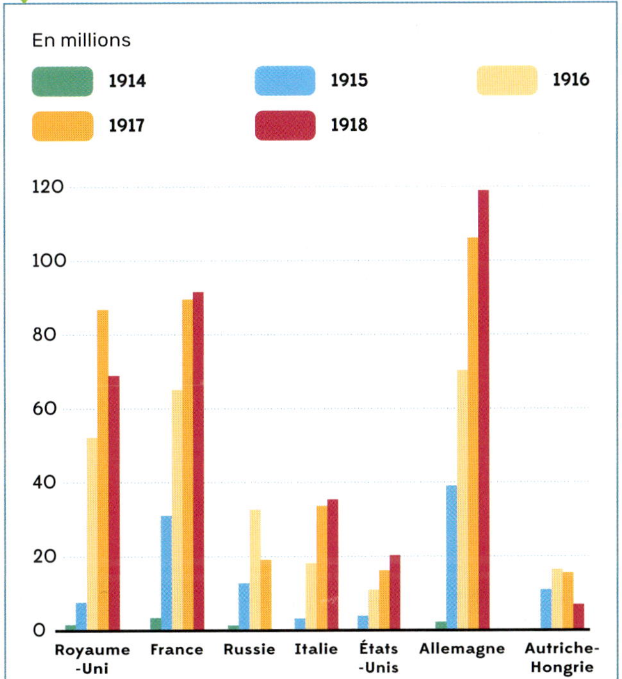


Source : Christian Clavel, *Atlas de la Première Guerre Mondiale*, Ouest-France, 2014.

# COURS 2

Podcast du cours

→ DOCUMENTS P. 238, 240

# L'implication des civils dans l'effort de guerre

*L'enlisement et le caractère total du conflit rendent nécessaire l'implication des civils : les soldats de l'avant ne sont pas les seuls mobilisés et l'arrière participe aussi à la guerre.*

## A Un besoin généralisé de main-d'œuvre

**Le départ des hommes au front.** Alors qu'il faut produire toujours plus, le nombre de travailleurs est considérablement réduit par la mobilisation. En France, 3 millions d'hommes sont mobilisés (23 % de la population active). Se pose alors la question de leur remplacement.

**Le recours aux travailleurs étrangers.** Les États font d'abord appel à des renforts masculins extérieurs **(doc. 1)**, venus des colonies ou de l'étranger (Chinois en France et en Grande-Bretagne). On met aussi à contribution les prisonniers de guerre et parfois les civils des régions occupées (comme en Belgique et dans le nord de la France).

**La mobilisation des travailleurs nationaux.** Dès 1915, une loi française permet de retirer du front les ouvriers qualifiés dont l'industrie a besoin : en 1917, 500 000 d'entre eux ont regagné leur usine. En décembre 1916, l'Allemagne adopte la loi sur le service auxiliaire : tous les hommes de 17 à 60 ans inaptes au combat doivent travailler dans des établissements œuvrant pour l'**effort de guerre**. Les syndicats font des concessions : en France, la durée de travail quotidienne, fixée normalement à 10 h, est dépassée et le travail de nuit est généralisé.

## B L'implication des femmes et des enfants

**La mobilisation des femmes.** Cette main-d'œuvre masculine ne suffisant pas, les femmes sont amenées à remplacer les hommes. Dans les campagnes, elles prennent en main les exploitations. Elles remplacent aussi les hommes à l'usine, comme les « munitionnettes » dans les usines d'armement, mais sont toujours moins bien payées. Elles peuvent aussi conduire des camions ou des ambulances ou être techniciennes, comme ces 750 mécaniciennes dans des centres d'entraînement de la ***Royal Air Force*** au Canada. À toutes ces travailleuses s'ajoutent les bénévoles qui s'enrôlent dans les services de santé : en France, on dénombre 100 000 infirmières ou volontaires de la Croix-Rouge. Certaines femmes jouent aussi le rôle de « marraines de guerre » et correspondent avec des soldats du front pour leur remonter le moral.

**La mobilisation des enfants.** Au Canada, pour faire face à la pénurie de main-d'œuvre agricole, on recrute des « soldats de la terre », jeunes garçons des villes qui acceptent de travailler dans des exploitations agricoles. Les jeunes filles sont aussi sollicitées : en 1918, 24 000 « farmerettes » remplacent les hommes pour récolter des fruits dans la vallée du Niagara.

### VOCABULAIRE

- **Effort de guerre :** mobilisation économique en vue de subvenir aux besoins militaires d'un État et qui fait appel aux femmes et aux enfants pour remplacer les hommes envoyés au front.
- **Politique nataliste :** politique favorable à l'accroissement de la population sur un territoire, qui s'oppose aux politiques de limitation des naissances.
- ***Royal Air Force* :** armée de l'air britannique.

**1 Les travailleurs coloniaux et chinois en France**

| Nationalité | Nombre |
|---|---|
| Algériens | 80 000 |
| Marocains | 35 000 |
| Tunisiens | 18 500 |
| Indochinois | 49 000 |
| Chinois | 37 000 |
| Malgaches | 5 500 |
| **Total des travailleurs coloniaux et chinois** | **225 000** |

Source : Laurent Dornel, « L'appel à la main-d'œuvre étrangère et coloniale pendant la Grande Guerre : un tournant dans l'histoire de l'immigration ? », *Migrations Société*, 2014.

## C Les conséquences de la mobilisation des civils

**D'importantes mutations sociales.** Si les ouvriers, mobilisés davantage dans les usines que sur les champs de bataille, ont été relativement épargnés par la mort, ils ont travaillé dur et leurs salaires sont restés faibles. Les populations rurales profitent de prix élevés, mais elles sont aussi les plus frappées par le deuil. Enfin, certains, comme les industriels Renault ou Boussac, se sont considérablement enrichis. Compte tenu de l'effort de guerre sans précédent de l'arrière, les gouvernements acceptent certaines réformes. En France, par exemple, une loi instaure en 1919 la journée de 8 heures.

**Vers une émancipation des femmes ?** Les femmes ont toujours travaillé, notamment dans les milieux ouvriers et paysans, mais pendant la guerre elles ont accédé à des emplois traditionnellement réservés aux hommes. Cependant, la fin de la guerre voit le retour des hommes à l'usine et des femmes au foyer. Pour récompenser leur engagement, certains pays leur accordent le droit de vote (Royaume-Uni, Allemagne, Autriche, États-Unis). Ce n'est pas le cas en France, où l'émancipation des femmes est freinée par une **politique nataliste**. Une loi de 1920 durcit la répression de la contraception et l'avortement par peur du déclin démographique.

**Le sens des mots**

**Une « guerre globale »**
Pour l'historien Jay Winter, la Première Guerre mondiale est la première « guerre globale » de l'histoire. Elle est en effet à l'origine d'une intensification des flux :
– de personnes (travailleurs issus des colonies ou de pays étrangers) ;
– de capitaux (emprunts des pays alliés auprès des États-Unis) ;
– de marchandises (les entreprises américaines et japonaises fournissant les alliés) ;
– d'informations (les médias du monde entier couvrent le conflit). Elle contribue donc à alimenter l'interconnexion des territoires et le processus de mondialisation.

### 2 Les personnes mobilisées dans le secteur de l'armement

| Catégorie | Nombre de personnes |
|---|---|
| Ouvriers | 497 000 |
| Ouvrières | 430 000 |
| Jeunes de moins de 18 ans | 133 000 |
| Travailleurs étrangers | 108 000 |
| Travailleurs venus des colonies | 61 000 |
| Prisonniers de guerre | 40 000 |
| Mutilés | 13 000 |
| **Total** | **1 700 000** |

Source : Nicolas Beaupré, *Les Grandes Guerres*, 1914-1945, Belin, 2012.

**RÉVISER SON COURS**

1. Pourquoi les États belligérants ont-ils besoin de main-d'œuvre ?
2. Comment les femmes et les enfants participent-ils à l'effort de guerre ?
3. Quelles sont les conséquences de la mobilisation des civils ?

### 3 Le droit de vote des femmes dans le monde

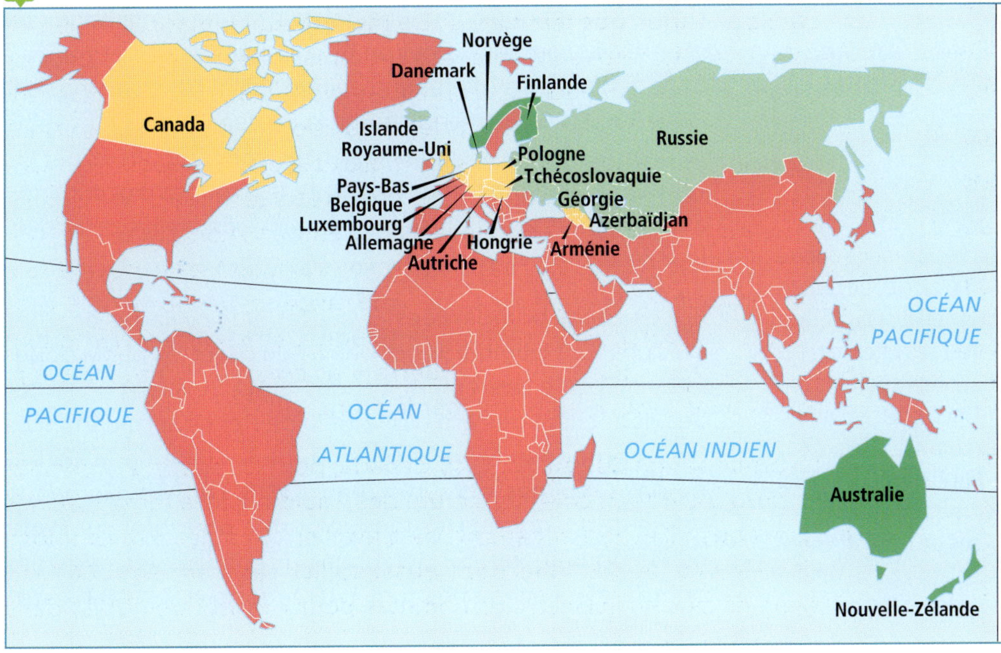


- États ayant déjà accordé le droit de vote aux femmes avant la guerre (entre 1893 et 1914)
- États ayant accordé le droit de vote aux femmes pendant la guerre (entre 1914 et 1918)
- États ayant accordé le droit de vote aux femmes au sortir de la guerre (entre 1918 et 1919)
- États dans lesquels les femmes ne votent toujours pas en 1919

COURS

Podcast du cours

# 3 Les civils, victimes de la guerre

→ DOCUMENTS P. 239, 242

*Les soldats ne sont pas les seuls à souffrir de la guerre. La vie à l'arrière est difficile et les violences contre les civils atteignent leur paroxysme dans les régions occupées et, surtout, lors du génocide des Arméniens.*

## A Les souffrances de l'arrière

**Des conditions de vie difficiles.** Les civils doivent faire face au surcroît de travail causé par l'absence des hommes partis au front. Ils souffrent aussi d'une pénurie alimentaire et énergétique, amplifiée en Allemagne et en Autriche-Hongrie par le blocus maritime organisé par la marine britannique. La France et la Grande-Bretagne mettent en place un système de **rationnement**. Au Liban (Empire ottoman), la « grande famine » de 1915-1918 tue environ un tiers de la population.

**1917, année de la lassitude.** Le fléchissement du moral des civils s'exprime dans la vague de grèves qui touche les différents pays belligérants en 1917. Les ouvrières et les ouvriers réclament une augmentation des salaires pour faire face à la hausse des prix **(doc. 1).** L'Union sacrée s'effrite : en Allemagne, une minorité pacifiste dénonce la guerre et forme un nouveau parti à gauche des socialistes. Mais la crise sociale et politique n'empêche pas la poursuite de la guerre, sauf en Russie.

### VOCABULAIRE

**Génocide :** destruction préméditée et méthodique de tout ou partie d'une population en raison de son appartenance nationale, ethnique ou religieuse.

**Rationnement :** contrôle par l'État des quantités achetables par les consommateurs.

**1 L'augmentation des prix : l'exemple de la soupe aux choux**

| | 1914 (en francs) | 1917 (en francs) |
|---|---|---|
| 500 g de lard | 1,40 | 2,70 |
| 2 choux | 0,50 | 2,20 |
| Carottes et navets | 0,10 | 0,30 |
| 2 poireaux | 0,05 | 0,40 |
| **TOTAL** | 2,05 | 5,60 |

Source : Eric Alary, *La Grande Guerre des civils (1914-1919)*, Perrin, 2013.

## B Les populations touchées directement par la guerre

**Les zones occupées.** 6 500 civils sont tués par l'armée allemande qui envahit en 1914 la Belgique et une partie de la France (Nord et Lorraine). Ces exactions provoquent la fuite d'une partie de la population **(doc. 2)**. Dans ces régions occupées, chaque commune doit payer une contribution de guerre à l'Allemagne. Environ 15 000 civils belges et français sont déportés en Allemagne et internés dans des camps. En 1914, 500 000 Allemands fuient la Prusse-Orientale envahie par l'armée russe, dont les violences sont amplifiées par les rumeurs. La même année, en Serbie, les troupes d'occupation autrichiennes tuent plusieurs centaines de civils accusés de leur résister.

**Les zones bombardées.** Les villes et les villages proches du front sont bombardés et peu à peu désertés par la population. C'est le cas, en France, de Reims, Soissons ou Arras. Les dégâts infligés à la cathédrale de Reims sont dénoncés par la propagande française comme le signe de la barbarie des « boches ». Au printemps 1918, l'armée allemande utilise des canons à très longue portée pour tirer sur Paris, où les obus tuent 256 personnes. À Londres, les raids des bombardiers allemands font 1 400 morts et 3 400 blessés en 1917-1918.

### Repères

**Les violences contre les civils**

Pour l'historienne Annette Becker, la Grande Guerre a été un « laboratoire pour le XX^e siècle : un terrain d'expérience de la violence, un lieu d'essai pour la mettre en pratique et optimiser ses effets sur les hommes et le matériel ». Les contemporains ont bien conscience du caractère inédit de ces crimes. Le juriste polonais Raphael Lemkin - inventeur du terme « génocide » en 1944 - propose ainsi en 1933 de distinguer les crimes de guerre des « actes de barbarie » et « actes de vandalisme », perpétrés contre les civils et le patrimoine culturel dans un contexte d'occupation.

## C Le génocide des Arméniens

**Les premières persécutions**. Au sein de l'Empire ottoman vivent depuis des siècles des minorités non musulmanes, juive et chrétiennes (Arméniens, Grecs orthodoxes, Syriaques). Mais le recul de l'Empire au cours du XIXe siècle a accru les tensions entre les communautés. Entre 1894 et 1896, le sultan Abdülhamid II fait massacrer 200 000 Arméniens, qu'il soupçonne de nourrir des projets d'autonomie, en liaison avec la Russie. Le parti nationaliste des Jeunes Turcs, au pouvoir à partir de 1908, veut renforcer le caractère musulman et surtout turc de l'Empire ottoman et surveiller étroitement les minorités, considérées comme des « ennemis de l'intérieur ». En 1909, des milliers d'Arméniens sont massacrés à Constantinople et à Adana.

**Le déchaînement contre les Arméniens**. Quand l'armée ottomane est vaincue par les Russes en janvier 1915 à la bataille de Sarikamich, les Arméniens sont accusés de trahison au profit de la Russie. La décision d'extermination est prise dès le mois de mars par le gouvernement des Jeunes Turcs. À partir de juin, la déportation systématique des Arméniens commence. Elle s'accompagne de terribles massacres au départ, en chemin ou une fois arrivés dans les camps de concentration situés dans des régions désertiques. Une seconde phase d'extermination a lieu de février à décembre 1916. Au total, sur une communauté de 1,8 million d'Arméniens, entre 1,2 et 1,5 million périssent lors du **génocide**.

### 2 Les migrations de civils sur le front de l'Ouest

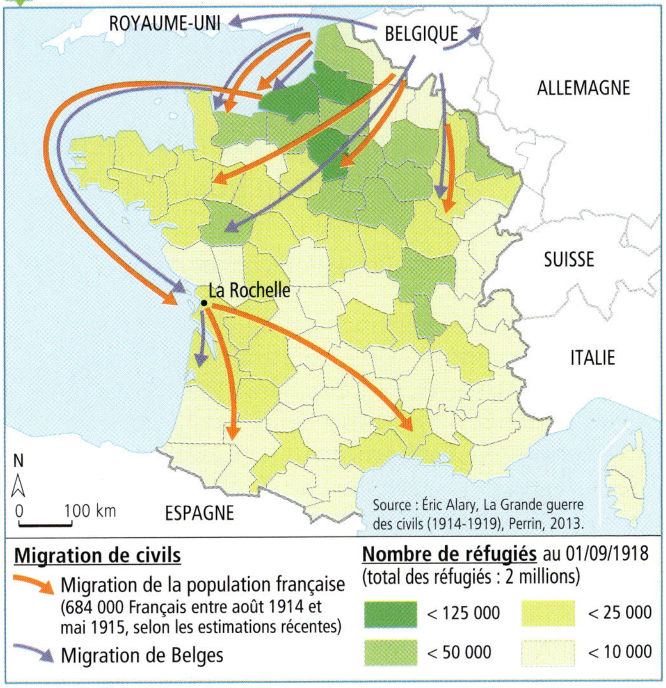


### 3 L'Empire ottoman en 1914

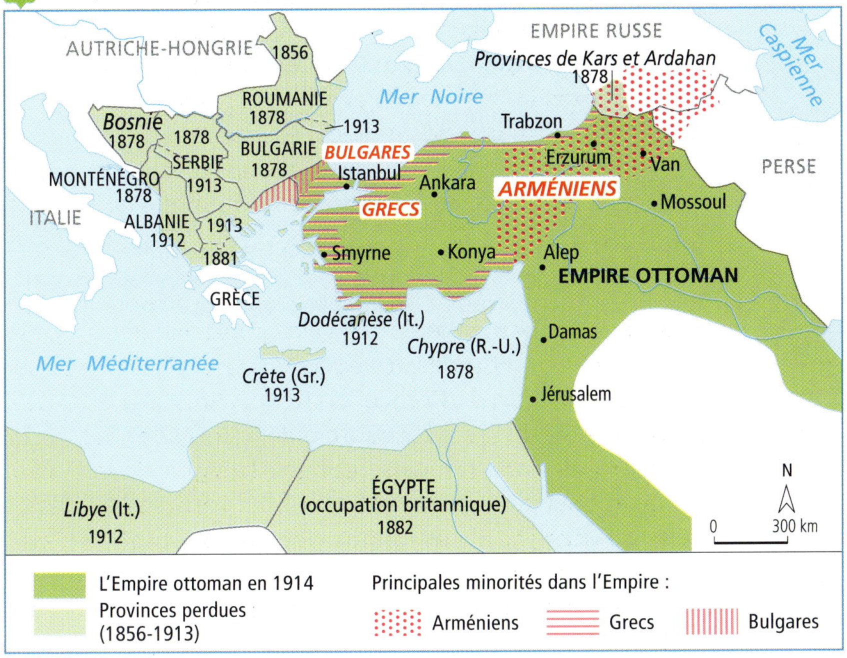


### RÉVISER SON COURS

1. Quelles souffrances endurent les civils à l'arrière ?
2. Quelles sont les populations directement touchées par la guerre ?
3. Pourquoi faut-il parler d'un génocide des Arméniens ?

# Marie Curie : une scientifique dans la guerre

## *Quel rôle une scientifique comme Marie Curie peut-elle jouer dans la guerre ?*

→ COURS P. 234

### 1 Le rôle de Marie Curie dans la guerre

Ainsi a été constituée la radiologie de guerre dont l'extension n'a cessé d'augmenter jusqu'à la fin de celle-ci. Et si l'activité des services radiologiques s'est, naturellement, ralentie avec la cessation des hostilités, l'impulsion dont est sorti leur développement ne s'est point épuisée ; elle reste acquise comme élément d'action organisatrice, pour étendre à toute la population française les bienfaits d'une technique médicale dont l'usage reste très limité avant la guerre. Les circonstances ont fait qu'à cette évolution, encore inachevée, j'ai pris une part active. Ayant voulu, comme tant d'autres, me mettre au service de la Défense nationale [...], je me suis presque aussitôt orientée du côté de la radiologie, m'efforçant de contribuer à l'organisation des services radiologiques notoirement insuffisants au début de la guerre. [...] Il m'a fallu faire de nombreux voyages aux hôpitaux et aux ambulances, pour vivre de leur vie et participer à leur travail. Il m'a fallu aussi m'occuper de la formation du personnel pour les besoins du service.

Marie Curie, *La Radiologie et la Guerre*, 1921

**Marie Curie dans la guerre**

Pendant la Première Guerre mondiale, Marie Curie s'engage avec sa fille Irène pour secourir les soldats blessés. Elle n'hésite pas à quitter son laboratoire pour se rendre sur le front et permettre aux combattants touchés par des éclats d'obus de profiter de son invention, la radiographie. Pour cela, elle utilise des voitures radiologiques, surnommées les « petites Curies ».

### 2 Marie Curie au volant de l'une de ses voitures radiologiques (octobre 1917)

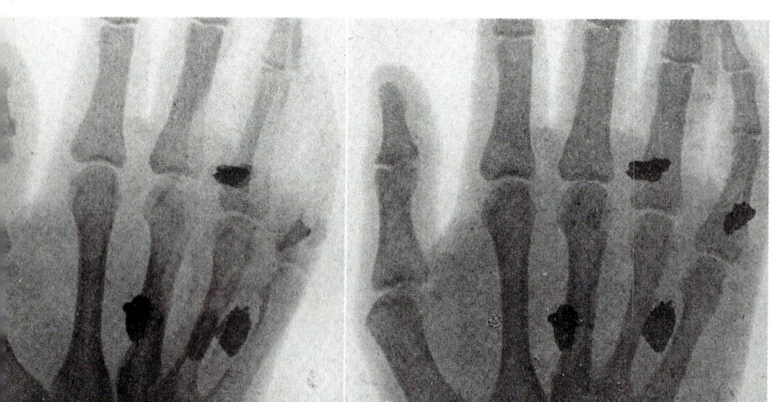

### 3 Radiographies d'une main de soldat réalisées par Marie Curie

Radiographie d'une main contenant 4 éclats d'obus, fracture d'un métacarpien. Radiographie de la même main avec déplacement d'ampoule perpendiculairement à la direction des os. La face dorsale de la main repose sur la plaque. D'après le déplacement de l'image des os et celle des éclats, on peut juger que l'éclat qui se projette entre le 4e et le 5e métacarpien est palmaire, les autres sont dorsaux. Ces indications ont suffi pour leur extraction.

Marie Curie, *La Radiologie et la Guerre*, 1921.

**Répondre aux questions**

1. **Montrez** que le document est révélateur de la violence des combats (**doc. 3**).
2. **Expliquez** le rôle de Marie Curie pendant le conflit (**doc. 1**).
3. **Expliquez** l'intérêt de la radiologie pour les combattants (**doc. 1 et 2**).
4. À l'aide des réponses aux questions précédentes, **analysez** le rôle qu'une scientifique comme Marie Curie peut jouer dans la guerre.

# Les grèves de 1917

## En quoi les grèves de 1917 témoignent-elles d'un fléchissement du moral des civils ?

→ COURS P. 236

**1 La grève des couturières**

En Grande-Bretagne, les ouvrières bénéficient de leur samedi après-midi, avec maintien de la rémunération : c'est la « semaine anglaise ».

Couturières appelant les ouvriers à quitter leur usine pour réclamer la « semaine anglaise », 18 mai 1917, Paris.

### 2 Télégramme du préfet d'Ille-et-Vilaine (6 juin 1917)

*Rennes. 6 juin 1917. Préfet à Intérieur et Sous-secrétaire d'État Munitions Paris.*

Grève des ouvrières de l'Arsenal[1] annoncée hier continue en s'accentuant. Elle s'est étendue au personnel masculin de cet établissement et ce matin seuls les ouvriers mobilisés ont repris le travail. Toute la matinée, des cortèges de femmes ont parcouru la ville essayant de débaucher les ouvrières des différents établissements travaillant pour la guerre. Des cris de « À bas la guerre » sont poussés par une bande de femmes et de jeunes gens malgré le poste militaire trop faible ; dans cette usine 250 femmes ont été débauchées. À la fonderie Thau un cortège de femmes a également forcé la porte, une centaine de femmes ont été débauchées.

Toutes ces manifestations débordent le syndicat de l'Arsenal qui déclare avoir été surpris par cette grève et essaie de l'organiser dans le sens de la modération. […] Vais m'entretenir avec Président du syndicat et secrétaire Bourse du Travail pour obtenir leur concours et leur exposer de maintenir au mouvement le caractère de revendications corporatives[2] faute de quoi l'autorité ne pourrait continuer aux manifestants la confiance et l'indulgence accordés jusqu'ici. […]

Importante réunion grévistes aura lieu aujourd'hui à 16 heures pour entendre direction arsenal aux réclamations soumises ce matin 11 heures.

1. Établissement industriel géré par l'armée.
2. Revendications spécifiques à une branche professionnelle.

### Répondre aux questions

1. **Présentez** les grévistes : sexe, profession, région (doc. 1 et 2).
2. **Montrez** que les femmes jouent un rôle moteur dans la contestation (doc. 1 et 2).
3. **Analysez** les revendications des grévistes. Ces revendications sont-elles seulement professionnelles (doc. 1 et 2) ?
4. **Analysez** la réaction des pouvoirs publics face à ces revendications. Que craignent-ils le plus (doc. 1 et 2) ?
5. À l'aide des réponses aux questions précédentes, **expliquez** en quoi les grèves de 1917 témoignent d'un fléchissement du moral des civils.

# Les femmes dans la guerre

## Quels rôles jouent les femmes dans la Première Guerre mondiale ? → COURS P. 232, 234

**1 La formation à un nouveau métier**

Femmes allemandes en formation pour devenir conductrices des transports en commun à Berlin (1915).

**2 Les femmes sur le « champ du travail »**

Aux Femmes françaises,

La guerre a été déchaînée par l'Allemagne, malgré les efforts de la France, de la Russie, de l'Angleterre pour maintenir la paix. À l'appel de la Patrie, vos pères, vos fils, vos maris se sont levés et demain ils auront relevé le défi. Le départ pour l'armée de tous ceux qui peuvent porter les armes laisse les travaux des champs interrompus : la moisson est inachevée, le temps des vendanges est proche. Au nom du Gouvernement de la République, au nom de la Nation tout entière groupée derrière lui, je fais appel à votre vaillance, à celle des enfants que leur âge seul, et non leur courage, dérobe au combat. Je vous demande de maintenir l'activité des campagnes, de terminer les récoltes de l'année, de préparer celles de l'année prochaine. Vous ne pouvez pas rendre à la Patrie un plus grand service. [...] Debout, donc, femmes françaises, jeunes enfants, filles et fils de la Patrie ! Remplacez sur le champ du travail ceux qui sont sur le champ de bataille. [...] Il n'y a pas, dans ces heures graves, de labeur infime. Tout est grand qui sert le pays. Debout ! à l'action ! à l'œuvre ! Il y aura demain de la gloire pour tout le monde.

René Viviani, président du Conseil, *Appel aux femmes françaises*, 7 août 1914.

**3 La fabrication des obus**

*La journaliste Marcelle Capy se fait embaucher quelques semaines dans une usine.*

L'ouvrière, toujours debout, saisit l'obus, le porte sur l'appareil dont elle soulève la partie supérieure. L'engin en place, elle abaisse cette partie, vérifie les dimensions (c'est le but de l'opération), relève la cloche, prend l'obus et le dépose à gauche. Chaque obus pèse sept kilos. En temps de production normale, 2 500 obus passent en 11 heures entre ses mains. Comme elle doit soulever deux fois chaque engin, elle soupèse en un jour 35 000 kg. Au bout de ¾ d'heure, je me suis avouée vaincue. J'ai vu ma compagne toute frêle, toute jeune, toute gentille dans son grand tablier noir, poursuivre sa besogne. Elle est à la cloche depuis un an. 900 000 obus sont passés entre ses doigts. Elle a donc soulevé un fardeau de 7 millions de kilos. Arrivée fraîche et forte à l'usine, elle a perdu ses belles couleurs et n'est plus qu'une mince fillette épuisée. Je la regarde avec stupeur et ces mots résonnent dans ma tête : 35 000 kg.

Marcelle Capy, témoignage publié dans le journal *La Voix des femmes*, entre novembre 1917 et janvier 1918.

## 4 Le rêve du soldat

Je vous envoie, petite marraine bien aimée, « un rêve » en vous laissant le soin de mettre des noms sur les visages… Avec un peu de perspicacité, vous y parviendrez sans peine… Surtout depuis que vous savez que mon cœur est tout plein de notre chère image. Mon rêve d'aujourd'hui, celui que je fais en ce moment, […] c'est de voir s'écouler bien vite cette semaine qui commence. Je voudrais déjà être à dimanche. À cette heure, j'aurai déjà quitté Châteauroux et je serai sur le point d'atteindre Loches… et celle qui a toutes mes pensées et toute mon affection.
Votre Henri.

Carte postale envoyée par un soldat, collectée lors de l'opération *Europeana*. Archives départementales du Pas-de-Calais.

## 5 Une féministe « ennemie de la guerre »

*Hélène Brion, institutrice, est emprisonnée en 1917 et condamnée en 1918 à trois ans de prison avec sursis pour « propagande défaitiste ».*

Je comparais ici comme inculpée de délit politique : or je suis dépouillée de tous les droits politiques. Parce que femme, je suis classée *de facto*, par les lois de mon pays, inférieure de beaucoup à tous les hommes de France et des colonies. […] La loi devrait être logique et ignorer mon existence, lorsqu'il s'agit de sanctions, autant qu'elle l'ignore lorsqu'il s'agit de droits. Je proteste contre son illogisme. Je proteste contre l'application que l'on me fait des lois que je n'ai ni voulues, ni discutées. […] Cette loi, que je récuse, me reproche d'avoir tenu des propos de nature à affaiblir le moral des populations. Je proteste avec plus de force encore et je nie ! […] Je rappelle, d'ailleurs, pour la forme, que ma propagande n'a jamais été à l'encontre de la défense nationale et n'a jamais réclamé la paix à tout prix ; j'ai toujours dit, au contraire, qu'il n'y avait qu'un devoir, un seul sous deux formes : pour ceux de l'avant : tenir ; pour ceux de l'arrière : réfléchir. Cette action éducative, je l'ai surtout exercée dans le sens féministe, car je suis surtout et avant tout féministe ; tous ceux qui me connaissent peuvent l'attester. Et c'est par féminisme que je suis ennemie de la guerre. […] La guerre est le triomphe de la force brutale, le féminisme ne peut triompher que par la force morale et valeur intellectuelle.

Hélène Brion, *Déclaration devant le Conseil de guerre*, mars 1918.

### Quels rôles jouent les femmes dans la Première Guerre mondiale ?

**Répondre aux questions**

1. **Expliquez** pourquoi les femmes sont appelées à participer à l'effort de guerre (**doc. 2**).
2. **Classez** les différentes formes de mobilisation des femmes pendant la guerre (**doc. 1 à 4**).
3. **Montrez** que les femmes doivent s'adapter à leurs nouvelles activités (**doc. 1 à 3**).
4. **Analysez** la position d'Hélène Brion. En quoi est-elle originale (**doc. 5**) ?
5. À l'aide des réponses aux questions précédentes, **analysez** les rôles que jouent les femmes pendant la Première Guerre mondiale.

**Réaliser une carte mentale**

Recopiez et complétez la carte mentale suivante avec les informations contenues dans les documents et vos connaissances personnelles.

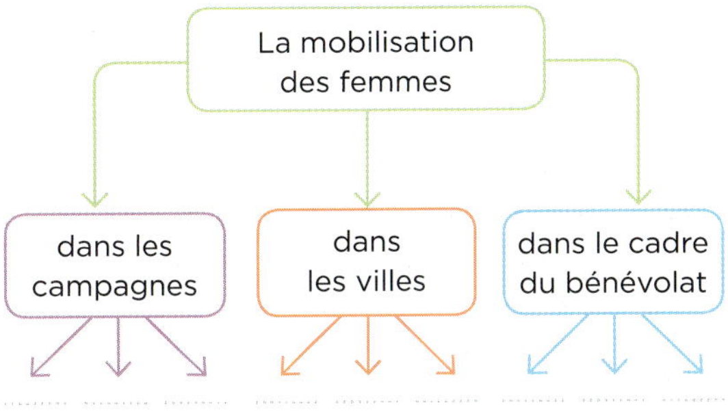

# Le génocide des Arméniens

## Qu'est-ce que le génocide des Arméniens ?

→ COURS P. 236

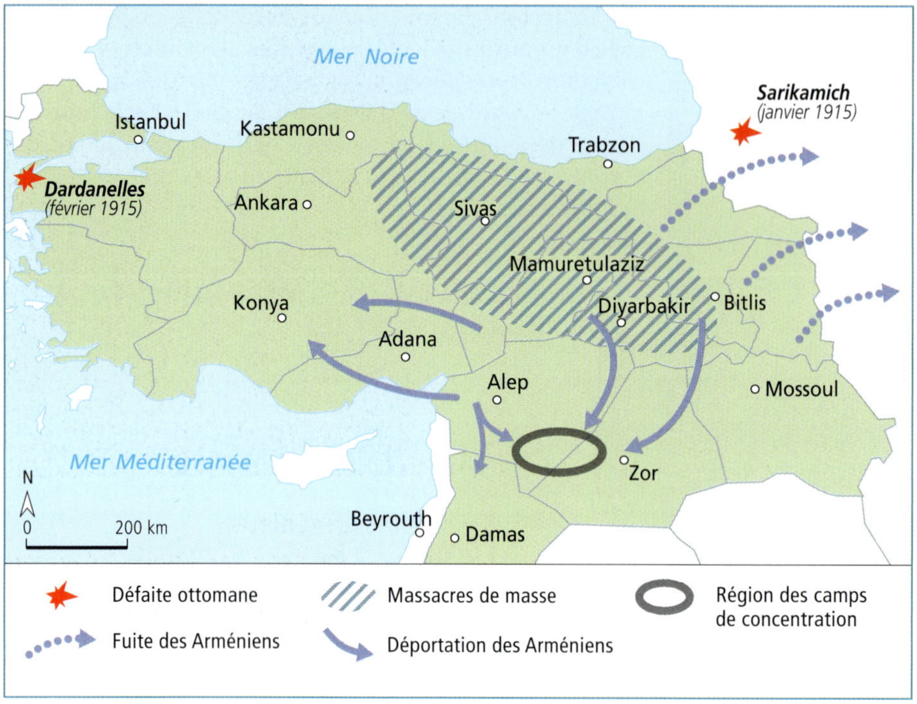


**1** La mise en œuvre du génocide

### 2 Déclaration de la Triple Entente

Depuis un mois environ, la population kurde et turque de l'Arménie procède, de connivence et souvent avec l'aide des autorités ottomanes, à des massacres des Arméniens. De tels massacres ont eu lieu vers la mi-avril, à Erzeroum, Dertchun, Eguine, Akn, Bitlis, Mouch, Sassoun, Zeitoun et dans toute la Cilicie ; les habitants d'une centaine de villages aux environs de Van ont été tous assassinés ; dans la même ville, le quartier arménien est assiégé par les Kurdes. En même temps, à Constantinople, le gouvernement ottoman sévit contre la population arménienne inoffensive. En présence de ces nouveaux crimes de la Turquie contre l'humanité et la civilisation, les gouvernements alliés font savoir publiquement à la Sublime-Porte[1] qu'ils tiendront personnellement responsables desdits crimes tous les membres du gouvernement ottoman ainsi que ceux de ses agents qui se trouveraient impliqués dans de pareils massacres.

Déclaration de la Triple Entente tenant pour responsable le gouvernement turc des massacres commis par la Turquie en Arménie, 24 mai 1915.

1. Gouvernement ottoman.

### 3 Souvenir d'une survivante

*Fethiye Çetin a reconstitué l'itinéraire de sa grand-mère arménienne, Heranus Gadarian, enlevée à ses parents et confiée à une famille musulmane pour être « turquifiée ».*

À Palu, hommes et femmes furent séparés. Les femmes furent parquées dans la cour de l'église. Les hommes restèrent dehors. Après un certain temps, les femmes entendirent des cris d'horreur provenant de l'extérieur. Les murs de la cour étant très hauts, elles ne purent voir ce qui se passait. Mères, grand-mères et enfants se regardaient avec des yeux terrifiés et, tremblants, s'accrochaient les uns aux autres. Heranus et ses frères s'agrippèrent à leur mère, terrifiés. Malgré cette horreur, Heranus ne pouvait pas dominer sa curiosité. Quand elle vit une petite fille monter sur les épaules d'une autre pour voir dehors, elle alla à côté d'elles. La fille qui avait regardé par-dessus le mur redescendit, mais il lui fallut beaucoup de temps pour pouvoir dire ce qu'elle avait vu. Heranus se souviendra des paroles de la petite fille toute sa vie : « Ils coupent la gorge des hommes et les jettent dans la rivière. »

Fethiye Çetin, *Le Livre de ma grand-mère*, 2006.

**Repères**

Le génocide des Arméniens est reconnu officiellement par de nombreux États, dont la France depuis la loi du 29 janvier 2001. Le Parlement européen l'a reconnu en 1987 et a proposé en 2015, pour le centième anniversaire, de faire du 24 avril une journée de commémoration de ce génocide. La Turquie nie l'existence d'un génocide et poursuit pour « dénigrement de l'identité turque et de l'État turc » les intellectuels qui luttent contre la désinformation.

## 4 Le récit du génocide par un journaliste allemand

*L'auteur est le correspondant allemand de* La Gazette de Cologne *dans l'Empire ottoman, alors allié de l'Allemagne.*

Le mouvement anti-arménien de grande envergure a commencé assez inopinément en avril 1915. Certains faits arrivés sur le théâtre de la guerre dit caucasien[1], faits qu'on ne saurait nier, ont fourni très à propos au gouvernement turc le prétexte pour se ruer d'abord, comme des fauves déchaînés, sur les Arméniens des six « vilayets » orientaux[2] ou arméniens proprement dits et de faire table rase d'une façon sanglante, sans aucune distinction entre hommes, femmes et enfants [...]. Les premières centaines de milliers de victimes arméniennes en furent le résultat [...]. Mais ce ne fut pas tout malheureusement ! Le gouvernement turc est allé plus loin, bien plus loin. Car il visait le peuple arménien tout entier, et non seulement en Arménie, mais partout où il habitait, en Anatolie et dans la capitale [...].

En général, les déportés étaient transportés par de longues étapes à pied, mille fois brutalisés et violés en route, jusqu'à la frontière des territoires de population arabe ; et là-bas, dans la montagne aride, sans ressources, sans abris autres que de misérables petites tentes sales et froides, sans vivres, sans la possibilité de gagner un peu leur existence [...], ils attendaient la mort lente, mais presque certaine. Mais toujours, sans exception, les hommes furent séparés des femmes et enfants et transportés dans une autre contrée ; ce fut la caractéristique de ce système des déportations qui devaient détruire la racine même de ce peuple, en brisant tous les liens de famille ! Ainsi disparaissait peu à peu une très grande partie du peuple arménien.

Harry Stuermer, *Deux ans de guerre à Constantinople*, 1917.

**1.** Allusion au petit nombre d'Arméniens de l'Empire ottoman qui se sont engagés pour combattre avec l'armée russe.
**2.** Provinces de l'Empire ottoman.

## 5 Cadavres d'enfants arméniens

Cette photographie a été prise par Armin T. Wegner, infirmier de l'armée allemande envoyé sur le front turc. Témoin du génocide, il enfreint les ordres de sa hiérarchie et prend des clichés dans différents camps de concentration arméniens en 1915-1916.

### *Qu'est-ce que le génocide des Arméniens ?*

**Répondre aux questions**

1. **Situez** le génocide des Arméniens dans le contexte de la Première Guerre mondiale (**doc. 1 et 4**).
2. **Décrivez** la mise en œuvre du génocide (**doc. 1 à 5**).
3. **Justifiez** la qualification de génocide appliquée aux massacres des Arméniens (**doc. 1 à 5**).
4. **Analysez** la réaction des pays de la Triple Entente (**doc. 2**).
5. À l'aide des réponses aux questions précédentes, **expliquez** ce qu'est le génocide des Arméniens.

**Réaliser un diaporama**

Réalisez un diaporama permettant de répondre à la problématique. Vous pourrez vous aider du plan suivant :

**A.** Les causes du génocide : nationalisme turc et contexte de la guerre
**B.** La mise en œuvre du génocide : massacres de masse et déportations
**C.** Les conséquences du génocide : bilan humain et politique

RÉVISER

# Les sociétés en guerre

## SAVOIR EXPLIQUER

### La mobilisation totale des sociétés

**La mobilisation idéologique**

# Union sacrée ; Propagande ; Censure ; « Bourrage de crâne » ; Diabolisation de l'ennemi

**La mobilisation économique**

# Économie de guerre ; Effort de guerre ; Intervention de l'État dans l'économie ; Reconversion des industries ; Impôts ; Emprunts

**La mobilisation humaine**

# Travailleurs étrangers ; Femmes ; Enfants

## SAVOIR DATER

| | |
|---|---|
| 1914 | Instauration de l'impôt sur le revenu et mise en place de l'Union sacrée en France |
| 1916 | Programme Hindenburg et loi sur le service auxiliaire en Allemagne |
| 1919 | Droit de vote pour les femmes britanniques |

### Les civils victimes de la guerre

**Privations et souffrances**

# Surcroît de travail ; Pénurie alimentaire et énergétique ; Rationnement

**Ras-le-bol et contestations**

# Fléchissement moral ; Effritement de l'Union sacrée ; Grève ; Révolution russe

**Occupation et extermination**

# Zones occupées ; Déportations ; Génocide arménien ; Jeunes Turcs ; « Ennemis de l'intérieur »

| | |
|---|---|
| 1909 | Massacres d'Adana |
| 1914-1916 | Occupation de la Prusse-Orientale par la Russie |
| 1914-1918 | Occupation du nord et de l'est de la France par l'Allemagne |
| 1917 | Grève dans les pays belligérants ; Révolutions en Russie |
| 1915 | Défaite ottomane de Sarikamich |
| Avril 1915 Juillet 1916 | Génocide des Arméniens |

Exercices interactifs

## JE SAIS DÉFINIR

- Union sacrée → P. 232
- Économie de guerre → P. 232
- Bourrage de crâne → P. 232
- Effort de guerre → P. 234
- Génocide → P. 236

Schéma interactif

# LES CIVILS AU CŒUR DE LA GUERRE

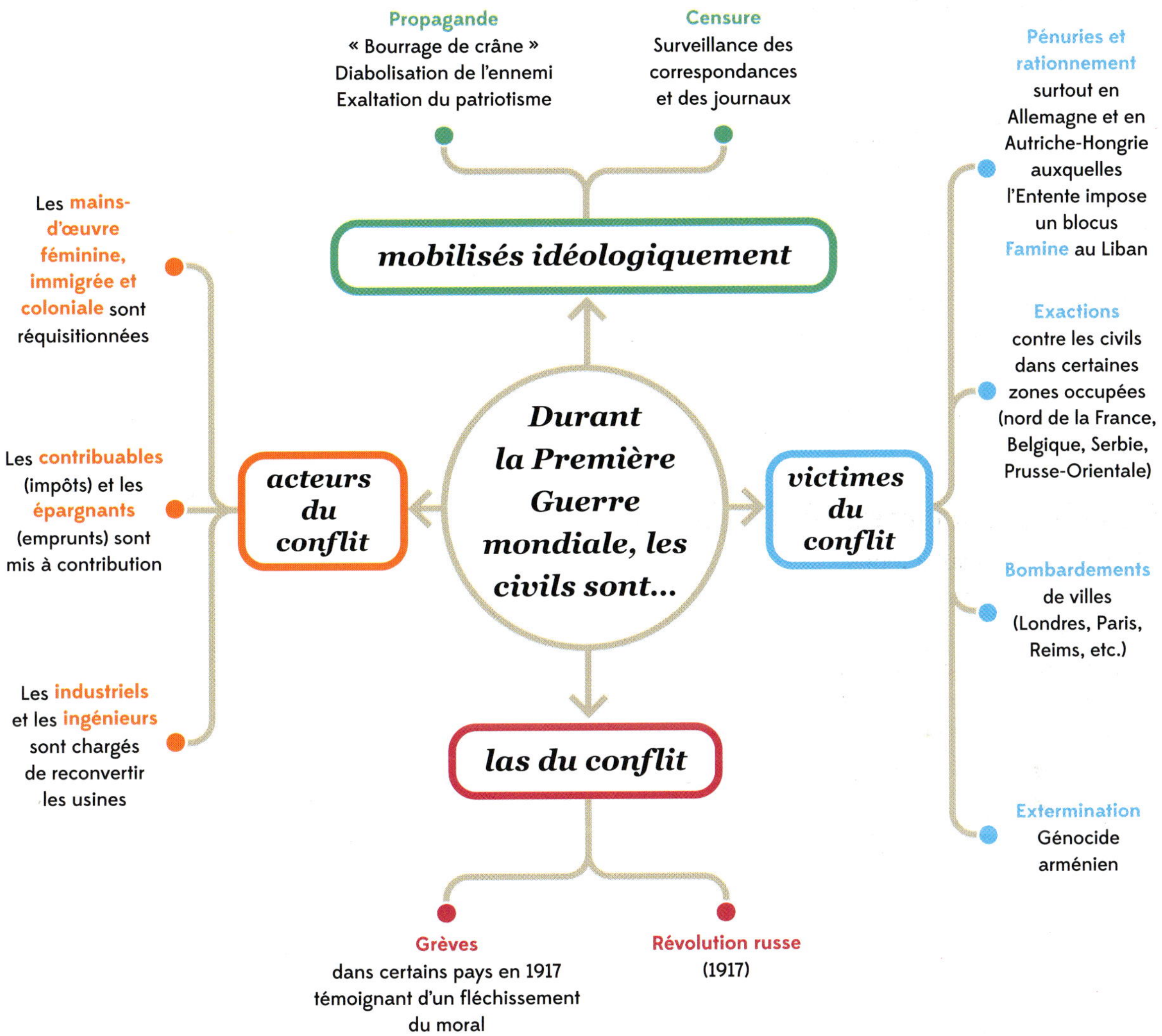


## POUR ALLER PLUS LOIN

### À LIRE

**Roland Godel**
**Dans les yeux d'Anouch. Arménie 1915**
Gallimard Jeunesse, 2015. Un roman sur le destin d'une jeune Arménienne dans l'Empire ottoman en guerre.

**P. Bresson, J.-L. Simon et L. Chouin**
**Jean-Corentin Carré, l'enfant soldat**
Paquet, 2014. Une bande dessinée sur la guerre d'un adolescent français.

**Yves Pourcher**
**Les jours de guerre. La vie des Français au jour le jour, 1914-1918**
Hachette, Pluriel, 2008.

### À VOIR

**Terry George**
**La promesse (2016)**
Un film sur le génocide des Arméniens.

### À ÉCOUTER

**Enfance et adolescence en guerre**
*Paroles d'histoire*, 2018
Un entretien avec l'historienne Manon Pignot, spécialiste de l'enfance durant la Première Guerre mondiale. https://parolesdhistoire.fr

# BAC

## 1 S'ENTRAÎNER À L'ANALYSE DE DOCUMENT(S) — SUJET GUIDÉ

**SUJET** **Une guerre totale**

**Après avoir présenté le document en précisant le regard que porte l'auteur sur sa mission, montrez qu'il est révélateur du caractère total de la guerre.**

### Le front et l'arrière d'après Blaise Cendrars

Il faut nettoyer[1] ça. Je revendique alors l'honneur de toucher un couteau à cran. On en distribue une dizaine et quelques grosses bombes à la mélinite[2]. Me voici l'eustache[3] à la main. C'est à ça qu'aboutit toute cette immense machine de guerre. Des femmes se crèvent dans les usines. Un peuple d'ouvriers trime à outrance au fond des mines. La merveilleuse activité humaine est prise à tribut. La richesse d'un siècle de travail intensif. L'expérience de plusieurs civilisations. Sur toute la surface de la terre on ne travaille que pour moi. […] La foule des grandes villes se rue au ciné et s'arrache les journaux. Au fond des campagnes les paysans sèment et récoltent. Des âmes prient. Des chirurgiens opèrent. Des financiers s'enrichissent. Des marraines écrivent des lettres. Mille millions d'individus m'ont consacré toute leur activité d'un jour, leur force, leur talent, leur science, leur intelligence, leurs habitudes, leurs sentiments, leur cœur. Et voilà qu'aujourd'hui j'ai le couteau à la main. L'eustache de Bonnot[4]. « Vive l'humanité ! » Je palpe une froide vérité sommée d'une lame tranchante. J'ai raison. […] Me voici les nerfs tendus, les muscles bandés, prêt à bondir dans la réalité. J'ai bravé la torpille, le canon, les mines, le feu, les gaz, les mitrailleuses, toute la machinerie anonyme, démoniaque, systématique, aveugle. Je vais braver l'homme. Mon semblable. Un singe. Œil pour œil, dent pour dent. À nous deux maintenant. À coups de poing, à coup de couteau. Sans merci. Je saute sur mon antagoniste. Je lui porte un coup terrible. La tête est presque décollée. J'ai tué le Boche. J'étais plus vif et plus rapide que lui. Plus direct. J'ai frappé le premier. J'ai le sens de la réalité, moi, poète. J'ai agi. J'ai tué. Comme celui qui veut vivre.

Blaise Cendrars, *J'ai tué*, 1918.

**1.** Cendrars, poète dans le civil, est « nettoyeur de tranchée », soldat spécialement formé pour tuer les ennemis encore en état de combattre lors de l'assaut de leur tranchée.
**2.** Grenade à base d'acide.
**3.** Couteau.
**4.** Anarchiste français à l'origine de plusieurs braquages et meurtres entre 1911 et 1912.

### Aide pour répondre

1. **Présentez le document…**
   Utilisez la méthode CANDI (Contexte, Auteur, Nature, Destinataire, Idée générale).
2. **… en précisant le regard que porte l'auteur sur sa mission.**
   Quelle est l'activité de Cendrars dans le civil ? Quel est le ton qu'il emploie dans son récit ?
3. **Montrez qu'il est révélateur du caractère total de la guerre.**
   Expliquez que cette source :
   - est révélatrice du caractère total des combats ;
   - reflète l'implication de l'économie et de la société tout entière.

## 2 S'ENTRAÎNER À L'ANALYSE DE DOCUMENT(S)

**BAC BLANC**

**SUJET** Les enfants parisiens dans la Grande Guerre

**Après avoir présenté les documents, montrez que la guerre fait partie intégrante de l'univers des enfants et expliquez comment ceux-ci sont mobilisés dans l'effort de guerre et la propagande.**

**1 La guerre dessinée par un enfant**

Dessin de l'enfant Jolivet, novembre 1916, musée Montmartre, Paris.

**2 La contribution de chacun**

Les élèves d'une école communale de garçons (Paris, Ve arrondissement) apportent leurs économies au maître. Photographie de 1915.

## 3 RÉPONDRE À UNE QUESTION PROBLÉMATISÉE

**SUJET GUIDÉ**

**SUJET** En quoi les civils sont-ils à la fois acteurs et victimes de la guerre ?

**Aide pour répondre**

Vous pouvez adopter le plan suivant :
- La mobilisation des civils est rendue nécessaire par l'enlisement du conflit
- La mobilisation des civils revêt différentes formes
- Les civils sont aussi victimes de la guerre

**Retrouvez des sujets de BAC et des méthodes conformes et actualisés sur le site → lyceen.nathan.fr/lequintrec1re-2019**

CHAPITRE

# 11 Sortir de la guerre

Dans ce chapitre

TOUS LES TEXTES en version audio

TOUTES LES CARTES en version interactive

**Réfugiés grecs dans le port de Smyrne**
En septembre 1922, après trois ans de guerre, les Turcs reprennent la ville de Smyrne en Asie Mineure. Plus de 160 000 réfugiés attendent l'arrivée des secours, amassés sur les quais du port.

# REPÈRES Sortir de la guerre

## DANS LES CHAPITRES 9 ET 10

- Vous avez mesuré l'ampleur et la violence de la Première Guerre mondiale.

## DANS CE CHAPITRE

- Vous allez comprendre pourquoi la sortie de guerre a été longue et comment l'Europe a tenté de se reconstruire après la Grande Guerre qui l'a considérablement affaiblie.

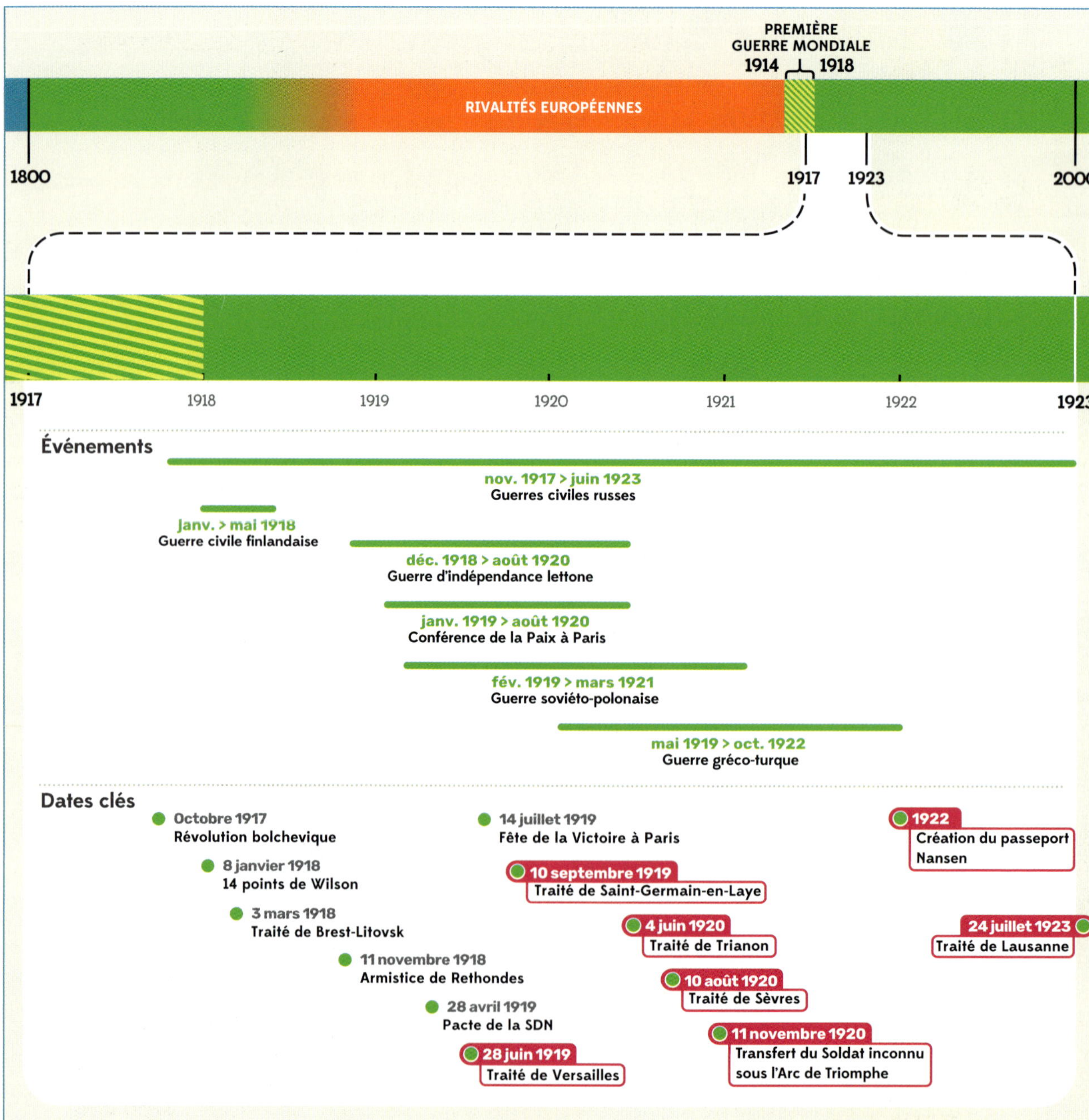

## 1 L'Europe au début de la Grande Guerre (1914)

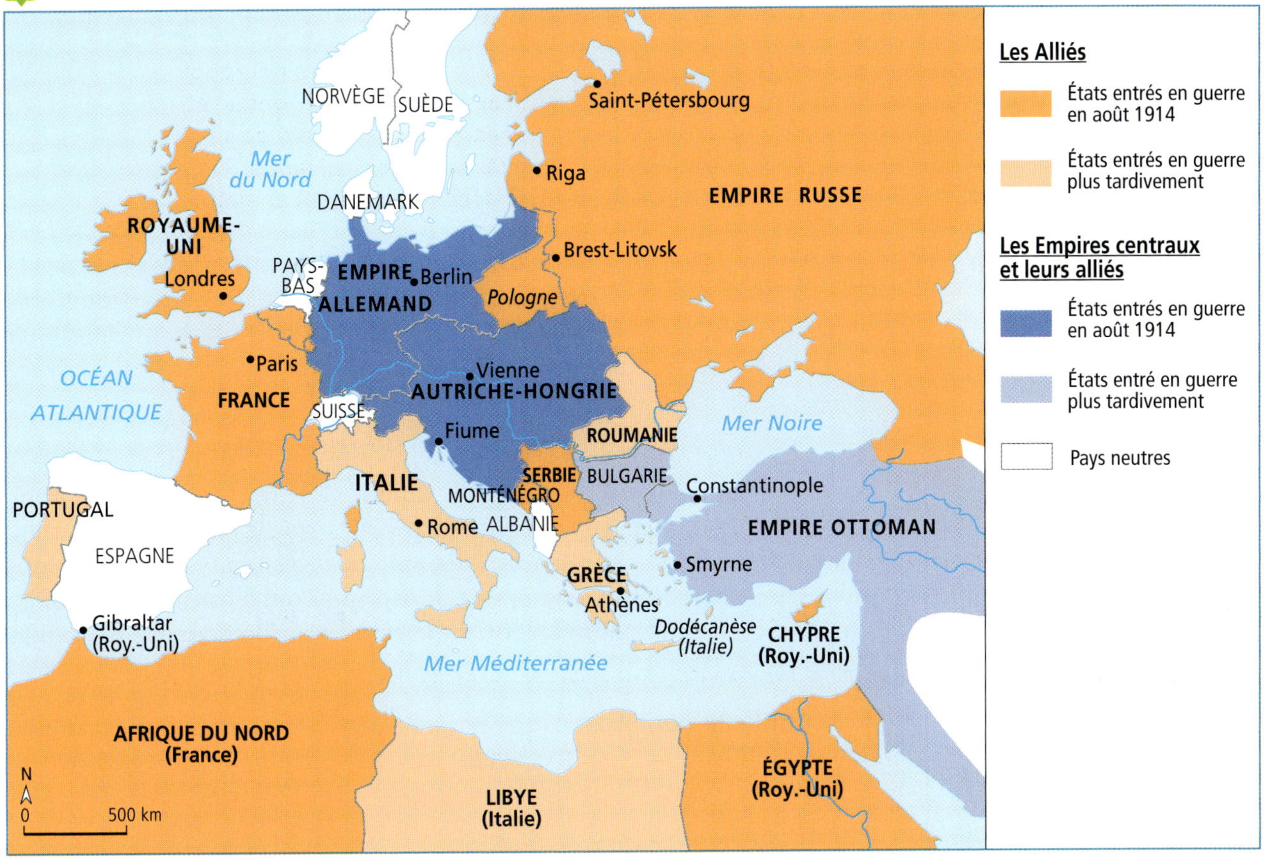


## 2 L'Europe des sorties de guerre (1917-1923)

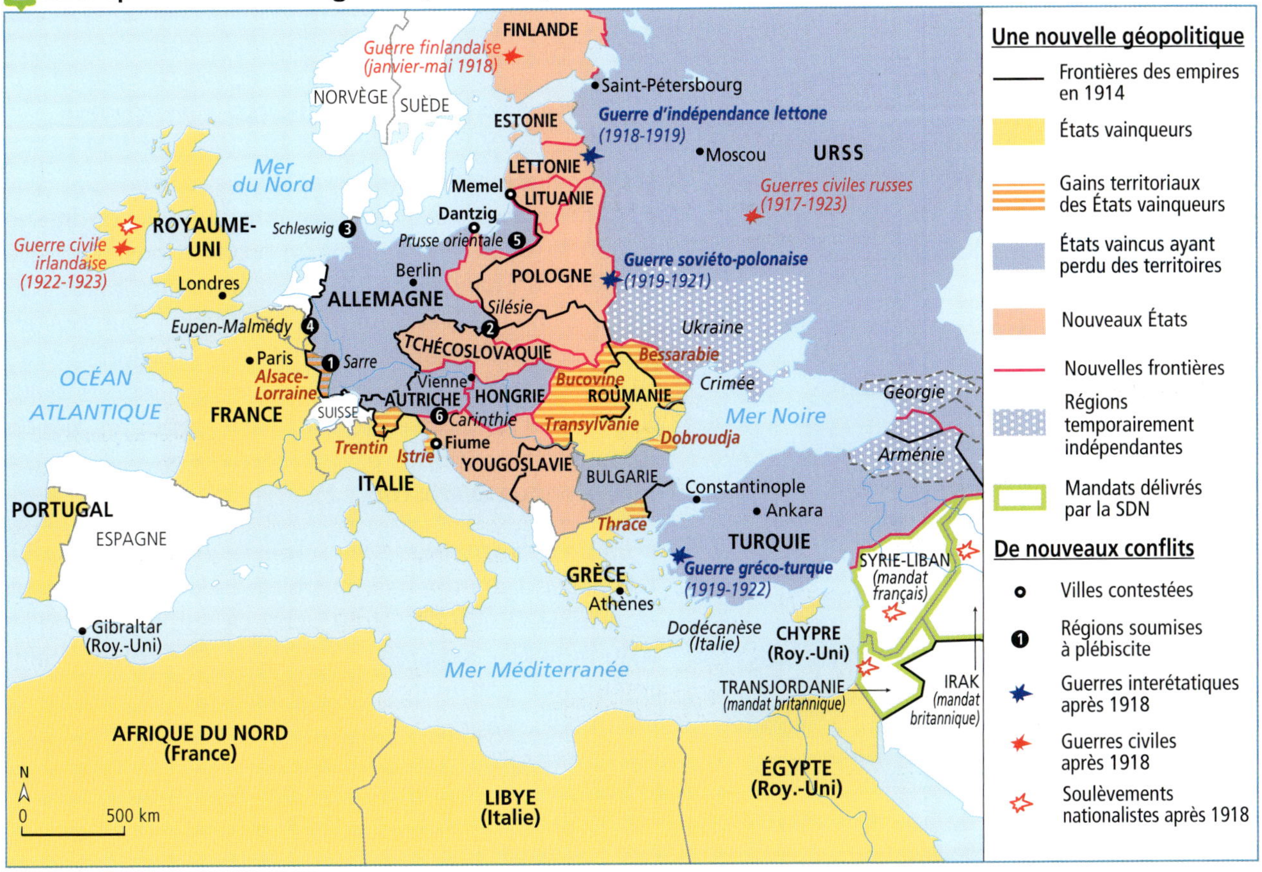

# COURS

➕ Podcast du cours

1

→ DOCUMENTS P. 260, 262, 266

# La paix inachevée

*Le 11 novembre 1918, les armes se taisent sur le front occidental. Cependant, il faut encore du temps pour qu'une paix bien fragile soit signée entre les belligérants.*

## VOCABULAIRE

- **Armistice :** accord conclu entre deux belligérants pour mettre fin aux combats dans l'attente de la négociation d'un traité de paix.
- ***Diktat* :** terme utilisé par les Allemands pour désigner les clauses du traité de Versailles, imposées par les Alliés sans négociation.
- **Dominions :** colonies britanniques ayant accédé à une large autonomie.
- **Quatorze points :** message adressé par le président Wilson au Congrès américain, le 8 janvier 1918, dans lequel il expose les buts de guerre des États-Unis (diplomatie ouverte, liberté des mers, droit des peuples à disposer d'eux-mêmes, création d'une « association générale des nations »).

## A Une paix laborieuse

**La lente sortie de guerre.** L'**armistice** de Rethondes ne marque pas la fin de la Première Guerre mondiale. La cessation des combats doit être ensuite confirmée par de véritables traités de paix entre les différents États belligérants. La démobilisation est progressive : des troupes françaises restent ainsi stationnées en Allemagne.

**La paix des vainqueurs.** Le 18 janvier 1919, la conférence de la Paix s'ouvre à Paris en présence des délégués de 27 États et de 5 **dominions** britanniques. Les vaincus en sont écartés, ainsi que la Russie parce qu'elle a conclu une paix séparée avec l'Allemagne et que les Alliés s'opposent au régime soviétique. Les grandes puissances sont à l'origine des traités de paix : les négociations sont menées au sein de conseils restreints **(doc. 1)**.

**Un difficile compromis.** Les négociations sont compliquées, car les Quatre ont des objectifs divergents. Alors que Wilson se réfère aux « **quatorze points** », Clemenceau entend obtenir des réparations indispensables à la reconstruction et il exige de voir la sécurité de la France garantie. L'Italie veut les territoires promis par les Alliés en contrepartie de son entrée en guerre. Enfin, le Royaume-Uni cherche à ne pas trop affaiblir l'Allemagne pour ne pas renforcer la France.

**1** La conférence de la Paix

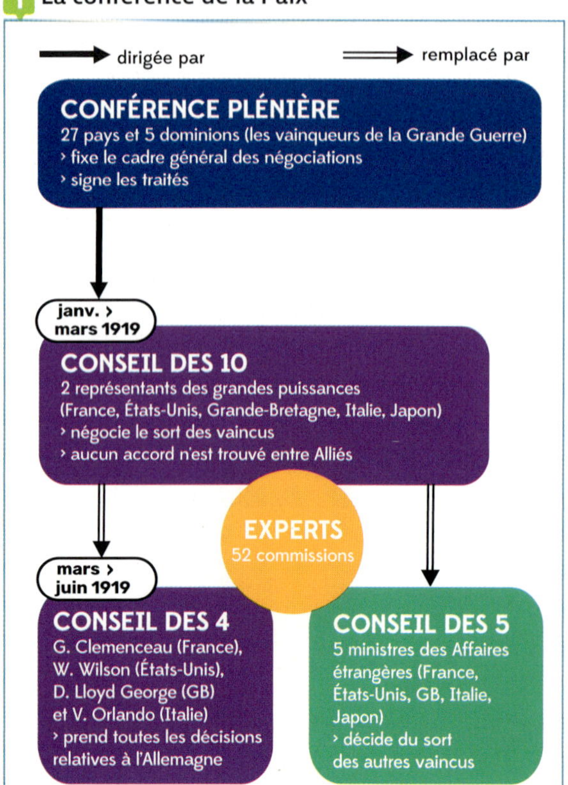


## B Des traités lourds de tensions

**L'humiliation de l'Allemagne.** Exclu des négociations, le gouvernement allemand est informé des conditions de paix le 7 mai 1919. Ses contre-propositions ayant été refusées, le chancelier Scheidemann démissionne. Redoutant une intervention alliée, son successeur, Gustav Bauer, finit par accepter le texte. Le traité, signé à Versailles le 28 juin, impute à l'Allemagne la responsabilité du conflit et lui impose des conditions très dures, si bien qu'hommes politiques et opinion publique allemands dénoncent un ***Diktat*** **(doc. 2)**.

**La fin des empires.** Consacrant le droit des peuples à disposer d'eux-mêmes, les traités de paix redessinent la carte de l'Europe et du Proche-Orient. L'Autriche et la Hongrie sont séparées et leur territoire, comme celui de l'Empire ottoman, est réduit. À l'inverse, les pays vainqueurs s'agrandissent tandis que sept nouveaux États sont formés.

**La « victoire mutilée ».** L'Italie se considère comme un « vaincu de la paix », car les Alliés ne lui accordent pas la totalité des **terres irrédentes**. Elle n'obtient que le Trentin, le Haut-Adige et l'Istrie, enlevés à l'Autriche, mais Fiume et la côte dalmate sont cédés à un nouvel État, la Yougoslavie, tandis que Mustafa Kemal empêche les Italiens de s'installer à Antalya. Furieux, Orlando, le Premier ministre italien, quitte la conférence de Paris le 24 avril 1919.

## C La Société des Nations

**Des faiblesses structurelles.** Adopté le 28 avril 1919, le pacte de la Société des Nations (SDN) est intégré aux traités de paix. Installée à Genève, la SDN veut empêcher la guerre par la **sécurité collective**. Des sanctions peuvent être prises contre un État agresseur, mais la SDN ne dispose pas d'une force internationale pour les faire appliquer. Membres permanents du Conseil, les grandes puissances sont en mesure d'imposer leurs décisions à l'Assemblée, composée de tous les États membres. Mais les décisions doivent être prises à l'unanimité. Et surtout, en mars 1920, le refus du Sénat américain de ratifier le traité de Versailles affaiblit la SDN.

**« L'esprit de Genève ».** Malgré tout, la SDN porte les espoirs d'une paix durable. En dépit de moyens limités, elle joue un rôle significatif dans le développement du droit international. Au Proche-Orient, elle place les provinces arabes de l'Empire ottoman sous **mandat**. En 1922, le Haut-Commissaire pour les **réfugiés**, Fridtjof Nansen, crée le « passeport Nansen » pour permettre à quelque 3 millions d'**apatrides** de trouver un pays d'accueil. Par les accords de Locarno, conclus avec la France et la Belgique en 1925, l'Allemagne reconnaît ses frontières occidentales, ce qui lui permet de faire son entrée à la SDN l'année suivante.

**2 Principales clauses du traité de Versailles**

| | |
|---|---|
| **Clauses territoriales** | Perte de 70 000 km², notamment l'Alsace-Moselle cédée à la France, la Posnanie et la plus grande partie de la Prusse occidentale à la Pologne, Dantzig et Memel (villes libres sous contrôle de la SDN).<br>Après l'organisation de plébiscites, Eupen-Malmédy revient à la Belgique, le Schleswig du Nord au Danemark, la Haute-Silésie est partagée entre Allemagne et Pologne.<br>Sarre placée sous administration de la SDN, les mines de charbon devenant françaises.<br>Perte de toutes les colonies. |
| **Clauses économiques** | Confiscation de la flotte marchande et des biens allemands dans les pays alliés. |
| **Garanties** | Réduction de l'armée à 100 000 hommes.<br>Interdiction de l'artillerie lourde, des tanks et de l'aviation militaire.<br>Démilitarisation de la Rhénanie (rive gauche allemande du Rhin) et d'une zone de 50 km sur la rive droite.<br>Occupation de la Rhénanie par les Alliés pour une durée de 5 à 15 ans. |
| **Clauses pénales** | Mise en jugement de Guillaume II.<br>Mise en jugement des personnes accusées de crime de guerre. |
| **Réparations** | Responsabilité de tous les dommages de guerre subis par les Alliés.<br>Paiement des réparations : un montant de 132 milliards de marks-or est fixé en mai 1921. |

### VOCABULAIRE

- **Apatrides :** individus dépourvus de nationalité.
- **Mandat :** territoire confié par la SDN aux vainqueurs de la guerre, qui ont théoriquement pour mission de les préparer à l'indépendance.
- **Réfugiés :** personnes qui ont fui leur pays d'origine, car leur vie ou leur liberté y est menacée.
- **Sécurité collective :** organisation des relations internationales visant à maintenir la paix par le droit et l'arbitrage, et non par des alliances militaires et des accords secrets.
- **Terres irrédentes :** territoires revendiqués comme historiquement italiens, mais restés sous souveraineté autrichienne (Istrie, Dalmatie, Trentin, Tyrol du Sud). Le terme vient de l'expression *Italia irredenta* : « Italie non rachetée, non délivrée ».

### Le sens des mots

À l'expression « après-guerre », longtemps utilisée pour désigner la période s'ouvrant avec l'armistice de Rethondes, les historiens préfèrent aujourd'hui celle de **sorties de guerre**. Ce changement terminologique permet d'insister sur la lenteur et la complexité du passage de la guerre à la paix, qui ne s'est pas effectué au même rythme pour tous les pays ni pour toutes les populations.

### RÉVISER SON COURS

1. Pourquoi la guerre ne s'arrête-t-elle pas le 11 novembre 1918 ?
2. Pourquoi les traités de paix créent-ils des tensions dans les anciens empires ?
3. Quelles sont les limites de la SDN ?

**+** Podcast du cours

# 2 La poursuite de la guerre (1917-1923)

→ DOCUMENTS P. 258

***En 1918, les combats cessent dans l'ouest de l'Europe, mais pas à l'est. Sur les ruines des empires, de nombreux conflits éclatent, continuent ou reprennent. Ce n'est qu'en 1923 que l'Europe connaît enfin un relatif état de paix.***

## A Une guerre sans fin

**Un arc de crises à l'est de l'Europe.** À partir de 1917, un long cycle de violences s'engage dans l'ensemble des États vaincus. Ainsi, l'historien Robert Gerwarth dénombre 27 conflits en Europe, qui embrasent les pays successeurs des anciens empires entre 1917 et 1923. Si ces conflits se concentrent sur un arc reliant la Finlande à la Turquie, ils touchent également l'Irlande et le Proche-Orient (voir doc. 1, p. 258).

**Des conflits emboîtés.** Deux types de conflits se mêlent et s'alimentent réciproquement : des guerres interétatiques entre des pays nouvellement constitués, comme la Pologne et la Russie soviétique ou la Grèce et la Turquie, et des guerres civiles, comme en Russie ou en Hongrie. Par ailleurs, dans tous les États vaincus, les luttes politiques et sociales sont nombreuses et violentes.

**Une catastrophe humanitaire.** Ces conflits armés dans l'Europe d'après-guerre font plus de 4 millions de victimes, soit plus que le total des pertes françaises, britanniques et américaines pendant la guerre. Souvent menés hors de tout cadre légal, les combats atteignent des niveaux de barbarie inégalés en Europe depuis les guerres de Religion au XVI^e siècle. Massacres et exactions poussent plus de 3 millions de personnes à l'exil.

## B Les racines de la violence

**Des sociétés brutalisées ?** La Grande Guerre a produit une accoutumance à la violence qui peut expliquer la continuation et la banalisation de celle-ci lors des sorties de guerre, notamment dans les **corps francs**. La brutalisation des sociétés européennes est cependant variable selon les pays, alors qu'ils ont connu une expérience des combats similaire de 1914 à 1918. Il faut donc pousser plus loin l'analyse.

**Des situations explosives.** La défaite ou, dans les cas grec et italien, la victoire déçue entraînent une immense frustration chez des populations ayant consenti d'importants sacrifices pendant des années de guerre. Par ailleurs, le délitement des États favorise la constitution de milices paramilitaires et la multiplication des conflits, notamment entre groupes ethniques. Dans les nouveaux États, créés au nom du droit des peuples, celui-ci n'est pas forcément respecté. Ainsi, les Allemands constituent désormais des minorités souvent maltraitées en Pologne, en Tchécoslovaquie ou dans les pays baltes.

### VOCABULAIRE

- **Armée rouge :** armée bolchevique organisée par Léon Trotski, commissaire à la guerre de 1918 à 1924. Théoriquement composée de paysans et d'ouvriers volontaires, elle enrôle de nombreux soldats de force.
- **Bolcheviks :** révolutionnaires communistes russes, partisans de Lénine.
- **Corps francs :** groupes paramilitaires formés de volontaires (soldats démobilisés, étudiants) et combattant le communisme en Allemagne et dans les pays baltes.
- **Russes blancs :** Russes favorables au Tsar et s'opposant à la révolution bolchevique. Les armées blanches combattent l'Armée rouge.

**1 La Turquie entre 1920 et 1923**

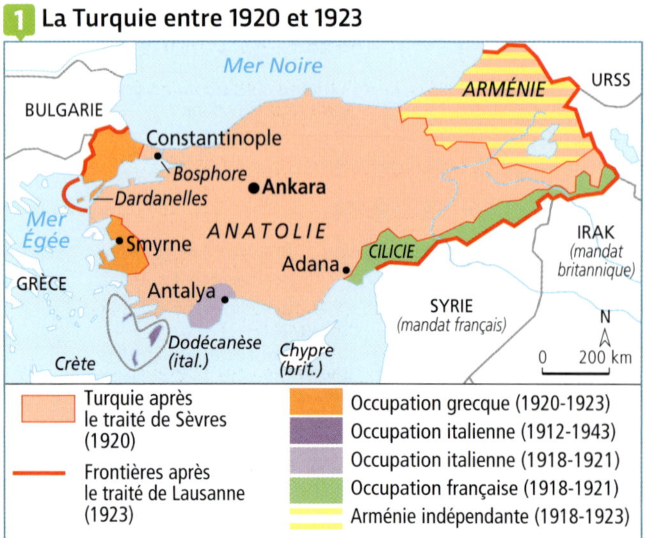

**Les forces extérieures.** Certains de ces conflits sont aussi alimentés par l'engagement de forces armées alliées. Des troupes françaises et britanniques sont déployées au Proche-Orient, pour y défendre les intérêts de leur métropole, et surtout envoyées à l'est de l'Europe pour faire barrage à la Russie bolchevique et empêcher la propagation du communisme. L'armée française intervient ainsi contre les révolutionnaires hongrois ou en soutien de l'armée polonaise contre l'**Armée rouge**.

## C Les principaux conflits

**Les guerres russes.** Entre 1917 et 1923, de multiples de conflits s'imbriquent dans l'Empire russe en révolution et en décomposition. Aux guerres opposant l'Armée rouge aux **Russes blancs**, il faut ajouter les soulèvements paysans contre les réquisitions agricoles et la conscription, ainsi que la volonté d'indépendance de pays comme l'Ukraine qui cherchent à s'affranchir de la tutelle russe. Ces guerres sont gagnées par les **bolcheviks** en 1923 : elles ont fait 3 millions de victimes, auxquels il faut ajouter les 2 millions de morts de la grande famine de 1921-1922 **(doc. 2)**.

**La guerre gréco-turque (1919-1922).** Après la signature de l'armistice de Moudros, les Alliés se partagent les territoires de l'Empire ottoman, réduisant la nouvelle Turquie à une partie de l'Anatolie. Cependant, le général Mustafa Kemal refuse le traité de Sèvres (août 1920) et mène une contre-offensive. Elle aboutit à la libération du territoire national, au prix du massacre de 30 000 Grecs et Arméniens à Smyrne (septembre 1922). Le traité de Lausanne (1923) restitue aux Turcs la totalité de l'Anatolie et la Thrace orientale **(doc. 1)**.

### Repères

**La brutalisation**

George Mosse, historien américain d'origine allemande, a forgé en 1990 le concept de **brutalisation** des sociétés européennes. Selon lui, la Grande Guerre a entraîné une banalisation de la violence, bien visible ensuite avec les corps francs et autres organisations paramilitaires. Cela aurait facilité l'installation des régimes totalitaires.

### RÉVISER SON COURS

1. **Quels types de conflits déchirent l'Europe orientale entre 1917 et 1923 ?**
2. **Comment expliquer la poursuite des violences guerrières après 1918 ?**
3. **Pourquoi une guerre se déclenche-t-elle entre les Grecs et les Turcs en 1919 ?**

**2** Les guerres russes

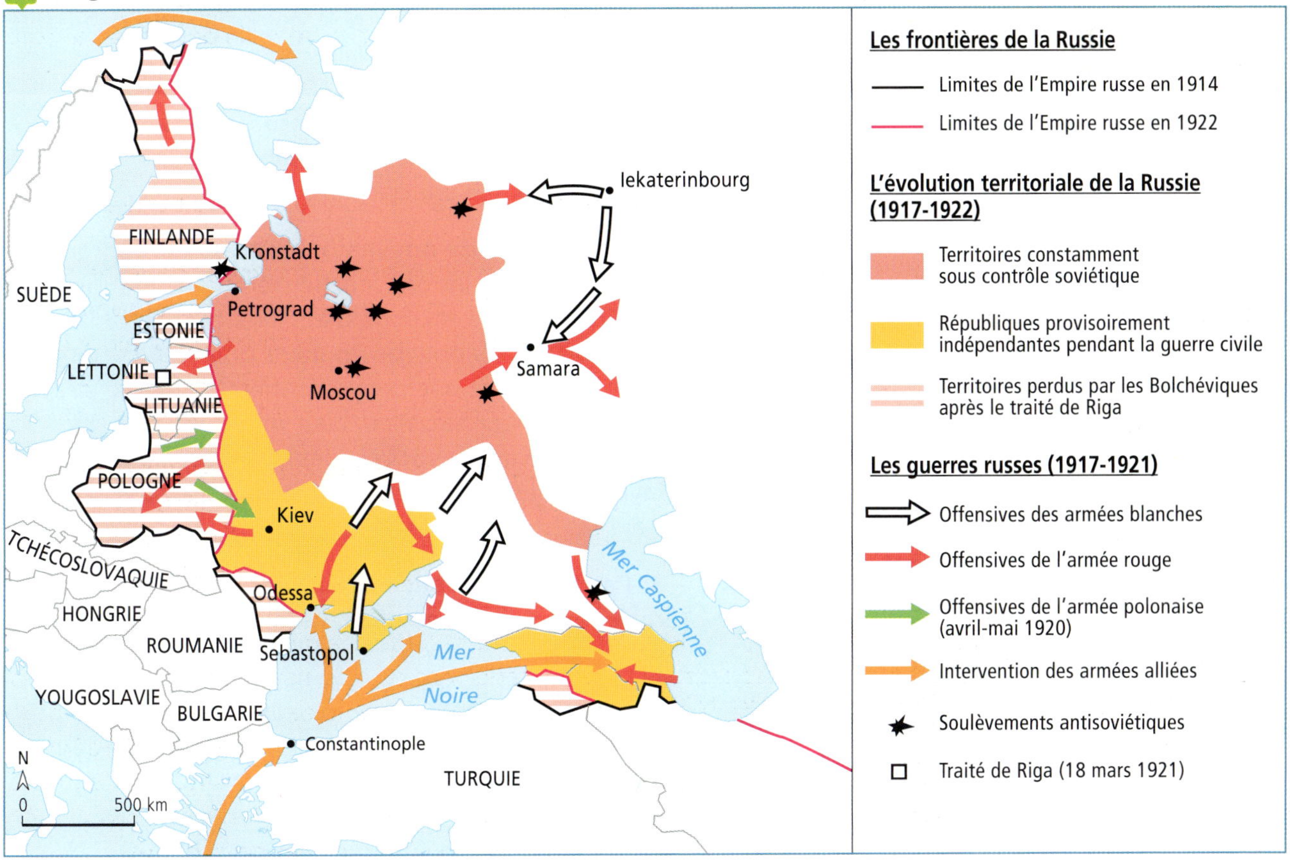

COURS

Podcast du cours

# 3 Des sociétés meurtries par la Grande Guerre

→ DOCUMENTS P. 264

*Les sociétés européennes sortent très affaiblies de la Première Guerre mondiale. Elles doivent reconnaître le sacrifice des anciens combattants et honorer le souvenir des morts.*

## A Un bilan terrible en 1918

**Un drame humain.** À l'échelle mondiale, on dénombre plus de 10 millions de morts et disparus **(doc. 1)** et 20 millions de blessés dont 8 millions grièvement. Il faut y ajouter 24 à 40 millions de décès causés par la grippe espagnole. Les conséquences du conflit sont d'autant plus lourdes que les pertes militaires frappent principalement les jeunes générations, provoquant une baisse durable de la natalité et un phénomène de **classes creuses** **(doc. 2)**. En 1918, l'Europe compte 3 millions de veuves et 6 millions d'orphelins.

**La France en ruines.** Dans toutes les zones de front, les dégâts sont considérables. En France, dix départements sont concernés : 350 000 maisons sont détruites, 3 millions d'hectares de terres agricoles dévastées, les infrastructures de transports anéanties. Il paraît impossible de reconstruire la « **zone rouge** ». Des communes entières sont déclarées « mortes pour la France ».

## B Les anciens combattants

**Un retour amer.** En France, la lenteur de la **démobilisation,** qui dure jusqu'en juin 1920, frustre les soldats. Par ailleurs, le retour à la vie civile des **anciens combattants** s'accompagne de difficultés professionnelles et familiales. Ainsi, le nombre de divorces passe de 16 000 en 1913 à 34 000 en 1920. Beaucoup de vétérans se sentent abandonnés et trahis par les civils pour lesquels ils se sont battus.

**Militer pour de nouveaux droits.** En se regroupant dans des associations, particulièrement nombreuses en France, trois millions d'anciens combattants font pression sur les pouvoirs publics pour obtenir une reconnaissance et une compensation financière et symbolique de leur sacrifice. Leur mobilisation permet la création de droits sociaux dès 1919 : pensions pour les invalides, les veuves et les orphelins ; postes réservés pour les blessés de guerre.

**Patriotisme et pacifisme.** Dans tous les pays d'Europe, les anciens combattants combinent pacifisme et nationalisme selon des dosages variés. S'ils alimentent parfois les mouvements antiparlementaires et les milices d'extrême droite, ils aspirent souvent à la paix. En effet, l'engagement pacifiste permet de donner un sens à la guerre, dont on veut qu'elle soit vraiment la « der des ders ».

### VOCABULAIRE

- **Anciens combattants :** nom donné aux hommes qui ont participé à la Grande Guerre et qui, dès 1917, s'organisent en associations pour défendre leurs intérêts.
- **Classes creuses :** classes d'âge dont l'effectif est faible en raison d'une guerre et/ou d'une baisse de la fécondité, ce qui crée un « creux » dans la pyramide des âges.
- **Démobilisation :** processus de retour des soldats à la vie civile. Très désorganisé chez les vaincus, il s'effectue en fonction des besoins du marché du travail au Royaume-Uni ou à l'ancienneté en France.
- **Zone rouge :** zone de destruction couvrant 180 000 hectares pour lesquelles le coût des travaux de remise en état dépasse la valeur du sol.

**1 Bilan des morts en 1918**

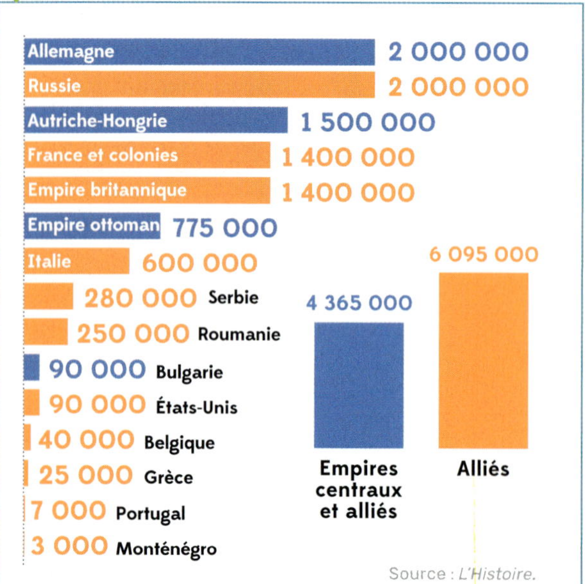


Source : *L'Histoire*.

## C Les enjeux de la mémoire

● **Fêter la victoire.** À l'annonce de l'armistice, des scènes de liesse éclatent dans toutes les communes de France, même si la lassitude et le deuil tempèrent la joie des soldats. Le 14 juillet 1919, un grand défilé est organisé à Paris pour célébrer le triomphe des Alliés. Cependant, le souvenir de la victoire est rapidement remplacé par la commémoration des victimes de la guerre chez tous les vainqueurs. Ainsi, dès 1919, la cérémonie du 11 novembre célèbre avant tout la fin des combats.

● **Le Soldat inconnu.** Face au nombre de morts non identifiables (250 000 en France), l'idée d'en choisir un qui les représenterait tous émerge dans plusieurs pays. En France, Auguste Thin, fils d'un combattant mort pour la France et lui-même poilu de 21 ans, est chargé de désigner le soldat inconnu à Verdun, au cours d'une cérémonie présidée par le ministre des Pensions, André Maginot. Le 11 novembre 1920, le cercueil est exposé puis inhumé sous l'Arc de Triomphe, et chaque année à cette date le Soldat inconnu est célébré. Une cérémonie identique est organisée au Royaume-Uni le même jour et, à parir de 1921, par d'autres États.

● **Les monuments aux morts.** À partir de 1919, de nombreux monuments commémoratifs sont construits dans tous les pays d'Europe. En France, la quasi-totalité des communes font construire un monument à partir de 1920. Porteurs d'un message souvent patriotique et rarement pacifiste, ils révèlent que tous les Européens ont conscience de la nécessité de reconnaître et commémorer le sacrifice pour pouvoir faire le deuil. Ils restent aujourd'hui la trace la plus visible de la Grande Guerre.

**Le sens des mots**

Une épidémie de grippe particulièrement virulente affecte le monde entier du printemps 1918 au printemps 1919. Originaire d'Asie, le virus mute aux États-Unis et est introduit en Europe par l'intermédiaire des soldats américains. On l'appelle **grippe espagnole**, car l'Espagne, neutre durant le conflit, est le seul pays à publier librement les informations relatives à cette maladie.

**RÉVISER SON COURS**

1. **Quel est le bilan humain de la Première Guerre mondiale en Europe ?**
2. **Pourquoi les anciens combattants deviennent-ils une force politique majeure en France après la victoire ?**
3. **Comment commémore-t-on les morts de la Première Guerre mondiale en Europe ?**

**2 La pyramide des âges de la France en 1934**

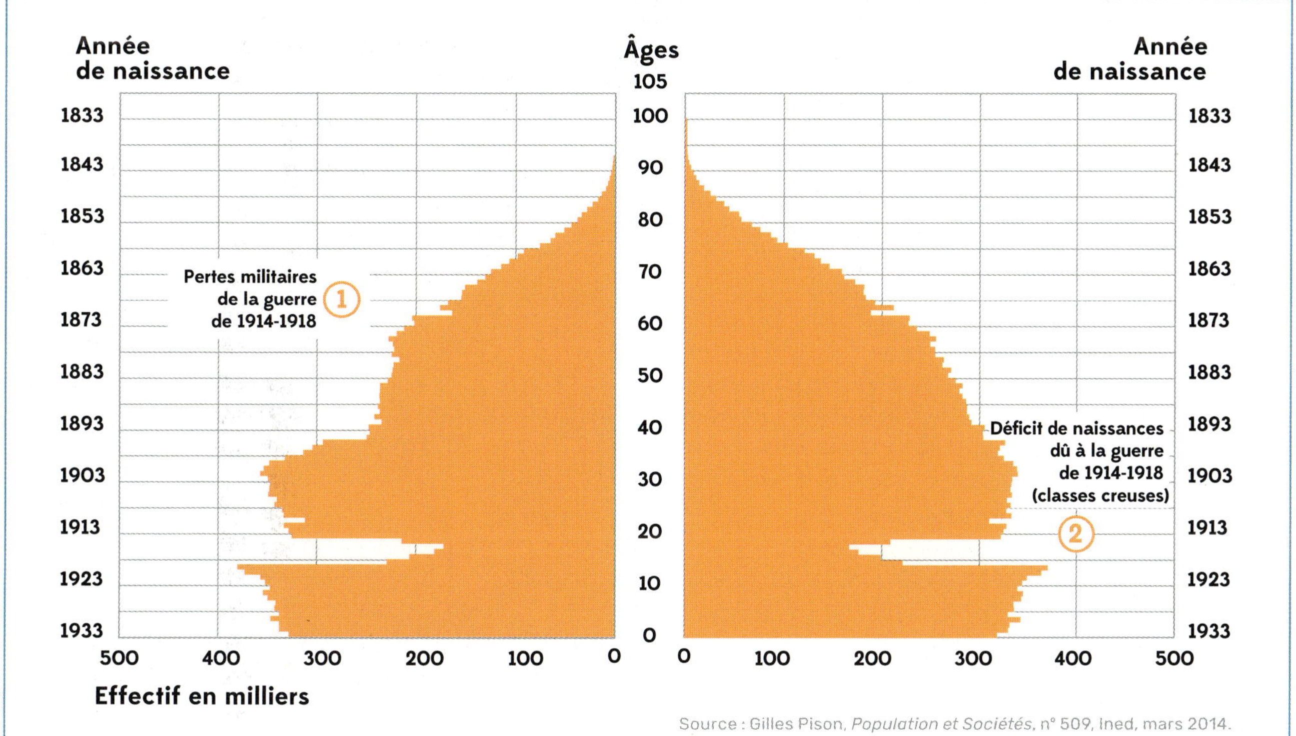


Source : Gilles Pison, *Population et Sociétés*, n° 509, Ined, mars 2014.

# À l'est, la guerre sans fin (1917-1923)

## *Pourquoi la décomposition de l'Empire russe s'accompagne-t-elle de violences extrêmes ?*

→ COURS P. 254

### 1 Un « arc de violences » à l'est de l'Europe

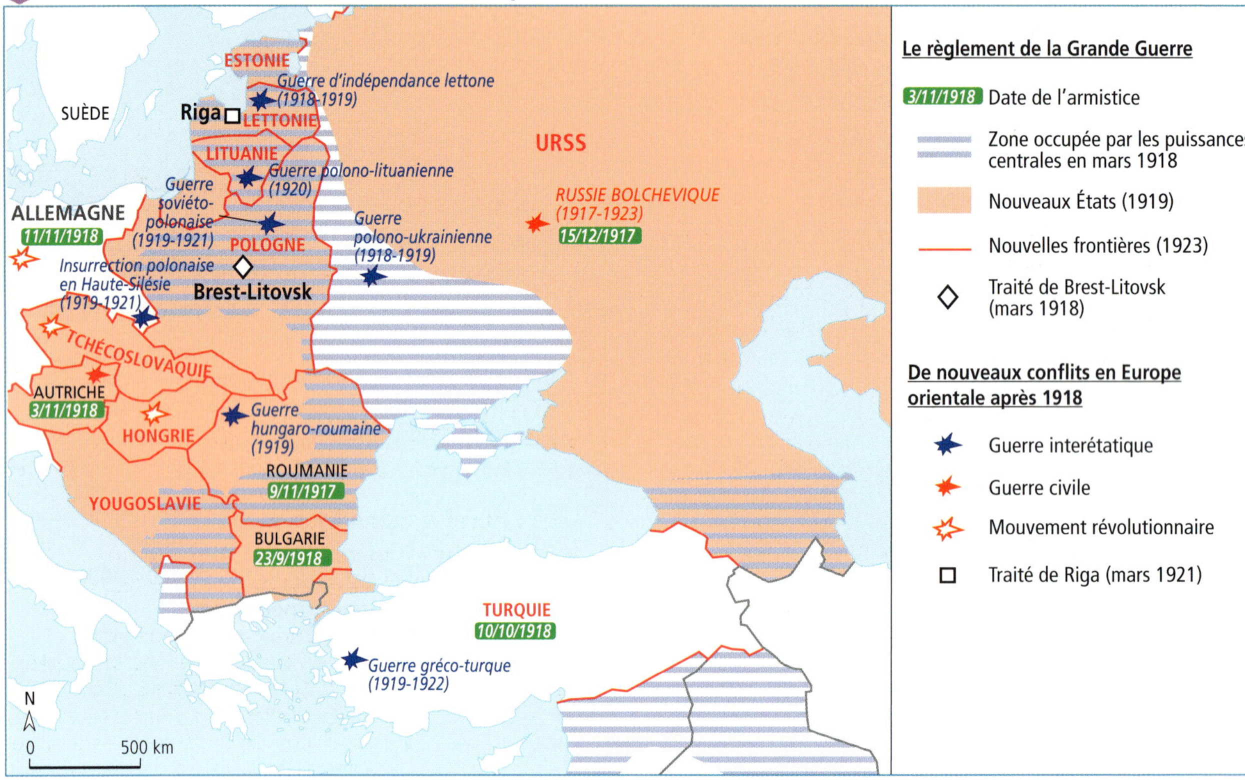


### 2 Le communisme de guerre

Camarades ! Le soulèvement koulak[1] dans vos cinq districts doit être écrasé sans pitié. Les intérêts de la révolution tout entière l'exigent, car partout la lutte finale avec les koulaks est désormais engagée. Il faut faire un exemple. 1. Pendre (je dis pendre de façon que les gens le voient) pas moins de 100 koulaks, richards, buveurs de sang connus. 2. Publier les noms. 3. S'emparer de tout leur grain. 4. Identifier les otages comme nous l'avons indiqué dans notre télégramme hier. Faites cela de façon qu'à des centaines de lieues à la ronde les gens voient, tremblent, sachent et se disent : « Ils tuent et continueront à tuer les koulaks assoiffés de sang. » Télégraphiez que vous avez bien reçu et exécuté ces instructions.

Vôtre, Lénine.

P.-S. Trouvez des gens durs.

Lettre de Lénine à V. V. Kuraev, 11 août 1918.

1. Le mot koulak désigne un paysan aisé ; il est employé par les bolcheviks pour qualifier tous ceux qui s'opposent à la collectivisation des terres.

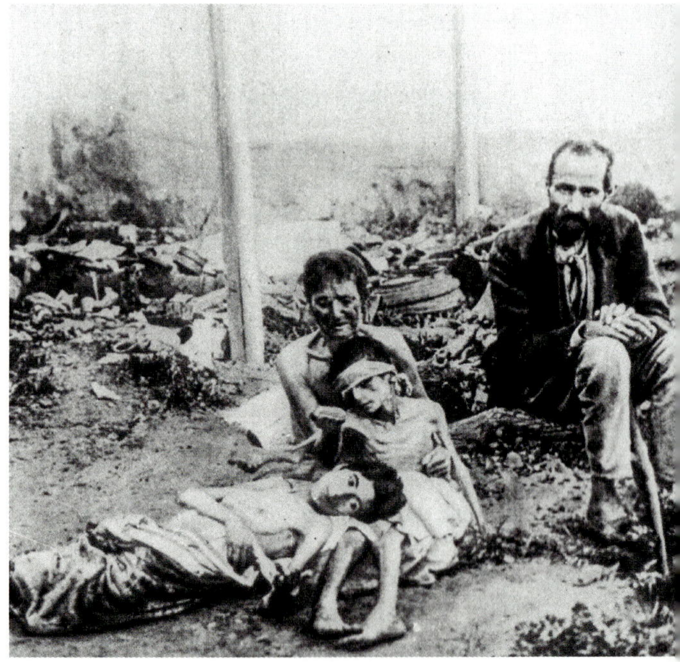

**3 Victimes de la famine dans la région de la Volga, en Ukraine (1921)**

## 4 Un pogrom en Ukraine

*Les nationalistes ukrainiens présentent la révolution bolchevique comme un « complot juif ». Ils multiplient les pogroms, comme ici en février 1919 à Proskourov (Khmelnytsky), où 2 000 juifs sont massacrés.*

Ils ne se servaient pas seulement de leurs sabres, mais également de leurs baïonnettes. [...] La maison de Krotchak fut visitée par huit hommes, qui commencèrent à briser les carreaux des fenêtres. Cinq hommes pénétrèrent dans la maison, tandis que les trois autres restèrent dehors. Ceux qui étaient à l'intérieur prirent le vieux Krotchak par la barbe, le tirèrent jusqu'à la fenêtre de la cuisine et le jetèrent dehors aux trois autres qui le tuèrent. Puis ils tuèrent la vieille femme et ses deux filles. Une jeune fille qui était passée rendre visite à la famille fut traînée par ses longs cheveux dans une autre pièce, jetée par la fenêtre dans la rue puis tuée. Après ce meurtre, les cosaques[1] revinrent dans la maison et infligèrent plusieurs blessures à un garçon de treize ans, qui devint sourd à la suite de l'agression. Son frère aîné fut blessé neuf fois à l'estomac et au flanc, après avoir été placé sur le cadavre de sa mère.

Récits de témoins cités dans le rapport d'A. Hillerson au Comité des délégations juives, 1927.

**1.** Cavaliers d'élite dans l'armée impériale russe puis dans les armées blanches.

## 5 Les corps francs de la Baltique

*Ernst von Salomon (1902-1972), écrivain nationaliste allemand, raconte dans ce roman autobiographique son engagement dans un corps franc en 1919.*

Nous étions enragés. Nous chassions les Lettons comme des lièvres à travers les champs, nous incendiions toutes les maisons, nous réduisions en miettes tous les ponts jusqu'au dernier pilier, nous abattions tous les poteaux télégraphiques. Nous jetions les cadavres au fond des puits et nous lancions des grenades par-dessus. Nous renversions tout ce qui nous tombait sous la main, nous mettions le feu à tout ce qui pouvait brûler. Nous voyions rouge, rien des sentiments humains ne subsistait dans nos cœurs. Partout où nous avions saccagé, le sol criait sous la destruction. Où nous avions attaqué, il ne restait des maisons d'autrefois que des décombres, des cendres, des débris de bois rougeoyants comme un large ulcère sur des champs dévastés. Un drapeau de fumée marquait notre chemin.

Ernst von Salomon, *Les Réprouvés*, 1930.

## 6 « La liberté bolchevique »

De février 1919 à mars 1921, la guerre russo-polonaise fait 150 000 morts. L'affiche représente Trotski, fondateur de l'Armée rouge.
« Ils promettaient le bolchevisme : nous vous donnerons la paix, nous vous donnerons la liberté, nous vous donnerons la terre, du travail et du pain. Ils nous ont dupés vilement. Ils ont déclaré la guerre à la Pologne. Au lieu de la liberté, on a eu le poing. Au lieu de la terre, les réquisitions. Au lieu du travail, la misère. Au lieu du pain, la famine. »
Affiche polonaise (1920).

### *Pourquoi la décomposition de l'Empire russe s'accompagne-t-elle de violences extrêmes ?*

**Organiser une synthèse**

**1.** Reproduisez le tableau sur une feuille au brouillon.

| | Lieux | Combattants | Victimes | Violences commises |
|---|---|---|---|---|
| Documents | | | | |
| Idées principales | | | | |

**2.** Extrayez les informations pertinentes des documents et placez-les dans les cases appropriées. Vous pouvez utiliser le même document dans plusieurs colonnes.

**3.** À partir de ce tableau, rédigez une synthèse structurée en trois paragraphes pour montrer que la violence est omniprésente à l'est de l'Europe entre 1917 et 1923.

# DOCUMENTS

POINT DE PASSAGE

# Les traités de paix (1919-1923)

## *Pourquoi les traités signés lors de la conférence de Paris instaurent-ils une paix fragile ?*

→ COURS P. 252

### 1 La responsabilité allemande

Les gouvernements alliés et associés déclarent et l'Allemagne reconnaît que l'Allemagne et ses alliés sont responsables, pour les avoir causés, de toutes les pertes et de tous les dommages subis par les gouvernements alliés et associés et leurs nationaux en conséquence de la guerre, qui lui a été imposée par l'agression de l'Allemagne et de ses alliés.

Traité de Versailles, article 231, 28 juin 1919.

### 3 Une paix fragile

Le Conseil des Quatre chante l'hymne traditionnel *Peace, Perfect Peace*. « Pendant qu'ils chantent, ils oublient de regarder derrière. »

Caricature de David Low publiée dans l'hebdomadaire australien *The Bulletin*, 15 mai 1919.

### 2 Une paix manquée

*Membre de la délégation britannique, le célèbre économiste Keynes a quitté les négociations avant même la signature du traité de Versailles. Dès 1919, il dénonce « l'aveugle passion anti-allemande » et ses dangers.*

Le Traité ne contient aucune mesure en faveur du rétablissement économique de l'Europe – rien pour faire des Empires centraux vaincus de bons voisins, rien pour stabiliser les nouveaux États européens, rien pour que la Russie revienne vers nous. Il n'encourage en aucune façon des accords de solidarité économique entre les Alliés eux-mêmes. Aucune disposition n'a été prise pour remettre de l'ordre dans les finances de la France et de l'Italie, ou pour réajuster les systèmes du Vieux et du Nouveau Monde. Le Conseil des Quatre n'a prêté aucune attention à ces problèmes, si préoccupé qu'il était par d'autres – Clemenceau voulait anéantir l'existence économique de l'Allemagne, Lloyd George conclure à tout prix un accord et rapporter en Angleterre quelque chose qui passerait pour acceptable pendant une semaine, et le Président [Wilson] ne rien faire qui ne fût juste en droit. Il est extraordinaire que le problème économique fondamental que posait une Europe qui mourait de faim et se désagrégeait sous leurs yeux ne soit précisément la seule question à laquelle il ait été impossible d'intéresser les Quatre. Leur principale incursion dans le domaine économique, ce furent les Réparations, et ils réglèrent le problème comme s'il relevait de la théologie, de la politique ou de la tactique électorale, adoptant successivement tous les points de vue sauf celui de l'avenir économique des États dont ils avaient en main les destinées.

John Maynard Keynes, *Les Conséquences économiques de la paix*, 1919.

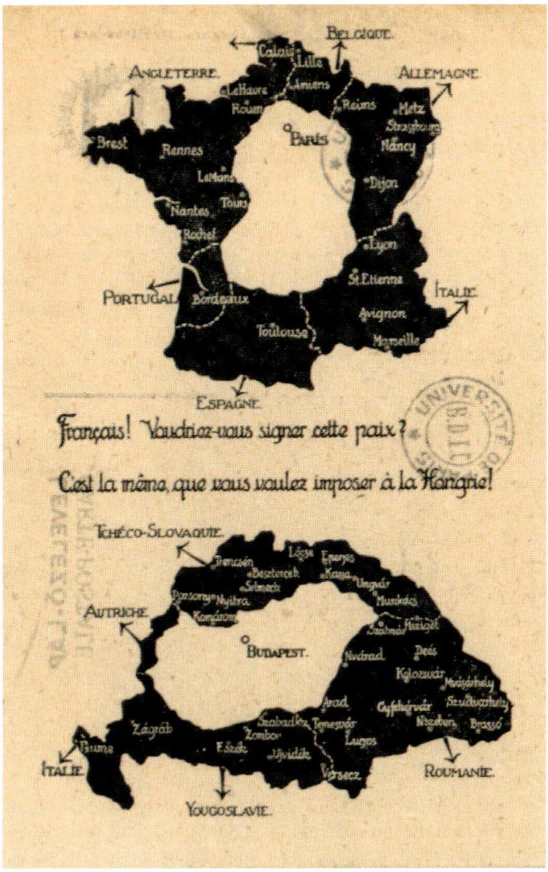


## 4 La Hongrie amputée

Carte postale en faveur de la Hongrie à destination de l'opinion française, 1919.
Archives de la Bibliothèque de Paris, Nanterre.

## 5 L'Allemagne exécutée

« Même vous, vous disposez encore du droit à l'autodétermination : souhaitez-vous qu'on vous vide les poches avant ou après la mort ? »
Illustration de Heine, *Simplicissimus*, 3 juin 1919.

### Repères

**Des armistices aux traités**

| Armistice de | Traité de |
| --- | --- |
| **Roumanie *vs* Empires centraux** | |
| **Focsani** 9 déc. 1917 | **Trianon** 4 juin 1920 |
| **Russie *vs* Empires centraux** | |
| **Brest-Litovsk** 15 déc. 1917 | **Brest-Litovsk** 3 mars 1918 |
| **Allemagne *vs* Alliés** | |
| **Rethondes** 11 nov. 1918 | **Versailles** 28 juin 1919 |
| **Autriche *vs* Alliés** | |
| **Villa Giusti** 3 nov. 1918 | **Saint-Germain-en-Laye** 10 sept. 1919 |
| **Hongrie *vs* Alliés** | |
| **Villa Giusti** 3 nov. 1918 | **Trianon** 4 juin 1920 |
| **Bulgarie *vs* Alliés** | |
| **Salonique** 29 sept. 1918 | **Neuilly-sur-Seine** 27 nov. 1919 |
| **Empire ottoman *vs* Alliés** | |
| **Moudros** 30 oct. 1918 | **Sèvres,** 10 août 1920 puis **Lausanne,** 24 juil. 1923 |

### *Pourquoi les traités signés lors de la conférence de Paris instaurent-ils une paix fragile ?*

#### Répondre aux questions

1. **Expliquez** pourquoi le traité de Versailles est jugé scandaleux en Allemagne (**doc. 1 et 5**).
2. **Résumez** les insuffisances des traités selon Keynes (**doc. 2**).
3. **Décrivez** et **identifiez** la menace qui pèse sur la paix selon cette caricature (**doc. 3**).
4. **Expliquez** pourquoi les Hongrois n'acceptent pas le traité de Trianon (**doc. 4**).
5. À l'aide des réponses précédentes, **montrez** que les traités signés lors de la conférence de Paris instaurent une paix fragile.

#### Rédiger un texte argumenté

Pour le centenaire de la conférence de la Paix de Paris, vous devez rédiger un article de synthèse qui en dresse le bilan. Expliquez, d'une part, les raisons pour lesquelles la paix négociée est insatisfaisante pour les puissances vaincues et, d'autre part, les limites des traités signés lors de la conférence de Paris. Utilisez les informations prélevées dans les documents.

# DOCUMENTS

# La paix grâce à la sécurité collective ?

## Quelles sont les forces et les faiblesses du système de sécurité collective mis en place avec la SDN ?

→ COURS P. 252

### 1 Arrêter la guerre

Illustration publiée dans l'hebdomadaire français *Le Miroir*, 16 mars 1919.

### 2 Pour une paix sans victoire

De simples accords ne sauraient à eux seuls instaurer une paix sûre […]. La paix qui reste à conclure ne sera durable qu'à la condition d'être garantie par la grande force organisée de l'humanité. Avant tout, ce doit être une paix sans victoire. […] Une victoire serait une paix imposée au perdant, le vainqueur dictant ses conditions au vaincu […]. Seule une paix conclue d'égal à égal peut être durable, paix dont le principe même soit l'égalité et une participation commune à un bien commun […]. L'égalité entre nations, sur laquelle la paix doit se fonder pour être durable, doit être une égalité de droits ; les garanties échangées ne doivent ni entériner ni impliquer une différence entre les nations, selon qu'elles sont grandes ou petites, puissantes ou faibles. Le droit doit s'appuyer sur la force commune, non sur la force individuelle, des nations dont la concertation sera le garant de la paix […]. Il est une notion plus fondamentale encore que l'égalité de droits entre nations organisées. Aucune paix ne saurait ou ne devrait durer sans une reconnaissance et une acceptation du principe selon lequel le pouvoir légitime des gouvernements procède du seul consentement des gouvernés et qu'aucun droit ne justifie qu'on fasse passer des peuples de la souveraineté d'un État à celle d'un autre comme s'ils en étaient la propriété.

T. Woodrow Wilson, *Discours devant le Sénat*, 22 janvier 1917.

### 3 Les inquiétudes d'un pacifiste

*Prix Nobel de la Paix 1909, le Français d'Estournelles de Constant écrit à son ami américain Butler, pacifiste lui aussi.*

Comment juger avec confiance du pacte de la Société des Nations devenu un compromis entre les ambitions des Grandes Puissances victorieuses ? Ces Grandes Puissances devraient, à mon sens, étonner le monde par leur désintéressement et donner l'exemple du respect de ces principes qui seront à la base de la Société des Nations, si cette Société doit vivre. Or, il est moins question de justice dans le pacte que de dépouiller l'Allemagne de ses possessions. […] Que deviennent les principes du président Wilson ? […] Si les États-Unis vainqueurs et arbitres résistent aux tentations de l'impérialisme ; si l'Allemagne ne tombe pas, après la Russie dans l'anarchie et si elle n'est pas poussée à une politique protestataire de revanche […], je crois encore que la Société des Nations pourra sortir viable de la Conférence.

Paul d'Estournelles de Constant, *Lettre à Nicholas Butler*, 22 février 1919.

## 4 Quel rôle pour les États-Unis ?

Sur le panneau : « Ce pont de la Société des Nations a été conçu par le président des États-Unis d'Amérique. »
Sur la pierre contre laquelle est appuyé l'Oncle Sam : « Clé de voûte : États-Unis »
Caricature publiée dans l'hebdomadaire satirique britannique *Punch*, 10 décembre 1919.

## 5 Aristide Briand à la SDN

*Le 10 septembre 1926, onze mois après la signature des accords de Locarno, l'Allemagne est accueillie à la SDN.*

Que penseraient les détracteurs de la Société des Nations s'ils assistaient à cette séance et croit-on que des événements comme celui d'aujourd'hui eussent été possibles, si la Société des Nations n'avait pas existé ? Quelques années seulement après une effroyable tourmente, alors que les champs de bataille sont encore humides de sang, les mêmes peuples qui se heurtaient se rencontrent aujourd'hui et échangent leurs désirs réciproques de collaboration. Quelle espérance pour les peuples et pour les mères et comme j'en connais qui regarderont ce soir leurs enfants sans sentir leur cœur angoissé. Pour l'Allemagne et pour la France en particulier, cette journée voudra dire : « Finie la série des rencontres sanglantes ; finie la guerre entre nous ; finis des voiles de deuil et des souffrances qui ne s'apaiseront pas. Plus de guerres, plus de solutions brutales et sanglantes à nos différends. [...] (*Vifs applaudissements dans l'assemblée*) Plus de solutions sanglantes, c'est le juge, désormais, qui dira le droit, et comme les individus, nous irons devant le magistrat demander le règlement de nos différends. Arrière les fusils, les mitrailleuses et les canons ! Place à la conciliation, à l'arbitrage et à la paix !

Un pays ne se grandit pas seulement par le succès militaire ; il se grandit bien davantage si, traversant d'énormes difficultés, il préfère patienter et demander au droit la consécration de la justice.

Aristide Briand, Discours à la Société des Nations, 10 septembre 1926.

### Repères

**Le prix Nobel de la paix**

Le prix Nobel de la paix est attribué en 1919 à W. Wilson, en 1920 au Français Léon Bourgeois pour son rôle dans la création de la SDN, en 1922 au Norvégien Fridtjof Nansen, et, en 1926 à Aristide Briand et Gustav Stresemann pour leur contribution à la réconciliation franco-allemande.

### *Quelles sont les forces et les faiblesses du système de sécurité collective mis en place avec la SDN ?*

#### Répondre aux questions

1. **Identifiez** les causes conduisant à la création de la SDN (**doc. 1 et 2**).
2. **Comparez** les principes énoncés par Wilson à la manière dont la paix s'est réellement conclue (**doc. 2 et 3**).
3. **Montrez** les limites du système de sécurité collective mis en place avec la SDN (**doc. 3 et 4**).
4. **Expliquez** l'enthousiasme d'Aristide Briand au sujet de la SDN (**doc. 5**).
5. À l'aide des réponses précédentes, **analysez** les forces et les faiblesses du système de sécurité collective mis en place avec la SDN.

#### Réaliser un diaporama

1. Réalisez un diaporama sur le rôle de la SDN au sortir de la Première Guerre mondiale. Vous devez classer les documents dans la partie qui convient le mieux.

   I. L'origine de la SDN
   II. Les espoirs qu'elle suscite
   III. Les limites à son action

2. Faites une présentation orale de votre diaporama.

# Le Soldat inconnu et les enjeux mémoriels

## Que signifie le culte du Soldat inconnu en France et au Royaume-Uni en 1920 ?

→ COURS P. 256

### 1 Regard d'historienne

En France, les 1 350 000 morts ont largement envahi tout l'espace symbolique et affectif. En 1919, on fête la victoire, mais le poids de la perte l'emporte. En 1920, l'inhumation du Soldat inconnu doit donner une place exceptionnelle à ces héros parmi les héros, les morts parmi les combattants. [...] Les funérailles nationales d'un combattant non identifié sont célébrées par tous les anciens belligérants. Ce culte du Soldat inconnu représente la « brutalisation[1] » de la guerre passée à la postérité mémorielle, il est l'invention commémorative par excellence de la Grande Guerre : l'anonymat garantit l'héroïsme de tous et permet le deuil de tous. De telles tombes deviennent des autels de la patrie. À partir du 11 novembre 1920, où ont lieu les deux premières cérémonies, à Londres et à Paris, le rite international s'inscrit au centre de chaque pouvoir national, dans les différentes capitales. [...] Ce qui reste, en 1919, des unions sacrées, c'est cet immense souffle de ferveur né en 1914, vécu dans l'intensité et le désarroi mêlés à travers les années de guerre, et que les commémorations nationales réactivent partout dans le respect du sacrifice, et, souvent, dans le sentiment de l'horreur de son inutilité. Au-delà des cérémonies officielles et des défilés militaires, les différents soldats inconnus ont bien cristallisé les valeurs de sacrifice et de malheur liées à la guerre. Et par un retournement qui dut probablement séduire les détracteurs des cérémonies, peu nombreux à l'origine, les tombes sont devenues aussi de hauts lieux symboliques de l'expression du pacifisme.

Annette Becker, « Le culte des morts, entre mémoire et oubli », *Encyclopédie de la Grande Guerre 1914-1918*, Bayard, 2013.

1. Voir Repères, p. 302.

### 2 La République et le Poilu

L'âme de la France a palpité, hier, tandis qu'étaient glorifiés, à l'occasion du Cinquantenaire de la République et de l'anniversaire de l'armistice, Gambetta, le grand tribun qui ne désespéra jamais de la patrie[1], et le Soldat français dont le sacrifice sauva la patrie et la civilisation. Un peuple ému splendidement s'était porté sur le passage des deux glorieuses dépouilles et nulle cérémonie ne saurait dépasser en grandeur cette marche triomphale à travers Paris, du Panthéon à l'Arc de l'Étoile. Aujourd'hui repose pour toujours, dans une sépulture digne de lui, le petit soldat de France tombé « quelque part un jour », sur le front, enterré sans nom le soir qu'il rêvait, peut-être, de son clocher perdu, dans la mélancolie grise des crépuscules de chez nous. Son corps passa au milieu d'une foule inclinée et le cœur des mères, douloureuses, saignait au poignant souvenir d'un cher disparu. Mais la tristesse ne dominait pas. Avec son tact instinctif, la foule parisienne avait compris qu'il s'agissait surtout d'une apothéose. C'était l'anniversaire double d'une grande idée, la République, et d'une grande réalité, la Victoire. Aussi, sans avis, dans du respect, dans de la fierté, accueillait-on le cortège, chacun passant presque à son voisin la consigne : la République victorieuse… Le Poilu… !

*Le Petit journal*, 12 novembre 1920.

1. Le cœur de Gambetta est transporté au Panthéon pour célébrer le 50e anniversaire de la IIIe République et le rôle de Gambetta dans la guerre contre les Prussiens en 1870.

### 3 Le cortège parisien

Lors des cérémonies du 11 novembre 1920, le char décoré transporte le cœur de Gambetta et le canon le cercueil du Soldat inconnu.

**4** **Le *Tommy* inconnu à Westminster**

Le 11 novembre 1920, un Soldat inconnu est enterré à Londres dans l'abbaye de Westminster, lieu de couronnement et de sépulture des reines et rois d'Angleterre.

**5** **Tombe du Soldat inconnu britannique**

*Le 11 novembre 1921, pour le premier anniversaire de l'inhumation du Soldat inconnu, une dalle est déposée sur la tombe du Soldat inconnu dans l'abbaye de Westminster.*

Sous cette pierre repose le corps d'un soldat britannique de nom et de grade inconnus ramené de France pour reposer parmi les gloires de ce pays et enterré ici le jour de l'Armistice, le 11 novembre 1920, en présence de Sa Majesté le roi George V, de ses ministres d'État et des chefs de son armée ainsi que d'un large rassemblement de son peuple.

Ainsi sont commémorées les multitudes d'hommes qui, durant la Grande Guerre de 1914-1918, ont donné ce qu'un homme peut donner de plus haut : la vie elle-même pour Dieu, pour le roi et pour le pays, pour ceux qu'ils aimaient, pour leur patrie, pour l'Empire, pour la cause sacrée de la justice et pour la liberté du monde.

On l'enterra parmi les rois, parce qu'il avait bien agi envers Dieu et envers son foyer.

### *Que signifie le culte du Soldat inconnu en France et au Royaume-Uni en 1920 ?*

**Répondre aux questions**

1. **Résumez** les raisons pour lesquelles, selon Annette Becker, on a organisé le culte d'un Soldat inconnu (**doc. 1**).
2. **Montrez** le lien entre les cérémonies nationales et le deuil privé des familles (**doc. 1 et 2**).
3. **Analysez** la célébration conjointe du Cinquantenaire de la III$^{e}$ République et de l'anniversaire de l'armistice (**doc. 2**).
4. **Comparez** les lieux utilisés, en France et au Royaume-Uni, lors des cérémonies du 11 novembre 1920 et **expliquez** leur choix (**doc. 2 à 5**).
5. **Montrez** que la commémoration est liée, en France comme au Royaume-Uni, à une forme de spiritualité (**doc. 2 à 5**).
6. À l'aide des réponses précédentes, **expliquez** ce que signifie le culte du Soldat inconnu en France et au Royaume-Uni en 1920.

**Préparer un discours**

Vous êtes président du musée de l'Arc de Triomphe. Le 11 novembre 2020, une grande cérémonie franco-britannique doit se tenir à l'occasion du Centenaire de l'inhumation du Soldat inconnu. Vous prononcerez un discours rappelant l'importance symbolique de cette cérémonie à l'issue de la Grande Guerre. Après avoir expliqué pourquoi de telles commémorations se mettent en place en 1920, en France et au Royaume-Uni, vous décrirez ces cérémonies et expliquerez leur signification.

# Le passeport Nansen et le statut des apatrides

## Comment le droit humanitaire international s'est-il renforcé après la Grande Guerre ?

→ COURS P. 252

### 1 Des millions de réfugiés sur les routes d'Europe (1919-1923)

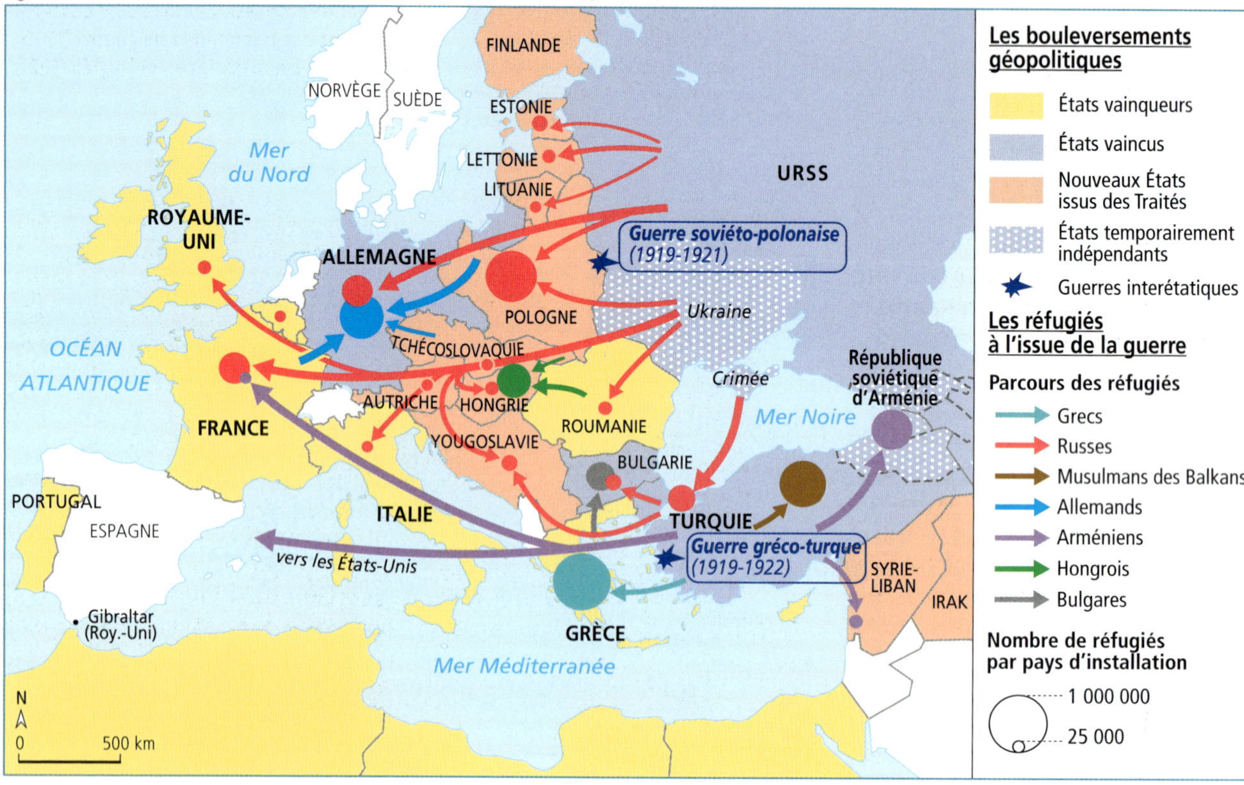

HAUT-COMMISSARIAT DE LA RÉPUBLIQUE FRANÇAISE AUPRÈS DES ÉTATS DE SYRIE, DU GRAND LIBAN, DES ALAOUITES ET DU DJEBEL DRUZE

SERVICES CONSULAIRES

N° 161 193

CERTIFICAT NANSEN

Certificat d'identité tenant lieu de passeport pour les Arméniens de Turquie, en conformité de la Circulaire ministérielle en date du 12 Août 1924

Nom & Prénoms Manouel Jamakortzian

Lieu et date de naissance né à Malatia en 1895

Résidence Beyrouth

Profession chauffeur

Qui en compagnie de /

Se rend en France

Fait à Beyrouth, le 1er Août mil neuf cent vingt cinq.

Le Consul de France

BEYROUTH

### 2 Le « passeport Nansen »

On appelle « passeport Nansen » le certificat accordé aux apatrides, qui leur donne une identité et leur permet de voyager légalement.

### 3 Le rôle du Haut-Commissariat aux réfugiés

Le Haut-Commissariat a été institué, vers la fin de 1921, en vue de résoudre les problèmes créés par la présence de plus d'un million et demi de réfugiés russes dispersés dans toute l'Europe. La plupart de ces réfugiés étaient dénués de toutes ressources et se trouvaient dans une situation d'autant plus difficile qu'ils ne possédaient aucun passeport, sinon des passeports reconnus par un très petit nombre de gouvernements. C'est par suite de l'impossibilité où se sont trouvés les gouvernements particuliers de résoudre ce problème, chacun pour sa part, que la Société a été invitée à s'occuper de leur bien-être. [...] Il a été reconnu, dès le début, que la question présentait deux phases bien distinctes, l'une transitoire, l'hospitalité à accorder aux réfugiés dans différents pays et l'autre, permanente, le rapatriement en Russie au fur et à mesure que la situation de ce pays deviendrait plus favorable. Des progrès notoires ont été réalisés pour ce qui touche à la période transitoire : trente et un gouvernements [...] acceptent aujourd'hui le modèle de certificat d'identité pour les réfugiés russes [...]. L'adoption de ce système a été extrêmement précieuse pour les réfugiés eux-mêmes, car elle a mis fin à leur situation illégale de « gens sans patrie ». [...]

Rapport sur les travaux du Haut-Commissariat pour les réfugiés présenté à la SDN par le Docteur Nansen, Genève, 4 septembre 1923.

## 4 L'accueil des réfugiés

*Dans cette autobiographie, l'écrivain américain d'origine russe raconte son enfance dans une famille aristocratique, contrainte à l'exil après la révolution d'Octobre 1917, et sa vie de Russe blanc.*

La Société des Nations munissait les émigrés, qui avaient perdu leur citoyenneté russe, d'un passeport dit Nansen, document très accessoire, d'une nuance vert pâle. Son titulaire valait à peine mieux qu'un criminel libéré sur parole et devait passer par d'odieuses épreuves chaque fois qu'il voulait voyager d'un pays à l'autre, et plus les pays étaient petits, plus ils étaient tatillons. Quelque part dans le fin fond de leurs glandes, les autorités sécrétaient cette notion que peu importait à quel point un État – disons la Russie soviétique – pouvait être mauvais, toute personne ayant fui cet État était intrinsèquement méprisable du fait qu'elle s'était soustraite à toute administration nationale : et par conséquent, on marquait à son endroit la désapprobation absurde avec laquelle certains milieux religieux regardent un enfant né hors mariage.

Vladimir Nabokov, *Autres rivages*, Gallimard, 1951.

**Fridtjof Nansen**
(1861-1930)
Explorateur, océanographe et skieur norvégien, Nansen dirige la première expédition à travers le Groenland entre 1893 et 1896. Sa célébrité lui vaut d'être nommé diplomate en 1906. Convaincu par les idées de Wilson, il prend la tête du Haut-Commissariat de la SDN chargé du rapatriement des prisonniers de guerre (1920), puis du Haut-Commissariat aux réfugiés (1921).

## 5 La Médaille Nansen

La Médaille Nansen est attribuée depuis 1954 par le Haut-Commissariat des Nations Unies pour les réfugiés (UNHCR). Elle est accompagnée d'un prix de 150 000 dollars offert par la Norvège et la Suisse.

### *Comment le droit humanitaire international s'est-il renforcé après la Grande Guerre ?*

#### Répondre aux questions

1. **Présentez** la situation migratoire en Europe à l'issue de la Première Guerre mondiale (**doc. 1 et 3**).
2. **Expliquez** le rôle du Haut-Commissariat aux réfugiés (**doc. 3**).
3. **Montrez** l'utilité du « passeport Nansen » et ses limites (**doc. 2, 3 et 4**).
4. **Expliquez** quel héritage Fridtjof Nansen a laissé pour le droit humanitaire international (**doc. 5**).
5. À l'aide des réponses précédentes, **montrez** comment le droit humanitaire international s'est renforcé après la Grande Guerre.

#### Réaliser une carte mentale

1. Écrivez « Le passeport Nansen et le statut des apatrides » au milieu d'une page.
2. Tracez trois branches partant de ce titre :
   - La création du passeport Nansen
   - Les limites du passeport Nansen
   - L'influence durable du passeport Nansen
3. Complétez chaque branche avec des informations extraites des documents.

RÉVISER

# Sortir de la guerre

## SAVOIR EXPLIQUER

### La fin de la guerre à l'ouest

- **La sortie de guerre**
  # Armistices ; Conférence de la Paix ; Quatorze points ; Traités de paix
- **La frustration des vaincus**
  # *Diktat* ; « Victoire mutilée » ; Terres irrédentes
- **La mise en place d'un nouvel ordre international**
  # SDN ; Sécurité collective ; Non-ratification du traité de Versailles par les États-Unis ; Mandats

### La poursuite de la guerre à l'est

- **Les causes des conflits**
  # Non-respect du droit des peuples à disposer d'eux-mêmes ; Délitement des États ; Guerres interétatiques ; Guerres civiles ; Luttes politiques et sociales ; Peur du communisme ; Brutalisation des sociétés
- **Les formes des conflits**
  # Massacres ; Grande famine soviétique ; Milices paramilitaires ; Corps francs ; Armée rouge ; Armées blanches

### Les séquelles de la guerre

- **Le bilan humain**
  # Morts ; Disparus ; Blessés ; Classes creuses ; Veuves ; Orphelins ; Apatrides ; Réfugiés
- **Le bilan matériel**
  # Ruines ; Terres agricoles dévastées ; Infrastructures détruites ; Zone rouge
- **Le bilan moral**
  # Démobilisation ; Anciens combattants ; Patriotisme ; Pacifisme ; Commémoration ; Soldats inconnus ; Monuments aux morts

## SAVOIR DATER

| | |
|---|---|
| 11 novembre 1918 | Armistice de Rethondes |
| 18 janvier 1919 | Ouverture de la conférence de la Paix à Paris |
| 28 avril 1919 | Adoption du pacte de la Société des Nations |
| 28 juin 1919 | Signature du traité de Versailles |
| Mars 1920 | Refus du Sénat des États-Unis de ratifier le traité de Versailles |
| 1922 | Passeport Nansen |

| | |
|---|---|
| 1917-1923 | Guerres russes |
| 1919-1922 | Guerre gréco-turque |
| Août 1920 | Traité de Sèvres |
| Septembre 1922 | Massacre de Smyrne |
| 1923 | Traité de Lausanne |

| | |
|---|---|
| 11 novembre 1920 | Inhumation de Soldats inconnus sous l'Arc de Triomphe et à Westminster Abbey |

Exercices interactifs

## SAVOIR DÉFINIR

- Anciens combattants → P. 256
- Apatride → P. 253
- Armée rouge → P. 254
- Armistice → P. 252
- Bolchevik → P. 254
- Classes creuses → P. 256
- Corps francs → P. 254
- Démobilisation → P. 256
- *Diktat* → P. 252
- Dominion → P. 252
- Mandat → P. 253
- Quatorze points → P. 252
- Réfugié → P. 253
- Russe blanc → P. 254
- Sécurité collective → P. 253
- Sorties de guerre → P. 253
- Terres irrédentes → P. 253
- Zone rouge → P. 256

Schéma interactif

# UNE DIFFICILE SORTIE DE GUERRE

- Vainqueurs
- Vainqueurs déçus
- Vaincus
- Monde

## *Les vainqueurs de la Première Guerre mondiale arrivent avec des objectifs contradictoires à Paris...*

- **La France** réclame la restitution de **l'Alsace-Lorraine** et des **réparations**
- **Le Royaume-Uni** veut maintenir un **équilibre européen**
- **L'Italie** réclame les **terres irrédentes**
- **Les États-Unis** veulent instaurer un **ordre mondial plus juste**, respectueux du droit des peuples à disposer d'eux-mêmes

## *... où ils élaborent un nouvel ordre international...*

- Lourdes **sanctions économiques et territoriales** infligées à l'Allemagne
- Instauration de **mandats** au Proche-Orient au profit de la France et du Royaume-Uni
- **Dissolution des empires multinationaux** (austro-hongrois et ottoman)
- **Création de la SDN** pour garantir la sécurité collective et la représentation de tous les États

## *... qui fait de nombreux mécontents et porte en germe de nouveaux conflits...*

- **Rejet de traités** considérés comme humiliants par l'Allemagne, la Hongrie et la Turquie
- **Minorités** allemandes en Europe centrale et orientale
- Les **Arabes** placés sous mandat estiment avoir été floués
- Création de **nouveaux États** en Europe centrale et orientale (Pologne, Yougoslavie, pays baltes) et agrandissement de la Roumanie
- L'**Italie** estime ne pas être récompensée de son engagement dans le camps des vainqueurs

## *... attisés par un contexte international instable.*

- Peur de la propagation de la **Révolution russe**
- **Repli isolationniste des États-Unis** qui refusent finalement d'intégrer la SDN

## POUR ALLER PLUS LOIN

### À VOIR

**Bertrand Tavernier**
***Capitaine Conan*** (1996)
Adaptation du roman de Roger Vercel (1934) racontant l'engagement de troupes françaises en Europe orientale après 1918.

**Albert Dupontel**
***Au revoir là-haut*** (2017)
Adaptation du roman de Pierre Lemaitre (2013) racontant le difficile retour à la vie civile de deux poilus traumatisés par la Grande Guerre.

### À CONSULTER

Le site Chemin de mémoire permet de trouver de nombreux documents originaux et des articles thématiques sur les conséquences de 14-18.

http://www.cheminsdememoire.gouv.fr

### À LIRE

**François Debois et Serge Fino**
***Les Chasseurs d'écume t.3*** (Glénat, 2013)
En 1919, un cuirassé français soutient les Russes blancs à Sébastopol, ce qui n'est pas du goût de l'équipage...

**Appollo et Serge Huo-Chao-Si**
***La Grippe coloniale***
Vents d'Ouest, 2003
À leur retour à la Réunion, les poilus sont accueillis en héros, mais la guerre les a changés et ils apportent avec eux un mal inconnu sur l'île...

***L'Histoire*, n° 449-450**
juillet-août 2018
Un excellent outil pour approfondir votre leçon ou pour préparer un exposé.

# BAC

## 1 S'ENTRAÎNER À L'ANALYSE DE DOCUMENT(S) SUJET GUIDÉ

**SUJET** **Construire la paix**

Après avoir présenté l'auteur et le contexte de rédaction du document, analysez de manière critique les principes qui doivent guider le rétablissement de la paix avec l'Allemagne selon Lloyd George.

### L'avis de Lloyd George, Premier ministre britannique

Si nous sommes sages, nous offrirons à l'Allemagne une paix qui, en même temps qu'elle sera juste, sera, pour tout homme sensé, préférable à l'alternative du bolchevisme. Je voudrais donc placer en frontispice de la paix l'idée suivante : dès que l'Allemagne aura accepté nos conditions, particulièrement les réparations, nous lui ouvrirons l'accès aux matières premières et aux marchés du monde, à égalité avec nous, et nous ferons tout notre possible pour rendre le peuple allemand capable de se remettre sur ses jambes. Nous ne pouvons à la fois l'estropier et nous attendre à être payés […].

À tous points de vue, par conséquent, il me semble que nous devons nous efforcer d'établir le règlement de la paix comme si nous étions des arbitres impartiaux, oublieux des passions de la guerre. Ce règlement devra avoir trois buts : avant tout, il doit rendre justice aux Alliés, en tenant compte de la responsabilité et des méthodes de guerre ; ensuite, il doit être tel qu'un gouvernement allemand conscient de ses responsabilités puisse le signer en estimant qu'il pourra remplir les obligations auxquelles il souscrit ; enfin, ce règlement ne devra renfermer aucune clause qui soit de nature à provoquer de nouvelles guerres, et il devra offrir une alternative au bolchevisme, parce qu'il se recommandera à l'opinion des gens raisonnables comme une solution équitable du problème européen.

Je crois enfin que, jusqu'à ce que l'autorité et l'efficacité de la Société des Nations aient été démontrées, l'Empire britannique et les États-Unis devraient donner à la France une garantie contre la possibilité d'une nouvelle agression allemande. La France a des raisons particulières de demander une telle garantie : en un demi-siècle, elle a été deux fois attaquée et deux fois envahie par l'Allemagne. Elle a été attaquée ainsi parce que, sur le continent européen, elle était le principal défenseur de la civilisation libérale et démocratique contre l'Europe centrale autocratique. Il est juste que les autres grandes démocraties occidentales s'entendent pour lui donner l'assurance qu'elles seront à son côté, en temps voulu, pour la protéger contre l'invasion, dans le cas où l'Allemagne la menacerait de nouveau, jusqu'à ce que la Société des Nations ait prouvé qu'elle était capable de préserver la paix et la liberté dans le monde.

Lloyd George, Mémorandum[1] du 25 mars 1919.

1. Document permettant de recueillir les observations d'un responsable politique en vue d'une décision future.

### Aide pour répondre

1. **Présentez l'auteur et le contexte de rédaction du document.**
   Quel pays Lloyd George représente-t-il ? Quelle est sa fonction ?
   Quel événement se tient à Paris depuis janvier 1919 ? Dans quel but ?
2. **Analysez les principes qui doivent guider le rétablissement de la paix avec l'Allemagne selon Lloyd George…**
   Identifiez les objectifs de Lloyd George.
   Identifiez les principes sur lesquels il veut fonder la paix avec l'Allemagne pour atteindre ces objectifs.

   **… de manière critique.**
   Vérifiez si ces principes ont effectivement guidé la rédaction du traité de Versailles en les confrontant à vos connaissances.

## 2 S'ENTRAÎNER À L'ANALYSE DE DOCUMENT(S)

BAC BLANC

**SUJET** Une paix conflictuelle

Après avoir présenté l'auteur et le contexte de rédaction des documents, analysez de manière critique la position des deux auteurs sur la capacité du traité de Versailles à ramener la paix entre la France et l'Allemagne.

### 1 L'avis de Charles de Gaulle, officier français

Ma chère Maman,

Voici donc la paix signée. Il reste à la faire exécuter par l'ennemi, car tel que nous le connaissons, il ne fera rien, il ne cédera rien, il ne paiera rien, qu'on ne le contraigne à faire, à céder, à payer, et non pas seulement au moyen de la force, mais bien par la dernière brutalité. C'est le seul procédé à employer à son égard. Ses engagements sont une fumée, sa signature une mauvaise plaisanterie. Heureusement nous tenons, et il nous faut absolument garder, la rive gauche du Rhin. Les motifs d'y demeurer ne manqueront certes pas, car je ne crois pas une seconde à des paiements sérieux d'indemnités de la part de l'Allemagne. Non pas certes qu'elle ne puisse payer, mais parce qu'elle ne le veut pas. Nous allons donc nous heurter de suite à toute cette science de chicanes gémissantes, de délais prolongés, d'entêtements sournois, qui est la plus claire aptitude de cette race. Nous avons éprouvé cette science à mainte occasion, et notamment à propos de chacun des articles du traité d'armistice qu'il fallut plusieurs interventions impatientées du maréchal Foch[1] pour faire exécuter à peu près. Seulement nous n'allons plus avoir à brandir d'épée flamboyante, avec nos troupes démobilisées, et celles de nos alliés rentrées chez elle. Au fur et à mesure des années, l'Allemagne se redressant deviendra plus arrogante, et finalement ne nous paiera pas à beaucoup près ce qu'elle nous doit. Il faut craindre du reste que nos alliés ne soient d'ici à très peu de temps nos rivaux et ne se désintéressent de notre sort.

Charles de Gaulle [alors chef de bataillon envoyé en Pologne], Lettre à sa mère du 25 juin 1919.

**1.** Un des chefs de l'armée française.

### 2 L'avis du prince de Bülow, ancien chancelier allemand

Jamais n'a été infligée à un peuple, avec plus de brutalité, une paix aussi accablante et aussi ignominieuse qu'au peuple allemand la paix honteuse de Versailles. Dans toutes les guerres des derniers siècles, des négociations entre vainqueur et vaincu avaient précédé la conclusion de la paix. [...]

Mais une paix sans négociations préalables, une paix dictée comme celle de Versailles, est aussi peu une vraie paix qu'il n'y a transfert de propriété quand un brigand renverse à terre un malheureux et le contraint ensuite à lui remettre son porte-monnaie.

La paix de Versailles nous a ravi plus de soixante-dix mille kilomètres carrés et plus de sept millions d'habitants. [...] Pour garder le géant enchaîné, on a mis deux sbires à ses flancs, la Pologne et la Tchécoslovaquie, qui ont reçu le droit, conservé aussi par les États vainqueurs, d'augmenter librement leurs forces militaires, tandis que notre armée, autrefois la plus forte et la plus brave du monde, était réduite à n'être qu'une force de police à peine suffisante pour maintenir l'ordre intérieur.

*Mémoires du chancelier prince de Bülow*, t. 3., 1931.

## 3 RÉPONDRE À UNE QUESTION PROBLÉMATISÉE

SUJET GUIDÉ

**SUJET** Guerres et paix en Europe (1917-1923)

**Aide pour répondre**

Vous pouvez adopter le plan suivant :
- À l'issue de la Grande Guerre, les vainqueurs tentent d'établir une paix durable en Europe
- Entre 1917 et 1923, l'Europe est déchirée par des conflits, qui entraînent une révision des traités de paix
- Après-guerre, les sociétés sont tiraillées entre pacifisme et haine durable des ennemis d'hier

**Retrouvez des sujets de BAC et des méthodes conformes et actualisés sur le site → lyceen.nathan.fr/lequintrec1re-2019**

# CAHIER BAC

Ce cahier a pour objectif de vous aider à maîtriser les épreuves spécifiques à l'histoire au lycée :
- l'analyse de document(s), qui permet de comprendre, expliquer et critiquer une source historique ;
- la réponse argumentée à une question historique.

Vous serez ainsi prêt pour les épreuves communes de Première et de Terminale.

Pour aller plus loin et vous préparer aux études supérieures, ce cahier propose aussi de vous initier à la composition ou dissertation.

## CAHIER BAC

# Les épreuves communes de contrôle continu de Première

## L'analyse de document(s) (1h)

L'analyse de document(s) est accompagnée d'une consigne. Cette dernière suggère une problématique et des éléments de construction de l'analyse, c'est-à-dire souvent un plan à suivre.

Dans tous les cas, vous devez montrer que vous comprenez le sens général du (ou des) document(s), que vous pouvez en sélectionner des informations et les expliciter en vous appuyant à la fois sur le contenu du (ou des) document(s) et sur vos connaissances personnelles.

## La question problématisée (1 h)

Cette épreuve consiste à rédiger une réponse argumentée à un sujet, formulé sous forme de question. L'intitulé de la question suggère des éléments de construction de la réponse, c'est-à-dire souvent un plan à suivre. Votre capacité à analyser le sujet est évaluée. Vous devez maîtriser les connaissances nécessaires, pouvoir les sélectionner et les organiser pour répondre à la problématique de la question.

Rendez-vous sur nathan.fr/Bac et sur le site
→ lyceen.nathan.fr/lequintrec1re-2019

# Présenter un document

**L'objectif de cette épreuve est d'évaluer votre capacité à comprendre l'apport historique d'un document. Pour commencer, vous devez le présenter, en précisant tous les éléments nécessaires à sa compréhension. Une bonne présentation doit permettre à une personne qui n'a pas le document sous les yeux de comprendre ce que vous étudiez.**

**SUJET**

**La prise de la Bastille**

Présentez le document, analysez la manière dont il décrit les événements et soulignez ses limites pour comprendre la journée révolutionnaire du 14 juillet.

**Connaissances mobilisées :**
**Chapitre 1, p. 12 à 41**

**Récit du commandant de la garnison de la Bastille**

On dit [aux assaillants] de se retirer sans quoi on ferait feu, leurs cris redoublèrent. Alors trente invalides[1] [...] reçurent l'ordre de tirer. La multitude riposta non sans avoir perdu plusieurs hommes, qui tombèrent morts ou blessés sur place. [...] Alors la foule se rua dans les cours ; on nous désarma, on s'empara de nous, on pénétra dans les appartements, on jeta les papiers des archives par les fenêtres et les armes, les effets, l'argent, tout fut livré au pillage. On courut délivrer les prisonniers. [...]

On m'entraîna à l'Hôtel de Ville [...]. M. de Launay[2] me précédait de quelques pas. Depuis la Bastille jusqu'à l'Hôtel de Ville, la route ne fut pour lui qu'un long supplice. Il recevait de toutes parts des coups d'épée et de baïonnette [...]. Je vis tout à coup une tête sanglante et meurtrie au bout d'un bâton : c'était celle de M. de Launay ! Le major de Losme et l'aide-major Miray, un officier et deux soldats invalides dont l'un était blessé à la tête, furent pendus ou exécutés presque au même instant.

*Relation de la prise de la Bastille le 14 juillet 1789, par un de ses défenseurs*, rapport du lieutenant Louis de Flue, *Revue rétrospective*, volume 4, 1834.

1. Anciens soldats réquisitionnés comme renforts.
2. Gouverneur de la Bastille.

Le **titre du document** choisi par les auteurs de l'épreuve peut vous aider à cerner le sujet.

La **source du document** apporte des informations précieuses :
- l'auteur ;
- le titre de la source ;
- une précision permettant d'identifier la nature de la source ;
- l'ouvrage dans lequel le rapport a été publié ;
- la date de publication (et non d'écriture).

## Méthode

**1 Identifier la nature du document.**

- Les sources historiques sont de **nature très variée**. Elles peuvent être écrites, iconographiques, architecturales, archéologiques, artistiques, statistiques, etc.

**2 Présenter l'auteur.**

- S'il est connu, situez **sa fonction, ses idées, son rôle historique** grâce à vos connaissances.
- S'il est inconnu, **déduisez des informations** de l'extrait et de la source.
- Identifiez **son point de vue**.

## Application guidée

- *Il s'agit d'un compte rendu d'événements rédigé dans le cadre d'un rapport officiel.*

- *Le lieutenant Louis de Flue commande le corps des gardes suisses en garnison à la Bastille.*

*Il n'est pas supposé être connu. On comprend que son point de vue est celui d'un officier qui tente de repousser les émeutiers et qui y risque sa vie.*

## Méthode

**3 Identifier les destinataires.**

› Le destinataire détermine **le ton et les arguments** employés. Trouver pour qui le document a été produit permet de comprendre **les intentions de l'auteur**.

**4 Repérer la date et présenter le contexte.**

› Mobilisez vos connaissances pour décrire **la situation politique, économique, sociale ou culturelle** dans laquelle le document a été produit.

**5 Résumer l'idée générale.**

› Synthétisez en une phrase la teneur du document.

**6 Rédiger la présentation du document.**

## Application guidée

- *L'auteur rédige un rapport qui n'est pas destiné à être rendu public, mais à être lu par ses supérieurs dans l'armée.*

- *Le texte n'est publié qu'en 1834. Il décrit des événements se déroulant le 14 juillet 1789 et a probablement été rédigé à chaud.*
*L'engrenage révolutionnaire s'est enclenché lorsque les députés se sont autoproclamés Assemblée nationale le 17 juin 1789. Le 14 juillet, le peuple parisien prend d'assaut la Bastille où il croit pouvoir trouver des munitions et des prisonniers à libérer.*

- *Un des officiers en charge de la défense de la Bastille fait le récit de la violence et des crimes des révolutionnaires.*

## Sur la copie

*La crise économique, financière et politique que traverse la France en 1789 a mené le roi à convoquer les États généraux. Le 17 juin, s'estimant investis de la souveraineté nationale par le fait qu'ils représentent l'immense majorité des Français, les députés du tiers état s'autoproclament Assemblée nationale. Enhardi par la faiblesse du roi, le peuple parisien se soulève le 14 juillet 1789. La prison de la Bastille, où il pense trouver des munitions, est prise d'assaut et son gouverneur exécuté. Ce document intitulé « Relation de la prise de la Bastille le 14 juillet 1789, par un de ses défenseurs » est un extrait du rapport rédigé par le lieutenant Louis de Flue, officier qui commande le corps suisse de service à la Bastille ce jour-là. Publié seulement en 1834, dans la Revue Rétrospective, il est à destination de sa hiérarchie militaire. Il a pour vocation à faire la lumière sur les événements. Cet extrait relate l'attaque et la mise à mort du gouverneur de Launay.*

**CONSEIL**

Pour ne rien oublier, vous pouvez retenir l'acronyme **CANDI** (**C**ontexte, **A**uteur, **N**ature, **D**estinataires, **I**dée principale).

**CONSEIL**

Pensez à souligner les titres d'ouvrage.

# Analyser un document en répondant à une consigne

**Pour analyser un document, il faut d'abord le comprendre, puis mobiliser les informations qu'il fournit, et enfin utiliser ses connaissances personnelles pour l'éclairer.**

**SUJET**

**La révolution de 1848 en France et en Italie**

Expliquez la situation italienne évoquée par le texte, ainsi que le parallèle établi par les démocrates français avec leur propre situation.

**Connaissances mobilisées :**
**Chapitres 2 et 3, p. 42 à 87**

**Le soutien de la gauche française aux républicains romains**

Citoyens,

La démocratie française[1] vient saluer en vous, avec enthousiasme, la République glorieusement fondée sur les bords du Tibre. [...] Rome affranchie, c'est le signal de l'affranchissement de l'Italie entière, c'est le premier pas vers le rétablissement de la nationalité italienne, sous la seule forme où elle soit désormais possible, la république.

Courage, frères ! Déjà la Toscane est libre, Venise combat, la Lombardie est frémissante, le Piémont s'agite, le sang versé à Naples aura ses vengeurs ; bientôt, de tous ces États émancipés sortira resplendissante l'unité italienne.

Jusque-là, Romains, veillez sur votre victoire, ne vous en laissez pas ravir les fruits par aucune faction rétrograde. Voyez ce qui se passe en France, que cette leçon ne soit pas perdue pour vous : c'est par l'énergie révolutionnaire que l'on sauve la Révolution. Maintenez le peuple en armes toujours prêt à défendre sa conquête et à foudroyer ses ennemis.

L'Espagne, Naples et l'Autriche forment, dit-on, une alliance sacrilège pour étouffer le pouvoir populaire à Rome ; ces bruits ne peuvent vous troubler, Citoyens, dans l'austère travail de votre Constitution. Les vieux tyrans hésiteront avant d'attaquer les Romains fondant leur indépendance. S'ils l'osaient jamais, citoyens d'Italie, les sympathies de la démocratie française sont avec vous ; ses volontaires, à votre appel, vous viendraient en aide pour chasser les barbares.

Adresse à l'Assemblée constituante romaine, 24 février 1849.

1. Ce texte est signé par 59 députés de la gauche française membres de l'Assemblée nationale française élue en avril 1848.

## Méthode

**1 Présenter le document.**

Même si ce n'est pas précisé dans la consigne, présentez rapidement le document selon la méthode **CANDI** (voir p. 274).

**2 Analyser la consigne.**

Bien qu'elle ne soit constituée que d'une ou deux phrases, la consigne **propose** souvent un **plan à suivre** qu'il faut repérer.

## Application guidée

- *Ce texte nécessite de mobiliser les connaissances du chapitre 2 (L'Europe entre Restauration et Révolution) et du chapitre 3 (La Deuxième République).*

*Il s'agit d'une déclaration des députés français républicains à leurs homologues italiens, qui viennent de proclamer la République romaine le 9 février 1849.*

- *Cette consigne appelle à construire une réponse en deux parties :*
*– une explication de la situation italienne évoquée par le texte ;*
*– une analyse du parallèle établi par les démocrates français avec leur propre situation.*

BAC

## Méthode

### 3 Comprendre le document.

- Lisez plusieurs fois le texte :
  - une première fois pour en repérer **l'idée principale** ;
  - puis plusieurs fois, le crayon à la main, pour repérer les **termes importants**, les éléments qu'il faut expliquer, les **mots difficiles**.

### 4 Extraire les éléments utiles du document.

- **Soulignez** et **annotez** dans le texte les passages utiles et à citer.
- Utilisez une **couleur différente** pour chaque partie de la consigne.

### 5 Mobiliser ses connaissances.

- Utilisez vos connaissances personnelles pour **expliquer, confirmer ou infirmer** les éléments de réponse du texte.

### 6 Rédiger la réponse à la consigne.

## Application guidée

- *Par exemple, lorsque vous soulignez l'expression « faction rétrograde », écrivez « monarchistes » dans la marge.*
  *Pour le mot « affranchie », notez « libérée ».*
  *En marge de « La République glorieusement fondée sur les bords du Tibre », notez « 9 février 1849 ».*

- *La situation italienne évoquée par le texte*
- *La situation des démocrates français*

- *Vos connaissances vous permettent par exemple d'expliquer « ce qui se passe en France ».*
  *→ Le 10 décembre 1848, Louis-Napoléon Bonaparte est élu président de la République, comme candidat du parti de l'Ordre. Pour les députés de gauche, c'est la fin de l'espoir d'une République sociale.*

## Sur la copie

*Ce document, daté du 24 février 1849, est un extrait de l'adresse envoyée par 59 députés de la gauche française à leurs homologues italiens. Ceux-ci sont membres de l'Assemblée nationale constituante de la toute nouvelle république proclamée à Rome le 9 février 1849.*

*Le contexte est celui du « Printemps des peuples », qui a démarré avec la révolution de février 1848 à Paris et se poursuit malgré la répression féroce dirigée par l'Autriche. Les députés français font référence à la situation des Italiens dont le combat à la fois républicain et national s'est durci en ce début d'année 1849. Ils poursuivent « le rétablissement de la nationalité italienne, sous la seule forme où elle soit désormais possible, la république ».*

*Les députés français décrivent une Italie en pleine effervescence. « Déjà la Toscane est libre ». En effet, la république a été proclamée à Florence quelques jours auparavant ; « Venise combat, la Lombardie est frémissante, le Piémont s'agite », car tous trois continuent la guerre contre les Autrichiens. Si « Naples aura ses vengeurs », c'est que le roi, après avoir été contraint d'accorder une Constitution libérale, a écrasé la révolution dans le sang en mai 1848. Pourtant les républicains français, très optimistes, espèrent une grande révolution dans la péninsule : « bientôt, de tous ces États émancipés sortira resplendissante l'unité italienne. » Ils ne sont cependant pas dupes des dangers qui guettent à la fois le mouvement national et le « pouvoir populaire », c'est-à-dire la république. « L'alliance sacrilège » de « L'Espagne, Naples et l'Autriche » fait craindre une contre-révolution qui a déjà eu lieu à Naples. [...]*

+ Copie complète

**CONSEIL**

- **Présentez** le document dans un **premier paragraphe**.
- Rédigez un **deuxième paragraphe** expliquant la situation italienne, en montrant que le combat des députés romains est à la fois national et républicain.
- Dans un **troisième paragraphe**, comparez-la avec l'expérience des démocrates français et montrez que ceux-ci veulent faire profiter leurs « frères italiens » de leur expérience.
- **Concluez** en expliquant l'échec des républicains romains.

# Analyser un document de manière critique

**L'étude d'un document comporte une dimension critique. Il s'agit de dégager son intérêt, mais aussi ses limites pour la compréhension du problème historique étudié.**

**SUJET**

**Le Printemps des peuples**

Montrez que cette image transmet une nouvelle vision des rapports entre les classes sociales et les sexes, ainsi que de la fraternité des peuples unis contre les monarchies autoritaires, puis confrontez ces espoirs à la réalité de l'époque.

**Connaissances mobilisées :**
**Chapitres 2 et 3, p. 42 à 87**

**L'esprit de 1848**

Source : *La République universelle démocratique et sociale – le pacte*, lithographie de Frédéric Sorrieu, 1848, musée Carnavalet, Paris.

**Méthode**

**1 Présenter le document.**

▸ Utilisez la méthode **CANDI** (voir p. 274).

**Application guidée**

*– Contexte : avec la révolution parisienne de février 1848, la République est proclamée et le suffrage universel est instauré. Connus dans les capitales européennes, les événements français réveillent les aspirations libérales et nationalistes. Des insurrections éclatent à Vienne, à Berlin, à Rome, à Prague, etc.*

*– Auteur : Frédéric Sorrieu est un artiste graveur français. Ses œuvres montrent clairement qu'il adhère aux idéaux de la révolution.*

*– Nature : une lithographie est une technique d'impression qui permet la reproduction en de nombreux exemplaires d'une œuvre.*

*– Destinataire : ces lithographies sont des œuvres d'art destinées à être vendues à des acheteurs aisés, sympathisants de la révolution de 1848.*

*– Idée principale : l'artiste propose la vision de la République universelle, démocratique et sociale à laquelle il aspire.*

BAC

Méthode

**2 Étudier l'intérêt du document.**

Montrez qu'il permet de comprendre la **question historique étudiée** en le confrontant à vos connaissances.

Application guidée

- Il s'agit d'une œuvre d'art présentant les principales idées et utopies quarante-huitardes.

Elle est par exemple utile pour comprendre :
- «l'esprit de 1848», où un christianisme social diffus se mêle aux idéaux politiques
↳ Présence des anges et du Christ-fraternité qui bénit les peuples.
- une nouvelle vision des rapports entre les sexes et les classes sociales
↳ Les femmes sont nombreuses. Au premier plan, un ouvrier et un bourgeois fraternisent en marchant.
- l'espoir d'une fraternité des peuples unis contre les monarchies autoritaires
↳ Des couronnes brisées jonchent le sol. Les nations sont identifiables à leurs drapeaux (français, allemand, italien...) et leurs costumes traditionnels.
- l'inspiration française du Printemps des peuples
↳ Un drapeau français guide la procession qui mène à la statue d'une république universelle reprenant les traits de Marianne.

**3 Analyser ses limites.**

Il s'agit d'utiliser vos connaissances personnelles pour soumettre le document à un **examen méthodique** et :
- **relever** ses contradictions ou ses erreurs, intentionnelles ou non ;
- **s'interroger** sur sa subjectivité, sa fiabilité ou sa partialité ;
- **identifier** les aspects manquants, les lacunes **pour étudier la question historique posée**.

- La République «universelle démocratique et sociale» de Frédéric Sorrieu ne résiste pas à l'analyse des faits.

- Les femmes n'obtiennent aucun droit politique et restent exclues du suffrage universel.

- L'entente entre les classes sociales est une illusion; l'insurrection de juin 1848 faisant suite à la fermeture des ateliers nationaux est écrasée dans le sang par les républicains modérés.

- La peur des «rouges» mène au retour de la droite monarchiste au pouvoir.

- Les mouvements nationaux et libéraux sont violemment réprimés partout en Europe.

Sur la copie

*Cette lithographie témoigne d'une nouvelle vision des rapports entre les classes sociales et les sexes. Elle est typique de «l'esprit de 1848», mélange d'un christianisme social diffus et d'idéaux politiques. La présence d'anges et du Christ-fraternité qui bénit les peuples le rappelle. Au premier plan, un ouvrier et un bourgeois fraternisent en marchant. Les femmes sont nombreuses et dépeintes comme des actrices du mouvement, elles participent avec enthousiasme à la procession.*

*Cette vision se heurte cependant à la réalité de l'époque. Les femmes n'obtiennent aucun droit politique et restent exclues du suffrage universel. L'entente entre les classes est une illusion; l'insurrection de juin 1848 faisant suite à la fermeture des ateliers nationaux est écrasée dans le sang par les républicains modérés. La peur des «rouges» mène au retour de la droite monarchiste, majoritaire aux législatives en France en mai 1849. Partout en Europe, les régimes réactionnaires mettent un terme au «Printemps des peuples». [...]*

+ Copie complète

**BAC** ANALYSE DE DOCUMENT(S)

# Confronter des documents

**Pour comprendre un fait historique, l'historien doit toujours confronter les sources. Elles peuvent être de différentes natures, apporter des informations complémentaires et présenter des points de vue opposés.**

**SUJET**

**Le coup d'État du 18 Brumaire**

Analysez la manière dont ces deux documents présentent l'attitude de Bonaparte et celle des députés.

**Connaissances mobilisées :**
**Chapitre 1, p. 12 à 41**

### 1. Proclamation du général Bonaparte

À mon retour à Paris, j'ai trouvé la division dans toutes les autorités. [...] Un plan de restauration générale avait été concerté par des hommes en qui la Nation est accoutumée à voir des défenseurs de la liberté, de l'égalité, de la propriété. [...]

Je me présente au conseil des Cinq-Cents; seul, sans armes, la tête découverte [...] ; je venais rappeler à la majorité ses volontés et l'assurer de son pouvoir. Les stylets[1] qui menaçaient les députés sont aussitôt levés sur leur libérateur; vingt assassins se précipitent sur moi et cherchent ma poitrine : les grenadiers du corps législatif, que j'avais laissés à la porte de la salle, accourent, se mettent entre les assassins et moi. [...] Ils m'enlèvent. [...]

Aussitôt après, des grenadiers du corps législatif entrent au pas de charge dans la salle, et la font évacuer. Les factieux[2] intimidés se dispersent et s'éloignent. La majorité, soustraite à leurs coups, rentre librement et paisiblement dans la salle de ses séances, entend les propositions qui devaient être faites pour le salut public, délibère, et prépare la résolution salutaire qui doit devenir la loi nouvelle et provisoire de la République.

Français, vous reconnaîtrez sans doute, à cette conduite, le zèle d'un soldat de la liberté, d'un citoyen dévoué à la République.

Extrait de la proclamation du général en chef Bonaparte le 18 Brumaire à 11 heures du soir.

1. Sorte de poignard dont la lame est triangulaire et très étroite.
2. Qui excite le trouble dans l'État.

### 2. Le coup d'État vu par un Anglais

Source : *Council of Five Hundred*, estampe anglaise publiée par Thomas Tegg, 13 décembre 1814, BNF.

## Méthode

**1 Identifier la nature et les auteurs des documents.**

**2 Identifier leur thème commun et le contexte de production.**

- Aidez-vous des titres des documents.
- Mettez en évidence la **logique** qui a incité à présenter les deux documents ensemble et **comparez** leurs dates. Précisez si la situation a évolué entre les deux.

**3 Identifier les objectifs des auteurs.**

- Les objectifs sont-ils les mêmes ou s'opposent-ils ? Vous devez avoir un **regard critique** sur les **intentions** des auteurs.

**4 Prélever et confronter les informations.**

- Classez les informations par **thème** ; identifiez les **points communs** et les **différences**.
- Comparez les documents. Ne vous contentez pas de les étudier l'un après l'autre.

**5 Rédiger la réponse à la consigne.**

## Application guidée

- *Le document 1 est une déclaration officielle du général Napoléon Bonaparte. Le document 2 est une caricature d'origine anglaise.*

- *Les deux documents ont pour sujet le coup d'État du 18 Brumaire an VIII (9 novembre 1799).*

*Le document 1 date du jour même et rapporte les propos prononcés par Bonaparte.*

*Le document 2 est publié en Angleterre en décembre 1814, soit quinze ans après les faits, alors que Napoléon n'est plus au pouvoir et est retenu prisonnier sur l'île d'Elbe.*

- *La déclaration de Bonaparte s'adresse au peuple français. L'auteur justifie le coup d'État qui vient d'avoir lieu et se présente comme le sauveur de la République.*

*La caricature anglaise est une critique moqueuse de l'événement. L'auteur ridiculise les députés tout en dénonçant la violence du coup d'État.*

- *Par exemple :*

*Thème « La violence des députés »*

*Dans le document 1, Bonaparte affirme : « vingt assassins se précipitent sur moi et cherchent ma poitrine ».*

*Tandis que dans le document 2, un seul député est montré brandissant une arme, les autres sont terrorisés ou fuient.*

## Sur la copie

*Les deux documents présentent des versions des faits différentes. Le point de vue des auteurs n'est évidemment pas le même, et 15 ans les séparent.*

*Bonaparte dit agir en défenseur de « la liberté, de l'égalité, de la propriété ». Il se présente en libérateur des députés, pris en otage par « les factieux », menacés par « leurs stylets ». C'est donc en « citoyen dévoué à la République » qu'il agit, pour rétablir l'ordre et rendre aux représentants leur pouvoir. Il est d'ailleurs « sans armes, la tête découverte ». Il prend le risque d'être tué : « vingt assassins se précipitent vers moi et cherchent ma poitrine », explique-t-il.*

*L'estampe propose une tout autre version des faits. Si Bonaparte apparaît effectivement comme désarmé, les députés, eux, sont peu menaçants et semblent surtout chercher à fuir, jusque par la fenêtre. Le seul député qui brandit une arme apparaît dans une position presque défensive. Point de « factieux » ici. Les grenadiers entrent au pas de charge. La fumée à l'arrière-plan suggère qu'ils ont tiré. Même le président de l'assemblée, qui n'est autre que Lucien Bonaparte, le frère du général, semble surpris et choqué par cette intervention.*

BAC QUESTION PROBLÉMATISÉE

# Répondre à une question problématisée

**Cet exercice consiste à exposer des arguments de manière organisée pour répondre à la question. L'épreuve ne dure qu'une heure : il est important d'être méthodique.**

**SUJET**

Comment expliquer l'effondrement de la monarchie absolue en 1789 ?

**Connaissances mobilisées :**
**Chapitre 1, p. 12 à 41**

## Méthode

### 1 Analyser la question.

- Recopiez les **termes** de la question au **brouillon**, puis interrogez-vous sur chacun d'entre eux.
- Identifiez son **cadre spatio-temporel**.

### 2 Sélectionner et organiser ses connaissances.

- Mobilisez les **dates**, **idées** et **faits** qui sont nécessaires pour répondre à la question. Notez-les au **brouillon** pour ne rien oublier, mais ne rédigez pas.

### 3 Construire le plan de la réponse.

- Le plan forme la structure de **l'argumentation**.
- Chaque partie du devoir apporte des **éléments de réponse** à la question problématisée.
- Il peut être **thématique**, **chronologique** ou **mixte** (chronothématique).

## Application guidée

*1*

*→ « monarchie absolue » renvoie à la monarchie d'Ancien Régime, où les pouvoirs du rois ne sont pas définis ni limités par une Constitution.*

*→ « effondrement » fait référence à une fin brusque et inattendue.*

*→ « 1789 » est l'année qui marque le début de la Révolution, ainsi que de ses bouleversements politiques et sociaux, notamment ici le passage de la monarchie absolue à un régime constitutionnel.*

*2*

*Exemple de travail au brouillon :*

*Mobilisation du peuple parisien*

*↳ Commune de Paris, 12 juillet*

*↳ Prise de la Bastille, 14 juillet*

*↳ Milice : Garde nationale*

*3*

*Un plan chronologique convient ici. Il permet de mettre en valeur l'évolution rapide de la situation en 1789.*

*Exemple :*

*<u>I. Un pays en crise</u>*

*A. Une crise économique et financière*

*B. L'impossible réforme*

*<u>II La révolte du tiers état</u>*

*A. Les États généraux*

*B. Le triomphe de la souveraineté nationale*

*<u>III L'action décisive du peuple parisien</u>*

*A. Juillet : La prise de la Bastille et la commune de Paris*

*B. Octobre : le retour du roi à Paris*

BAC

## Méthode

### 4 Introduire la question.

- **Définissez les termes** de la question et **justifiez ses bornes chronologiques** en rappelant le **contexte**, c'est-à-dire les éléments nécessaires à sa compréhension. Il peut être social, économique, politique, culturel.
- Rappelez la **question problématisée** ou « problématique ».

### 5 Rédiger sa réponse argumentée.

- Le **développement** est composé de **paragraphes**, repérés par des **alinéas**. Chacun correspond à une **idée directrice** à justifier.
- Chaque idée est accompagnée d'**exemples**, de termes, de dates et de **faits précis**.

### 6 Formuler les transitions.

- Entre deux paragraphes, les phrases de transition permettent de suivre la **logique du raisonnement**. Il faut utiliser pour cela des connecteurs logiques.

### 7 Conclure le devoir.

- En conclusion, **résumez** en une phrase la **réponse à la problématique** exposée dans votre développement.
- Si vous avez le temps, proposez une **ouverture** qui évoque les **conséquences et suites possibles** du phénomène étudié.

## Application guidée

*Exemple d'introduction :*

*En janvier 1789, Louis XVI qui est à la tête d'un royaume confronté à de grandes difficultés économiques, décide de convoquer les États généraux. Ils marquent le coup d'envoi d'une révolution qui provoque la chute de la monarchie absolue en quelques mois. Comment expliquer l'effondrement si soudain du régime ?*

*Exemple pour la partie I.A.*

*Idée : Le déficit financier de l'État est colossal.*

*↳ Argumentation et exemples :*

*Le coût de la guerre d'Indépendance américaine et le recours à l'emprunt conjugués à une mauvaise gestion, aggravent les finances royales. En 1788, plus de 50 % des revenus de l'État servent à rembourser la dette publique.*

*Exemple de transition entre la partie II et la partie III :*

*Le refus des nobles de renoncer à leurs privilèges fiscaux mène Louis XVI à convoquer les États généraux.*

*Exemple de conclusion :*

*En quelques mois la monarchie d'ancien régime s'est effondrée pour laisser place à une monarchie constitutionnelle. Louis XVI refusant de partager son pouvoir avec une assemblée élue, cette tentative se révèle vite un échec.*

**CONSEIL**

- Faites bien attention à la **syntaxe**, à la **grammaire** et **l'orthographe**.
- Utilisez un **langage soutenu,** des phrases **simples** et **courtes**.
- Écrivez au **présent de narration**. Les événements ayant déjà eu lieu, le futur ne convient pas.
- **Sautez des lignes** entre l'introduction et le développement, puis entre celui-ci et la conclusion afin de mettre en valeur l'organisation de votre propos.
- Conservez 5 minutes pour la **relecture**.

# Lexique

## A

**Anarchistes :** partisans de l'anarchie, pour qui la liberté individuelle passe par le rejet de toute autorité (celle de l'État, de l'Église ou du patron). (voir p. 136)

**Ancien Régime :** nom donné rétrospectivement par les révolutionnaires à la société d'avant 1789. (voir p. 17)

**Anciens combattants :** nom donné aux hommes qui ont participé à la Grande Guerre et qui, dès 1917, s'organisent en associations pour défendre leurs intérêts. (voir p. 256)

**Antiparlementarisme :** opposition au régime parlementaire et au régime d'assemblée, considérés comme favorisant la corruption, l'indécision et l'instabilité ministérielle. (voir p. 136)

**Apatrides :** individus dépourvus de nationalité. (voir p. 253)

**Armée rouge :** armée bolchevique organisée par Léon Trotski, commissaire à la guerre de 1918 à 1924. Théoriquement composée de paysans et d'ouvriers volontaires, elle enrôle de nombreux soldats de force. (voir p. 254)

**Armées alliées d'Orient :** regroupement de troupes françaises, britanniques, serbes, italiennes, russes et grecques, placées sous l'autorité du général français Franchet d'Espèrey. (voir p. 206)

**Armistice :** accord conclu entre deux belligérants pour mettre fin aux combats dans l'attente de la négociation d'un traité de paix. (voir p. 252)

**Assimilation :** politique qui vise à assimiler les colonies à la métropole, en accordant à terme la citoyenneté aux colonisés. (voir p. 184)

**Ateliers nationaux :** chantiers de travaux publics organisés par l'État pour employer les ouvriers au chômage. (voir p. 70)

## B

**Banquet républicain :** repas organisé par des républicains pour contourner l'interdiction de réunions politiques durant la monarchie de Juillet. (voir p. 70)

**Belle Époque :** expression forgée après 1918, désignant avec nostalgie la vingtaine d'années précédant la Première Guerre mondiale. (voir p. 162)

**Bolcheviks :** révolutionnaires communistes russes, partisans de Lénine. (voir p. 206 et 254)

**« Bourrage de crâne » :** expression utilisée par les poilus et popularisée par le journaliste Albert Londres pour désigner les mensonges de la presse et plus généralement la propagande patriotique. (voir p. 232)

## C

**Cahiers de doléances :** textes rédigés dans toutes les paroisses recueillant les plaintes (doléances) et les souhaits des trois ordres. (voir p. 16)

**Candidats officiels :** soutenus par le gouvernement, ils sont les seuls à bénéficier pour leurs affiches du papier blanc utilisé par l'administration. (voir p. 72)

**Carbonari :** membres des sociétés secrètes luttant pour l'unité italienne. Les libéraux français ont formé un mouvement similaire appelé la charbonnerie. Le terme vient des charbonniers et forestiers auxquels ces sociétés ont emprunté certains rites initiatiques. (voir p. 50)

**Césarisme démocratique :** régime qui prétend établir un lien direct entre l'empereur et le peuple, en référence au modèle romain de Jules César. (voir p. 72)

**CGT :** Confédération générale du travail. Centrale syndicale française fondée en 1895. (voir p. 136)

**Classes creuses :** classes d'âge dont l'effectif est faible en raison d'une guerre et/ou d'une baisse de la fécondité, ce qui crée un « creux » dans la pyramide des âges. (voir p. 256)

**Cléricalisme :** idéologie visant à donner au clergé un statut public et un rôle politique. (voir p. 134)

**Clubs :** groupes de députés ou de citoyens de même sensibilité politique se réunissant régulièrement dans un même lieu pour débattre. (voir p. 18)

**Code civil :** recueil unifiant les différentes lois concernant les personnes et les biens. (voir p. 22)

**Coloniaux :** personnes venues de métropole pour un temps limité dans une colonie et avec une fonction précise (administrateur, médecin, missionnaire). (voir p. 184)

**Colonies :** territoires soumis directement à la domination d'une puissance étrangère. (voir p. 182)

**Colons :** personnes venues de métropole pour s'installer définitivement dans une colonie. (voir p. 184)

**« Cols blancs » :** employés (portant la chemise blanche et la cravate) par opposition aux « cols bleus » que sont les ouvriers (portant la blouse ou bleu de travail). (voir p. 94 et 162)

**Comité de salut public :** principal organe du gouvernement révolutionnaire institué par la Convention en avril 1793. (voir p. 20)

**Communards :** partisans de la Commune. Ce terme, utilisé par les historiens, était à l'origine péjoratif et peu employé. On parle à l'époque de « fédérés », en référence à l'uniforme de la fédération de la garde nationale qu'ils portaient. (voir p. 132)

**Commune :** municipalité élue organisant la démocratie directe dans une ville. Pour l'extrême gauche en 1870-1871, la France doit devenir une fédération de communes libres. (voir p. 132)

**Commune de Paris :** administration de la ville de Paris formée spontanément et illégalement par des bourgeois le 12 juillet 1789. (voir p. 16)

**Compagnies concessionnaires :** compagnies ayant obtenu les droits d'exploitation sur un territoire ou une richesse contre une redevance payée à l'État. (voir p. 184)

**Concert européen :** concertation permanente entre les grandes puissances pour maintenir entre elles un équilibre, garant de la paix en Europe. (voir p. 46)

**Confédération germanique :** organisée par le congrès de Vienne, elle rassemble 38 États allemands et dispose d'une Diète fédérale (*Bundesrat*) installée à Francfort et présidée par l'Autriche. (voir p. 46)

**Conjuration des Égaux :** organisation clandestine cherchant à s'emparer du pouvoir pour appliquer la Constitution de 1793 et collectiviser les terres. (voir p. 21)

**Conscription :** « levée en masse », service militaire obligatoire. (voir p. 19 et 210)

**Constitution :** loi fondamentale qui définit l'organisation d'un État, précisant l'attribution des différents pouvoirs. (voir p. 16)

**Corps francs :** groupes paramilitaires formés de volontaires (soldats démobilisés, étudiants) et combattant le communisme en Allemagne et dans les pays baltes. (voir p. 254)

## D

**Déchristianisation :** politique visant à éliminer l'influence du christianisme dans la vie quotidienne. (voir p. 19)

**Démobilisation :** processus de retour des soldats à la vie civile. Très désorganisé chez les vaincus, il s'effectue en fonction des besoins du marché du travail au Royaume-Uni ou à l'ancienneté en France. (voir p. 256)

**Démocratie libérale :** régime politique fondé sur les principes de 1789 (égalité civile, libertés fondamentales, souveraineté nationale) et sur les acquis ultérieurs de la démocratie (suffrage universel). (voir p. 134)

**Diktat :** terme utilisé par les Allemands pour désigner les clauses du traité de Versailles, imposées par les Alliés sans négociation. (voir p. 252)

**Dominions :** colonies britanniques ayant accédé à une large autonomie. (voir p. 252)

***Dreadnought* :** abréviation de l'anglais which *dreads nought* (« qui ne redoute rien »), type de cuirassé mis au point par les Britanniques et imité ensuite par les autres pays. (voir p. 204)

**Droit d'adresse :** droit de critiquer le gouvernement accordé aux députés une fois par an, en réponse au discours prononcé par le roi à l'ouverture de la session parlementaire. (voir p. 48)

**Droits seigneuriaux :** privilèges et redevances dont bénéficient les seigneurs. (voir p. 16)

## E

**Économie de guerre :** économie dirigée par l'État et centrée sur la production du matériel militaire. (voir p. 232)

**Effort de guerre :** mobilisation économique en vue de subvenir aux besoins militaires d'un État et qui fait appel aux femmes et aux enfants pour remplacer les hommes envoyés au front. (voir p. 234)

**Émigrés :** contrerévolutionnaires, le plus souvent issus de la noblesse, qui fuient la France à partir de l'été 1789. (voir p. 18)

**États généraux :** assemblée des représentants des trois ordres (états) convoquée par le roi pour donner son avis ou enregistrer des décisions royales. Ils n'ont pas été convoqués entre 1614 et 1789. (voir p. 16)

**Expédition des Mille :** menée par Garibaldi et composée d'un millier de volontaires appelés les « Chemises rouges », elle contribue en 1860 à l'annexion du royaume des Deux-Siciles à l'Italie unifiée. (voir p. 116)

## F

**Front :** zone de combat, qui évolue en fonction de l'avancée des armées. (voir p. 206)

## G

**Garde nationale :** milice de citoyens créée en 1789 et réorganisée en 1830 qui joue un rôle décisif dans les événements de la Commune. Elle est définitivement dissoute par la loi du 30 août 1871. (voir p. 132)

**Garde nationale :** milice municipale de citoyens armés, chargée de maintenir l'ordre et de lutter contre les ennemis de la Révolution. (voir p. 16)

**Génocide :** destruction préméditée et méthodique de tout ou partie d'une population en raison de son appartenance nationale, ethnique ou religieuse. (voir p. 236)

**Grande Allemagne :** projet d'unification de l'Allemagne incluant l'Autriche ou au moins la partie germanophone de l'Autriche. Il est soutenu par les conservateurs, les catholiques, l'Autriche. (voir p. 52)

**Grande Dépression :** crise économique qui touche le monde entier entre 1873 et 1896. Elle est suivie par une période de forte croissance de 1896 à 1914. (voir p. 162)

**Grande Peur :** mouvement de panique, puis de colère, qui affecte les campagnes durant l'été 1789. (voir p. 16)

**Guerre de mouvement :** stratégie reposant sur des déplacements rapides pour occuper le terrain de l'adversaire. Les batailles prennent la forme de charges violentes sur des terrains à découvert. (voir p. 206)

**Guerre de position :** stratégie fondée sur la défense de positions pour empêcher l'adversaire de progresser. Les armées s'enterrent dans des tranchées et s'affrontent à distance avec l'artillerie ou dans le *no man's land* avec l'infanterie. (voir p. 206)

**Gueules cassées :** nom donné aux 14 000 combattants français blessés au visage. (voir p. 210)

## H

**HBM :** habitations à bon marché, offrant des loyers modérés, financées en partie par l'État (exonérations fiscales pour les promoteurs immobiliers). (voir p. 160)

## I

**Impérialisme :** domination exercée par un État sur un autre grâce à sa supériorité technique, économique, culturelle, etc. Quand cette domination est territoriale et politique, on parle de colonisation. (voir p. 182)

**Insurrection fédéraliste :** révolte provinciale contre les Montagnards. Ils la qualifient ainsi parce qu'elle porterait atteinte à l'unité nationale. (voir p. 19)

## J

**Jeune Italie :** mouvement fondé en 1831 par Mazzini dont le but est un soulèvement général pour faire de l'Italie une république unitaire. (voir p. 51)

## L

**Laïcisation :** politique volontaire d'un État visant à ôter tout rôle public aux Églises et à cantonner la religion à la sphère privée. (voir p. 134)

**Légitimité dynastique :** principe selon lequel le pouvoir appartient légitimement à la dynastie ayant régné sur un pays, et non au peuple souverain. (voir p. 46)

**Ligues :** mouvements politiques privilégiant l'action dans la rue, souvent violente, par opposition aux partis politiques fondés sur l'action parlementaire. (voir p. 136)

**Livret ouvrier :** document où sont enregistrés les déplacements de l'ouvrier. Tout ouvrier circulant sans son livret risque l'emprisonnement. (voir p. 22 et 94)

## M

**Mandat :** territoire confié par la SDN aux vainqueurs de la guerre, qui ont théoriquement pour mission de les préparer à l'indépendance. (voir p. 253)

**Méritocratie :** système dans lequel la position sociale est assurée par le mérite (scolaire ou professionnel) et non par la naissance ou par la fortune. (voir p. 162)

**Métropole :** terme employé dans un empire colonial pour désigner l'État colonisateur par rapport à ses colonies (en grec : « mère-patrie »). (voir p. 182)

**Missionnaires :** religieux ayant pour mission d'évangéliser les populations non chrétiennes. (voir p. 184)

**Mobilisation générale :** rassemblement des troupes et du matériel en vue de préparer la guerre. (voir p. 204)

**Monarchie constitutionnelle :** régime où les pouvoirs du roi sont définis et limités par une Constitution. (voir p. 18 et 48)

## N

**Nationalisme :** exploitation politique du sentiment national. En France, le terme désigne le nationalisme agressif de l'extrême droite par opposition au patriotisme républicain. (voir p. 136)

***No man's land* :** « la terre qui n'est à personne ». Zone située entre les premières lignes des deux armées, labourée par les tirs d'artillerie, où agonisent les blessés et gisent les cadavres durant des jours. (voir p. 210)

## O

**Obusite :** forme de stress post-traumatique qui frappe les combattants de la Première Guerre mondiale. (voir p. 210)

**OS (ouvriers spécialisés) :** ouvriers sans qualification attachés à une tâche spéciale, c'est-à-dire limitée et répétitive. (voir p. 160)

**OST (organisation scientifique du travail) :** méthode de gestion et d'organisation du travail destinée à augmenter la productivité par une division extrême du travail en différentes tâches répétitives. (voir p. 160)

## P

**Parti de l'Ordre :** parti réunissant les royalistes (légitimistes et orléanistes), rejoints par certains républicains modérés par peur des « rouges ». (voir p. 70)

**Paternalisme :** attitude de certains patrons qui assimilent l'entreprise à une famille et traitent donc leurs ouvriers comme des enfants. (voir p. 160)

**Patois :** parlers locaux, utilisés par une population rurale jugée arriérée. Ce terme péjoratif était employé même à propos de langues régionales à part entière comme le breton ou le basque. (voir p. 158)

**Petite Allemagne :** projet d'unification de l'Allemagne excluant l'Autriche, parce que sa population est largement composée de populations non allemandes. Il est soutenu par les libéraux, les protestants, la Prusse. (voir p. 52)

**Phylloxera :** puceron qui détruit la vigne. (voir p. 158)

**Plébiscites :** votes sur une question à laquelle les électeurs répondent par « oui » ou par « non » et témoignent de leur degré d'adhésion au pouvoir. (voir p. 22)

**Politique nataliste :** politique favorable à l'accroissement de la population sur un territoire, qui s'oppose aux politiques de limitation des naissances. (voir p. 234)

**Positivisme :** doctrine du philosophe français Auguste Comte (1798-1857). Selon lui, l'humanité est entrée au XIX$^{e}$ siècle dans « l'âge positif », où tout peut s'expliquer par la science et non plus par la religion. (voir p. 134)

**Prolétaires :** travailleurs salariés ne possédant que leur force de travail. Le prolétariat constitue pour Marx une classe exploitée par le capitalisme. (voir p. 160)

**Protectionnisme :** politique douanière qui vise à protéger l'économie nationale contre la concurrence étrangère. (voir p. 158)

**Proto-industrialisation :** développement de la production industrielle réalisée par des paysans ouvriers, travaillant à domicile. (voir p. 158)

## Q

**Quadruple-Alliance :** alliance entre les quatre grandes puissances européennes contre Napoléon, puis pour réorganiser l'Europe (Royaume-Uni, Autriche, Russie, Prusse). (voir p. 46)

**Quatorze points :** message adressé par le président Wilson au Congrès américain, le 8 janvier 1918, dans lequel il expose les buts de guerre des États-Unis (diplomatie ouverte, liberté des mers, droit des peuples à disposer d'eux-mêmes, création d'une « association générale des nations »). (voir p. 252)

**Question sociale :** ensemble des problèmes posés par la misère et le chômage faisant l'objet d'un débat politique. (voir p. 48, 94, 161)

**Question sociale :** expression apparue dans les années 1840 pour désigner les problèmes de la misère et du chômage et inviter les hommes politiques à y apporter des solutions. (voir p. 94 et 161)

**Quinine :** substance extraite du quinquina qui permet de lutter contre le paludisme, maladie à laquelle sont exposés les colonisateurs dans les pays tropicaux. (voir p. 182)

## R

**Ralliement :** acceptation du régime républicain par les catholiques (qui étaient jusque-là liés à la droite monarchiste) à l'appel du pape Léon XIII en 1890-1892. (voir p. 136)

**Rationnement :** contrôle par l'État des quantités achetables par les consommateurs. (voir p. 236)

**Réactionnaire :** qui n'accepte pas le changement, qui veut restaurer l'Ancien Régime, contrerévolutionnaire. (voir p. 46)

**Réfugiés :** personnes qui ont fui leur pays d'origine, car leur vie ou leur liberté y est menacée. (voir p. 253)

**Régime d'assemblée :** régime dans lequel le pouvoir exécutif est subordonné au pouvoir législatif (qu'il ne peut pas dissoudre). (voir p. 134)

**Régime parlementaire :** régime fondé sur un équilibre entre le pouvoir exécutif, qui peut dissoudre le Parlement, et le pouvoir législatif, qui peut renverser le gouvernement (celui-ci est responsable devant le Parlement). (voir p. 48)

**Républiques sœurs :** régimes républicains instaurés par la France dans des territoires étrangers qu'elle a conquis. (voir p. 21)

**Restauration :** nom donné en France, en Italie et en Allemagne à la période 1815-1830, marquée par la restauration des monarchies autoritaires. (voir p. 46)

***Risorgimento*** **:** terme italien (« renaissance », « résurrection ») désignant le mouvement d'unification de l'Italie. (voir p. 50)

***Royal Air Force*** **:** armée de l'air britannique. (voir p. 234)

**Russes blancs :** Russes favorables au Tsar et s'opposant à la révolution bolchevique. Les armées blanches combattent l'Armée rouge. (voir p. 254)

## S

**Salariat :** ensemble des travailleurs rémunérés par un salaire, contrairement aux travailleurs indépendants ou aux professions libérales. (voir p. 94)

**Sans-culottes :** terme initialement péjoratif désignant les révolutionnaires parisiens issus du peuple, qui portent le pantalon plutôt que la culotte et les bas de soie des bourgeois et des nobles. (voir p. 17)

**Sécurité collective :** organisation des relations internationales visant à maintenir la paix par le droit et l'arbitrage, et non par des alliances militaires et des accords secrets. (voir p. 253)

**SFIO :** Section française de l'Internationale ouvrière, fondée en 1905 et rassemblant la grande majorité des socialistes français. (voir p. 136)

**Socialisme :** doctrine politique visant l'appropriation par la collectivité des moyens de production et donc la suppression de la propriété privée. (voir p. 161)

**Souveraineté nationale :** principe selon lequel la source de l'autorité politique (la souveraineté) est la nation (l'ensemble des citoyens). (voir p. 16)

**Suffrage censitaire :** système où le droit de vote est fondé sur le cens, c'est-à-dire sur le montant des impôts, par opposition au suffrage universel. (voir p. 18 et 48)

## T

**Terres irrédentes :** territoires revendiqués comme historiquement italiens, mais restés sous souveraineté autrichienne (Istrie, Dalmatie, Trentin, Tyrol du Sud). Le terme vient de l'expression *Italia irredenta* : « Italie non rachetée, non délivrée ». (voir p. 204 et 253)

**Terreur :** politique menée de septembre 1793 à juillet 1794 suspendant les libertés, afin de terroriser les citoyens considérés comme des ennemis de la Révolution. (voir p. 20)

**Terroirs :** petites régions rurales cultivant une forte identité. (voir p. 158)

**Thermidoriens :** républicains modérés ayant voté l'exécution de Robespierre et de ses partisans les 9 et 10 thermidor de l'an II (27-28 juillet 1794). Ils sont attachés aux principes de la révolution bourgeoise : suffrage censitaire, ordre social, respect de la propriété privée. (voir p. 21)

## U

***U-Boot*** **:** abréviation d'*Unterseeboot*, qui signifie « sous-marin » en allemand (*U-Boote* au pluriel). (voir p. 207)

**Ultimatum :** exigence formulée par un État à l'encontre d'un autre État. La non-exécution de cette exigence dans le délai prévu entraîne des sanctions. (voir p. 204)

**Union sacrée :** rapprochement des Français de toutes tendances politiques et religieuses pour assurer la victoire. (voir p. 232)

## V

**Veillées :** dans la culture villageoise traditionnelle, temps après le dîner réunissant famille et voisinage consacré à des travaux communs tout en récitant des contes et des chants. (voir p. 158)

**Versaillais :** royalistes favorables à l'installation de l'Assemblée à Versailles et à la répression de la Commune. (voir p. 132)

**Veto :** droit de s'opposer à l'adoption d'une loi. (voir p. 18)

## Z

**Zollverein :** union douanière entre les différents États allemands, initiée par la Prusse en 1831. (voir p. 51)

**Zone rouge :** zone de destruction couvrant 180 000 hectares pour lesquelles le coût des travaux de remise en état dépasse la valeur du sol. (voir p. 256)

# Crédits photographiques

***Classe pendant une leçon de géographie*, Carl Conrad Julius Hertel, 1874, huile sur toile (84,7 x 72,5 cm), Museum der bildenden Künste, Leipzig. © BPK, Berlin, Dist. RMN-Grand Palais/Ursula Gerstenberger**

**p. 4** : Photo Josse/Leemage - **p. 5** : Photo Josse/Leemage - **p. 6** : Collection IM/ Kharbine-Tapabor - **p. 7** : Photo © Paris - Musée de l'Armée, Dist. RMN-Grand Palais/Anne-Sylvaine Marre-Noël - **p. 12- 14** : Heritage Images/Fine Art Images/ AKG-Images - **p. 20** : BIS/Ph. © Musées de la Ville de Paris/Archives Larbor - **p. 24** : Photo Josse/Leemage - **p. 25** : Musée Carnavalet/ Roger-Viollet - **p. 26** : Coll. Musée de la Révolution française/Domaine de Vizille. Inv. 1991.53 - **p. 27** : Photo Josse/Leemage - **p. 28** : Musée Carnavalet/Roger-Viollet - **p. 29** : Heritage Images/Fine Art Images/AKG-Images - **p. 30** : Photo Josse/Leemage - **p. 31** : Bridgeman Images - **p. 32** : AKG-Images - **p. 33** : Photo Josse/Leemage - **p. 34** : Granger Coll NY/Aurimages - p. 35 : Isadora/ Leemage - **p. 36** : Photo © RMN-Grand Palais (musée du Louvre)/Thierry Le Mage - **p. 41** : BIS/Ph. Coll. Archives Larbor - **p. 42-43** : BIS/Ph. Hubert Josse © Archives Larbor - **p. 54** : **(ht)** De Agostini Picture Library/ AKG-Images ; **(b)** Roger-Viollet - **p. 55** : World History Archive/Aurimages - **p. 57** : BIS/Ph. Jeanbor © Archives Larbor - **p. 58** : Musée Carnavalet/Roger-Viollet - **p. 59** : BIS/Ph. Coll. Archives Larbor - **p. 61** : Photo Josse/Leemage - **p. 66 67** : Selva/Leemage - **p. 96** : **(ht)** Heritage Images/Fine Art Images/ AKG-Images ; **(b)** Petit Palais/Roger-Viollet - **p. 97** : BNF - **p. 98** : Photo Josse/Leemage - **p. 77** : DeAgostini/Leemage - **p. 78** : BNF - **p. 79** : BNF - **p. 80** : Tallandier/Bridgeman Images - **p. 81** : Photo © RMN-Grand Palais/ Thierry Ollivier - **p. 82** : Photo Josse/Leemage - **p. 83** : Photo Josse/Leemage - **p. 88-89** : Photo Josse/Leemage - **p. 96** : **(ht)** Tallandier/ Bridgeman Images ; **(b)** Charles Marville/ BHVP/Roger-Viollet - **p. 98** : **(g et d)** Photo © Ministère de la Culture -Médiathèque de l'architecture et du patrimoine, Dist. RMN-Grand Palais/Atelier de Nadar - **p. 99** : Roger Henrard/Musée Carnavalet/Roger-Viollet - **p. 100** : BIS/Ph. Jeanboe © Archives Larbor - **p. 101** : Sibroc/Leemage - **p. 102** : Photo © RMN-Grand Palais (musée d'Orsay)/ Jean Schormans - **p. 103** : BIS/Ph. Jean-Loup Charmet © Archives Bordas - **p. 104** : Roger-Viollet - **p. 105** : The Good Walking/ Bridgeman Images - **p. 110-111** : Aisa/Leemage - **p. 113** : **(g)** Luisa Ricciarini/Leemage ; **(d)** Museo del Risorgimento Turin/Gianni Dagli Orti/Aurimages - **p. 115** : **(g)** FineArtImages/ Leemage ; **(d)** Photo © BPK, Berlin, Dist. RMN-Grand Palais/Dietmar Katz - **p. 119** : Fototeca/ Leemage - **p. 120** : Interfoto/La Collection - **p. 121** : Musée Carnavalet/Roger-Viollet - **p. 123** : Archives départementales du Bas-Rhin, 414 D 2880 - **p. 128-129** : Bridgeman Images - **p. 131** : BNF - **p. 138** : Ernest Charles Appert/Musée Carnavalet/Roger-Viollet - **p. 139** : Bridgeman Images - **p. 140** : Selva/ Leemage - **p. 141** : Selva/Leemage - **p. 142** : Selva/Leemage - **p. 143** : Photo Josse/ Leemage - **p. 144** : Roger-Viollet - **p. 145** : Maisons de Victor Hugo/Roger-Viollet - **p. 146** : 1Clic/Photo12 - **p. 147** : Bridgeman Images - **p. 149** : Gusman/Leemage - **p. 52** : BIS/Ph. Coll. Archives Nathan - **p. 154 - 155** : Reproduction of Sotheby's copyright material/© Adagp, Paris 2019 - **p. 164** : Musée Curie (coll. ACJC) - **p. 165** : Photo © RMN-Grand Palais (MuCEM)/Jean-Gilles Berizzi - **p. 166** : Collection Pierre Boyer - **p. 167** : **(g et d)** © CUCM, document Ecomusée, reproduction D. Busseuil - **p. 168** : **(ht)** Musée Fourmies, CC-BY-SA-3.0 ; **(b)** Bianchetti/Leemage - **p. 169** : BNF - **p. 170** : **(ht)** BNF ; **(b)** Bianchetti/ Leemage - **p. 171** : Bianchetti/Leemage - **p. 172** : International Institute of Social History - **p. 173** : Musée national de l'histoire de l'immigration, Palais de la Porte Dorée Paris - **p. 178-179** : Léon et Lévy/Roger-Viollet - p. 187 : Roger-Viollet - **p. 188** : Collection Dupondt/ AKG-Images - **p. 189** : Albert Harlingue/ Roger-Viollet - **p. 190** : Photo © BPK, Berlin, Dist. RMN-Grand Palais/Dietmar Katz - **p. 191** : Photo © Paris - Musée de l'Armée, Dist. RMN-Grand Palais/Pascal Segrette - **p. 192** : BNF - **p. 193** : **(ht)** Collection IM/ Kharbine-tapabor ; **(b)** Virtual Saigon - **p. 194** : Collection IM/Kharbine-Tapabor - **p. 195** : **(htg)** Collection Grob/Kharbine-Tapabor ; (d) DR/Collection Jean-Claude Bouze ; **(bg)** Fototeca/Leemage - **p. 200-201** : Photo © Paris - Musée de l'Armée, Dist. RMN-Grand Palais/Anne-Sylvaine Marre-Noël - **p. 213** : Photo © BPK, Berlin, Dist. RMN-Grand Palais/ image BPK - **p. 214** : P. Deré/D. Mayer, iv/ dmk/vl/AFP - **p. 215** : Peter Newark Military Pictures/Bridgeman Images - **p. 217** : (ht) BNF ; **(b)** DR - **p. 218** : World History Archive/ Aurimages - **p. 219** : Bianchetti/Leemage - **p. 221** : MEPL/Bridgeman Images - **p. 222** : DR - **p. 223** : World History Archive/ Aurimages - **p. 228-229** : L'Illustration/ Photo12 - **p. 238** : **(ht et b)** Musée Curie (Coll. ACJC) - **p. 239** : **(g)** Bibliothèque municipale de Rouen (Est al. 208) ; **(d)** Albert Harlingue/ Roger-Viollet - **p. 240** : Heritage Images/The Print Collector/AKG-Images - **p. 241** : Avec l'aimable autorisation de madame Barlet/ Archives départementales du Pas-de-Calais - **p. 243** : Pictures from History/Bridgeman Images - **p. 247** : **(ht)** Musée de Montmartre ; **(b)** Reseau canopé/Le musée national de l'Education - **p. 248-249** : Maurice-Louis Branger/Roger-Viollet - **p. 258** : Ullstein bild/AKG-Images - **p. 259** : SeM/Universal Images Group/Bridgeman Images - **p. 260** : © David Low/Solo Syndication/photo © University of Kent - **p. 261** : (g) Collection La contemporaine ; (d) Coll. Dixmier/ Kharbine-Tapabor - **p. 262** : Lee/Leemage - **p. 263** : MPEL/Bridgeman Images - **p. 264** : Agence Roll/BNF - **p. 265** : **(ht)** PA Archive/ Roger-Viollet ; **(b)** Image © 2019 Dean and Chapter of Westminster - **p. 266** : Coll. Le Cpa - Valence Romans Agglo - Fonds Sarah Jamakortzian Longo - **p. 267** : **(ht)** Jacques Boyer/Roger-Viollet ; **(b)** Rahlma Gambo/HCR.

**Crédits textes**

**p. 79** : Michel Winock, « Un Bonaparte à l'Élysée », L'Histoire n° 258, octobre 2001.
**P. 80** : Nelly Schmidt, « La liberté, et après ? », L'Histoire n° 353, mai 2010.
P. 144 : Avner Ben-Amos, « Les funérailles de Victor Hugo, apothéose de l'événement spectacle », Pierre Nora (dir.), Les Lieux de mémoires, 1984, © Gallimard.
**P. 216** : 1914-1918. Mémoires océaniennes de la Grande Guerre. Chronique calédonienne, Musée de la ville de Nouméa, 1999, p. 71.
**P. 222** (doc. 2) : Stéphane Audoin-Rouzeau et Annette Becker, 14-18, retrouver la Guerre, © Gallimard, 2000.
**P. 222** (doc. 3) : André Loez, 14-18, les refus de guerre : une histoire des mutins, © Gallimard, 2010.
**P. 230** : Charles de Gaulle, Lettres, notes et carnets, 1905-1918, Plon, 1980.
**P. 264** : Annette Becker, « Le culte des morts, entre mémoire et oubli », Encyclopédie de la Grande Guerre 1914-1918, Bayard, 2013.
**P. 266** : Vladimir Nabokov, Autres rivages, © Gallimard, 1951.


**Édition :** Fabienne Hélou et Anne Chauvellier, avec l'aide de Guénaëlle Lumalé et Mathilde Boisserie

**Direction éditoriale :** Carole Greffrath

**Responsable artistique :** Pierre-Yves Skrzypczak

**Conception graphique et couverture :** Frédéric Jély

**Mise en pages :** Anne-Danielle Naname

**Iconographie :** Geoffroy Mauzé

**Cartographie :** AFDEC

**Charte graphique des schémas :** WeDoData

**Frises, schémas, graphiques :** Emilie Coquard

**Relecture :** Stéphanie Girardot

**Fabrication :** Adeline Caillot

MIXTE
Papier issu de sources responsables
FSC® C022030

Le papier de cet ouvrage est composé de fibres naturelles, renouvelables, fabriquées à partir de bois provenant de forêts gérées de manière responsables.




N° de projet : 10257519 - Dépôt légal : Août 2019 Imprimé en Italie Juillet 2019 par Rotolito S.p.A. Italie